Edmund Schebek

Böhmens Glasindustrie und Glashandel

Edmund Schebek

Böhmens Glasindustrie und Glashandel

ISBN/EAN: 9783743330337

Hergestellt in Europa, USA, Kanada, Australien, Japan

Cover: Foto ©ninafisch / pixelio.de

Manufactured and distributed by brebook publishing software
(www.brebook.com)

Edmund Schebek

Böhmens Glasindustrie und Glashandel

Böhmens

Glasindustrie und Glashandel.

Quellen zu ihrer Geschichte

— · ·· —

Im Auftrage

der

Handels- und Gewerbekammer in Prag

von

Dr. Edmund Schebek.

———— ·· ————

Prag, 1878.

Verlag der Handels- und Gewerbekammer.

Druck der Bohemia, Actiengesellschaft für Papier- und Druckindustrie.

Löbliche Handels- und Gewerbekammer!

Als die Vorbereitungen zur Pariser Weltausstellung ihren Anfang nahmen, warf sich die Frage auf, ob die Handels- und Gewerbekammer sich nicht wieder, wie bei jener in Wien mit der Geschichte der Preise, daran selbst betheiligen solle? Ich brachte eine Ausgabe von Quellen zur Geschichte von Böhmens Glasindustrie und Glashandel in Vorschlag, wofür schon einige Schriftstücke in meinen Händen sich befanden. Dieser Vorschlag wurde von dem Präsidenten Herrn Richard Ritter von Dotzauer beifällig aufgenommen, und ich beauftragt, weiter zu sammeln.

Das Ergebniß war ein sehr günstiges; nicht blos jedoch in Bezug auf seine unverhoffte Reichhaltigkeit und Mannigfaltigkeit, sondern auch in Bezug auf den Gegenstand, welchen es betrifft. Denn je weiter man zu den Quellen vordringt, um so mehr enthüllen sich die eigenthümlichen und interessanten Seiten der beiden Zweige und um so offenkundiger wird deren Bedeutung. Die Begründung des Glashandels insbesondere darf nachgerade als die hervorragendste Leistung auf wirthschaftlichem Gebiete in Böhmen bezeichnet werden, — weniger zwar wegen ihrer materiellen Erfolge, obwohl auch diese nicht gering anzuschlagen sind, als wegen des hohen Maaßes von moralischer Kraft, welche dabei wirksam war.

Fürwahr! Der Versuch, Bausteine zu der Geschichte so merkwürdiger Produktionszweige herbeizuschaffen, konnte zu keiner gelegeneren Zeit unternommen werden, als vor einer Weltausstellung, welche „Conferenzen und Congreße über den Ursprung, die Herstellung, die Ausführung, die Fortschritte, die Absatzwege, die Gesetzgebung, den gesetzlichen Schutz der Werke und Erzeugnisse aller Art, die auf ihr vereiniget sind," mit einbezieht.

Im Gefühle hoher Befriedigung darüber, daß mir diese Aufgabe beschieden ward, lege ich nunmehr die Früchte meines Sammelns vor, — hoffend, daß die Aufschlüße, welche sie gewähren, zu weiteren Forschungen anregen werden.

Prag, im April 1878.

Dr. Edmund Schebek,
kaiserlicher Rath,
Sekretär der Handels- und Gewerbekammer.

Inhalt.

Einleitung.

Nichts Anderes hat den Namen Böhmens so weit in die Welt getragen wie sein Glas. Der Güte und Schönheit desselben kann dieß jedoch nicht allein beizumessen sein, denn lange schon war in Böhmen Glas erzeugt worden, ohne daß viel davon verlautet hätte. Erst als sich der Handel des Glases bemächtigt und es in's Ausland verführt, beginnt sein Ruf, welcher sich um so schneller verbreitet, je mehr die Handelsleute selbst auf die Erzeugung Einfluß nehmen, sie zu vervollkommnen und den Anforderungen der verschiedenen Märkte entsprechend zu gestalten bemüht sind.

Wann dieser Handel aufgekommen, wird von gleichzeitigen Quellen nicht gemeldet. Die ältesten Nachrichten, welche wir über denselben besitzen, versetzen uns schon mitten in das durch ihn hervorgerufene geschäftige Treiben in den siebziger und achtziger Jahren des siebzehnten Jahrhundertes. Da nun bis 1648 in Deutschland, wohin das erste Ziel der böhmischen Glashändler gerichtet war, der dreißigjährige Krieg währte und aus der Zeit vor dessen Beginn gar keine Anzeichen von einem in's Ausland betriebenen Glashandel — nur von einem solchen ist die Rede — vorliegen, so dürften die Anfänge in die zwei ersten Decennien nach dem westphälischen Frieden zu versetzen sein.

Auf die Frage, von wo der Glashandel seinen Ausgang genommen, deutet Alles auf die Herrschaften Böhmisch-Kamnitz und Bürgstein hin. Sie liegen der Landesgränze so nahe; dort bestanden von altersher Glashütten und um dieselben hatten sich die Gewerbe gelagert, welche sich mit der Verfeinerung und Ausschmückung des Glases — „Malen, Vergolden, Schneiden, Reißen" — befaßten. Damit war

A

der Gegenstand des Handels gegeben. Allein auch das persönliche Element war da zu finden, denn es darf als feststehend gelten, daß die ersten Vertreter des Glashandels aus den Veredlungsgewerben hervorgingen, und es ist sicherlich kein blos zufälliges Zusammentreffen, wenn diese Gewerbe um die Zeit des Auftauchens des Glashandels in jenen Gegenden einen derartigen Aufschwung nahmen, daß man sich veranlaßt fand, sie bald nach einander an mehreren Orten, 1669 zu Kreibitz, 1683 zu Blottendorf und Falkenau, 1694 zu Steinschönau in Innungen zu vereinigen und durch Statuten zu regeln.

Bescheiden wie die Umsätze waren in der ersten Zeit auch die Hülfsmittel des Handels. Zur Fortschaffung der Waaren dienten die Krackse, insbesondere aber der Schubkarren. Sie genügten auch, so lange das große Publikum den Artikel noch wenig kannte, und gewährten zudem den Vortheil, daß man damit leichter, als es dem Fuhrwerke auf den damals meist schlechten Straßen möglich war, fortkommen und überall bis unmittelbar zu den Consumenten bringen konnte. Bald aber wuchs der Begehr und bald kam auch das Fuhrwerk auf. Im Jahre 1686 ist dessen Anwendung bereits erwiesen. Durch dasselbe wurde jedoch der Schubkarren nicht sofort verdrängt. Lange nachher noch begannen Viele immer wieder ihre Laufbahn mit dem Schubkarren, da nicht jeder von Haus aus so viel Capital besaß, um gleich eine ganze Glasfuhre anrüsten zu können, und Manche mögen es nach wie vor der Bequemlichkeit halber vorgezogen haben, sich lieber mehrere Schubkarrenführer zu miethen, mit denen sie in förmlichen Karavanen auf den Landstraßen einherzogen. Die so nahe Wasserstraße der Elbe blieb gleichfalls nicht unbeachtet; nur setzten ihrer Benützung lange Zeit hindurch die Hindernisse ein Ziel, welche Sachsen der Verschiffung von Gütern in den Weg legte, die es selbst nicht unumgänglich brauchte.

Wenn wir die Art und Weise in's Auge faßen, in welcher der böhmische Glashandel betrieben wurde, so nehmen wir drei wesentlich verschiedene Formen wahr.

Zuerst tritt er in der Form des Hausirens und Marktfahrens auf. Ob mit Fuhre oder Schubkarren, im Wesen blieb es immer ein Herumziehen von Ort zu Ort, von Land zu Land. Durch die Summe der vielen Einzelnleistungen und durch seine Ausdehnung erhebt sich aber der Handel auch in dieser Form zum Range eines Großhandels. Na= mentlich seine Ausdehnung drückt ihm dieses Gepräge auf. Weit über das ursprüngliche Versuchsfeld, die norddeutschen Länder, hinaus, nach Polen und den Ostseeländern, nach Rußland bis Moskau und vielleicht weiter, nach Holland, Italien, Ungarn und Siebenbürgen, nach der Moldau und Wallachei bis nach Adrianopel hinab ziehen die kühnen Männer aus Nordböhmen. Das Meer steckt ihren Fahrten keine Gränze. Von Stralsund segeln sie nach Riga, von Hamburg nach London und von Varna nach Konstantinopel; Kopenhagen und Stockholm werden aufgesucht und über Archangel in wenig Jahren „viel hundert Tausend Glas" in das Innere von Rußland vertrieben. Frühzeitig müßen sie auch mit ihren Waaren an den Küsten von Portugal und Spanien — von Cadiz wird es aus dem Jahre 1691 ausdrücklich berichtet — ge= landet sein, welche Länder später nebst Holland die Hauptemporien ihres überseeischen Handels werden sollten. Ohne Frage war der Wanderbe= trieb eine Vorschule für ihren dereinstigen kaufmännischen Beruf, wie es keine bessere geben konnte. Zu vielen der Eigenschaften, welche in der Folge Generationen hindurch den Charakterzug der böhmischen Glashändler ausmachen, als: Unternehmungsgeist, mit Findigkeit, kluger Benützung der Umstände und Ausdauer gepaart, Gewöhnung an kör= perliche und geistige Anstrengung, Genügsamkeit und Selbstbeherrschung wird da schon der Keim gelegt. Sie lernen aber auch Länder und Men= schen, ihre Einrichtungen, Sitten und Gewohnheiten, ihr Bedürfen und Vermögen kennen und bringen so von ihren Wanderzügen eine Fülle nützlicher Kenntniße und Erfahrungen nach Hause. Nicht zu vergeßen endlich der mannigfachen Anknüpfungen mit Kaufleuten, Speditions= und Bankhäusern und Schiffsrhedern, wodurch sie allgemach in die ei= gentliche kaufmännische Bahn eingelenkt werden.

Nach einigen kurzen Uebergangsversuchen war das Geschäft mit einem Male in seiner zweiten Phase angelangt, welche wir als gesell= schaftlichen Faktoreibetrieb kennzeichnen möchten. Diese zweite Phase schreibt sich von dem Aufenthalte unserer Glashäusirer in den Seestädten her. Eine neue Welt war ihnen da aufgegangen. Hier hatten sie die

Landesprodukte aus dem Inneren und die Erzeugnisse der fremden Län=
der und Zonen zusammenströmen und deren gegenseitigen Austausch mit
Anwendung der sinnreichsten und zweckmäßigsten Behelfe und Einrich=
tungen leicht und sicher bewerkstelligen gesehen. Mußte das in den Män=
nern, die so scharf zu beobachten gewohnt waren, nicht den Gedanken
wachrufen, hier seien die Punkte gegeben, wo sie einsetzen mußten, um
ihren Handel emporzubringen, von wo aus sie ihre Glaswaaren am
Leichtesten sowohl in das jeweilige Binnenland, als auf die überseeischen
Märkte bringen und wo sie auch am Vörtheilhaftesten über die Waaren,
welche sie mitunter im Tausche (baratto) statt in Geld für ihr Glas
empfingen, disponiren konnten? So war es in der That. Der Aus=
führung des rasch gefaßten Entschlußes stellte sich jedoch ein erhebliches
Hinderniß in den Weg. Beim Hausirhandel konnten die Arbeiten recht
gut von einem allein bewältigt werden, da sie nach den Jahreszeiten
abwechselten. Im Sommer ging er auf Reisen, im Winter brachte er
zu Hause seine Angelegenheiten in Ordnung und sorgte für neue Waa=
ren. Auch der Aufwand an Capital überstieg nicht ein mäßiges Ver=
mögen, und zwar um so weniger, als die Geschäfte meist gegen Baar=
zahlung gemacht wurden. Dauernde Niederlaßungen hingegen setzten
wegen ihres viel weiter gezogenen Spielraumes und weil sie sich auf
ständige Geschäfte im Heimathsorte, denen der Verlag mit Inbegriff
der Raffinerie zufiel, stützen mußten, viel mehr Arbeits= und Capitals=
kraft voraus, als dem Einzelnen zu Gebote standen. Um über diese
Schwierigkeit hinwegzukommen, nahm man zur Vergesellschaftung die
Zuflucht, die sich in der Gründung der sogenannten Glashandlungs=
compagnien vollzog.

Merkwürdiger Weise bildete dieses neue Element den geraden Ge=
gensatz zu der bisherigen Entwicklung. Während der Wanderbetrieb un=
geachtet mancher Anflüge von Zusammenwirken auf der uneingeschränkten
Bethätigung der individuellen Einsicht und Kraft beruhte, forderte der
Compagniebetrieb unbedingte Unterwerfung unter den Gesammtwillen,
wie er sich in Herkommen und Satzung der Gesellschaft oder in den in
letzterer vorgesehenen Abstimmungen der Mitglieder ausprägte. Trotz
dieses Gegensatzes oder vielleicht eben wegen desselben griff die gesell=

schaftliche Organisation rasch um sich, bis sie das geschäftliche Leben vollständig beherrschte, ja vielfältig ihren Einfluß selbst auf das Familien- und bürgerliche Leben erstreckte.

Unter der Aegide der mit einem reicheren Maaß von Kräften ausgestatteten und von den Zufällen des Einzelnlebens weniger abhängigen Compagnien durfte man schon an weiter aussehende Unternehmungen denken, wie es feste Niederlaßungen in fremden Ländern waren, und mit der ihnen eigenen Energie schritten auch die Glashändler ohne Zögern an's Werk. Bald war der Küstensaum des europäischen Festlandes von St. Petersburg bis Konstantinopel mit solchen Niederlassungen besetzt. Man findet deren verzeichnet zu St. Petersburg, Reval, Libau, Riga, Kopenhagen, Lübeck, Hamburg, Bremen, Amsterdam, Leyden, Haag, Rotterdam, Dordrecht, Middelburg, Bordeaux*), San Sebastian, Bilbao, Santander, Ferrol, Coruña, St. Jago, Vigo, Oporto, Lissabon, Sevilla, Cadix, Malaga, Valencia, Alicante, Barcelona, Marseille, Livorno, Neapel, Palermo, Ancona, Triest, Konstantinopel. Von diesen Niederlaßungen aus, zu denen noch einige in Binnenstädten wie zu Madrid, Valladolid, Mailand, Lyon, Paris, Nancy, Straßburg, Brüssel, Amersfort, Utrecht, Leeuwarden und Frankfurt a/M. kamen, versorgten die Glashändler die inneren Märkte und streckten ihre Fühler immer weiter über die See hinaus. Es wurden sogar einige Etablissements in fremden Welttheilen, als zu Smyrna, Beyrut, Kairo, Mexico, Baltimore und New-York errichtet.

Wie einmal die Glashändler in den fremden Plätzen festen Fuß gefaßt und daselbst einen kaufmännischen Apparat geschaffen hatten, fanden sie es, um denselben angemessen und lohnend zu beschäftigen, allenthalben für zuträglich, den Wirkungskreis zu erweitern. Vor Allem wurden, da aus Böhmen nicht alle gangbaren Gattungen zu erhalten waren, die Glaslager completirt. So mit bairischem Tafelglas, mit thüringer und englischen Glaswaaren, später auch mit Paderborner,

---

*) Havre und Nantes fehlen in den bisher aufgeschloßenen Quellen. Nach Nantes aber wurden von böhmischen Glashändlern öfter Reisen unternommen Es ist daher wahrscheinlich, daß auch dort Niederlaßungen bestanden.

Münzthaler, holländischem, belgischem und französischem Glas. Außer Glas wurden mitunter noch andere Artikel böhmischen Ursprunges, namentlich Leinwand, in den Niederlagen geführt. In Portugal ging man nach dem dortigen Einfuhrverbote ganz zu Leinwand über. In Spanien warf man sich nebstbei auf holländische Thonwaaren, auf Remscheider Eisenwaaren, auf Nürnberger, englische und andere Waaren, was man insgesammt unter der Benennung „Kramerei" begriff. Aehnlich wurde es in Amsterdam und vielleicht auch anderwärts gehalten. Dazu kamen noch die Artikel, die man in Tausch für Glas annahm, wie Tabak in Spanien, Pelzwerk und Juchten in Rußland. Kurz, nichts wurde verschmäht, was halbwegs in den geschäftlichen Rahmen paßte und Gewinn versprach, und mit dem Exporthandel, welcher, zumal in Glas, in der Regel die Hauptsache bildete, wurde der Einfuhr- und Zwischenhandel, letzterer zuweilen in gar nicht unbedeutenden Dimensionen, betrieben.

Ueber ein Jahrhundert lang erhielt sich diese Betriebsweise. Endlich ereilte auch sie das Loos alles Irdischen. Die Glasfabrikation anderer Länder, namentlich Englands, Frankreichs und Belgiens, hatte Fortschritte gemacht, mit denen die böhmische nicht gleichen Schritt gehalten, obgleich von Zeit zu Zeit deutlich genug Mahnungen herübergeklungen waren. Inzwischen hatte sich auch in den Compagnien Manches geändert. Das Eingehen von Ehen war leichter und die Zahl der Mitglieder und Familien immer größer geworden, welche an den Gesellschaften zehrten. Durch das Zusammenwirken beider Ursachen — von anderen mehr zufälligen Einflüßen abgesehen — entstand ein Mißverhältniß zwischen Ertrag und Verbrauch, wodurch nothwendigerweise das Geschäft geschwächt werden mußte. So lange die französischen Kriege dauerten, erschien das Uebel noch weniger bedenklich, denn es waren theils die concurrirenden Länder selbst viel zu tief in den Krieg verwickelt, als daß sie die ganze Wucht ihrer Concurrenz auf industriellem Gebiete hätten äußern können, theils schob man Vieles, was tiefere Ursachen hatte, auf den Krieg und tröstete sich mithin auf bessere Zeiten nach dessen Beendigung. Doch die folgenden Friedensjahre ließen über den kranken Zustand des Geschäftes keinen Zweifel mehr. Es löste sich nun von den Glashandlungscompagnien eine nach der anderen auf. Eine neue Organisation des Glasgeschäftes war unvermeidlich, sollte dasselbe nicht ganz verloren gehen; ihre Form hing jedoch nicht mehr von der freien Entschließung der Betheiligten ab, sondern war von den Verhältnißen selbst gegeben.

Wie eine Fluth hatten sich einst die böhmischen Glashändler über Europa ergoßen, bis sie in den Seeplätzen einen Halt, aber auch einen Punkt zu weiteren Anknüpfungen fanden. Nun hatte sie die Woge des Geschäftes wieder zurück in die heimathlichen Berge geworfen, und von all' Dem, was sie in den Bereich ihres Handels gezogen, war ihnen nichts geblieben, als das böhmische Glas. Allein auch in dem Vertriebe dieses einen Artikels war die Initiative ihren Händen entglitten. Während sie früher die Käufer selbst aufgesucht und ihnen gleichsam die Waare in's Haus getragen hatten, mußten sie jetzt warten, bis Käufer und Bestellungen sich einfanden. Mit einem Worte, sie waren aus dem Activhandel in den Passivhandel gedrängt worden und das Geschäft hatte sich aus dem Niederlagsbetriebe in ein einfaches Export- oder Lieferungsgeschäft umgewandelt, in deßen Geleise es sich noch heute bewegt.

Das sind ungefähr die allgemeinsten Umriße der Geschichte des böhmischen Glashandels, soweit sie sich nach den bis jetzt aufgedeckten Quellen entwerfen laßen. Welch' reiches Detail gäbe es aber, sie auszufüllen! Selbst gegenwärtig schon, wo mit der Quellensammlung noch kaum der Anfang gemacht ist. Wie erst dann, wenn diese umfaßend und systematisch in Angriff genommen würde! Fürwahr, auf die Ergebniße solcher Forschungen gestützt, müßte eine Geschichte des böhmischen Glashandels und der Glasindustrie zu Stande gebracht werden, so intereßant und lehrreich, wie es nur immer die eines Handels- und Gewerbszweiges ist. Freilich wären auch die Anforderungen nicht gering, die eine solche Aufgabe voraussetzt. Mit historischer Auffaßung und Gestaltungskraft müßte sich technisches und kaufmännisches Wißen verbinden und auch das Handelsrecht und seine Geschichte müßte fleißig zu Rathe gezogen werden, um die Schöpfung der Glashandlungscompagnien richtig zu beurtheilen und insbesondere herauszufinden, was eigenthümlich daran und was etwa von anderswoher entlehnt sei.

Es ist auffallend, daß man in der älteren Literatur keiner Erscheinung begegnet, die eine Vorstellung von der eigenthümlichen Entwicklung und Bedeutung des böhmischen Glashandels verriethe. Die Größe des Umsatzes und die Ausbreitung der Handelsbeziehungen ist Alles, was man der Beachtung werth hält. Selbst Schreyer, der doch noch das Compagniewesen in seinem aufrechten Bestande vor Augen hatte, und welchem als Commercialinspector von Böhmen die nöthige Einsicht nicht abgesprochen werden kann, geht, obgleich er es berührt, ziemlich gleichgültig darüber hinweg. Von einem Bestreben, den Anfängen des Glashandels und den Ursachen seiner Ausbreitung nachzuforschen, keine Spur. Und doch wäre das damals noch so leicht gewesen! *) Erst zwei in jüngster Zeit erschienene Publicationen ließen, jede von einer anderen Seite, einen Blick in das bis dahin kaum geahnte wunderbare Triebwerk des alten böhmischen Glashandels thun. Wir werden später auf diese Schriften zurückkommen. Ehebevor scheint es geboten nachzusehen, was die bisherige Literatur über die Entstehung der Glasindustrie und ihre Schicksale bis zum Hinzutreten des Handels darbietet.

Glaser, Spiegler, Schmelzmacher kommen schon frühzeitig in Prag vor. Die Glaser wurden der 1348 gegründeten Malerbruderschaft einverleibt und unter den Künstlern, **) welche sich um 1390 am Hofe der

---

*) Joseph Schreyer, Kommerz, Fabriken und Manufakturen des Königreichs Böhmen. I. und II. Prag und Leipzig 1790 — Waarencabinet oder Niederlage der in Böhmen erzeugten Waarenartikel und Naturprodukte, dann der damit betreibende Handel. I. und II. Prag und Leipzig 1799.

**) W. W. Tomek, Geschichte der Stadt Prag. II. Prag 1871 (böhm.). — Das Buch der Malerzeche in Prag — von M. Pangerl. Mit Beiträgen von A. Woltmann. 13. Bd. der von R. Eitelberger von Edelberg hgg. Quellen zur Kunstgeschichte. Wien 1878. — Bienenberg, Geschichte der k. Kreisstadt Königgrätz. I. S. 191. — Versuch einer Geschichte des böhmischen Handels von F. L. Hübsch. Prag 1849. Was der letztgenannte Schriftsteller (Seite 230 — 234) von Glasarbeiten an der Prager Domkirche und an dem Schloße Karlstein erzählt, ist gewiß sehr interessant; nur gibt es leider keine Anhaltspunkte zu der Annahme, daß dazu in Böhmen erzeugtes Materiale verwendet worden wäre. Ob daher schon zu Karl IV. Zeit in Böhmen Krystall- und Tafelglas verfertigt wurde, wird, obgleich es der Verfaßer fest vermuthet, noch immer dahingestellt bleiben müßen. Wahrscheinlicher wird dieß, wenn auch nicht bezüglich des Krystallglases, um die Mitte des XV. Jahrhundertes, aus welcher Zeit der Verfaßer das Zeugniß des Aeneas Sylvius über den bereits im Lande sehr verbreiteten Gebrauch von Glas citirt. „Ich behaupte, schreibt Aeneas Sylvius in seiner Geschichte von Böh-

Königin Elisabeth zu Königgrätz aufhielten, werden auch Glasschneider genannt. Nicht aber von derlei Glaskünstlern ist der Ursprung der böhmischen Glasindustrie herzuleiten, sondern von der ersten Glashütte. Wann, wo und von wem diese errichtet worden, darüber hat man keine Gewißheit. Es heißt zwar, unter einem Herrn Peter Berka von Duba und Lipa sei eine Glashütte bei St. Georgenthal erbaut worden, und man glaubt diese für die älteste halten zu dürfen. Man hat aber bisher keinen anderen stichhaltigen Beleg dafür, als daß beim Baue der böhmischen Nordbahn 1867 unfern von St. Georgenthal alte Mauer= reste und Glasschlacken zum Vorschein gekommen sind, die von dem Be= stande einer Glashütte daselbst zeugen. Wann und von wem dieselbe erbaut wurde, wird aber dadurch nicht erwiesen. Auch von einigen be= nachbarten Orten wird gesagt, daß sie schon in alter Zeit, Daubitz 1442, Falkenau 1443 und Kreibitz 1504, Glashütten (die letztgenannte von Ammon Friedrich angelegt) hatten.*) Da jedoch bei den diesfälligen Angaben die Urquellen nicht bemerkt sind, so muß ihre Richtigkeit einst= weilen dahin gestellt bleiben. Von Falkenau ist die um 87 Jahre zu frühe Datirung der Errichtung bereits sichergestellt (siehe 1). Immer= hin sind das die ältesten Nachrichten von Glashütten in Böhmen. So lange daher keine begründeteren Ansprüche von anderen Orten erhoben werden, muß der Gegend, wo der Glashandel zuerst auftauchte, auch die Ehre vorbehalten bleiben, als die Heimath der Glaserzeugung zu gelten.

Wie die ersten Glashütten in den übrigen Landestheilen entstanden, ob sie von den Trägern der nordböhmischen Industrie oder ihren Fami=

men, daß zu n.einer Zeit (er kam 1451 als Abgesandter des Kaisers zuerst nach Böh= men) in ganz Europa kein Königreich mit so vielen prächtigen und besser ausgezierten Kirchen versehen ist als Böhmen. Diese Gebäude sind überaus hoch, von einer kühnen Länge und Breite, mit Quadersteinen überwölbt, die emporgerichteten Altäre strotzen von Gold und Silber, in welches auch die Reliquien der Heiligen gehüllt sind. Die Kleider der Priester sind mit Perlen reichlich besetzt, alles Gewand überhaupt reich, das Kirchen= geräthe überhaupt kostbar, das Licht fällt durch hohe und sehr weite Fenster aus hellem und künstlich verfertigtem Glase hinein. Und alles dieses ist nicht blos in den Städten und Marktflecken, sondern sogar in den Dörfern anzutreffen."

*) Böhmen, Leitmeritzer Kreis. Von Joh. Gottfried Sommer. Prag 1833. — Nordböhmen auf der Wiener Weltausstellung von Dr. H. Hallwich. V. Reichenberg 1873 — Nachrichten über Steinschönau von P. Horner Josef.

lienangehörigen oder von anderen Unternehmern, sei es In= oder Aus=
ländern, angelegt wurden und welchen Zufällen sie ausgesetzt waren,
darüber dürfte in der Literatur wohl nicht viel aufzufinden sein. Den=
noch muß diese einmal durchforscht werden, denn wer kann wißen, ob nicht
irgendwo eine Thatsache von Belang verborgen steckt! So hat z. B.
von der Gefahr, welche über der Glasinduſtrie ſchwebte, durch Verbot
unterbrückt zu werden, bisher nichts verlautet, obwohl Graf Kaspar
Sternberg wiederholt davon ſpricht. *)

An der einen Stelle heißt es: „Auf ein Anſuchen eines Herrn
von Wiedersberg, daß eine Glashütte ihm das Holz vertheuere, erfolgte
am 1. Juli 1571 ein Befehl an die königl. Hofkammer, daß die Glas=
hütte in Muttersdorf **) abgeschafft werden solle." Graf Sternberg
macht dazu die Bemerkung: „Daß der Böhmerwald nicht eine Glashütte
neben einem Silberbergwerke zu unterhalten im Stande wäre, möchte
wohl ſchwerlich ſich Jemand träumen laßen."

Muthmaßlich auf dieſelbe Zeit bezieht ſich auch des Grafen Stern=
berg fernere Mittheilung: „Kaiſer Maximilian war eigentlich der erſte
Souverain, der ſich von der Holzverwüſtung in den Reſervatwäldern
einen reinen Begriff verſchaffte und ernſtlich gewillt war, ihr abzu=
helfen .... In einer Verbeſcheidung eines Berichtes der königl. Hof=
kammer wird befohlen, nicht blos die Glashütte in Graslitz, ſondern
alle Glashütten ſollten abgeſchafft werden; die Eiſenhütten hätten ſich
mit Windbrüchen und faulem Holze zu begnügen, das Pecheln ſei zu
verbieten, die neue Waldordnung würde demnächſt nachfolgen." „Die löb=
liche Hofkammer (meint dazu der Verfaßer) hatte ſich wohl nicht träu=
men laßen, daß die Glasfabrikatur in Böhmen einſt mehr Geld in das
Land hereinbringen werde, als die Silberbergwerke ertragen."

---

*) Umriße zu einer Geſchichte der böhmiſchen Bergwerke. Prag 1836. I. Band
1. Abth. Seite 265 und 386.
**) Es iſt das die ſub 8 der Quellen erwähnte alte Glashütte in Schwanenbrückel
und dieſelbe, von welcher Dr. Matthias Pangerl (Die Choben zu Taus. Prag 1875.
S. 65) erwähnt, „daß ſchon Herr Heinrich von Schwamberg zu Pfrauenberg, welcher
ein Stück Wald von dem Tauſer Königreich annectirt hatte, darin bereits vor dem J. 1579
eine Glashütte, die erſte im Tauſer Chobenboden, errichtet hat."

Zwei Jahrhunderte später, wo doch die Lichtung der Wälder noch viel weiter vorgeschritten sein mußte, greift man schon zu keinen Verboten mehr, die übrigens auch dazumal nur auf dem Papiere geblieben, sondern ermuntert lieber (Hofdecret vom 11. September 1786) zur Anwendung der Steinkohlen bei der Glaserzeugung durch das Versprechen von ausschließenden Privilegien. Allein schon ohne Rücksicht auf solche waren (1767) dießfällige Versuche in der Horowitzer Glashütte angestellt worden. *)

Auch Balbins Aufsatz: Ueber die Glashütten in Böhmen, welche die vorzüglichen sind," ist unseres Wissens bisher nirgends benützt worden, obgleich er bei aller Oberflächlichkeit sehr schätzenswerthe Mittheilungen enthält. Wir laßen ihn in möglichst treuer Uebersetzung folgen. **)

„Die völlig eigenthümliche Kunst des Glasmachens (eine treffliche und, paralysirte nicht bei uns die Menge den Preis, überaus kostbare Frucht der Chemie) so wie die Werkstätten dieser Kunst sind so zahlreich bei den böhmischen Wäldern anzutreffen, daß Böhmen die benachbarten und entfernten Gegenden übertrifft. Im Bechiner Kreise werden jene von Beneschau, im Chrudimer jene von Heraletz empfohlen; auch Krajeticium (?) und Birckstein erzeugen Glas; die Herrschaft Pürglitz überragte seit der Väter Gedenken alle anderen an Zahl der Arbeiter (operarum frequentia). Wer möchte sie sämmtlich aufzählen, da wir seit Jahren von 20 neu entstandenen Hütten wissen und jeden Tag welche neu entstehen? (cum ab annis 20 novas excitatas officinas sciamus & propediem excitandas). Kurz, es gibt fast keinen Kreis mit Ausnahme etwa des Moldaukreises in Böhmen, welcher keine Glashütte hätte; manche besitzen mehrere, wie der Königgrätzer und Pilsner. Die Hülfsmittel zu dieser Arbeit bietet die äußerst waldreiche Gegend selbst und, was ich von Hüttenmeistern öfter gehört habe, eine gewiße Holzgattung, an welcher Böhmen Ueberfluß hat, woraus die Asche und das Pulver ein sehr geeignetes Material zum Glasmachen bildet, so daß ohne dieses Pulver die ganze Kunst zusammenfallen würde, und es noth-

---

*) Schreyer, Kommerz u. s. w. II.
**) Miscellanea historica regni Bohemiae. Pragae 1679. I. Cap. 21.

wenbig wird, diese Asche aus einzelnen Wäldern des Landes weit in ent-
fernte Gegenden, welche deren entbehren, zu transportiren und zu verführen.
Die Reichenauer Glashütte des Prager Fürsterzbischofs, die Bistritzer der
Grafen Slawata, Braumowensis (?), die zu Poritz, Krmman, bei St. Anna
von der hl. Quelle, wie sie das Volk nennt, von Hirschenwiesen (Gelení
Lauka?), Kreibitz, Falkenau, Pramensis (?), Przibeticensis (?),
Sebusin (Sebisensis), Skworetz, Grünwald (Krumwaldensis),
Pauerhittensis (?) bei Heiligenkreuz gelegen, zu Breitenbach bei Joa-
chimsthal, Natschung oder Natzschlau hinter Görkau, Schwarzbach, Starkenbach, Binaberg (Binnebergensis?) und in Wrzistic (?) unweit
von Heraletz, in Dobravoba bei Beneschau (wie kurz vorher erwähnt)
im Bechiner Kreise 2c. In einigen werden so durchsichtige, glänzende,
reine und feingezogene Gläser geblasen, daß die Verkäufer durch sehr
hohe Preise in's Reich und nach ganz Deutschland gelockt werden. Die
Grafen Kaunitz haben kurz vor der gegenwärtigen Zeit bei Neuschloß
das Formenspiel (ludum), um mich dieses Ausdruckes zu bedienen, der
kostbarsten Gläser eröffnet, welche an Durchsichtigkeit und Glanz beinahe
dem Krystalle glichen. Als Zeugen hiefür habe ich ganz Böhmen. Alle
Tische der Großen und des Adels werden heutigen Tages mit Gläsern
dieser Art besetzt und sie stachen, wenn die Arbeit ging, alle übrigen
Glashütten aus. Nun höre ich, daß die Arbeit, aus welcher Ursache
weiß ich nicht, stocke. Heute übertrifft, wie ich vernehme, die Planer
Hütte in der Gegend von Pilsen an Schönheit und den übrigen Eigenschaften (caeterisque varietatibus) der Gläser alle anderen Hütten
und gibt in der Kunst den Ton an. Mehrere andere Glashütten bei
uns würde ich anführen, wenn, wie jener sagt, darin das Heil Griechen-
lands gelegen wäre. Die einzige Chrudimer Provinz kann sich des Bestandes von vier Glashütten, in denen Tag und Nacht geschmolzen wird,
rühmen. Ich glaube kaum den dritten Theil der Glashütten aufgezählt
zu haben . . . ."

Der Werth dieses etwa um 1675—1676 abgefaßten Berichtes
liegt zunächst in der Meldung der Thatsachen, daß um jene Zeit die
Glashütten bereits zahlreich, selbst bis in die östlichen und südöstlichen
Landestheile, verbreitet waren, und daß das böhmische Glas in ganz

Deutschland seinen Absatz fand. Auch die Angabe der Sitze der Glashütten ist willkommen; nur bleiben mehrere noch sicherzustellen. *)
Trügt Balbins Aeußerung über die Kannitz'schen Gläser nicht, so wäre
dazumal auch schon Krystallglas erzeugt worden, was einigermaßen im
Widerspruch stände mit der Bemerkung Kreybichs, daß 1686 noch kein
gutes Glas „bei uns" d. i. in der Gegend von Steinschönau, welcher
doch Neuschloß nicht so weit fernab liegt, gemacht ward. Aller Wahrscheinlichkeit nach ist die gräflich Kannitz'sche Glashütte dieselbe, welche
Sommer (siehe die folgende Anmerkung) zu Robitz anführt.

In Ermangelung direkter Nachrichten dürfen wir auch jene Art
von Daten nicht verschmähen, die geeignet sind, uns auf Umwegen
zur Ermittlung alter Glashütten zu führen. Solche Daten sind insbesondere die Namen von Orten, welche auf ehemals daselbst bestandene Glashütten hindeuten. Wohl wird meist die Zeit der Anlage und
die Dauer des Betriebes nicht gegeben sein; doch ist es schon von Werth,
die topographische Verbreitung der Glashütten zu kennen.**) Hie und
da werden sich aber gewiß noch weitere Erforschungen dazu gesellen.

---

*) Bei einigen dürfte der verwandte Klang des Namens auf die Spur helfen, als bei
Krajeticium — Reydiz?

Braumoviensis — Braun auf der Herrschaft Pürgliz? (Auch Braunau wird
Broumovia genannt).

Hirschenwisen-is (Goloni Lauka) — Laulau auf dem früher selbstständigen
Gute Laulau, nun zum Dominium Groß-Lipniz gehörig? Auch Schaller in seiner Topographie des Königreichs Böhmen (1787) und Sommer nennen diese Glashütte.

Przibeticensis — Přiwětiz auf dem D. Radniz?

Pauerhittensis — Neubauhütten oder Neubauhütten?

Wrlstio — Brlns nicht weit von dem Heralez im Czaslauer Kreise entfernt?

**) Herr Professor Paudler in Böhmisch-Leipa hat seine auch sonst mehrseitig be-
währte Theilnahme für dieses Werk weiters dadurch bethätigt, daß er sich der Mühe
unterzog, die Orte, deren Namen auf ehemalige Glashütten hinweisen oder an denen
der Bestand von solchen ausdrücklich bemerkt ist, aus Sommers Topographie von Böhmen zusammenzustellen.

Leitmeritzer Kreis 1833.

Robitz, Dominium Neuschloß. „Es sind auch Spuren einer alten Glashütte vorhanden."

Fallenau, D. Bürgstein. „Hier bestand früher eine der ältesten Glashütten in
Böhmen."

Bunzlauer Kreis. 1834.

Hoffnung, D. Reichstadt. „Spuren von hier bestandenen Eisenhämmern und
Glashütten."

Mit dem Auftreten des Glashandels hört die Vereinzelung des Glashüttenbetriebes auf. Ein Zweig ist auf den anderen angewiesen,

Ober-Lichtewalde, D. das vorige. „Spuren von Glashütten, die früher hier bestanden und wahrscheinlich durch die Schärer von Waldheim betrieben worden, finden sich hier gleichfalls.“

Krombach, D. das vorige. „Soll früher Drei Linden geheißen und mit einigen der vorangeführten Ortschaften ein eigenes Gut gebildet haben, deren Besitzer sich Waldheim bei Drei-Linden genannt haben sollen.“

Straßdorf, D. Hühnerwasser. „Hier befand sich vor mehreren Jahren eine Glashütte.“

Labau, auch Labauhütten, D. Kleinskal. „Vordem bestand hier eine Glashütte.“

Friedrichswald, D. Reichenberg. „Die früher bestandene Glashütte wurde wegen zunehmendem Holzbedarf der Stadt Reichenberg 1807 cassirt.“

Glasersdorf (Sklonakfice), D. Semil. „Hat den Namen von einer früher hier bestandenen Glashütte.“

Bidschower Kreis 1835.

Wittowitz, D. Starkenbach. „Die am n. Ende des Ortes .... liegenden Häuser werden „bei der Hütte“ genannt; früher war hier eine Glashütte, welche im J. 1651 errichtet und erst 1794 cassirt wurde; das Hüttengut wurde von der Obrigkeit wieder eingekauft und emphyteutisirt.“

Sahlenbach, D. das vorige. „Vordem war hier eine Glashütte.“

Friedrichsthal, D., das vorige. „Hier war vordem ein Eisenhammer, welcher 1798 cassirt wurde, und noch früher eine Glashütte.“

Hultendorf, D. das vorige?

Glasendorf, D. Wilbschütz. „Früher soll hier eine Glashütte gewesen sein.“

Hüttenhof bei Arnsdorf, D. Hermanseifen?

Königgrätzer Kreis 1836.

Lampersdorf, D. Schatzlar. „Die hiesige Glashütte Blumberg genannt, in welcher bei Steinkohlenfeuer ordinäres Hohlglas erzeugt wurde, ist seit dem Jahre 1821 außer Betriebe.“

Hüttendorf, auch Althütte genannt, D. Solnitz. „Verdankt seine Entstehung einer nunmehr eingegangenen Glashütte.“

Czaslauer Kreis 1843.

Althütten (Staré hutě), D. Patzau, nächst Čestin?

Großdorf (volká ves), D. Lukawetz? „10 Minuten abseits liegt der obrigkeitliche Maierhof Althütten, ein Name, der entweder auf eine sonst hier bestandene Glashütte oder auf eine Schmelzhütte, zu der Zeit, wo noch Bergbau stattfand, hindeutet.“

Althütten nächst Kejžlitz, D. Lipnitz? [Vielleicht der Standort der zu Sommers Zeit noch betriebenen „Lipnitzer Glashütte.“]

Kaufimer Kreis 1844.

Zalibrua bei Podwel, D. Katan. „Vor beiläufig 140 Jahren war an dieser Stelle eine Glashütte, von der Spuren zu finden.“

Poritsch bei Čerenitz, D. Sternberg. „Vor etwa 100 Jahren war hier eine Glashütte.“

Xaverow, D. Wostředel. „Der Ort hieß sonst auch von der hier bestandenen Glashütte Hut und war entstanden auf den Gründen des 1780 emphyteutisirten Maierhofes Xaverow.“

um so mehr, als es kein selbstständiges Mittelglied gibt, da auch die Raffinerie weit überwiegend in Händen der Händler, und, wo dies nicht

Taborer Kreis 1842.

Téchobus, auf dem gleichnamigen D. „Die ehemals in T. bestandene Glas=fabrik ist in den letzten Jahren aufgehoben worden. Schon zu der Zeit, als die Fa=milie Adler das Gut besaß (vor 1778), war hier eine Glasfabrik, welche aber später ein=ging und erst von dem († 1809) Vater des gegenwärtigen Besitzers (Hoffmann) wieder ins Leben gerufen wurde.“

Unter=Glashütten (Unterhütten, dolní hutě), D. Neu=Reichenau. „Die ehemals hier bestandenen Glashütten sind schon im vorigen Jahrhundert eingegangen.“

Althütten bei Tirmnitz, D. Černowitz, ein Forst= und Hegerhaus im Walde, „an dessen Stelle vor ungefähr hundert Jahren eine Glashütte gestanden.“

Althütten, auch Baborka genannt, bei Castrow, D. Kamenitz und Castrow, mit einem obrigkeitlichen Maierhofe „Althüttenhof.“ „Dieser hatte noch im vorigen Jahr=hunderte eine Glashütte.“

Althütten, D. Neubistritz, „war vordem eine Glashütte.“

Leimbau oder Leimbaum, D. das vorige. „Vordem war hier eine Glashütte“.

Ober=Glashütten (horní hutě), auch Neuhütten, D. Neu=Reichenau?

Budweiser Kreis 1841.

Glashütten, D. Chlumetz, „hat eine obrigkeitliche Glasschleiferei in dem Ge=bäude der ehemals hier im Betrieb gestandenen Kreiblischen Glashütte, welcher der Ort seine Entstehung verdankt.“

Althütten, D. Gratzen. „Abseits liegen . . . die alte oder Mühlberger Glashütte, welche aber schon längst eingegangen ist.“

Puchers, Buchers, D. das vorige. „Vor dieser Zeit (1788) war hier nur eine Glashütte.“

Johannesthal, D. das vorige. „Die sonst hier bestandene Glasfabrik ist nach Schwarzthal übertragen worden.“

Theresieudorf, D. das vorige. „Abseits liegen die Einschichten . . . There=sienhütte, Dominicalansiedlung an der Stelle der ehemals hier bestandenen gleich=namigen Glashütte.“

Kapellen, D. Hohenfurt. „Einer noch vorhandenen Urkunde zufolge bestand um das Jahr 1679 in der Nähe dieses Dorfes eine Glashütte.“

Stögenwald, D. Krumau. „Einige Häuser werden Glashütten genannt, von einer ehemals hier bestandenen Glashütte, welcher der Ort seine Entstehung verdankt.“

Teutschhaidl (Maňava německá), D. das vorige. „Dazu gehören die . . . . Glashöfe, zwei Bauernhöfe, vormals eine Glashütte.“

Althütten (stará hut), D. das vorige. „War ehedem eine Glashütte.“

Miesau, D. das vorige. „Aus einer vormals daselbst bestandenen Glashütte entstanden.“

Spiegelhütte, D. das vorige. „Hat seine Benennung von einer Spiegel=glashütte, welche aber vorlängst eingegangen ist.“

Neuhütten, D. Gratzen?

Roßnitzhütten, D. Hohenfurt?

Althütten bei Böhm. Haidl?

der Fall, in jenen der Glaserzeuger liegt. Darum wird der Ueberblick über die folgende Literatur am besten gleich alle drei Zweige zusam=

Prachiner Kreis 1840.

Stögerhütten, D. Wallern. „Ehemals eine Spiegelglashütte und zwar eine der ältesten in Böhmen, denn ihrer wird in dem i. J. 1591 von Wilhelm von Rosenberg dem ehemaligen Besitzer Sigmund Stöger ertheilten Privilegium schon als Spiegel= hütte gedacht."

Die folgenden Orte bis „Stubenbach" befinden sich auf dem Dominium Winter= berg, als:

Glashütten (Sklåře) „verdankt seine Entstehung einer Glashütte, welche in sehr früher Zeit hier bestanden haben soll."

Korkushütten. „Der Ort verdankt seine Entstehung einer Glashütte, welche nach Lichtung der Waldung eingegangen ist."

Dazu gehören die zwei Einschichten:

Schlemmerhütte, „vordem eine Glashütte" und

Althütten oder Hüttenhof, „eine ehemalige Glashütte."

Tafelhütte, „eigentlich Toffelhütte, vormals eine Glashütte, nach ihrem Be= sitzer Christoph [Toffel] genannt."

Maierhütte, Mandelhütte, auch Weberhütte genannt, eine Einschichte zu Ober= wuldau gehörig, „war vordem eine Glashütte."

Lubohütte, auch Pobscheiderhütte genannt, „war vordem eine Glashütte."

Birkenhütte, auch Schlemmerhütte, Birkenberger Hütte genannt, eine Ein= schichte zu Mitterberg gehörig, „ehemals eine Glashütte."

Birkenhaid, auch Birkenberger Haid, Schlemmerhütte und Betelhäuser ge= nannt. „Hier war vordem eine Glashütte, in welcher hauptsächlich Glasperlen (auch Beteln genannt wegen ihrer Verwendung zu Rosenkränzen) erzeugt wurden."

Rabenhütten, auch Kubischhütten genannt, „war vordem eine Glashütte."

Neubusk oder Neu=Michelhütten, eine Einschichte, zu Ferchenhaid gehörig, „sonst eine Glashütte."

Helmbach oder Muselhütten? [Siehe Seite XXIX.]

Röhrenbergerhütte, auch Adlerhütte? [Siehe Seite XXX.]

Stubenbach, D. Stubenbach. „Die erste Gründung geschah im J. 1750 durch Lorenz Gattermeyer, damaligen Besitzer des Gutes, welcher hier eine Glashütte anlegte. Diese Glashütte bestand als Spiegelhütte mit 2 Spiegelschleifen, dem Grafen Kinsky ge= hörig, bis zum J. 1824."

Grünberger Hütte, auch Hütten, D. das vorige, „war vordem eine Glashütte."

Fischerhütten, D. das vorige. „Vordem war hier eine Glashütte."

Philippshütten, D. das vorige. „Vordem war hier eine vom Grafen Philipp Kinsky angelegte Glashütte. Der Ort ist erst seit dem J. 1800 entstanden."

Mehlhüttler Waldhäuser, Einschichte zu Mehlhütten (Lhota masáková), D. Groß=Zdikau, gehörig. „Der Ort verdankt seine Entstehung einer Glashütte und der durch diese entstandenen Waldlichtung. Die Hütte ist aber vorlängst eingegangen."

Bockhütte, ein Theil des Ortes Plane, D. Groß=Zdikau, „führt diesen Namen von einer ehemaligen Glashütte."

Althütten, der westliche Theil von Plane, „verdankt seine Entstehung gleichfalls einer Glashütte."

menfaßen. Nach dieser Episode wenden wir uns daher zu den zwei Aufsäßen, von denen gesagt wurde, daß sie zuerst Licht auf den alten

---

Biertopfhütte, zu Kaltenbach, D. Großzbilau gehörig, Einschicht mitten im Walde, „eine ehemalige Glashütte."
Grafenhütte und
Tobiashütte, beide zu Außergefield, D. Groß-Zbilau, gehörig, waren ehedem Glashütten.
Vogelsang, D. Bergreichenstein. „Hier war eine Glashütte"
Hirschenstein,
Buchingenhof und
Tiefenau, alle drei Einschichten zu Zwoischen (Svojše), T. Bergreichenstein, gehörig, ehemals Glashütten.

In dem königlichen Waldhwozd oder Gebiet der königlichen Freibauern sind nachstehende sieben Ortschaften mit ehemaligen Glashütten zu finden:

Hurkenthal. „Das Gut wurde als ein sogenanntes Hüttengut im Jahre 1732 von der damaligen Besitzerin der Herrschaft Stubenbach, Eleonora Fürstin von Mannsfeld, an Johann Georg Hafenbrädl verkauft, welcher hier eine Glashütte errichtete. Später wurden hier mehrere Glashütten betrieben und das Gut unter mehrere Besitzer vertheilt; im J. 1801 wurden jedoch diese Theile wieder vereinigt und von dem Besitzer Georg Christoph Abele eine Spiegelfabrik hier errichtet, welche zu den ansehnlichsten Industrieanstalten des Landes gehört." Die Ortschaften des Gutes sind a) Hurkenthal, ingemein Böhmischhütte genannt, mit Spiegelbelegwerkstatt u. s. w., b) Hohenstock, c) Leturnerhütte, d) Alt-Hurkenthal, leßtere drei vordem Glashütten, und e) Neuhurkenthal, dabei eine Spiegelglashütte, in welcher zuerst — 1836 — Spiegeltafeln gegoßen wurden.
Schürerhütten „vordem eine Glashütte."
Vorder- und Hinter-Schmauenhütte, „eingegangene Glashütten."
Batterlhütte (Vaterlhütte), „eine ehemalige Glaskorallenhütte."
Fürstenhütte, „vordem eine Glashütte."
Die Muckenhöfe, „vordem eine Glashütte."
Außerdem kommen in dem Gebiete der königl. Freibauern vor: Glaserwald, Althütten, Althüttengut, Enthütten, Oberhütten und Unterhütten?
Althütte, Rothsalhütte, Spiegelhütte, drei Einschichten zu Markt Eisenstein, D. Eisenstein, gehörig, waren sonst Glashütten.
Vorder-Glashütten und Hinter-Glashütten (Hutě předni a zadni), D. Rozmital. „Die ehemaligen Glashütten sind seit 1760 eingegangen."
Klattauer Kreis 1839.
Neubauhütten und Althütten, D. Xanth und Chodenschloß. „Ehemals waren hier Glashütten."
Althütten, D. Chudeniß, „war früher eine Glashütte."
Goldbrunn bei Wayer, D. Ronsberg und Wasserau, „ist eine herrschaftliche Glashütte, welche aber seit dem Jahre 1810 nicht mehr betrieben wird."
Schwanenbrückel, auch Neu-Schwanenbrückel genannt, D. Muttersdorf und Neu-Schwanenbrückel. „Früher war hier eine Glashütte, die Neuhütte genannt."
Althütten, D. das vorige. „Vordem war hier eine Glashütte."

B

Glashandel geworfen und zwar zunächst zu Kreybich's Reisebeschreibung, die Dr. Schlesinger nach dem Conrath'schen Manuscripte in den Mittheilungen des Vereines für Geschichte der Deutschen in Böhmen (VIII. 1870) veröffentlicht hat.

Oberhütten, D. das vorige, „vordem eine Glashütte."
Unterhütten, D. das vorige?
Eisendorfer Hütte, D. Heiligenkreuz. „Hier ist eine Glashütte, welche aber gegenwärtig nicht betrieben wird."
Franzelhütte oder Altzahnhütte, D. Heiligenkreuz, „war vordem eine Glashütte."
Glashütten, D. Bistritz?
Neuhütte, D. Hostau?
Glaserau (Skláře), D. Stockau?

Pilsner Kreis 1838.

Paulushütte, auch Paulusbrunner Hütte, D. Tachau, „ein an der Stelle der 1802 aufgehobenen Glashütte dieses Namens errichtetes Dominical-Dörfchen."

Inselthal, auch Inselhütte, D. das vorige, „war eine Glashütte, die schon seit längerer Zeit nicht mehr im Betriebe steht."

Glashütten, D. Weseritz. „Das Dorf hat seinen Namen von der in früherer Zeit hier bestandenen obrigkeitlichen (Gut Lechowa) Glashütte."

Wranowitz, D. Kadnitz. „Hier ist eine Glashütte, welche aber nicht betrieben wird."

Alt-Fürstenhütte oder Althütten, D. Waldheim?
Glashütten, D. Plan?
Glasau, D. Plan?

Berauner Kreis 1849.

Glashütte, w. s. w. von Schloß Zbirow, D. Zbirow. „Der Name rührt von einer ehemals hier betriebenen Glashütte her." (Sommer nennt diesen Ort zu Zbirow eingepfarrt. Wahrscheinlich ist es aber dasselbe „Glashütten", von dem er im Pilsner Kreise Seite 57 bemerkt, daß es zur Herrschaft Zbirow gehöre und nach Oberstupno eingepfarrt sei. — Auch Přiwětitz, bei Balbin genannt, liegt in der Nähe.)

Glashütte, Einschichte bei Horowitz, D. Horowitz, „führt ihren Namen von ihrer früheren Eigenschaft."

Glashütte (Sklenná hut) bei Bohutin, D. Dobříich. „Hier war ehemals eine Glashütte."

Kaloniger Kreis 1845.

Marienheim, D. Statenitz, Einschicht bei Wotwowitz, „mit einer eingegangenen Glashütte."

Althütte, D. Statenitz, Einschichte bei Wotwowitz, „Glasfabrik, die aber nicht betrieben wird." (Vielleicht identisch mit der vorigen.) (Bei Wotwowitz liegt ferner die Glasfabrik Eichthal, welche Sommer als im Betriebe befindlich anführt und die auch noch heute im Betriebe steht.)

Elbogner Kreis 1847.

Annathal, abseits Lindenhammer, D. Hartenberg. „eine aufgelaßene Glashütte."

Glashütte am Silberbach, D. Graslitz, „hat den Namen von einer vor 36 Jahren cassirten Glashütte." (Vielleicht stand da die alte Grasliger Glashütte, welche

Es ist das eine Schilderung von einem zeitbürtigen Manne von Fach aus der ersten Periode des böhmischen Glashandels, jener des Wanderbetriebes. Sie ist schlicht und unbefangen, aber das Bild, welches wir aus ihr von den Wanderzügen erhalten, ist von einer Großartigkeit, die uns an die Bequemlichkeit und Schnelligkeit der Eisenbahnen und Dampfschiffe Gewöhnte mit Staunen und Bewunderung erfüllt.

Georg Franz Kreybich ist am 17. April 1662 zu Steinschönau geboren. Sein Vater Georg, n. 1620 m. 1703, Grundbesitzer daselbst, scheint schon mit dem Glashandel oder doch mit Glasfuhren sich befaßt zu haben, da von ihm eine Reise nach Limburg (Lüneburg?) erwähnt wird. Der Sohn widmete sich anfänglich der Glasschneiderei, wurde aber bereits in seinem zwanzigsten Jahre in das Wanderleben des Glashandels hineingezogen. Er zählt fünfzehn Geschäftsreisen auf, die er unternahm; daran schließen sich aber noch vierzehn andere, die er nicht mehr zählt. Auf der ersten führt er das Glas in einem Schubkarren; die folgenden (von 1686 an) werden schon mit Wagen, die sechste mit zwei Wagen gemacht. Die erste tritt er um das Jahr 1682 noch als

---

schon um die Mitte des 16. Jahrhundertes erwähnt wird. Ermold dagegen sucht letztere in seiner Beschreibung von Graslitz bei dem nächst Graslitz sich erhebenden Glasberge.)

Eulenhof oder Eilenhof, D. Neudek, das heutige obrigkeitliche Jägerhaus Hofberg bei Neuhammer, „war ursprünglich eine Glashütte."

Saazer Kreis 1846.

Neuhaus, D. Rothenhaus. „Die im Jahre 1817 vom Grafen Georg von Buquoi hier errichtete und mit Torfheizung betriebene Glasfabrik (das „Georgswerk") ist, nachdem sie 1819 abgebrannt war, nicht wieder hergestellt worden. Das Pochwerk wurde durch eine vom Grafen Buquoi selbst erfundene, sehr originelle, größtentheils hölzerne Dampfmaschine in Bewegung gesetzt. Die Fabrik war die einzige dieser Art in Böhmen." (Eine vollständige Beschreibung der erwähnten Glasfabrik befindet sich in André's Hesperus Jahrg. 1819 Nr. 26 und Jahrg. 1820 Nr. 18).

Aus der vorangehenden Zusammenstellung ist zu ersehen, daß es nach Sommer in allen Kreisen mit Ausnahme des Chrudimer alte Glashütten gab. Seit der Herausgabe von Sommers Werk ist wieder ein Menschenalter verstrichen; manche Hütten, die er noch als bestehend anführt, sind inzwischen eingegangen und daher auch bereits der Geschichte verfallen. Eine Aufzählung derselben würde aber hier zu weit führen und möge daher besonderen, auf ein umfaßenderes Quellenmaterial gestützten Untersuchungen über die Entstehung und Ausbreitung der Glashütten vorbehalten bleiben. Im Großen und Ganzen stimmen ohnedieß die diesfälligen Angaben Sommers mit der von Professor Schnabel entworfenen Tabelle (Encyclopädische Zeitschrift des Gewerbewesens Jahrgang 1846) überein, bis auf einige wenige Etablissements, die bald da, bald dort abgehen.

B*

Geselle, mit seinem Schneidzeug versehen, in Gesellschaft seines Schwa-
gers, des Glashändlers Christoph Pilz, durch Bayern, das Salzburg'sche,
Kärnthen, Krain nach Laibach an, wo das mitgeführte Glas geschnitten
und verkauft wird. Nach einjährigem Aufenthalte geht es über Cilli,
Graz, wo er bei einer Wittfrau auf ein halbes Jahr in Arbeit tritt,
Mariazell, Euns, Krems nach Wien, von wo ihn, wie alle fremden
Leute, die drohende Türkenbelagerung vertreibt. In einer Glashütte in
Mähren bleibt er fast anderthalb Jahre in Arbeit, wird hierauf, da es
zu Steinschönau noch keine Zunft gibt, zu Kreibitz Meister und setzt
noch immer die erste Reise fort, indem er durch die Lausitz, Brandenburg,
Pommern, Preußen in die heutigen Ostseeprovinzen zieht, von wo er
er über Breslau zurückkehrt. Die zweite und die dritte Reise verfolgten
ungefähr dasselbe Ziel; die vierte im Jahre 1688 ging über Hamburg,
Helgoland nach London, von da zurück über Holland, die fünfte nach
Dänemark und Schweden bis Stockholm und zurück über Warschau und
Breslau nach Hause, die sechste nach Moskau, die siebente nach Liefland,
worauf noch acht Reisen nach Ungarn und theilweise nach Siebenbürgen
und weitere vierzehn Reisen — die letzte 1719 — nach Siebenbürgen,
bisweilen zugleich in die angränzende Moldau und Wallachei hinein folgen. Außerdem schickte er einmal, wo er zu Hause blieb, drei Knechte
mit einem Wagen nach Siebenbürgen.

Eine der Reisen in die Wallachei führt ihn (1700) über die Donau
nach Ruftschuk und von Ruftschuk nach Rasgrad bei Altstambul vorbei nach
Barna. „Und von dort bin ich nach Konstantinopel und der „Hölle Spunt"
oder „Bogaß" gefahren. Unterwegs aber haben wir großen Sturm
gehabt drei Tage lang; da haben die Meerschwein gespielt, ehe der
Sturm kam, weil's noch stille war. In Konstantinopel hab' ich mich
aufgehalten vierzehn Wochen und habe dennoch eine Kisten Glas zurück-
geführt bis in die Wallachei. Wann ich Alles sollte beschreiben, was
sich in Konstantinopel und unterwegs zugetragen, müßte ich wohl das
halbe Buch beschreiben." Im Jahre 1701 war er Willens wiederum
nach Konstantinopel zu reisen. Als er aber nach Adrianopel kam, da
hat er seine Waare an den „Lücker" verkauft, welcher das Jahr zuvor
auch in Konstantinopel war und mit Gläsern handelte, und ist von dorten

wieder nach Haus. Als er 1700 Ende Oktober von der Konstantinopoler
Reise heimkehrt, hält er sich nur vierzehn Tage auf und begibt sich gleich
auf die Pilgerschaft nach Rom, wo er noch vor den Weihnachtstagen,
ehe die hl. Porten geschloßen, hineinkommt, „und ist ihm keine Reise
lieber gewesen als diese", daher er sie auch ausführlicher beschreibt, als
er es sonst gewohnt ist.

Zwischen der sechsten und achten Reise begibt er sich zweimal von
Haus weg, zuerst nach Livland, dann nach Hamburg; und doch zählt er
dieß nur als eine Reise. Es ist daher eine Reise mehr zu rechnen, als
nach seiner Zählung. Dieß auch mit gutem Grund, da die um 1691
unternommene Hamburger Reise für die Geschichte des Glashandels dadurch als von ausnehmender Wichtigkeit sich darstellt, daß sie die älteste
Nachricht von Anknüpfungen mit Spanien in sich schließt. Die betreffende Stelle lautet: „Nach diesem kam mein Schwager Christoph Palme,
meines Weibs Bruder, welchen sein Herr, der lange Doffel, und der alte
Korffel noch mit einem Knecht von Hamburg in Spanien geschickt, und brachten einen Brief von einem Kaufmann in Cadix auf 20 Tausend Glas, und
das sollte an einen Kaufmann in Hamburg Georg Richter geliefert werden.
So hatt' ich mich gleich wiederum auf eine Reise mit Glas versehen.
So nahm ich das Glas und führte es hinunter und lieferte es dem
Kaufmann um das baare Geld, und verdienten uns gleichwohl in acht
Wochen 500 Gulden. Nach diesem machte der Kaufmann wiederum
einen Accord auf 20 Tausend zu liefern, welches ich meinem Schwager
überließ."

Von der Londoner Reise erzählt er: „Im Zollhaus ist scharf vi-
sitirt worden und haben müßen die Kisten unten und oben aufmachen
und haben müßen viel Zoll geben und haben auch schwören müßen, daß
uns die Waaren in Loco nicht mehr kosteten. Darnach haben wir sechs
Wochen gesessen, ehe wir ein Stück verkaufet, denn es waren damals
(1688) sechs Glashütten in der Stadt und machten schöner Glas, als
wir hineinbrachten, nur daß unseres geschnitten und gemalt war. Und
es war noch kein Glas hineinkommen; wir waren die ersten." Nachdem bei Hof einmal Glas gekauft worden war, haben die anderen

Leute auch anfangen zu kaufen und zuletzt haben sich die „Winklirs" drum geschlagen und Alles gekauft.

Nach seiner Rückkehr von Moskau, sagt er, reisete von uns keiner mehr in Moskau und ist in sechs Jahren keiner mehr hineinkommen. „Bis darnach sein etliche über Archangel hineingereist und ist viel hundert Tausend Glas hineingeführt worden und in der Erst wollten sie nicht kaufen. Es ist zwar in allen Ländern in der Erst so gewesen, allwo ich gewesen, in Livland, in Schweden, in Dänemark, in England, in Holland, in Preußen, in Kurland, in Polen, Lithauen, in Ungarn, in Siebenbürgen, in der Wallachei, Türkei, in Moldau und aller Orten hat es in der Erst wenig gekauft, aber besser bezahlt worden."

Beachtenswerth sind auch die Namen anderer Glashändler, die er anführt, weil sie zur Sicherstellung der ersten Unternehmer zu führen geeignet sind, als: Schwager und Gevatter Christoph Pilz, Georg Schmitt, die Gevatter Matthäus Weyblich und Korffel und Abels Kaspar, der alte Korffel, der lange Doffel, David Breyer, Christoph Palmenhütte (Palme hütte), die Schwäger Kaspar Heinsch, David Heyder und Christoph Palme (vielleicht identisch mit dem vorgenannten Palmenhütte). Mit einigen der Genannten tritt er eine oder die andere Reise an oder trifft mit ihnen in fremden Landen zusammen.

An und für sich schon sind diese Reisen, in einem Zeitraum von etwa 38 Jahren, die römische Pilgerfahrt nicht eingerechnet, zusammen dreißig an der Zahl, eine bedeutsame Thatsache für die Handelsgeschichte, denn sie geben Zeugniß von dem Drange der ersten Unternehmer in die Ferne, welchen weder die schlechte Beschaffenheit der Communicationsmittel, noch die leidigen Paß- und Zollverhältnisse und die Kriegsunruhen zu dämpfen vermochten. Dabei enthält die Reisebeschreibung, obwohl nicht gerade reich an geschäftlichen Notizen, doch auch manche Daten, die nicht ohne Interesse für die Geschichte der Glasindustrie sind.

So lernen wir einige Glashütten kennen. Gleich auf seiner ersten Reise um 1682 kommt er auf die Seewiesner Glashütte zum Herrn Preyßler und ladet dort „schlechtes" (gemeines) Glas auf seinen Schubkarren auf. Nach seiner Flucht von Wien (1683) bleibt er zu Nibney in Mähren (Glasmeister Reichelt) als Geselle nahezu anderthalb Jahre in Arbeit. Zu den „Hünderhütten“ auf dem „Schreiberhau“ (in Schlesien) ladet er „gutes“ Glas für seine zweite Reise im Jahre 1686 auf, „denn zur selben Zeit ward bei uns noch kein gutes Glas gemacht, als nur Schockglas (glattes Glas) und waren noch keine Kogler (Kugler) auch noch keine Eckigreiber(Façoniers), auch noch wenig Glas= schneider.“ Auf seiner römischen Pilgerfahrt (1700 und 1701) spricht er in der Glashütte des Michel Müller in Winterberg ein und bestellt dort Glas. „Auf den Glashütten da war ein Gebräng um's Glas, auch bei den Glasschneidern und Kuglern und Polirern!“ (1719).

Mittheilsamer, als über die geschäftlichen Beziehungen, ist der Ver= faßer in der Erzählung der Erlebnisse und Abenteuer auf seinen Reisen. Manche Ereignieße von geschichtlicher Bedeutung — die Türkenbelagerung Wiens, die Entthronung Jakob II. durch Wilhelm von Oranien, die Thronbesteigung Peter des Großen und die Feldzüge des Prinzen Eu= genius — erinnern uns daran, daß es keine Zeit tiefen Friedens war, in welcher die Altvordern daran gingen, dem böhmischen Glase den Weg in die Welt zu bahnen.

Von seiner letzten, den 16. Oktober 1719 nach Siebenbürgen an= getretenen Reise kehrt er erst den 12. Mai 1721 zurück. Er wollte wieder reisen. Anfänglich hinderten ihn daran Krankheiten, 1722 aber brannte ihm Haus und Hof in Steinschönau nieder, „wodurch ihm das Concept zu reisen ganz verruckt wurde.“ Endlich starb ihm 1729 sein einziger lieber Sohn Georg. „Gott laß ihn selig ruhen! Das hat mein Concept ganz verruckt und meine Kräfte geschwächt auf viele Jahr, viel mehr als das Feuer oder der Brand. Doch sag ich dem lieben Gott Dank vor die väterliche und gnädige Züchtigung, Lob und Dank! Der gütige Gott wolle die hinterlassene Wittibe und hinterlassenen Waisen mit seiner väterlichen Gnad und Barmherzigkeit erhalten, nach seinem allerheiligsten Willen, wie es zu ihrer Seelen Heil und Seligkeit mög' nütz= lich sein! Amen.“

Mit diesen Worten schließt die durch ihren Inhalt hochwichtige und durch ihre einfache, natürliche Erzählungsweise anziehende Reisebe= schreibung.

Nicht zu den Originalquellen zählt der andere der beiden oben erwähnten Aufsätze, welcher unter dem Titel „Zur Geschichte des böhmischen Glashandels von J. A. Hegenbart" herauskam.*) Derselbe nähert sich aber an Bedeutung einer Originalquelle, da der Verfaßer Pfarrer in Haida war und mithin Gelegenheit hatte, aus schriftlichen Mittheilungen, die vielleicht seitdem verloren gegangen sind, oder aus dem Munde von Personen zu schöpfen, die sich in ihrer Jugend noch auf den Pfaden des alten Glashandels bewegt hatten. Was er auf diese Art erfuhr, hat er mit Fleiß zusammen getragen und klar und ungeschminkt beschrieben. Vermißen läßt seine Arbeit dagegen die Angabe der Quellen, woraus er schöpfte, wodurch ihr der sichere Halt verloren geht. Zudem verfiel er in den Fehler, das, was ihm zufällig an schriftlichen Aufzeichnungen in die Hände lief, als die einzige Quelle zu betrachten und daraus gleich eine ganze Geschichte aufzubauen. Dadurch wurde Manches, was er als Thatsache hinstellte, zur bloßen Hypothese, die mit dem Aufschluß neuen Materials, namentlich der Reisebeschreibung Kreybichs, zusammenbrach.

Da Hegenbart mehrere der in der folgenden Sammlung vollinhaltlich niedergelegten Schriftstücke benützt hat, so können wir über seine bezüglichen Mittheilungen hinweggehen. Nicht berührt in unserer Sammlung sind dagegen die frommen Stiftungen der Glashändler in Haida und die außerordentliche Gastfreundschaft der spanischen Zweighäuser gegen böhmische Landsleute und Deutsche überhaupt, die sich bei dem Naturforscher Thaddäus Häuke in dem Hause Hiecke Rautenstrauch Zincke & Comp. in Cadix bis auf sechs Monate erstreckte. Das Nähere darüber wolle in der Abhandlung selbst nachgesehen werden. Eine Parthie aus derselben, das Leben in den spanischen Faktoreien betreffend, können wir jedoch nicht umhin ganz mitzutheilen, weil sie zur Beleuchtung mancher der folgenden Quellenbeiträge dient und heute nicht leicht mehr anderweitig zu ersetzen sein dürfte. Sie lautet, wie folgt:

„Die von den böhmischen Glashändlern in Spanien und Portugal gegründeten Etablissements bieten besonders in der ersten Zeit ihres Be-

---

*) Mittheilungen des Vereines für Geschichte der Teutschen in Böhmen. IV. Prag 1866. Seite 111 und 142.

ſtandes hinſichtlich ihrer Organiſation manche nicht unintereſſante Eigenthümlichkeiten dar . . . . . . Dem Vorſteher eines jeden derartigen Etabliſſements, der immer ein Handelsgeſellſchafter ſein mußte und ſein Amt
durch drei Jahre verwaltete, waren die Diener des Hauſes — nicht
ſelten bis fünfzehn an der Zahl — ſämmtlich untergeordnet. Der Vorſteher war dem Stammhauſe bezüglich ſeiner Geſchäftsgebahrung verantwortlich; ſämmtliche Diener hingegen waren contractmäßig ſtreng
verpflichtet, allen Anordnungen und Befehlen des Vorſtehers genaue
Folge zu leiſten und die Statuten des Hauſes pünktlich zu beobachten.
Unter den Dienern beſtand nach der Dauer ihrer Dienſtzeit eine gewiße
Rangordnung, nach welcher ſie ſich auch in die Beſorgung der einzelnen
Geſchäfte theilten. Der älteſte Diener, dem Range nach der erſte, war
ſo zu ſagen der Ablatus des Vorſtehers. Er beſorgte die Zollgeſchäfte,
führte das Hauptbuch, beſtellte im Einvernehmen mit dem Vorſteher den
nothwendigen Waarenbedarf und theilte ſich mit dieſem in die Oberauf-
ſicht und Ueberwachung der anderen Diener des Hauſes. Dieſe, ebenfalls nach der Zahl ihrer Dienſtjahre rangirt, hatten die ausgebreitete
Correſpondenz, die mannigfaltigen Comptoirgeſchäfte und den Verkauf
der Waaren zu beſorgen. Die jüngſten Diener mußten in den früheren
Zeiten alle, auch die niedrigſten und gemeinſten Hausarbeiten verrichten,
wie z. B. das Auskehren und Säubern der Wohnzimmer und Magazine,
das Putzen und Reinigen der Kleidungsſtücke und Hausgeräthſchaften
u. ſ. w. Ferner waren ſie verpflichtet, den Einkauf der Lebensmittel,
die Zubereitung der Speiſen, überhaupt das ganze Küchengeſchäft zu
beſorgen, indem zu allen dieſen Arbeiten durchaus keine Dienſtboten im
Hauſe gehalten wurden.“

„In allen ſpaniſchen und portugieſiſchen Etabliſſements der böhmiſchen Stammhäuſer war die Hausordnung nach gewiſſen Statuten
feſt geregelt. Die einem jeden Diener der Rangordnung nach zugewie-
ſene Arbeit begann im Sommer um ſieben, im Winter um acht Uhr
Morgens. Mit dem Stundenſchlage mußte ein jeder auf ſeinem Platze
ſein. Um 1½ oder um 2 Uhr fand die gemeinſchaftliche Mittagstafel
ſtatt, nach deren Beendigung der ſpaniſchen Sitte gemäß eine kurze
Sieſta gehalten werden durfte, während welcher die Magazine geſchloſſen

waren. Um 3 ¼ Uhr im Sommer und um 3 Uhr im Winter wurden die Magazine wieder geöffnet und bis sieben Uhr offen gehalten. Um diese Stunde war Schluß des Geschäftes. Die Diener des Hauses durften sich nun auf ihre Zimmer zurückziehen und sich daselbst nach eigenem Gutdünken mit Lesen und Schreiben beschäftigen oder aber durch Musik und Gespräch die Zeit vertreiben. Diese Stunde war die Er= holungsstunde. Spiele mit Karten und Würfeln, insbesondere Hazard= spiele, waren streng verboten. Im Hause wurde stets auf Ruhe und Ordnung gedrungen; pünktlicher Gehorsam war die unabweisliche Pflicht eines jeden Dieners. Die ganze Woche hindurch war es keinem erlaubt, nach eigener Willkür das Haus zu verlassen. Von dieser strengen Clausur waren nur jene ausgenommen, welche die Zollgeschäfte, das Eincassiren der Wechsel und Rechnungen zu besorgen hatten. Jedoch auch zur Abwicklung dieser Geschäfte wurde den betreffenden Dienern ein gewißes Zeitmaaß bestimmt; zur festgesetzten Stunde mußten sie wieder im Hause eintreffen. Abends durfte es sich schon gar keiner bei= kommen lassen, die Schwelle des Hauses zu überschreiten und einen abendlichen Spaziergang oder Besuch machen zu wollen. Die Pforte des Hauses war fest verschloßen und der Schlüßel befand sich in der Verwahrung des Vorstehers, welcher überhaupt die genaue Einhaltung der bestehenden Hausordnung strengstens überwachte."

„An Sonn= und Feiertagen waren natürlich alle Geschäftslocale geschloßen. Sämmtliche Diener gingen nach dem Frühstücke in zwei oder drei Abtheilungen in die Kirche, um zuerst der hl. Frühmesse und sodann dem Hochamte beizuwohnen. Nach beendigtem Gottesdienste war es ihnen gestattet, bis zur Stunde des Mittagmahles einen kleinen Spaziergang zu machen. An Sonn= und Feiertagen wurde Nachmittags gegen drei Uhr ein großer Communausgang unternommen; sämmtliche Diener besuchten nämlich in Begleitung und unter Aufsicht des Vorstehers die öffentlichen Promenaden der Stadt oder machten wohl auch einen gemeinschaftlichen Ausflug in's Freie; der Schall der Abendglocke jedoch mahnte sie zur raschen Heimkehr in die vier Wände ihrer gemeinschaft= lichen Wohnung."

„Da unter den Dienern meistentheils einige Musikfreunde und

Musikkenner waren, so wurden an Sonn- und Feiertagen nach dem
Abendessen gewöhnlich einige Musikstücke aufgeführt, wozu dann und
wann auch einige nicht zum Hause gehörige gute Freunde aus der Stadt
geladen wurden. Schlag 10 Uhr wurden diese Unterhaltungen geschlossen;
die auswärtigen Besucher mußten das Haus verlassen, die Diener des
Hauses aber sich zur Ruhe begeben. Es war durch die Statuten des
Hauses streng verboten, gelegenheitlich der sonntägigen Spaziergänge
irgend ein Gast- oder Kaffeehaus zu besuchen; an Wochentagen mußte
es, so lang die übliche strenge Clausur aufrecht erhalten wurde, von selbst
unterbleiben. Die ersten Jahre nach Errichtung der böhmischen Niederlassungen in Spanien und Portugal wurde tagtäglich von den sämmtlichen Hausgenossen vor dem Abendessen der Rosenkranz gebetet. Samstag
Abends las der Vorsteher des Hauses den versammelten Dienern das
Evangelium des kommenden Sonntags mit der betreffenden homiletischen
Erklärung desselben vor. Hiezu wurden die Homilien von Dietl benützt,
welches Erbauungsbuch in keinem Etablissement fehlen durfte. Sämmtliche Diener waren verpflichtet, allmonatlich die hl. Beicht und Communion zu verrichten; dieser Verpflichtung durfte sich unter keinem Vorwande irgend einer entziehen."

„Bekanntschaften mit Personen des anderen Geschlechtes anzu-
knüpfen, war scharf verpönt; dawiderhandelnde Diener wurden ohne
viele Umstände mit dem ersten nach Hamburg abgehenden Schiffe in die
Heimath geschickt. Diese strenge Uebung erhielt sich auch bis in die letzteren Jahre des Bestandes dieser Etablissements. Ungehorsame, die
Hausordnung verletzende Diener wurden zuerst von dem Vorsteher einer
strengen Verwarnung unterzogen. Im Wiederholungsfalle wurde ihr
subordinationswidriges Betragen dem Stammhause in Böhmen angezeigt, worauf von diesem eine scharfe schriftliche Rüge und die Androhung
der gänzlichen Dienstesentlassung erfolgte. Erwiesen sich diese Maßregeln
fruchtlos, so wurde der widerspänstige Diener seines Dienstes entlassen
und in die Heimat befördert."

Aus dem nächst der Gegend von Haida und Steinschönau bedeu-
tendsten Glasdistrikte Nordböhmens, jenem von Gablonz und Morchen-

ſtern, führt uns Dr. Hallwich. *) Da begegnen wir einer Reihe neuer
Stätten, wo Glas erzeugt wird, — Grünwald, (um 1600) Friedrichs=
wald, (vor 1618) Reibitz, Reichenberg (Hanichen), 1680 Harrachsdorf,
heute unter dem Namen Neuwelt weit bekannt, 1690 die Neuhütte bei
Prichowitz, 1701 St. Antoniwald an der Iſer, Morchenſtern, 1774
Chriſtiansthal bis herab zu Wilhelmshöhe (1829), Unter-Polaun (1847)
Wurzelsdorf (1865) u. ſ. w.

Wie in der Haida'er Gegend hat ſich auch hier die Raffinerie um
die Hütten gruppirt; nur daß ſie ſich hier zumeiſt auf ein anderes
Genre — das der Glaskurzwaaren — warf, das von ihrem Vororte
her auch mit dem Namen „Gablonzer Induſtrie" belegt wird. In
Hallwichs Schriften finden ſich ſchon über die Entſtehung ihrer einzelnen
Zweige Andeutungen; dieſe wurden dann von Benda weiter ausge=
führt.**)

Ludwig Lobmeyr, der für die künſtleriſche Veredlung des böhmiſchen
Glaſes mehr gethan, als irgend ein Anderer vor und neben ihm, hat es
zugleich unternommen, den Zweig, welchem er im Vaterlande eine neue
und hoffentlich andauernde Richtung gegeben, hiſtoriſch und ſtatiſtiſch
zu ſchildern. ***) Der allgemeine Charakter der Schrift erklärt es, wenn
ſie in Bezug auf Böhmen weniger in's Detail geht, als man es vom
localgeſchichtlichen Standpunkte aus wünſchen möchte. Nichtsdeſtoweniger
füllte ſie in der Literatur eine Lücke aus, indem ſie den Schleier, welcher
bis dahin über einem Hauptſitze der böhmiſchen Glasinduſtrie — dem
Böhmerwalde — gelegen, lüftete und Folgendes von der Winterberger
Fabrikation erzählt.

„Eine Rechnung von 1630 verzeichnet an dem Orte [?] bereits ſieben
Hütten, von welchen die herrſchaftliche Obrigkeit ſowohl Hütten= als
Aſchen=Zins bezog. Die Entrichtung desſelben fiel den kleinen Leuten,

---

*) Dr. H. Hallwich a. a. O., dann: „Reichenberg und Umgebung." Reichenberg
1872—1874.

**) Geſchichte der Stadt Gablonz und ihrer Umgebung von Adolf Benda. Ga=
blonz a. d. Neiſſe 1877.

***) Die Glasinduſtrie, ihre Geſchichte, gegenwärtige Entwicklung und Statiſtik.
In Gemeinſchaft mit Dr. Albert Ilg und Wendelin Boeheim herausgegeben von L.
Lobmeyr. Stuttgart 1874.

insbesondere in den damaligen Kriegsunruhen, schwer; es kamen daher 1652 in einem Memorial an Anna Maria Fürstin zu Schwarzenberg und Krunau die Hüttenmeister des Gerichtes Gonsau [?] um Nachsicht des Zinses ein. Aehnliche Klagen und Bittschriften erfolgen in den nächsten Jahren häufig genug, 1661, 1666, 1667, 1685. Ein Bericht an den Fürsten 1687 nennt in Winterberg [Dominium?] acht Hütten, eine Glas-, zwei Spiegel-, vier Betel-Hütten (von Bete-Paternoster; solche Hütten kommen schon 1629 vor), ferner noch eine, jedoch ohne Gerechtigkeit. Der Helm-bacherhütte wurde ein Privilegium 1688 ertheilt, wodurch der Inhaber Michael Müller sammt den Seinen und allen Gesellen, die er aus dem Reich hätte, befreit wurden, „damit die glasmacher desto mehr herangelokhet werden." Die Waare wurde eigenen Händlern übergeben, welche sie in alle Länder kolportirten. Am 3. Juni 1704 legt der Oberhauptmann Leb von Liebenhaus dem Fürsten die Zuschrift eines Jesuiten aus Rot-terdam vor, in welcher derselbe (sein Name ist Michael Sabel) „wegen eines glasshandels in Indien" Vorschläge macht. Er sagt, daß ihm der Fürst für seine Judier, zu denen er als Missionär wieder zurückkehren will, einmal schon Glaskorallen geschenkt habe. Zugleich bittet er um weitere Gaben dieser Art und zeigt an, daß ein reicher Kaufmann und Freund der Jesuiten in Holland, Johannes van der Meulen, gerne bereit wäre, einen Handel mit Winterbergischen Gläsern über den Ozean zu versuchen. Ein Verzeichniß belehrt ferner darüber, was für Gläser der Antragsteller am geeignetsten für den Handel nach Spanien und Indien erachten würde. Dargestellte Personen sollten in spanische Tracht gekleidet sein, Inschriften seien in spanischer Sprache abgefaßt; als Lieblingsgegenstände jener Völker empfiehlt er ferner die Darstellung der Eucharistie, die unbefleckte Empfäugniß, die Apostel, Evangelisten, die Kirchendoctores, Erzengel, die Carbinaltugenden ꝛc. Von profanen Motiven: die Elemente, die 12 Sternbilder, die Jahreszeiten, Blumen, Früchte, Jagd, Fischfang, Thiere ꝛc. Leider liegt keine Resolution des Fürsten in der Sache vor; Thatsache aber ist es, daß der böhmische Glashandel bis zu den Türken und weiter nach Asien gereicht hat. — Im Jahre 1728 errichtet ein Winterberger Bürger eine neue Hütte mit Glas-Kühlofen, Glastafel- und Materialkammer, Scheutter-, Dörr-,

Dämper- und Streköfen. Von Sorten des Glases darf er bereiten: Pätterlen, Tafeln, Spiegel, Augen und Gläser. Ein ähnliches Privileg erhält 1755 die neue Hütte beim Dorfe Röhrenberg."

Von Interesse in diesen Nachrichten ist besonders das Schreiben des Jesuiten. Schade nur, daß die Erledigung des Fürsten auf dessen Bitte nicht bekannt ist. Wäre ihr Folge geleistet worden, so dürfte damit der Ursachen eine mehr gegeben sein, durch welche dem böhmischen Glase bis in die fernsten Länder der Weg gebahnt wurde.

Ueber die im ehemaligen Czaslauer Kreise und den angränzenden Bezirken liegenden Glashütten, von den nordböhmischen Glashändlern schlechtweg „die böhmischen" genannt, fehlte es bis zu der erst kürzlich erfolgten Entdeckung des Balbin'schen Capitels (S. XI.) an näheren historischen Nachrichten, obwohl gerade sie die jüngste Gruppe von Belang bilden. Nur einige wenige derselben wurden in dem Jahrbuch Libussa*) geschildert, nämlich: Heraletz, muthmaßlich in der zweiten Hälfte des siebzehnten Jahrhundertes angelegt und seit 1793 (bis heute) im Besitze der Familie Hafenbraedel, Guttenbrunn, im Anfang des acht-zehnten Jahrhundertes und zwar vor 1725 von der Herrschaft gegründet, seit 1798 im Besitze der Familie Welz, Tasitz 1796, Woftrow um 1813, Chrambor, D. Wrbitz 1827, Hieronymusthal, D. Groß-Chiška 1836 gegründet.

An diese reihen sich die gräflich Buquoy'schen Glashütten auf der Herrschaft Gratzen an, und zwar Silberberg 1771 von dem Pächter Johann Mayr senior errichtet, Johannesthal, 1839 aufgelassen, an deren Stelle im selben Jahre Schwarzthal trat, Bonaventura 1795 von dem vorgenannten Pächter angelegt, Paulina 1790, Georgenthal 1792 gegründet. **)

Ein für die Geschichte wichtiger Theil der Literatur steckt in den Gesetzen und Verordnungen, welche die Regelung des Gewerbewesens und des Handels im Allgemeinen und der Glasindustrie im Besonderen zum Zwecke haben, in welch' letzterer Hinsicht namentlich die Maßregeln zur Ordnung der Arbeiterverhältniße, zur Sicherung und Erhaltung

---

*) Libussa für 1843 von Paul Alois Klar.
**) Libussa 1844.

der nöthigen Arbeitskraft, zum Schutz der Industrie gegen die ausländische Concurrenz, zur Schonung und Nachpflanzung der Wälder hervorzuheben sind. *)

Die Lohnverhältniße bei den Glashütten haben sich in ihrer Eigenthümlichkeit von alter Zeit her bis auf die Gegenwart erhalten. An sich ein wichtiges Moment, erheben sie sich wegen ihrer Rückwirkung auf den Preis des Fabrikates und vielleicht zum Theil auch auf die im Allgemeinen nicht allzu große Neuerungslust bei der Glaserzeugung zu einem beachtenswerthen Factor. Ueber dieselben, so wie über die Pacht-verhältniße bei den im engeren Sinne sogenannten „böhmischen Glas-hütten" geben einzelne Berichte der Prager Handels- und Gewerbe-kammer Aufschluß. **)

Die neue Zeit wird eingeleitet durch die Berichte über die böhmischen Gewerbeausstellungen, darunter auch den über die erste aller Gewerbe-ausstellungen, jene zu Prag am 14. September 1791, welche in den 49 Waarengattungen an Glaswaaren folgende Nummern enthielt:

„11—14 Hängspiegel aus der gräflich Kinsky'schen Bürgsteiner Fabrik, worunter auch 60 Zoll hohe Spiegel, im Preise von 268 fl. sich befanden."

„15. Toiletten- und andere gangbare kleine Gattungen von Spiegeln."

„16. Glaswaaren, glatte, geschliffene, gekugelte, geschnittene und gemalte, größtentheils jene Gattungen, die in's Ausland versendet werden."

„17. Zwei Girandolen zu 300 fl."

„18. Ein Glas mit der böhmischen Krone zu 175 fl." ***)

Mit der Zunahme der Ausstellungen gewinnt die Ausstellungs-literatur eine kaum mehr übersehbare Ausdehnung, da die böhmische Glas-industrie auf den folgenden österreichischen, so wie auf den meisten späteren

---

*) Allgemeine österr. Gewerbsgesetzkunde von W. Gustav Kopetz. Wien 1830. 2 Bände. — Smoler. Historische Blicke auf das Forst- und Jagdwesen. Prag 1847.

**) Bericht über die Arbeitslöhne und die zur Unterstützung der Gewerbsarbeiter bestehenden Anstalten. Prag 1851. — Statistischer Bericht I. Prag 1863. — Die Zoll-tarifsrevision. Prag 1876.

***) Ueber die erste Gewerbe-Ausstellung anno 1791, nebst einer geschichtlichen Skizze der allgemeinen Gewerbe-Ausstellungen in Böhmen von Victor Robock. Prag 1873.

internationalen Ausstellungen mehr oder minder vertreten war, und darum auch in der Literatur aller betheiligten Länder, von deren Seite eine Berichterstattung veranlaßt wurde, beachtet worden sein dürfte.

In unserer Zeit eröffnet sich in den Publicationen der k. k. Direktion für administrative Statistik eine andere neue Quelle, die im Laufe der Zeit ebenfalls zu einer Geschichtsquelle werden wird, und treten die Handels-kammerberichte hinzu, mit denen es ein ähnliches Bewandtniß hat.*)

Was im Voranstehenden von Schriften über Böhmens Glasindu-strie und Glashandel angeführt wurde, möge mehr als eine Anregung, die Literatur aufzusuchen, denn als ein Verzeichniß derselben angesehen werden. Vieles mag noch in localgeschichtlichen oder anderen Geschichts-Werken, in topographischen und statistischen Schriften zerstreut sein, was entweder selbst nach einer oder der anderen Richtung einen Aufschluß oder doch eine Fährte dazu bietet.**) Keineswegs darf auch die Literatur über die Entwicklung der Glasindustrie bei anderen Völkern außer Acht gelassen

---

*) Besonders hervorgehoben zu werden verdient: Die Industrie-Statistik der österr. Monarchie von der k. k. Direktion der administr. Statistik — Wien 1857, die eine um-fassende und auf gründlichen Erhebungen beruhende Statistik der Glasindustrie aus der Feder des leider dem Leben und dem Berufe zu früh entrißenen Statistikers Friedrich Schmitt enthält.

**) Außer den gelegentlich citirten Schriften seien noch folgende hier angeführt:
Künstlerlexicon für Böhmen von Gottfried Joh. Dlabacz, Prag 1815. 3 Bände (mit den Artikeln: Belzer Zacharias, Frieß Joseph, Greuner Christian, Kiettel Johann Franz, Klemm Wenzel, Lehmann Kaspar, Spiller Gottfried, Wander Florian, Weiblich Franz, Weiblich Joseph, Wolf Joseph, Zappe Joseph, Ziegler Joseph — meist Glasschneider).
Der Markt Schönlinde . . . . Nebst einem kurzen Abriße der Herrschaften Böhm. Kammnitz, Hainspach, Schluckenau und Rumburg . . . . Von J. A. Mussik. Prag 1820. Seite 124—131.
Bemerkungen über die Glasfabrikation in Bayern . . . . mit Rücksicht auf den Zustand dieser Industrie in Frankreich und Oesterreich. Von Chr. Schmitz. München 1835.
Skizzirte Uebersicht des gegenwärtigen Standes und der Leistungen von Böhmens Gewerbs- u. Fabriksindustrie in ihren vorzüglichsten Zweigen. Von K. J. Kreuzberg. Prag 1836.
Drei geistliche Reden zu Meisterdorf. Von Franz Domaß. Prag 1845. S. 46—51.
Betrachtungen über die Manufakturindustrie Böhmens. IX. Die Glasindustrie. Von Professor Schnabel. (Encyklopädische Zeitschrift des Gewerbewesens. Prag. Jahrgang 1846. S. 233.)
Die Glasfabrikation auf der Wiener Weltausstellung im Jahre 1873. Von Paul Weiskopf. Prag 1874.
Die Glasfabrikation von Dr. H. E. Benrath. Braunschweig 1875.

werden, weil diese auf unsere eigene Industrie, namentlich aber auf den Han=
del, eben weil dieser ein Welthandel war und es noch ist, mannigfach ihre
Rückwirkung ausübt und in Zukunft ausüben wird.

Ein ohne Vergleich reicheres Material für die Geschichte, als die
bisherige Literatur bietet, dürfte aber noch in Archiven, Registraturen,
in Comptoirs der Geschäftshäuser oder bei den Nachkommen einstiger Theil=
haber an solchen und anderen Privaten vergraben liegen. Insbesondere
heißt es daher die handschriftlichen Quellen, als Statuten, Privilegien und
andere derartige Verleihungen, Denkschriften und Berichte, überhaupt
amtliche Aktenstücke, ferner Gedenk= und Tagebücher, Correspondenzen,
Rechnungen, Kauf=, Gesellschafts= und Dienstverträge u. s. w. zu er=
mitteln. Will man sie veröffentlichen, so geschehe dieß mit Angabe der
Quelle und möglichst wortgetreu, denn die heutige Forschung ist skeptisch.
Mit Verarbeitungen der Quellen, aus denen man nicht ersieht, inwie=
weit das Original wiedergegeben und was daraus weggelassen oder ge=
ändert wurde, ist ihr wenig gedient. Sie muß sich dann doch wieder der
oft mit Schwierigkeiten verbundenen, wenn überhaupt noch möglichen
Einsicht der Originale unterziehen.

Der Grundsatz der wortgetreuen und — bei bedeutsameren Schrift=
stücken — in der Regel zugleich der vollständigen Wiedergabe wurde auch
bei der folgenden Sammlung eingehalten. Wo eine Ausnahme Platz
griff (Nr. 1, 21, 26), wurde es ausdrücklich bemerkt. Bei Wiedergabe
des Textes nach der neueren Orthographie wurde es sorgfältig vermie=
den, den Charakter der ursprünglichen Ausdrucksweise zu verwischen, und
wo der geringste Zweifel zu besorgen, wie z. B. bei den Inventaren
und Orts= und Familiennamen, lieber die Schreibung des Originals bei=
behalten. Die meist ganz willkürliche Interpunction der Originale ließ
sich jedoch nicht anwenden.

Wie ergiebig die Forschung auf diesem Felde zu werden verspricht,
das zeigt schon unser erster Versuch. Obwohl in Eile angestellt, hat er
doch in wenigen Monaten ein Material zu Tage gefördert, welches nach
verschiedenen Seiten hin zu neuen Aufschlüßen führt. Allerdings war
dieß nur bei so allseitiger und entgegenkommender Unterstützung möglich,
wie sie demselben in der That zu Theil geworden ist. Vor Allen gilt

c

dieß von zwei Männern, welche gleichsam den Grundstock zur ganzen Sammlung gelegt haben, deren Beiträge aber zu viele waren, als daß es gut angegangen wäre, sie jedesmal einzeln zu verzeichnen. Es sei daher an dieser Stelle bemerkt, daß von Herrn Dr. Vincenz John, gräflich Kinsky'schem Centraldirector in Bürgstein, die Nr. 10—19, 24, 25, 30—34, 40, 47—56, 60 und von Herrn Eduard Gerthner eben daselbst die Nr. 35—38, 43—46, 59 beigesteuert worden sind und daß sie auch in anderer Richtung das Werk mit Rath und That gefördert haben. Ihnen sei daher auch der ganz besondere Dank ausgesprochen! Der übrigen Spender von Beiträgen wurde stets schon an Ort und Stelle gedacht, so daß hier nur die Pflicht zu erfüllen ist, ihnen insgesammt gleichfalls auf das Verbindlichste zu danken.

Was die Anordnung der Beiträge anbelangt, so schien es angemessen, sie in gewiße Abtheilungen zu scheiden. Daß dieß auch anders hätte geschehen können, wird willig zugestanden. Bei genauerer Einsicht des Materiales wird man sich aber überzeugen, daß auch die Art und Weise, wie es in der Sammlung gegliedert wurde, ihre Berechtigung hat. Mit Nachrichten über eine der ältesten Glashütten und die an sie sich anlehnenden Raffinirungsgewerbe beginnend, geht sie auf das biographische Element über, berührt dann einige mit Nachrichten über persönliche Verhältniße mannigfach verflochtene Momente, die von Einfluß auf Industrie und Handel waren, als Schule, Elbeschifffahrt und Zollwesen, und lenkt nach der Bekanntschaft mit den wirkenden Factoren den Blick auf das, was durch sie geschaffen wurde. Hierauf folgen die von der Obrigkeit oder durch freiwilliges Uebereinkommen aufgestellten Normen und endlich die Reibungen und Hinderniße, welche entweder thatsächlich zu einer gesetzlichen Abhilfe führten oder doch auf eine solche abzielten.

Daß durch die auf Erleichterung der Uebersicht abgesehene Sonderung der Beiträge nicht zugleich eine systematische Anordnung des Stoffes zu erreichen war, wird bei Einsicht in den Inhalt nicht verkannt werden, welcher nicht nur vielfältig in den einzelnen Gruppen, sondern nicht selten selbst in einem und demselben Stücke verschiedene Gebiete streift. Eben darum dürfte aber auch eine Andeutung wenigstens der Hauptgesichtspunkte nicht überflüßig sein, die aus dem Inhalte sich gewinnen laßen.

Die erste Abtheilung „Falkenau-Kittlitz" ist ausschließlich einer der ältesten Stätten der Glasindustrie, von denen man Kunde hat, gewidmet.

Wie beim Zerfließen der Morgennebel bald da, bald dort etwas von den Umrißen einer Landschaft sichtbar wird, so sehen wir beim Lesen der Concеßionsurkunde (1) die Gegend, wo diese Stätte aufgeschlagen wurde, aus dem Nebel der Vergangenheit hervortreten, und zwar die Berge und Gewässer, die Ortschaften und die Wege alle schon mit den Namen, die sie heute haben. Es ist das wohl das älteste Stück Topographie, welche es über die Gegend gibt. Doch auch in die damaligen Lebensverhältniße läßt die Urkunde einen Blick thun. In dem ausgedehnten heutigen Reviere von Arnsdorf und Falkenau darf der Concеßionär so viel Holz schlagen, als er für die Hütte und zu Pottasche braucht, und hat dafür mit Inbegriff der gar nicht unbedeutenden anderweiten Rechte, die ihm eingeräumt werden, blos einen Erbzins von 10 Sch. Gr. schweren Geldes zu entrichten. Dagegen soll er sich wohl in Acht nehmen, auf daß ja an den Wildbahnen und dem Waidwerk kein Schaden geschehe; nicht einmal die Hunde, so er beim Vieh halten will, darf er los gehen laßen. Man sieht also, wie gering das Holz um 1530 im Werthe geschätzt wird, während die Jagdrechte auf das Ernstlichste gewahrt werden. Wie ganz anders sieht es zwei hundert Jahre darnach aus, wo die Glashütte den Besitzer wechselt! Mehr und mehr wird nun das Holz zu einer brennenden Frage, und bald sieht sich der neue Besitzer genöthigt, in Falkenau die Glaserzeugung aufzugeben und sie nach Oberkreibitz, später auch nach Röhrsdorf zu übertragen. Allein auch dort bleibt die Noth nicht aus, zumal in Folge äußerer Verhältniße lang dauernde Absatzstockungen hinzukommen. Den hieraus erwachsenden Leiden der Arbeiter wird man die Theilnahme nicht versagen, so wenig man auch über deren Gleißnerei erbaut sein kann.

Zwischen der Errichtung der Falkenauer Glashütte und ihrer Einstellung liegt ein Zeitraum von beiläufig 230 Jahren. Gewiß eine seltene Dauer eines Industrie-Etablissements, namentlich einer Glashütte! Aber auch die Firma J. A. Kittels Erben, deren Vorfahre sie im Jahre 1736 erworben und deren Stammherr unter den ersten Vertretern des böhmischen Glashandels eine hervorragende Rolle gespielt hat, besteht gegenwärtig noch und erfreut sich mithin eines Alters von 200 Jahren. In der Schilderung, welche die Falkenauer Gedenkbücher von der Entwicklung des dortigen Glashüttenbetriebes liefern, ist allerdings eine Lücke, die von der Erneuerung des Privilegiums im Jahre 1546 bis zum Jahre 1729 reicht. Es ist jedoch zu vermuthen, daß in dieser Periode Alles seinen gewohnten Gang ging, bis vielleicht gegen das Ende derselben hin, wo die Verhältnisse, wahrscheinlich in Folge des zunehmenden Holzmangels, wohl schon mißlich geworden sein müßen, wenn sie die Familie Schürer bestimmten, ihren zweihundertjährigen Besitz aufzugeben. Zu erwähnen ist nur noch, daß man in alten, seitdem leider in Verlust gerathenen Aktenstücken gelesen, dem Gründer der Glashütte sei wegen seines protestantischen Glaubens das Begräbniß in geweihter Erde verweigert werden, weßhalb er in einem Walde habe bestattet werden müßen. Die Richtigkeit dieser Nachricht kann nach der Quelle, woher sie stammt, kaum bezweifelt werden; nur dürfte sich die Nachricht schwerlich auf den Gründer Paul Schürer, dessen Tod wohl noch in die Regierungszeit des duldsamen Kaisers Maximilian II. fiel, sondern vielmehr auf einen seiner Nachfolger beziehen.

Zu dem, was von der Rohglaserzeugung in Falkenau und auf den affiliirten Hütten erzählt wird, bringt das Gedenkbuch der Falkenauer Pfarrei eine willkommene Ergänzung in den Berichten über die Entstehung und Ausbildung der Raffinirungsgewerbe in Falkenau (2). In das Gebiet der Raffinerie greifen ferner die Aufsätze 10, 21, 26 und die erste Anm. ad 27 hinüber. Allen diesen meist aus der Ueberlieferung oder aus der Erinnerung von Gedenkmännern geschöpften Mittheilungen fehlt jedoch eine feste chronologische Unterlage. Anhaltspunkte, zu einer solchen zu gelangen, finden sich aus älterer Zeit in den Statuten (VIII), die 1669 der Glasmalerkunst, dann des Glas=Schneidens, Vergoldens und Reißens zu Kreibitz, 1683 derselben Handthierungen mit Inbegriff des Glasschleifens und Schraubenmachens auf der Herrschaft Bürgstein, meistens aber zu Blottendorf und Falkenau, und 1694 des Glasschneidens, Glasmalens und Schraubenmachens (nebstbei auch des Kugelschneidens und Polirens) zu Steinschönau u. s. w., sowie der betreffenden Meisterstücke Erwähnung thun. Ungefähr hundert Jahre später regelt das Statut 42 die Bezeichnungen zwischen den Glas-Schneidern, Kuglern, Schleifern und anderen dergleichen Arbeitern einerseits und den Glas-Vergoldern und Malern auf der Herrschaft Bürgstein andererseits. Den besten Leitfaden für die spätere Zeit aber erhält der Fachmann in den Inventaren (VII), welche ihm ganze Gruppen von den in Böhmen in den Jahren 1751 bis 1821 erzeugten Glaswaaren vor Augen führen. Mit Nutzen wird er überdieß das in Hallwich's citirten Schriften und in Bendas Geschichte der Stadt Gablonz über die Anfänge und die Verbreitung der Raffinerie in der dortigen Gegend Enthaltene in Vergleichung ziehen. Uiberhaupt ist die wechselseitige Einwirkung der beiden Glasdistrikte, Haida und Gablonz, auf einander beachtenswerth. Nach dem Gedenkbuche der Pfarrei von Falkenau hätten sich mehrere Zweige der Glasraffinerie aus dem Vorgebirge des Riesen- und Isergebirges dahin verpflanzt. Wir werden aber bald sehen, daß früher die Rohglaserzeugung den umgekehrten Weg eingeschlagen.

Vorerst werfen wir noch einen Blick in die Blätter, welche in erster Linie den Zweck haben, uns mit dem Geschlechte bekannt zu machen, dessen Name für immer mit der Geschichte der böhmischen Glasindustrie verknüpft bleiben wird.

Es sind dieß die Schürer von Waldheim (II). Wohl hat es schon vor deren Auftreten Glashütten in Böhmen gegeben. Allein die Namen derjenigen, welche sie eingerichtet und geleitet haben, sind unbekannt, mit einziger Ausnahme des Ammon Friedrich, welcher 1504 die Glashütte zu Kreibitz angelegt haben soll, und des späteren dortigen Glasmeisters Martin Friedrich, dem die Erweiterung der Pfarrkirche daselbst im J. 1596 zu danken ist. *) Fast überall im Lande stoßen wir auf die Spuren vom Schaffen der Familie Schürer. Im Jahre 1530 erbaut Paul der Aeltere die Glashütte in Falkenau **), um 1540—1560 betreibt Chri-

---

*) Sommer. Leitmeritzer Kreis.

**) Laut der Familienchronik ist Paul der ältere 1504 zu Aschberg in Meißen geboren. Wenn er nun bereits 1530, also in seinem 27. Jahre, die Glashütte in Falkenau errichtet, sollte er nicht dieses Gewerbe in Sachsen erlernt haben? An Andeutungen von dem alten Betriebe desselben daselbst fehlt es nicht. Die Meißnische Berg-Chro-

ſtoph, der muthmaßliche Erfinder der Blaufarbenfabrikation, die Enlen=
hütte bei Neudeck (7), Hans erbaut 1558 die Glashütte auf Labau,
wo wir die Familie 1706 noch antreffen. Im Juli 1601 kauft Paul
Schürer, damals bereits Meiſter der neuen Hütte in Schwanenbrückel,
noch die alte Hütte daſelbſt, welche ſeine Vorfahren und zu jener Zeit
ſeine Brüder Elias und Valentin gegen Zins inne hatten (8).*) Derſelbe
Paul bringt 1609 einen Wald bei Schönwald mit der Berechtigung, eine
Glashütte anzulegen, käuflich an ſich. Aus dieſem Beſitze iſt das nach
ihm benannte landtäfliche Gut Waldheim entſtanden (9), welches 1617
mit einem inzwiſchen erſtaudenen Dorfe Grünwald — ohne Zweifel
eine Reminiſcenz an das Grünwald im Iſergebirge—ſammt Glashütte
wieder verkauft wurde. Daß mit der Veräußerung zugleich der Betrieb
der Glashütte daſelbſt aufgegeben worden wäre, iſt aber damit noch nicht
ausgemacht, da ſie von dem Verkänfer auch pachtweiſe weiter betrieben
worden ſein könnte. Gegen Ende des ſechszehnten Jahrhundertes findet
ſich ein Zweig der Familie zu Rokitzan wohnhaft, deſſen Ausläufer bis
1693 genannt werden (4). Von dem Betriebe einer Glashütte in jener
Gegend geſchieht zwar keine Erwähnung, doch iſt es in hohem Grade

---

nica von Petrus Albinus, Dresden 1590, führt (Seite 22, 127, 134) mehrere Berg=
werke mit dem Namen „Glashütten" an, von welchen mindeſtens eines ſchon im fünf=
zehnten Jahrhunderte unter dieſer Benennung beſtand. Frühzeitig aufgekommen, müſſte
aber der Glashüttenbetrieb in Sachſen bald wieder eingegangen ſein, weil die böhmiſchen
Glashäudler dort ihren erſten, und zwar nicht unergiebigen, auswärtigen Markt geſun=
den haben.

*) Unter den Zugehörungen zur Herrſchaft Pfrauenberg, welche L böhm. Kammer=
gut war, und wie aus einem mir vorliegenden „Extract" zu erſehen, damals ſtückweiſe
verkauft worden iſt, werden bis Ende Juli 1596 als verkauft angeführt: „Paul Schürern,
Hüttenmeiſtern zum Schwanenprückle vor die Erbſchaft derſelben Hütten 800 Schod meißn."
Alſo dafür, daß Paul Schürer die genannte Hütte von nun an ſeiη Erbgut nennen konnte,
bezahlte er 800 Schod. Weiters heißt es: „Mehr würdet die Erbſchaft der alten Glashütten zum
Schwanenprndle auch dießmal wegen der Strittigkeit nur angeſchlagen per 320 Schod meißn."
Außer dieſen beiden Glashütten gab es auf der Herrſchaft noch eine dritte, denn es
werfen 1573 die Pfrauenberger Kammerunterthanen ihrem Schwamberg'ſchen Pfandherrn
vor: „ſo doch der Pfandherr ſelbſt die Wälder .... herwärts gegen der Kron Böheim
mit drei Glashütten abtreibt." Schwanenprndle iſt offenbar von den Schwambergen
begründet worden, mit welchen, als ihren Pfandherren, die Choden zu Pfrauenberg, wie
die zu Taus, die längſte Zeit hindurch ihr liebes Kreuz hatten. (Gefällige Mittheilung
des Herrn Profeſſors Dr. Matthias Pangerl.)

wahrscheinlich, daß sie diese Absicht wirklich in die ehedem waldreiche Ge=
gend geführt hat, in welcher einzelne Ortschaften mit dem Namen „Glas=
hütten" — bei Oberstupno, Horowitz u. s. w. — auf die vor Zeiten dort
bestandene Industrie hindeuten. Im 17. Jahrhunderte, und zwar muth=
maßlich noch in dessen erster Hälfte, setzt sich ein nachweislich bis 1819
fortblühender anderer Zweig zu Seewiesen fest und errichtet eine Glas=
hütte, von welcher die daselbst zurückgebliebenen Häuser noch heute
Schürerhütten heißen (5). Wiewohl die Hütte zu Grünwald von den
Schürern nicht erbaut wurde und wiewohl auch Glieder der Familie
Wander auf oder zum Grünwald genannt werden, so müßen doch Schü=
rers wenigstens pachtweise diese Hütte betrieben haben, denn die Fami=
lienchronik verzeichnet 1615 den Bartholomäus Schürer als Glashüt=
tenmeister, 1727 den Johann Christoph als gewesenen Glashüttenmei=
ster von Grünwald und erwähnt auch den Brand der Hütte im Jahre
1734, was kaum der Fall gewesen wäre, wenn sie nicht in naher Be=
ziehung zur Familie gestanden wäre. Allenthalben also sehen wir sie von
ihrem Stammsitze Falkenau aus ihre Industrie hintragen, wo es schlag=
bare Waldungen gab, — in das Isergebirg, in das Erzgebirg, in den
Böhmerwald, bis in die Mitte des Landes hinein, vielleicht in noch an=
dere Orte mehr, als aus unseren nur zufällig aufgegriffenen Quellen zu
entnehmen sind. Ihre Thätigkeit war daher ein wahrhaft bahnbrechende
und lebt in den Wirkungen fort, — in der heute noch blühenden Indu=
strie, aber auch in der Colonisation, welche, — Zeuge die vielen aus den
Glashütten und den mit ihnen gewöhnlich verbundenen Anwesen ent=
standenen Ortschaften, — der Glashüttenbetrieb im Lande im Gefolge
hatte.

Es ist nicht zu bezweifeln, daß die Verdienste der Familie um die
Glasindustrie mitbestimmend auf deren Erhebung in den Adelsstand
waren (6). Stand diese Industrie doch in engem Zusammenhange mit
der Kunst, die an Kaiser Rudolph einen so großen Mäcen hatte, und
beschäftigte ja derselbe an seinem Hofe auch einige Krystall= und Glasschnei=
der, wie Zacharias Pelzer und Kaspar Lehmann. Sonderbarerweise ge=
denkt jedoch der Adelsbrief der Verdienste um die Glasindustrie gar nicht,
sondern bewegt sich nur in den herkömmlichen Lobeserhebungen der Ehr=

barkeit, Tapferkeit, Tugend u. s. w.; die darin hervorgehobenen „ehrli=
chen Künste" des Martin Schürer haben blos Bezug auf die Musik.
Von den älteren Beziehungen der Haida'er Gegend zu der Indu=
strie in dem Gablonzer Bezirke, auf welche vorher angespielt wurde, lie=
fert ebenfalls die Familienchronik (3) die Belege, indem nach ihr die Fa=
milie Schürer zwischen 1558 und 1706 auf der Glashütte zu Labau,
1615—1734 auf jener zu Grünwald, dann die Familie Preißler aus
Plottendorf zwischen 1623 und 1667 zu Reibitz und 1698—1733 zu
Sahlenbach den Betrieb führt. Ob auch Franz Kuntz, 1548 der Er=
bauer der Hütte zu Grünwald, so wie Paul Ewald (1616 — 1625 zu
Sahlenbach) und die Familie Hanisch (1633 — 1667 zu Friedrichs=
wald) aus der Gegend von Haida stammten, dieß zu behaupten gibt es
keine Prämißen.

Es wäre sehr unrecht, eine Familienchronik, in welcher sich die Vor=
kommnniße des täglichen Lebens — Geburten, Sterbefälle, Hochzeiten und
Gevatterschaften — beständig wiederholen, als Geschichtsquelle von vorn=
herein geringschätzig zu beurtheilen. Hat nur die Familie selbst etwas
geleistet oder bedeutsame Verbindungen unterhalten, so schließt eine solche
Chronik oft sehr wichtige Daten in sich. So erhält durch die Gevatter=
schaften der Schürer'schen Familienchronik die ältere Geschichte der Glas=
industrie im Isergebirge eine viel festere Basis, als sie sich deren bisher
zu erfreuen hatte. Die Familie Wander muß nun von dem Piedestale
herabsteigen, auf das sie in derselben erhoben worden, und es treten Per=
sonen und Geschlechter auf, von denen man bislang keine Kenntniß hatte.
Nicht geringer sind die genealogischen Ableitungen anzuschlagen. Sie bil=
den gleichsam den Faden, an welchem man die Züge der ersten Pioniere
der böhmischen Glasindustrie verfolgen kann. Hätte man nur auch von
den Seitenlinien der Familie Schürer solche Deductionen! Aehnlich, wie
bei den Industriellen, verhält es sich mit der Genealogie der Handels=
leute. Um wie viel leichter orientirt man sich in Allem, was die Familien
Hiecke und Preißler angeht, mittelst der von ihnen vorhandenen Stamm=
bäume! (14, 20.) Bei den Handelsleuten gewinnen übrigens die genea=
logischen Notizen noch deßhalb Bedeutung, weil Verwandtschaft und
Schwägerschaft so häufig die Aufnahme in die Compagnien veranlaßten.

Wurden zudem die Vorkommnisse im Familienleben und im täglichen Le=
ben immer gleich unter dem ersten Eindrucke niedergeschrieben, wie es bei
der Schürer'schen Familienchronik in der Regel und in dem Preißler'sche
Tagebuche (20) stets geschah, so heftet sich so Manches von den Anschau=
ungen, Sitten und Gewohnheiten der Zeit daran; sie erlangen dann
einen culturgeschichtlichen Anstrich und wir empfangen daraus einen Ein=
druck, als würden wir von der Zeit unmittelbar angehaucht. Selbst die
Bibelcitate und Gedichte vergegenwärtigen uns mit der Seelenstim=
mung der Schreibenden die Zeit, in welcher diese lebten.*)

Durch die autobiographischen Aufzeichnungen (III.) werden wir
mit den Personen näher vertraut und lernen auch Manches aus ihrem
Leben und der Art ihres Geschäftsbetriebes kennen. Von Interesse in
letzterer Beziehung ist besonders, was Joh. Anton Zincke in der „förm=
lichen Erklärung" (18) von den Vorkommnissen in der Compagnie und
von seinen kaufmännischen Dispositionen erzählt und vielleicht gerade
darum desto mehr, als er der Einzige ist, bei dem wir eine ausgesprochen
ungünstige Meinung von dem Glasgeschäfte im Vergleiche zur „Kra=
merei" antreffen. Das Preißler'sche Tagebuch (20) wirft wenigstens
Streiflichter auf einzelne bemerkenswerthe Momente. So auf Geldcourse,
Holzpreise, Steuereinbekenntnisse, die Reiseroute nach Hamburg. Sehr
schätzenswerth ist der Nachweis über die Kosten der Haushaltung in
Sevilla, über Alles jedoch die Beschreibung der durch das gelbe Fieber
im südlichen Spanien im Jahre 1800 verursachten Epidemie, die in der
Geschichte der dortigen Niederlaßungen eine verhängnißvolle Rolle spielt,
da ihr so viele böhmische Landsleute zum Opfer fielen. In ihrer Einfach=
heit und Unmittelbarkeit steigert sich die Beschreibung bis zum Ergreifen=
den und das letzte Wort: Perdonad! des sterbenden Augustin Rauten=
strauch zeigt, wie tief man sich damals in das National=Spanische hin=
eingelebt hatte. Wie eine Idylle zur Tragödie nimmt sich dagegen der
folgende Brief Egermanns (21) aus. Im Hintergrunde des artigen Le=
bensbildes vom Topffinder = Gutmacher steht jedoch eine Begebenheit

---

*) Es sei hier beigefügt, daß die Grabschrift auf Seite 32 in „Nordböhmische
Volkslieder von A. Paudler. B. Leipa 1877" bereits abgedruckt war, ehe uns die Chro=
nik zukam.

von großer Tragweite — der Besuch Egermanns in der Meißner Por=
zellanfabrik, wo er sich mit der Farbentechnik bekannt machte, deren Kennt=
niß ihn später zur Erfindung eines neuen Genres der Glasfabrikation
(37ͣ) führte, durch welches lange Zeit hindurch die böhmische Industrie
über Wasser gehalten wurde.

Unter „den eigenen Aufzeichnungen" der Glashändler kann die
sub 10, welche übrigens eben so gut oder besser sich unter die histori=
schen Aufsätze hätte einreihen laßen, nicht ohne Bemerkung übergangen
werden. Darin wird nämlich, wie auch nach ihr in dem Hegenbart'schen
Aufsatze, dem Johann Kaspar Kittel aus Blottendorf die Urheberschaft
des Glashandels zugeschrieben, wodurch er auch zu der Ehre kam, von
Pudle in seinem berühmten Werke genannt zu werden. Um aber sicher
zu gehen, muß man sich doch immer gegenwärtig halten, daß Alles, was
von ihm berichtet wird, blos auf Muthmaßung und Ueberlieferung fußt.
Beglaubigte Daten über ihn laßen sich eigentlich nur drei herausheben,
nämlich: daß er 1683 Glasschneider war und als solcher die Innung der
Herrschaft Bürgsteiner Glasschneider erwirkte, damit aber seine Vettern
Samuel und Daniel Helzel offenbirte (40), ferner daß er 1699 und
1712 Häuser in Blottendorf erbaute. Im Jahre 1715 scheint er nicht
mehr am Leben gewesen zu sein, weil die Conföderation (56) schon von
seinen Söhnen unterfertigt ist. Nun bestand aber zu Kreibitz bereits seit
1669 eine Glasschneiderinnung und es gab schon zu Palbins und Krey=
bichs Zeit, mithin ungefähr von 1675 an, im Glasgeschäfte allenthalben
eine lebhafte Bewegung. Es läßt sich daher nicht gut annehmen, daß
Kittel das Exportgeschäft gleichsam ab ovo in's Leben gerufen, er müßte
denn ein sehr hohes Alter erreicht haben. Immerhin muß jedoch sein
Einfluß auf dasselbe ein bedeutender gewesen sein, da sich so viele Erin=
nerungen an ihn (siehe auch 25) erhalten haben.

Je spärlicher die zeitgenößischen Nachrichten über die ältere Periode
des böhmischen Glashandels fließen, desto weniger darf man bei den Vor=
arbeiten für eine Geschichte desselben auch jene Daten außer Acht laßen,
die in ihrer Vereinzelung zwar wenig bedeuten, in größeren Reihenfolgen
aber gar wohl auf dessen Bewegung und Richtung einen Schluß gestat=
ten. Dahin sind ganz besonders die Namen der Handelsleute und die

Firmen der Compagnien, selbstverständlich wo möglich mit Standort und Jahr, zu rechnen. Aus Pfarrmatriken, Steuerregistern, Conscriptions-tabellen, alten Handelsrechnungen u. dgl. m. wird dießfalls noch Vieles zu holen sein. Bei der vorliegenden Sammlung wurde auch darauf die Aufmerksamkeit gerichtet, indem Verzeichnisse der Handelsleute zu Stein-schönau 1752 (22) und aus späterer Zeit der Firmen in Blottendorf (23), so wie Zusammenstellungen aus den Rechnungen (Anm. S. 186, 238, 254) Aufname fanden. Endlich sind auch die Unterschriften auf Aktenstücken (56, 59, 60) zu beachten. Die auf dem Majestätsgesuche vom Jahre 1804 (59) sind für sich allein ein Stück Handelsgeschichte, nur werden darin die Standorte der Stammhäuser ungerne vermißt; doch dürften diese nicht schwer zu ermitteln sein, wobei die Firmenverzeich-nisse in den beiden oben angegebenen Werken von Joseph Schreyer und in Hegenbarts Aufsatz, so wie die Blottendorfer Firmen (23) gute Dienste leisten werden.

„Historische Aufsätze“ (IV) unter Quellen einzureihen, dazu bedarf es der Rechtfertigung. Diese aber braucht nicht weit gesucht zu werden, denn die Aufsätze waren bisher ungedruckt geblieben und rühren von Glas-industriellen selbst oder doch unzweifelhaft von Personen her, die in der Glasgegend ihren Aufenthalt hatten. Der erste derselben, „von einem armen Dorfteufel“ gefertigt (24), bringt allerdings über die Erfindung des Glases heute bereits Veraltetes und in den localgeschichtlichen No-tizen theilweise Wiederholungen von schon Bekanntem, nur mit manchen Unrichtigkeiten, namentlich in der Zeitbestimmung, verwebt, liefert aber, abgesehen von einigem sonst nicht bekannten Detail, z. B. daß Schürer den Zins an Herrn von Berka in Glas-Geschirre abzuführen hatte, mit Nr. 26 wenigstens den Beweis, wie sehr sich in den betheiligten Kreisen die Erinnerungen an ihre frühere Geschichte verwirrt haben, und wie nothwendig es daher ist, auf urkundliche Forschungen zurückzugreifen. Das nächste Stück (25) mit der einzigen in dieser Sammlung vorkommenden Hinweisung auf die wichtige Czaslauer Glashüttengruppe und mit der Erzählung von Mittels Besuch in Venedig konnte ebenfalls nicht über-gangen werden. Was endlich „den Anfang und Verlauf unseres Glas-handels“ (26) betrifft, so ist derselbe nur so lange, als er sich über die ältere

Zeit ergeht, Geschichte, wie er aber in die Zeit eintritt, welche der Verfasser selbst mit erlebte, wird er zu Memoiren. Während jene nur mit Vorsicht zu benützen ist, merkt man es diesen gleich an, daß es wirklich Geschehenes ist, was sie erzählen. Gleichzeitig steigert sich das Interesse. Insbesondere erfährt durch die Erzählung von Vincenz Zahns während der Sperre der Schifffahrt von Hamburg nach Spanien über Triest dahin ausgerüsteten und geleiteten Expeditionen, so wie vom Niedergange der Handlungscompagnien unsere Kenntniß der Geschicke des Glashandels eine wahrhafte Bereicherung. Auch Einzelnes aus den Denkschriften (28 c und e) und aus dem Majestätsgesuche (59), so wie die Relation (29) fällt in das historische Gebiet. Was die letztere 1756 von dem Nixdorfer sagt, „daß er seinen Handel gemeiniglich alla minuta mit einem Schubkarren oder Kraße anfanget, bis er durch seinen Fleiß und Mühe sich endlich so weit emporbringet, daß er . . . . all' in grosso mit Auswärtigen negociiren kann", mag in älterer Zeit auch bei nicht wenigen Glashändlern zutreffend gewesen sein.

Nachdem an einzelnen Beispielen die Entstehung und der Fortgang der Glasindustrie in ihren beiden Hauptzweigen — der Rohglaserzeugung und der Raffinerie — nachgewiesen worden, die Entwicklung des Handels nach mancher Seite hin eine Beleuchtung erfahren und eine Reihe von Personen und Familien, die in die Industrie oder den Handel thätig eingegriffen, uns bekannt geworden, ist das Verlangen wohl ein natürliches, auch das kennen zu lernen, was erzeugt und womit Handel getrieben wurde. Diesem Verlangen geschieht durch die „Inventare" (VII) Genüge, denn sie führen uns in die Waarenlager ein. Es ist das freilich ein Bereich, in dem eigentlich nur der Fachmann sich ganz zu Hause fühlen wird, welcher aus den angeführten Artikeln die Technik und aus den Wandlungen derselben und der Preise den Gang der Fabrikation zu erkennen vermag. Indeßen muß es auch den Laien mit Befriedigung erfüllen, an der großen Mannigfaltigkeit der Gegenstände so wie aus deren Bezeichnung das Streben der Altvordern wahrzunehmen, für alle Bedürfnisse zu sorgen und sich jeglichem Wunsche und Geschmacke anzuschmiegen.

Vor der VIII. Abtheilung mit der Aufschrift „Statuten" stehend, fragen wir: Gab es denn keine Gesetze, um damit, als der Urquelle von Statuten und anderen autonomen Satzungen, den Reigen der Normen zu eröffnen? Vergebens sehen wir uns in der älteren Zeit nach von der Staatsgewalt für die Glasindustrie erlassenen Gesetzen um. Alles, was wir an Normen antreffen, beschränkt sich 1. auf die Conceßionen (Privilegien, Begnadigungen) zum Betriebe von Glashütten, 2. auf die Statuten für die Innungen der Glasschneider und anderer das Glas weiter verarbeitenden Gewerbe und 3. auf die Compagnieverträge, welche die Glashandelsleute unter einander abschloßen.

Die Berechtigungen zum Glashüttenbetriebe wurden von den Grund=herren verliehen. Die Ausübung ihrer obrigkeitlichen Gewalt kam jedoch dabei höchstens insofern ins Spiel, als es sich unter Einem um die Ver= leihung von Gewerbsrechten handelte. Vorwiegend blieb das Verhält= niß ein privatrechtliches. Die Grundherren überließen den Bewerbern die Ausbeutung ihrer Wälder und die nöthigen Grundstücke zur Anle= gung von Glashütten, von Wohnungen für das Hüttenpersonale und von Bräuereien, Mühlen, Bäckereien, Fleischbänken u. dgl. gegen einen gewißen Zins und kümmerten sich nicht weiter um die Art und Weise des Betriebes, wenn nur die eingeräumten Befugniße nicht überschritten und die bedungenen Zinsungen regelmäßig abgeführt wurden. Der Na= tur der Sache nach konnte ein derartiges Verhältniß nicht ohne gegenseit= tiges Verhandeln zu Stande kommen und trug das Ergebniß demnach nur die Form einer Verleihung an sich, im Wesen aber war es ein Ver= trag. Anders verhielt es sich schon mit den Innungsstatuten. Diese wa= ren lediglich ein Ausfluß der obrigkeitlichen Gewalt, obwohl auch da, besonders bei neuen Gewerben, wie es die Glasraffinerie war, wenigstens wegen der sachlichen Bestimmungen, wie z. B. über die Arbeiterkathego= rien, die Lehr= und Gesellen=Zeit, die Meisterstücke, des vorherigen Ein= vernehmens mit den Betheiligten kaum zu entrathen sein mochte.

Zufälliger Weise ging die erste Verleihung, die wir kennen, jene zur Errichtung der Glashütte in Falkenau von einer Dame aus, der Frau Beatrix von Kolowrat. Die in Ton und Inhalt so recht die Zeit ath= mende Urkunde ist uns in der Bestättigung ihres Gemahls Zbislaw Berka erhalten, welcher die ursprüngliche Verleiherin „etwan wohlgeboren", also bereits verstorben nennt. Auch sonst mögen die Herren von Berka als die einstigen größten Dynasten der Gegend in die Lage gekommen sein, die Glasindustrie betreffende Begnadigungen zu ertheilen. Es ist aber, außer der bisher unverbürgten Sage von der Anlage der Glashütte in St. Georgenthal, nichts davon auf uns gekommen. Dem Grafen Ferd. Hrozuata von Kokorow sind die Bürgsteiner Glasschneider-Privilegien (40) zu danken. Von der zweiten Hälfte des siebzehnten Jahrhundertes ange= fangen tritt jedoch das vor Allen um die Glasindustrie in Nordböhmen hochverdiente Geschlecht der Grafen und Fürsten Kinsky in den Vorder= grund. Graf Wenzel Norbert Octavian ertheilte 1669 die Kreibitzer, · 1694 die Steinschönauer Glasschneider-Privilegien und befreite die Ju= nungsgenossen von der Robot und anderen Diensten.*) Nach seinem 1719 erfolgten Tode erbte der Sohn Philipp Joseph Böhm. Kamnitz und Joseph Joh. Maximilian Bürgstein. Ersterer scheint das interessante Promemoria (28 b) verfaßt und die historische Commercial-Nachricht (28 c) theilweise inspirirt zu haben. Während aber der Vater und der Bruder sich vornehmlich in der politischen Laufbahn auszeichneten, setzte sich Joseph Joh. Maximilian mit dem ganzen Feuereifer seiner Seele die Förderung der vaterländischen Gewerbthätigkeit als ausschließliches Lebensziel, in deren Geschichte ihm auch fürder einer der ersten Plätze nicht vorenthalten werden wird.

Belangend das Meritorische der Glashütten-Conceßionen, so ge= währten dieselben so werthvolle Rechte, namentlich bezüglich der Aus= beutung der Wälder, daß dagegen das zu leistende Aequivalent in den meisten Fällen kaum in Waagschale fiel. Die Falkenauer Urkunde (1) gibt dafür einen sprechenden Beleg. Es ist das, wenngleich der Mangel an Gelegenheit, das Holz anderweitig zu verwerthen, die Grundherren zu solcher Liberalität veranlaßte, ein keineswegs geringfügiges Moment in der Geschichte der böhmischen Glasindustrie, weil sie außerdem nie jene rasche und große Ausdehnung erlangt hätte, um einen so ansehnlichen

---

*) Beide Privilegien, auch die von 1669, fertigt er als Erbherr auf Böhmisch=
Kamnitz aus. Nach Josef Erwin Follmann: „Die gefürstete Linie des uralten und edlen
Geschlechtes Kinsky — Prag 1861" hat jedoch Wenzel Norbert Octavian erst 1679, nach
dem Tode seines Vaters, die gedachte Herrschaft geerbt.

Handel, wie er sich seit der zweiten Hälfte des siebzehnten Jahrhundertes entwickelt hatte, gehörig zu versorgen.

Blicken wir in die Statuten, so begegnen wir jenem doppelten Zuge, welcher das alte Zunftwesen im Allgemeinen durchdrang, — einem gewerblichen und einem bruderschaftlichen. Jenen kennzeichnen die Bestimmungen über das Aufdingen, Freisprechen, Meisterwerden, über die Ausübung des Gewerbes, das Ablocken der Arbeiter, die Störer u. s. w., diesen die Anordnungen, welche die Feier des Gottesdienstes, die Begräbniße verstorbener Mitglieder und ihrer Angehörigen, die in Wachs oder Almosen zu entrichtenden Strafen betreffen. Am deutlichsten spricht sich der bruderschaftliche Charakter in jenen Artikeln der Kreibitzer und älteren Bürgsteiner Statuten aus, welche auch Anderen als Glasarbeitern, jedoch lediglich des Begräbnißes halber oder aus guter Meinung, den Beitritt gestatten. Wiewohl die späteren Statute offenbar den vorhergehenden nachgebildet sind und in den Principien derselben eine ziemliche Uibereinstimmung herrscht, so kommen in Einzelnheiten doch auch Abweichungen vor, welche eine genauere Untersuchung wohl in's Auge faßen wird. So ist z. B. in den drei alten Statuten (39—41) die Gesellenzeit auf ein bis zwei Jahre, in jenem von 1776 (42) auf sechs Jahre festgesetzt; dort genügt außer Anderem die ehrliche Geburt zum Meisterwerden, hier wird noch die Abstammung von christkatholischen Eltern dazu erfordert. Die Statuten von 1694 und 1776 schweigen vom Wandern der Gesellen gänzlich, während es vordem als eine Bedingung, freilich als keine unumgängliche, zur Erlangung des Meisterrechtes galt. Bemerkenswerth ist auch die bereits gedachte, im 8. Artikel des Steinschönauer Statutes den Innungsmeistern eingeräumte Begünstigung, gegen ein mäßiges Entgelb sich selbst von der Robot und ihre Kinder von gewißen Diensten zu befreien. Uiberhaupt weht aus den Statuten der Geist patriarchalischen Wohlwollens. Selbst ein und die andere uns vielleicht anstößige Anordnung, wie das Bier zu den Zunftgelagen aus den herrschaftlichen Bräuhäusern zu nehmen, erscheint in einem milderen Lichte, wenn sie vom Standpunkte der damaligen Verhältniße aus betrachtet wird.

Im Gegensatze zu den Statuten der Glasschneider sind die Verfaßungs- und Rechtsgrundlagen der „Glashandlungscompagnien" (IX)

eine völlig autonome Schöpfung der Glashäubler. In den Gesellschafts=
verträgen, durch welche sie zu Stande kommen, bezieht man sich zwar
mitunter auf die nachträgliche Ratification der Obrigkeit. Es ist jedoch
nirgends zu ersehen, daß es dazu wirklich gekommen wäre. Gleich den
gewerblichen Innungen haben auch die Glashandlungscompagnien eine
doppelte Seite. Sie sind theils Handelsgesellschaften, theils Lebensge=
nossenschaften. In Bezug auf ihre Eigenschaft als Handelsgesellschaften
haben sie Manches mit der heutigen offenen und Commandite= und
der früheren stillen Gesellschaft gemein, allerdings auch viel davon Ab=
weichendes. Die Theilnehmer schießen, mit Ausnahme der Frauen, die
während ihres Witwenstandes mitunter noch längere oder kürzere Zeit
an Stelle ihrer Gatten in der Gesellschaft blieben, in jedem Falle ihre
ganze, bald größere bald mindere, Arbeitskraft und meist auch Capital
ein. Die Vertheilung des Gewinnes und Verlustes geschieht in der Regel
nach Köpfen, jedoch nicht zu gleichen Theilen, sondern nach der Stellung,
die den Einzelnen in der Gesellschaft, ob als ganzen, halben, viertel u. s. w.
Compagnons, eingeräumt ist. Nirgends jedoch ist eine Spur von unbe=
schränkter und solidarischer Haftung eines oder mehrerer oder aller Ge=
sellschafter zu entdecken. Trotz des Vorhandenseins einer Compagniefirma
(deren Wortlaut aber für die verschiedenen Niederlaßungen eines und des=
selben Hauses zuweilen verschieden ist) paßt daher weder der Begriff un=
serer offenen noch der Commandite=Gesellschaft auf die Glashandlungs=
compagnien, und auch von dem Wesen einer stillen Gesellschaft kann
bei denselben keine Rede sein, da reine Geldeinlagen nur als Darlehen
zu dem landesüblichen Zinsfuße, aber nicht als gesellschaftliche Einlagen
gegen einen verhältnißmäßigen Antheil am Gewinn oder Verlust ange=
nommen werden. Dadurch aber, daß die Compagnie=Verfaßung sich an
keine gegebene Form anlehnt, wird sie nur um so interessanter, weil sie
sich damit als das nach den eigenen Bedürfnißen, zum Theil vielleicht
nur mit Benützung der in Handelsstädten angetroffenen Usancen, ge=
schaffene Werk der Glashandelsleute darstellt. Die Bedeutung der Glas=
handlungscompagnien als Lebensgenossenschaften tritt zumeist in deren
Verhalten zu den Familien ihrer Gesellschafter hervor. Sie erfaßen den
Sohn schon in zartem Alter und suchen ihn in strenger Zucht und Schule

zum tauglichen Mitgliede der Gesellschaft heranzubilden. Läßt er sich gut an, so wird er die ganze Stufenleiter der Lehrlinge, Diener, viertel, halben und ganzen Gesellschafter hinauf befördert, bis er dereinst vielleicht das Haupt des ganzen Hauses wird. Ja selbst nach dem Ableben sorgt die Compagnie noch einige Zeit für seine Hinterbliebenen. In besonderen Lagen, z. B. wenn es sich um den Bau eines Hauses handelte, sprang wohl auch die Compagnie ihren Genossen in deren reinen Privatangelegenheiten hülfreich bei. Wie sie aber für alle Mitglieder und Angehörigen sorgt, so will sie auch, daß dieselben ihren Grundsätzen gemäß sich verhalten, ordentlich und pünktlich im Dienste, rechtschaffen und sittlich in ihrem Privatleben seien.

Wie überhaupt im Leben, so ging es auch in der Glasindustrie und im Glashandel nicht ohne „Reibungen und Hindernisse" (X) ab. So lange das Geschäft im Aufblühen begriffen war, wurden diese allerdings überwunden. Als aber die fremde Mitbewerbung auf den bis dahin ausschließlich oder vorwiegend behaupteten Märkten immer stärker sich äußerte und in dem Organismus der Handelscompagnien selbst Veränderungen vor sich gingen, welche dessen lebenskräftiges Pulsiren schwächen mußten, gelang es immer weniger, der Schwierigkeiten Herr zu werden.

Der erste Fall von Differenzen, dessen in den Quellen gedacht wird, betraf die Schleuderei in dem portugiesischen Geschäfte. Die Verleger und Händler suchten derselben durch die merkwürdige Conföderation (56) zu steuern, in welcher sie jeden Zuwiderhandelnden als ihren Erzfeind erklärten und die Ausfolgung von Glas an einen solchen bei Strafe von hundert Reichsthalern untersagten. Welchen Erfolg die Maßregel hatte, wird zwar nicht gesagt. Aus den Umständen aber darf man folgern, daß das Glasgeschäft nach Portugal, welches bereits in den Jahren 1700 bis 1705 ein lebhaftes gewesen, bis zu dem Einfuhrverbote auf Glas, ein günstiges blieb, worauf die dortigen böhmischen Handelshäuser einen Ersatz dafür in der Leinwand suchten und fanden. Nach Aufhebung jenes Einfuhrverbotes lebte auch der Glasexport dahin wieder auf.

Der Zeit nach zunächst sind die Schritte zu setzen, welche von kaiserlichen Behörden und allem Anscheine nach auch von dem Grundherrn von Kaunitz unternommen werden, um, namentlich im Interesse des böhmischen Glashandels, die Hinderniße zu beseitigen, welche von Seite Chursachsens der Verschiffung von Gütern aus Böhmen auf der Elbe in den Weg gelegt wurden. An kräftigen Aeußerungen und drastischen Vorschlägen fehlt es in den dießfälligen Denkschriften (28 a, b, c und d) keineswegs; doch scheint Alles von sehr geringem Erfolg gewesen zu sein, denn noch 1756 (29) wird bedauert, „daß jetzo die böhmische Unterthanen mit ihren Schiffen nicht weiter als bis Pirna in Sachsen fahren können und dort ihre Waaren mit sammt denen Schiffen abladen müßen.“

Mit den Beschwerden über die Elbehinderniße Hand in Hand gehen die Vorstellungen wegen verschiedener Zollverhältniße, insbesondere wegen Verhinderung des Baratto- und Gegen-Handels durch den „zu vermeinter Beförderung des commercii“ eingeführten „unerträglichen Aufschlag“ auf Tabak aus Spanien und Portugal, seine englische und holländische Tücher, seidene und wollene Zeuge ꝛc., aus Moskau Juchten und Pelzwerk ꝛc., welche Waaren die böhmischen Glashändler an Zahlungsstatt empfangen und ehedem im Zulande wieder abgesetzt hatten (28 c, d und e). Desgleichen wird der hohe Ausfuhrzoll lästig empfunden (28 d). Bei dieser Gelegenheit lernen wir, freilich blos für einen Zeitraum von wenigen Jahren, aus der Zeit, wo Böhmen noch ein abgeschloßenes Handels- und Zollgebiet bildete, die Bewegung seines Einfuhr- und Ausfuhrhandels kennen (Anm. ad 28 c), wovon dieß wohl das erste Beispiel sein dürfte. Hier möchte zudem auch das handelspolitische Curiosum eines unter dem Prohibitivsysteme betriebenen Appreturverkehrs (37 b & c) zu bemerken sein.

Wieder wie durch die Regeln für den Handel nach Portugal werden wir im Gutachten vom Jahre 1750 (57) und im Bericht und Gutachten 1767 (58) mit innerem Zwiespalt bekannt, — dort zwischen den Glashändlern und Glashüttenmeistern, hier zwischen den Glasmachergesellen und den Meistern. Die Streitpunkte werfen auch auf die Betriebsverhältniße der Industrie und des Handels ein Streiflicht. Allein auch sonst lernt man daraus interessante Thatsachen kennen, wie die, daß vor dem Jahre 1742 schon ein regelmäßiges Geschäft mit Konstantinopel im Gange gewesen, daß viele Raffineriearbeiter sich im Ausland niebergelaßen hätten, daß die Hüttenmeister mehrentheils Ausländer seien und daß es eben so auch unter den Gesellen allenthalben solche gebe. Beide Akte sind in bester Form durchgeführte Enqueten, der Bericht über die Arbeiterverhältnße kann zugleich als Motivenbericht zu dem Glasmacher-Reglement vom 5. Oktober 1767 gelten, das lange Zeit die ausschließ-liche gesetzliche Norm für die rechtlichen Beziehungen zwischen Glashüt-tenmeistern und ihren Arbeitern bildete und sich als solche in einzelnen Bestimmungen bis in unsere Zeit herein in Uebung erhalten hat.

Der Schwerpunkt des Majestätsgesuches (59) liegt eigentlich in der historisch-statistischen Schilderung des Glasgeschäftes und in dem bei-geschloßenen Status der Glashandlungen. Was von Anliegen vorge-bracht wird, scheint weniger durch zwingende Nothwendigkeit, als durch die Gelegenheit, welche die Anwesenheit der Majestäten gerade bot, ver-anlaßt zu sein. Sie beschränkten sich auf das Verbot der Ausfuhr von Pottasche, auf die Wiedereinführung der Militärbefreiung für den „hie-sigen" Glashandlungs- und Mannfacturstand, auf die Bewilligung eines Gremiums für die Glashandelsleute und eines ermäßigten Eingangszol-les auf bestimmte jährliche Quantitäten südlicher Weine, an deren Ge-nuß die Glashandelsleute von Jugend auf gewohnt seien. Nach der Tra-bition lautete die Antwort, welche Kaiser Franz angeblich auf die letzte Bitte ertheilte: „Sie sollen Oesterreicher Wein trinken; ich trinke auch nur solchen."

Während in dem Majestäts-Gesuche zur Motivirung der Bitte zwar auch die durch die Unbeschränktheit des böhmischen Glashandels und die in deren Gefolge auftretende Schleuderei in's Treffen geführt wird, vergißt man doch auch nicht „die wenige Auszeichnung zu berühren, welche die hiesigen Handelsleute genießen, indem sie bei Weitem nicht so geachtet seien, als die Handelsleute in den Hauptstädten, welche, in Gremien vereinigt, besondere Rechte und Vorzüge vor andern Staats-bürgern genießen," durch welche Hinweisung im Grunde die Bitte nur geschwächt wird. Die spätere Eingabe der Gablonzer Glashändler (60) hingegen, die auf dasselbe Ziel hinausgeht, stützt sich dabei lediglich auf das erste Motiv, mit welchem sie in einer Schärfe und Gewandtheit zu argumentiren versteht, die nicht ohne Wirkung ist. Was sie von der Pflicht des Staates sagt, sich die Regelung des Gewerbewesens angelegen sein zu lassen, erinnert lebhaft an die Strömung, welche in unseren Tagen wieder gegen das laissez faire, laissez passer sich auflehnt.

Die beiden letzterwähnten Gesuche (59 und 60) sind mit den vorhergehenden (57 und 58) die einzigen Aktenstücke der Sammlung, denen ein Hülferuf der Betheiligten an den Staat zu Grunde liegt. Ueberhaupt ist aus älterer Zeit von einem Eingreifen der Staatsbehörden wenig wahrzunehmen. Dieß ist auch ganz begreiflich, da einerseits die Gewerbepolizei auf dem Lande und in den unterthänigen Städten noch in den Händen der Grundherren, beziehungsweise ihrer Patrimonialämter lag, andererseits eine organisirte staatliche Gewerbeförderung eigentlich noch nicht bestand. Erst unter Joseph I. treten leise Versuche einer solchen auf, und erst unter Karl VI., Maria Theresia und Joseph II. bildet sie sich zum förmlichen System aus. Was uns an Beispielen von Gutachten oder Entscheidungen der Staatsbehörden aus dieser Periode vorliegt, reicht jedoch, so wenig es ist, hin, uns mit der höchsten Achtung zu erfüllen. Wie sachgemäß, gründlich und unpartheisch wird Alles erörtert und wie zutreffend und von Rechts- und Billigkeits Gefühl durchdrungen ist das Urtheil, wenn es sich um eine Beweisführung oder um eine Entscheidung handelt! Welcher Freimuth spricht sich in der Beurtheilung bestehender Einrichtungen oder der Hindernisse aus, die von einem Nachbarstaate der Elbeschifffahrt bereitet wurden? Und wie klar und bündig sind die Berichte und Gutachten abgefaßt! Eine oder die andere Ansicht wird sich heute freilich bemängeln lassen. Man darf aber nicht vergessen, daß ihre Träger einer anderen Zeit angehörten. Damals lagen noch die glänzenden Erfolge des Mercantilsystems aus anderen Staaten vor Aller Augen. Kein Wunder daher, wenn man auch bei uns davon das Aufblühen der Industrie und des Volkswohlstandes erwartete. Zudem mußte man mit dem Gegebenen rechnen, wollte man nicht Verwirrung herbeiführen und sich mancher Mittel zur Erreichung seiner Zwecke berauben. Nichtsdestoweniger blieb man gegen einzelne Auswüchse des Systems nicht blind. Beweis dafür sind die Anträge auf Ermäßigung der Eingangs- und Ausgangszölle und die Regelung des Transitohandels (28 d).

Es läßt sich denken, daß die steigende Bedeutung der böhmischen

Glasinbustrie, wie sie in einzelnen Fragen bereits die Fürsorge der Regierung in Anspruch genommen, auch längst die Aufmerksamkeit der Herrscher auf sich gelenkt habe. Sobald sich die Gelegenheit dazu ergab, wurde dieß auch durch Besuche von Mitgliedern des Regentenhauses äußerlich kundgegeben, worüber in der Anmerkung zu Nr. 59 und im Anhange berichtet wird.

Schon bei der Erörterung der Zollverhältnisse (Anm. zu 28 c) wurde auf die Nichtübereinstimmung der amtlichen Zahlen mit den aus dem wirklichen Leben sich ergebenden Prämißen aufmerksam gemacht. Auf ähnliche Widersprüche stoßen wir auch bei den Produktionsangaben. In dem Majestätsgesuche (59) veranschlagen die Glashäudler selbst — allerdings nach dem damaligen hohen Glaspreise — den Werth der Rohglaserzeugung im Jahre 1803 bei den 66 Hütten

à zu 30.000 fl. auf . . . . 1,980.000 fl.

den Raffinirungs-Fracht- und Handelsgewinn
mindestens auf 300 pr. Ct., daher auf . . . . . 5,940.000 fl.

zusammen auf . . . . . . 7,920.000 fl.

wovon beiläufig, 5,280·000 fl. in's Ausland gehen. Schreyer dagegen in seinem 1799 aufgelegten Werke: „Waarenkabinet" zählt 64 Glashütten auf und nimmt den gesammten Erzeugungswerth auf circa 2 ½ und die Ausfuhr auf mehr als 1 ¼ Millionen Gulden an. Der Commercial-Inspektor Schreyer stützt seine Angaben ohne Zweifel auf amtliche Daten. Allein auch die Glashäudler haben ihre Aufstellungen nicht in's Blaue hinein gemacht. Unter Anschluß einer (nicht mehr vorhandenen) Verfeinerungstabelle, von welcher sie sagen, daß deren Richtigkeit aus ihren Handlungsbüchern jederzeit erhoben werden könne, wiesen sie nach, daß der Veredlungswerth sich auf 1.253 p. Ct. des Werthes des rohen Glases belaufe. Ihrer Berechnung aber hatten sie im Durchschnitte und mit Inbegriff der Fracht und des Handelsgewinnes den Veredelungswerth nur in einer Höhe von 300 p. Ct. zu Grunde gelegt. Worin ist nun die Ursache so weit aus einander gehender Ziffern zu suchen? Waren die Erhebungen mangelhaft oder hat die Furcht vor Steuererhöhungen die Industriellen zu unrichtigen Angaben verleitet? Wie dem immer sei, Vorsicht und Kritik scheint auch bei der alten Gewerbs- und Handelsstatistik, und hier wohl noch in höherem Grade, als bei der neuen, geboten zu sein, will man nicht Gefahr laufen, in Irrthümer zu verfallen.

Wären aber auch die alten Daten ganz richtig, so könnten sie doch, sofern sie auf Werthziffern beruhen, noch keineswegs zu verläßlichen Vergleichungen mit unserer Zeit oder mit einer längst vorangegangenen Periode dienen, weil das Geld selbst, beziehungsweise das Edelmetall, aus welchem es hergestellt ist, im Laufe der Zeit Werthschwankungen unterliegt. Für längere Zeiträume eignet sich das Getreide weit mehr zum Werthmaaß. Es käme also nur darauf an, die Getreidepreise der Perioden, für welche man eine Vergleichung anstellen will, zu erfahren, um zu beurtheilen, ob die Preise von Glas und anderen Artikeln gestiegen oder gefallen sind, mithin auch ob z. B. die Production und der Verkehr zugenommen oder abgenommen hat. Man braucht dann blos die Geldpreise auf die Getreidepreise zu reduziren oder mit anderen Worten zu ermitteln, wie viel man in einer gegebenen Periode für einen bestimmten Gegenstand Getreide eintauschen konnte. In so weit man die Prager Getreidepreise als solches Regulativ zu benützen für geeignet erkennen möchte, wäre hiefür in den von der Prager Handels- und Gewerbekammer bei Gelegenheit der Wiener Weltausstellung gesammelten Beiträgen zur Geschichte der Preise ein zwei Jahrhunderte umfaßendes, von Ferdinand Urban aus der verläßlichsten Quelle, nämlich den marktamtlichen Tabellen geschöpftes Materiale geboten.*) Darnach stellte sich der auf Sil ber reduzirte Durchschnittspreis des Getreides (Weizen, Korn, Gerste) per nied. österr. Metzen in österr. Währung wie folgt:

Periode	fl	kr.	Periode	fl.	kr.
1655—1660	—	60.55	1771 1780	1	62.60
1661—1670	—	78.11	1781—1790	1	81.14
1671—1680	—	74.51	1791 1800	1	95.61
1681—1690	—	70.44	1801—1810	3	75.52
1691—1700	1	32.91	1811 1820	3	34.16
1701—1710	1	01.15	1821—1830	2	20.31
1711—1720	1	35.91	1831—1840	2	32.42
1721—1730	1	06.37	1841—1850	2	77.41
1731—1740	1	19.71	1851—1860	3	68.64
1741—1750	1	58.15	1861—1870	3	57.60
1751—1760	1	48.40	1871—1872	4	29.13
1761—1770	1	45.01	1871—1875	4	69.01

*) Dr. Edmund Schebek. Katalog zur Collectivausstellung von Beiträgen zur Geschichte der Preise veranstaltet . . . . von der Handels- und Gewerbekammer. Prag. Heinrich Mercy 1873 Seite 102.

Wo es sich nun das böhmische Glas handelt, läge es vielleicht noch näher, die Getreidepreise von der jener Gegend, von welcher aus es zumeist in den Handel kommt, angränzenden Herrschaft Tetschen zum Maßstabe zu nehmen. Ihre Zusammenstellung für die Zeit von 1570 bis 1870 befindet sich in einem Manuscriptbande, vereinigt mit der gesammten Collectiv-Ausstellung der Prager Handelskammer, in der k. k. Universitätsbibliothek zu Prag, welcher sie von der gräflich Thun-Hohenstein'schen Domänen-Central-Direktion gewidmet worden ist.

Wie mancherlei Eigenthümlichkeiten der böhmischen Glashändler im Vorangehenden schon berührt wurden, so ist damit doch noch kein Gesammtbild ihres Charakters gegeben. Ohne Kenntniß ihres Charakters aber läßt es sich nicht erklären, wie es kam, daß schlichte Männer aus abgelegenen Gebirgsdörfern eines Binnenlandes im Stande waren, durch eigene Kraft und Thätigkeit einen in fast ganz Europa und selbst in anderen Welttheilen verzweigten Handelsbetrieb so lange zu unterhalten — dazu noch in einer Form der Vergesellschaftung, die je länger desto verwickelter und schwerfälliger wird. Kennt man aber ihre Tüchtigkeit in jeder Hinsicht, so wird Alles klar, denn diese half ihnen über die Schwierigkeiten hinweg, so lange nur diese nicht geradezu unüberwindlich wurden.

Zu einem vollständigen Charakterbilde der Glashändler fehlt zur Zeit noch Vieles. Unsere Bekanntschaft erstreckt sich im Grunde bislang nur auf die spanischen und bis zu einem gewissen Grade auf die portugiesischen und holländischen Handelsleute. Von den Niederlaßungen in Rußland und in der Türkei, in Dänemark, Frankreich, Italien ꝛc. so wie von deren Einrichtung und dem Leben in denselben wissen wir fast nichts. Durch die Verschiedenheit der dortigen Verhältniße, Sitten und Gewohnheiten mag aber manche Nuance in der Lebensweise und in dem Charakter bedingt worden sein. Indeßen dürfte der Grundtypus des letzteren dadurch keine Aenderung erlitten haben. Empfingen ja doch auch die dortigen Niederlaßungen vom Stammhause ihre Weisungen und kehrten deren Genoßen nach Ablauf einer gewißen Zeit immer wieder in die Heimath zurück, wo durch Herkommen und Sitte feste Lebensregeln eingebürgert waren, denen der Einzelne sich unterwerfen mußte, wollte er in dem Verbande sein Fortkommen finden.

Wir wollen versuchen, was sich in unseren Quellen über die Her-
anbildung, die Lebensgewohnheiten, die sittlichen und religiösen Grundsätze der Glashandelsleute zerstreut findet, in gedrängter Kürze zusam-
menzufassen.

Ein Hauptgewicht wurde auf die Erziehung gelegt. So weit diese
von der Schule ausging, war man an das Gegebene gebunden und Lesen, Schreiben und Rechnen war Alles, was in der Schule gelehrt wurde.

Die Handelsleute sahen aber darauf, daß sich diejenigen, welche sich dem
Handelsstande widmen wollten, mindestens diese Elementarkenntnisse möglichst vollkommen aneigneten. „Die jungen Leute, welche aus der hiesigen Dorfgemeinde nach Spanien, Portugal, Holland u. s. w. geschickt
wurden", sagt F. S. Zahn, „mußten bevor brave, gute Schüler gewesen sein." Sobald jedoch eine Gelegenheit eintritt, auf die Schule Einfluß zu nehmen, wird er gleich in einer dem künftigen Berufe der Schüler
angemessenen Richtung geltend gemacht. An der 1766 in dem neu entstandenen Haida in's Leben getretenen Piaristenschule (27) werden die
Kinder, damit sie leichter die romanischen Sprachen erlernen möchten, in
den Fundamenten des Lateinischen und nebstbei auch in den Hauptbe-
griffen aus den Handlungswissenschaften unterrichtet. Nachdem aber in
Folge allgemeiner Verordnung der Lateinunterricht hatte eingestellt werden müssen, blieb im Wesentlichen auch diese Schule wieder auf den Ele-
mentarunterricht beschränkt. Um so weniger noch können sich die Schulen auf den Dörfern darüber erhoben haben. Was aber in der Elemen-
tarbildung abging, wurde reichlich eingebracht durch die strenge und systematische Schulung während der praktischen Laufbahn. Zu meist noch
sehr jugendlichem Alter kamen die Zöglinge — J. A. Hiecke (15) z. B.
im 11. Jahre nach Cadix — in eine oder die andere auswärtige Faktorei. Dort wurden sie an Arbeitsamkeit, Gehorsam und Ordnung gewöhnt und nach und nach in alle Zweige des kaufmännischen Wissens
und Gebahrens eingeweiht und eingearbeitet. „Sie wurden dort in den
Handelshäusern streng gehalten. Wer nicht gehorchen wollte, wurde nach
Hause abgeschafft, wo sie als Unfolgsame und Nichtgutthuer selbst von
ihren Freunden und Bekannten behandelt wurden." Der Aufenthalt in
dem bewegten Leben der Seeplätze und der großen Binnenstädte trug an

sich viel zur Erweiterung ihres Gesichtskreises bei, desgleichen die zeit=
weiligen Reisen in das Innere der Länder oder in benachbarte Handels=
plätze, und der Verkehr mit Personen verschiedener Nationalität nöthigte
zur Erlernung fremder Sprachen. Nach Ablauf einer gewissen Periode,
die sich auf sechs bis zwölf Jahre erstreckte, durften sie endlich wieder in
die Heimath zurück, wo sie meist einige Jahre blieben, um sich im dorti=
gen Geschäfte umzusehen und zu verwenden, worauf sie wieder in die
frühere oder in eine andere Faktorei sich begaben, — ein Wechsel, welcher
gemeiniglich noch öfter wiederholt wurde und vielseitiger geschäftsmänni=
scher Ausbildung nichts weniger als abträglich war. Es gab daher ein
beständiges Kommen und Gehen in der Gegend. Eine Reise nach Hol=
land oder Spanien war damals etwas so Gewöhnliches, wie heute im
Zeitalter der Eisenbahnen etwa eine Fahrt nach Prag oder Wien.

Sollte nicht auch die Art des Reisens den Bildungsmitteln beizu=
zählen sein? Aus den Quellen wissen wir, daß das Fußreisen zu den
Sonderbarkeiten der Glashändler gehörte. Nach Holland wurde häufig der
ganze, nach Spanien der halbe, zuweilen aber selbst der ganze Weg zu Fuß
zurückgelegt. Frankreich durchwanderten sie auf dieselbe Weise und einzel=
nen Nachrichten zufolge dürften derartige Reisen auch nach Italien und
sogar in die Türkei gemacht worden sein. Aeltere Zeitgenossen haben die
einstigen Theilnehmer an Glascompagnien viel und nicht ohne Stolz von
ihren Fußwanderungen erzählen gehört. Alle aber hatte, so weit man zu=
rückdenkt im „Landreisen" der im Anhang erwähnte „alte Scholze" über=
boten. Daß es nicht bloße Vorliebe war, welche dazu bestimmte, beweist
Hauzels Aeußerung (43), das Reisen auf der Post sei für gemeinschaftliche
Rechnung nur bei Alter oder sonstiger körperlichen Schwäche gestattet wor=
den. Gab also die Kostenersparniß den Ausschlag? Ohne Zweifel war
diese dabei mit ein Motiv. Das klingt allerdings befremdlich, wenn man
erwägt, daß Zeit Geld ist. Man darf aber nicht vergessen, daß bei der
damaligen mangelhaften Einrichtung der Fahrgelegenheiten ein guter und
der kürzeren Wege kundiger Fußgeher oft so bald am Reiseziele ankom=
men mochte, als wenn er sich der nicht immer regelmäßig verkehrenden
Post bedient hätte. Wahrscheinlich war diese Gewohnheit aus der Zeit
des Schubkarrenführens und des Hausirens überhaupt herüber genom=

men worden. Ob es beabsichtigt war oder nicht, jedenfalls hat dieselbe zur körperlichen Abhärtung der Glashandelsleute, unter denen verhält= nißmäßig viele ein hohes Alter erreichten, wesentlich beigetragen und zu= gleich ihre Länder= und Menschenkenntniß sehr erheblich bereichert.

So war ihr ganzes Thun und Treiben darauf angelegt, sie zu ge= wiegten Kaufleuten und tüchtigen Männern zu machen. Es leuchtet das schon aus ihren schriftlichen Aufsätzen hervor, deren die Sammlung (III. IV, IX und wahrscheinlich auch X) ganze Reihen aufweist. Wie sach= gemäß und zielbewußt ist da Alles auseinandergesetzt und wie klar und bündig tragen sie ihre Gedanken vor! Man merkt es augenblicklich, wenn, wie in Nr. 48, der rechtsgelehrte Anwalt mit seinen damals so üppig wuchernden Floskeln hinzutritt. Interessant ist es besonders, die Geschäftsmänner in den Verträgen oder in den Entwürfen dazu sich ihr Recht und Gesetz schaffen zu sehen. Wohl nimmt die in's Detail gehende Fürsorge manchmal den Anstrich des Kleinlichen an. Es war dieß jedoch nicht immer zu vermeiden, da es für die ganz und gar eigen= thümliche Gestaltung der Glashandlungscompagnien, von deren Ge= deihen das Geschick so vieler Familien abhing, an entsprechenden gesetz= lichen Bestimmungen mangelte. Indeßen durchbricht die haushälterische Aengstlichkeit doch nicht selten der Weitblick der welterfahrenen Kauf= leute.

Da von Steinschönau, dem Hauptsitze des levantinischen Glashan= dels, und seinen auswärtigen Beziehungen während des gesellschaftlichen Faktoreibetriebes unsere Quellen fast gänzlich schweigen, so wird das von einem Sprößling aus einer dortigen Glashändlerfamilie nach den Erzählungen, die er in seiner Jugend über die Wanderungen der jungen Leute in die Fremde gehört, niedergeschriebene Memoire hier eine zwar späte, aber dankenswerthe Einschaltung bilden. *)

---

*) Der Verfasser ist Herr Dr. Eduard Jahn in Prag, ein Pathkind des Stein= schönauer Großfuhrmannes Joseph Vetter, welcher es sich nicht hatte nehmen laßen, den aus der Taufe gehobenen Knaben in eigener Person in die Studien nach Prag zu füh= ren. Herrn Dr. Jahn sind ferner die folgenden Stellen aus einem Briefe seines Bruders Herrn Franz Anton Jahn in Steinschönau zu danken, welche sehr erwünschlich die in den Quellen gelaßene Lücke über das Geschäft nach Frankreich einigermaßen ausfüllen.

„Von der Glashandlung unserer Vorfahren unter der Firma „Joseph Jahn & Gebrü=

„Eine von den vielen Eigenthümlichkeiten, welche im Norden Böhmens in den bekannten Glas-Industrie-Orten Platz griff, lag auch in
der Art und Weise, wie ein kaum den zwei Volksschulklassen entwach-
sener und sodann in eines dieser Glasgeschäfte als unterster Diener ein-
getretener Bursche hinaus in die weite Welt, mutterseelenallein, geschickt
wurde."

„Sobald der Chef der Firma den Reisebestimmungsort, sei es
Konstantinopel, Smyrna, Kairo, Palermo, Bilbao oder Amsterdam,
dem Jungen bekannt gegeben und den Tag bestimmt hatte, an welchem
er abreisen sollte, so fing die sorgsame Mutter sofort an, die wenigen Sie-
bensachen an Wäsche und Kleidungsstücken, einer sogenannten Schwungs-

der", dann „Zahn Frères" mit dem Hauptfitze in Nancy, Lyon und Paris, und mit Beziehung aller damaligen Märkte in Frankreich haben wir in unserem Vaterhause Nr. 95 in
Steinschönau nur in dem Nachlasse unserer Großmutter die Familienbriefe ihres Mannes, unseres Großvaters Franz Anton Zahn, gefunden. Dieselben liegen mir vor, und
sind datirt meistens Nancy, Lyon, ab annis 1791, 1792, 1793 — vor und nach der
großen Revolution in Paris. Die Geschäftsbücher und Geschäftsbriefe befanden sich in
dem gemeinsamen Raffinirungs-Geschäftslocale und Wohnhause des Bruders und Compagnons unseres Großvaters Joseph Zahn. Dort lagen sie seit hundert Jahren am Boden im Taubenschlage die alten Bücher und Briefe; und leider — ich konnte es nicht
hindern, ich kam zu spät — alle diese Briefe und Bücher, vier Zentner schwer, waren
nach Kamnitz in die Papierfabrik zur Einstampfung gewandert."

„Unser Ur-Urgroßvater Joh. Christoph Zahn, Müller und Glashäubler in Parchen, hatte einen Sohn, Namens Joh. Joseph Zahn. Dieser übersiedelte nach Steinschönau,
gründete ein Glasgeschäft vor der Hälfte des vorigen Jahrhundertes in Frankreich, und
dessen Söhne Joseph Franz Anton und Ignaz kamen, nach den Schuljahren hier, nach
Frankreich. Unser Großvater war während der Revolutionszeit Nationalgardist und stand
als solcher einst als Ehrenwache vor der Wohnung des nachmaligen Consuls Napoleon.
Während der Robespierre'schen Schreckenszeit flüchtete unser Großvater aus Paris und
kam zu Fuß über die Schweiz als armer Mann mit einigen werthlosen Assignaten nach
Hause. Als er 1792 wieder zu Fuß nach Paris wanderte, hatte man in dem Geschäftslocale in Paris einen Bäckerladen errichtet, das Glas in den Keller geworfen, wo die
Seine ausgetreten war und denselben überschwemmt und verschlammt hatte."

„Das Geschäft, sonst blühend, ging durch die Revolution zu Grunde und die Besitzer zahlten hier alle Verbindlichkeiten per Heller und Pfennig, wurden aber selber arme
Leute. Ignaz ging nach Neapel zu seinem Schwiegervater Pallme unter der Firma:
Pallme Lauger & Comp., Joseph Zahn lieferte etwas Glas in die Schweiz und Franz
Anton Zahn ging als Commis — ein erstes Mal von Schiefner in Parchen, dann ein
zweites Mal von Ignaz Krause in Steinschönau — zweimal zu Fuß mit dem Wander-
stocke in der Hand und dem Ränzchen mit dem Musterbuche auf dem Rücken, nach und
durch ganz Frankreich. Das Glas von hier wurde damals per Achse durch unseren Nach-

jacke, einen kleinen Spiegel in Blech- oder Holzfutteral, einen Knäuel weißen und blauen Zwirn mit Nähnadeln und Hosenknöpfen und einem Stück Seife in ein kleines Felleisen zusammenzulegen. Zu unterst jedoch wurde ein Wäschstück gelegt, von welchem der arme Junge wohl keinen Gebrauch mehr zu machen in der Lage war, welches aber den Talisman gegen die sittliche Verderbniß des so weltunerfahrenen Knaben abgeben sollte. Es war das Taufhemdchen, das der nach zehn bis zwölf Jahren in seine Heimath wieder zurückkehrende, mittlerweile zum Manne gewordene Sohn ebenso rein und unbefleckt der Mutter wieder zurückgeben sollte, wie er es empfangen und getragen hatte. Die Erfahrung lehrte, daß durch dieses Symbol kindlicher Unschuld so mancher junge Mann, in Erinnerung an seine gute Mutter und deren Mahnworte, vom Wege des Lasters sich ferne hielt, um dereinst mit innerer Genugthuung sagen zu können: „Mutter, da hast Du das Hemdchen zurück, ich hielt mich so rein, wie ich es damals war, als Du es mir übergabst!"

„Im Zusammenhange mit dieser mütterlich frommen Weise hing

<hr>

bar, Bauer Anton Knechtel, bis Nancy und Paris verfahren, durch die Schweiz via Straßburg. Als Rückfracht brachte der Fuhrmann französische Producte oder französische Handels- und Industrie-Artikel Auf der letzten Reise des Nachbars Knechtel brachte er die Rotzkrankheit seiner Pferde mit so daß ihm alle acht Pferde verendeten, der Mann es sich zu Herzen nahm, sich dem Trunke ergab und starb. In meiner Jugend stand der verpestete Stall noch leer durch zwanzig Jahre."

„Nächst der Firma von „Zahn Frères" in Frankreich bestand auch gleichzeitig die Glasfirma von: „Johann Joseph Gürtler & Söhne" in Straßburg und Paris. Diese noch jetzt bestehende Firma J. J. Gürtler & Söhne in Meistersdorf, damals in Ullrichsthal, erlitt dasselbe Schicksal der Verarmung durch die Revolution, wie unsere Vorfahren und erholten sich erst später durch eine Uebersiedlung nach Bregenz und in die Schweiz. Diese Gürtler hatten Fuhrleute aus Gersdorf für Frankreich."

„Das Glasgeschäft nach Frankreich war damals noch ein sehr primitives. Das einfach hell oder matt geschliffene, höchstens etwas vergoldete Glas bestand aus Speise- und Trink-Serviçesachen. Buntes Glas gab es damals noch nicht und die Glasmalerei war erst im Entstehen (heute sind tausend Malerpinsel nur in Steinschönau thätig; damals ein Mann, der alte Hille, dann unser Vater als dessen Lehrling). Das Glas wurde in Frankreich auf Märkten und Messen verhausirt und gegen Cassa verkauft."

Man darf voraussetzen, daß mit dem Ausdruck: „primitiv" kein Tadel beabsichtigt wird. Sofern er zur Bezeichnung des nichtbemalten Glases gebraucht wird, wäre aber das Wort: „naturgemäß" wohl richtiger, denn das Bemalen mit dem Pinsel raubt dem Glase die ihm eigenthümlichen Vorzüge: die Durchsichtigkeit und den Glanz. Zum Glück kehrt man von jener Verirrung jetzt wieder zur Natur zurück.

auch noch der kirchliche Reisesegen, welcher dem kleinen Wanderer nach Persolvirung einer stillen heiligen Messe, und nachdem er noch einmal in seinem Dorfkirchlein gebeichtet und communicirt, in Gegenwart der nächsten Anverwandten und seines Chefs gespendet wurde."

„Bei solcher sittlicher Grundlage war es nicht Wunder zu neh= men, daß die Geschäfte damals mehr prosperirten als heute, daß die Treue und Redlichkeit der Diener eine gesichertere war und durch die Einfachheit der Lebensverhältnisse Herr und Diener mit einem Gewinne sich zufrieden stellten, welchen zu erreichen heute fast Niemand mehr an- strebt, da die meisten Geschäftsinhaber heutigen Tages in kurzer Zeit zu großem Reichthume gelangen wollen."

„Ging die Reise nach Konstantinopel, Smyrna oder Kairo, so wurde der Junge dem Großfuhrmanne, und zwar zu Anfang dieses Jahr= hundertes dem Josef Vetter'schen Fuhrwerke, übergeben, das ihn inner= halb vier Wochen erst nach Triest brachte und von da langte er beiläufig erst in sechszig Tagen in Konstantinopel per Segelschiff an. Dort an= gekommen wurde er anfangs als Küchenjunge oder Bedienter verwendet, indem das ganze Haus= und Geschäftspersonale nur aus männlichen Mitgliedern bestand. Es wurde ihm Gelegenheit gegeben drei bis vier Sprachen zu lernen, und von diesem und seinem geschäftsmännischen Wissen hing es ab, ob er bald den Platz eines Verkäufers oder Reisenden in den dortigen Ländern einnehmen konnte. Eine weitere Bedingung für das Verbleiben in dem Geschäfte war die Ehelosigkeit. Die Ver= heirathung wurde ihm erst dann gestattet, wenn er drei Reisen in die dortige Geschäftsniederlassung unternommen hatte."

„Wie oben erwähnt, dauerte der erste Aufenthalt in der Fremde zehn bis zwölf Jahre; nach Ablauf dieser Zeit durfte er das erste Mal in seinen Heimathsort zurück. Er hatte sich mittlerweile einige hundert Gulden erspart; an Stelle der Schwungsjacke brachte er nunmehr einen langen schwarzen Gehrock mit; die Kappe hatte dem Cylinder Platz gemacht und mit besonderer Befriedigung stak in der linken We- stentasche eine goldene Schweizeruhr an einem schwarzen Bändchen. Er blieb nun zwei bis drei Monate in seinem Heimathsorte und war täglicher Gast seines Chef's. So manches Mädchenange erfreute sich

da au der strammen, männlichen Gestalt und mochte sich im Herzen
einen so schmucken Bräutigam wünschen. Es ging aber noch nicht au,
denn der junge Mann mußte unverehelicht noch auf sechs Jahre und
nach einem gleichen Zwischenraum von zwei bis drei Monaten noch auf
vier Jahre in die Welt hinaus. War es früher das pietätvolle Erinnern
au das Mutterherz und das kleine Taufhembchen, so war es nunmehr
oft nur die stille Liebe zu einem braven Mädchen seiner Heimath, die
ihn von sogenannten jugendlichen Streichen abhielt. So kam es, daß
in der Regel ein derartiger Handlungsgehilfe, welcher durch besondere
Verwendbarkeit und Geschicklichkeit sich während dem zum Compagnon
hinaufgeschwungen hatte, erst im 35. bis 40. Jahre dazu gelangte,
seinen eigenen Herd zu gründen."

Ueber die Lebensweise in den auswärtigen Niederlaßungen besteht
in unseren Quellen eine Lücke. Bloß von den Etablissements des Hauses
Hiecke Rautenstrauch Zincke & Comp. in Cabix und Sevilla wird (20,
50) ausdrücklich erwähnt, daß sie in gemeinschaftlicher Haushaltung gelebt haben und bei den Amsterdamer Häusern laßen gewiße Ausgaben
in den Rechnungen auf Aehnliches schließen. Dagegen entwirft Hegenbart in dem oben Seite XXIV mitgetheilten Bruchstücke aus seinem Aufsatze — auf Grund welcher Quellen sagt er freilich nicht — ein gar
wunderfames Bild von dem Leben in den spanischen Häusern. Die Ab-
geschloßenheit, die feste Tagesordnung, die strenge Disciplin, die Ausschließung von Frauen und die geistlichen Uebungen, die nach ihm in denselben eingeführt waren, laßen uns eher au ein Kloster, als au ein Kauf-
haus denken. So sehr aber auch die spanische Bevölkerung an kirchlichen
Einrichtungen und Gebräuchen hing, so kann doch das nicht die klöster-
liche Organisation der Handelshäuser zur Folge gehabt haben. Die Erklärung muß sonach anderswo gesucht werden. Wir glauben sie in zwei
Umständen zu finden. Ein tiefer religiöser Sinn war den Glashändlern
von Haus aus eigen und eben so ist die Neigung zum Zusammengehen
bereits von alter Zeit her ein charakteristischer Zug derselben. Schon
während des Wanderbetriebes schloßen sich die Schubkarrenführer und
später die Glasfuhrleute in der Fremde gerne an einander an, und als
der Faktoreibetrieb aufkam, sehen wir in den Compagnien gesellschaft-

liche Verbände wie Pilze aufschießen und sich nach Innen und Außen mehr und mehr ausweiten. Die Elemente zu einer auf sittlich-religiöser Grundlage ruhenden Lebensgenossenschaft waren also vorhanden, und es bedurfte nur des belebenden Hauches, um sie nach irgend einer Seite hin zur Gestaltung zu treiben. Ein solcher Hauch wehte von der um dieselbe Zeit in dem nahen Herrnhut neu entstandenen Brüdergemeinde herüber. Wie bedeutend das Beispiel von Herrnhut auf unsere Glasgegend ein= gewirkt, zeigt sich ja auch äußerlich in der ähnlichen Anlage und Bauart des damals gerade entstehenden Städtchens Haida. Uibrigens lag die Neigung zu mysteriösen Verbindungen im Geiste der an geheimen Orden sehr fruchtbaren Zeit. Die Glasindustrie trat wenigstens insofern mit letzteren in Berührung, als sie — Zeuge die mannigfaltig geformten Freimaurer=Gläser „Freimaier" laut der Inventare von Cadix und Amsterdam — deren Bedarf an Glaswaaren beistellte und der eifrige Protektor der Glasindustrie, Graf Joseph Kinsky, soll selbst dem Frei= maurer=Orden angehört haben.

Es hieße die edelste Seite im Charakter der böhmischen Glasleute in Schatten stellen, würde nicht ganz besonders ihres sittlich=religiösen Geistes gedacht werden. Was ihr frommer Sinn in den Gemeinden Kreibitz, Falkenau, Langenau, Blottendorf, Steinschönau, Bürgstein, Haida u. s. w. zu kirchlichen und Wohlthätigkeits=Zwecken gespendet, fin= det sich zum Theil schon in verschiedenen Schriften verzeichnet. Auch un= sere Sammlung (1, 11, 19, 26 und Anhang) gibt dafür mehrere Be= lege. Wegen ihrer Eigenthümlichkeit sei insbesondere die Abgabe ange= führt, welche sich die Firma Hiecke Rautenstrauch Zincke & Comp. con= tractlich (49) auferlegt, von jeder aus der Heimath in Spanien ihr zu= kommenden Glaskiste einen Gulden, und zwar zur Hälfte für die Armen, zur Hälfte auf heilige Messen für verstorbene Familienglieder, zu wid= men. Nicht minder, als die Leistungen in Geld, sind hervorzuheben die Anweisungen und Lehren zu sittlich=religiösem Lebenswandel, die den An= gehörigen der Glashandelsschaft zu Theil werden. In allen Stadien, die sie zu durchlaufen haben, treten ihnen solche entgegen. Der Knabe, wenn er die große Wanderung antritt, wird darauf durch Beichte und Communion vorbereitet und von der Mutter durch das Symbol seines

Taufhembdchens vor jugendlichen Ausschweifungen gewarnt. Der an seinem fernen Bestimmungsorte angelangte Diener hat (50) „sonderlich die
Ermahnung des Herrn zu beobachten wegen dem Gottesdienst und alle
Tage die heilige Meß Hören, weilen es die Compagnie so haben will
und darzu die gehörige Zeit gibt. Und des Sonn- und Feiertägen kann man
zwei hören, wie auch des Nachmittags in den heiligen Rosenkranz zu gehen,
oder selbst in der Kirchen zu beten und nach dem allerst spazieren gehen und
auch monatlich zur heiligen Beichte gehen. Dann wie der Herr muß Rechenschaft geben vor seine Untergebene, so ist der Knecht auch schuldig, dieses zu observiren und gottesfürchtig zu leben." Die Innungsstatuten der
Glasschneider und die meisten Verträge der Glashandlungscompagnien
werden nicht nur im Namen Gottes oder der heiligsten Dreifaltigkeit
begonnen, sondern es werden darin auch Gottesfurcht und gute Sitten
eingeschärft. „Die Furcht Gottes," lautet es in den zu einem Gesellschaftsvertrage entworfenen Grundsätzen (54), „wird als der Anfang
und Fortgang aller Weisheit und alles Guten empfohlen, besonders den
Vorstehern unserer auswärtigen Etablissements zu haudhaben." Selbst
der Freigeist Hanzel unterläßt es nicht, in seinem Entwurfe zu einem
Compagnievertrage (43) auf die christlichen Lehren hinzuweisen und die
religiöseste Gewissenhaftigkeit zur Pflicht zu machen. Auch dann, wenn
der Diener oder Gesellschafter an die Erfüllung seiner auf materielle
Zwecke gerichteten Berufspflichten schreitet, soll er immer des Höheren
eingedenk bleiben. Schlägt er das Handlungsbuch auf, um unter Soll
und Haben die täglichen Posten einzutragen, so erblickt er an dessen Spitze
(VII) die Worte: „Mit Gott!" oder: „Der Höchste gebe seinen gött-
lichen Segen darzu!" L. D. (Laus Deo!) oder O. A. M. D. G. (Omnia
ad majorem Dei gloriam!) Und am Schlusse der Bilanzen wird jeder,
auch noch so geringe Gewinn mit „Gottlob und Dank!" oder mit
„Gott Dank" entgegengenommen. So wird Alles bei ihnen mit Gott
angefangen und vollbracht, und so sei auch dieses Buch im Geiste Derjenigen, deren Andenken es geweiht ist, geendigt: Mit Gott!

I.

Falkenau-Kittlitz.

I.

Aus dem Gedenkbuch der Gemeinden Falkenau und Kittlitz, angefangen gemäß Anordnung des k. k. Landespräsidiums vom 31. August
1835 *) am 1. Jänner 1836.

Concessionsurkunde zur Errichtung der Glashütte in Falkenau. **)

Ich Zbislaw Berka von der Daub und Leipa auf Reichstadt, des
Königreiches Böheim oberster Landhofmeister und Markgrafenthums Ober-
Lausnitz Landvoigt.

---

*) Diese Verordnung des unvergeßlichen Oberstburggrafen Karl Graf von Chotek steht
an der Spitze des Gedenkbuches und ist auch in der Provinzialgesetzsammlung des Königreichs
Böhmen für das Jahr 1835 abgedruckt. Durch dieselbe wird Alles, was der Zweck erfordert,
— wer solche Bücher anzulegen, wer sie zu führen hat, was in dieselben und wie es aufzunehmen ist, bis auf das Aeußere, — Papier, Format, Einband u. s. w. geregelt, — in
wenigen schlichten Worten nur, aber so verständlich, so sachgemäß und erschöpfend, daß es
keinem halbwegs Gebildeten schwer fallen kann, sich in der gestellten Aufgabe zurecht zu
finden. In Falkenau ist man ihr sowohl Seitens des Pfarramtes als der Gemeinde treulich nachgekommen. Wäre das überall geschehen, so hätte man wenigstens von der Zeit
an, als die Verordnung erlaßen wurde, ein ausgedehntes Quellenmaterial für die Orts-
geschichte, auf welcher hinwieder zum Theil die Culturgeschichte sich aufbaut. Durch die
Bestimmung, daß zu den Gedenkbüchern ein gutes Papier zu nehmen sei, war auch eine
längere Erhaltung der darin niedergelegten Daten vorgesehen, als sie wegen der geringen
Haltbarkeit des Papiers, das zu Akten, Briefen, Zeitungen u. s. w. heut zu Tage verwendet zu werden pflegt, den meisten sonstigen Quellen für die Zeitgeschichte vorbehalten
zu sein scheint. Werden doch in neuerer Zeit leider selbst reine Quellenpublikationen hier-
lands aus unzeitiger Oekonomie nicht selten auf so geringem Papier herausgegeben, daß
ihnen kaum mehr Jahrzehnde beschieden sein dürften, als den Originalen, die sie wiedergeben, Jahrhunderte.

**) Diese Urkunde ist, wie beigefügt wird, aus den in der Oberkreibitzer Glashütte
verwahrten Schriften in das Gedenkbuch der Gemeinde Falkenau eingetragen worden.

Bekenne für mich, meine Erben und Erbnehmer, daß mir Meister Paul Schürer, Glaser zu Falkenau einen besiegelten Vertrag (so mit der etwan [sic] wohlgebornen Frauen, Frauen Beatrix von Kolowrat seeligen, meiner liebsten Gemahl von wegen der Glashütten allda zu Falkenau aufgerichtet) fürbracht, mit unterthänigstem Bitten und Flehen suchend, ihme solchen Vertrag zu confirmiren und zu bestättigen, welches (in Ansehung dieser seiner Bitt) ich ihme nicht habe abzuwenden wissen und ihm solchen vorgenannten Vertrag confirmiret und bestättiget, und den hiermit confirmire und bekräftige von Wort zu Wort also:

Erstlich den Aßberg*) bis an die Zwick'sche Gränz, von dannen den großen und kleinen Buchberg bis an die Zwick'sche Gränz und der Blottendorfer Güter, die Loos von dannen den Zeifert bis an die Zwick'sche Gränz und bis an die Robowitzer und Arnsdorfer Güter, von Zeifert bis an die Scheibe (die Herren Wazlaw'en von Wartemberg zuständig), von der Scheibe derselbigen Gränz nach bis auf den Ziegen= rücken und von dannen an Herrn Prokops Gränz, die Kämmnitzbach und bis auf den Steig, der auf Kreibitz gehet, — von solchen genannten Wäldern und Gütern, als viel er Holz zur Hütten und zu Asche bedarf, zu gebrauchen. Was er aber über das zu Waibasche nehmen wird, soll er mir von jedem Bierviertel drei und zwanzig kleine Groschen geben.

Weiter sind die drei Güter bei einander liegend, darauf die Hütten gebauet, bis an die Kämmnitzbach und an den Steig, der auf Kreibitz gehet, für ein's zusammen geschlagen, damit er seiner Behelf dessen baß haben mag, ausgeschloßen die Mühlstatt, die an dem Krei= bitzer Steige liegt. Dieselbige habe ich mir vorbehalten und ausgezogen. Auf solchen Gütern, als ferner er die in Besitzung hat (bis an den Kreibitzer Steig und Kämnitzbach), hat er frei dahin Stellen auf Vogel und Haselhühner, dergleichen mit dem Netze auf den Herden, und nicht

Muthmaßlich aus derselben Quelle stammt die Abschrift in Moesers Gedenkbuche von Blottendorf, aus welchem Herr Hermann Adam daselbst eine Abschrift mitzutheilen die Güte hatte. Mit Benützung beider Copien ist der hier niedergelegte Text festgestellt worden.
*) Statt Aßberg, Zeifert, Kaemnitzbach etc. wird heute Aichberg, Seifert, Kamnitz= bach u. s. w. gelesen und geschrieben. Wahlstein ist ein Felsen, von welchem auch der dabei befindliche Teich den Namen erhielt.

ferner und weiter, denn auf denselbigen Gütern. Und so er was von Vogeln oder Haselhühnern finge und er deren in seiner Behausung nicht bedürfte, soll er die in keinem Weg an anderem Ende verkaufen, denn dieselbige der Herrschaft bringen; die sollen ihm durch die Herrschaft in gleichem Geld bezahlt werden. Ferner soll er aller Waidmannschaft ganz und gar müßig gehen; allein das dahin Stellen, wie oben angezeigt, soll er frei haben auf seinen Gütern. Auch hab das ihm und seinen Erbnehmern vergünst und nachgelassen, Bier und Wein zu kaufen, an welchem Ende es ihm geliebt, und es in der Hütten ausschenken kann, und dazu das Bräuen, als viel er dessen in der Hütten vertreiben und ausschenken kann; doch daß er die Malz von mir kaufweise nehme.

Solche Güter und Freiheit habe ich ihm und seinen Erben und Erbnehmern obgeschriebener Meinung verliehen und nachgelassen, doch dergestalt, daß er sich mit denen Hutweiden auf meinen Feldern nicht ferner einlasse darauf zu hüten, denn allein auf denen Gütern, die ihm zu hüten verliehen und zugelassen, damit mir auf meinen Herrschaften an den Wildbahnen und Waidwerk kein Schade geschieht und dasselbige von ihm und seinem Gesind verhütet werde.

. Die Hunde, so er bei dem Vieh halten will, daß er die nicht los gehen lasset, sondern daß die geführt werden.

Von solchen angezeigten Gütern und Freiheiten soll er mir und den zukünftigen Herrschaften, die da meine Güter in Gebrauchung haben werden, verleihen zehn Schock nach schwert Geldes, nämlich auf die zwo Tagzeiten, den halben Theil nach dato dieß Briefs auf Galli und den anderen Theil auf Georgi, geben und, wie itzo gemeld't, zu Erbzins reichen.

Es ist ihm auch ferner durch mich verliehen und nachgelassen die Kännitzbach an der Schwarzbach bis herauf an den Wahlstein einen Ufer mit dem Fischwerk zu gebrauchen.

Von solchem obgedachten Wasser soll er mir jährlichen Zinsen zwei Schock nach schwerten Geld, auf Galli ein Schock und an Georgi ein Schock, und also hinfurt auf die zwo Tagzeit, wie itzo vermeld't, also lang es mir und meinen Nachkömmlingen gefällig, reichen und geben.

1*

Solches will ich mir und allen nachkünftigen Erben und Erbneh=
mern in den obgedachten Flüßen und Bachen, wie die benannt, das freie
Fischen auch vorbehalten haben. Deß zur Urkund und mehrerer Sicher=
heit hab ich mein angebornes Petschaft für diesen Brief gutes Wissens
drucken lassen.

Datum auf Reichstadt Montags vor Petri und Pauli, das ist den
28. Tag Monats Juni Anno 1546. *)

Im Besitze der 1592 mit dem Prädikate „von Waldheim" in den
Adelsstand erhobenen Familie Schürer erhielt sich die Glashütte in Falkenau
bis auf Leopold Valentin, von dem sie 1729 an die Bürgsteiner Grund=
obrigkeit überging. In deren Besitz blieb sie jedoch nicht lange, indem
Graf Josef Johann Maximilian Kinsky sie schon mit Dekret dto. Bres=
lau 1. Jänner 1732 seinem Unterthan Namens Johann Kittel aus
Blottendorf (Sohn des ersten Organisators des böhmischen Glashan=
dels Kaspar Kittel) erbeigenthümlich überließ und verkaufte — „mit allen
zugehörigen Aeckern, Wiesen, Böschen, Teichen, Forellenbächen, zwei

---

*) Die für einen in alten Handschriften nicht bewanderten Leser schwer zu entzif=
fernde Jahreszahl mag die Veranlassung gewesen sein, daß man dieselbe früher 1446 las,
in Folge dessen, wie es in Sommers Topographie und nach ihm in anderen Schriften
geschehen, der Ursprung der Falkenauer Glashütte irrigerweise in das Jahr 1443 verlegt
wurde. Allein auch ohne Einsicht des Originals erweist sich das Jahr 1546 als richtig,
weil der Aussteller Zdislaw Berka von Dub und Lipa damals in der That das Obrist=
landhofmeisteramt in Böhmen bekleidete, weil ferner im Jahre 1546 das Fest der Apostel
Peter und Paul auf den 28. Juni fiel und das Gedenkbuch der Kamnitzer Dekanalkirche
im Jahre 1565 den Paul Schürer als Glashüttenmeister in Falkenau aufführt. Zdislaw
Berka war einer der böhmischen Herren, unter deren Auspizien Hajek von Libočan seine
Chronik herausgab. Palacky versetzt in seinen synchronistischen Tabellen Zdislaw Berka's
Tod in das Jahr 1553. Nach der von Schaller mitgetheilten Inschrift auf dem Grab=
steine in der Dekanalkirche zu Sct. Peter und Paul in Böhmisch-Leipa ist aber derselbe
am 11. September 1552 im 85. Jahre seines Alters verschieden. Wann von Zdislaw's
Gemahlin Beatrix, einer geborenen Kolowrat, die erste Bewilligung zur Errichtung der
Glashütte in Falkenau, welche Bewilligung in der obigen Urkunde nur bestättigt wird,
ertheilt wurde, ist zwar aus dieser nicht ersichtlich; sie ist aber laut der folgenden
Familienchronik der Schürer von Waldheim um das Jahr 1530 zu verlegen. Ob es
mit der Glashütte in Danbitz, die man in ihrem Ursprunge in das Jahr 1412, und
mit jener in Kreibitz, die man in das Jahr 1504 verlegt, seine volle Richtigkeit hat, muß,
da bislang keine authentischen Belege hiefür beigebracht wurden, eine offene Frage bleiben;
denn der Fall mit der Falkenauer Glashütte legt es nahe, mit Daten, für welche eine
genügende Quelle fehlt, vorsichtig zu sein.

Mahlmühlen sammt dem dazu gehörigen Zeug, wie auch einer Brett=
mühle und sämmtlichem Zeug, was zu meiner Glashütten und dazu ge=
hörig, nichts davon ausgeschloßen, wie solches voriger Besitzer genoßen
oder in Recht hätte genießen können, vor und um 11.000 baa=
res Geld. Bei dieser Glashütten verbleibet Alles und Jedes, wie die
beiliegende Specification Lit. A weiset, ingleichen Frei=Bierbräuen,
Frei=Brandweinbrennen und Ausschänken, Frei=Schlachten, Backen und
aller Robot frei, das Holz aus dem Schindelwald, großer Buchberglehne
und Falkenauer Revier, so alle Jahre dürr wird, wie auch die Klötzer=
Wippel, so auf die Falkenauer Brettmühlen geschlagen und verführt
werden. Hingegen ist des Käufers seine Schuldigkeit, alle Jahre zu
Weihnachten 200 Gulden in meine Renten zu erlegen. Ingleichen
alle k. f. Contributionen, Einquartirung, Fleischkreuzer und Impost=
Gelder und alle anderen Zinsen, wie der Vorfahrer gegeben und gezahlt
hat, nicht minder der Mahl=Mühlenzins und Schweinemastgeld, wie
solches anitzo stehet, sollen auch in's Künftige verbleiben, ingleichen (er)
auch den Wasserzins nacher Kammitz alle Jahre entrichten muß."

Zur Vermeidung künftigen Zweifels wurde 1748 bestimmt, „daß
es von der Gewährung des umgestandenen Holzes und der Klötzer=
Wippel in's Künftige abzukommen habe; dagegen solle der Falkenauer
Hüttenmeister zur Schadloshaltung jährlich 100 Klafter Hüttenholz
aus den obrigkeitlichen Waldungen der Herrschaft Bürgstein empfangen."

Der Sohn des Käufers Namens Johann Josef Kittel fand in
dieser Resolution noch Bedenken und wendete sich deßhalb (so wie auch
wegen Errichtung einer Schleifmühle) bittlich an die Grundobrigkeit, wor=
auf von dem vorgenannten Grafen Kinsky dto. Bürgstein den 5. Sep=
tember 1749 folgender Bescheid erfloß:

„Dem supplicirenden Falkenauer Glashüttenmeister Josef Kittel
wird in conformitate meines demselben anno 1748 ertheilten decreti
ferner zugestanden, damit die in gleich vermeld'tem Decret ihm, Hütten=
meister, anstatt des vorhin aus meinen Waldungen empfangenen unge=
standenen und Wippel=Holzes alljährige ausgeworfene ein hundert Klaf=
tern weiches Holz, von welchem der Hüttenmeister nur das Schlagelohn
zu zahlen, sonst aber weder Stammgeld noch andere Unkosten zu ent=

richten hat, jede Klafter 3 Ellen hoch und 3 Ellen breit, auch jedes Scheit 2 Ellen lang abgefolget, und nicht nur in der Nähe, sondern auch aus entlegenen Orten des alldasigen Reviers ausgewiesen werden möge. Dem Supplicanten erlaube zwar in so weit, als es niemanden zum Nachtheil gereicht, auf seinem eigenthümlichen Grund eine Schleifmühle aufzuführen, jedoch mit Vorbehalt des von mir fernerhin annoch zu regulirenden billigen Zinsen."

Gemäß dieses Bescheides wurden zwar die hundert Klafter Holz in den angegebenen Dimensionen geliefert; doch war diese Gewährung nicht im Stande, die übrigen nachtheiligen Verhältnisse auszugleichen, die theils aus den hohen Holzpreisen, theils aus den Drangsalen des siebenjährigen Krieges entsprangen. Was sind auch, ruft der Chronist aus, hundert Klafter Holz gegen tausend, die eine Hitze erfordert! So geschah es denn, was vermög vorhergegangenem Anbringen schon im voraus von Johann Josef Kittel vermuthet wurde, nämlich daß er die Glashütte einstellen mußte. Die Gebäude waren ohnehin in einem sehr verfallenen Zustande und das hiezu bestimmte Holz war zur Erbauung der Glasschleifmühle verwendet worden, welche jetzt — es schreibt dieß der Chronist — sub N. C. 20 in Kittlitz besteht, und welche deßhalb, weil sie vom Hüttenmeister angelegt wurde und zur Glashütte gehörte, noch heut zu Tage „die Hüttenschleifmühle" heißt. Mit Einstellung der Glashütte verlor auch das Bräuhaus seinen Werth. Darum gab Kittel nach Auflaßung hiesiger Glashütte auch die Benützung der Bräugerechtsame zeitweilig auf und bat nur die Obrigkeit, ihm bei Ausübung der Schankgerechtigkeit eine Vergünstigung zuzugestehen, wenn er das Bier von Pihl aus dem dortigen obrigkeitlichen Bräuhanse bezöge, und dieß zwar in so lang, als bis andere Zeitumstände den Betrieb der Glashütte oder die Benützung der Bräugerechtigkeit wieder erwünschlich machen würden.

Im Jahre 1758 pachtete Joh. Jos. Kittel die Glashütte und das Wirthshaus sammt Zugehör in Oberkreibitz. Nach Ausgang der Pachtzeit brachte er die ganze Realität von der Kammitzer Obrigkeit mittelst Vertrages vom 8. April 1767 um 3.000 fl. rh. käuflich an sich. Seine Abschlüße mit der Obrigkeit zielten dahin ab, seine Existenz in Kreibitz immer fester zu begründen. Für Falkenau war dieß von größtem Einfluße, da auf den zur ehemaligen Glashütte gehörigen Gründen innerhalb des Weichbildes von Falkenau eine neue Ansiedlung entstand, die zu Ehren der Familie Kittel den Namen Kittlitz erhielt, weßhalb auch Falkenau zum Unterschiede von anderen Ortschaften dieses Namens „Falkenau Kittlitz" genannt zu werden pflegt. Joh. Josef Kittel, welcher zwölf Kinder hatte, trat mittelst Contraktes vom 29. März 1785 und mit Zustimmung des Fürsten Franz Ulrich von Kinsky als Besitzers der Herrschaft Kammitz die Glashüttenwirthschaft in Oberkreibitz, zu welcher auch eilf Häusler zinsbar waren, seinem vierten Sohne Anton Kittel um den Betrag von 4000 fl. ab und zog sich dann nach Kittlitz zurück, wo er vor seinem Tode noch die Freude erlebte, Kirche und Schule erbaut zu sehen, wozu er viel beigetragen hatte.

Anton Kittel führte die Glashütte in Oberkreibitz weiter und zwar, nachdem die Röhrsdorfer Glashütte von einem gewißen Müller aus Schaiba angekauft worden war, mit dieser, welche nach dem neuen Besitzer Antonihöhe genannt wurde, unter einer Verwaltung. In dieser Periode fällt das Mißvergnügen auf, welches erst einzelne Glasmacher, bald alle zusammen gegen die Verwaltung der beiden Glashütten äußerten. Dasselbe hatte seinen Grund in den veränderten Zeitverhältnißen.*) Es war nicht mehr die vorige blühende Zeit, die man die alte goldene Zeit nennt, weil sie Gold brachte. Durch die Kriege im Anfange des 19. Jahrhunderts wurden Länder abgesperrt, in anderen wurde auf die Einfuhr des Glases ein so hoher Zoll gelegt, daß keine Einfuhr stattfinden konnte, während in noch anderen die Einfuhr gänzlich untersagt wurde. Dieß verminderte den Absatz der Glasprodukte.

*) Die hierher wurden die aus dem Falkenauer Gemeindegedenkbuche freundlichst von dem dortigen Oberlehrer Herrn Eduard Simm besorgten Abschriften bis auf einzelne zur Beleuchtung der damaligen Besitz- und Pachtverhältniße dienende, aus Urkunden wörtlich entlehnte Stellen nur anzugsweise benützt. Die folgende Erzählung aber ist mit Hinweglaßung unnöthiger Wiederholungen und des ganz Unwesentlichen möglichst wortgetreu wiedergegeben, weil die Vorkommnisse, unter welchen die Einstellung der beiden Glashütten stattfand, ein Stück Industriegeschichte bilden.

Anbei verlor sich der Werth des Geldes mit jedem Jahre und Monate, da die Bancozettel gegen die Silbermünze einen immer niedrigeren Stand erreichten. Und doch wollten die Glasmacher unter solch' mißlichen Umständen einen höheren Lohn erzielen. Zu diesem Ende brachten sie schon 1804 ein schriftliches Anlangen bei der Grundherrschaft ein, damit sie ihnen dazu behilflich sei. Diese konnte demselben um so weniger Gehör geben, als eine solche Erhöhung ohne Vorwissen und Zustimmung der übrigen Hüttenmeister Böhmens nicht durchführbar war, die hiedurch alle hätten benachtheiligt werden können. Es blieb also beim vorigen Lohne. Aber ach, wäre es bei diesem nur immer geblieben! Die Zeiten sollten noch schlimmer kommen. Die zunehmende Fabrikation in dieser Gegend war Schuld, daß die Holzpreise immer höher und höher stiegen, so zwar, daß die hiesigen Hütten die Concurrenz nicht mehr auszuhalten vermochten. Indem hatte man, um nur die Arbeiter nicht außer Brod setzen zu müßen, schon einige Zeit auf's Lager gearbeitet, weil man immer noch auf die Wiederkehr glücklicherer Zeiten rechnete. Da aber diese nicht eintraten, so gab Anton Kittel unter'm 13. März 1819 an das Oberamt der Herrschaft Böhmisch Kamnitz die Erklärung ab, daß er wegen hoher Holzpreise und stockenden Glasabsatzes den Betrieb seiner beiden Hütten einzustellen genöthigt sei, bis bessere Zeiten denselben wieder gestatten würden. Da gemäß Verordnung vom 5. Oktober 1767 das Arbeitspersonale in Glashütten auch nach deren Einstellung noch durch vier Wochen unterhalten werden müße, so erklärte sich Anton Kittel ganz geneigt, sein Arbeitspersonale noch durch vier Wochen zu unterhalten; dann aber möge ein löbliches Oberamt dafür sorgen, daß dasselbe mittelst Ausschreibung bei anderen noch arbeitenden Hütten untergebracht werde. Aber auch dazu wollte sich keine Aussicht eröffnen, da wegen allgemeinem Absatzmangel überall eine gleiche Stockung eingetreten war. Was war nun zu thun? Sie hätten jetzt gern für den früheren geringen Lohn gearbeitet, wofern sie nur Arbeit bekommen hätten und Kittel hätte sie gern wieder beschäftiget, wenn er nur seine angehäuften Vorräthe für baares Geld hätte an Mann bringen können.

Dieses dauerte den Glasarbeitern zu lange. Sie vertrauten auf

ihre Kunst und glaubten, man werde fie, indem die böhmische Glaspro=
duktion auch im Auslande rühmlichst bekannt fei, willig aufnehmen und
rechneten auch wohl dafelbst auf höheren Lohn; fie faßten daher den
Entschluß, mitten im Winter und zwar in der Nacht um zwölf Uhr am
12. Jänner 1820 unfer Vaterland zu verlaffen und fich nach Preußen
zu wenden. Sie bedankten fich in einem hinterlaffenen Briefe bei Kittel
für das ihnen früher gewährte Fortkommen, baten ihn wegen allenfälli=
ger Beleidigungen um Verzeihung und ftellten dar, daß es ihnen fehr
schwer falle, ihr Vaterland, fo ihnen immer lieb gewefen, zu verlaffen
und bei ftrenger Winterkälte auf fremdem Boden ihr Brod fuchen zu
müßen, welches befonders dem 85jährigen blinden Wenzel Friebert aus
Rofenthal bei Reichenberg hart erfcheine.

So zogen fie nach Louifenhütte in der Lanfiß, wo fie zwar Arbeit
fanden, aber unter Verhältnißen und Bedingungen, wie es ihnen auch
nicht genug wünschenswerth war. Auch hatten fie den erwarteten Lohn
nicht gefunden. Da fchrieben fie wieder und zwar in recht bittlichem
Tone an Kittel um Wiederaufnahme, wobei fie die Verficherung gaben,
daß es ihnen bei ihrer Auswanderung nur darum zu thun gewefen fei,
ihre Kunstfertigkeit zu erweitern und durch Aneignung auswärtiger Ver=
fahrungsweifen manchen Vortheil in ihrer Kunst zu erlangen, welchen
Zweck fie auch erreicht zu haben glaubten.

Indeß fo geneigt Kittel gewefen wäre, ihnen die Hand zu bieten,
fo war er doch gerade in diefer Zeit nicht in der Lage, fich mit der
Sorge um fein Gefchäft zu befaßen. Es hatte ihn eine Krankheit er=
faßt, die ihn auch am 8. Oktober 1820 dahinraffte. Nach ihm hin
terblieben ein großjähriger Sohn Nikolaus und zwei minderjährige Töch=
ter Johanna und Therefia. Nun hätte zwar erfterer das Gefchäft des
Vaters fortführen können; aber auch ihn hatte bereits Kränklichkeit be=
fallen. Es wurde ihm daher Friedrich Egermann, der Sohn von feines
Vaters Schwefter, beigegeben. Um das wankende Gefchäft noch einiger
maßen aufrecht zu erhalten, wurde für die Glasmacher ein eigenes
Reglement erlaffen, in welchem ihr Verfahren genau beftimmt war und
das fie zu beobachten fich verbindlich machen mußten. Darin wurde
ihnen gute Arbeit empfohlen. Um das Schleudern zu verhüten, follte

unechte Arbeit sogleich in die Brocken geworfen werden und der Glasmacher dafür keine Zahlung erhalten. Eben so, wenn unvollkommene
Stücke binnen vier Wochen von dem Abnehmer aus Mangel nöthiger
Vollkommenheit zurück gelangen. Um das Verschleppen zu verhüten,
wurde angeordnet, daß demjenigen, der darüber einmal betroffen worden,
kein fernerer Zutritt zur Glashütte zu gestatten sei. Eben so wurde das
Berauschen der Glasmacher und das Betteln bei denen, welche Bestellungen auf der Hütte machen, streng untersagt und manche andere zweck-
dienliche Unterweisung gegeben.

Aber trotz dieser unterm 9. Jänner 1822 gegebenen Instruktion
und trotz anderer Vorkehrungen konnte keine rechte Ordnung erzielt werden, da die Arbeiter nicht wußten, wem sie mehr gehorchen sollten, ob
dem Sohne des verstorbenen Besitzers oder dem bevollmächtigten Egermann. Letzterer entschlug sich eben deßhalb unterm 12. Dezember 1823
der ihm anvertrauten Obsorge und der Erbe Nikolaus starb bald darauf,
worauf die beiden Schwiegersöhne des verstorbenen Besitzers Franz
Weiblich und Anton Simchen die Verwaltung der beiden Hütten übernahmen und Ordnung herstellten. Ersterer hatte nämlich die Tochter
Johanna, letzterer die Tochter Theresia des verstorbenen Anton Kittel
geehlicht, welcher in seinem Testamente für den Fall eines frühzeitigen
Absterbens des Sohnes Nikolaus der älteren Johanna den Besitz des
Gutes Kittlitz mit der Oberkreibitzer Glashütte, der jüngeren Theresia
hingegen die Röhrsdorfer Neuhütte mit dem dabei befindlichen Straßen-
wirthshause, welches er selbst angelegt hatte, zugedacht hatte.

Inzwischen waren auch die ausgewanderten Hüttenarbeiter nach
einem Aufenthalte von anderthalb Jahren in Neu-Preußen, jedoch ohne
dem bejahrten Wenzel Friebert, welcher daselbst gestorben war, wieder
zurückgekehrt. Nun wurde wohl auf der Röhrsdorfer Glashütte, nicht
aber auf der Kreibitzer regelmäßig fortgearbeitet, weil ohnehin beide Hütten in Verbindung standen, indem sie noch im Namen der Anton Kittlischen Erbmasse gemeinschaftlich fortbetrieben wurden und weil gemäß
abgeschlossenen Kontraktes mit der Herrschaft Reichstadt bei Abnahme
von 1000 Klaftern Holz jährlich zur Neuhütte eine Vergünstigung im
Ankaufe gewährt wurde, welche bei der Ober Kreibitzer Hütte nicht statt-

fand, da für diese Hütte das Holz im kurrenten Preise bezahlt werden mußte. Hieraus entstanden für die Arbeiter auf dieser Hütte Schwierigkeiten, da sie öfter und durch längere Zeit feiern mußten, als die Arbeiter auf der Röhrsdorfer Hütte.

Nun hatte eben nun diese Zeit Fürst Rudolf Kinsky die Ober-Kreibitzer Hütte mit einem Besuche beehrt und dabei über die Leistungen des Glaspersonales seine volle Zufriedenheit ausgesprochen. Dieß machte den unzufriedenen Glasmachern Muth, ihre Beschwerde in einer vom 24. Oktober 1828 datirten Eingabe vorzulegen und Se. Durchlaucht um Verwendung für sie anzuflehen. Sie gaben an, daß der von Anton Kittel mit der Herrschaft Reichstadt abgeschloßene Kontrakt wegen billigeren Bezuges von 1000 Klaftern Holz längeren Schlages, wie es zur Hütte nöthig sei, Schuld trage, daß die Ober-Kreibitzer Hütte schläfriger betrieben werde, weßhalb die Arbeiter aus Mangel an hinreichender Beschäftigung dem Nothstande preisgegeben wären. Sie vergaßen auch nicht darauf hinzudeuten, daß durch einen solchen Kontrakt die fürstliche Holzabnahme und der fürstliche Bierabsatz in Oberkreibitz vermindert werde, ja daß dieser nachtheilige Einfluß sich auch noch auf andere Unterthanen Sr. Durchlaucht, als Holzschläger u. s. w. erstrecke. Sie beklagten sich, daß das Arbeitspersonale bei den Glashütten ohnehin um die früheren Vortheile zum Theile gebracht sei, indem ihnen z. B. durch eine Verfügung der Kaiserin Maria Theresia die vorhin zugestandene Befreiung von Militärstande benommen worden. Diese Kaiserin habe aber wohl zu verhüten gesucht, daß in Folge der Aufhebung dieser Befreiung Glaskünstler nicht auswandern möchten, weßhalb mit Hofdekret vom 5. Juni 1767 und im Patente vom 5. Oktober desselben Jahres angemessene Geld- und Leibesstrafen festgesetzt worden seien, womit Personen von der Glasfabrikations-Innung unnachsichtlich belegt werden sollten, wofern man ihre Neigung oder die gemachten Voranstalten zur Auswanderung wahrnähme. Doch sei dieß zu verhüten schwer, und auch von der Röhrsdorfer Glashütte seien vor einigen Jahren einige ausgewandert. Auch die Beschwerdeführer würden sich zu einem gleichen Schritte bewogen fühlen müßen, wenn ihnen nicht gehöriger Verdienst allhier gewährt würde, so ungern sie solches thun würden, indem durch die Verbreitung der Glaserzeugungskunst das Vaterland Böhmen um den Vorzug dieses Industriezweiges gebracht werden könnte. Dieß wäre um so eher möglich, als es fremde Regierungen nicht fehlen lassen, ausgewanderten Glaskünstlern einen Platz zur Errichtung einer Hütte gerade da anzuweisen, wo wegen der Nähe bedeutender Waldungen das Holz in einem äußerst billigen Preise zu haben ist und wo nebenbei auch die übrigen Viktualien in einem billigen Preise bezogen werden können, so daß es ein Leichtes wäre, das Glas daselbst um 50 Prozent billiger zu erzeugen.

So klagten die Glasmacher und unter ihnen vorzüglich Augustin Model, der die übrigen mit zur Beschwerde verleitet haben mochte; aber ohne Erfolg. Es konnte nicht anders sein. Die Ober-Kreibitzer Hütte war durch die gebrachten Opfer in mißlichen Jahren ohnehin in einen bedeutenden Schuldenstand verfallen, so daß gegenwärtig noch — zu des Chronisten Zeit — auf dem Gute Kittlitz 22.000 fl. C. Mze. haften, welche mit fünf und mehr Prozent jährlich zu verzinsen sind. Sollte die Hüttenverwaltung noch mehr Opfer bringen und die Summe der Schulden bis in's Unerschwingliche vergrößern? Dieß konnte wohl niemand, und auch Se. Durchlaucht nicht fordern. Es wurde auch nicht gefordert, sondern es wurden die unbilligen Klagen abgewiesen, als Franz Weidlich den Stand der Glashütten sowie die obwaltenden Zeitverhältnisse genügend dargestellt hatte. Nur bessere Zeitumstände, wie sie nach langem Zögern endlich im Jahre 1833 eintraten, konnten der Sache eine andere Wendung geben. Nun konnten aber auch beide Hütten gleichzeitig in Betrieb gesetzt werden, nachdem fast immer nur abwechselnd eine um die andere betrieben worden war, ja im Jahre 1831 durch einige Zeit beide Hütten außer Betrieb gewesen waren.

Inzwischen starben jedoch die beiden Geschäftsleiter, die Gatten der zwei Erbinen, erst Simchen in Neuhütte, dann Weidlich in Ober-Kreibitz. Wegen der besonders gewandten Geschäftsführung, verbunden mit einer seltenen Gutmüthigkeit, bedauerte man vorzüglich den Tod des Letzteren. Beide hinterlassenen Wittwen verehelichten sich wieder und zwar Theresia Simchen mit Anton Futschik Gehilfslehrer an der Schule zu Ober-Kreibitz und später im Jänner 1836 Johanna Weidlich mit Franz Pöse Handlungsdiener zu Haida.

— 13 —

2.

Aus dem Liber memorabilium oder Verzeichniß denkwürdiger
Begebenheiten, die Kirche und das Kirchensprengel der Lokalie
zu Falkenau oder Kittlitz betreffend. *)

(Aus dem Jahre 1833.)

„Falkenau, ein 1¼ Stunde nordnordwestlich von Haiba . . . .
gelegenes Dorf . . . . hat . . . . . viele Glasschleifereien . . . . .
und wird größtentheils von Commercialprofessionisten, als Glasarbeitern,
Zeugwebern, sowie von Holzschlägern und Taglöhnern bewohnt. Hier
bestand früher eine der ältesten Glashütten in Böhmen von Paul Schürer,
Glaser in Falkenau, im Jahre 1443 errichtet, welche aber gegen die zweite
Hälfte des vorigen Jahrhunderts (1764) cassirt wurde, nachdem kurz zuvor (1750) die Neuhütte (oder Antonihöhe**) in den Röhrsdorfer Waldungen errichtet worden war . . . . .
Hillemühl, Dominicaldorf . . . . hat viele Glasschleifereien,
welche vom Kamnitzbache getrieben werden.

(Aus dem Jahre 1836. ***)

Nachträgliche Bemerkungen über das Emporkommen hiesiger Industrie, größtentheils den mündlichen Berichten der alten hiesigen Insassen
entnommen.

---

*) Gütigst ausgezogen vom Herrn Pfarrer Franz Tschernich.
**) Die Neuhütte und die Kreibitzer Hütte wurden seit 1700, als demselben Besitzer
gehörig, in der Art gemeinschaftlich betrieben, daß die eine außer Betriebe war, wenn
die andere arbeitete. In mißlichen Zeitumständen, z. B. 1831 rasteten durch längere Zeit
beide Hütten. Dagegen wurden 1836, als Franz Böse in Kreibitz und Anton Jutschik
in Neuhütte, als zwei Eidame des verstorbenen Ant. Kittel, die Hütten leiteten, wohl
auch beide zugleich im Betriebe erhalten. Die Neuhütte hatte im genannten Jahre einmal bis für 40.000 fl. C. M. im Feuer, wovon jedoch 5.000 fl. auf Bruchglas abgingen.
Beide verbrauchten jährlich 2.200 Klaft. ³/₄elliges Holz à 8 fl. C. M. (M. S.)
***) Die Einzeichnung aus dem Jahre 1836 ist dem Lokalseelsorger P. Josef
Preiß, einem besonderen Freunde der Geschichte, zu verdanken, welcher auch in dem
Gedenkbuche der Gemeinde die Erzählung von den Vorgängen auf der Obertreibitzer
Glashütte und der Neuhütte niederschrieb.

Gering und unbedeutend war am Anfange des 18. Jahrhunderts die von Gebirg und Wald rings umzingelte Ortschaft Falkenau. Kein Commercialweg führte dahin, daher schien es von der übrigen Welt bei seiner abgesonderten Lage beinahe vergessen. Nur eine Glashütte rauchte da seit dem 15. Jahrhunderte *); neben ihr hatten einige Leibeigene dem Walde einige Strecken Landes durch den Pflug entrissen, den sie sodann als Halbbauern (sogenannte Feldgärtner) besaßen. Unter allen war jedoch das dem Hüttenmeister gehörige Gut das ausgebreitetste und erträglichste. Die Glashütte selbst, welche zu Anfang des 18. Jahrhundertes an die Grundobrigkeit der Herrschaft Bürgstein verfallen war, erhielt erst Bedeutung und Wichtigkeit, als um diese Zeit einzeln tüchtige Männer den Absatz des hier erzeugten Glases in andere Länder, besonders nach Spanien und Portugal, zu leiten wußten. Dadurch gewann die hiesige Gegend ihre gegenwärtige Wichtigkeit und Bedeutung. Sowie dieß von der ganzen Gegend gilt, so gilt es insbesondere und um so mehr von Falkenau. Es hat zwar diese Gemeinde nicht so sehr am auswärtigen Glashandel durch die hier bestehenden Handelshäuser Antheil genommen — dazu war sie wegen der Entlegenheit von der Hauptstraße und der beschwerlichen Ausfuhr über die Höhen, die es rings umgeben, nie recht geeignet — aber wichtig ward sie wegen den mannigfaltigen industriellen Leistungen, die zum Behufe des Glasverkehrs im Laufe des 18. Jahr-

---

*) Laut der vom Haidaer Personaldechant P. Vincenz Christin Rubesch in seiner Piece „Ueber den Einsiedlerstein" citirten Urkunde 1443 von Paul Schürer errichtet, wobei die Benützung der hiesigen dichten Waldungen beabsichtigt gewesen sein mag. Diese Schürer besaßen einst angeblich das Gut Krombach, woselbst man auch Spuren einer von ihnen besessenen Glashütte nachweisen will. Wäre dieß erwiesen, dann wäre es sehr glaublich, daß der dortige Glasmeister auch hier eine angelegt habe, um sein Geschäft zu erweitern und dieß wäre die erste Spur von Fallenau. Daß Paul Schürer ein Glaser (besser Glasmeister) von Fallenau gewesen sei, konnte nur erst dann gesagt werden, als er die Anlegung der Glashütte allhier bereits beendet hatte. Dieß mag bei der Errichtung der genannten Urkunde bereits geschehen gewesen sein, daher wird er „Glaser von Fallenau" genannt. Laut Preschlauer Taufmatrik gehörte noch im Jahre 1728 die Fallenauer Glashütte Herrn Valentin Leopold Schürer von Waldheim, worauf sie aber bald an die Obrigkeit verfallen sein muß, da sie von derselben in weniger als vier Jahren schon wieder verkauft wurde. Die Familie Schürer wäre also gegen 285 Jahre (recte 199 Jahre) im Besitze der hiesigen Glashütte gewesen. Ihr Adelsprädikat soll sie laut einem Schreiben aus Iglau, wo ein Anton Schürer von Waldheim 1836 lebt, 1592 von Kaiser Rudolph II. erhalten haben. (M. S.)

hunderts hierorts allmählig entstanden und sich verbreiteten. Insbesondere war es die Gegend des Vorgebirgs vom Riesen= und Isergebirge, von woher mehrere Zweige der heute hier blühenden Glasindustrie in diese Gegend gekommen sind, wo sie aber gedrängt durch die fortschreitenden Forderungen einer in jeder Hinsicht weiter schreitenden Zeit zum Theil nach englischen und französischen Mustern, zum Theil aber auch durch eigene Erfindungsgabe dazu gebracht, immer weiter fortschritten und sich ausbildeten.

So war zum Behufe der Hütte auf dem Grunde, der zu derselben gehörte, gleich nach dem Ankaufe derselben durch Herrn Johann Kittel, Handelsmann aus Blottendorf, dto. 1. Jän. 1732 eine Glasschleif= mühle errichtet worden, damit auf derselben das Glas von seinen Ecken und Vorsprüngen befreit und so, wenn auch unverziert, doch zum Ge= brauche gehörig geeignet in den Handel gebracht werden könnte. Diese Schleifmühle heißt noch gegenwärtig die Hüttenschleifmühle und wird als die erste Glasschleifmühle des hiesigen Sprengels bezeichnet. Diese Schleifmühle wurde später bei Errichtung von Kittlitz, da sie auf dem Grunde der Glashütte erbaut war, dieser Gemeinde unter N. C. 20) einverleibt.

Die ersten, welche hier die Glasschleiferei betrieben, waren zwei Gebrüder Rösler, welche von Jörgensthal (Georgenthal), einem Dorfe der Herrschaft Morchenstern, hieher kamen und aus Mangel eines vor= gerichteten Wassergetriebes die Gläser anfänglich nur durch Umdrehen mit der Hand auf dem geeigneten Steine abschliffen. Der eine dieser beiden Brüder brachte später diese Glasschleifmühle käuflich an sich. Die Gelegenheit dieses Gewerbe zu erlernen, welches bei gehöriger Aufmerk= samkeit und natürlicher Lage nicht viel Zeit erfordert, sowie die gute Be= zahlung, die damals gewährt wurde, reizte Viele zur Nachahmung. Des= halb wurden beinahe gleichzeitig mit der Hüttenschleifmühle auch die Schleifmühlen Nr. 25 in Falkenau durch einen Hans Bienert, Nr. 3 und 43 in Hillemühl etc. errichtet. Nicht bloß die ersten Glasschleifer stammen aus dem Vorgebirge des Riesengebirges, auch andere Glasin= dustrianten fanden es vortheilhafter, sich hier ansäßig zu machen und ihre Kunst hier auszuüben, als in ihrer Heimat, wo bei den vielen dort beste=

henden Glashütten zwar Glas genug zu verarbeiten war, aber keine solche Zahlnug eintreten konnte, als hier, wo man durch Auffindung mehrerer Absatzorte der Haublung bereits mehr Aufschwung gegeben hatte. So etablirte sich hier zwischen 1740—1750 ein gewisser Christian Endler, gebürtig aus dem Dorfe Braud, ebenfalls zur Herrschaft Morchenstern Bunzlauer Kreises gehörig, und betrieb hier zuerst die Glasvergolderei.

Derselbe beobachtete bei der Auftragung des Goldes noch keineswegs jene kluge Sparsamkeit, die man gegenwärtig beobachtet, indem er das Gold massiv auflegte; doch war diese Sparsamkeit damals nicht so erforderlich, als itzt bei so herabgesetzten Zahlungen. Man erzählt, daß eben dieser Christian Endler beim Nachhausetragen seiner vergoldeten Glaswaare jederzeit ein Haubkörbchen mitgenommen habe, weil er sonst den Arbeitslohn, der damals durchaus in klingender Münze geleistet wurde, nicht fortzubringen im Staude gewesen sein würde. Sowie dieser Christian Endler als der Urheber der Glasvergolderei in Falkenau betrachtet wird, so betrachtet man seine Söhne Johann und Franz, in Verbindung mit dem von Morchenstern anher übersiedelten Franz Endler, dem Sohn seines Bruders, als die Urheber der Perlenschleiferei.

Um's Jahr 1780 machten sie den Anfang damit, daß sie jede Glasperle einzeln auf die Spitze eines Dornes vom Schlehenstrauche (prunus spinosa L.) steckten und so nach den Seiten hin abschliffen. Diese Arbeit war aber zu mühsam, erforderte zu vielen Zeitaufwand und konnte besonders bei den kleinen Perlengattungen, die man hier zum Schliff brachte, sich nicht als lohnend bewähren. Daher brachte man es später durch Uebung dahin, daß man sie in einer Reihe, wie sie nämlich neben einander an sehr feinem Draht (dem sogenannten Perlenbraht) angefädelt waren, mittelst des Daumens auf die horizontale Scheibe des Schleifzeuges dicht anlegte und die Perlen auf diese Weise nach verschiedenen Seiten abschliff. Dadurch wurde die Arbeit beschleunigt und die Perlenschleifer waren im Staude für niedrigere Preise zu arbeiten, welches diesem Geschäfte erst rechten Absatz verschaffte.

Durch diese Perlenschleiferei wurde ein Theil der früher den Glasschleifern überlassenen Schleifzeuge in den hiesigen Glasschleifmühlen besetzt, so daß bei den reichlichen Bestellungen günstigerer Zeitverhältnisse die vorhandenen Schleifwerkzeuge für die vorhandene Arbeit nicht zureichen wollten. Daher wurden selbe vermehrt und neue gebaut, wo sich's nur immer thun ließ. Die stärksten waren in Nieder-Hillemühl, wo der Orts= richter und Glasschleifer Joseph Zedel in N. C. 58 seine Glasschleif= mühle bis zu 14 Zeugen erweiterte, während die übrigen höchstens 8—10 zählten.

Von den Schleifmühlen in Falkenau waren viele wegen Mangel des zufließenden Wassers nur auf ein Zeug eingerichtet. Diese waren es auch meistens, die bei später eingetretenen mißlicheren Zeitumständen am ehesten wieder cassirt wurden, während man bei den übrigen in den meisten Schleifereien einige Zeuge eingehen ließ. Jakob Peudel in Falkenau Nc. 20 wandelte die von ihm erheirathete Glasschleifmühle in eine vom Wasser getriebene Maschinerie um, welche Späne zur Beleuchtung der Wohnstuben (sogenannte Fackeln) schnitt, während Florian Wazel die von ihm angekaufte Glasschleifmühle des Joseph Fischer in Hillemühl Nr. 50 in eine Knglerwerkstätte umwandelte. *)

Überhaupt ist die Zahl der itzt in den verschiedenen hiesigen Glas= schleifmühlen bestehenden Schleifzeuge folgende:

1. In Falkenau Nr. 25 mit 6 Schleifwerkzeugen
2. „ Kittlitz „ 20 „ 6 „ wovon aber gegenwärtig nur 2 im Betriebe sind.
   „ „ „ 33 „ 4 „
   „ „ „ 7 „ 2 „
   „ „ „ 17 „ 2 „
   „ „ „ 15 „ 4 „
   „ „ „ 16 „ 2 „
   „ „ „ 44 „ 2 „
3. „ Hillemühl „ 3 „ 8 „
   „ „ „ 5 „ 6 „
   „ „ „ 7 „ 5 „
   „ „ „ 21 „ 2 „
   „ „ „ 25 „ 8 „

*) Man rechnet im Ganzen 60 Schleifwerkzeuge, welche eingegangen sind. Hierunter ist die Schleifmühle Nr. 41 in Hillemühl zur Alois Münzberg'schen Kattunfärberei und die Schleifmühle Nr. 45 in Hillemühl in eine Brettsäge verwandelt worden. (M S.)

2

3. In Hillemühl Nr. 42 mit 8 Schleifwerkzeugen

    „   43   „ 8   „

    „   46   „ 3   „

    „   50   „ 4   „ ist Kuglerwerkzeuge seit 1830 im November.

    „   58   „ 6   „ und ein Schleifzeug auf Messer,

    „   66   „ 6   „ Scheeren u. andere Stahlwaaren.

Summa mit 92 Schleifwerkzeugen, wovon 4 Kuglerwerkzeuge.

Auch hatte neuerlich Otto Puhr, Messerschmied und Besitzer der Glasschleifmühle N. C. 58 in Hillemühl, die Idee, mit seiner Glas schleifmühle eine Lohmühle zu verbinden. Alle diese Schleifzeuge reichen in guten Zeitverhältnissen nicht hin für diejenigen, die durch gehörig bezahlte Arbeit gelockt die Glasschleiferei hierorts betreiben, während in mißlichen Zeitverhältnissen sich viele davon abwenden und lieber zu einem gesünderen Nahrungszweige, als Taglöhnerei, Holzschlägerei etc. sich wenden, als gegen schlechte Zahlung ein Gewerbe fortzubetreiben, welches so häufig die Lunge frühzeitig angreift, in welchem Falle sodann viele Schleifzeuge und ihre Erhaltung den Besitzern der Glasschleifmühlen zur Last werden.

Beinahe gleichzeitig mit der Perlenschleiferei kam auch die Glas- kuglerei empor. Man stellte anfangs auf dem Glase runde Scheiben her, deren Peripherie tiefer lag, als das erhabene Mittel, die sich daher wie eingelegte Kugeln ausnahmen; deshalb ist den Betreibern dieses Geschäftszweiges der Name Glaskugler gegeben worden, den sie auch beibehalten haben, wiewohl itzt nur selten unverzierte Kugelsegmente durch dieselben dem Glase eingearbeitet werden. Meistens wird itzt von ihnen das sogenannte Steinschleifen oder Brillantiren nach gewissen Mustern betrieben, die, wie Stickmuster in Linnen und Baumwolle, so diese in's Glas gearbeitet werden, wobei gewöhnlich der Meister die Grundlinien einritzt, welches man „Reißen" nennt, während der Gesell als Fort- setzung des Reißens die Grundlinien schärfer ausbildet, welches „Schneiden" genannt wird, und der Lehrknabe oder taugliche weibliche Individuen durch's „Polieren" den Verzierungen die nöthige Reinheit und dem Glase Silberglanz geben.

Ob dieses Steinschleifen zuerst in Parchen, wie Einige meinen, oder in Blottendorf, wie Andere sagen, von einem gewissen Anton Langer (vulgo Kathrin Tonel) um's J. 1800 betrieben worden sei, wird hier nicht entschieden; gewiß ist es aber, daß es hier zuerst von Johann Reinsch aus Kittlitz N. C. 80 und von Joseph Seemann (vulgo Dörfel), einem aus Ober Arnsdorf nach Falkenau gezogenen Inmann, zuerst betrieben wurde. Dem Glaskugler Franz Hauptmann in Blottendorf Nr. 84 wird das Lob ertheilt, daß er zuerst die sogenannten Spitzsteinel herzustellen verstanden habe. Gegenwärtig ist Florian Wazel in Hillemühl N. C. 50 im Rufe des besten hiesigen Glaskuglers, so wie man Johann Gimpfel aus Kittlitz Nr. 9 für den vorzüglichsten Glasschleifer anerkennt.

Aelter als die itzt genannten Glasgewerbe ist in dieser Gegend die Glasmalerei, welche aber früher bei weitem nicht den Grad der Ausbildung hatte als gegenwärtig, da das 19. Jahrhundert eigentlich der Zeitpunkt der wiederauflebenden Glasmalerei ist. Daher gibt es viele zum Theil itzt noch lebende Künstler, die Einiges zur Emporbringung dieser alten, aber in früheren Jahrhunderten erloschenen Kunst beigetragen haben. Hier in Falkenau trug ein gewisser Brandel viel zur Vervollkommnung bei, der eigentlich ein Kupferstecher aus Hohenelbe war. Wenigstens soll er zuerst hier die Schmelzmalerei ausgeübt haben, da man bei der früher üblichen sogenannten Kleckmalerei die Farben massiv auf's Glas auftrug, so daß man die Glasgemälde und ihren Umfang eben so gut mit dem Gefühle als mit den Augen bemerken konnte. Auch waren unter den ältern Glasmalern der Müller von Preschkau und Johann Christoph Grohmann aus Falkenau Nr. 15 nicht ohne Verdienst. Der letztere erscheint in den Matriken gemeinhin als Glasvergolder angegeben, weil damals, sowie auch itzt oft, die Glasvergolderei von der Glasmalerei nicht geschieden war, sondern promiscue von Glasmalern sowie von eigentlichen Vergoldern ausgeübt wurde. Die Landschaftsmalerei auf Gläsern betrieb in Falkenau zuerst der sogenannte Schulmaler Joseph Kittel, gebürtig aus dem Herrschaft Klein-Skaler Dorfe Grünwald N. C. 1, in welchem Fache sich gegenwärtig Ignaz Fritsche in Falkenau Nr. 67 besonders hervorthut. In der Schnelligkeit rühmt man den

2*

siebzigjährigen Joachim Zappe aus Dalefchitz, Herrschaft Kleinffal, um in Falkenau N. C. 22, so wie sich in der Vergoldung des Hyaliths Johann Grohmann aus Falkenau N. C. 15 sehr hervorthut. Maler von minderer Vollkommenheit malen häufig auf Porcellan und Steingut, besonders wenn es ihnen an Arbeit am Glase gebricht. Zum Steingut malen gibt die im Jahre 1830 in Parchen neu angelegte Steingutfabrik Gelegenheit und Bestellung. Die älteren Maler zur Zeit, als noch in Falkenau die Glashütte bestand, pflegten ihre gemalten Gläser in den Glutofen der Glasfabrik einzusetzen und so einzubrennen; nun aber hat das Aufheben der Glashütte eigene Einbrennöfen nöthig gemacht, die somit auch jeder Glasmaler besitzt. Nur im Anfange kurz nach Aufhebung der Hütte konnte man sich nicht sogleich zur Aufstellung solcher Einbrenn öfen verstehen, und es soll manche Maler gegeben haben, die bis an ihr Lebensende die gemalten Glaswaaren entweder nach Kreibitz oder nach Neuhütte zum Einbrennen trugen, je nachdem da oder dort die Glashütte im Betriebe stand.

Auch von der Glasschneiderei läßt sich kein Anfang ausmit teln. Schon 1728 kommt Johann Christoph Schür (Schürer?), Glas schneider von Falkenau, im Preschkauer Taufbuche vor. Aber wie die Glasmalerei, so war auch die Glasschneiderei damals noch sehr zurück. Haben es doch itzt noch sehr wenige in dieser Kunst dahin gebracht, ein Wappen oder eine Figur, Zeichnung oder Landschaft in's Glas schneiden zu können. Viele begnügen sich damit, daß sie mit einem Tretrade, wie die Glaskugler, für die Glasmaler die Striche und Linien vorbereiten, in welchen diese sodann das Gold einlegen, das sich wie Bronce ausneh men soll, weshalb man sie auch Bronceschneider nennt. Dagegen nennt man diejenigen, die es hierin weit gebracht haben, vorzugsweise gute Glasschneider; billiger aber sollte man sie Glas-Graveurs nennen. Unter ihnen behauptet itzt Franz Simm in Falkenau Nr. 96, in Blot tendorf die Gebrüder Schnabel, besonders aber von Meistersdorf Franz Ant. Pelikan, der bei der Gewerbsausstellung 1831 die silberne Medaille erhielt, einen vorzüglichen Rang.

Neuerlich ist auch das sogenannte Mattmachen (Achatiren) sehr aufgekommen, zu welchem gewöhnlich minder vollkommene Glasfugler ihre Zuflucht nehmen, da es auf einer Kuglerwerkstätte betrieben wird. Auch weibliche Personen verrichten es, weil es mindere Kunstfertigkeit fordert; aber eben deßhalb, weil es leicht gelernt und leicht betrieben werden kann, wirft es auch eine geringere Zahlung ab.

Das Absprengen des Glases ist immer allhier bei der Glashütte betrieben worden, so lang eine hier bestand, und wird bei der in Kreibitz bestehenden Hütte noch durch einen hiesigen Insassen auf einem Tretrade betrieben. Wenn die Glaaswaaren von den entfernten böhmischen Hütten noch unabgesprengt anher gelangen, was häufig der Fall ist, besonders mit sogenannten Flitten (Champagnergläsern), so werden sie hier auch wohl in Glasschleifmühlen durch eine vom Wasser umgetriebene Vorrichtung abgedreht.

Es gab um's Jahr 1760—1780 eine Zeit, wo man die Einfassung der Bilder und Spiegel mit Spiegelrahmen vorzüglich liebte. Daher fehlte es damals auch nicht an einem Künstlerpersonale, die sich mit der Herstellung solcher Rahmen beschäftigten. Man nannte sie Spiegelmacher, wenn sie auf die Rückseite der Rahme die Folie auftrugen, und Zierathenschleifer, wenn sie die auf solchen Rahmen üblichen Arabesken oder andere Verzierungen einschnitten. Doch wurde dieser Unterschied nie so streng genommen und auch Zierathenschleifer nannten sich gemeiniglich nur Spiegelmacher. Hievon haben einige sich die günstigen Umstände ihres Gewerbes in der Art zu Nutze gemacht, daß sie beim Zurücksinken ihres Geschäftes ihr erworbenes Kapital zur Anlage in einer Handlung benützten und daher Glashändler wurden. So Joseph Thum aus Falkenau N. C. 43, der seine Handlung in Agram, Hauptstadt von Kroatien, etablirte. Gegenwärtig ist dieses Geschäft sehr gesunken, da die Vorliebe für derlei Rahmen geschwunden ist, und der einzige hier noch bestehende Spiegelmacher Anton Oppitz in Falkenau N. C. 69 fristet von der Reparatur älterer derlei Spiegelbilder sein Leben nur mit Nothdurft. Nur in Preschkau sind noch einige dieses Gewerbes, die auf das Wiederaufblühen ihres Nahrungszweiges ängstlich warten.

Von den ehedem wegen Bestehen der Glashütte hier häufigeren Glasmachern sind noch wenige vorhanden. Mit ihnen sind auch die bei der Glashütte ihre Nahrung findenden sonstigen Gewerbsleute, als Stöpselmacher, Zinnschraubenmacher u. s. w. verschwunden.

Alle diese Künstler und Professionisten arbeiteten, sowie auch viele Tischler als Kistenmacher und diejenigen, welche die Glasformen für die Glasmacher liefern, den Glashäublern in die Hände. Auch solche zählte das Falkenauer Sprengel durch längere Zeit mehrere unter seinen Bewohnern, und Anton Gürtler, der Vater unseres verehrungswerthen Erbauers hiesiger Kirche, war in seinen jüngeren Jahren auch ein Handelsmann. Sowie es in Plottendorf, Langenau, Haida, Steinschönau, Parchen u. s w. mehr noch als hier der Fall war, so schloßen sich auch die hiesigen Handelsunternehmer zu einer Compagnie zusammen, wenn es den einzelnen Associés an den nöthigen Mitteln gebrach, für ihre eigene Person eine eigene separate Handlung zu errichten. So Johann Christoph Gürtler & Comp., an welcher Handlung der Schwiegersohn Gölduer und die beiden Schwäger des Bischofs Gürtler, Joseph Marschner und Joseph Fritsche, ihren Antheil hatten. Diese Handlung bestand lange in Mittau, der Hauptstadt von Kurland. Ferner Johann Christoph Schnei= der & Compagnie, mit welchem sich Franz Schür aus Falkenau N. C. 43 nach Auflösung seiner väterlichen Handlung in Kopenhagen verbun= den hatte. Diese war in der Seestadt Livorno, Großherzogthum Toscana, etablirt, woselbst auch Franz Schür, der der italienischen Sprache sehr kundig war, mit Tod abging. Diese Handlungen blühten auch nach dem Tode derjenigen, deren Namen sie führten, und zwar unter ihrem Namen fort, weil der einmal gewonnene Credit auch gern Bestand hielt, wenn die Firma fortbestand. Daher erscheinen in dem Schematismus von Böh= men vom Jahre 1812, welcher deshalb in die Büchersammlung der hie= sigen Lokalie eingelegt worden ist (2. Theil, pag. 136), noch beide Com- pagnien unter diesem Namen, wiewohl die Gründer bereits geraume Zeit vor 1812 gestorben waren. (Daß bei Beiden der zweite Taufname Christoph fehlt, ist vielleicht aus Oekonomie geschehen.) Wie sehr aber nach der Zeit diese Handlungen in Abnahme gekommen sind, läßt sich daraus ent= nehmen, daß die hinterbliebene Wittwe des Handelsmanns Johann Christoph Schneider, der, wie man sagt, 60.000 fl. C Mz. bei seinem im Jahre 1802 erfolgten Tode hinterlassen haben soll, vor ihrem im

Jahre 1835 erfolgten Hinscheiden nur ein kümmerliches, von der Gnade ihrer Tochter Theresia Feichtmayer abhängiges Leben führen konnte. Mit diesen können Joseph Kittel und Franz Zinn, der unter den Glasschneidern ehrenvoll genannt wurde, als Glashändler nicht in Vergleich kommen, da ihr ganzer Glashandel nur darin besteht, während der Badezeit in Teplitz eine Boutique zu unterhalten. Auch nennt sich deßhalb ersterer lieber nur Glasnegociant, als Glashandelsmann.

Den Glashändlern können die Lusterbauer, einst Lustermacher genannt, in so fern beigezählt werden, in wie fern an sie selbst von auswärtigen Glashandlungen Bestellungen eingegangen sind, welche auch durch sie befriedigt wurden. So Johann Christoph Gürtler, der Bruder des Bischofs Gürtler und itzt auch Augustin Gürtler in Hillemühl Nr. 40. Der Glasmaler Michael Pohl aus Falkenau N. C. 92 bereist jährlich einige Messen von Leipzig mit Glaswaaren und könnte in so fern als Handelsmann gelten.

_____

(Aus dem Jahre 1846.)

Trennung der sogenannten Neuhütte von der Kreibitzer Glashütte.

Bisher wurden die beiden Glashütten, die sogenannte Neuhütte zu Röhrsdorf und die Oberkreibitzer Glashütte, als ein gemeinschaftliches Eigenthum von Kittels Erben (Theresia und Johanna geborne Kittel) gemeinschaftlich betrieben. Nachdem Theresia Kittel verwittwete Futschik sich gegenwärtig mit Moritz Neubert neuerdings verehelicht hat, so wurde von letzterem dahin gearbeitet, die Neuhütte von der der Johanna verehelichten Böse gehörigen Kreibitzer Glashütte gänzlich zu trennen und das Geschäft allein zu seinen Handen und auf seinen Namen zu führen, welche Trennung endlich auch wirklich zu Stande kam.

_____

(Aus dem Jahre 1848.)

Verkauf des Gutes Kittlitz.

(Auszugsweise:) Die Besitzerin des Gutes Kittlitz, Frau Johanna Böse geborne Kittel, Ehegattin des Herrn Franz Böse, (Glas

Hüttenmeisters in Schönfeld, verkaufte im Jahre 1847 dieses Gut an den Herrn Franz Kittelt, J. U. Dr., Bürger und Anwalt in Rumburg, um den Betrag von 35.000 Gulden C. M. in der Weise, daß letzterer mit 1. Jänner 1848 in den vollen Besitz des Gutes Kittlitz trat.

Im Jahre 1848 wird über große Noth und gänzliche Stockung des Glasgeschäftes berichtet, aber es werden auch einige Wohlthäter genannt, die den Nothleidenden zu Hilfe kamen, so die edle Fürstin Wilhelmine von Kinsky, Herr J. U. Dr. Kittelt, der hochwürdigste Herr Bischof Aug. Barthol. Hille und ein unbekannter Wohlthäter, welcher eine Metallique Obligation pr. 1.000 fl. C. M. schenkte.

II.

Die Familie Schürer von Waldheim.

3.

Die Familienchronik.

Denkwürdige uralter Ankünfter des eltern Paul Schürers von Waldheim Weiland Glashüttenmeister, anfänglichen Falkenau erbauet, Kindes Kind etzliche verzeichnet wie folget. *)

Anno 1504 Jahr nach der freudenreichen Geburt und Menschwerdung unser's Herrn Jesu Christi ist Paul Schürer der aelter zu Aschberg in Meißen geboren und zu Zoblitz, ein Meil Wegs von Marienberg gelegen, getauft worden.

---

*) Diese handschriftliche Familienchronik, Eigenthum des Herrn Raimund Weiß in Bohm. Kamnitz auf Cap Wien, wurde von diesem auf freundliche Verwendung des Herrn A. Paudler, k. k. Gymnasialprofessor in Böhm.-Leipa, welcher sie zugleich mit hier theilweise benützten Erläuterungen und Anmerkungen begleitete, bereitwilligst für die vorliegende Publikation zur Verfügung gestellt. Die Eintragungen umfaßen in dem Zeitraume von 1504 bis 1776 sechs Generationen und machen sich, abgesehen von einigen Einschilben, durch die verschiedene Schrift als in der Hauptsache von vier Schreibern herrührend kenntlich. Es verzeichnet nämlich
1. Bartholomäus Schürer, Enkel Paul des älteren, die Geschehnisse von 1504 bis 1610,
2. Johannes, Sohn des Vorigen, von 1611 bis 1689,
3. Johannes Christoph, des Vorigen Sohn, von 1692 bis 1709 und
4. Johannes Christoph Joseph Ernst, des Vorigen Sohn, von 1715 bis 1776. Die Einfügungen von anderer Hand sind an Ort und Stelle bemerkt. Bartholomäus ist zugleich der Chronist seines Großvaters Paul des aelteren und seines Vaters Christoph, hielt sich aber bei den Eintragungen der sie betreffenden Daten unzweifelhaft an einzelne vorgefundene eigene Aufzeichnungen der letzteren, weil er sonst schwerlich dieselben in erster Person würde haben reden laßen. Auch müßte man sich

Mein Vater hat geheißen Kaspar Schürer und meine Mutter hat geheißen Anna.

Anno 1526. Jahrs Sonntag des 3. Advents hab ich mein Weib genommen, Lorenz Hessen Tochter von Waltersdorf ehlichen vertraut worden.

Anno 1530 hab ich die Glashütten zu Fallenau erbauet.

Anno 1570 hab ich die Glashütten meinem lieben Sohn Christoph Schürer übergeben.

---

billig wundern, wie er, wenn er die genealogische Reihenfolge bis zu sich herab selbst zusammengestellt hätte, darin wichtige Dinge, wie den Tod seines Großvaters, die Geburt seines Vaters u. s. w., übergehen konnte.

Um den Ueberblick über die Geschlechtsfolge, so weit sie in der Chronik enthalten, zu erleichtern, wird im Folgenden die Descendenz — die Seitenlinien sind ohnedieß mit Ausname einer kurzen Ableitung nicht angeführt — ohne das Beiwerk entrollt.

I. Kaspar verm. mit Anna N.

II. Paul der ältere n. 1504, verm. mit einer geb. Hesse.

III. Christoph in erster Ehe mit N. (m. 1582).

Paul n. 1568.
Christoph n. 1570 m. 1620.
Elias n. 1571.
Georg n. 1573 m. 1576.
Salomon n. 1574.
Valentin n. 1576.
Salomon n. 1578 m. 1578.
Kaspar n. 1579.
Anna n. 1581.

verm. 1583 in zweiter Ehe mit Dorothea N.

Hieronymus n. 1583.
Bartholomäus n. 1583 m. 1649.
Justina n. 1587 m. 1612 als vermählte Bartel.
Simon n. 1590.

IV. Bartholomäus, verm. 1615 mit Anna (m. 1661), Tochter des Hans Sch v. W.

Daniel n. 1616 m. 1625.
Maria n. 1618, verm. 1640 mit Paul Hanisch.
Anna n. 1623.
Justina n. 1625 m. 1631.
Johannes n. 1627.
Rosina n. 1633.
Elisabeth n. 1635 m. 1636.

Anno 1612 ist gestorben Justina Bartel *) Müllerin.

Anno 1583 hab ich zum andern Mal geheuert am Tag Petri Pauli mit Dorothea, hinterlassene Wittib — den Richter zu Waltersdorf gehabt — copuliren und trauen lassen.

Anno 1582 Sonnabends des dritten Advents ist mein liebes Weib in Gott seligen entschlafen.

Christoph Schürers, Hüttenmeisters zu Falkenau folgende Erben:

1. Paul Schürer ist geboren 1568. Jahrs den 6. Decembris drei Stunden zu Abend um 5 Uhr. Gott verleih ihm langes Leben!

2. Christoph Schürer ist geboren 1570. Jahrs den 14. Aprilis zu Nacht halbweg 11 Uhr am Freitag. Gott verleih ihm langes Leben!

3. Elias Schürer ist geboren 1571. Jahrs den 9. Septembris Sonntag zu Nacht um 12 Uhr. Gott verleih ihm langes Leben!

V. Johannes, verm. 1653 mit Barbara Hanisch (m. 1680).

Hans Christel n. 1651 m. 1727.
Anna Maria n. 1657.
Liese n. 1659.
Johann George u. 1662 m. 1706.
Anna Rosina n. 1667 m. 1682.

VI. Johann Christoph, verm. 1692 mit Maria Elisabeth Hartel

Anna Katharina u. 1695, verm. Czupicky m. 1765.
Johannes Christoph Joseph Ernst n. 1698.
Maria Anna Elisabeth u. 1702, verm. m. Joh. Rohn, m. 1769.
Karl Christian Matthäus n. 1709.

VII. Joh. Christoph Jos. Ernst, verm. 1730 mit Eleonore Lang, m. 1763

Johanna Rosalia Theresia n. 1733.
Franz Anton Karl n. 1737 3. Februar.
Karl Joseph Tobias n. 1737 8. November.
Maria Elisabeth n. 1739.
Johannes Ignaz Anton n. 1743.

Was die minder bekannten im Manuscripte genannten Ortschaften als Grünwald, Labau, Lautschuen, Kulau, Radl, Reinowitz, Wiesenthal, dann Rabsel, Reichenau, Sahlenbach, Reibitz, Schumburg, Paulsdorf, Ludorf, Friedrichswald, Heiligentreuz, Reichenau anbelangt, so liegen dieselben im Umkreise der Orte Gablonz, Eisenbrod, Rochlitz, Morchenstern, Tannwald, Friedland und Reichenberg. Als Sitze von Glashütten treten daraus Grünwald, Laban, Sahlenbach, Reibitz und Friedrichswald hervor.

*) Könnte auch Bertel gelesen werden.

4. Georg Schürer ist geboren 1573. Jahrs den 9. Februarii zu Abend um 12 Uhr. †

5. Salomon Schürer ist geboren 1574. Jahrs den 8. Augusti zu Abend um 12 Uhr. †

6. Baltin Schürer ist geboren 1576 den 25. Maii Freitag um 1 Uhr Nachmittag. Gott verleih ihm langes Leben zu seiner Seelen Seligkeit!

7. Salomon Schürer ist geboren 1578 den 15. Januarii um 3 Uhr Nachmittag Mittwoch. Gott verleih ihm langes Leben!

8. Kaspar Schürer ist geboren 1579. Jahrs den 11. Novembris am Tag Martini zu Abend 9 Uhr. Gott verleih ihm langes Leben!

9. Anna ist geboren 1581 den 16. Julii Sonnabends Abends um 7 Uhr. †

10. Hieronymus Schürer ist geboren 1583 (?) den 29. Julii (sic) Sonnabend Petri Pauli zu Abend um 7 Uhr. Gott verleih ihm langes Leben zu seiner Seelen Seligkeit!

11. Bartholomäus Schürer ist geboren 1585 den 18. Julii Sonntag. Gott verleih ihm langes Leben zu seiner Seelen Seligkeit!

12. Justina ist geboren 1587. Jahrs Mittwoch nach Pfingsten. Gott verleih ihr ein langes Leben zu ihrer Seelen Seligkeit!

13. Simon Schürer ist geboren 1590. Jahrs den 13. Augusti. Gott verleih ihm ein langes Leben zu seiner Seelen Seligkeit!*)

In Christo unserem Herrn seliglichen entschlafen sein:

Anno 1578. Jahrs den 18. Januarii halbweg 5 Uhr ist in Christo seliglichen entschlafen Salomon Schürer. Gott verleih dem Körper eine selige Ruhe und am jüngsten Tag ein fröhliche Auferstehung zum ewigen Leben!

---

*) Dieser Simon S. v. W. ist wahrscheinlich derselbe, von welchem bei der Ar- kadia-Ausstellung zu Prag im Jahre 1861 ein Trinkglas ausgestellt war, worüber der Katalog Folgendes berichtet: „Nr. 239, Trinkglas mit Malereien vom J. 1617, aus der ehemaligen berühmten Schürer'schen Glashütte zu Falkenau im leitmeritzer Kreise, 11½" hoch. Links Maria mit dem Kinde auf einem Halbmonde stehend, rechts ein Wappen mit der Ueberschrift: Simon Wolfreidt Schürer von Waltheim, Glashüttenmeister zu Falkaw. In der Mitte über einem Ornament von Maiglöckchen und Kornblumen die Inschrift: Stanislaus Frey, Primator, Glockengießer zu Raudnitz K. P. und die Jahres- zahl 1647."

Anno 1576. Jahrs den 2. Septembris um 1 Uhr zu Mittag ist in Christo dem Herrn seliglichen entschlafen Georg Schürer. (Gott verleih dem Körper in der Erden ein selige Ruhe und am jüngsten Tag eine fröhliche Auferstehung zum ewigen Leben!

Anno 1620. Jahrs am Tage Pauli Bekehrung um 4 Uhr Nachmittag ist in Christo unserm Herrn und Heiland seliglichen entschlafen der ehrenveste kunstreiche Christoph Schürer von Waldheim, wohnhaftig gewesen zu Falkenau. (Gott verleih dem Körper ein selige Ruhe und am jüngsten Tag ein fröhliche Auferstehung zum ewigen Leben! Amen.

Anno 1615. Jahrs Monats Novembris den 23. Tag nach der Geburt unsers Erlösers und Seligmachers Jesu Christi habe ich Bartholomaeus Schürer von Waldheim, Hüttenmeister auf Grünwald, mein herzallerliebste Jungfrau Anna, des edlen ehrenvesten wohlbenannten und kunstreichen Herrn Johann Schürers des ältern von Waldheim, Hüttenmeister auf Laba eheleibliche Tochter copuliren und trauen lassen durch den ehrwürdigen Herrn Nicolaum Schützen, Pfarrer zu Jablouz auf Laba. In meines lieben Herrn Schwehr Vaters Behausung geschehen. (Gott gebe uns un ferner beiden jungen Eheleuten seinen reichen milden Segen, Gesundheit, Fried und Einigkeit, geruhliges langes Leben zu unser Beider Seelen Seligkeit, nach diesem Leben die ewige Gloria und Herrlichkeit geben wolle! Amen.

Die Hochzeit und Beilager ist auf Laba gehalten, ut supra.

Anno 1616. Jahrs den 19. Oktober zu Abends um 6 Uhr nach der Geburt unsers Erlösers und Seligmachers Jesu Christi ist mein lieber Sohn Daniel Schürer auf die Welt geboren. (Gott der Allmächtige verleih ihm Gesundheit, langes Leben zur ewigen Seelen-Seligkeit!

Die Taufpathen:

Der edle gestrenge ehrenveste Herr Johann Teinsky z Blanska, Hauptmann auf Aich 2c.

Item Jakob Müller, Ober-Richter von Rebel.

Item Paul Ehwald, Hüttenmeister auf Salenbach).

Item Dorothea, Herrn Heinrich Resens von Böhmischen Kamnitz*) eheliche Hausfrau.

Item Anna, des ehrwürdigen wohlgelehrten Herrn Nicolao Pfarrers auf der Jablonz Hausfrau.

Anno 1618. Jahrs am Tage Bartholomäi, welches war den 24. Augusti, ist meine liebe Tochter Maria auf die Welt geboren. Gott der Allmächtige verleih ihr Gesundheit, langes Leben zu ihrer Seelen Seligkeit!

Die Taufpathen:

Der ehrwürdige Herr Nikel Schütz, Pfarrer auf der Jablonz.

Item Jakob Müller, Oberrichter auf Rebel.

Item Barbara, H. Elias Müllers auf Rebel Hausfrau.

Item Margaretha, Herrn Paul Ehwalds, Hüttenmeister auf Salenbach Hausfrau.

Sibylla, Martin Seidels auf Grünwald eheliche Hausfrau.

Anno 1623 den 11. Februarii ist meine liebe Tochter Anna auf die Welt geboren. Gott wolle ihr verleihen Gesundheit, langes Leben zu ihrer Seelen Seligkeit!

Die Taufpathen:

Herr Hans Prensler, Hüttenmeister auf Reibitz.

Item Herr Barthel Fischer, Richter auf Wiesenthal.

Item Dorothea, Christoph Maulfuß eheliche Hausfrau (Morgenstern).

Item Margaretha, Jakob Müllers Ober Richters auf Rebel eheliche Hausfrau.

Item Barbara, Georg Wanders auf Grünwald eheliche Hausfrau.

Anno 1625. Jahrs den 29. Julii ist mein liebes Töchterlein Justina auf die Welt geboren. Gott wolle ihr geben Gesundheit, langes Leben zu ihrer Seelen Seligkeit!

---

*) Die Resen waren eine in der Geschichte von Böhm. Kamnitz oft genannte Familie. Den Resen von Zittau gab Kaiser Ferdinand II. ddto. Prag 10. Mai 1642 einen Wappenbrief (Oberlauf. Url. II p. 311).

Die Taufpathen:

Anna, des edlen ehrenvesten Herrn Joachim Junge von Jungenfels, Hauptmann zu Reichenberg Hausfrau.

Barbara, Herrn Paul Ehwalds, Hüttenmeisters auf Salenbach hinterlassene Tochter.

Margaretha, Herrn Jakob Müllers, Ober-Richters auf Rebel eheliche Hausfrau.

Item Elias Müller von Rebel, Ober-Richters Sohn.

Item Herr Kaspar Horn von Reichenberg.

Anno 1627. Jahrs am Tage Laurentii, welches war den 10. Augusti, ist mein liebes Söhnlein Johannes auf die Welt geboren. Gott der Barmherzigkeit voller Gnaden wolle ihm verleihen Gesundheit, langes Leben zur ewigen Seelen-Seligkeit!

Die Taufpathen:

Herr Hans Preusler, Hüttenmeister auf Reibitz.

Herr Jonas Ulman von Reichenberg.

Herr Kaspar Horn von Reichenberg.

Walpori, Herrn Christoph Poltz (?) auf Reibitz eheliche Hausfrau.

Sibylla, Martin Seidels anfu Grünwald eheliche Hausfrau.

[Anno 1691 den 5. September ist mein lieber Vater von dieser betrübten Welt abgefordert worden halben Weg 2 Uhr Nachmittage. Gott verleihe ihm eine sanfte und selige Ruhe und am jüngsten Tage mit allen Auserwählten eine fröhliche Auferstehung zum ewigen Leben! Amen. Sein Alter 64 Jahr vier Wochen weniger ein Tag.] *)

Anno Domini 1625 Sonntag Reminiscere — war der 23. Februarii — ist in Gott Herrn Christo selig entschlafen mein liebes Söhnlein Daniel Schürer, seines Alters 8 Jahr 19 Wochen und 2 Tage. Seine liebe Seele lebt nun im Himmel, der Leib ruhet in der Erden und erwartet der fröhlichen Auferstehung des Fleisches am jüngsten Tag sammt allen Gläubigen zum ewigen Leben. Amen.

---

*) Von Joh. Christoph Sch's. v. W. Hand an der hier befindlichen leeren Stelle eingetragen.

Grabschrift.

Hier liegt ein Zweig von edlem Stamm,
Daniel Schärer war sein Nam.
Den Eltern und Großeltern sein
War er ein liebes Kindelein;
Die hatten gehofft künftiger Zeit
An ihm zu erleben große Freud.
Aber lieber er Gott in Himmel war:
Drum hat er bald erfüllt sein Jahr.
Der nahm ihn weg, versetzt das Reis
In's himmlische Paradeis.
Da hat er Freud und wahre Groß
Mit allen Heiligen Gottes G'noß.
Sein Leib nun ruhet in diesem Grab
Bis auf den lieben jüngsten Tag,
Da Jesus Christus, Gottes Sohn
Erscheinen wird von seinem Thron,
Der ihm und allen Gläubigen wird geben
Im Himmelreich das ewige Leben.
Drum All', die Ihr vorüber geht,
Schickt Euch! Ihr müßt auch auf die Fährt.

1. Johannes 3.

Wir wissen, daß wir vom Tod in's Leben gesetzt sind; darum wir auch fröhlich rühmen und sagen mögen:

Ich lebe und weiß doch nicht wie lang.
Ich muß sterben und weiß nicht wann.
Ich fahr und weiß, Gott Lob! wohin.
Mich wundert, daß ich so traurig bin.

Philipp 1.

Christus ist mein Leben, Sterben ist mein Gewinn.

Johannes 3.

Also hat Gott die Welt geliebt, daß er seinen einigen Sohn gab, auf daß Alle, die an ihn glauben, nicht verloren werden, sondern das ewige Leben haben.

Johannes 11.

Ich bin die Auferstehung und das Leben; wer an mich glaubt, wird leben, ob er gleich stürbe, und wer da lebet und glaubet an mich, der wird nimmermehr sterben.

Psalm 118.

Ich werde nicht sterben, sondern leben und die Werke des Herrn verkündigen.

Psalm 3.

Ich liege und schlafe und erwache, denn der Herr hält mich.

Psalm 4.

Ich liege und schlafe ganz mit Freuden, denn allein Du Herr hilfst mir.

Psalm 17.

Ich will anschauen Dein Antlitz in Gerechtigkeit. Ich will satt werden, wenn ich erwache, nach Deinem Bilde.

Psalm 49.

Gott wird meine Seele erlösen aus der Höllen Gewalt, denn Er hat mich angenommen.

Job 19.

Ich weiß, daß mein Erlöser lebet und er wird mich heraus aus der Erden erwecken und werde hernach mit dieser meiner Haut umgeben werden und werde in meinem Fleisch Gott sehen. Denselben werd ich nur sehen und meine Augen werden ihn schauen und kein Ander.

Apocal. 14.

Selig sind die Todten, die in dem Herrn sterben. Sie ruhen von ihrer Arbeit.

Anno Domini 1631. Jahrs den 12. Tag Junii zu Abend um 7 Uhr ist in Gott seligen, in Christo dem Herrn entschlafen mein liebes Töchterlein Justina. Gott verleih dem Körperlein die selige Ruhe und am jüngsten Tag die fröhliche Auferstehung zum ewigen Leben und uns allen Gläubigen eine gewünschte selige rechte Fahrt, hie zeitlich und dort in alle Ewigkeit!

Psalm 116.

Stricke des Todes hatten mich umfangen und Angst der Höllen hatten mich troffen. Ich kam in Jammer und Noth.

Aber ich rief an den Namen des Herrn: O Herr, errette meine Seele!

Sei nur wieder zufrieden meine Seele, denn der Herr thut dir gut.

Du hast meine Seele aus dem Tod gerissen, meine Augen von den Thränen, meinen Fuß vom Gleiten.

Ich werd wandeln für den Herrn im Lande der Lebendigen.

Der Tod seiner Heiligen ist werth gehalten für den Herrn.

Isaiae 25.

Der Herr wird auf diesem Berge das Hüllen wegnehmen, damit alle Völker verhüllet sind, und die Decke, damit alle Heiden zugedeckt sind. Denn Er wird den Tod verschlingen ewiglich.

Anno 1633. Jahrs am Tage Georgi, welches war der 23. Tag Aprilis, zu Abends um 6 hora ist mein liebes Töchterlein Rosina auf die Welt geboren und dem Herrn Christo durch das Sakrament der heiligen Taufe vorgetragen und in das Reich der Lebendigen einverleibt worden. Der getreue barmherzige allmächtige Gott verleih dem Kindlein Gesundheit, langes Leben zu seiner Seelen Seligkeit!

Die Taufpathen sind:

Der ehrenveste Hr. Johann Preusler, Hüttenmeister auf Reibig. Item der ehrbar Hr. Christoph Hoffmann, Bürger und Fleisch hacker in Reichenberg.

Item Margaretha, des ehrbaren und kunstreichen Hrn. Tobias Asman, Glasmalers aufn Schneeberg*), eheliche Tochter.

Item Justina, des ehrbaren und kunstreichen Hrn. Hans Hanisch**), Hüttenmeisters auf Friedrichswalde eheliche Hausfrau.

Item Justina, des ehrbaren kunstreichen Georg Wanders auf Grünwald, eheliche Hausfrau.

Anno 1635. Jahrs im Dezember und Advent betreffend bin ich mit meinen Weib und Kindern, nämlich mein Tochter Anna, item mein Sohn Hans, item mein Töchterlein Rosina ***) wegen großer Kriegs gefahr, Räuberei und Gefahr der Pestilenz und Gefahr der Haupt-Krankheit in Reichenberg nein gewichen, als erstlichen zu dem ehrbaren Christoph Hoffmann, Fleischhacker.

Ist aber die Pest eingerissen, hab ein ander Quartier besucht auf dem Neumarkt bei dem ehrbaren Abraham Ehrlichen, Tuchmacher. Nachmals, da ich obgemelb't Weib und Kinder zum ehrenvesten Herrn Kaspar Horn mein Quartier empfangen; an diesem Ort verblieben etliche 20 Wochen. Unter diesem hat sich ein Hauptkrankheit erstanden (sic) und bin ich erstlichen dran gelegen etliche Wochen. Den 3. Advent bin ich auf Grünwald gegangen und meine geplünderte Haus und Wohnung besucht, und, was von der Plünderung allenthalben im Schnee gestreut, aufraffen lassen und des Frühlings ausdreschen lassen, daß ich aus dem- selben etliche Scheffel Haber bekommen. Sonst meine Anbauung mir persönlichen ganz verderbet. Nach meines Einzugs von Reichenberg hab

*) Schumburg (?).
**) Dieser Name kann hier und, wo er später vorkommt, auch Henisch gelesen werden.
***) Die Tochter Maria, geb. 161*, wird hier übergangen.

ich mich mit den Meinen auf der Lanſchney bei Baltzer Rockbiegel etzliche Wochen müſſen aufhalten. An der Grünwalder Kirmeß iſt der Einfall geſchehen. Wer da hat laufen können und davon kommen iſt. Aber wenig, die etwas weggbracht. Ich, mein Weib und Kinder gar nichts an Kleidung weggbracht; iſt erbärmlich zugangen und im Walde herum= kriechen. Gott behüt einen jeden frommen Chriſten Menſchen darfür!

Anno 1635. Jahrs im Dezember und Advent gegen (ſic) betreffend hat Gott der Allmächtige in betrübtem Zuſtande uſern Ehſtand geſegnet und uns ein junges Töchterlein aus Gnaden beſcheert. Daſſelbe durch das heilige Sakrament der heiligen Taufe einverleibt und ein Kind der ewigen Seelen Seligkeit bleibe!

Des Kindes Taufnamen : Eliſabeth.

Die Taufpathen:

Der ehrbar wohlgeachte Abraham Ehrlich, Tuchmacher in Reichenberg.

Item Anna, des ehrbaren Hans Pilg, Fleiſchhackers in Reichenberg ehlich Hausfrau.

Item Salamine, des ehrbaren Joachim Hoffmanns, Tuchmacher in Reichenberg ehliche Hausfrau.

Nach dieſem iſt mein Töchterlein Eliſabeth, ohngefähr acht Wochen alt, in Tod verblichen und chriſtlich mit Cantorei zu Reichenberg zu Erden beſtattet worden. Gott verleih dem Körper ein ſelige Ruhe und am jüngſten Tage ein fröhliche Auferſtehung ſammt allen Gläubigen in Chriſto Jeſu!

In vergangenen Sechswochen hat mein Weib das liebe Zweiglein nicht können tränken, ſintemal ſie an der böſen Hauptkrankheit gelegen und viel Wochen mit hinbracht und andere Krankheiten mehr mit zu= geſchlagen. Gott ſteh uns bei!

> Des Gerechten Seelen ſind in Gottes Hand
> Und keine Qual rühret ſie.

Anno 1640. Jahr's, welches N. (ſic) der 4. November, hat ſich meine liebe Tochter Maria verehlichet und Hochzeit verbracht auf Grünwald in meiner Behauſung mit dem ehrbaren kunſtreichen tugend= haften Geſellen Paul Haniſch, des ehrbaren wohlgeachten Herrn Hans

3*

Hanisch, Hüttenmeisters auf Friedrichswald eheleiblicher Sohn. Gott verleih ferner diesen jungen Eheleuten Glück und Heil, langes Leben zu ihrer Seele Seligkeit!

[Anno 1548 ist die Glashütte zu Grünwald durch den Franz Kuntzen erbauet worden.

Anno 1558 ist die Glashütte zu Laba durch Hans Schürenern von Waldheim erbauet worden.] *)

Meine Mutter Anna Schürer ist geboren in der Glashütten Laba Anno 1597 den 3. November. **)

[Anno 1644 Jahrs den 8. Novembers nach der Geburt unsers Erlösers und Seligmachers Jesu Christi habe ich mich Johannes Schürer von Waldheim, habe ich mich (sic) fürsprochen mit der ehren tugend Jungfrau Barbara, des ehrenvesten wohlgeachten Herren Jakob Hanisches ehleibliche Tochter. Gott gebe uns un ferner uns jungen Eheleuten seinen reichen Segen, Gesundheit, Einigkeit, geruhiges langes Leben zu unser beiden Seelen Seligkeit! Nach diesem Leben die ewige Gloria und Heiligkeit geben wolle! Amen.

Anno 1645. Jahres den 2. September 2 Uhr nach Mitternacht nach der Geburt unsers Erlösers und Seligmachers Jesu Christi ist mein liebes Söhnlein Hans Christoph Schürer auf die Welt geboren. Gott der Allmächtiger verleih ihm Gesundheit, langes Leben zur ewigen Seelen Seligkeit!]

Die Taufpathen:

Der ehrenveste wohlgeachte Herr Hans Hübner zum Gukau.

Item Herr Christians Hanisch, Glasmacher zu Friedrichswald.

Item Herr Vetter Hübner zu Reinowitz Müller.

Item des ehrenvesten und kunstreichen Herren Kaspar Hanischs ehleibliche Hausfran zu Friedrichswald.

---

*) Von anderer, jedoch alter Hand eingeschrieben. Dem Hans Schürer kam damals das Prädikat: „von Waldheim" noch nicht zu; die Eintragung erfolgte daher jedenfalls erst nach der Adelserhebung.

**) Damit beginnt die Führung der Chronik durch Johann Sch. v. W.

Item des ehrenvesten Herren Christoph Klienner zu Jabelnutz ehleibliche Hausfrau.] *)

Anno 1649. Jahrs an der heiligen Himmelfahrt Christi ist mein
lieber Vater Bartholomäus Schürer zu Gott ruhend entschlafen.
Gott der Allemächtige fürleihe ihm eine selige Ruh und am jüngsten Tage sammt
allen Auserwählten eine selige fröhliche Auferstehung zum ewigen Leben!
Amen.

Anno 1664 dem 9. Februarii Nachmittage um 3 Uhr ist meine
liebe Mutter Anna Schürer, des Bartels Schürers eheliche Erwirthin, zu
Gott ruhend entschlafen. Gott der Allemächtige fürleihe ihr eine selige
Ruhe und am jüngsten Tage sammt allen Auserwählten eine selige
fröhliche Auferstehung zum ewigen Leben! Amen.

1. Johannes aus 3.

Wir wissen, daß wir von Gott ins Leben gesetzt worden sind.

Anno 1653. **) Jahres den 8. Novembris nach der Geburt
unsers Erlösers und Seligmachers Jesu Christi habe ich mich Johannes
Schürer von Waldheim fürsprochen mit der ehren tugend Jungfrau
Barbara, des ehrenvesten wohlgeachten Herren Jakob Hanisches ehleibliche
Tochter. Gott geb' uns un ferner uns jungen Eheleuten seinen reichen
Segen, Gesundheit, Einigkeit, geruhigs langes Leben zu unser beiden
Seelen Seligkeit. Nach diesem Leben die ewige Gloria und Heiligkeit
geben wolle! Amen. Amen.

Anno 1654. Jahres den 3. September zwei Stunden nach Witter-
nacht nach der Geburt unsers Erlösers und Seligmachers Jesu Christi
ist mein liebes Söhnlein Hans Christel Schürer auf die Welt geboren.
Gott der Allemächtige verleih ihm Gesundheit, langes Leben zur ewigen
Seelen-Seligkeit! Amen.

---

*) Diese beiden Eintragungen kommen bei den Jahren 1653, beziehungsweise
1654, wieder vor, und da sind sie auch am rechten Platze, weil Johannes schwerlich im
Alter von 17 Jahren geheirathet haben dürfte. (Gewiß liegt hier ein Versehen zu Grunde.
**) Im Original stand ursprünglich 1644. Diese Jahreszahl wurde durchstrichen
und oben 1653 geschrieben. Im Uibrigen ist diese Stelle bis auf das doppelte „Amen“
mit jener von 1644 gleichlautend, welche jedoch, wie gesagt, nicht richtig sein kann. Mit
der folgenden Eintragung von 1654 verhält es sich in Bezug auf die parallele Post von
1645 in ähnlicher Weise.

Die Taufpathen:

Der ehrenveste hochgeachte Herr Hans Hübener zum Guckau.

Item Herr Christianes Hanisch, Glasmacher zu Friedrigeswald.

Item Herr Vetter Hübener zu Reinowitz.

Item des ehrenvesten kunstreichen Herren Kaspar Hanisch, Glashüttenmeister eheleibliche Hausfrau zu Friedrigeswalde.

Item des ehrenvesten Herren Christoph Klinger zur Jabelunz ehleibliche Hausfrau.

Getauft zu Reichenberg.

Anno 1657. Jahres, welches war der 11. Julius nach der Geburt unsers Erlösers und Seeligmachers Jesu Christi, ist mein liebes Töchterlein Anna Maria auf die Welt geboren um 9 (?) Uhr nach Mittage. Gott der Allemächtige fürleihe ihr Gesundheit, langes Leben zu ihrer Seelen Seligkeit! Ist zugleich ein neuer Mond gewesen 10 Uhr (?) Fürmittage.

Die Taufpathen:

Herr Kaspar Henisch, Hüttenmeister zu Friedrigeswald.

Herr Kaspar Kiettel, Wundarzt auffen Schumburg.

Herren Hans Hübeners des jüngern zum Guckau eheleibliche Hausfrau.

Herren Georg Hübeners auffen Luxdorf Müllers eheleibliche Hausfrau.

Herren Martin Elgers zur Jabelunz eheleibliche Hausfrau.

Anno 1659 Jahres, welches war der 28. Martius nach Mittage in der 10 Stunden, ist mein liebes Töchterlein Liese auf die Welt geboren. Gott fürleihe ihr Gesundheit, langes Leben zu ihrer Seelen Seligkeit!

Die Taufpathen:

Item Georg Hübener, Müller auffen Luxdorf.

Item Martinus Elger zur Jabelunz.

Item des ehrenvesten wohlgeachten Hans Hübeners eheleibliche Hausfrau auffen Guckau.

Item des ehrenvesten wohlgeachten Vetter Hübeners eheleibliche Hausfrau.

Item des ehrenvesten wohlgeachten Christians Wanders eheleibliche Hausfrau.

Anno 1662. Jahres, welches war der 2. Januarius Nachmittage um 9 Uhr nach Mittage, ist mein liebes Söhnelein auf diese Welt geboren: Johann George. Gott fürleihe ihm Gesundheit, langes Leben zu seiner Seelen Seligkeit!

Die Taufpathen:

Item Christians Henisch zur Reinowitz.

Herr Samuel Junkeler zum Semil, Fürwalter auf dem Skael.

Herr Kaspar Kiettel, Wundarzt und auffen Schumburg.

Herren Kaspar Heinesch, Glashüttenmeister auffen Friedriges Wald, eheleibliche Hausfrau.

Herren Martinus Elgers zur Jabelunz eheleibliche Hausfrau.

[Anno 1706 den 27. Dezember ist dieser mein Bruder Johannes Georg Schürer von Waldheim zu Laba in Christo dem Herrn sanft und selig entschlafen in der Nacht gegen 12 Uhr und den 3. Januarii zu Jablonz ehrlichen zur Erden bestattet worden. Der liebe Gott verleihe dem verstorbenen Körper eine sanfte und selige Ruhe zum ewigen Leben! Amen.] *)

Anno 1667. Jahr den 16. Dezember nach Mitternacht zwischen 4 und 5 ist mein liebes Töchterlein Anna Rosina auf die Welt geboren. Gott der Allemächtige fürleihe ihr Gesundheit, ein langes Leben zu ihrer Seelen Seligkeit!

Die Sonnen gelaufen im Steinbock.

Die Taufpathen wie folgt:

Der ehrenveste kunstreiche Herr Kaspar Hanisch, Glashüttenmeister zu Friedriges Walde.

Item Martinus Elger, Bäcker auf der Jabelunz.

---

*) Von der Hand Johann Christophs Sch. v. W. eingeschrieben.

Item dessen wohlgeachten Herrn Matthäus Knudelatey, Burggraf der Herrschaft Kleinen Skal ehlich Hauswirthin Salomena.

Item dessen wohlgeachten Christiano Wauder zum Grünwald eheliche Hauswirthin Rosina.

Item des ehrenvesten kunstreichen Herr Daniel Preußeler, Glashüttenmeister zu Reidiß eheliche Hausfrau Anna Maria.

Diese meine liebste Jungfrau Tochter, Namens Anna Rosina, ist nach vieler ausgestandener Todesangst anno 1682 den 26. Octobris in Christo sanft und hoffentlich selig eingeschlafen und den 29. ditto christkatholischem Brauch nach mit einem gesungenen Seelenamte und Leichenprebigt zu Jabeluuz ehrlicher Weise zur Erden bestattet worden, ihres wenigen Alters 14 Jahr 10 Monat. Welcher Seele Gott gnädig sein wolle!

Anno 1689 den 23. Januarii um 3 Uhr Nachmittage ist in Gott ruhend entschlafen mein liebes Weib Barbara, gewesen dessen wohlgeachten Jakob Hanisch von der Jabelunz Handelsmann eheleibliche Tochter. Gott der Allmächtige verleihe dem todten Körper in der Erden eine selige Ruhe und am jüngsten Tage sammt allen Auserwählten eine fröhlige Auferstehung zum ewigen Leben! Amen.

> Des Gerechten Seelen sind in Gottes Hand
> Und keine Qual rühret sie.

Anno 1692 *) den 11. Februarii habe ich mich Johannes Christoph Schürer von Waldheim ehlichen versprochen mit der ehrbaren tugendsamen Jungfer Maria Elisabeth, des in Gott ruhenden Johannes Georg Härttels eheleiblichen Tochter zu St. Georgenthal. Den 11. Februarii seind wir zu St. Georgenthal copulirt worden. Gott gebe uns seinen Segen! Amen.

Anno 1695 den 16. Januarii am Sonntage um 3 Uhr nach Mittage nach der gnadenreichen Gebnrt unseres Herren und Heilandes Jesu Christi ist mein liebes Töchterlein Anna Katharina auf die Welt geboren. Gott der Allmächtige verleihe ihr gute Gesundheit, langes Leben

---

*) Die beiden vorhergehenden Posten sind von dritter Hand, aber noch im eigenen Namen von Johann Sch. v. W. eingetragen. Mit dem Jahre 1692 beginnt die Handschrift seines Sohnes Johann Christoph.

und Alles, was ihr an Seel und Leib möchte dienstlichen sein, zu ihrer Seelen Seligkeit! Getauft in der Filialkirchen zu Jablonz.

Die Taufpathen:

Der wohlehrwürdige in Gott geistl. hochgelehrte Herr Johannes Friedrich Joseph Schoßig, Pfarrer und Seelsorger zu Reichenau.

Herr Johannes Christoph Schoßig, Kauf- und Handelsmann und Bürger in Rumburg.

Herr Salomon Krätschmer, Bürger und Stadtrichter in Reichenberg.

Herr David Franz Schmeltzer, Papiermacher bei dem heiligen Kreuz.

Die wohledle geborne Frau Anna Kathrina Sommerlothin, des hochfürstl. Liechtensteinischen Stallmeisters von Rumburg ehliche Eheliebste.

Die edle tugendsame Frau Ludimilla Platzin, Hauptmannin in Reichenberg, rechte Taufpathe.

Die edle tugendsame Frau Salomena Weißin, Hauptmannin zu Skal.

Die edle tugendsame Frau Anna Justina Wanderin, Hüttenmeisterin zu Laba.

Die edle und tugendsame Frau Inditha Stowaßrin, Einnehmerin in Kratzau.

[Anno 1765 den 24. Decembris in heiligen Abend ist meine Schwester Anna Katharina Czupickin geborene Schürerin von Waldheim gestorben und den 27. ditto den dritten Weihnachtstag St. Joannis in Reichenberg begraben worden. Gott verleihe ihr die ewige glückselige Ruhe und am jüngsten Tag eine fröhliche Auferstehung!] *)

Anno 1698 den 9. Martii ein Viertel auf ein Uhr nach Mitternacht ist mein liebes Söhnlein auf diese Welt geboren worden, Namens Johannes Christoph Joseph. Gott verleihe ihm langes Leben, gute Gesundheit und alles glückliches Aufnehmen an Seel und Leib, hier zeitlich und dort ewiglichen! Amen.

---

*) Von Joh. Christoph Joseph Sch. v. W. eingeschrieben.

Die Taufpathen seind gewesen:

1. Der wohledle und gestrenge Herr Christian Platz, Hauptmann zu Reichenberg.

2. Der wohledle und gestrenge Herr Johannes Ludwig von Somerloth, hochfürstlicher Liechtensteinischer Stallmeister von Rumburg, rechter Taufpathe.

3. Der edle veste kunstreiche Elias Preißler, Glashüttenmeister von Salenbach.

4. Der hochwürdige in Gott geistliche Herr Vicarius foraneus Samuel Neumann zu Rabseil.

5. Die hoch- und wohlgeborne Frau Frau Gräfin Des Porrin. *)

6. Die ehrbare tugendsame Frau Maria, des Johannes Lefflers, Scholzen von Paulsdorf eheliche Ehewirthin.

7. Die ehrbare tugendsame Frau Dorota, des ehrenvesten Herren Johannes Christoph Schoßiges, Kauf- und Handelsmannes zu Rumburg, eheliche Ehewirthin.

Getauft in der Filialkirchen zu Jablontz.

Anno 1702 den 15. Martii halbenweg fünf Uhr nach Mitternacht ist mein liebes Töchterlein Maria Anna Elisabeth auf die Welt geboren worden. Gott verleihe ihr langes Leben, gute beständige Gesundheit und alles glückliches Aufnehmen an Seele und Leib!

Die Taufpathen sein gewesen:

Der wohlehrwürdige in Gott geistliche hochgelehrte Herr P. Matthäus N. Schmidt, Pfarrherr und Seelsorger in Reichenberg.

Der edle veste kunstreiche Herr Elias Preisler, Glashüttenmeister zu Salenbach.

Die wohledle geborne Frau Ludimilla, des wohledlen gebornen Herren Christian Karl von Platz und Ehrenthal, Oberhauptmann zu Friedland, Reichenberg und Rabin, eheliche Eheliebste, als recht Taufpathe.

Die edle tugendsame Frau Maria Magdalena, des edlen vesten Herren David Franz Schmeltzers, Papiermachers beim heiligen Kreuz Eheliebste.

*) Desfours. Die Grafen Desfours besaßen seit 1635 die Herrschaft Kleinskal.

Die ehren tugendsame Frau Maria, des ehrenvesten wohlweisen Herren Johannes Lefflers, Schollcosen zu Paulsdorf ehliche Eheliebste, von der Herrschaft Reichenberg.

A m e n.

[Anno 1769 den 16. Junii ist umstehende Maria Anna Elisabeth gestorben und das Zeitliche gesegnet und ist den 19. ditto im Städtel Eisenbrod katholischen Gebrauch nach begraben worden. Ward verheirathet mit Johann Rohn, Weißgärbermeister in gedachtem Städtel Eisenbrod. Gott verleihe ihr ein selige und sanfte Ruhe und am jüngsten Tag eine fröhliche Auferstehung!] *)

Anno 1709 den 28. Januarii halbenweg fünf Uhr nach Mittage ist mein liebes Söhnlein auf diese Welt geboren worden und ist ihm der Namen geben worden: Carolus Christianus Matthäus. Ist zu Jablonz in der Filialkirchen getauft worden. Gott der Allemächtige verleihe ihm langes Leben, gute beständige Gesundheit und Alles, was ihm an Seel und Leib dienstlich sein möge!

Die Taufpathen seind gewesen:

1. Der hochedle geborne und gestrenge Ritter und Herr Herr Carolus Josephus von Ehrenburg, Herr auf Nawero **) :c. als rechter Taufpathe.

2. Der hochedle geborne und gestrenge Herr Christianus Carolus von Platz und Ehrenthal, Oberhauptmann der Herrschaften Reichenberg, Friedland und Grafenstein.

3. Der hochwürdige in Gott geistlicher Herr P. Matthäus Jo. Schmiedt, Pfarrherr und Seelsorger in Reichenberg :c.

4. Der edle veste Herr Elias Preusler, Glashüttenmeister in Salenbach :c.

5. Des edlen vesten Herren Johannes Matthias Grolbes, Burggrafen zum kleinen Skal Eheliebste, Namens Juliana.

6. Des edlen vesten Herren David Franz Schmeltzers Eheliebste, Namens Maria Magdalena, zum Nabel.

---

*) Von Joh. Christoph Joseph hier eingeschrieben.
**) Nawarow.

7. Des ehrenvesten wohlweisen Herren Johannes Lefflers, Scholteis von Paulsdorf Eheliebste Maria.*)

Anno 1725 hat sich die Anna Katharina Schürerin von Waldheim ehlich versprochen mit den Herren Johann Czupik von Hovow (?) und den Tag nach Michaelis zu Jablonz copuliret worden.

Anno 1726 ist von der Anna Katharina Czupikin geboren worden das Töchterlein Maria Johanna Katharina Polexina.

Anno 1729 ist der Herr Johann Czupik gestorben den Tag vor Matthäi. Gott verleihe ihm die ewige Ruhe!

Anno 1734 den 19. Oktober ist der Anna Katharina Czupikin ihre Töchterle gestorben und zu Jablonze begraben worden.

Anno 1727 den 19. Octobris zwischen 1 und 2 Uhr nach Mitternacht ist in Gott ruhend entschlafen mein lieber Vater Johann Christoph Schürer von Waldheim, gewesener Glashüttenmeister zu Grünwald. Gott der Allmächtige verleihe dem todten Körper in der Erden eine selige Ruhe und am jüngsten Tage sammt allen Auserwählten eine fröhliche Aufer- stehung zum ewigen Leben! Amen. Gott gieb ihm die ewige Ruhe!

Anno 1730 den 11. Juli ist der Carolus Christianus Matthäus Schürer von Waldheim ins Feld gegangen unter das löbl. Landirische (Lauthieri) Cüraffier Regiment. Gott gebe ihnen Glück und Segen!

Anno 1730 den 11. Juli habe ich mich Johann Christoph Joseph Ernest Schürer von Waldheim ehlichen versprochen mit der ehrbaren tugendsamen Jungfer Eleonora, des wohlweisen Herrens Daniel Anton Lang, Bürgern und Rathschreibern in Liebenau eheleiblichen Tochter. Den 26. November 1730 sind wir copuliret worden in Liebenau. Da- maliger Pfarrherr war Ferdinandus Knobloch, welcher uns copuliret hat. Gott gebe uns seinen Segen!

Anno 1763. Die 26. Julii auf die Nacht um 7 Uhr ist meine Ehefrau Eleonora Schürerin von Waldheim von dieser Welt in die Ewigkeit verschieden. Gott gebe ihr die ewige Ruhe und das ewige Licht

---

*) Hier ist ein Blatt ausgerissen, welches auch Einschreibungen enthalten haben muß. Mit Anno 1725 beginnt die Handschrift des Johann Christoph Joseph Ernst Sch. v. W.

leuchte ihr in Ewigkeit Amen! In Liebenau. Alt ist sie gewesen 61 Jahr und beisammen gelebt 33 Jahr.

Anno 1737 den 18. November am Sonntage nach Mittage ein Viertel auf 5 ist mein liebes Söhnlein auf diese Welt geboren worden, Namens Carolus Josephus Tobias. Gott verleihe ihm langes Leben, gute Gesundheit und alles glückliches Aufnehmen an Seel und Leib, hier zeitlich und dort ewig!

Die Taufpathen seind gewesen:

1. Der wohledle und gestrenge Herr Tobias Fleck, Ihro kais. rö- mischen Majestät Trankstener Einnehmer zu Reichenberg als rechter Taufpath.
2. Der edle fürnehme Herr Antonius Schwartz, der Herrschaft Aicha und Friedstein wohlverordneter Rentschreiber.
3. Der edle und fürnehme Herr Leopold Johann Seb. Tipoldt, der Herrschaft Reichenberg Kornschreiber.
4. Die wohledle und gestrenge Frau Juditha Barbara Schwartzin, Hauptmannin zu Aicha.
5. Edle fürnehme Anna Francisca Preyßlerin, Hüttenmeisterin zu Salenbach.

Getauft zu Jablonz in der Filialkirchen.

In Mars geboren ist sein Planet.

Getauft hats der wohlehrwürdige Herr Pater Josephus Satzer von Prag.

Anno 1733 den 16. Decembris am Mittwoche ist mein liebes Töchterlein zwischen 5 und 6 Uhr frühe auf diese Welt geboren worden, Namens Johanna Rosalia Theresia. Gott verleihe ihr langes Leben, gute Gesundheit und alles glückseliges Aufnehmen an Leib und Seele, hier zeitlich und dort ewig!

Die Taufpathen seind gewesen:

Die edle Jungfer Johanna Schwartzin, des damaligen Herrn Hauptmanns Tochter von Aicha.

Die edle Frau Theresia Schwartzin, Rentschreiberin zu Aicha.

Die edle Frau Rosalia Asmanin, Verwalterin zu Morgenstern, hat das Kind aus der Taufe gehoben.

Die edle Frau Anna Rosina Tippoltin, Kornschreiberin zu Reichenberg.

Der edle kunstreiche Herr Johann Karl Preyßler, Hüttenmeister zu Salenbach.

Der ehrenveste Herr Karl Miller von Liebenau.

Der ehrenveste Herr Anton Miller, Seifensieder zu Liebenau.

Der ehrsame Hans Wenzel Lang, Tischler zu Liebenau.

Getauft hats der wohlehrwürdige Herr Pater Josephus Antelmann, Kapellan zu Rochlitz und getauft zu Reinowitz.

Ihrer Planet ist Saturnus.

Anno 1737 den 3. Februarii ist mein liebes Söhnlein geboren worden, Namens Franciscus Antonius Carolus, an einem Sonntage frühe nach Mitternacht um 2 Uhr. Gott verleihe ihme langes Leben, gute Gesundheit und alles glückseliges Aufnehmen an Leib und Seele, hier zeitlich und dort ewig!

Die Taufpathen seind gewesen:

1. Der wohledel und gestrenge Herr Carolus Dostraschil, damaliger Burggraf in Rohosetz.
2. Der ehrenveste Herr Antonius Miller, Bürger und Seifensieder in Liebenau.
3. Der ehrenveste Herr Fr. George Fincke, damaliger herrschaftlicher Bräuermeister in Rohosetz.
4. Die wohledle und tugendsame Frau Theresia Asmanin, damalige Verwalterin in Morgenstern.
5. Die ehrsame Frau Anna Langin, Tischlerin in Liebenau.

Getaufet ist es worden zu Jablonz von dem wohlehrwürdigen Herrn P. Missionario Kubiczek.

Geboren ist es worden im Zeichen der Venus (♀).

Anno 1757 den 22. Martii ist mein Sohn Franciscus Antonius Carolus im Krieg gegangen unter das Sprecherische (Schreger?) Regiment.

Hat sich in Reichenberg unterhalten laſſen. Gott verleihe ihm Glück und Segen! Und die Compagnie heißt, wo er darunter iſt, Zambony.

Anno 1739 den 13. Septembris iſt mein liebes Töchterlein geboren worden, Namens Maria Eliſabeth, an einem Sonntage, Nach- mittage um 5 Uhr. Gott verleihe ihr langes Leben, gute Geſundheit und alles glückliches Aufnehmen an Leib und Seele, hier zeitlich und dort ewig!

Die Taufpathen ſeind geweſen:

Die edle tugendſame Frau Roſalia Aßmanin, damalen Verwalterin in Morgenſtern.

Die ehren- und tugendſame Frau Laugin von Liebenau.

Der ehrenweſte Herr Antonius Miller, Bürger und Seifenſieder in Liebenau.

Getaufet iſt es worden in der Pfarrkirchen zu Jablonze von dem wohlehrwürdigen Herrn Pfarrherrn Karl Anders.

Sein Planet iſt die Sonne.

Anno 1743 den 1. Octobris zwiſchen 11 und 12 Uhren Nachts iſt mein liebes Söhnlein geboren, Namens Johannes Ignatius Antouius. Gott verleihe ihm langes Leben, gute Geſundheit und alles glückliches Aufnehmen an Leib und Seele, hier zeitlich und dort ewig!

Die Taufpathen ſeind geweſen:

Der ehrſame wohlweiſe Johann Jdion Rohn, Weißgärber und Rathsverwandter in Eiſenbrod.

Der Herr Ignatius Ebenberger, Feldſcheer in Eiſenbrod.

Die edle tugendſame Frau Roſalia Aßmanin, geweſene Verwal- terin in Morgenſtern.

Getaufet in Jablonz von dem wohlehrwürdigen Herren Pater Kapellan Antonio Feix.

Im Zeichen des Jupiters geboren.

Anno 1764 den 10. Septembris iſt mein lieber Sohn Johannes Ignatius Antonius auf die Wanderſchaft gegangen. Hat in Melnik das Seifenſiederhandwerk gelernet. Gott gebe ihm Glück und Segen!

Anno 1771 den 16. Julii ist mein lieber Sohn Johannes Ignatius Antonius zum drittenmale (sic) auf die Wanderschaft gegangen. Gott gebe ihm Glück und Segen! Ich habe ihm mit nichts können helfen, der Strich Korn war nun 14 fl., es war eine erschreckliche schwere Zeit und keine Verdiensten, kein Meister hat keinen Gesellen können halten.

Anno 1776 den 13. Juli ist mein lieber Sohn Johannes Antonius zum dritten Mal auf die Wanderschaft gegangen. Gott gebe ihm Glück und Segen!

Anno 1757 den 20. April ist der König aus Preußen zum drittenmal in Böhmen eingebrochen.

Den 21. ditto bei Johannesthal unweit Reichenberg Bataille gehalten; den 22. ditto ist der Preuß von Reichenberg weggezogen und hat sich auf die Saßkaler Berge postiret.

Den 26. ditto von Saßkal weggezogen bis nacher Münchengrätz, Willens nacher Prag zu gehen.

Anno 1715 den 17. Martii ist in Gott selig entschlafen der edle ehrenveste kunstreiche Herr Elias Preißler, Glashüttenmeister in Salenbach.

Anno 1715 den 13. Juni ist der wohledle und gestrenge Ritter Herr Karl Joseph von Ehrenburg gestorben. War Herr auf Naworhost.

Anno 1725 den 29. April ist der wohlehrwürdige in Gott geistlich Herr P. Georgius Matthias Königstein, Administrator in Morgenstern in Herrn entschlafen und den 3. Mai begraben worden.

Anno 1722 den 29. April ist der hochwürdige in Gott geistliche Herr Georgius Hertelt, Dechant in Friedland, gestorben, alt 43 Jahr.

Anno 1770 den 12. Juli ist gestorben Hans Wenzel Lang in Liebenau; war Stallmeister (Titel) Jhro Excell. Gral. Linden.

Anno 1734 den 2. Januarii früh um 3 Uhr ist die Glashütten von Grunde aus weggebrannt in Grünwald durch Liederlichkeit des Nachtschürers.

4.

Die Linie von Rokitzan.*)

In einem Citate aus dem Rokitzaner Stadtarchive N. E. 1054 wird am 10. Juli 1599 ein Christoph Sch. genannt; ferner erscheint ein Testament vom 15. Februar 1681, in welchem Johann Wilhelm Schürer; Waldheimn mehrere Legate und Stiftungen macht und laut des liber contractr. kauft derselbe 1684 ein Haus in der Stadt Rokitzan. Gemäß einer abschriftlich vorliegenden Urkunde ddto. 2. März 1684 hat besagter Sch. v. W. dieses von Alters her „Coelestinische Haus" genannte Anwesen, zu dem 20 Strich Grundstücke gehörten, zu Handen seines Sohnes Salomon und dessen Ehegattin Ludmilla von Johann Caslaw Optatius von Trebnitz um 800 fl., beziehungsweise nach Weg= fall von zwei Wiesen, um 745 fl. erkauft.

Reichhaltiger, als das 1677 durch den Brand des Rathhauses zum größten Theil zerstörte Stadtarchiv, ist das Dekanalarchiv in Rokitzan. Zufolge einer in Abschrift vorhandenen Bestättigung der dortigen Stadtdechantei vom 26. Aug. 1835 erscheint in Fasc. XVII. Tabelle II. des Dekanalarchives Paul Schürer Ritter (?) von Waldheim als Vater des Friedrich Ernst Sch. v. W. geb. 1598 und des Sebastian Sch. v. W. geb. 1601.

An das fürsterzbischöfliche Rokitzaner Vikariatamt zu Radnitz wird aus Anlaß eines Consistorial-Missivs ddto. Prag 1. August 1833 von der Stadtdechantei Rokitzan in dem Original-Berichte vom 7. Sept. 1833 „rücksichtlich der Auffindung des adeligen Namens Schürer von Waldheim" folgendes hier auszugsweise wiedergegebene Resultat mit= getheilt:

---

*) Die bezüglichen Schriftstücke sind durchgängig der Sammlung des geprüften Heraldikers Herrn Christian Brückner in Prag entnommen. Es ist nicht unwahrschein= lich, daß durch einer oder der anderen Glashütte in der Nähe einen Zweig der Familie zur Niederlaßung in Rokitzan bestimmte. Darauf weist der Umstand hin, daß ein unweit gelegenes Dorf nach Sommer Glashütten heißt, so wie die Bemerkung in dem M. S., die Sch. v. W. hätten auf der (ebenfalls nicht weit entfernten) Herrschaft Pürglitz — die Orte werden nicht angegeben — Glashütten betrieben.

Die ältesten Taufmatriken reichen von 1659 bis 1682 und dann von 1684 bis 21. Februar 1695. In denselben kommen vor:

1661 19. Juli geb. Katharina, Tochter des Wilhelm Sch. (ohne Prädikat) und dessen Ehegattin Justina Christina.

1669 13. Juli geb. Justina Margaretha, Tochter des Johann Sch. (ohne Prädikat), genannt mladší, b. i. der jüngere und seiner Ehefrau Katharina.

1670 10. Oktober geb. Anna Katharina, Tochter der Vorigen.

1671 11. November geb. Wilhelm Martin, Sohn der Vorigen. (Beim Vater fehlt der Zusatz: „mladší".)

1674 26. August geb. Johann Wenzel, Sohn der Vorigen.

1677 3. März geb. Anna Katharina, Tochter der Vorigen.

1678 2. Juni geb. Katharina, Tochter des Salomon Schürer z Waldheima und der Mutter Ludmilla.

1679 16. Juni getauft Polexyna Susanna, Tochter der Vorigen.

1680 8. August getauft Anna, Tochter der Vorigen.

1684 16. Mai Salomon Sch. (ohne Prädikat) als Taufpathe.

1689 20. Februar Salomon Sch. (o. P.) als Taufpathe.

1692 12. Februar Justina Sch. als Taufpathe.

1693 20. September Ludmilla Sch. als Taufpathe.

Von März 1696 bis 1719 sind die Taufmatriken abgängig, nach 1719 ist in den Taufmatriken der Name Schürer nicht mehr zu finden. In den viel jüngeren Trau- und Sterbematriken kommt derselbe ebenfalls nicht vor.

5.

Die Linie von Seewiesen. *)

Mit Vertrag vom 24. April 1669 verkauft Elisabeth Schürerin ihrem Sohne Wenzel Schürer „ihr Haus und Hof, so ihr nach ihrem seeligen Manne Sebastian Schürer zusteht, im Seewieser Gericht

---

*) Seewiesen liegt im Böhmerwald im königlichen Waldhwozd oder Gebiet der königl. Freibauern. Dieses Gebiet besteht nach Sommer (Prachiner Kreis) aus neun Gerichten, davon eines das Seewieser Gericht. Dasselbe umfaßt gleich den übrigen

liegend, mit allen dazu gehörigen Gründen, Aeckern, Wiesmahden, Wäldern und Viehweidschaft nur eine Summa von 600 Gulden gangbarer Münze ...." *)

Ist der eben genannte Sebastian Schürer, was sich ganz gut annehmen läßt, identisch mit dem 1601 gebornen gleichnamigen Sohne des im Rokitzaner Dekanalarchive verzeichneten Paul Sch. v. W., so war er wohl der erste Schürer, welcher sich in Seewiesen niedergelaßen, und darf somit als der Stammvater der Seewieser Linie angesehen werden. Nicht minder nahe liegt die Vermuthung, daß dieses Sebastian Sohn Wenzel, den eine pfarrämtliche Bestättigung ddto. Czachrau 27. September 1833 als am 20. Mai 1688 verstorben nennt, der Vater jenes Andreas Sch. war, welcher laut der unten folgenden Matrikenauszüge der Pfarre Seewiesen am 11. Jänner 1758 zu Seewiesen im 86. Lebensjahre gestorben, mithin um 1672 geboren worden ist.

Vor 1722, in welchem Jahre erst die Pfarrmatriken in Seewiesen anfangen, muß dieser Ort nach Czachrau eingepfarrt gewesen sein, da von hier mehrere die Schürer in Seewiesen betreffende Matrikenauszüge in Abschrift vorliegen, und zwar mit nachstehenden Daten:

1683 13. Juni geb. Margaretha, Tochter des Wenzel Sch. und seiner Gattin Margaretha.

1701 15. August getauft Johann Anton, Sohn des Andreas Sch. und seiner Gattin (Namens ?)

1704 24. Februar getauft Matthias, Sohn der Vorigen.

1715 22. September getauft Kaspar, Sohn der Vorigen.

1718 28. März getauft Anton, Sohn der Vorigen.

Diese Daten bilden theilweise das Verbindungsglied zu der Geschlechtsfolge, welche sich nach den vom Oberrichter der k. k. Wald-

_____
Gerichten eine Anzahl einzelner Höfe, unter welchen der Seewieserhof, der Schürerhof und die Schürerhütten, vordem eine Glashütte, wozu zwei Häuser und eine Brettsäge gehören, erscheinen. Dieß war ohne Zweifel die Glashütte, welche der in der Seewieser Pfarrmatrik 1767 angeführte Anton Schürer, Glasmeister in Seewiesen, inne hatte.

*) Nach einer vom Ortsgerichte der Herrschaft Bistrib an der Angel am 2. Mai 1830 vidimirten, wie alles Uebrige in diesem 5. Abschnitte der Brückner'schen Sammlung entlehnten Abschrift. Aus dem weiteren Inhalt des Vertrages geht hervor, daß Wenzel Sch. bei dessen Ausfertigung noch unverehelicht war und daß er eine Schwester Namens Rosalia hatte, die an einen gewissen Gallus Zanl verheirathet war.

hwozber Freigerichte contrasignirten Originalauszügen des Pfarramtes Seewiesen vom 30. August 1834 in nachstehender Weise entwickelt:

1723 29. Juni geb. Johann Andreas, Sohn des Andreas Schürer und der Mutter Maria auf dem Schürerhof zu Seewiesen.

1725 9. Dezember geb. Johann Wenzel, Sohn der Vorigen.

1726 3. Mai cop. Wenzel, Sohn des Andreas Sch. von W. und seiner Ehefrau Anna Maria, mit Katharina, Tochter des Matthias Pangerle u. sein. Ehefrau Magdalena aus Hinkowit.

1742 6. Februar geb. Maria Elisabeth, Tochter des Kaspar Sch. aus Seewiesen und der Maria Esterlin.

1742 10. Juli cop. Kaspar Sch. v. W. mit Maria Esterlin (beide aus dem Seewieser Gerichte).

1747 4. Mai geb. Matthias Sch., Sohn des Wenzel, Einwohners in Seewiesen, und seiner Ehefrau Katharina.

1748 3. Mai geb. Johann, Sohn der Vorigen.

1752 13. ? geb. Maria Katharina, Tochter der vorigen „adelichen Eltern".

1755 12. Juni geb. Andreas, Sohn der Vorigen. (Der Vater wird Oberrichter in Seewiesen genannt.)

1756 4. August geb. Franz Lorenz, Sohn des Kaspar Sch. und seiner Ehefrau Anna Maria.

1757 26. Mai geb. Franz Ignaz, Sohn des Wenzel Sch. und dessen Ehefrau Katharina.

1758 11. Jänner gest. der ehrbare Herr Schürer (Andreas ?) zu Seewiesen im 86. Lebensjahr.

1758 7. Mai geb. Maria Rosalia, Tochter der obgenannten „adelichen Eltern" (Wenzel und Katharina Sch.).

1761 6. September geb. A. Maria, Tochter der Vorigen.

1763 23. Oktober gest. Josef Wenzeslaus, Söhnlein des Christoph Sch. und seiner Ehefrau Rosalia.

1763 20. November geb. M. Barbara, Tochter der Vorigen.

1767 27. Juli geb. eine eheliche Tochter (Namens ?) „des adelichen Herrn Anton Schürer, Glasmeisters in Seewiesen und der Mutter Anna Maria".

1769 3. September geb. Johann Wenzel, Sohn des Wenzel Sch.
v. W. und seiner Ehefrau Katharina.

1792 17. März geb. Maria, Tochter des Johann Wenzel Sch.
v. W. und der Mutter Anna geb. Maydlin.

1793 7. November geb. Franz, Sohn der Vorigen.

1798 27. August geb. Johann Bapt., Sohn der Vorigen.

1801 26. Februar geb. Sophia, Tochter der Vorigen.

1803 22. September geb. Maria Barbara, Tochter der Vorigen.

1806 19. Februar geb. Katharina, Tochter der Vorigen

1808 10. September geb. Wenzel, Sohn der Vorigen.

1812 16. November geb. Maria Theresia, Tochter der Vorigen.

1818 21. September geb. Rosalia, Tochter der Vorigen. *)

Zur Seewieser Linie ist noch ein Josef Sch. anzufügen, welchem als 24 Jahr alten Müllergesellen aus dem Seewieser Gerichte vom Oberrichter zu Haidl unterm 11. August 1819 ein Paß ausgefertigt wurde. **)

*) Laut einer Eingabe der von 1793 an genannten Kinder, mit Ausnahme der vielleicht schon gestorbenen Maria Theresia, an das böhm. Appellationsgericht vom 27. Oktober 1830 war ihr Vater Joh. Wenzel bereits 1825 verschieden. Nun war auch die Mutter Anna (also wohl 1836) mit dem Tode abgegangen, und sie wenden sich deßhalb an das Appellationsgericht, damit das Ortsgericht der Herrschaft Bistritz an der Angel anstatt des Landrechtes, als der für den Adel competenten Instanz, zur Verlaßabhand-lung belegirt werden möchte, welchem von dem Ortsgerichte bereits die Akten vorgelegt worden seien, nachdem es im Jahre 1835 sich herausgestellt habe, daß ihrem Vater Wenzel Schürer der Adel mit dem Prädilat „von Waldheim" eigen sei. Vom Landrechte wurde jedoch schon von Amtswegen die Vornahme der Verlaßabhandlung abgelehnt, da die Landtafel eine derlei adelige Familie nicht kenne, sondern lediglich aus derselben zu ersehen sei, daß ein gewißer Paul Schürer von Waldheim ein landtäflicher Besitzer gewesen sei.

Es ist aus verschiedenen, darunter auch amtlichen, Schriftstücken ersichtlich, daß bald der einfache Name Schürer, bald mit dem Prädikate: „von Waldheim", selbst bei einer und derselben Person, gebraucht wird, und auf diese Art mag, zumal wenn die Lebensstellung mit dem Adel nicht wohl verträglich war, derselbe bei einer und der anderen Linie im Laufe der Zeit in Vergessenheit gerathen sein, so daß die Nachweisung des Adels, wenn sie spätere Familienmitglieder anstrebten, mitunter schon Schwierigkeiten verursachte. Wie wenig man in Seewiesen auf die Wahrung der Adelsrechte Bedacht zu nehmen sich veranlaßt fand, zeigt recht deutlich die Behandlung des Adelsdiploms, worüber das Bergreichensteiner Vicariat unterm 6. September 1833, wie folgt, berichtet: „Es war in dieser in Seewiesen ansäßigen Familie ein Diplom vorhanden. Aus Un-achtsamkeit, Nichtschätzung oder Unwissenheit ist es gegenwärtig Moder, an welchem gar nichts mehr zu erkennen, nicht ein Buchstabe mehr zu lesen ist."

**) Einzelne Ausästungen und Sprossen der Familie finden sich im 18. und 19. Jahrhundert in Böhmen noch allenthalben. Da jedoch unter ihnen keine Glasfabrikan-

6.

Das Adelsdiplom. *)

Wir Rudolph der Andere . . . . Wann Wir dann nun gnädiglich angesehen, wahrgenommen und betrachtet haben die Ehrbarkeit, Redlichkeit, Tapferkeit, abliche gute Sitten, Tugend, Vernunft, Geschicklichkeit und gut Herkommen, damit vor Unsrer kaiserlichen Person und Unsern für-nehmen Räthen Unsere lieben getreuen Valentin, Kaspar, Dominicus und Paul der älteste die Schürer, alle leibliche Vettern, berühmet worden, in Sonderheit aber auch Martin Schürer, obbemelb'ten Valentin Schürers eheleiblicher Sohn**), als der sich nicht allein in ehrlichen Künsten, son-dern auch an Unserm kais. und königl. Hof bei dem Hochgebornen, Un-serm lieben getreuen Wilhelmen Herrn und Regierern des Hauses Rosenberg auf Krummau, Rittern des Ordens des gulden Vließes, Unserem geheimen Rath und der Kron Böheim obristen Burggrafen in Diensten und zum Theil Unseren vorfallenden Sachen alles getreuen Fleißes gebrauchen lassen und hinfüro sie allesammt mit Mehrerem nach höchstem ihren Vermögen zu thun und zu leisten sich erbieten, auch wohl thun können, sollen und mögen, und daher um solches ihren ehrlichen Herkommens, Ehrbarkeit, Tapferkeit und Verstand, adelicher guter Sitten, Tugend, Geschicklichkeit, Redlichkeit und Wohlverhaltnuß willen und zu einer Anreizung Anderer, nach gleichmäßigen Ehren, Tugenden und Redlichkeit

---

ten mehr vorkommen, so werden sie hier nicht weiter verzeichnet. Auch außerhalb Böh-mens hat sich die Familie ausgebreitet und in verschiedenen Berufszweigen bis auf den heutigen Tag erhalten.

*) Nach einer Abschrift von einer durch die Stadt Kolitzan auf Grund einer vidimirten Abschrift beglaubigten Copie aus der Brückner'schen Sammlung. In die böhmische Land-tafel wurde das Diplom nicht eingetragen.

**) „Am 27. August 1592 als der Herr Regierer auf dem Prager Schlosse in sei-nem Hause in schwerer Krankheit darniederlag, sehr abgefallen und so zu sagen halbtodt war, schickte er nach seinem Sekretär Martin Schürer, damit er dem Herrn auf dem Instru-mente vorspiele, indem er dadurch eine Erleichterung zu finden hoffte; allein er ver-mochte damit nicht im Mindesten seine Krankheit und seine Schmerzen zu lindern." Am 31. August starb bereits Herr Wilhelm von Rosenberg. (Wenzel Březans Leben Wilhelms von Rosenberg. Prag 1847. Seite 299. — Böhmisch. —)

zu trachten, haben Wir aus wohl bedachter Macht mit gutem vorgehabten Rath und rechtem Wissen obberührte Valentin, Kasparn, Dominicum und Paulum den ältesten — die Schürer, Gevettern, sammt Dero ehlichen Leibserben männlichen und weiblichen Geschlechtes in den Stand und Grab des Adels der rechtgebornen Lehens-Turniers-Genoßen und ritter= mäßigen Edelleut erhebt, sowohl ihnen Allen dieß adeliche Wappen und Kleinod, so mit Namen ist ein Schild, nach der Läng halb abgetheilet, dessen Vordertheil nach der Schreibs aufwärts gehend in sechs Straßen unterschieden, deren erste, dritte und fünfte gelb oder Goldfarb, die andere, vierte und sechste schwarz oder kohlfarb sein, der andere hintere Theil des Schildes gleicher Gestalt in sechs Straßen nach der Breite über Zwerch abgetheilet, davon die erste, dritte und fünfte blau oder lasur, die andere, vierte und sechste roth oder rubinfarb sein; auf dem Schild einen offenen Turniershelm, zur rechten mit schwarz und gelber und zur linken Seiten blauer und rother Helmdecken und einer königlichen Kron darauf gezieret, aus welcher erscheinet ein spitziger hoher tartarischer Hut mit Aufschlägen, von weißem rauhen Futter mit schwarzen Hermelinschwänzen, und über Zwerch wie der Hintertheil des Schildes mit blau und rothen Strichen abgetheilt; oben auf der Spitz des Huts nebeneinander vier Straußen= federn, nämlich ein schwarze, gelbe, rothe und blaue, inmaßen solch' adelich Wappen und Kleinod immitten dies Briefs gemalet und mit Farben eigentlich ausgestrichen ist, gnädiglichen verliehen und gegeben, und da= neben diese besondere Gnade gethan, daß sie und ihre ehliche Leibes= erben, auch deroselben Erbenserben sich neben ihrem Zunamen von Waltheimb nennen und schreiben sollen und mögen . . . .

Geben auf Unserm k. Schloß Prag, den 1. Juli 1592.

Rudolph.

Adamus de nova Domu
S. R. Bohemiae Cancellarius.

Ad Mandatum Sac.^r Caes.^r
Majestatis proprium
Frantz Megel.

— — --

7.

Neudeck-Platten. *)

Aus alten Hütten und Bergwerksakten geht hervor, daß die Kunst, den Kobalt zu blauer Farbe zu benützen, erst zwischen 1540 – 60 erfunden ward, und zwar, so viel es bis jetzt Nachrichten davon gibt, auf folgende Art:

Christoph Schürer **), ein böhmischer Glasfabrikant aus Platten, der auf der Eulenhütte bei Neudeck seine Glasfabrik hatte, sah einst in Schneeberg schön gefärbten Kobalt liegen, nahm etliche Stücke mit und versuchte sie zu schmelzen. Es gelang ihm; er mischte Asche, Sand, Salz ꝛc. bei, schmolz dieß zusammen und erhielt ein schönes blaues Glas.

Schürer dachte der Sache nun weiter nach und machte zuerst etliche Schachteln blauer Farbe nur für die Töpfer. Bald kommt solche Farbe nach Nürnberg (wenn und wie ist unbekannt), wo sie Holländern in die Hände fiel, die sich nicht wenig darüber wunderten, weil man damals in Holland am stärksten Glasmalerei trieb.

Natürlich forschte man nun nach dem Verfertiger und so erhielt denn Meister Schürer in Neudeck unvermuthet einen Besuch von Holländern, die ihm seine Kunst abfragten und ihn unter glänzenden Versprechungen nach Magdeburg lockten. Schürer ging und machte dort blaue Farbe aus Schneeberger Kobalt, und wurde, als man ihm vermuthlich nichts mehr ablernen konnte, von den Holländern undankbar genug wieder nach Neudeck geschickt.

In Neudeck baute er nun zum Bereiten der blauen Farbe erst eine Hand-, dann eine Wassermühle, auf welcher der Ztr. Farbe, der in Holland für 50—60 Gulden verkauft wurde, nur 7 ½ Thaler kostete.

Wohl will man Schürern diese Erfindung streitig machen und einem Franken, Peter Weidenhammer, beilegen, so nach Schneeberg und allda zu

---

*) Den handschriftlichen Materialien Brückners entlehnt.

**) Christoph, muthmaßlich, da er noch mit dem einfachen Namen Schürer ohne das Prädikat Waldheim genannt wird, der Sohn Paul des älteren, wenn nicht der Umstand entgegensteht, daß dieser Christoph 1570 die Glashütte in Fallenau übernommen.

großen Mitteln gekommen, aber schon 1520 gestorben wäre. Welche Nachricht die richtige sei, läßt sich nicht entscheiden.

Obgleich die Holländer bald acht Farbenmühlen anlegten, fehlte es ihnen doch an Kobalt, den sie geröstet aus Schneeberg in Fässern kommen lassen mußten. So ertheilte z. B. Kurfürst August Anno 1575 den Kaufleuten Hans Harrer (soll ein Nürnberger gewesen sein) und Hans Jenisch in Schneeberg über den Alleinverkauf des Kobalts ein zehnjähriges Privilegium.

Anfänglich bekümmerte man sich von Seiten der sächsischen Regierung nicht um die neue blaue Farbe, indeß die Holländer diese Erfindung immer vervollkommneten. Selbst August scheint wenig Notiz davon genommen oder bekommen zu haben, sonst würde jenes Monopol gewiß nicht gegeben worden sein. Endlich ließ Joh. Georg I., dem man den Nutzen des sonst so verachteten Kobalts schilderte, zwei Farbenmacher aus Holland kommen, gab 1000 fl. Verlag und ließ nun Farbenmühlen bei Schneeberg anlegen. Diese und eine neue von Hans Burghardt bei Schlemma 1644 angelegte Mühle ruinirten die Farbemühlen in Platten, deren bisher eilf entstanden waren. Dort verbesserte die Blaufarbenbereitung besonders 1611 ein aus Magdeburg gebürtiger Apotheker Bergkau, welches die sächsische Regierung veranlaßte, die Ausfuhr des Kobalts nach Böhmen zu verbieten. Bergkau verkaufte nun seine Mühle an Martin Peßler und dieser an J. Burghardt.

Um dieselbe Zeit künstelte wieder in Platten ein Friesländer, Paul Nordhof, viel an Verbesserung der Farbe, ward aber, wie es hieß, der Religion wegen, wahrscheinlicher, weil er die Farbe besser und wohlfeiler zu liefern wußte, von dort vertrieben, zog nach Schneeberg, lebte dann zehn Jahre vom Farbenmachen, und wandte sich endlich nach Annaberg, wo er 1647 für einen Leipziger Kaufmann Sebastian Oehme die erste Farbenmühle anlegte, zu welcher jährlich 10.000 Thaler Verlag gebraucht wurde.

Dieß veranlaßte den Annaberger Kobaltbergbau. Doch scheint der Vertrieb, vermuthlich weil der Mühlen zu viel entstanden, nicht sonderlich gewesen zu sein, denn schon 1657 hatte Nordhof als Faktor des Annaberger Werkes 8.000 Ztr. Farbe auf dem Lager.

8.

Schwanenbrückel.

Mittelst Vertrages vom 11. Juli 1601 (in böhmischer Sprache), einverleibt am Freitag nach Mariä Himmelfahrt 1606 in Tom. 180 D. 7 der Landtafel, verkauft Kaiser Rudolf II. „dem Paul Schürer, Meister der neuen Glashütte in Schwanenbrückel, von der Herrschaft Pfraumberg die alte Glashütte in Schwanenbrückel, welche seine Vorfahren und in der gegenwärtigen Zeit Elias und Valentin Schürer, seine Brüder, bisher gegen Zins inne hatten, mit den bei dieser Hütte erbauten Chalupen, mit den ackerbaren und nicht ackerbaren Feldern, Wiesen, Hutweiden, Gesträuch, mit einer Mühle, Brettsäge, mit dem Bache, Teichen, sowie mit dem Walde, „Eisenberg“ genannt, mit dem Grund bis zum anderen zwischen Sr. kais. Majestät und Haus Christoph Fux von Falin strittigem Wald laufend . . . . als sein erbeigenthümliches Gut, jedoch mit der Bedingung, daß Paul Schürer, seine Erben und Nachfolger alljährig an bestimmtem Kammerzins 8 Sch. Gr. mß., und zwar die Hälfte zu Georgi, die andere Hälfte zu Galli, auf künftige ewige Zeiten in die böhmische Kammer Sr. kais. Majestät entrichten . . . . . . um 2.000 Schock Gr. mß. . . . . . . Dabei wird jedoch ausdrücklich bedungen, daß, wenn es ihm, Paul Schürer, oder seinen Brüdern, Erben und Nachfolgern in kommenden Zeiten auf dieser alten Hütte länger zu verbleiben nicht gelegen sein sollte, sie diese Hütte wieder mit einem ordentlichen Hüttenmeister besetzen, damit auf immerwährende Zeiten der Kammerzins ungemindert und ordentlich in die böhmische Kammer abgeführt werden könnte . . . .“

Zufolge Einlage in die Landtafel Tom. 184 J. 15 Samstag an Sct. Elisabeth (in böhmischer Sprache) ist am 11. Jänner 1607 zwischen Johann dem jüngeren Wiedersperger von Wiedersperg auf Muttersdorf und Paul Schürer von Waldheim, Meister der neuen Glashütte in Schwanenbrückel, ein Vertrag abgeschlossen worden. Mittelst desselben verkauft Paul Schürer „sein Erbeigenthum, nämlich seine neue Glashütte in Schwanenbrückel mit allen Gebäuden . . . . mit der Mälzerei, dem

Bräuhause, der Mühle, der Brettsäge, den Chalupen, den Geldzinsungen und anderen Gerechtigkeiten der oberen und unteren Hütte, wo Glas gemacht wird, mit den Grundstücken ...., mit dem von der alten Glashütte auf diese neue Hütte übertragenen Kretschem und Schanke und mit allem anderen Zugehör ...., wie das Alles die Kaufverträge zwischen Kaiser Rudolf II. und Paul Schürer vom Donnerstag nach Pfingsten 1596, auf die neue Hütte Schwanenbrückel sich beziehend, dann vom 11. Juli 1601 auf die alte Hütte Schwanenbrückel sich beziehend, und vom Dienstag nach dem hl. Abbona 1596 auf ein Stück Wald sich beziehend, des Weiteren enthalten, Johann dem jüngeren Wiedersperger von Wiedersperg um 4.400 Schock Gr. mß. und 100 Schock Gr. mß. „als lytkup oder gert Geld" an Schürers Gemahlin ......"

9.
Waldheim.

In die Landtafel Tom. 182 N. 4 wurde am Donnerstag nach Mariä Geburt 1609 in böhmischer Sprache ein Vertrag zwischen Kaiser Rudolf II. und Paul Schürer, Hüttenmeister der Glashütte in Schwanenbrückel, ddto. Donnerstag nach dem Sonntag Cantate 1607 eingetragen. Mittelst desselben verkauft Se. kais. Majestät „auf Grund der ihm auf sein Verlangen von den drei böhmischen Herren Ständen auf dem gemeinen Landtage 1598 in Betreff des Verkaufes der Herrschaft Tachau ertheilten Bewilligung dem Paul Schürer, dessen Erben und Nachfolgern von der Herrschaft Tachau erbeigenthümlich ein Stück Waldes im Ausmaße von 16.213 Zeilen Landesmaaß, welcher Wald bei dem „Schönwalder Straße" genannten Wege liegt und da an der Gränze zwischen dem Königreich Böhmen und dem Pfalzgrafenlande hinläuft ...., mit der hohen und niederen, auch der Geflügel Jagdbarkeit und mit jeglichem sonstigen Zugehör ...., mit der vollen Oberherrlichkeit und Obrigkeit ...... bloß mit Ausnahme der Gold- und Silber Erze und Metalle und der anderen Regalien ...... um 4053 Schock 15 Gr. mß. ...... Da dieser Zeit in diesem Orte und Walde kein Gebäude zum

Wohnen sich befindet, so wird er, Paul Schürer, und werden seine Erben und Nachfolger die Macht und den freien Willen haben, wenn es ihnen belieben und gutdünken sollte, zu ihrer Wohnung und sonst zu ihrem Gewerbe sei es eine Glashütte oder was immer für andere Gebäude sich zu erbauen, desgleichen auch ein Bräuhaus und einen Kretschem, ohne daß jedoch ein solcher Kretschem anderen da gelegenen berechtigten Kretschems zum Nachtheil gereichen darf, und dazu eine Fleischbank aufzurichten. In diesem Bräuhaus wird er für seinen Hausgebrauch und für die Arbeiter bei der Glashütte Bier brauen und ebenso im Fleischerladen für dieselben Arbeiter Fleisch verkaufen lassen dürfen. Von dem Bier, was und so oft immer in diesem Bräuhause von ihm gebraut wird, hat er Sr. kais. Majestät die bewilligten Abgaben (posadní svolené), so wie sie jeweilig auf dem gemeinen Landtag des Königreiches Böhmen beschloßen werden, ... nicht minder auch den von dem gemeinen Landtage auf das Vieh gelegten Aufschlag, so viel auf den Fleischkram entfällt und Fleisch ver= kauft wird, pünktlich und gewissenhaft bei sonst unvermeidlicher Strafe, wenn er irgend dabei betroffen würde, abzuführen ...."

Am Donnerstag nach dem Sonntag Laetare 1617 wurde in böh= mischer Sprache, aber mit Beziehung auf einen vorgelesenen deutsch ver= faßten Vertrag der Partheien, deffen Datum nicht angegeben ist, der böhmischen Landtafel (Tom. 138 L. 12) eine Einlage einverleibt, laut welcher Paul Schürer von Waldheim „sein Gut Waldheim, dabei ein Dorf Grünwald genannt, sammt einem 16.213 Landseile Holz faßenden Walde mit einer Glashütte und sonstigen Gebäuden, mit Bräuhaus, Mälzerei und allem anderen wie immer gearteten Zugehör .... dem Leonhard Colonna Freiherrn von Fels auf Engelhaus, Schenkenberg, Bochow .... um 12.200 Schock Gr. mß. verkauft."

III.

Die Vertreter des Glashandels

nach

ihren eigenen Aufzeichnungen.

10. *)

Joh. Kaspar Kittel aus dem Dorfe Schumburg, Morcheusterner Herrschaft, Bunzlauer Kreis, war der erste, der eine Glasfabrik im Walde bei Georgenthal, Herrschaft Rumburg im Leitmeritzer Kreis, errichtete, die er Rollhütte nannte. Diese Glasfabrik wurde um das Jahr 1680 errichtet. Gegenwärtig sieht man davon nur noch einige rudera. Später errichtete dessen Sohn Johann Kittel auch in Kreibitz eine Glashütte, die noch bis auf den heutigen Tag von seinen Nachkommen fortgeführt wird unter der Firma J. A. Kittels s. Erben; eben so eine später angekaufte bei Röhrsdorf, genannt Neuhütte. Zu dem Dorfe Plottendorf, Bürgsteiner Herrschaft, Leitmeritzer Kreis, ließ genannter Joh. Kaspar Kittel für seine zwei Söhne Johann und Kaspar und für seine Tochter Salome drei Wohnhäuser bauen, die noch bestehen, und zwar das erste im Jahr 1699 gebaut, wie es am Eingange in Stein eingegraben noch zu sehen ist.

---

*) Dieser Aufsatz, zum größten Theil bereits von Hegenbart benützt, scheint von einem Mitgliede der Firma Diecke, Raulenstrauch, Zinke und Comp. herzurühren, weil mehrere Eintragungen in die „Materialien zu einer geschichtlichen Darstellung der Gründung unserer Handlung" sub 17 von derselben Hand sind. Derselbe dürfte um 1830 geschrieben sein.

Damals gab es in dieser Gegend viele Leute, die als sogenannte Scheerenschleifer überall herum bis in die nördlichen Länder reisten, um allerhand Instrumente zu schleifen. Von diesen hatte nun J. C. Kittel durch seine Nachforschungen erfahren, daß sie auf ihren Reisen höchst selten in den verschiedenen Städten Geschirre von Glas gesehen hätten.

Dieses war für diesen unternehmenden Mann genug, um Abnehmer von seinen Gläsern zu finden. Er wählte sich daher Männer von geprüfter Redlichkeit, gab ihnen so viele Glaswaaren mit, als sie fortbringen konnten mit ihrem Schubkarren, schrieb ihnen ihre verschiedenen Bestimmungen vor, gab ihnen Zehrgeld mit und schickte sie so, wie man muthmaßet, zuerst nach Niedersachsen und in's Dänische und Holländische. Die Männer kamen von ihren Reisen zurück, hatten ihr Glas verkauft und brachten einen bedeutenden Gewinn mit. Auf diese Art hat der Glashandel in unserer Gegend seine Entstehung gefunden. Bald darauf ließ der thätige und unternehmende Joh. Kaspar Kittel, da der Handel mit dem Schubkarren zu sehr erschwert war, ganze Wagen mit Glas beladen und auf solche Art verkaufen.

In Lüneburg waren diese Glashändler mit einem gewissen Reimers bekannt worden, der nun schon ihre in Kisten gepackten Glaswaaren übernahm und weiter versandte. Und in Altona bei Hamburg hatten sie Bekanntschaft mit der Wittib Frau Oldenburg gemacht, unter der Firma Peter Oldenburg seel. Wittwe & Erben, die ihnen schon die Glaswaaren nach Holland und Dänemark verschiffen ließ. Auf diese Art mit der Schifffahrt schon bekannt, war um das Jahr 1710 Christian Franz Rautenstrauch in Komt, bürgsteiner Herrschaft, im Jahre 1678 (?) geboren, der erste, der den kühnen Entschluß faßte, sich mit einer Parthie Glaswaaren nach Rußland — Petersburg — einzuschiffen und sie dort zu verkaufen, wozu ihn J. Kaspar Kittel mit allen Bedürfnissen ausrüstete. Da dieser Versuch glücklich ausgefallen war und er mit Gewinn nach Hause kam, gab ihm J. C. Kittel seine Tochter Salome zum Weibe und zugleich eines von den erbauten Häusern in Blottendorf, Nr. 98 nach der alten Numerirung. Auf der Fahne stand 1712.

Für den Glashandel war nun ein weites Feld eröffnet und darauf, nach erlittenem Verluste in Petersburg, etablirte sich genannter Christian

Franz Rautenstrauch mit Jof. Ant. Hiecke aus Blottendorf in Cadiz, in Sevilla und Madrid, wie die alten Inventuren von 1743 ausweisen. Die Handlung existirt heut zu Tage noch, und wird von den Nachkommen unter der Firma: Hiecke Rautenstrauch Zincke & Comp. in Haide fortgesetzt. *) Ein Compagnon dieser Handlung Augustin Rauten strauch und Enkel des Christian Franz Rautenstrauch reiste im Jahre 1786 in Geschäften nach Lima in Peru und ein anderer Christoph Sochor 1787 im Feber nach Mexiko, wo sie mit einem Spanier, Peter Muguerza, in Verbindung standen.

Bald darauf entstanden mehrere Glashandlungen in Spanien, als eine unter der Firma Andreas Hellmich & Elias Preysler von Blottendorf, Georg Jancke ꝛc., gegenwärtig in Haide, beide in Cadiz, in Sevilla etablirt. Unter den ersten, die auswärtige Glashandlungen etablirten, war J. A. Tzauscke von Langenau, der sich in Amsterdam und in Oporto in Portugal etablirte. Die Gebrüder Elias, Joseph und Georg Sturm von Blottendorf etablirten sich in Mailand und Neapel. Christian Ant. Kittel, Enkel des Kaspar Kittel, mit Georg Franz Fischer von Blottendorf etablirten sich in Amsterdam und in Coruña in Spanien. Jos. Octavian Preysler von Blottendorf etablirte sich in Petersburg, so wie Günther & Bretschneider von Haide. Später errichtete man auch Glashandlungen in Constantinopel und Smyrna, besonders durch die Herren Vogel, Hoelzel & Knechtel von Steinschönau. Und sogar bis Mexico und Nord Amerika wurden ihre Handlungen ausgedehnt.

Maximilian Graf Kinsky, der eine besondere Vorliebe für Haide hatte und selbst viele Fabriken, unter anderen die berühmte Spiegelfabrik in Bürgstein, errichtete, ermunterte die Kaufleute in der Umgegend, sich in Haide niederzulassen. Und da zugleich die Chaussée nach Rumburg durch Haide angelegt wurde und auch die k. k. Post nach Haide kam, so siedelten sich bald viele Kaufleute von Blottendorf, Langenau und umliegenden Oertern in Haide an, und so entstand diese seit 50 Jahren an Wohlstand zugenommene Stadt, die gewiß bedeutender geworden wäre,

---

*) Aufgelöst 1848.

wenn nicht die auswärtigen Handlungen durch die Kriege sehr oft in's Stocken gerathen wären.

Aus allem Diesen ist zu sehen, daß Plottendorf die Mutter des Glashandels ist.

Die Bearbeitung des Glases bestand damals beim Entstehen in Kränzchen, die mit kupfernen Rädchen mittelst des Schmirgl hineingeschnitten wurden. Die sogenannte brillantirte Arbeit bestand damals nur in einigen runden und ovalen Kugeln, die man in die Gläser einschnitt; deßwegen wurden auch diese Arbeiter Glaskugler genannt.

Die Glasmalerei war damals einfach; man verdünnte die Farben mit Wasser und trug sie so auf das Glas. Das Glas mußte dann noch einmal auf der Glashütte wie bei der ersten Verfertigung behandelt werden, damit die Farben fest eingebrannt blieben, wobei viel Sprung entstand. Man nannte diese Maler Wasserglasmaler. Später kam es von dieser Malerei ganz ab und es entstand die feine Glasmalerei und Glasvergoldung, wo ein jeder Glasmacher und Glasvergolder in seiner Wohnung einen dazu eingerichteten Ofen hat, worin er die Farben und Vergoldung dem Glase einbrennt, die daher Brennofen heißen.

Die Glasarbeiter unter dem Namen Glascommercialisten wurden damalen hoch geachtet, und waren meistens vom Militär frei, bis man sie im französischen Revolutions Kriege auch nicht mehr schonen konnte. Viele von diesen Arbeitern kamen in französische Gefangenschaft und in verschiedene Länder, wo man ihre Talente benutzte und Glasfabriken errichtete. Besonders ist dieses der Fall in Frankreich, wo man es seit jener Zeit in der Glasfabrizirung und Raffinirung soweit gebracht hat, daß Böhmen bald nicht mehr concurriren können wird. Und geht es mit dem Handel, Ausfuhr und Verfälschung der Pottasche, die ganz in Händen der Juden ist (so fort wie bisher), so wird dieser Zeitpunkt nicht mehr fern sein.

———

11.

Geschichte der Familie Rautenstrauch

von

Stephan Rautenstrauch 1819.*)

Der erste, auf den wir zurückgehen können, ist Christian Rautenstrauch, mein Großvater. Sein Geburtsjahr ist noch nicht bekannt; vielleicht gelingt es mir noch, es auszuforschen, wann und wo dieser mein Großvater geboren wurde. So viel ich von alten Vettern gehört habe, soll er aus dem Komt herstammen und noch einen Bruder gehabt haben, der nach Polen verreist sei und nichts mehr von sich habe hören lassen. 1813, als mit den Franzosen unter'm Vandamme auch der Poniatowski mit seinem polnischen Corps nach Böhmen einbrach, befehligte unter diesem Polen in Gabel ein General Rautenstrauch. Eine gewisse Johanna Wenzel geborne Kerschner aus Schaiba, die in Lemberg verheirathet ist, soll einmal (wie mir der Bruder Georg Kerschner erzählte, der damals auch in Lemberg war) eben diesen General Rautenstrauch gefragt haben oder ihm erzählt haben, daß in Böhmen unweit ihrem Geburtsorte auch eine Familie Rautenstrauch existire, worauf dieser General geantwortet habe: Grüßen Sie mir jene Leute! Ich stamme dort her. Es ist also wahrscheinlich, daß dieser von dem Bruder meines Großvaters abstammte.

1718 wurde die Blottendorfer Kirche gebaut, wozu mein Großvater viel beigetragen hat. Unter Anderm hat er das Hochaltar machen lassen. 1818 wurde das Jubiläum in Blottendorf gefeiert, wo auch seiner in der Predigt, die der Haider Pfarrer Rubesch hielt, erwähnt wurde. Dieser mein Großvater Christian hatte auch bei Erbauung der Pfarrei in Blottendorf den Pfarrer zu sich genommen, bis der Bau fertig war, wofür ihm die Blottendorfer Gemeinde seine Felder auf ewig zinsfrei machte.

Er ist in Blottendorf beim alten Kittel vermuthlich in einer Spekulation mit interessirt gewesen, weil er, wie man mir erzählt hat, nach

*) Am 6. Februar 1850 als Bürgermeister in Haida gestorben. Nach Mittheilung seines Sohnes, Herrn August Rautenstrauch, Stadt- und Bezirksvertretungs-Sekretär in Haida, ist auch der Aufsatz sub 10 von seinem Vater Stephan verfaßt worden.

5

seiner Nachhausekunft von einer Reise sich mit Kittels Tochter verheirathete und mit ihr das Haus Nr. 98 — nach der ersten Nummerirung — bekam. Vermög einer Fundation, die er vor seinem Tode 1743 gemacht hat und die ich besitze, schrieb er sich Christian Rauttenstrauch mit zwei tt und zuletzt mit einem spanischen r. Vermuthlich war er in Madrid etablirt, weil aus einem Vergleiche oder Contracte, den man mit der Großmutter Apollonia gemacht hat, zu ersehen ist, daß sie damals ein Haus in Madrid, Cadiz und in Sevilla hatten. Seine erste Frau starb, als er noch nicht ganz ein Jahr verheirathet war. Auf seinem, nunmehr aber meinem Hause befand sich eine blecherne Windfahne, worin ich, als sie einmal vom Winde heruntergeworfen wurde, die Jahreszahl 1712 ausgeschnitten fand. Um diese Zeit herum mag er sich auch mit der Tochter des alten Kittel verheirathet haben, weil er mit ihr dieses Haus bekam.

Nachrichten über meine Großmutter

aus dem Plottendorfer Taufbuche.

Christian Franz Rautenstrauch, mein Großvater, ist 1677 den 10 Oktober im Komnt, Bürgsteiner Herrschaft, geboren und hat sich in Plottendorf verehelicht mit der Jungfer Salome, des Kaspar Kittels eheliche Tochter, die aber bei der ersten Geburt einer Tochter sammt dem Kinde starb. Darauf verheirathete er sich mit der Jungfer Apollonia, des Daniel Oppitz, Feldgärtners und Fleischhackers Tochter aus Plottendorf. Beide wurden in Langenau copulirt. Mit der zweiten Frau, Apollonia Oppitz, hat er sechszehn Kinder erzeugt, eilf Söhne und fünf Töchter, wovon drei Söhne und eine Tochter in ihrer Kindheit starben.

Bei dem siebenjährigen preußischen Kriege wurde Christian Rautenstrauch unweit seiner Wohnung auf dem Felde von den Preußen überfallen, als ein Spion behandelt, an den Schweif eines Pferdes gebunden, gemißhandelt und so in's Lager geschleppt, wo er nach einigen Tagen wieder freigelassen wurde. Dieser große Schreck war die Ursache seines Todes, welcher am 26. März 1743 erfolgte. Seine Wittwe starb den 27. Mai 1775.

Ein Sohn, Namens Franz, nachher Stephan, starb 1785 als Benediktiner-Abt in Ungarn. Ein zweiter war der Sohn Augustin. Dessen Söhne Anton, Alois, Augustin, Joseph, Franz starben im September und Oktober 1800, theils in Cadiz, theils in Sevilla an dem gelben Fieber, welches mit einem mit Wolle beladenen Schiffe eingeschleppt worden war.

— · — · —

12

Schreiben der Anna Dorothea Storm, geb. Rautenstrauch an ihren Bruder *) ddto. Blottendorf den 8. August 1775.

. . . . Dieser mein Ehemann verlegte sich voriges Jahr auf den Garnhandel, welchen er auch bisher betreibet, welcher Garnhandel schon etwas brächte, wann nur das Vermögen wäre, nebst diesem auch den Flachshandel zu betreiben. Da kehrete mehres Garn ein. Vorjezo ist er auch der Meinung, das gute Glasvergolden anzufangen; hat sich sehr viele Mühe gegeben, einen guten Gesellen ausfindig zu machen, der ihn dieses helfete bewerkstelligen. Obschon er dieserhalben viel Neider hat, so hat er doch einen Gesellen bei Reichenberg gefunden, welcher künftige Woche bei uns zum Glasvergolden eintreten will. Um Arbeit dörfen wir uns nicht besorgen, Gott gebe nur, daß es glücklich von Statten gehe! Mit dem Glashandel findet er wenig Fortkommen, weilen in Welschland dasige befindliche Fabriquen all' unsere Glashändler caput machen. Es meldete zwar sich einer bei ihm an, mit ihm, Ehemann, Kameradschaft zu machen; ist bei jetziger Zeit aber nicht zu trauen; er könnte des Seinigen verlustiget werden. Besser zu Haus etwas vorgenommen, das Aufkommen damit zu suchen. . . . . Anna Dorothea Stormin.

---

*) Rautenstrauch Franz, später Stephan, geb. 1733 gest. 1785, Benediktiner-Abt zu Braunau, k. k. Hofrath, gestorben zu Oedenburg, ein gelehrter und kunstsinniger Mann, der sich des besonderen Vertrauens der Kaiserin Maria Theresia erfreute. (Tabacz. Lexicon.) Seine Stellung machte ihn selbstverständlich zu einer wichtigen Person für die Familie, wie sich das auch im Briefe in der Titulatur: „Eure Hochwürden und Gnaden Herrn Herrn Bruder. Hochwürdig, hochgelehrter, insonders hochzuvenerirend-geistlicher Herr Herr Bruder!" ausspricht.

13.

Reifebefchreibung des Auguftin Rautenftrauch von Cadiz nach Lima und wieder zurück, von ihm felbft befchrieben.

Abfahrt am 20. April, Ankunft in Callao de Lima am 3. Oktober 1784. Rückfahrt von Callao den 28. November 1787, Ankunft vor Cadiz am 24. April 1788. *)

14.

Joh. Jofeph und Anton Hieck'fcher Stammbaum, gefchrieben 1833 den 19. März. **)

I.

Chriftoph Tamme	Y	Helena Pohl		Wenzel Pohl Y Elifabeth N.
1633 — 25/4 1703		1625 — 1709 zu Michaeli		m. 22,6 1697 1653 — 4/1 1722
Chriftoph Stephan Tamme ***)	Y			Elifabeth Therefla Pohl
17/10 1670—1752				20,11 1678 — 3/11 1672

Dorothea Elifabeth Tamme, verm. mit
Jofeph Anton Hiecke 1710—1770.

*) Außer der Thatfache der Reife enthält das Tagebuch nichts Bemerkenswerthes, da es fich auf die tägliche Aufzeichnung von Wind und Wetter und hie und da auf die Erwähnung der Küften und Jufeln, an denen das Schiff vorüber fuhr, und die zeitweiligen Beluftigungen des Schiffsvolkes befchränkt.

**) Diefer Stammbaum wurde des Raumes und der leichteren Überficht halber in drei Theile zerlegt, wovon der erfte die Familie Tamme bis zu ihrem Eintritte in die Familie Hiecke, der zweite die Descendenz Jofeph H's., der dritte jene Anton H's. umfaßt. Außerdem finden fich auf der Rückfeite des Stammbaumes fo wie in den „Materialien" noch eine Menge genealogifcher Notizen, die aber nicht weiter benützt wurden, weil bei Stammbaum für den vorliegenden Zweck, zur Klärung des Einblickes in die vielen diefer Sammlung einverleibten Schriftftücke, insbefondere die Compagnieverträge der Familie H. zu dienen, ausreicht. Eine Gefchichte diefer Familie oder der Firma Hiecke, Rautenftrauch, Zinke & Comp. würde aber auch diefer zerftreuten Notizen fich bemächtigen müßen. Von der Hand des Verfertigers des Stammbaumes find zugleich der Vertrag vom 16. Auguft 1832 und die sub 17 erwähnten Materialien vom Beginn bis 1833. Sollte die Bemerkung, daß der Stammbaum am 19. März gefchrieben fei, nicht auf Jofeph Hiecke (n. 30. Mai 1799) hindeuten? Bei den Materialien hat er offenbar ältere Aufzeichnungen vor fich gehabt, da fie fchon bei 1762 anfangen.

***) Hatte eine Schwefter Maria, n. 1668 m. 1,5 1699.

II.

Joseph Hirde ⊤ Eine Hufnagel aus Robowitz

Joseph Anton 1702 — 1768 ⊤ Dorothea Elisab. Tamme 1710 — 1770

Joh. Joseph 30/11 1732 — 10/5 1777, verm. mit Anna Rosalia Jande 1739 — 28/10 18.2

Anna Maria 1737 — 19/6 1775, verm. mit Augustin Mautenstrauch in Plottendorf

Anton 19/3 1740 — 11/4 1813, breimal vermählt

Dorothea Elisab. 14/4 1742 — 11/11 1792, verm. mit Joh. Wenzel Jande aus Langenau

Joh. Wenzel 7/7 1746 — 21/10 18.2., zweimal vermählt*)

Franz 1744 — 1772 † in Lissabon

Bartholomäus 1748 — 3/3 1775 † in Chiclana

Vincenz †

Anton jung gestorben

Theresia verch. Trautede 1759 — 1795

Rosalia verch. G. A. Gerner 1765 — 1803

Joh. Joseph 2/6 1768 — 2/4 1834, verm. mit Philippine Knoth aus Lobendau 1774 —

Maria Anna unverehlicht † 1802

Joh. Joseph 15/5 1807 — 23/1 1813

Karl Christ. Kochus n. 16/8 1809

Juliana Laurentia Euphrosine n. 11/2 1811

Josepha Sebast. Philippine 20/1 1814 — 20/4 1819

Adolf Alois Wenzel 27/9 1816 — 29/12 1818

Thomas Emanuel Ferdinand n. 18/1 1818

---

*) Die Namen dieser Frauen sind nicht angegeben, sondern es wird auf den besonderen Stammbaum verwiesen, welcher nicht beiliegt.

III.

Anton Liede
19/3 1740 — 11,4 1813

1. Anna Maria Jancke
1715 — ×7 1769

2. Maria Josepha Großmann
1750 — 25,3 1796

3. Johanna Knoth
aus Lobenbau
† 7,6 1816

Joseph Calasanz
1767 — 16,1 1772

Rosalia
1764 — 17,1 177×

Franziska
n. 13,3 1774
verm. mit
Labislaus v. Szabo,
Oberlieutenant der Eszterhazy-
Husaren

Anton.
1770-1796.

Josephine.
×4 1804-×6 1868.

Wilhelmine
n. ×6 1813

Joseph v. Seut-Warteny,
Fiskal und Assessor beim Herde-
scher Komitate.

Antonia
Joh. Margaretha
n. 13,7 179×

Joseph Anton
Ferdinand
n. 30,5 1799
verm. mit
Maria Anna Groß

Philippine
30,9 1×00 — 4,7 1×28
verm. mit
Stephan Mautenbrauch

Joseph Joh. Adolf
n. ×,2 1830

August
Emanuel
17,10 1801 —
1×26 Nov.

Theresia Frig. Rosalia
n. 13,9 1803,
verm. mit
Ignaz Krause von
Steinschönau
n. 2×,3 1805

Anton Carl
Alexander
n. 30,7 1810

Gustav
n. 1×37

Ignaz
n. 1835

Maria Karolina Johanna
n. 7,4 1807,
verm. mit
Bernard Bartmer von
Lobenbau

Rosalia Maria
n. 11,9 1×0×

Amalia
Francisca
Ignatia
n. 30,7 1810

Louise Maria

Bernard
n. 1831

Heinrich
n. 1832

15.

Abschrift

eines von meinem Vater, dem Herrn Anton Hiecke, verfaßten und eigenhändig geschriebenen Aufsatzes über seine Lebensgeschichte, wie folget:

Dieses zur Nachricht für meine Söhne, Töchter, Freunde und
Verwandte, die mich überleben werden. Nämlich:

Daß ich Johann Anton Hiecke aus Langenau im Jahre 1740 den
19. März auf die Welt gekommen bin und getauft worden. 1750 hatte
mein Vater vor gut gefunden, mich zur Handlung in Spanien und zwar
nach Cabiz zu schicken, in Gesellschaft eines schon älteren eben so wie ich
genannten Joh. A. Hiecke, der des Arnsdorfer Tischlers Wenzel Sohn
war und etliche Jahre in Norwegen als Handlungsdiener zugebracht
hatte. Diesem war ich besonders anempfohlen und zur Aufsicht übergeben und anvertraut worden. Nachdem dieser etliche Jahre bei unserer
Handlung in Cabiz und Sevilla gewesen, entschloß er sich zum geistlichen Stande und kam in's Noviciat zum Capucinern in Granada, wo
er Profession gemacht und als Frater rechtschaffen, berühmt und tugend-
haft als ein Bruder dieses Ordens in verschiedenen Klöstern gelebt und
als Capucinerfrater dort gestorben und begraben worden ist.

Mit ihm war ich also den 2. Mai 1750 von Langenau mit
Fuhrleuten nach Lüneburg abgereist. Und nach unserer Ankunft in Hamburg wurde ich noch selben Nachmittag zu meinen Freunden (Verwandten) in Altona gebracht; diese waren Franz Peter und Cornelius Pohl,
meine Vettern und Brüder von der Großmutter Tammin. Der jüngste,
nämlich Cornelis, der ein paar Jahre bei meinen Eltern in Langenau
zugebracht hatte und mir daher bekannt war, ist bald hernach von einem
Schiffe auf der Elbe in's Wasser gefallen und ertrunken. Nur eine
Nacht bin ich in Altona gewesen, weil ich den anderen Tag nach meiner
Ankunft schon auf's Schiff mußte, welches ein dänisches war, dessen Capitän, der Georg Spanier hieß, mir sehr wohlgewogen war und mich
sehr gut gepflogen und besorgt.

Die weitere Reise und Schifffahrt ging ohne Verzug vorwärts und glücklich vorwärts, so daß wir den 12. Juli schon in der Bahia zu Cadiz ankerten und ich an meinem Namenstage das erste Mal in die Stadt kam. Ich kannte dort Niemanden und ward auch nicht erkannt, weder an noch aufgenommen, weil von meiner Person, oder daß ich dorthin kommen würde, man nichts wußte. Nachdem ich mit meinem Namens-vetter und Etlichen vom Schiffsvolk in der Stadt herumgegangen und mit diesen in einer Taverna gewesen und reichlich getrunken hatte, kam ich als ein dummer besoffener Junge — wieder an's Schiff zurück und am 14. wieder an's Land und zurück in die Stadt und mittelst Vorzeige eines Briefes von meinem Vater in das Haus des D.? Juan Antonio Preysler. Etliche Stunden nach meinem Dasein kam allerst ein Brief von der Post mit der Nachricht und Anzeige, daß wir zwei Hiecken den 2. Mai von Hause abgereist wären u. s. w.

Demnach Alles war sonderbar, meine Jugend und kleine Person sowohl, als die so seltsame, kurze und glücklich vollbrachte Reise. Dann bin ich in Cadiz geblieben, auch 1751 das erstemal nach Sevilla ge-kommen, hernach aber öfter dort gewesen und gebraucht worden, auch in Cordova und Granaba und einigemal auch en la feria de Verez ge-wesen, bis ich im Jahre 1758 in Cadiz zugleich mit meinem Vetter Joh. Heinrich Schierer, der im Jahre 1749 nach Cadiz gekommen war, als Vorsteher des dortigen Hauses angestellt worden bin. Der Heinrich Schierer war viel älter als ich und doch ließ er mir den Vorrang des Vorstehers bei der Handlung, vermuthlich nur darum, weil ich fertiger und fähiger als er im Schreiben und Concepte der spanischen und deut-schen Briefe war.

Anno 1762 den 20. Juni reiste ich das erstemal wieder in's Va-terland zurück auf einem holländischen Schiffe, Capitain Stieffel, nach Amsterdam, allwo ich den 36. Tag der Seereise auch glücklich ankam und mich so lange aufhielt, daß ich mit der Post von Amsterdam über Amensfort nach Cölln und Coblenz kam und von dort auf dem Rhein bis Mainz und so nach Frankfurt, wo ich drei Tage auf die Deligence warten mußte. Sodann, wie ich mit dieser über Würzburg nach Bam-berg mußte und wollte, kam das Geschrei und das sich Flüchten: Die

Preußen sind bei Hof in Franken eingefallen und rücken so weiter vor. Auf diese Nachricht wandte sich der Postwagen nach Nürnberg zu und so schleuderte mich das Schicksal nach Regensburg. Von dort kam ich mit der ordinären Post ganz allein bis Prag gefahren und allererst den 24. September in Langenau bei meinen Eltern an, nach einer Abwesenheit von zwölf Jahren.

Den 25. August im Jahre 1766 verehelichte ich mich mit der Jungfer Anna Maria Jancke in Haide, blieb aber mit ihr bei meinen Eltern in Langenau wohnend, bis ich im Jahre 1768 den 7. Mai über Zittau, Bautzen, Leipzig, Cassel u. s. w. wieder nach Amsterdam reiste. Damals hatte ich bei mir den jungen Vetter Joseph Preysler und hielt mich wieder etliche (?) in Amsterdam bei Herrn Christian Preysler auf. Von dort fuhr ich mit einem englischen Schiffe, Capitain Georg Levermone, der sein Weib und seine zwei Söhne mit auf dem Schiffe hatte, den 28. Juli nach Cadiz, wo ich nach 38 Tagen ankam, nämlich 1768.

Im Jahre 1771 den 15. Mai reiste ich von Cadiz in Gesellschaft des Herrn Joh. Georg Jancke mit seiner Frau Gertrudis durch Spanien und Frankreich bis Straßburg und von dort auf Nürnberg und Prag und so kamen wir alle glücklich den 23. August 1771 Abends in Haide an. Während meiner Abwesenheit waren mein Vater, Weib und Töchter, auch meine Mutter gestorben und mein Sohn, welcher Joseph Calasanz hieß und 1767 geboren war, starb an Blattern den 16. Januar 1772, da er kaum vier Jahre alt war. Seine Schwester Rosalia war den 17. Januar 1770 gestorben. Damals lebte ich also wieder frei oder ledig bis in's Jahr 1773 den 25. Januar an S. Pauli Bekehrung; da heirathete ich die Jungfer Maria Josepha Großmann in Haide, blieb auch mit ihr in meinem väterlichen Hause in Langenau bis auf S. Pauli Bekehrung 1781. Da kam ich mit ihr in mein neuerbautes Haus nach Haide, wo ich als Bürger seit 1782 an- und aufgenommen worden bin. (Folgen genealogische Notizen.)

Im Jahre 1797 am Augustinstage, den 28. August, habe ich das drittemal, auch wohl zum letztenmale, mich verehliget, und zwar mit der Jungfer Johanna Knoth aus Lobendau gebürtig, mit der ich bis in das

1810. Jahr zufrieden und glücklich gelebt und durch dreizehn Jahre mit ihr neun Kinder alle gesund gezeugt habe. . . . .

Bis hierher reicht der vom seeligen Vater eigenhändig geschriebene Aufsatz. Es fand sich aber noch ein in Barrador oder Bronillon geschriebener Aufsatz dabei, der so lautete:

Auch kann und will ich Folgendes Jedermann zur Nachricht beifügen:

Wie es im Jahre 1774 den 6. Oktober sich zutrug, daß Herr Joh. Anton Preyssler in Langenau meinen Bruder Joh. Wenzel Hiecke in größtem Eifer und Zorn, eben so unnöthig als ungerecht, angefahren und unbillig begegnet war, weil dieser in Betreff seiner Söhne in Spanien über ihre Aufführung geklagt und die aufrichtige Wahrheit gesagt hatte, daß er mit dem Herrn Preyssler nichts mehr zu thun haben wolle. Dieses war der Anlaß zu der bekannten Trennung, die wider alle Erwartung ich übernahm und ausführte. Herr Augustin Rautenstrauch und seine Mutter die Frau Apollonia Rautenstrauch in Plottendorf pflichteten mir bei und billigten Alles, was ich thun würde, ebenso mein Bruder Wenzel und andere Freunde, denen ich Nachricht davon gab. Dann, etliche Wochen später, erklärte und gesellte sich auch der Herr Zincke dazu. Und so wurden die neuen Handlungs-Compagnien unter dem Namen und Firma von Hiecke, Rautenstrauch, Zincke & Comp. angefangen.

Unter uns Vieren ward ich als der Schicksamste oder Fähigste zur Correspondenz und Einrichtung dieser Handlung einstimmig erwählt und bestimmt, der Herr Zincke und Herr Rautenstrauch, der Vater, erboten sich als die ersten nach Spanien zu reisen und dort die Handlung oder unsern Antheil davon zu übernehmen und fortzusetzen, wie es auch Anno 1775 erfolgt ist und Gott uns dazu geholfen hat, ungeachtet uns sehr viele unbillige Hindernisse und Hemmungen gemacht worden sind. Gott hat uns geholfen, unsere Handlung sammt ihren Unternehmungen gesegnet, so daß dieselbe in gute Aufnahme, Ruhm und Credit gebracht worden ist; auch glaube überzeugt zu sein, daß diese Handlung auf Einigkeit, Aufrichtigkeit, auf keinen Eigennutz oder besonderen Vortheil oder Gewinn gerichtet, sondern auf Redlichkeit, Aufrichtigkeit gegründet war, Wittwen und Waisen mit unterhalten und fort geholfen worden ist.

Dafür auch Gott uns beigestanden war. Wie es dagegen Jenen gegangen ist, die uns verfolgt, zu unterdrücken oder zu verderben gedachten, das bleibt zur Warnigung denen bekannt, die ihr Schicksal erfahren haben.

Die erste Fuhre Glas erhielt ich für Rechnung der neuen Handlungscompagnie in Langenau 1775 den 16. Januar a 9 fl. ½ das tausend Glas und das Schock Tafeln a 1 fl. 40 kr. in Conventions= gelbe. Den 21. Mai reisten die Herren Augustin Rautenstrauch und Joh. Ant. Zincke nach Spanien, um in Cadiz ein Haus zu überneh= men und unsere dortige Handlung unter der Firma Hiecke, Zincke & Comp. anzufangen und einzurichten. Man hat uns aber so viel und solche Hindernisse in Cadiz und Sevilla gemacht, daß wir alle unsere Ansprüche verlassen und ein ganz eigenes Haus an= und aufnehmen mußten. (Folgen genealogische Notizen.)

Haide, den 30. Juni 1816.

August Hiecke m. p.

16. *)

Die Handlung Hiecke Rautenstrauch Zincke & Co. wurde aus einer früher vor 1740 bestandenen, durch eine erfolgte Trennung und Waaren= übernahme in Cadiz und Sevilla errichtet. Die Stifter derselben, J. A. Hiecke, Augustin Rautenstrauch, J. A. Zincke und J. W. Hiecke, verbanden sich unter einander durch beiliegenden Contract von 1775, wo sie in Cadiz ihr neues Etablissement errichteten.

Die Geschäfte wurden im genannten Orte von zwei Gesellschaftern geführt, während die zwei ältesten in Haide die Correspondenz und den Waareneinkauf und Versandt besorgten.

Junge wohlerzogene Leute wurden von hier von Zeit zu Zeit nach Cadiz geschickt, um sich in jenes Geschäft einzustudieren. Diese erhielten nebst ihrem Salair noch die Zusicherung, daß sie bei guter Aufführung und Thätigkeit selbst Antheil am Geschäfte bekommen könnten. Auf

---

*) Von derselben Hand wie die Materialien (17) vom Beginn 1762 bis 1833.

diese Art entstanden mehrere Compagnons. Und endlich wurden auch mehrere Etablissements (Commanditen) errichtet.

Sobald die Stifter ihre Gegenwart in jenen Etablissements nicht mehr für nöthig erachteten und sich auf die jüngeren Gesellschafter, die sich durch Treue, Rechtschaffenheit und Thätigkeit ausgezeichnet hatten, ganz verlassen konnten, so wählten sie Haide und Langenau zu ihrem Aufenthaltsorte, wo sie den Ankauf von Glas und anderen Waaren in Nürnberg, Sachsen &c. besorgten (1780 bis 1794) und mit allen Etablissements in Correspondenz standen, die ihnen über die gemachten Geschäfte und Vorfallenheiten Auskunft geben mußten. Die entbehrlichen Gelder wurden nach Haide remittirt, wovon das Personale erhalten, neue Ankäufe von Waaren gemacht und auch Erben bezahlt wurden, je nachdem es die Umstände erforderten.

Wir können annehmen, daß seit 1775 bis itzt wohl über 200,000 fl. CM. an Erben, aber immer terminweise, in 10, 15 bis 20 jährlichen Terminen, je nachdem es die Umstände zuließen, bezahlt worden sind, ohne daß sich je ein Gericht darein gemischt hätte.

Auf diese Art ist die Handlung bis heut zu Tage geführt worden. Nach dem Tode des Herrn J. A. Hiecke — 1812 — der seit 1775 bis dahin als Chef das Geschäft leitete und die Firma führte, wurde von den noch lebenden J. A. Zincke und J. W. Hiecke und den anderen Compagnons Herr J. Joseph Hiecke, der noch lebt, zum Firmaführer gewählt oder ernannt, der mit Zuziehung der übrigen in Böhmen befindlichen Compagnons die Geschäfte leitet und die Rechnungen und Inventarien ausfertiget.

Die Compagnons, die hierin mitgearbeitet haben, sind Herr G. A. Hantschel, Franz Hiecke und Stephan Rautenstrauch. In unserm Hamburger Etablissement unter der Firma J. F. Scheinert & Co. führt gegenwärtig Herr J. F. Scheinert die Geschäfte und wohnt mit seiner Familie in Hamburg. In Cadiz steht dem Geschäfte Herr Wenzel Engelmann vor, der ebenfalls mit seiner Frau dort wohnt. In Mexico leitet die Geschäfte Herr Emanuel Ritter von Payersfeld, ledig, und in Alicante Jos. Calasanz Kreibig, alles rechtschaffliche, erprobte Geschäftsmänner.

Die gelegten Inventuren und Erbsrechnungen, die immer von den ältesten Compagnons mit Zuziehung der übrigen Anwesenden ausgefertigt worden sind, sind nie von den Erben oder vom Gerichte revidirt worden, weil man immer das größte Zutrauen in die Rechtschaffenheit der Handlungsgesellschaften setzte und die Erben gewöhnlich Blutsverwandte waren, wie es auch itzt der Fall ist.

Von den Wenzel Hieck'schen Erben sind selbst zwei Brüder bei der Handlung interessirt. Einer ist Gesellschafter und der zweite minderjährige practicirt im Hause zu Alicante und wird sein Fortkommen finden.

17.
Materialien zu einer geschichtlichen Darstellung der Gründung unserer Handlung.

Die ersten Unternehmer unserer Handlung in Cadiz, Sevilla und Madrid waren der Großvater Joseph Anton Hiecke und Christian Rautenstrauch von Plottendorf. Dann kam dazu der Stolle, ein Vetter unseres Herrn Joh. Anton Zincke (Mutterbruder), welcher von Portugal nach Sevilla gereist war und da das Haus gründete, welches so wie alle Unternehmungen im Anfange sehr klein und unbedeutend war. Dieser Stolle, der weder lesen noch schreiben konnte, war aber ein guter, treuer, ehrlicher Deutscher, auf den man sich verlassen konnte. Laut Aussage von Herrn Zincke.

Dann war die Mutter Apollonia Rautenstrauch zur Handlung zugezogen worden, die zur Gründung der Handlung ein Capital von 2000 fl. CMze. zulegte, welches sie aus ihrer bisherigen Handlung von Rußland gerettet hatte, weil der Rautenstrauch mit Geld auf der Heimreise aus Rußland nach Böhmen verunglückt war. Das Geld war verloren. Der Mensch, der das Haus in Rußland geführt hatte, war liederlich, so daß Alles verloren gegangen war. *)

---

*) Bemerkung von anderer Hand: durch den Bankerott eines Irländers, dem das Geld anvertraut worden war.

Dann wurde in der Folge auch der Herr Johann Anton Preysler, von Langenau oder von Plottendorf abstammend, in diese Handlung aufgenommen, welcher 1754 oder 1755 das erstemal aus Spanien mit rothseidenen Strümpfen zu Hause kam. Nach ihm wurde auch der Heinrich Schier in die Handlung aufgenommen. 1759 war unser Herr Joh. Anton Zincke das erste Mal nach Spanien gereist, auf Veranlassung seines Vetters Augustin Stolle, Vater der D. Pretola in Sevilla, wo er am St. Annentage den 26. Juli in Cadiz angekommen war und von Herrn Joh. Anton Hiecke als sein erster Principal vom Schiffe abgeholt worden, der mit Herrn Georg Jancke von Amsterdam abgereist war. Herr Christian Jancke war damals in Cadiz. (Folgen dann Familien-, geschäftliche und lokale Notizen vom Jahre 1762 bis 1848. *)

---

*) Diese Aufzeichnungen enthalten in chronologischer, aber mehrmals wieder von früherer Zeit ausholender, daher auf die Benützung verschiedener Niederschriften hindeutender Reihenfolge meist Notizen über Geburten, Sterbefälle, Hochzeiten, dann über Reisen, welche Angehörige der Handlung oder derselben sonst nahestehende und befreundete Personen unternahmen, und über lokale Vorkommnisse. Für Familien-, Firmen- und Orts- Geschichten werden sie daher manche willkommenen Daten liefern. Hie und da streifen sie aber auch in andere Gebiete. Einiges daraus möge hier eingefügt werden. So z. B. nehmen die Handlungsgesellschafter zuweilen ihre Frauen, ja selbst ihre Kinder in die auswärtigen Niederlaßungen mit, was beweist, daß sich die Ausschließung von Frauens- personen aus denselben, wenigstens in späterer Zeit, nicht auf die Handlungsgesellschafter erstreckte; nur ist anzunehmen, daß diese, wenn sie mit Frau und Kind ankamen, eigene Wohnungen bezogen. Nach Hamburg gingen wohl auch die Töchter, um daselbst ihre Ausbildung zu erlangen. Einzelne Personen mit deutschböhmischen Namen werden als Don oder Donna angeführt. Sollte dieß die bereits erfolgte spanische Naturalisation be- deuten? Kommen ja auch Verheirathungen zwischen Spaniern und Teutschböhmen vor.

Zum Besuche Kaiser Josephs am 3. September 1779 in Bürgstein wird bemerkt, „er lobte die Allee bei der Johanneskirche."

Nach der Aufhebung der Klöster den 9. Februar 1782 haben die Einsiedler, deren mehrere auf dem Einsiedlerstein in Bürgstein, auf dem böhmischen Berge bei Langenau und in Plottendorf lebten, den Befehl erhalten, ihre Kutte auszuziehen. Jener von Langenau pflegte, wenn er von seinen Wallfahrten auf den Berg Rößig oder Polig heimkehrte, seinen Bekannten zuzurufen: Einen heiligen Gruß von der Mutter Gottes von Kamnig (?) oder Polig.

Zur Danksagung für den Friedensschluß zu Versailles, welcher dem für den böh- mischen Glashandel so störenden Unabhängigkeitskriege der Vereinigten Staaten Nord- amerikas ein Ende machte, wird am 20. Februar 1783 zu Haida ein feierliches Hochamt abgehalten; welches Ereigniß außer dieser Gegend wohl kaum in der Monarchie gefeiert worden sein dürfte. In der späteren Zeit werden die Vorgänge in Spanien und in dessen

18.

Förmliche Erklärung

vom Anfange bis zur Trennung der alten Handlung unter der Firma: Hiecke Rautenstrauch Preysler & Cie. und der neuen: Hiecke Rautenstrauch Zincke & Comp.

Die alte Handlung bestand in drei ganzen Theilen, wovon die alte Frau Rautenstrauchin, Herr Joh. A. Preysler und derjenige Compagnon einen ganzen bekam, der dem Cadizer Hause bevorstand; hingegen Herr Aug. Rautenstrauch und Herr J. A. Hiecke nur einen halben Antheil genoßen, so lange sie zu Hause unthätig waren.

Ich Endesgefertigter reiste 1759 nach Cadiz auf Veranlaßung meines Vetters Augustin Stolle und des seligen Herrn Hiecke, welche

---

amerikanischen Colonien mit besonderer Aufmerksamkeit verfolgt. Zum Jahr 1823 heißt es: „Die Spanier halten sich in ihren Festungen und besonders in Cadiz länger, als wir es wünschten." Auch der Ausruf beim Tode Napoleons: „Gott sei's gedankt!" und die Bezeichnung des Ausbruches der zweiten französischen Revolution im Jahre 1830 als eines „unglücklichen Ereignißes," dagegen das Lob der Regierung Kaiser Franz I. als einer „ruhmvollen und thatenreichen" deuten die politische Gesinnung des Chronisten zu Genüge an. Ganz unumwunden spricht er sie in folgender Bemerkung aus.

„In Hayde kommen von anliegenden Capitalien jährlich 40,000 fl. C. Mze. ein, folglich wäre das anliegende Capital der Stadt Hayde 800,000 fl. C. Mze. Die Zinsen vermehrten sich jährlich, weil sie nicht verbraucht wurden, sondern Überschuß abwarfen. Welche Stadt kann sich mit dir vergleichen? — Im Jahre 1832, wegen Stockung des Handels, war des Geldes so häufig, daß keine Hypotheken mehr zureichend waren, um das Geld anzulegen, indem Ausländer, Hamburger und Franzosen, ihr Geld in Böhmen anzulegen suchten oder auch sich Herrschaften hier ankauften. Ein sprechender Beweis, daß man in diesen unruhigen, revolutionären Jahren, wo der Zeitgeist so sehr gegen die monarchisch-despotischen Regierungen eingenommen war und so jämmerlich gegen sie schrie und aufgebracht war, man doch unser Land und Regierung für die bessere anerkannte. Solche Thatsachen widerlegen am besten das Unzureichende des Zeitgeistes, die Verblendung, mit welcher dieses Geschlecht gestraft war." — „Geschrieben 1832 zum Geständniß und Entdeckung der Wahrheit."

Es ist begreiflich, daß man bei Gründung von Handelsgesellschaften eine Gegend, wo der Handelsgeist so kräftig entwickelt war, nicht außer Acht ließ. Im März 1823 wurde der Plan der Elb-Westindischen Seehandlungs-Compagnie ausgegeben, in deren Direktorium außer mehreren sächsischen und Hamburger Firmen auch einige aus der Gegend von Haida traten und im September desselben Jahres erschien ein Graf Teym, um in Warnsdorf und hier Actien zu einer afrikanischen Handlungscompagnie unterzubringen.

einige von den Anfängern jenes Hauses waren. Mein Anfang war in der Küche, wurde aber doch nach zwei Jahren im Hause, sage Laden, angestellt, weil ich wegen Körperschwäche nicht in's Packhaus taugte. Im Jahr 1762 fing ich schon an, ansehnliche Verkäufe zu machen und studierte mich immer mehr und mehr in die Handlung ein, übte mich im Rechnen an Sonn- und Feiertagen, während Andere spazieren gingen, so daß ich nach der Abreise des Herrn J. A. Hiecke den Laden übernahm und die ganzen Verkäufe führte, während Franz Hiecke Vorsteher war. Der Herr J. Ant. Preysler versprach mir deßwegen immer eine Belohnung, hielt aber nie sein Wort, bis ich endlich nach der letzten Abreise des Herrn J. A. Hiecke einen ganzen Antheil als Vorsteher bekam. Von 1772 bis zur Trennung wurde wenig gewonnen, weil die Geschäfte durch die Unthätigkeit des Jof. Preysler, eines Jungen, dem man die Geschäfte nicht hätte anvertrauen sollen, in's Stocken geriethen. Überhaupt wurde die Handlung despotisch durch den seligen Preysler geführt. Auf die Waaren, die nach Cadiz von ihm verlegt wurden, schlug er einen so großen Verlegerprofit, daß er davon seine Haushaltung hinlänglich fortführen konnte, während die anderen Compagnons sehr wenig Monatgeld bekamen. Dem Herrn W. Hiecke machte er einmal, als er Geld begehrte, den Vorwurf: ob er ihm wohl welches zum Aufheben gegeben hätte?

Da auch schon vorher der Bruder Franz Hiecke wegen ähnlicher Behandlung zum Hause des Herrn Jancke übergangen war, so brachten es hierauf die Geschwister und Freunde des Herrn Hiecke, mit dem Versprechen, ihm nach Möglichkeit hilfreiche Hand zu bieten, so weit, daß an der Trennung gearbeitet wurde. Nach Empfang des Planes zur Aufkündigung wurde ich gleich zum Herrn J. A. Preysler berufen, den ich ganz niedergeschlagen und weinend antraf, so daß er mir die Schrift, die er vor sich liegen hatte, nicht vorlesen konnte. Er meinte, ich würde und müßte schon Alles wissen, weil Herr Hiecke ohne meiner nicht trennen könnte und ich daher natürlich mit einverstanden sein würde. Ich, dessen unbewußt, sahe bloß ein, daß es so fort nicht weiter gut mit ihm in seiner Handlung gehen könnte, weil er blos seine Söhne emporzubringen trachtete. Er und sie weinten beim Essen und baten mich, ich sollte mich doch der Kinder erbarmen und auf ihre Seite treten. Er wolle alles in Betreff der Handlung thun, was ich immer für gut halten würde. Sein Sohn Joseph sollte sogleich nach Hause und künftighin nur zwei Theile bestehen. Ich konnte mich bei allen diesen Vortheilen dennoch nicht entschließen und bat mir Bedenkzeit aus, weil mir Herr J. A. Hiecke sagen ließ, ich möchte vorerst in Nichts eingehen. Die Sache blieb drei bis vier Wochen in diesem Stand; auch waren die Herren Hiecke beinahe wieder entschlossen, von der Trennung abzulassen, weil der Preysler zu sehr lamentirte und es für'n Untergang seines Hauses hielt. Ich konnte mich zum Vergleich nicht entschließen, denn nur wegen meiner wäre der Herr Preysler in alle Bedingnisse eingegangen, weil er sahe, daß ich zur Gegenparthie übergehen würde.

Ich hatte damals Häuser, wo man mich gleich als ganzer Com pagnon aufgenommen haben würde, weil es Allen bekannt war, daß ich mir in Cadiz durch die große Bekanntschaft viele Käufer zugezogen hatte und glücklich in meinem Unternehmen war, denn es fehlten mir nur immer Waaren. Endlich kam der harte Schritt, mich bei dem Herrn Preysler erklären zu müssen, daß ich nicht entschlossen sei, seine Beding- nisse anzunehmen, und zwar, weil er schon große Söhne habe, die die Geschäfte fortführen könnten und die Gegenparthei mich nothwendiger brauche, besonders aber, weil ich mit dem Herrn J. A. Hiecke seit vielen Jahren in gutem Einverständniß lebe und er im Gegentheil ein zu großes Vertrauen auf seine Söhne setze.

Hierauf machte mir der Herr Hiecke den Vorschlag, vermög Kon trakt die neue Compagnie in folgende fünf gleiche Theile zu theilen, nämlich Herr Joh. A. Hiecke, Aug. Rautenstrauch, ich, Wenzel und Barth. Hiecke; freilich ein harter Punkt, allein ich willigte mit der Bedingniß ein, ein Kapital zu schaffen und mir die Erlaubniß zu geben, uneingeschränkt zum Besten der Compagnie handeln zu können. Man versprach mir hierauf, daß der Prälat Rautenstrauch bei der Kaiserin Maria Theresia ein Dar lehen von 40.000 fl. mit wenigen Interessen auswirken würde. Hier über wurden wir einig und ich reiste gleich auf die Glashütten, um das Nöthige anzuschaffen, wo ich auch überall gut aufgenommen wurde.

Herr Preysler und J. A. Hiecke waren unterdessen übereingekommen uns das Cadizer Haus, als der Stamm und Anfang der Handlung

Hiecke, und das Sevillaner an den Herrn Preysler zu überlassen. Auf diesem Grund wurde der Anfang zu unserer Handlung gemacht und Herr Aug. Rautenstrauch und ich traten sogleich die Reise nach Cadiz zu Lande an, den 21. März 1775. In Barcelona fanden wir schon Briefe, daß der Barth. Hiecke, auf den wir besonders unser Vertrauen, daß er unsere Waarschaft und Vermögen schützen würde, gesetzt hatten, gestorben sei. Wir langten endlich in Cadiz an, wurden aber beinahe nicht in's Haus gelassen, weil der Joseph Preysler mit den Patres Augustinern schon einen neuen Kontrakt gemacht hatte, in Bezug auf's Haus und Laden, und monatlich mehr 9 fl. Zins zahlte. Der alte Kontrakt war erst in vier Jahren völlig und auf meinen Namen gestellt. Hieraus entstand ein Prozeß, der in Spanien ziemlich Geld kostet. Ich hätte freilich das Recht erhalten müssen; allein wir hatten keine Dokumente und mußten uns nur auf's Wort und Redlichkeit derjenigen verlassen, mit denen wir mündlich abgehandelt hatten. Wir wurden also hintergangen.

In Sevilla, wohin wir eilten, um gleich das Inventarium anzufangen, wäre uns beinahe ein Gleiches widerfahren, wenn wir nicht den Herrn Schlegel endlich dahin gebracht hätten, die Waaren zu zählen und uns unseren Theil abzustoßen, der meistens in unabgängigen Artikeln bestand, wovon wir etwas zu niedrigen Preisen gleich verkauften und das Uebrige dem Herrn Gertler auf Commission ließen, der auch nach und nach bezahlte.

In Böhmen war man unterdessen von beiden Seiten übereinge kommen, um die Häuser zu loosen, um allen Streit zu vermeiden; allein man beging auch zugleich den Betrug, die Briefe, die von beiden Theilen unterschrieben waren, zu unterschlagen. Wir sahen uns daher genöthigt, ein Haus und Laden, die auf einem guten Platze ziemlich kostspielig sind, zu suchen. Wir wählten dazu ein Schustergewölbe, das wir sammt den Schuhen kauften und daraus einen Glasladen bildeten. Die große Mühe und die vielen Verdrießlichkeiten bei Uebernahme der Waaren übergehe ich mit diesen Worten, daß Alles zu unserem Nachtheile gemacht wurde.

Von den Handlungsdienern gingen zwei zu uns über, nämlich der Sohn des Herrn Augustin Rautenstrauch und ein gewißer Hofmann, der weiterhin wegen übler Aufführung entlassen wurde. So mußten wir

uns zu einer Zeit forthelfen, wo nichts nach Indien verkauft wurde und
das Glas nur mit besonderen Erlaubnißscheinen bei Flotten ausgeführt
werden durfte. Von Kramerei hatten wir wenig und diese zu überspannten
Preisen, weil sie nicht aus der ersten Hand war.

Da ich leicht wahrnehmen konnte, daß wir bei solchen Geschäften
und so vielen Compagnons unmöglich vorwärts kommen könnten, so entschloß ich mich, 1777 im Juni eine Reise nach Hause über Holland zu
machen und die Fabriken zu besuchen. Ich kam in Amsterdam in's
Tranackische Haus, wo der Herr W. Müller, ein vortrefflicher Mann,
Vorsteher war. Diesem erzählte ich mein Vorhaben, nämlich die Kramerei
zum ersten Zweige unsrer Handlung zu machen und gestand ihm, daß es
uns hiezu an Credit und Geld fehle. Er lachte und meinte, wir hätten
so was nicht nöthig, indem das Haus durch den Prälaten 40.000 fl.
vorgestreckt bekommen hätte, worauf ich ihm antwortete, daß es uns wohl
versprochen, aber bloß beim Versprechen geblieben sei. Ich ersuchte ihn
um die Gewogenheit, uns einen Credit von 20.000 fl. zu eröffnen und
zu einigen Empfehlungsschreiben zu verhelfen, damit ich in Essen, Remsheid,
Sohlingen, Augsburg, Frankfurt, Fürth und Nürnberg einige Bestellungen
machen könnte und die Waare auf sechs Monate Frist bekäme, worauf
die Fabrikanten auf sie in Amsterdam trassiren und diese sich, à 1 ½, uso,
auf uns in Cadiz erholen könnten, wo ihre Tratten pünktlich bezahlt
werden sollten. Meine Absicht bei Diesem war, nach bestellter Waare
gleich meine Rückreise nach Cadiz anzutreten und dort in der Zwischenzeit
von neun Monaten, die wir bei diesem Geschäfte auf diese Art gewannen,
die Waaren zu verkaufen und so die Tratten zu decken. In Amsterdam
machte ich schon beträchtliche Käufe und war endlich so glücklich, von dem
großen Hause Fleismann neun Empfehlungsschreiben mit Anweisung auf
Geld und Waaren zu bekommen. Das war eigentlich die Grundfeste,
auf welcher unser Haus zusehends emporkam. In Essen fand ich schon
in Preisen von Kaffemühlen einen Unterschied von 20 pCt. In Frankfurt
gab ich Bestellung auf große Spiegel und Porcellain und Tapeten, in
Augsburg auf Glasbilder ꝛc. Alle diese Waaren wurden an den Herrn
Schropp zur Verpackung gegeben und der Betrag nach sechs Monaten,
direct auf Cadiz, durch den Herrn Carli bezogen.

Ich fand besonders in Nürnberg einen Unterschied von 20 und mehren pCt. in Preisen. Denn ich bestellte die Waare selbst bei den Arbeitern, ließ die Preisnoten unterschreiben, und sagte ihnen erst bei meiner Abreise, zu welchen Correspondenten sie die Waaren bringen sollten. Nachdem ich auf diese Art ansehnliche Bestellungen mit vielem Vortheil gemacht hatte, ging ich erst mein Empfehlungsschreiben bei den Herren Schmidthammer abzugeben. Diese, denen meine baldige Ankunft von Amsterdam aus angezeigt worden war, wunderten sich nicht wenig, daß ich so eine lange Reise gehabt hätte. Ich hatte mich in das Blatt, wo die Fremden angezeigt wurden, mit Fleiß nicht einschreiben lassen, um meinen Endzweck, bei den Arbeitern die Preise sicher auszuforschen, zu erreichen, welches gewiß nicht geschehen wäre, wenn die Factores, von meiner Ankunft unterrichtet, den Arbeitern befohlen hätten, mir höhere Preise zu sagen. Ich erkundigte mich ferner, welches von den dasigen Häusern das beste wäre und am wenigsten Provision nehme. Man wies mich allgemein an Brentani, an den ich auch hauptsächlich vom Herrn Fleismann empfohlen war. Ich fand dort schon ein Zimmer wochenlang bereit für mich, das ich aber nicht annahm, indem ich meine baldige Rück= reise vorschützte. Wie ist das möglich? sagte man mir. Sie werden ja hier und in Fürth große Bestellungen machen, wie uns unsere Freunde berichten? Sie wunderten sich nicht wenig, als ich ihnen sagte, daß schon Alles bestellt sei und die Arbeiter vermög einer Liste, die ich ihnen übergab, nun täglich Waaren liefern würden, die ich zu bezahlen ersuchte.

Sie begehrten 5 pCt. Commission; ich versprach ihnen 6, mit der Bedingniß, die Arbeiter nicht zu drücken und nichts auf die Waaren zu schlagen, wie es in Nürnberg gebräuchlich sei und ich auch erfahren hatte. Nach Verlauf von sechs Monaten sollten sie den Betrag auf den Herrn Transcke in Amsterdam entnehmen.

Nach glücklicher Beendigung meiner Geschäfte reiste ich nach Langenau ab und von da in drei bis vier Wochen, den 1. September 1777, mit Weib und Kind über Hamburg nach Cadiz, wo ich in vier Wochen ankam und auch schon einige Waaren von Amsterdam antraf. Die meisten kamen erst im Jahre 1778 dort an. Durch diese Spekulation haben wir unser Aufkommen der Kramerei zu verdanken, denn mit dem Glas

allein hätten wir unmöglich vorwärts kommen und so Viele davon leben
können, da jährlich nur etliche Hundert Dukaten nach Hause remitirt
werden konnten, wie im Hauptbuche zu sehen ist.

Bei meiner Ankunft in Langenau Anno 1777 und Aufenthalte
daselbst kann ich mich keineswegs besinnen das Geringste von Eintretung
des Herrn W. Jancke in unsere Handlung gehört zu haben, da wir doch
täglich beisammen waren. Auch habe ich nicht eine Silbe vom Herrn
Hiecke darüber gehört. Die Wittib muß daher erst nach seinem Tode
einen Antheil bekommen haben. Da damals, nach dem Tode des Herrn
W. Jancke, das Portugiesische Haus Niemanden hier hatte, der die Ge=
schäfte hätte fortführen können, so übernahm sie der Herr J. A Hiecke
aus Liebe zu seiner Schwester, arbeitete das Lissaboner Inventarium aus
und wurde dadurch verhindert, unser Haus oder vorkommende Geschäfte
mit mehr Pünktlichkeit zu führen. Aus Dankbarkeit wurde ihm ver=
muthlich ein Theil in jener Handlung zugesagt, wozu er das Einlage=
kapital (wie in Häusern der Portugiesen gebräuchlich ist) verinteressirte
und ihn mit seinen Compagnons (weil vermög Contract keiner eigene
Geschäfte führen darf) theilte. Daß der Herr W. Jancke uns Geld vor=
streckte, geschah blos aus Freundschaft und um nach der Trennung hilf=
reiche Hand zu leisten, wie ich schon angeführt habe. Auf ähnliche Weise
und zum nämlichen Zweck waren wir an die Herren Traneke im Am=
sterdam 13.000 fl. schuldig, die uns aus Schwägerschaft geliehen wurden,
ohne einmal Interessen darauf zu begehren???

Durch die Uibernahme ihres Glases thaten wir den Herren einen
großen Gefallen und Gegendienst, indem Anno 1773 in Portugal der
Zoll auf's Glas außerordentlich vergrößert wurde, so daß man kein's
mehr einführen konnte und man auf das hier todt liegende, sonst nirgends
abgehende gern 25 pCt. abgelassen hätte, um es an Mann zu bringen.
Wer würde denn sonst diese in Cadiz gänzlich unabhängigen Artikel, die
viele Jahre dort unverkauft lagen, angenommen haben, da noch überdieß
hier schon, wie man sagt, der Schmetten abgenommen war??

Dieses erhellet klar und deutlich aus den Facturbüchern, wo uns
das Hundert Glas glattes zu 1 1/2 fl. verrechnet ist, da doch damals das
Tausend mit Fracht ꝛc. zu 12 à 13 fl. im Durchschnitte zu stehen kam?

Ich wiederhole es nochmals, daß unser Gewinn hauptsächlich in der Kramerei bestand, wie man in allen Inventarien leicht sehen kann, daß das größte Kapital in diesen Waaren stecket, zu denen wir keine hiesigen Gelder gebraucht haben, um sie anzuschaffen, sondern die wir mit denen aus denselben gelösten Geldern bezahlten. Folglich behaupte ich, daß die Theilnahme der Wittib Jancke uns allen zum Nachtheile gewesen ist. Brauchten wir Geld, wenn in einem unvorhergesehenen Falle Wechsel zu bezahlen waren, so hatten wir viele Freunde in Cadiz, die uns bis 10.000 fl. ohne Interessen vorstreckten, wie dieß einigen meiner Compagnons bekannt ist.

Im Jahre 1782 machte ich abermals eine Reise nach Holland. Und da wegen Krieg mit England in Cadiz keine Geschäfte auswärts gemacht wurden, so verinteressirte ich mich mit etlichen spanischen Häusern und kaufte in Amsterdam eine große Parthie Käse, Butter und Bohnen ein. Bei diesem Geschäft hatten wir einen schönen Profit, ohne einen Thaler auszugeben, indem die Spanier das Geld zur Speculation hergaben. Diesen Gewinnst hätte ich ja allein einziehen können!

Vor meiner Abreise von Cadiz machte ich ja einen Verkauf von 80.000 Thalern, die Hälfte baar zu bezahlen und das Uebrige in sechs Monaten. Hiezu nahm ich von unseren Landsleuten viele Waaren, die mir 1 pCt. Mäklergebühr, so wie der Käufer 3 pCt., zugestanden, wie aus der folgenden Copie zu ersehen ist.

1782 April 19.

Von Herren J. A. Preysler & Comp. in Plottendorf
betrug das 1 pCt. . . . . Rta. 1.294. 8
Von Puerto de Sta. Maria und Sevilla . . . . . „ 320.—
Vom Tischlermeister Juan Dias . . . . „ 960.—
Von den Herren Zimmermann & Comp. . . . . . „ 772.—
Von den Herren Schürer & Comp. . . . . „ 1.150.—
Vom Herrn Jos. Preysler . . . . „ 1.164.—
Von den Herren Jancke Werner & Comp. . . . . „ 545.—
Von den Herren Tasilo . . . . „ 304.—
Vom Herrn Grafen Reparaz 3 pCt. . . . . . . „ 19.442.—
                                    ⎯⎯⎯⎯⎯⎯⎯⎯⎯⎯
                              Sind Rta. 25.951. 8

Diese betragen nach unserem Gelde fl. 4885. — ungefähr, die ich in der Handlung gelassen, bis auf etwas Weniges, wofür ich Verschiedenes auf meiner Reise einkaufte; also Alles zum Besten der Handlung auf= geopfert.

Ich machte kurz darauf hier in Deutschland wieder eine Specula= tionsreise auf die Fabriken, um neue Artikel aufzusuchen und wegen Preisen eine Untersuchung zu halten, traf auch wirklich viele neue Waaren an, die sogleich abgesandt wurden, weil wir uns dazu genöthigt sahen, da das Glas wenig Abgang damals hatte. Ich entschloß mich zum zweiten Male, nachdem ich vier Jahre Wittiber gewesen war, mit der Tochter des Herrn Inspectors zu verehelichen und reiste auch gleich Anfangs Mai Anno 1783 mit ihr über Nürnberg, Augsburg und Tirol zu Lande nach Genua und schiffte mich da nach Alicante ein. Ich besuchte Cartagena, wo schon unser Haus etablirt war, und langte endlich glücklich wieder in Cadiz an.

Damals hatte ich einen vortrefflichen Handlungsdiener Großmann Anno 1782 aus dem Hause Opitz, der sowohl wie ein gewisser Helzel Anno 1784, der in Curland in Condition gestanden hatte, Kenntnisse in Galanteriewaaren besaß. Auf diese zwei bauend, ließ ich mich in's Große mit französischen und englischen Waaren ein, wobei sehr viele Mühe verursacht wurde und viele Kunst nöthig war, um die in Cadiz abgängigen Artikel auszuforschen. Zu diesem Zweck ersuchten wir die Commissionisten, uns die Noten von andern Häusern zu zeigen, nach denen wir unsere Bestellungen machten. Was haben wir nicht aus Frankreich von verschiedenen Fabriken bezogen? Parthien von 15 bis 20.000 fl. und diese zweimal des Jahres umgesetzt. Desgleichen von England, als von Birmingham, Sheffield, Leedspottery, Bestellungen von 500 Pf. Sterling auf einmal, so daß wir manchmal Wechsel von 6 bis mehreren Tausend Thalern acceptirt hatten, ohne einen Real in Casse zu haben. Ich konnte mich freilich immer auf meine Freunde bei solchen Fällen verlassen, denen ich manchmal 20.000 fl. schuldig war und nach und nach bezahlte. Wie viele Tausende sind nicht im Zoll erspart worden, wo ich ganze Kramerei Fässer als Hornknöpfe ꝛc. frei machte und folglich gewiß 25 pCt. an Zoll und andere 25 pCt. beim Verkaufe in's Große gewann! Dieses vermehrte unser Vermögen und nicht das wenige Glas, das wir nur zum Sortiment gebrauchten, wie heut zu Tag noch geschieht.

Herr Johann A. Hiecke schrieb mir einmal einen verdrießlichen Brief, mit dem Vorwurf, warum ich alles Geld in die Kramerei stecke und nach England und anderwärts schicke? Darauf schrieb ich den täglichen Verkauf auf und schickte ihm monatlich einen Auszug von dem verkauften Glas und Kramerei, um ihn von der Unwichtigkeit des ersteren und von dem Nutzen der zweiten zu überzeugen und öffentlich darzuthun, daß unser Vermögen nicht vom Glas, sondern von der Kramerei herkomme, die ein Kapital zweimal umsetzt, da man beim Glas Jahr und Tag warten muß.

Die jungen Handlungsdiener wurden damals alle durch mich unterrichtet und zu Kaufleuten gebildet, wie der junge Augustin Rautenstrauch, der eben auch erst nach der Trennung seine Kenntnisse von der Handlung erlangte. Dieser ging Anno 1784 nach Lima für Rechnung eines spanischen Grafen. Was wurde da nicht alles für Waare aus unserem Magazin mitgenommen! Alles Unabgängige oder die sogenannten Ladenhüter wurden mit verpackt. In Lima sollte eigentlich eine Niederlage von uns errichtet werden, und es wäre auch ganz sicher so weit gekommen, wenn sich dieser Augustin Rautenstrauch nicht in Sevilla, vor seiner Abreise, durch Vollmacht verehlicht hätte und nach vier Jahren Anno 1788 wieder zurückgekommen wäre und sein Gehilfe das Geschäft hätte fortführen können. Die Waaren wurden daher dort verschleudert. Die Hälfte des Betrages der mitgenommenen Sachen wurde gleich bezahlt und die andere Hälfte ging für Compagnie-Rechnung, worauf wir mit dem nämlichen Schiff gegen 10.000 fl. bekamen und so den Principal heraus hatten. Da wir es aber noch zweimal nach England benützten, so kamen wir bei diesem Geschäfte so ab, daß wir blos den Gewinn auf die erste Speculation verloren. Außer Diesem gingen auch noch viele Waaren für Rechnung des Augustin Rautenstrauch dahin ab, die bei seiner Zurückkunft bezahlt wurden.

Das Jahr 1785 war für mich ein sehr kummervolles, wo ich wegen Sorgen viele schlaflose Nächte zubrachte. Ich hatte viele Bestellungen nach Lima, wohin gewöhnlich erst im Monat April und März die Schiffe abgingen. Darauf mich verlassend machte ich die Bestellungen nach England

nicht so zeitig für die nach Lima abgehenden Waaren, um mich nicht der
Gefahr auszusetzen, bei Verfallzeit der Wechsel diese noch nicht abgesetzt
zu haben (weil damals schon meistens nur die Hälfte baar bezahlt wurde).
Da kam plötzlich eine königliche Verordnung im Monat Oktober, daß
alle nach Lima bestimmten Schiffe Ende Dezember zum Auslaufen bereit
sein müßten. Die gemachten Bestellungen konnte ich nicht widerrufen;
die Zeit war zu kurz. Da nun die meisten Waaren im Dezember erst
ankamen und nur wenige Schiffe abgehen konnten und diese meistens
seine Sachen mitnahmen, so blieb mir die Waare im Zoll. Von Nürn
berg und Augsburg allein betrugen sie über 6.000 fl. und die von England
waren so beträchtlich, daß ich keinen Rath mehr wußte aufzukommen.
Die ansehnlichsten Häuser brachen. Meinen Freunden war ich schon viel
schuldig und konnte daher nicht neuerdings wieder anfragen. Ich sah mich
also genöthigt, an den Correspondenten nach England zu schreiben und
ihm den ganzen Vorfall anzuzeigen, daß ich nämlich die Zahlungen,
wegen angeführten Ursachen, zur Verfallszeit vielleicht nicht würde leisten
können und daß die Waare noch im Zoll zu seiner Disposition stände.
Wollte er aber so viel Zutrauen auf meine Redlichkeit setzen und uns
dieselbe überlassen, so würden wir sie nach und nach bezahlen. Mit Augs
burg und Nürnberg that ich ein Aehnliches. Wider Vermuthen und zu
meiner größten Freude erhielt ich Briefe von England, die Waare zu
übernehmen und nach Möglichkeit zu bezahlen. Das Nämliche schrieb
man mir von anderen Oertern, so daß ich wieder Muth bekam und neu
belebt wurde. Ich war auch so glücklich, die Waaren nach und nach auf
andere Plätze zu verkaufen, und wurde dadurch in Stand gesetzt, noch
vor Verfallszeit meine Correspondenten bezahlen zu können, wodurch unser
Haus so viel Credit erhielt, daß uns künftighin alle Commissionisten
Waaren anboten, ohne nach der Bezahlung zu fragen oder sie zu bestimmen.
Ich blieb aber bei meinen Freunden, die mich aus der Verlegenheit gerissen hatten. So viele und so große Geschäfte ich auch gemacht habe,
so habe ich doch nie einen Wechsel protestiren lassen.

Endlich verlor ich den besten Freund, den Großmann, Anno 1785,
der sich wohl zu sehr bei den starken Geschäften angestrengt haben mochte,
wovon Herr Socher, Herr Hautschel und Herr Preyßler aus Langenau

wissen. Nach dessen Tode bekam ich so viele Last auf mich, daß ich wegen vieler Sorgen die Gelbsucht bekam.

Anno 1786 fingen die Geschäfte an etwas lau zu werden, weil von Lima schlechte Nachrichten kamen, daß man dort die Waaren für das halbe Geld hingebe. Ein guter Freund von mir, ein ehrlicher Spanier, der viele Jahre in Mexico gewesen war und Kenntniße von selbem Handel hatte, machte mir den Antrag, ein Haus dort zu errichten, wozu Herr Guerra Geld vorstrecken würde. Ich, an Thätigkeit gewöhnt, und da mit Lima wenig mehr zu machen war, überlegte mir die Sachen. Waaren hatte ich ziemlich; bloß fehlte es mir noch an englischen. Nach Hause zu schreiben, um bei den übrigen Compagnons um Rath zu fragen, blieb mir keine Zeit übrig; ich entschloß mich daher, eine Expedition dorthin zu machen, die sich gegen 60.000 $ belief.

Diese Unternehmung theilte ich so wie die Bezahlung in drei Theile, nämlich dem Herrn Barquin ⅓, Cabrera-(ein Vetter des Herrn Guerra) ⅓ und ⅓ für Compagnie-Rechnung. Zur Bedingniß machte ich, daß die Waaren in ein Schiff des Herrn Guerra zu einer leidentlichen Fracht eingeladen und, nach Anschaffung der Waare, ⅓ baar, ⅓ in Wechseln auf sechs Monate abgethan, und ⅓ für unsere Rechnung gelassen werden sollte. Hierauf gegründet begehrte ich noch etwas von Augsburg und Nürnberg, das Mehrste aber von England und Frankreich. Das Venetianische, als Abalorios, Corall, Mortacilla ꝛc. kaufte ich auswärts in anderen Magazinen, in 6 Monaten zu bezahlen. Die ausgehenden Rechte wurden durch das Haus Guerra entrichtet. Als die Waaren ankamen und verpackt waren, bestimmte ich den Herrn Socher als Handlungsdiener mitzugehen auf einige Jahre, gegen gute Belohnung, die jährlich 100 $ steigen sollte, welches auch geschehen ist. Es wurde Alles verladen und ein Handlungscontract gemacht. Die Unkosten, die eben auch schon beträchtlich waren, wurden auch in drei Theile getheilt. Die Havarie wurde in Spanien an den Eigenthümer des Schiffes bezahlt. Des Nachts war ich mit Ausrechnung der Preise, weil man auf jeden Artikel den Zoll schlagen mußte, beschäftigt, die dann des Tages Herr Hautschel auf's Reine und ein Anderer in's Verkaufbuch eintragen mußte. Herr

Bautsch war damals zwar schon da, aber zu diesem nicht geschaffen; ich mußte mich daher meistens auf den Herrn Hautschel verlassen.

Als das Schiff abgesegelt war, Februar 1787, und ich die Hälfte des Betrages der ½ erhalten hatte, ging ich zum Herrn Guerra, um mir die Wechsel (pagarés) ausfertigen zu lassen. Da die Summe mehr betrug, als man Anfangs geglaubt hatte, und einige Tage vorher zwischen diesem und dem Cabrera Streitigkeiten entstanden waren, so weigerte er sich die Wechsel von circa $ 20.000.— auszustellen. Dieser unverhoffte Zufall machte mich so niedergeschlagen und das ganze Haus so bestürzt, daß ich plötzlich krank wurde und man nicht wußte, ob der Geistliche oder Doktor zuerst gerufen werden sollte. Der Doktor, ein guter Bekannter, machte gleich Oeffnung durch Aderlaß, weil ich durch das viele Sitzen Leberverhärtung bekommen und kurz vorher die Gelbsucht hatte. Ein französischer Doktor gab die Schuld den vielen Kopfarbeiten und rieth mir gleich das Klima zu verändern, wenn ich mein Leben noch einige Zeit fristen wollte. Ich machte meine Sachen in Ordnung, unterrichtete hauptsächlich den Herrn Hautschel im Rechnen und Bücherführen, der auch einen guten Gehilfen an dem Herrn Jos. Hiecke hatte, während der Herr Rautenstrauch die Käufer besorgte, und machte mich mit Weib und Kind (erstere hatte sich erst von einer Krankheit erholt) auf die Reise, 17. April 1787. Alle meinten, ich würde die Reise nicht überstehen, und darum schickte ich meinen letzten Willen nach Altona an den Herrn Oldenburg, mit dem Gesuch, selben, falls ich nicht ankommen sollte, nach Haide an Herrn J. A. Hiecke zu schicken.

Im Monat April schiffte ich mich mit Weib und Kind und dem Herrn Kaspar Wienert in ein dänisches Schiff nach Altona ein. Wir hatten eine lange und so beschwerliche Reise, daß wir zuletzt bei Helgoland beinahe durch Sturm verunglückt wären, der so groß war, daß sich kein Loots an Bord getraute und wir endlich doch durch Gottes besonderen Beistand in die Elbe einliefen und glücklich in Altona eintrafen. Hier mußte ich mit meiner Frau einige Zeit bleiben, um neue Kräfte zu sammeln. Wir machten uns endlich doch auf die Reise nach Böhmen, obschon ich noch stark an Hypochondrie litt, und kamen 1787 glücklich in

Haide an. Der Doktor Mayer in Prag verordnete mir das Carlsbad zu gebrauchen, welches mich auch wieder herstellte.

Während dieser Zeit gab es verschiedene widrige Zufälle in Cadiz in unserem Hause bei der Zurückkunft der Schiffe von Lima, wo ich freilich Vieles durch meine Gegenwart hätte beseitigen können, obschon ich auch so viel wie möglich durch Briefe that.

Vermög unserer Inventarien von 1792 und 1797 ist deutlich zu sehen, daß in unserer Handlung niemals (wie auch bei allen hiesigen spanischen Häusern) die Theile nach dem eingelegten Capital bestimmt wurden, sondern ein Jeder wurde nach seiner Thätigkeit, nach seiner Mitwirkung belohnt. So haben Joh. W. Hiecke und ich mehr Capital als andere Compagnons, aber doch immer nur ein gleiches Antheil. Wie hätten denn sonst die jungen Compagnons bestehen können, wenn sie hätten ein Capital zu 4 pCt. annehmen müssen, zu einer Zeit, wo man, wegen Krieg mit England, in Cadiz wenig oder gar keine Geschäfte machte, zu einer Zeit, wo wir manchmal gegen 20.000 fl. an die Herren Thum seel. Erben in Prag 2c. schuldig waren, zu einer Zeit, wo man sich auch so viel wie möglich einschränken mußte und Herr W. Hiecke und Augustin Rautenstrauch nur 50 fl. monatlich bekamen?

Der Herr Augustin Rautenstrauch junior mußte noch überdieß beim ersten Krieg mit England die Forderungen, die die Engländer bei uns hatten, eidlich angeben und das Geld dafür niederlegen. Die Waaren lagen dort, ohne etwas absetzen zu können. Und wir mußten uns hier kümmerlich durchschlagen, ohne auf Rimessen von dort her hoffen zu können?

Unser Compagnie Contract sagt ausdrücklich, daß ohne Willen und Wissen der Compagnons kein anderer angenommen werden könne. Aus diesem Grunde kann man unmöglich ein Document aufzeigen, das von Allen unterschrieben wäre und die seel. Wittib Janke zu einer Compagnie erklärte. Wer würde wohl den Schweiß, die viele Mühe und Arbeit, den sauer erworbenen Gewinn, der so nicht würde ausgefallen sein, wenn wir, wie andere Deutsche in Spanien und Portugal, nur den Vergnügungen nachgegangen wären, mit einem Mitgliede theilen, das nicht mitwirkte, das uns mit keinem Rath an die Hand gehen konnte, das nicht einmal zum Besten der Compagnie eine Feder in die Hand nahm?

Untersucht man unsere Inventarien, so wird man augenscheinlich
den Segen Gottes sehen, obschon wir viele Tausende verloren haben,
durch ausgebrochene Kriege mit England, durch aufgebrachte und con=
demnirte Schiffe als Folge von diesen, durch die auf dem Waarenlager
todt liegenden Güter, durch die vielen außenstehenden Schulden u. s. w.
Diese Inventarien, eigentlich Rechnungsauszüge daraus, sind nach
dem Tode des seeligen Augustin Rautenstrauch und der Wittib in Bürg=
stein eingereicht worden, und stehen auch einem Jeden offen, sie durch un=
partheiische Kaufleute untersuchen zu lassen. Aus diesen wird man sehen,
daß unser Capital sich auf 300.000 fl. beläuft, und bloß durch die Thä=
tigkeit der jungen Compagnons bei den vielen kritischen Zeiten so erhalten
wurde. In gegenwärtiger Epoche aber kann man sicher annehmen, daß
es in der größten Gefahr stehe, und dieses um so mehr, da wir auch in
America ein großes Capital stehen haben. In welcher Lage Spanien
und jenes Land sich befinden, wird einem Jeden bekannt sein, und wie
viel auf eine Kriegsbeisteuer von 23.000 Thaler in beiden Reichen, die
wir dem Könige vorstreckten oder leihen mußten, noch zu rechnen sei, wird
einem Jeden zu beurtheilen überlassen.

Wenn ich Dieses bei mir überlege, so wäre ich wirklich mit 75 pCt.
in gutem Gelde zufrieden, wenn sie mir Jemand für mein in selben Län=
dern stehendes Vermögen anböte.

Der Herr Augustin Rautenstrauch starb und hatte fast noch nichts
von dem Lissaboner Antheil genoßen und wir übrigen Compagnons wenig,
da doch die Wittib Jancke schon seit Anno 1780 als halbe Compagnonin
Monatgeld bezog.

Aeußerungen des Herrn Joh. Anton Zincke, so noch
Anno 1812 gewest sein wird. *)

19.

Georg Anton Jancke reiste im Jahre 1725 von Amsterdam aus
mit einem Gesellschafter, dessen Namen nicht lautet, nach Cadiz mit ihrem
geringen Vermögen. Ihre Ankunft meldeten sie sogleich dem dritten Ge=

*) Von anderer Hand beigesetzt.

sellschafter, der sich damals in Portugal befand. Einer blieb mit einem Theil Waaren in Cadiz, der andere ging nach Sevilla. Da sie bald bemerkten, daß in Cadiz der Waarenumsatz nicht so gut vor sich ging, als in Sevilla, so verließen sie Cadiz ganz; und übertrugen das Waarenlager nach Sevilla. In einiger Zeit nahmen sie einen Compagnon auf und bald darauf noch zwei Andere. Erst im Jahre 1747 wurde endlich in Cadiz eine förmliche Niederlage angelegt. Der Handlungsstifter Georg Anton Zancke der erwähnten zwei Niederlagen zu Sevilla und Cadiz hat nach seiner Zurückkunft in seiner Heimat im Dorfe Langenau das Versendungs-Geschäft allein in seinem Namen geführt bis zu Ende des Jahres 1760. Vom Anfang des Jahres 1761 aber hat die Firma des besagten Handlungsstifters in Langenau schon Georg Anton Zancke & Cie. gelautet. Im Jahre 1770 wurde das Glasversendungsgeschäft nach Haida übersiedelt und unter dieser Firma betrieben. — Anno 1836 wurde die Niederlage in Cadiz wegen nicht lohnendem Verschleiß gänzlich aufgehoben und die vorräthigen Waaren theils nach Sevilla, theils nach Valencia überräumt.

Herr Johann Christoph Zancke starb in Haida am 31. Jänner 1804.*)

Legate: Der Stadt Haidaer Gemeinde zur Regulirung des Magistrates ein Kapital . . . . 2.500 fl.

Dem Haidaer Piaristen Collegio zur besseren Alimentirung der Ordensmitglieder mit der Verpflichtung zur Haltung eines Lehrers, der Unterricht in der Mechanik, Zeichnung, Rechnung und Erdkunde gibt, ein Kapital pr. . . . . 4.000 fl.

20.

Anton Vincenz Preisler's Tagebuch. **)

Aus Schlesien kamen die ersten Preisler nach Blottendorf, nämlich zwei Brüder. Der erste Bruder Christoph und der zweite Matthias Preisler. Christoph kaufte in Blottendorf „Molers Josephs Garthen."

---

*) Sein Andenken wird durch sein in Oel gemaltes Bildniß im Bürgermeisteramte zu Haida geehrt.

**) Das Tagebuch ist ein Familienerbstück der Frau Georg Max in Bürgstein, welche die Güte hatte, es zur Benützung zu leihen. Obwohl es neben dem Interessanten auch einen Ballast

a. Von Christoph Preisler kommt
1. George Preisler.

b. Von George Preisler kommt
1. Elias,
2. Zacharias,
3. Jeremias,
4. Tobias,
5. Johann,
6. Johann Christoph,
7. Andreas,
8. eine Tochter, Andreas Helwich's Mutter,
9. eine Tochter (hatte den Schäfer in Arnsdorf),
10. eine Tochter (war bei Zigenheim).

c. Von Elias Preisler, damaliges Haupt unserer Haublung, kommt
1. Joh. Anton, Vater von Augustin und Georg,
2. Athanasius, Probst zu Neuhaus,
3. eine Tochter (hatte Palm von Preschkau),
4. eine Tochter (hatte Beckeln von Gabel),
5. eine Tochter (hatte Ostritz von Komt),
6. eine Tochter (hatte Matz adens vestern Blottendorf).

d. Von Zacharias Preisler kommt
1. Joh. Christoph, Vater des Karl Preisler,
2. eine Tochter, verheirathet nach Jonsdorf, Mutter des Pater Schultzen.

e. Von Jeremias Preisler kommt
1. Anton, mein Großvater,

---

für die Industriegeschichte unwichtiger Daten enthält, so schien derselbe doch nicht schwerwiegend genug, um zu seiner Ausscheidung zu bestimmen und dadurch dem Ganzen die Ursprünglichkeit abzustreifen. In den Aufzeichnungen der kleinen Ereignisse des Tages spiegeln sich ja auch die Anschauungen, die Lebensgewohnheiten und Sitten jener Zeit und jener Kreise ab. Zudem ist es das einzige in sich abgeschlossene Tagebuch, das hier mitgetheilt werden konnte, und hat die Familie Preisler (sonst in der Regel Preysler geschrieben), welche es hauptsächlich betrifft, sowohl im Gablonzer, als im Haida'er Rayon so thätig in die Glasindustrie und in den Glashandel eingegriffen, daß ihre Verzweigungen und Berührungen mitunter selbst zu einer Fährte für die Geschichte dieser Zweige werden können.

2. Elias, (starb ledig in Brabant),

3. Christian, verheirathet in Amsterdam,

4. Jeremias, Kaplan in Leipa,

5. Joseph Octavian,

6. eine Tochter, verheirathet mit George Storm.

f. Von Tobias Preisler kommt

1. Tobias, Kaplan,

2. Joh. Christoph, Pfarrer in Krieger,

3. Tochter, verheirathet Schlegeln in Sohre,

4. Tochter, verheirathet Peckeln in Langenau.

g. Von Johann oder Hans Preisler kommt

(aus erster Ehe)

1. Johann Anton (starb ledig in Portugal),

2. Theresia, verheirathet in Gabel.

NB. Von seinem ersten Weibe kommt die Mühle in Scheiba her.

(Aus zweiter Ehe.)

3. Johann Christoph, Dechant in Leipa,

4. Gotthardt, Kapuciner in Reichstadt,

5. Apollonia, verehelicht mit Christian Zahn,

6. Anna Elisabeth mit Hirsch, Bräuer,

7. Ephrosina mit Zaucken von Langenau.

h. Von Johann Christoph Preisler kommt

1. Johann Anton senior in Plottendorf,

2. Joseph, Cistercienser in Schlau,

3. Anna Elisabeth mit Joh. Ant. Mittel.

i. Andreas (starb ledig in Amsterdam).

Vom zweiten Bruder aus Schlesien

a. Matthias Preisler kommt

1. David.

NB. Mathias wohnte in Plottendorf bei seinem Bruder Christoph. Er war ein Mahler und von ihm kommt das Wort „Mohler" her. Er war zugleich Predicant für die Plottendorfer Evangelischen und predigte bei Daueln und liegt begraben in Mohlers Josephs Garthen.

b. Von David Preisler kommt
1. Elias oder Davids Elias,
2. Johann oder Davids Johns,
3. noch einer.

c. Von Elias oder Davids Elis kommt
1. Christoph, Vater des J. A. Preisler junior,
2. Elias, | diese beiden Brüder waren in Norwegen; nur von
3. Christian, \ Christian kam ein Sohn nach Hause.

d. Von Johann oder Davids Johns kommt
1. Joh. Anton, Paugenauer,
2. eine Tochter, verheirathet mit Gampe Jakob in Plottendorf.

So weit lauten meine Nachrichten von dem Preisler-Geschlechte.

Diverse Annotirungen.

Anno 1706 wurde mein Großvater geboren Anton Preisler. Sein Vater war Jeremias Preisler aus Plottendorf, vermählt mit Maria geb. Opitzin. 1708 ist meine Großmutter Anna Rosina Hornin aus Preschkau geboren. 1732 verehelichte sich mein Großvater Anton mit meiner Großmutter. Sie zeugten vier Söhne und drei Töchter, wovon drei Söhne und eine Tochter in ihrer Kindheit starben. Der eine Sohn, mein Vater Joseph Ignatz, und zwei Töchter blieben am Leben, nämlich Maria Elisabeth, 13. October 1760 mit Anton Kreibig vermählt, und 1768 Anna Gertrudis mit Anton Gampe vermählt. 13. Juli 1774 starb die Maria Elisabeth und hinterließ einen Sohn Anton.

1742, 26. Juni ist mein Vater Joseph Ignatz Preisler und 2. August 1749 ist meine Mutter Maria Anna Kittlin geboren; 26. August 1765 heiratheten meine Eltern und brauchten bischöfliche Dispensation.

Stammbaum aus „Danels Garthen"

Christoph Opitz.

1. Elias Opitz.	1. Anna an Kaspar Kittel.
2. Maria an Jeremias Preisler.	2. Christoph Kittel.
3. Anton Preisler.	3. Anton Kittel.
4. Joseph Ignatz Preisler.	4. Maria Anna Kittel.

7

Mein Vater Joseph Ignaß Preisler und Mutter Maria Anna
Kittlin zeugten drei Söhne und zwei Töchter, wovon ein Sohn und zwei
Töchter in der Kindheit starben. Zwei Söhne leben noch und zwar 1766,
29. September bin ich Anton Vincent Preisler und 6. Juli 1770 ist
mein Bruder Joseph Prokop geboren worden. 1772, 26. September
starb meine Mutter an einer hißigen Krankheit im Alter von 23 Jahren
54 Tägen, im Eheftande 7 Jahr 30 Tägen. Mein Vater blieb Wittiber
ein Jahr fünfzehn Wochen, dann heirathete er wieder 10. Jänner 1774
mit der Jungfer Veronika des Hrn. Anton Vinert, Fleischhackermeisters
Tochter aus Oberkreibiß, welche am 9. April 1750 geboren wurde.

Aus dieser zweiten Ehe erhielt ich folgende Geschwister.

1776, 30. September wurde mein Bruder Vincent Hieronymus,
1776, 18. Juli Maria Therefia,
1778, 17. Februar Maria Eleonora,
1779, 13. April zwei Brüder Fabian und Sebaftian (Sebaftian
starb nach zehn Wochen),
1781, 11. Auguft Maria Anna,
1783, 9. März Anna Franciska,
1784, 4. Juli Veronika,
1787, 18. Mai Ferdinand Alois geboren.
1777, 4. Oktober ist mein Weib geboren.
1779, 16. November ist meine seelige Jungfer Schwägerin Lifel
geboren, welche den 30. Auguft 1797 ftarb.

1779. Im Monat Mai reiste ich das erftemal von Plottendorf
nach Spanien und zwar mit Herrn Anton Gampe. Unsere Reisegefährten
waren Herr Auguftin Pilß, Ferdinand Geldner, Anton Kreibig und
Franz Raschel. Ich war ein Knabe von 12½ Jahren. Wir machten
die Seereise von Altona nach Cadiz in 21 Tägen mit Capitän Boß
Jean Dirckfen. 7. Juli 1779 kam ich das erftemal nach Sevilla. Ich
blieb in Sevilla bis 26. April 1784, wo ich nach Cadiz abging, um mich
nach Deutschland einzuschiffen, wurde aber in Cadiz krank und mußte da
liegen bleiben bis 12. Juli 1784 segelte ich mit dem dänischen Schiffe
Providencia nach Amfterdam ab. Ich hatte eine beschwerliche und lange
Seereise und kam erft 26. September in Texel und den 28. September

in Amsterdam an. Ich hielt mich gegen vierzehn Täge in Amsterdam bei Hrn. Christian Preisler & Sohn auf und ging dann in Gesellschaft mit Vetter Augustin Kittel per Post ab und kam 25. Oktober 1784 wieder in Blottendorf bei meinen Eltern an.

1785, 20. Dezember reiste ich zum zweitenmal von Blottendorf ab und zwar mit Vetter Vinzent Horn per Post nach Amsterdam, wo ich über Winter blieb und dann 27. Juli 1786 mich nach Cabiz einschiffte mit Capitän Gerrit Vorst. Unsere Seereise war glücklich, ungefähr 30 Täge lang. 6. September kam ich in Cabiz und den 14. September in Sevilla an; 21. November reiste ich von Sevilla nach Granada, meinen Bruder Joseph Prokop zu besuchen, blieb ungefähr sechs Wochen da und kam 1787, 19. Jänner wieder nach Sevilla von Granada.

1788 verlangte man mich in das Jauckische Haus nach Cabiz; auch nach Corufia verlangte mich und meinen Bruder Hr. Augustin Kittel in ihre dasige Handlung; ich aber nahm keinen von beeden Örtern an, sondern ging 20. April 1788 zu den Hrn. Preislers & Comp. in Sevilla und verließ den Hrn. Gampen, bei dem ich kein Aufkommen finden konnte. 1788, 5. September reiste ich nach Granada, übernahm das Gampische Haus für Rechnung der Hrn. Preislers & Comp.; 2. Oktober kam ich wieder nach Sevilla zurück.

1789, 23. Februar wurde Hr. Ferdinand Geldner in Sevilla mit einem Schlagflusse befallen.

21. Mai ging Hr. Ferdinand Geldner nach Cabiz, bis wohin ich ihn begleitete. 17. Juni segelte Hr. Ferdinand Geldner von Cabiz nach Barcelona in Gesellschaft der Hrn. Augustin Pilz, J. A. Preisler, Vater und Sohn, von Langenau. Von Barcelona reisten sie zu Lande nach Böhmen.

1789, 19. März wurde in Sevilla Carl IV. gehuldiget.

15. Oktober starb in Sevilla Christoph Gerner.

1790, 20. Februar starb Joseph II. römischer Kaiser.

18. Februar starb Elisabeth Prinzessin von Württemberg. *)

1791, 20. August Juramos fidelidad al Rey de España. En casa del Joan Zeniente ac Sevilla.

---

*) Erste Gemahlin des Kaiser Franz.

7*

1792, 2. Jänner starb D. Pedro Lopez ac Clerena.

29. Februar starb Kaiser Leopold.

7. Mai brannte der Seviller Zoll ab.

13. Juli reiste Hr. W. Geldner von Sevilla nach Cadiz, 25. Juli nach Hamburg eingeschifft.

1793, 21. Februar wurde Luis XVI. König von Frankreich hingerichtet.

1. Mai machte Hr. Augustin Pilz die Inventur in Sevilla.

11. Oktober starb in Blottendorf mein Freund und Wohlthäter Ferdinand Geldner an den Folgen des Schlagflußes. Auch starb am nämlichen Tage Sigismund Kittel in Presckau.

16. Oktober wurde die Königin von Frankreich hingerichtet.

1796, 17. Jänner spürten wir ein ziemlich starkes Erdbeben in Sevilla.

18. Febr. kam Carl IV. nach Sevilla, 29. Febr. ging er wieder ab nach Cadiz.

4. März reiste ich nach Cordova, 13. März kam ich wieder nach Sevilla.

2. April kam Hr. Kirschner nach einer sehr langen Reise mit Scheibe-Richters Sohne und einem jungen Schleuchrig in Sevilla an und giengen nach Malaga.

14. März segelte Hr. Joseph Riedel, Hr. Pautsch und Franz Preisler mit Kapitän Thunis Christian von Cadiz ab nach Altona. Sie hatten eine 42tägige Seereise.

7. Juni reiste ich von Sevilla nach Cadiz, 15. Juni fing ich in Cadiz an zu inventiren, 27. Juni wurde ich fertig mit Aufnehmen, 2. Juli kam ich wieder nach Sevilla, 8. Juli wurde ich gefährlich krank. Meine Krankheit dauerte dreißig Täge. 7. August ging ich das erstemal wieder in die Kirche, 25. August ging ich von Sevilla ab nach Cadiz, um von da nach meinem Vaterlande zu reisen; 9. September segelte ich aus Cadiz mit Capitän J. H. Steinmetz, Schiff Jupiter, mit folgenden Reisegefährten: Josef Krische, Anton Mosig, Neumann, Rusch und der junge Gampe. 11. Oktober stiegen wir in Altona an's Land, 19. Oktober reisten wir von Altona per Post bis nach Lüneburg, 23. Oktober reisten

wir von Lüneburg mit Fuhrmann Tischler nach Böhmen, 3. November kam ich in Dresden an und fand zu meinem Vergnügen den Hrn. Joh. Ant. Preisler junior, der mir entgegen gekommen war. 5. November von Dresden ab, 6. November kam ich glücklich in Plottendorf an. Ich wohnte bei Hrn. Joh. Ant. Preisler junior.

1797, 13. Februar war der Tag meiner Vermählung mit der Jungfer Apollonia Zinckin aus Oberarnsdorf. Meine Zeugen waren Hr. Joh. Ant. Preisler major und Hr. Augustin Kittel; Brautführer Kaspar Kittel und Bruder Fabian. Die Hochzeit war im Hause des Hrn. Joh. Ant. Preisler junior in Plottendorf; ersten Tag hatte ich 96 Hochzeitsgäste, zweiten Tag 80. Das Essen und Trinken mochte sich auf 300 fl. belaufen. Getanzt wurde durch drei Abende bei Hrn. Anton Opitz.

1. Mai reiste mein Bruder Fabian nach Amsterdam in die Fischer- und Kittlische Handlung. Zu ungefähr eben der Zeit war Vetter Kaspar Kittel nach Rostock verreist.

1. Mai reiste ich mit Hrn. J. A. Preisler junior und Josef Riedl über Dresden nach Leipzig. Am nämlichen Tage kamen wir nach Dresden. 3. Mai von Dresden ab mit Claret, 4. Mai kamen wir nach Leipzig, wo die Oster-Messe war, 7. Mai wieder von Leipzig ab, 8. Mai in Dresden, 10. Mai von Dresden bis nach Hause.

21. Mai ist Bruder Fabian in Amsterdam angekommen.

28. Mai ging ich mit meinem Weibe über Röhrsdorf, Glasert, Marckthal, Krombbach, Hahn, Albersdorf nach Zittau. 30. Mai kamen wir wieder nach Hause.

1. Juni war ich Pathe bei Hrn. Johann Ant. Preisler junior. Das Kind erhielt den Namen Karolina Afortunata.

12. Juni wurde in Plottendorf der neue Kirchhof eingeweiht vom Politzer Hrn. Erzdechant.

11. Juni starb meine Großmutter in Kreibitz im Alter von 84 Jahren; 14. Juni wurde sie begraben.

10. Juli gab man in Hamburg für einen peso duro 45 ½ Sh. Br? à 153 pCt.; auf Wien remittirt erhielt man in Plottendorf 2 fl. 5 kr. für einen peso duro; für eine Onza de 16 duros gab man 42 ½

Mark B°°, auf welche Art man in Plottendorf 31 fl. 50 kr. für die Onza erhielt.

1797, 11. August kam Clara Preisler von Dresden nach Plottendorf. 20. August wurde meine Schwägerin Jungfer Lisel mit einem hitzigen Gallfieber befallen; 25. August wurde sie mit den heil. Sakramenten versehen; 30. August früh um 5 Uhr starb sie; 1. September wurde sie begraben.

4. September kam die Barthel Franzel in unsere Dienste.

11. September war Reinsch Marianels Hochzeit mit Franz Eiselt von Haida.

23. September reiste Joseph Riedel auf die Ehranbofcher (Ehrambor̈er) Glashütte, 25. November kam er wieder nach Hause.

1. November reiste ich von Plottendorf über Hühnerwasser, Münchengrätz, Sobotka, Gitschin, Horeitz, Smireitz, Opoöna, Stibnitz nach der Schwarzwasser Glashütte, 6. September über Reichenau wieder nach Hause; 11. September zu Hause angekommen.

8. Oktober kam Herr Köhler von Amsterdam zu Hause.

23. November starb Herr Christian Eichhorn.

25. November starb Herr Jakob Zigenheim in Arnsdorf.

1. Dezember ließ ich mir meinen blauen Rock machen, Leiper Tuch à 6 fl. 15 kr., kostet in Allem 26 fl. 55 kr.; mein schwarzer 16 fl. 30 kr.

7. Dezember starb A. W. Kreibigs Söhnchen, 16. Dezember starb W. Gelbners Töchterchen.

1798, 10. April reiste ich über Gabel, Seiersdorf, Chriesdorf über den Jasacken (Jeschken) nach Reichenberg: 12. April kam ich wieder nach Hause.

27. April reiste ich mit Franz Anton Gerner nach Wien, 3. Mai kamen wir in Wien an, 10. Mai ging ich wieder von Wien ab, 14. Mai Abends kam ich wieder nach Hause. Die Hinreise kostete 12 fl. 40 kr.

Aufenthalt . . . . 8 fl. 24 kr.

Rückreise . . . . 13 fl. 47 kr.

34 fl. 51 kr.

28. Mai starb die Frau Rosina Preislerin im Alter von ungefähr 96 Jahren.

5. Juni reiste Herr Franz Bretschneider von Plottendorf zu Laube durch Frankreich nach Sevilla; nach 37 Tagen war er in Barcelona und den 11. August kam er nach 68tägiger Reise in Sevilla an.

12. Juni war die Hochzeit der Anna Franziska Kreibigin mit Karl Friedrich Polk von Dresden, 19. Juni ging das Brautpaar nach Dresden.

3. Juni wurde Jakob Gampe, Kirchvater in Plottendorf, begraben.

12. August Nachmittags halb ein Uhr im Zeichen der Jungfrau wurde meine Tochter geboren, 13. August Nachmittag 4 Uhr vom Plottendorfer Pfarrer Ignaz Kittel getauft. Sie erhielt den Namen Anna Elisabeth; hatte folgende Pathen: Apollonia Zahnin Taufpathe, Anna Juditha Preislerin, Augustin Kittel, Joh. Anton Preisler junior, Augustin Pilz.

8. September kam mein Bruder Vincent mit Herrn Böckel von Langenau aus Amsterdam gefährlich krank nach Hause; 29. September starb er an der Lungensucht als ein frommer Christ im Alter von 24 Jahren und wurde 1. Oktober begraben.

22. August reiste Herr W. Geldner von Sevilla, 27. August von St. Lucar in See. 35tägige Seereise. 8. Oktober von Altona ab; 23. Oktober kam er glücklich in Plottendorf an.

9. November starb Herr Franz Hirsch in Leipa an den Folgen der Lungensucht im Alter von 50 Jahren und wurde den 10. November begraben. Er war ein redlicher und rechtschaffener Mann und meiner Schwiegermutter Bruder.

20. November kauften wir in Oberarnsdorf die Klafter harten Holzes à 3 fl. 36 kr., die Klafter weichen Holzes 2 fl. 36 kr. Mit Fuhrlohn, Spalten, Trinkgeld ꝛc. kommt uns aber das harte à 4 fl. 31 kr., weiches à 3 fl. 31 kr.

7. Dezember war ich Gevatter bei Engelmanns Eidam. Am selben Tage kaufte sich Herr J. A. Preisler sein Pferd.

1798, 18. Februar vermählte sich Frau Wittib Rosalia Geldnerin mit Herrn Franz Watzel aus Röhrsdorf.

1799, 6. Jänner war Josef Oppelt auch Finckschusters Hochzeit.

1799, 14. Jänner vermählte sich meine Schwester Rösel mit Herrn Ignatz Alois Ostermann von Haida.

19. Jänner reisten ich und Herr Josef Riedel auf die Hagelhütte, Pocauer und Chrainboscher Glashütte. Per Schlitten kamen wir in zwei Tagen von Chrainbosch (Chrambok) den 25. Jänner wieder nach Hause. 27. Jänner war ich Gevatter bei Gottfried Heinrich in Blottendorf.

18. Feber fuhren ich, Riedl und W. Geldner, Vetter Preisler und Herr Pilz per Schlitten nach Zittau; in drei Stunden waren wir da, 19. Februar wieder zu Hause. 19. Febr. wurde mein rechtes Auge roth und es wurden Blattern darin; ich mußte also bis zu Ostern zu Hause sitzen und Besserung abwarten.

20. März kam Herrn Storms sein Eidam Herr Zahn von Barcelona über Land in vierzig Tagen nach Hause.

8. April reiste Ignatz Kreisler, der junge Jauke und Alex. Hetzel von Haida ab nach Hamburg, um von da mit erster Schiffsgelegenheit nach Cadiz zu segeln.

2. April starb in Haida P. Marcelin, 4. begraben.

13. April starb Herrn J. A. Preisler juniors Knabe Antonel im Alter 7 Monat 15 Tägen.

26. April reiste Herr Joh. Ant. Preisler Langenauer nach Hamburg ab, um sich da nach Spanien einzuschiffen.

27. April starb Herr Jakob Hetzel in Blottendorf.

10. Mai starb Anton Behr in Blottendorf.

— Mai starb das Weib von Anton Heller.

24. Mai reiste ich mit Vetter Joseph Preisler nach Prag, wo wir den 25. ankamen und blieben bis zum 29., wieder ab und den 30. wieder zu Hause. Diese Reise kostete mich 10 fl.

— Mai wurde Vetter Franz Gampe zum Rekruten genommen.

27. Mai. Lisel abgestoßen.

16. Mai ist Joseph Ankauf und Joseph Gotscher aus Cadiz nach Hamburg gesegelt.

6. Juli reiste ich in Gesellschaft des Herrn J. A. Preisler nach Karlsbad, um seine Frau und den Herrn Augustin Pilz abzuholen. Wir kamen den ersten Tag bis Leitmeritz; gelegentlich ging ich nach There-

fienstadt und bewunderte die außerordentliche Festung. 7. Juli hielten wir Mittag in Liebshausen und übernachteten in Saatz, 8. Juli Mittag in Liebens (Lubenz), Abends in Karlsbad. Sehr bewunderungswürdig ist in Karlsbad der sogenannte Sprudel. Wir blieben in Karlsbad ganzer sieben Tage, reisten dann alle den 16. Juli wieder ab und kamen den 18. Juli glücklich nach Hause.

1799, 19. Juli wurde Anton Helmig begraben, ein junger Mensch von 27 Jahren, starb an der Abzehrung und hatte in gutem Rufe gelebt.

17. Juli ist Herr Joseph Kukauf nebst Joseph Gotscher von Cadiz nach 60tägiger Seereise in Altona angekommen.

31. Juli war ich, Herr A. Pilz, Joseph Riedel, Frau Pretschnei- derin und Clara Preislerin Pathe bei Herrn W. Geldner.

Ein Knabe, der den Namen Joseph Ignatz erhielt NJFD.

27. Juni ist Vetter Ant. B. Kreibig von Sevilla nach Cadiz ab- gereist und von da nach Lissabon, wo er sich den .. nach Hamburg ein- geschifft.

5. August starb Joseph Preisler in Langenau an der Abzehrung, wurde den 7. August begraben.

16. August kam Herr Kukauf nebst Gottschern in Blottendorf an.

2. September war ich mit Herrn W. Geldner in Zittau.

3. September starb Gottfried Zahn in Parchen, 7. September be- graben.

11. September wurde Herr J. A. Trautcke in Haide begraben.

14. September ließ Herr Augustin Pilz einen jungen Sohn taufen.

14. September kam Pater Anton nach Blottendorf.

20. September kam Vetter Anton Kreibig nach Hause.

23. September wurde Herr Pautsch in Langenau begraben, welcher auf dem Felde an einem Schlagflüße starb.

Stieg das Holz im Preise und zwar die Klafter hartes . a fl. 4.15
weiches . . . . „ 3.15
Wir kauften im Monate September
10 Klaftern hartes Holz a fl. 4.15 . . . . fl. 42.30
2 „ Abraum } a fl. 3.15 . . . . „ 26.—
6 „ weiches Holz }

30 Stück Stangen a 7 kr. . . . . fl. 3.30

Schlagen a Stange 3 kr. . . . . „ 1.30

An Jäger . . . . „ —.30

fl. 74.—

In diesem Monate kam Pater Anton Caeras nach Plottendorf als Kaplan.

1799, 17. Oktober kam mein Bruder Fabian nach Hause; er mußte aus Amsterdam sich entfernen, um nicht Soldat zu werden, indem die Engländer in Holland gelandet waren.

31. Oktober ging Herr Joseph Gerner nach Wien, 10. November starb das Mühl Marianel; 13. November wurde sie begraben.

13. November war ich Gevatter bei Werkeln.

15. November wurde mein Vater krank, 26. November starb mein Vater früh halb 7 Uhr, 28. November begraben, alt 57 Jahre.

Mit ¦¦¦¦¦¦ fl. 24 kr. Seviller Vermögen anno 1796, 1. April wurden bis zum 1. Juni 1799, folglich in 3¼ Jahr damit erworben ᴇᴍᴀʟs fl. 22 kr. Dieß beträgt jährlich 10½ pCt. Nutzen.

Anno 1800, 6. Jänner früh um 9 Uhr wurde meine Tochter Theresia im Zeichen des Stiers geboren und Nachmittag um 5 Uhr in Plottendorfer Kirche von P. Caras (Karas) getauft. Ihre Pathen waren folgende: Clara Preislerin, Taufpathe (kais. #), Frau Maria Johanna Piltzin (kais. #), Frau Apollonia Zahnin aus Scheiba (Goldstück 12 fl.), welche aber wegen Unpäßlichkeit nicht kommen konnte und dahero die Frau Mariana Janckin als Stellvertreter sandte, Herr Joh. Ant. Preisler senior (3 fl. 24) und Joh. Wenzel Geldner (3 fl. 11.) Nach der heiligen Taufe hatte ich die Pathen doppelt nebst den drei Herren Geistlichen und meine Mutter auf eine kleine Merienda zu mir geladen. Pater Klein und meine Mutter aber kamen nicht, so daß ich nur mit dem Schulmeister zwölf Personen sitzen hatte.

Nota der ungefähren Unkosten bei dem Taufessen meines Rösels.

Zwieback ꝛc. ꝛc. . . . . fl. 7.10

Wein . . . . „ 9.56

1 Eimer Bier . . . . „ 3.23

Kuchen . . . . „ 13.15

Botschaften . . . . fl. 1.—
Herr Pfarrer . . . . „ 2.—
Schulmeister . . . . „ —.36
Kinderweib . . . . „ 3.—

fl. 40.20

21. Jänner machten einige Plottendorfer Freunde eine Schlittage zu dem Herrn Hammer in Lichtewalde, worunter auch Herr Vincent Preisler war. Dieser wurde beim Mittagessen dort von einem Schlag flaße getroffen, fühlte es aber kurz vorher und machte noch mit aller Geistesgegenwart mündlich sein Testament und disponirte sich auf die rührendste Art zum Tode. Kaum war er fertig, so wurde er betäubt und lahm und sprachlos. Den 22. Jänner früh erhielt er wieder einige Gegenwart, der Schlag repetirte aber einigemal und er mußte den 24. Jänner sterben. Sein todter Körper wurde nach Plottendorf gebracht und den 27. Jänner beerdiget. Eine unendliche Menge in Traurigkeit versenkter Grabegäste bewiesen sehr deutlich, wie edel und rechtschaffen er gelebt haben mußte, um so allgemein bedauert und beweint zu werden.

———

Formular,

nach welchem die Fatirung zur Klassensteuer den 29. Jänner 1800 ein gereicht wurde.

Fassion des Ant. Vincent Preisler in Arnsdorf, Mitglied er Glashandlung nach Spanien, unter der Firma: „Preislers & Comp." in Plottendorf.

Ich betreibe gesellschaftlich unter oben erwähnter Firma den Glashandel nach Spanien und habe da mein ganzes Handlungsvermögen, wovon ich dort zu den Kriegslasten und Auflagen außerordentlich beitragen muß; uebstdem ist unser Handel durch gegenwärtigen Krieg gänzlich gehemmt und nicht activ, weßwegen der jährlich auf mich fallende Ertrag unser Handlung beiläufig sein kann von . . . . 100 fl.
Hier in Böhmen habe ich meine B. Lotto=Obligation 500 fl.
à 1 pCt. macht Interessen . . . . 20 fl.
Mein Weib besitzt ein Kapital pr. 4.325 fl. à 1 pCt. Interessen 173 fl.

293 fl. à 2½ 7 fl. 20
Summa 7 fl. 20

Daß diese Fassion nach bestem Wißen und Gewißen verfaßt ist, bestättige ich mit meinem körperlichen Eid.
Plottendorf, 29. Jänner 1800.

A. V. P.

Meine Frau Schwiegermutter.

Ertrag der Handlung wie oben . . . . 100 fl.

Kapital 3.000 fl. à 4 pCt. . . . . 120 fl.

220 fl. à 2½, 5 fl. 30

Wayd 30

6 fl.

5. Februar wurde der alte Hüthen Joseph und zugleich auch Molers Elises Ane Franze begraben.

6. Februar kam Ignaz Storms sein Sohn von Mailand nach Hause.

9. Februar wurde dem Herrn Joh. A. Preisler junior und mir die Fortführung der Handlung der Gebrüder Preisler übergeben.

10. Februar war Seffel Hiecke seine Hochzeit, 15. Feber starb der alte Jermis Schuster.

Recept zu einem guten Glaslitte.

½ Loth Hausenblase, ¼ Seidel weißen guten Brandwein so lange mitsammen kochen lassen, bis es recht dick wallt.

8. März wurde die Clare von Tanneberg begraben.

25. Februar starb Vetter Franz Gampe in Theresienstadt.

5. April wurde die Muhme Marlise in Warnsdorf begraben, wo ich zugegen war.

1800.
Unsere Reise nach Spanien.

Ich, Joseph Riedel, Joseph Preisler, Augustin Pilz und Joseph Opitz. Herr Johann Anton Preisler junior brachte uns begleitend mit seinen Pferden und Knecht Joseph bis nach Hamburg.

19. April gingen wir, nachdem wir Messe gehört, zu Fuße nach Neuhütten und erwarteten unseren Wagen, der über Röhrsdorf gefahren war. Verschiedene Freunde hatten uns begleitet. Wir trennten uns und gingen bis Grund, wo Mittag gehalten wurde. Abends in Hauspach.

20. April Messe in Lobenthau, Mittag in Langwilsdorf und Abends in Dresden. In Dresden wechselten wir für 110 fl. B. Z. und 1 fl. in Zwanziger und erhielten dafür 48 Species-Thaler, macht 13½ pCt. Verlust.

21. April. Mittag in Proglowitz, Abends in Glockendorf.

22. April. Frühstück in Oschatz, Mittag in Calewitz, Abends auf der andern Seite von Wurtzen.

1800, 23. April Frühstück Wellen, Mittag Wielaue, Abends Gelocke.

24. April. Ueber Landsberg, Kneipe, Cörbitz, Radegast, Cöthen, (Nacht), alles schöne Städtchen, ohne Mittag zu halten.

25. April. Bei Calve über's Wasser, Mittag in Neukrug, Abends Magdeburg.

26. April. Frühstück in Klosterarmsleben, Mittag in Pilsterling, Abends in Getzke.

27. April. Mittag in Eyeblitz, Abends in Gibern.

28. April. Frühstück in Schmelau, Mittag in Wirden, Abends in Kirchweiden.

29. April. Frühstück in Winebitel, Mittag in Lüneburg, wo wir bis über die Nacht blieben.

30. April. Mittag in Winsen, Überfahrt in Haubt, Abends in Vierlanden.

1. Mai. Früh um 10 Uhr in Hamburg, dann in Altona, wo wir bei Steinmetz logirten. Wir mußten in Altona auf Kapitän Thennis Christian, Schiff Nordstern, warten bis zum 16. Mai, an welchem Tage wir mit unserem Schiffe abgingen und zwar ungefähr drei Meilen da ankerten.

17. Mai. Heunte um 1 Uhr kamen wir bis Kuxhaven; hier kriegten wir Contra Wind und lagen den 18., 19., 20., 21. Mai vor Anker.

22. Mai. Um 9 Uhr ging der Lootse von Bord, wir gingen mit gutem Winde in See.

23. Mai. Ganzen Tag guten Wind, 24. und 25. beide Tage laviren; 26. und 27. Stillte und gut Wetter; 28. guten Wind, 4 Uhr Nachmittag bei Dover; 29., 30., 31 alle diese Tage mehrst Contrawind und Stillte und nur mit vieler Mühe kamen wir bis Wight.

1. und 2. Juni. Pfingsten, auch keinen guten Wind; indessen waren wir bis Portland gekommen; 3. heunte hatten wir guten Wind; 4. mit gutem Winde gingen aus dem Canale.

5. Juni. Vorzüglich guten Wind; unser Schiff marschirte außerordentlich schnell.

6. Juni. Guten Wind; ungefähr bei Cap Finisterre.

1800, 7. Juni. Beinahe ganz still; 8. und 9. Dreifaltigkeit. Zwei bleierne Tage, die wir mit heftigem Contra Wind und Regen durchlebten; 10. Juni Contrawind, doch angenehmes Wetter; 11. Juni schönes Wetter und guten Wind; 12. Juni Corpus Christi, guten Wind und Wetter. 13. Juni, St. Antonio, guten aber heftigen Wind; 14. Juni guten Wind und trafen einen englischen Caper, der uns nicht incommodirte; wir glaubten Cap St. Vincent sehen zu müßen, aber vergebens. 15. Juni. Heute früh befanden uns bei Cap Sta. Maria; ein sehr angenehmer Tag mit Stille.

16. Juni. Heftigen Levant, der uns bei vollen Segeln überraschte, und als man das vordere Bramsegel fest machen wollte, brachen Stange und Stengel, und zwei Matrosen wurden in die See geschleudert, von denen wir weiter nichts sehen konnten. Unser Schiff war Traurigkeit und Confusion.

17., 18. & 19. Juni. Beide Tage Levant und wir hatten volle Arbeit unsere Masten wieder in Ordnung zu bringen. Traurige Tage! Wir waren so nahe bei Cadiz.

20. Juni. Die vorige Nacht stürmte es aus Osten. Mittag ging der Wind in Süd. Zwei englische Kriegsschiffe, die wir schon gestern kreuzend fanden, erblickten wir auch heute; sie scheuen uns die Einfahrt nach Cadiz nicht erlauben zu wollen. Wir erblickten Chipiona. 21. Juni. Die beiden Schiffe hielten Cadiz bloquirt, grüßten uns durch eine Kanone, und es war entschieden, daß wir nicht nach Cadiz durften. Wir segelten um grade auf das Estrecho los.

22. Juni. Heute früh 3 Uhr bemerkte ich mit dem größten Vergnügen, daß wir uns mitten in dem Estrecho befanden. Ein herrliches Gesicht. Rechts die afrikanische und links die spanische Küste und voraus den so berühmten Berg Gibraltar. Bald erreichten wir Tarifa und um acht Uhr sahen wir Algesiras. Die Einfahrt war herrlich und wir freuten uns über die Vollendung unserer Seereise. Wir ankerten um neun Uhr. Die Sanidad kam und nach einigen Declarationen über den Verlust unserer beiden Matrosen erlaubte man uns Nachmittag fünf Uhr an's Land zu gehen. Lustig und vergnügt schmeckte uns die frische Landkost trefflich; wir logirten in der Fonda del Aquila.

23. Juni. Heute war ich außerordentlich beschäftigt mit Schreiben und unsere Kisten nach Cadiz zu befördern und Vorbereitung zur Reise nach Cadiz auf Morgen.

24. Juni gingen wir Alle zu Pferde nach Cadiz. Der Weg war fürchterlich; über steiles Gebirge und nichts zu essen. Wir blieben über Nacht in einem elenden Orte.

25. Juni. Heute Nachmittag 5 Uhr kamen wir glücklich in Cadiz an. Herr Raschel und andere Herren Landsleute waren uns bis Torre Gorda entgegen gekommen.

26. Juni. 215 fl. 28 kr. Reisekosten jede Person, } in
27. Juni nach Hause geschrieben, } Cadiz
28. und 29. Juni speiste ich bei Herrn Rautenstrauch. } geblieben.
30. Junj. Heute nach dem Essen gingen wir zu Wasser nach Rota und von da zu Fuße bis St. Lucar. Wir accordirten sogleich eine Barque und gingen des Nachts um zwölf Uhr mit günstigem Winde ab.

1. Juli. Heute Abends 10 Uhr kamen wir glücklich in Sevilla an. Von Blottendorf bis Sevilla hatten wir jede Person Reisekosten 223 fl.

15. Juli ging ich mit Hatscheru nach Cadiz, 17. Juli in Cadiz angekommen. Ich kaufte verschiedene Waaren in Cadiz.

20. Juli. Ging Herr Raschel und Hatscher von Cadiz über Ayamonte nach Lissabon.

25. Juli ging ich mit Herrn Augustin Rautenstrauch von Cadiz wieder nach Sevilla.

27. Juli in Sevilla angekommen.

28. Juli ist Raschel & Hatscher in Lissabon angekommen; 1. August haben sich beide nach Hamburg eingeschifft, Schiff „Weltbürger", Capitän Köster.

Gastos diarios en Sevilla 1800.

Arenda	Cassa de la Herm! all SS.ᵐᵒ .	1545 r̄
	Cassa y tienda del Cavildo .	1592
	Cassa de los venerables. . .	721
miente	Sala del Duque de Frias. . .	186·8
	Quartⁿᵒ de Antᵒ Murado. . .	72

pr. un año R̃. V̄ᵒ 4116·8 pr.dia 11 r̃ 10 m̃.

	Ramo de Vidrio 1500
Alca	„ de Loasa 45
balas	„ de Merceria 650
	Contribution al Rey 380

por un año Ř. V: 2575 ── pr. dia 7·2

	Dr. Juan Hatscher 30
	„ Franco Storm 30
Sala-	„ Jph. Kreibich 20
rios	„ Ant. Knöspel . . . . . . 17 ¼
	„ Jsph. Preisler 10
	„ Mosa 10

por Semana Ř. de V: 117 ½ pr. dia 16.27

Barbero pr. 5 Personas 10 ℟ pr. Semana, al dia . . . 1.14 ¼
Aquador 6 ℟ pr. mes pertenece al dia & . . . . . . —.18
Labandera pr. Semana 14 ℟, al dia . . . . 2.—
Azeite 2 quartillos pr. dia . . . . 2.—
Carbon 5 ā a 3q^{los} pr. dia . · 1.26
Vino 10 quartillos pr. dia y vinagre 8. 8
Azucar ⅓ ā a 6 ℟, Caffe ¹/₁₂ ā a 12 ℟ pr. dia . . . 3. 8 ½
Tozino ¼ ā pr. dia . . . . 4.—
Pan, Carne, versa y Fruta, cada dia . . . . 35.—·
Ropa p: las Camas pr. dia . . . . 1.—
Polvos pomada pr. dia . . . . —.17
Tinta, plumas y papel . . . . 1.—

Imp^{tan} los gastos a cada dia Ř. V: . 96.—

NB. Unfer Cadizer Haus mit 4 Caseros täglich 107 ℟ 3 m̄ gastos. *)

───────────

*) Die obige Specifilation der jährlichen, wochentlichen und täglichen Ausgaben umfaßt die Miethe für die Häuſer (recte: casa ſtatt cassa), für den Saal (sala), das Viertel (quart^{ll·}), ferner die Abgaben für die verſchiedenen Branchen: Glas, Thonwaaren, die Krämerei, ſowie die königl. Steuer, dann die Gehalte und die mancherlei täglichen Bedürfniße, als Barbier, Waſſerträger, Wäſcherin, Oel, Kohle, Wein, Zucker, Kaffe, Sped, Brod, Fleiſch, Verſchiedenes, Früchte, Bettllicher, Zahnpulver, Pomade, Tinte, Federn und Papier. Ohne Zweifel ſind das die Auslagen, die von der Compagnie beſtritten wurden.

1800. August. Den 15. ungefähr dieses Monates fingen in Cadiz viele Menschen an krank zu werden Die Krankheit fing mit Kopfschmerzen an. Dazu kam heftige Calentura und Vomito negro *) und in Zeit von sechs Tagen starben die mehrsten. Das Uibel vermehrte sich und ungefähr den 24. August zählte man 16,000 Kranke in Cadiz. Den 28. starben 165 und den 29. 148 Personen. Die Todten wurden auf Wagen auf die Landpforte geführt. In jedem deutschen Hause waren drei bis fünf Personen krank. Auf den Plätzen brannten Pechfeuer. Zu gleicher Zeit spürte man das Uibel auch in Sevilla, besonders in Triana, und es wurden Kirchhöfe auf dem Felde angelegt, um die Todten nicht mehr in die Kirchen zu begraben. St. Ana mußte wegen vielem Ge= stanke zugemauert werden. In Triana starben immer bis dreißig Menschen täglich. — Laut Mottendorfer Nachrichten ist 23. Inni Ignatz Kittel nach Coruña und 9. Juli mein Bruder Fabian nach Amsterdam gereist.

Die Cadizer Briefe vom 2. September brachten uns die traurigsten Nachrichten, daß alle Tage über hundert Menschen sterben und daß 30,000 Menschen aus Cadiz geflüchtet, daß die Krankheit wirklich an steckend und daß beinahe alle unsere dortigen Landsleute krank danieder liegen. Alle Glasladen waren gesperrt; nur der einzige Janckische war offen. In unserem Hause waren fünf Kranke; nur der einzige Püschel noch gesund und Pilz ganz zum Sterben

2 September war Augustin Pilz noch gestorben.

5. September Josef Opitz,	
5. „ Krombholz,	gestorben laut Briefen dto.
5. „ Alex. Hetzel,	Cadiz 5. September.
7. „ FranzRautenstrauch,	
8. „ Franz Zimmermann,	gestorben laut Briefen dto.
8. „ „ Wirsig,	Cadiz 9. September.
9. „ „ Warckert,	

Noch starben laut letzten Briefen in Cadiz täglich gegen 200—300 Menschen; in unserem Hause waren die übrigen wieder gesund.

Kleidung und Leibwäsche war also, wie man folgern kann, von den Hausgenossen auf ihre eigenen Kosten anzuschaffen. Gerechnet wird nach Reales de Vellon à 34 Maravedis. Der Real de Vellon galt (nach Nellenbrechers Taschenbuch) 6 kr. ⁵⁄₇ Pf. Conv. Münze.

*) Hitze und schwarzer Auswurf.

Laut letztem Briefe von Cabiz dto. 12. September war noch gestorben Alois Rautenstrauch, Zincke bei dem Herrn Hiecken; übrigens
waren alle Böhmen wieder besser und auf dem dasigen Postamte war
nur ein alter Mann übrig geblieben, der alle Briefe nicht befördern konnte.
Laut Briefe von Cabiz 19. Sept. war den 18. September Gertler
von Arnsdorf gestorben und noch starben täglich 150—170 Menschen.
20. September. Bis 24. kam die Krankheit auch in unser vario (oder
varix). Wir sahen nichts als Leichen und unser Herr Gott ging des
Tags mehr dann zwanzigmal zum Kranken. Es war schauerlich und
fürchterlich. Gestern 23. September waren 147 Menschen in Sevilla und
Triana gestorben. Alle folgende Täge wurde es schlimmer; wie ein
laufendes Feuer ging diese Krankheit durch alle Gassen. In unserer
Pfarrkirche lagen wie auf einmal 600 Menschen mit den heiligen Sakramenten versehen. Man sah alle Augenblicke das St. Olio laufen und
bald im Sarge, bald auf Bahre wurden die todten Körper durch die Pu-
erta del arenal bis zum Torre del oro getragen und dann auf Wagen
geladen und bis zur Venta a ritaña in die Sansas begraben.

27. September wurde der kleine Gampe krank und den 28. September der junge Anton Rautenstrauch. Verhältnißmäßig sterben aber
hier weniger Menschen, als in Cabiz, weil das Uibel hier milder kommt
und weil die Aerzte auch schon besseren Treffer haben; sie retten die mehrsten
mit Lavativas, Plantillas *) mit Essig, Senf und Sauerteig. Die Krankheit fängt mit Kopfschmerz und Hitze an, welche aber an Zunge und
Puls kaum zu bemerken ist. Der vierte Tag ist gewöhnlich der entschei-
dende; entweder der Kranke wird munter und rettet sich durch Brechen
und Schwitzen, oder er wird matt und kraftlos und es erfolgt der Vomito
negro und das Blut geht augenblicklich in Fäulung über. Wir im Hause
leben alle in größten Sorgen und Bangigkeit.

30. September hatten wir Procession de la virgen de los
Veyes, welche Procession sonst nur einmal im August Monat zu sehen
ist. Die Krankheit wüthet fort und versetzte uns in Angst und
Schrecken.

---

*) Lavativas = Klistiere, plantillas = Umschläge.

Den 1., 2., 3., 4. Oktober war in unserer Paroquia ein immer
während es Sterben; alle Augenblicke sagte man uns, daß dieser Freund
und jener Bekannte gestorben wäre. Sa magestad und das Sanct
Olio ging doppelt auf den Gassen und jeden Tag starben 30 bis 45
Personen in unser Pfarrkirche.

4. Oktober. Abends 10 Uhr starb der Touel Rautenstrauch und
noch denselben Abend wurde er bis auf den Todtenwagen gebracht. Die
alte Gertlerin hatte sich heunte auch krank eingelegt und in dem Jauckischen
Hause wurden heunte Abend krank der Hautschel und Ignaz Tamme. Auch
der gute Augustin Rautenstrauch mußte sich niederlegen. Gott! wie
viel Elend auf einmal. Ich sehe alle Augenblicke, wann die Reihe an
mich kommt. Mein Weib und meine Kinder verlasse ich ungern; aber
doch bin ich auf Alles gefaßt und helfe, wo ich helfen kann.

4. Oktober starben in unserer Paroquia 43, den 5. 48, den 6. 33,
den 7. 53, den 8. 67 Personen. Den 6. Oktober wurde auch Eifelt krank.
Alle kranke Landsleute, besonders Herr Augustin Rautenstrauch, wurden gefährlich und heunte den 8. Oktober besorgte ich für alle die heiligen Sakra-
mente. Auch machte heunte bei uns Storm den Anfang und legte sich krank;
der Arzt versicherte aber zu unserem Troste, daß das Uibel gnädig seie.

9. Oktober. Heunte war ein schrecklicher Tag. Schon früh fing
der gute Tamme an zu sterben; ich wurde früh um zwei Uhr gerufen und
mußte da im Jauckischen Hause die drei Kranken ohne Hoffnung leiden
sehen und konnte nicht helfen. Der arme Gertler war trostlos, drei
so gute junge Leute auf einmal zu verlieren. Ich besuchte darauf Herrn
Augustin Rautenstrauch und fand bei ihm schon gebrochene Augen. Gott
im Himmel! da wurde ich mürbe. Zu Mittag verlangte er einen Geistlichen. Ich ging hin und sahe einen frommen Christen sterben; auch im
Tode war dieser liebe Mann noch groß. Vater, in deine Hände befehle
ich meinen Geist! Und zu uns Umstehenden sagte er: Perdonad! Perdonad! und das Blut erstickte ihn. Mit lächelnder Miene schlief er
ein. Segen, Segen seiner Asche! Das war ein braver Mann und starb
einen schönen Tod. Bald darauf starb Hautschel. Gott! ich hatte keine
Kräfte mehr den Unglücklichen beizustehen; sie wurden beide in einer
Bahre vor die Stadt auf die Carros gebracht. Schrecklicher Tag!

10. Oktober. Heunt früh 3 Uhr starb auch Ignatz Tamme; 11. Oktober wurde Seffel und Bretschneider krank und Storm mit heiligen Sakramenten verfehen.

14. Oktober starb der Franzesco Storm und den 15. Josef Preisler und den 23. Josef Kreibich,

23. Oktober Ant. Bizt. Preisler. *)

21.
Friedrich Egermann an seinen Schwager. **)

Haida, am 19. März 1860.

Egermann war von der Glasbläserei zur Kleckmalerei übergangen; diefen Ausbruck wollten die Maler nicht leiden, sondern sie wollten „Wappenmaler" genannt werden. Er brannte nämlich bei Nacht, wenn die Glasmacher schliefen, im Glasofen den Malern die Farben auf. Zu Kreibitz wurde er bei der Zunft, welche die Glasschneider, Blattvergolder und Maler umfaßte, aufgenommen und freigesprochen; jedes kostete 10 fl. W/W., welche der Vetter Anton Kittel bezahlte. Auf einmal wurde Todtenstille. Zwar lagen aus Spanien genug Aufträge vor, allein es war wegen der Seesperre durch die Engländer nichts fortzubringen.

Da nichts zu thun war, entschloß sich Egermann mit einem Kameraden, welcher von der Schluckenauer Herrschaft war, auf eine Blaumaler-Fabrik bei Leipzig zu ziehen. Um einen Paß zu bekommen, gingen sie beide nach Schluckenau, wo Egermann geboren war und wo er den Oberamtmann Stein, den Mann von seines Vaters Schwester, zum Vetter hatte. Ein Paß konnte ihnen in der Kriegszeit nicht ausgefolgt werden, doch erhielten sie auf vieles Bitten einen Passierschein zu dem Taufzeugniße, das sie bringen mußten.

Glücklich in Gera angelangt, traten sie in die Fabrik ein, wo der Kamerad sich setzen und das Probestück ablegen mußte. Als er fertig

----

*) Hier endigt das Tagebuch. Die Notizen vom 14. und 23. Oktober sind schon von anderer Hand eingetragen, denn am 23. Oktober wurde der Schreiber des Tagebuches selbst von der Seuche dahingerafft.

**) Das Original wurde von Herrn Dr. Eduard Zahn in Prag gefälligst mitgetheilt.

war, sollte Egermann sich setzen. Da er aber sich schwächer fühlte, als sein Kamerad, bei dem schon der Fabrikherr den Kopf geschüttelt hatte, so entschuldigte er sich, daß er nur als Gesellschafter mit hergereist sei. Wie er abreisen wollte, verlangte er von dem Kameraden den auf beide ausgefertigten Passierschein; doch den hatte der Fabrikherr zu sich genommen. Im Auslande und keinen Ausweis, das war eine schlimme Sache. Er reiste mit Thränen ab und hatte nichts anderes aufzuzeigen, als daß er katholisch getauft war. *)

Weiter fährt Egermann fort wie folgt:

Nun lieber Herr Schwager! Muß ich Ihnen doch sagen, wie ich die feine Malerei im Jahre 1790 aus der Meißner Porzellan= fabrik nach Böhmen gebracht habe und als Topfbinderjunge in die Fabrik mit den abgezogenen Barbiermessern einschleichen konnte, in verstellter Dummheit, um nicht gewahr werden zu lassen, daß ich etwas von der Glasmalerei verstände, und mit dem Vorgeben, daß ich von der Glashütte als Hinträger=Junge davon gelaufen sei, indem die Glas- macher gegen mich so grob waren u. s. w.

Von Leipzig her kehrte ich in eine Schnapsschänke ein. Es war Mittag. Appetit. Die Wirthsleute hatten Erdäpfelsalat mit Häring. Ich bat mir eine Portion aus mit Brod, stach ein paar Mal hinein und sagte: Ihr habt sehr schlechtes Oel. Sie erwiederten mir: Wir nehmen anstatt Oel Gansfett. Das zu hören, lief ich hinaus und mußte mich übergeben. Ich bekam das kalte Fieber. Es war ein altes Mütterchen da; die gab mir eine umgewendete Pflaume mit den Worten: Daran glauben und in zwei oder drei Tagen wird es weg sein.

Um nicht müßig zu sitzen, fragte ich: Habt Ihr keinen Drath? Ich will Euch Töpfe einbinden und stricken. Das konnte ich, weil ich auf der Glashütte die Tögel-Einsetzformen binden und einstricken mußte. Da aber zu der Zeit auf allen Glashütten eine Stille war (obwohl aus

---

*) Da der Brief im Anfange etwas zusammenhanglos ist — Egermann selbst bittet den Adreßaten unverständliche Ausdrücke seinem Alter zu Gute zu halten — so wurde bis hierher bloß der Inhalt mitgetheilt. Im Folgenden aber wird der Brief nur mit kleinen, die ursprüngliche Redeweise jedoch nicht verwischenden Redaktionsänderungen vollinhaltlich wiedergegeben. Egermann war zur Zeit, als er den Brief schrieb, bereits 86 Jahre alt. Er starb am 1. Jänner 1864 im 90. Lebensjahre.

Spanien viele Bestellungen eingelaufen waren, die jedoch nicht fortge= schickt werden konnten), so wurden mehrere tausend Sätze in die Kam= mern gemacht — sächsische Gattungen und etwas türkische. Der Drath war bald da.

Mit dem alten Mütterchen sprach ich Verschiedenes; ich fragte sie, wie ich nach Görlitz zu meinem Schwager kommen könnte. Sie erwiederte mir: Wenn nur der Topfbinder=Gutmacher käme! Es ist ein alter In= valide und hält sich in Schnapshäusern auf. Er ziehet Barbiermesser ab und bindet und strickt die Töpfe ein; er hat es nicht nothwendig, denn er war ein großer Offizier und der König gibt ihm zu leben. Schau dich nur um diesen um; er würde Dich wohl mit fortbringen, denn er ist ein kluger Kopf und jahrelang in ganz Sachsen und Preußen bekannt, und man nennt ihn nur den Gutmacher. Sonst wüßt ich Dir keinen anderen Rath zu geben, denn ohne Paß kann Dich kein Gastwirth be= halten. Es ist zu strenge verboten. Ich dankte sehr der alten Mutter.

Nun ging ich heimlich, in der Furcht, daß ich nicht einem Gensdarm in den Weg kam. Glücklicherweise traf ich ihn bald in einer Windmühle an und bat um Milch, die ich bekam. Ich hatte Semmeln bei mir, welche ich hinein brockte. Es waren zwei kleine Mädel da, die hatten Lust mit zu essen; ich sagte: Holt euch Löffel! Das gefiel der Frau und sie goß mir noch mehr Milch zu und brockte mehr Semmeln ein. Wie ich fragte, durfte ich für die Milch nichts bezahlen.

Mir klopfte das Herz, da der Invalide in der Stube auf dem Boden saß und einen Topf einstrickte, die Flasche Branntwein daneben. Ich trat hinter ihn; er sah sich rasch um und sagte: Du willst es mir gewiß ablernen? — Ach, mein guter Freund! ich wollte Euch nur bitten, mir zu sagen, wie ich könnte nach Görlitz kommen; ich habe einen Schwager da, den ich besuchen möchte. — Nun ich reise dahin, setze Dich nur mit her und hilf mir; um desto eher kommen wir fort. Ich setzte mich und er ging und holte gebrannten Drath. Er war eingekehrt auf Schnaps. Ich nahm dann den großen Topf her, welchen er angefangen hatte und strickte ihn fertig. Nun, wenn er kommt, der wird sich freuen, sagte der Müller, daß er einen Gehilfen bekommen hat; er macht nicht viel. Er hat mehrere Barbiermesser hier liegen, sagte die Müllerin, und sie brauchen

selbe, denn er hat den Namen „Gutmacher" durch ganz Sachsen. Nun
kam er gegen Abend. Aha, schön, schön! Du strickst auch nicht den ersten
ein; das freut mich, daß ich einen Gehilfen bekommen habe, gebt dem
Burschen Brod, Käse und Schnaps. — Schnaps trink ich keinen. —
So geb't ihm Milch, er wird Appetit haben. — Ich aß und wir blieben
auch über die Nacht da und ich wurde um keinen Ausweis gefragt. (Um
das war mir bange, wo übernachten.)

Es wurde früh aufgestanden und er sagte zu mir: Du mußt das
Barbiermesser-Abziehen lernen und dann die Barbiermesser zu Hause
tragen, damit verdienst Du Groschen, denn ich habe mir schon Verdruß
gemacht. Und wenn Du welche bekommst zum Abziehen, so verwechsele
sie nicht und schau auf die Hausnummern. Nur sei höflich, denn in
Sachsen macht Dir das Freunde und Du bekömmst Gratiale. Ich gebe
Dir meinen Paß mit, aber gib ihn nicht aus der Hand und sag', Du
sei'st der Junge vom Gutmacher und stelle Dich recht dumm, aber höflich
dabei. Er schrieb mir die Namen laut Nro. auf, wo ich die Barbiermesser hintragen sollte. (Seinem Schreiben nach wurde ich gewahr, daß
er ein großer Offizier war.) Den Preis davon sagte er mündlich. Ich
ging in mehrere Häuser, zeigte den Paß vor, auch einem Gensdarm,
welcher ihn las und an die Mütze griff — mit Respekt.

Es war schon über den Mittag; ich brachte ihm dreizehn Barbier=
messer zum Abziehen. Bravo! Bravo! Nun laß Du Dir Essen geben.
Gegessen habe ich mehr als zu viel, auch — Braten. Meister! wenn ich
wieder ausgehen werde, muß ich mir Draht und das Bindezeug mit=
nehmen, denn es gibt in den Kuchen, wo ich zu essen bekommen hab',
Töpfe zu binden. — Du kannst und laß Dir für die Elle Draht einen
Dreier geben; bekommst Du mehr, das ist Dein. Mache dumme Kom=
plimente und küße den Frauen die Hand, wie es sich für einen Topfbinder=
Jungen gehört und verschnappe Dich nicht, was Du mir unter vier Augen
gesagt hast. Besonders, wenn wir nach Meißen kommen werden, da mußt
Du Dich gut zusammen nehmen, daß Dir der Eingang erlaubt wird,
als Gutmacher — Fritz oder Junge. Nun Du hast junge Beine, so
gehe nach Leipzig; da ist mein Paß auch bekannt, da bekommst Du schon
Barbiermesser.

Ich ging und brachte eine Menge, auf ein paar Tage zu thun. Ich war frühzeitig ausgegangen mit meinem Tornister, der vom Meister war, aber die Reise war schlecht ausgefallen, daß er mich bald fortgejagt hätte. Ich mußte gute Worte zugeben und die Hausfrau auch. Ich war zu einem Mann mit einem gefüllten Ranzen getroffen; der sagte: Du bist leer; ich gebe Dir einen Thaler, wenn Du mir meinen Ranzen trägst; ich weiß einen graben Weg dahin. Ich nahm den Thaler. Ehe wir nach Leipzig kamen, nahm er mir den Ranzen ab und ging seiner Wege. Ich ging getrost bis nach Leipzig mit meinem Thaler, ohne etwas zu vermuthen. Ich erzählte es, ohne etwas Uibles zu ahnen. Nun fuhr er auf: das war ein Schmuggler; wenn ein Gensdarm Dich bekommen hätte, so wären wir Beide unglücklich geworden, denn es war Paschgut darin. Die Hausfrau redete ihm zu, daß er mir das verzieh. Und da ich ihm nur Geld und Messer zum Abziehen brachte und ein Stück Braten, welches ich in einer Kuchel bekommen hatte, da war Alles wieder gut. Er war wie ein Vater gegen mich. Er war studiert und hatte Kopf und hatte sich im Krieg tapfer gehalten. Wenn er trunken, erzählte er auch von seinem Soldatenleben, — daß er Manchem den Kopf gespalten und keine Hauptblessur bekommen habe. Daß ich in die Meißner Porzellanfabrik eingelassen worden bin, habe ich nur meinem achtungswerthen Topfbinder- meister zu danken, der mich da als seinen Jungen aufgeführt hat.

Lieber Herr Schwager! Der Brief wird Ihnen lange Weile machen, aber um so mehr meine Reisebeschreibung, wie ich in der Meißner Por- zellanfabrik ein paar Wochen wie zu Hause war. Der Eingang war ganz verboten. Ich mußte dumm bleiben, da konnte ich gehen, wo ich hin wollte. Ich bat den Topfmeister Gutmacher, daß ich in der Fabrik die Messer durfte abziehen, indem die Maler nach der Stunde bezahlen wollen, um dabei Alles zu lernen. Er erlaubte es mir; das war mir und Allen recht. Und ich ließ mich dabei recht zum Besten haben; sie tauften mich um und hießen mich denböhmischen Haus, weil der Obermaler Fritz hieß. Da seine Mutter in der Küchenstube Pinsel machte, so half ich ihr, welches mir auch willkommen war, denn die Kleckmaler hatten harte Pinsel von Dachshaar. Dem Brenner und Farbenschmelzer brachte ich immer einen Schnaps, wodurch ich Manches erfuhr, was ich zu wissen brauchte.

Die Reise mit dem Meister Gutmacher dauerte über einen Monat, ehe wir nach Görlitz kamen. Wenn er nicht den Paß visirt gehabt hätte, so wären wir nach Thüringen gereist, denn die Mutter vom Obermaler war aus Thüringen und hatte mir viel vom Glaswesen u. s. w. erzählt.

22.
Handelsleute zu Steinschönau im Jahre 1752.
Kollar=Extract.

Aus der neuen Landmesserei herausgeben Anno 1748. Verfertigt oder eingericht Anno 1752 den 10. Novembris von denen Deputirten Herrn Amts Offiziers Herrn Rentmeister Johann George Kucharz in allhiesigen hochfürstlich Franz Ulrich Kinsky'schen Gerichten.

Anno 1755 eingeschrieben J. J. J. K.*)

Handelsleute.

	Fictitium von Personali oder Gewerb Monal	
	fr.	s.
Johann Christoph Hencke	1	1½
Christian Anton Helzel	3	4½
Joseph Zincke	1	1½
Joseph Heller	3	4½
George Palme Lämmel	1	1½
Joh. Joseph Helzel	3	4½
Christoph Helzel on 2 Söhne	3	—
Franz Zahn	3	4½
Balthasar Knappe	1	1½
Franz Waagner	3	4½

*) Aus einem im Bürgermeisteramte zu Steinschönau befindlichen Manuscripten-Bande, welcher den Titel führt: „Nr. 1, alwo zu finden aller gründ'icher Bericht des a'ten Herkommen und Ordnung der löblichen Gemeinde Steinschönau. Auf's Neue reno-virt im Jahre Christi Ao. 1755." In dem oben mitgetheilten Verzeichnisse der Han-delsleute gehen die Bauern voraus und die Handwerksleute folgen. — Der Schreiber heißt nach der in der Oberscheule zu Steinschönau erliegenden Abschrift des Manuscrip-tes Knechtel, welcher Name unter den Glashänd ern von Steinschönau oft genannt wird. — Der Bürgermeisterstellvertreter Herr Med. Dr. Charwat ließ dem Herausgeber auf das bereitwilligste eine A schrift des Originals zukommen.

	fr.	s
Joh. Chr. Zahn . .	3	4½
Joh. Anton Zahn	3	4½
Joh. Jakob Heltzel	3	4½
Kaspar Palme Mühl	2	—
Joseph Kreybich ober	1	1½
Joseph Zahn	1	—
Anton Franz Zahn	3	4½
Christian Weyblich	3	4½
Elias Heynrich	1	1½
Franz Zincke	1	3
Joh. Christ. Frietsche	1	3
Joseph Hellmich	1	3
Bartholomäus Zahn	2	3
Karl Robitschek	3	4½
Andres Röbisch	3	4½
Joh. George Kreybich	3	—
Joh. George Horn	1	1½
Joh. George Palme Mühl	1	3
Eva Mathes Palme Sohn	1	1½
Joh. George Weyblich	1	3
Joseph Kreybich (Weber	1	1½
Franz Knappe, ⎫ Linwandhändler	1	1½
Anton Kreybich, ⎭	1	3
Christian Martin Heltzel	1	1½
Anton Schlögel	1	1½
Joseph Kreybich nieder	1	1½
Kaspar Günters Sohne	1	3
Joh. George Zahn*)	3	4½

*) Es läßt sich denken, daß in einer Gegend, welche so beträchtliche Waarenmen
gen erst, und zwar nicht immer aus der nächsten Nähe, zu sammeln und dann in weite
Länder zu versenden hatte, das Frachtwesen stark vertreten sein mußte. Allenthalben gab
es in den umliegenden Ortschaften Fuhrleute, die Jahr aus Jahr ein Glas verladen und
als Rückfracht Colonialwaaren, Südfrüchte und andere derlei Artikel, auf deren Bezug
aus der Fremde man angewiesen war, in die Gegend so wie in die Städte, die sie

23.

Glashandlungsfirmen in Blottendorf. *)

In den Jahren 1470—1480 haben sich einige Ansiedler unter dem Namen Oppitz (aus Baiern) hier in dem niederen Theile am Wege von Arnsdorf nach Blottendorf und Falkenau, dann im oberen Theile durch Urbarisirung angesiedelt, welchen die Sturm, Rautenstrauch, Helzel, Kittel und Preysler, welche letztere aus Schlesien hersiedelten, folgten, dann die Helmich, Sturmer, Gelbner, Kreibig, Görner, Gotscher, Görtler, Gaupe, Riebl, Pilz, Schürer, Knöspel, Jauke u. s. w., welches jedoch nach den Jahrgängen sich nicht genau ermitteln läßt, und haben sich meistens durch den Glashandel nach Italien, den Niederlanden, Frankreich, Spanien, Portugal, Holland, Rußland, Polen, Norwegen und Schweden hervorgethan. Man sagt, die Helzel und Preysler und einige andere wären mit glasbeladenen Schubkarren bis in die Niederlande gefahren und dann immer weiter nach Spanien, Portugal u. s. w. Der erste Impuls des Glashandels ist von Blottendorf aus gegeben worden.

Noch in den letztverflossenen Jahren (von 1830 zurück) bestanden von den früheren gegründeten Handlungen in der Gemeinde Blottendorf noch viele Handlungscompagnien von 4, 6, 8 und 10 Mitgliedern, die aber im Laufe der Jahre, besonders von 1800 bis 1830, sich größtentheils aufgelöst haben und gegenwärtig nur noch einzelne davon das Glasgeschäft nach allen Weltgegenden betreiben.

passirten, brachten. Man nannte sie Commerzialfuhrleute. Nirgends aber, so weit Men=
schengedenken zurückreicht, hatte sich einer zu solcher Bedeutung aufgeschwungen, wie die
Familie Vetter in Steinschönau. Diese unterhielt ständig zwischen dreißig und vierzig,
zuweilen bis fünfzig Pferde, durchgehends starke Heugste und, aus einer gewissen Vor=
liebe, meist Schecken, wodurch sich das Vetter'sche Gespann auf der Heerstraße gleich kennt=
lich machte. Da Steinschönau seine Handelsverbindungen vorwiegend in Italien und in
der Levante hatte, so bewegte sich das Vetter'sche Fuhrwerk in der Regel auf der Route
nach Triest; nur ausnahmsweise soll es auch nach Lüneburg verkehrt haben.
*) Gefälligst durch Herrn Hermann Adam, Glasraffinerie= und Glashandlungsbe=
sitzer, vermittelte Abschrift aus dem Gedenkbuche der Gemeinde Blottendorf. Auch dieses
Gedenkbuch wurde gemäß sub 1 gedachter Verordnung des Oberstburggrafen Graf Karl
von Chotek angelegt und zufolge Beschlusses der Gemeindevertretung mit dessen Führung
Christoph Woeser betraut, welcher vom Jahre 1795 bis 1857 in rühmlicher Weise als
Lehrer in Blottendorf wirkte.

Zum Beweise des sicheren Bestehens der großen Handlungskörper steht hier ein Verzeichniß jener Handlungsgesellschafter, die im Jahre 1790 und später noch gelebt haben, welche abwechselnd zeitweise einige Jahre nach fremden Ländern gereist und dann wieder zu Hause die Absendung besorgt haben, von welchen einige ganze, einige auch nur theilweise Compagnons gewesen sind und zwar:

A. Unter der Firma Preisler & Cie., etablirt auch in Cadix und Sevilla in Spanien.

(Beim Mercantil= und Wechselgerichte vorgemerkt.)

a. Joh. Ant. Preisler sen., alt 84½ Jahr hier gestorben 7. Mai 1808.

b. Augustin Christoph Pilz, alt 81 Jahre hier gestorben 6. Mai 1820.

c. Joh. Ant. Zinke in Arnsdorf, 85½ Jahre alt hier gestorben 15. Jänner 1793.

d. Joh. Anton Preisler jun., alt 73 Jahre hier gestorben 21. April 1826.

e. Ferd. Geldner, alt 73 Jahre hier gestorben 13. Oct. 1793.

f. Joh. Joseph Kukauf, alt 69 Jahre gestorben zu Cadix am 20. Jänner 1817.

g. Johann Wenzel Geldner, alt 69½ Jahre hier gestorben 12. Juni 1815.

h. Fr. Bredschneider, alt 83 Jahre hier gestorben 2. Dez. 1833.

i. Franz Raschel in Arnsdorf, alt 46 Jahre gestorben zu Cadix im Juni 1805.

Zu dieser Handlung im Jahre 1796 neu ernannte Compagnons:

a. Ant. Vinz. Preisler in Arnsdorf, starb bei der großen Epidemie bald nach der zweiten Hinreise in Sevilla im Alter von 34 Jahren den 23. October 1800.

b. Joseph Ant. Riedel, alt 54 Jahre, starb zu Cadix den 14. Februar 1820.

c. Johann Hatscher, alt 62 Jahre, starb zu Sevilla den 29. September 1833.

d. Joseph Gotscher, alt 67 Jahre, starb zu Cadix.

1819 als neue Compagnons aufgenommen:

a. Anton Gelbner, 49 Jahre alt, lebte hier noch nach Auflösung der Handlung.

b. Joseph Pilz, alt 42 Jahre, starb zu Sevilla den 16. März 1834. Diese Handlung dürfte in der zweiten Hälfte des 17. Jahrhunderts von Georg Preisler, Sohn des aus Schlesien stammenden Christoph Preis= ler, gegründet worden sein.

B. Unter der Firma Oppitz & Cie. in Coruña, Ferrol & Vigo in der Provinz Galizien in Spanien, zugleich dänischer und schwe= bischer Consul.

(Beim Mercantil= und Wechselgerichte vorgemerkt.)

a. Ant. Oppitz sen. starb hier, 81 ¼ Jahre alt, 10. Oft. 1809.

b. Gottfried Görner aus Schaiba, geb. 11. Oktober 1725 in Schaiba, gestorben den 13. Mai 1808 im Alter von 83 Jahren.

c. Anton Raschel, alt 50 Jahre gestorben zu Coruña den 13. Oktober 1804.

d. Wenzel Oppitz, alt 50 Jahre hier gestorben den 23. Oft. 1796.

e. Ant. Oppitz jun., nach Abgang des Vaters dänischer und schwedischer Consul in Spanien, alt 52 Jahre, starb hier den 26. Oktober 1827.

f. Joseph Görner aus Schaiba, starb in Schaiba den 28. Au= gust 1816 alt 61 Jahre.

g. Johann Ant. Oppitz, alt 69 ½ Jahre, starb hier den 4. Au= gust 1828.

h. Joseph Oppitz, alt 54 ¼ Jahre, starb hier den 22. Mai 1832.

i. Franz Görtler, alt 51 Jahre, starb in Coruña 1821.

j. Joseph Kulman, starb 77 Jahre alt hier.

k. Joseph Elstner, alt 48 Jahre.

C. Unter der Firma Fischer, Kittel & Cie. in Amsterdam, dann Sachser, Kittel & Cie. in Spanien.

(Beim Mercantil= und Wechselgerichte vorgemerkt.)

a. Joseph Fischer, alt 77 Jahre, starb hier 15. Mai 1828.

b. Augustin Kittel, starb hier 70 Jahre alt 25. Jänner 1821.

c. Johann Joseph Sachser aus Haida.

d. Ignaz Kittel in Arnsdorf, alt 67 Jahre, starb hier den 7. Dezember 1838.

e. Kaspar Kittel, anno 1805 abgegangen nach Stralsund.

f. Anton Kittel, seit 1807 abwesend.

g. Joseph Hammer, starb 64 Jahre alt in Haida 31. Mai 1831.

h. Ant. Kittel jun., starb 48 Jahre alt in Amsterdam 29. November 1829.

D). Unter der Firma Rautenstrauch, Hiele & Cie.

Vater Augustin Rautenstrauch hier gestorben 60 Jahre alt den 28. April 1791. Compagnon Anton Hiele in Haida.

Söhne des obigen Augustin Rautenstrauch bei der Handlung:

Augustin Rautenstrauch, geb. 1. Sept. 1759
Joseph   „   „ 18. März 1761   } gest. in Spanien bei der großen Epidemie im Sept. 1800
Franz   „   „ 9. Nov. 1767

Wenzel   „   „ 12. April 1769, verblieb bei der Handlung in Spanien.

Anton Rautenstrauch, geb. 21. Juli 1780   } gestorben im Sept. 1800 bei der großen Epidemie in Spanien.
Alois   „   „ 23. Sept. 1782

Stephan   „   Compagnon bei der Handlung und Bürgermeister in Haida, geb. den 22. April 1784.

Nach dem Ableben des Vaters Augustin Rautenstrauch wurde, da die geschäfttreibenden Söhne alle in Spanien waren, das Geschäft dieser Handlung nach Haida verlegt unter der Firma Hiele, Rautenstrauch, Zinke & Cie.

E. Unter der Firma Helzel & Cie. in Lübeck:

a. Jakob Helzel, gestorben 72 Jahre alt hier 29. April 1799. Dessen Sohn

b. Joh. Jakob Helzel hat die Handlung bis 1827 fortgeführt und ist 82 Jahre alt in Reval gestorben.

c. Joseph Niedel, gestorben in Lübeck 17. Oktober 1801 43 Jahre alt.

d. Joseph Klein, anno 1817 gestorben in Lübeck.

F. Unter der Firma Gebrüder Preisler in Petersburg:

a. Vinz. Preisler starb 49 Jahre alt 24. Jänner 1800.

b. Alois Preisler starb 53 Jahre alt zu Petersburg anno 1806.

c. Augustin Müller starb zu Petersburg.

G. Unter der Firma Habenicht & Cie. in Stralsund.

   a. Michael Habenicht, alt 63 Jahre gest. anno 1805 in Stralsund.

   b. Joseph Habenicht, alt 62 1/2 Jahre gest. hier 5. Jänner 1825.

   c. Augustin Elstner, alt 70 Jahre gest. in Stralsund.

II Unter der Firma Benedikt Schürer ein für sich allein stehendes Geschäft, welches seit dem Jahre 1786 Geschäftsverbindungen mit Hamburg, Spanien und Deutschland hatte. Derselbe starb 26. Jänner 1801.

J. Unter der Firma Georg Ant. Janke & Cie. in Haida waren die Kreibig aus Blottendorf und zwar:

   a. Ant. Franz Kreibig, geb. 1695 (24. April), gestorben hier den 16. October 1777.

   b. Ant. Franz Kreibig, Sohn d. Obigen, starb hier 31. Oct. 1790.

   c. Ant. Vinz. Kreibig starb hier 51 Jahre alt 19. Dezember 1822.

   d. Georg Ant. Kreibig, ebenfalls Gesellschafter der Handlung in Cadiz, Sevilla, Barcelona und Valencia.

Unter der Firma Gebrüder Görner bestand ein Geschäft oder Glashandlung unter den vier Brüdern. Als aber wegen den französischen Unruhen und Kriegen diese Handlung in Brüssel nicht mehr bestehen konnte, errichteten dieselben mit a. h. Entschließung Wailand Sr. Majestät Kaiser Leopold auf Empfehlung der durchlauchtigsten Frau Erzherzogin Christina, Gemalin des Herzogs Albrecht von Sachsen-Teschen Vice-könig in Brüssel, eine eigene Glashandlung oder offenes Gewölbe in der Haupt- und Residenzstadt Wien.

Diese a. h. Entschließung lautet wörtlich:

Seine Majestät haben vermög höchster Entschließung vom 9. und præs. 19. dieses Monats ihnen, Gebrüder Görner, Luster- und Glasfabrikanten aus Böhmen, aus besonderer allerhöchster Gnade die Haltung einer Niederlage und das Befugniß zum Verkaufe ihrer Spiegel und Glaswaaren das ganze Jahr hindurch hier in Wien zu bewilligen geruht.

Welche höchste Bewilligung ihnen, Gebrüder Görner, zur Wissenschaft andurch eröffnet wird.

Wien, den 27. Juli 1792.

                               Franz v. Martin m. p.

Die Gesellschafter waren:

Franz Ant. Görner, starb hier, 64 Jahre alt, 8. Juni 1821.

Joseph Görner, starb hier, 71 Jahre alt, 20. Juli 1832.

Valentin Matthias Görner, starb hier, 66 Jahre alt, 20. März 1832.

Augustin Görner, verblieb zu Brüssel allein und starb dort 1806.

Als Compagnons aufgenommen:

Johann Knöspel, trat jedoch anno 1818 aus und etablirte sich selbst in Wien.

Ferdinand Görner, starb auf einer Geschäftsreise anno 1825 in Frankfurt.

Franz Alois Görner, starb 1843 hier.

Joseph Görner jun., 1818 als Compagnon aufgenommen, trat aber 1825 aus und etablirte sich selbst.

K. Von der Firma Ziegenheim & Cie. in Haida, welche in Lissabon und Porto etablirt waren, lebte als Compagnon hier, von wo ursprünglich das Geschäft herstammt, Franz Riedel, welcher hier starb 13. November 1804.

L. Von der Firma Jauke, Rautenstrauch & Cie. in Lissabon lebte hier der Hauptchef Joseph Rautenstrauch, welcher hier 1851 starb.

M. Unter der Firma Storm & Cie. in Mailand. Die im Jahre 1700 in Blottendorf bereits bestandene Firma bestand aus den drei Brüdern Elias, Wenzel und Georg in Neapel und Mailand, deren letzte Erben und Compagnons die zwei Brüder waren:

Joseph Storm, starb in Mailand.

Ignatz Storm, starb hier in Ober-Arnsdorf den 5. August 1829, alt 81 Jahre, und wurde das Geschäft durch dessen Schwiegersohn und Compagnon Ignaz Richer fortgeführt.*)

---

*) Dem Gedenkbuche liegt ein Originalpaß des kais. Residenten bei dem k. Hof in Portugal, Joseph Zignony, ddto. Lissabon 3. Dezember 1714 für den Glashändler Namens Christoph Geldner, aus Böhmen gebürtig, bei, welcher von hier aus „Gott Dank aus einer gesunden Lust nach Holland und ferner nach seiner Heimath zu reisen gesonnen sei."

IV.

Historische Aufsätze.

24.

Muthmaßliche Notizen

über die **Erfindung des Glases** im Allgemeinen, und besonders über dessen erste Fabrizirung, Raffinirung und Versendung in unserem Böhmen, namentlich auf denen drei Herrschaften: Böhmisch-Kamnitz, Bürgstein und Reichstadt.

Die Glasmacherkunst gehört unter die ältesten und nützlichsten Erfindungen. Schon vor Christi Geburt 1000 Jahre, berichtet der große Naturforscher Plinius, daß die Karawanen der Phönizier zufällig Glas erfunden haben. Sie wollten nämlich am Flusse Belus Fleisch kochen; nun machten sie aus Mangel eines eisernen Dreifußes von denen mit sich führenden Salpeterstücken eine Unterlage zum Holze. Dieser Salpeter fing an im Feuer zu schmelzen, Sand mischte sich, in der Glut aufgelöst, bei und die Glasmaterie war das Resultat. Zu den Zeiten Hiobs war das Glas so hoch als Gold im Werthe. Von den Phöniziern kam diese Kunst nach Alexandrien, wo Aegypten, als es eine römische Provinz war, jährlich eine Quantität Gläser an den römischen Hof senden mußte. Aus Aegypten kam diese Kunst nach Griechenland und endlich nach Ita-

9

lien, wo man sagt, daß unter dem Kaiser August post Rom. condit. 760 ein Glaskünstler dem Imperator eine sehr künstlich verfertigte Rose vom Glase soll offerirt haben. Die größte Pracht beim römischen Theater soll von Glasverzierungen bestanden haben.

Von da aus verbreitete sich diese Kunst nach Frankreich, Spanien. Allein in dem barbarischen Mittelalter konnte selbe nicht allgemein werden. Im 9. Jahrhunderte aber, wo das Christenthum nach Böhmen und die übrigen Nordländer drang, kamen auch Künste und Wissenschaften. Und mit diesen blieb auch das Glasfabriziren nicht mehr fremd. Zuerst wurden aber nur die Kirchenfenster damit geziert, und zwar mit gefärbtem (imprägnirtem?) Glase. Jedoch ging auch dieses Raffiniren ziemlich langsam vorwärts, denn noch im 15. Jahrhundert, 1458, hatte kaum die Hälfte Wiens — Glasfenster. Venedig war aber im 13. Jahrhundert am thätigsten; denn auf der Insel Murano wurde das schönste Hohlglas verfertigt, wie auch Spiegel, welche Erfindung in's Ende des 13. und Anfang des 14. Jahrhunderts zu rechnen ist.

Von da aus nun kam diese Erfindung immer günstiger in die Nordländer; wahrscheinlich, weil da mehr Holz und Energie wegen der stiefmütterlichen Erde dazu nöthigte.

Die ersten Glashütten mit allgemeinem Vortheil sollen im 16. Jahrhundert um das Gebirge bei Reichenberg gewesen sein. Jedoch konnten dieselben wegen den damaligen leidigen Religionskriegen nicht recht gedeihen. Vom Jahre 1618 bis 1648 war ja der dreißigjährige Krieg, wo geschickte Glasmacher nach England u. s. w., auch im Jahre 1641 wahrscheinlich mit schwedischen Soldaten bis Stockholm, reisten. So weit im Allgemeinen.

Die sogenannten Glashütten (Fabriken besser) von den Herrschaften Kamnitz, Bürgstein und Reichstadt sollen folgende Entstehung gehabt haben.

1. Die sogenannte Rollhütte im halben Wege von Falkenau bis Tollenstein, jetzt Herrschaft Kamnitz, soll den Herrn von Wartenberg um das Jahr 1596 gehört haben. Nachher soll ein Christoph

Palme von Röhrsdorf Inhaber davon gewesen sein. (Denn damals konnte ein Jeder Glas fabriziren, wenn er nur die drei Kleinigkeiten: Geld, Holz und Absatz zu Gebote hatte). Der letzte Besitzer obiger Hütte war Kaspar Kittel & Johann Kittel von Blottendorf um das Jahr 1723. Ersterer der Großvater unsers seligen Augustin Kittel Nr. 30 und der zweite der Großvater unsers noch lebenden Herrn Dechants Jg. Kittel. Durch ein Feuer, angelegt oder zufällig, wurde obige Hütte zerstört (1730—40). Nun baute die Herrschaft Kamnitz eine neue Hütte statt dieser in Ober-Kreibitz um die Hälfte des 18. Jahrhunderts; denn von den Jahren 1750 bis 1760 war allda Glasmeister Joh. Joseph Kittel (Vater unsers Jg. Kittel). Nach seinem Tode war sein Sohn Anton 1788 Besitzer bis 1820 u. s. w.

2. Die Falkenauer Glashütte anbelangend, so ist selbe wahrscheinlich von dem Herrn von Berka errichtet, und zwar um das Ende des 16. Jahrhunderts. Denn der nachmalige Besitzer Leopold Schierer kömmt im Taufbuche von Plottendorf um das Jahr 1723 zuerst als Glasmeister vor. Da wollen noch alte Leute wissen, daß er dem Herrn von Berka nur die nöthigen Tischgläser als Zins zu entrichten hatte. Dieser soll aber durch ein Vergehen wider seine rechtmäßige Dynastie mit die Husar abgeholt und nicht mehr zum Vorschein gekommen sein. Nachher ist diese Hütte ein Eigenthum des P. T. Herrn Grafen Jos. Maximilian Kinsky gewesen. Aber um die Jahre 1745 bis 1759 hat Joseph Kittel von seiner Obrigkeit diese Hütte sammt Gute gekauft (Hüttengut). Dann aber wegen Mangel an Holze eingegangen und nach Kreibitz um das Jahr 1760 übersiedelt. Denn im Jahre 1763 sind aus dem Hüttengute Baustellen geschaffen worden, daher Kittlitz. Um dieses Jahr ist auch

3. die sogenannte Neuhütte, Herrschaft Reichstadt, von obigem Joseph Kittel erbaut. Später das schöne Wirthshaus: Antonihöh um 24.000 fl. Conv. M. gebaut worden.

Aus diesem Allen geht doch so viel hervor,

a. daß die Glasmacherkunst in Falkenau schon vor hundert Jahren, die der Rollhütte noch früher florirt habe.

b. Die erste Raffinirung als Schleifen, Schneiden, Kugeln, Vergolden und Mahlen kann, erstere in das 17. Jahrhundert, letzteres aber in's 18. gesetzt werden.

c. Versendet wurde es anfangs mit Schubkarren und Hocken u. dgl. in Landstädten, dann außer Lands. Wo die Gebrüder Sturm die ersten aus Italien so schwer Silber zurückbrachten, als Glas hin. Später nach Holland, Hansestädte u. s. w., die Rautenstrauche nach Rußland, Kreibiche nach Spanien, Hellmiche desgleichen. Da sollen die Schubekarrn Krämer nur aus Mangel an Sprachkenntniß in Spanien groß und klein Glas um 1 Piaster geboten und auch verkauft haben. Das Fuhrwerk auf der Achse nach Hamburg ist wohl hauptsächlich in's 18. Jahrhundert zu setzen.

(Soweit das Geschreibsel von einem armen Dorf Teufel! P. Z.).

25.

Aus einem Aufsatze über die Geschichte der Glasfabrikation und des Glashandels von Böhmen.*)

.... Als der böhmische Glashandel immer mehr emporgeblüht und sich bis nach Holland, Rußland, Portugal, Spanien, Neapel und die Türkei ausgedehnt hatte, entstand ein förmliches Bedürfniß um Glas, so daß man endlich im Czaslauer Kreise mehrere Glashütten errichtete, wovon die zu Guttenbrunn unweit Steinsdorf noch bestehende sogenannte Hagelhütte eine der besten und renommirtesten gewesen war. Die Errichtung dieser Glashütten dehnte sich sofort bis an die mährische Gränze aus und das auf diesen sogenannten „böhmischen Hütten" erzeugte Glas konnte ungeachtet der hohen Fracht weit billiger erzeugt werden, als das der Kittlischen Glashütten zu Kreibitz und Neuhütte, weil das

---

*) Wahrscheinlich ist dieser um 1850 geschriebene Aufsatz dem Pfarrer Hegenbart, als er seinen Artikel schrieb, vorgelegen. Es wurde daher daraus Alles weggelassen, was schon in diesem oder in den hier mitgetheilten Originalquellen vorkommt.

Holz und die Pottasche in jenen Gegenden zu bedeutend billigeren Preisen angekauft werden konnte. So geschah es dann in der Folge der Zeit, besonders von dem Jahre 1770 anfangend bis auf den heutigen Tag, daß das rohe Glas von den böhmischen Glashütten, wovon die zu Guttenbrunn, Chrambok, Woſtrow, Taſſitz, Lipnitz, die Johanneshütte bei Swietla, Neuwald *) und mehrere andere ſich einen bedeutenden Ruf erworben hatten, nach Haiba, Blottendorf, Langenau, Steinſchönau und weitere Umgebung zugeführt und daſelbſt nach Nothwendigkeit raffinirt, das heißt geſchliffen, geſchnitten, gekugelt, gemalt und vergoldet und ſodann in die entfernteſten Länder verſandt wurde. . . . .

. . . . In der Verwahrung des Herrn Friedrich Egermann in Haiba befinden ſich noch einige ſolche aus den Jahren 1610 bis 1680 herrührende mit Wappen und Schildern bemalte Gläſer. . . . . .

. . . . Kaspar Kittel war der erſte Handelsmann, der dem böhmiſchen Glashandel die Bahn gebrochen, ... andererſeits hat er ſich auch um die Glasfabrikation ſehr viel Verdienſt erworben. Er war es, der mit Sorgfalt dahin trachtete, ein weißeres und reineres Glas zu erzeugen, wobei er ſeinen Fabriksarbeitern verſchiedene taugliche Mittel an die Hand gab, die Pottaſche zu reinigen, einen feinen und guten Kies zur Glaserzeugung aufzuſuchen und zu verwenden. Ebenſo richtete er ſein Augenmerk auf die Verbeſſerung der Façonen der verſchiedenen Glasartikel, bemühte ſich ſelbe zweckmäßiger und dienlicher zu erzeugen, entwarf hiezu ſelbſt die nöthigen Muſterzeichnungen **) und Modelle und richtete ſich ſpäter in der Erzeugung des Glaſes nach den Sitten und Gewohnheiten jener Länder, wo ſeine Glaswaaren Abſatz fanden, indem er ſelbe nach dem Wunſche ſeiner Abnehmer erzeugte und letztere auf dieſe Art zu befriedigen wußte. Der unermüdete Forſchungsgeiſt dieſes um die Glasinduſtrie Böhmens ſo hochverdienten Mannes ging ſo weit, daß

*) Damit iſt wohl die gräflich Harrach'ſche Fabrik zu Neuwelt im Rieſengebirge gemeint.

**) In den dreißiger Jahren unſeres Jahrhundertes gab ein Maler in Steinſchönau, Römiſch mit Namen, im Subſcriptionswege ein Muſterbuch für Glasraffineure heraus, welches in engliſcher Manier gehalten geweſen ſein ſoll. (Eduard Gerthner.)

er eine mit Gefahren verbundene Reise nach Venedig antrat, wo damals die Glasfabrikation in größtem Glanze stand, sich dort ganz unbekannt in die Werkstätte unter fremdem Namen einschlich, Alles belauschte und erforschte und sich alle erdenkliche Mühe gab, die in der Glasfabrikation gemachten Verbesserungen und Erfindungen in sein Vaterland Böhmen einzuführen und mit besonderem Nutzen und Vortheil fortzupflanzen.....

26.
Unseres Glashandels Anfang und Verlauf
von
F. S. Zahn *)
(Mit besonderer Rücksicht auf Langenau.)

Es dürfte um das Jahr 1685 gewesen sein, daß nächst Plattendorf (jetzt Blottendorf) in dem sogenannten Schindelwald (großem Seifert) eine Familie Kittel von Plottendorf eine Glashütte errichtete, woselbst zu allererst Glasperlen in allerhand Farben als Nachahmung der venetianischen erzeugt wurden. (?) Als ein neues, außer dem theueren venetianischen noch nicht dagewesenes Erzeugniß wurden sie zu einem Modeartikel für Halsschnüre und dergleichen. Anfangs kamen die Perlen roh, wie sie die Fabrik lieferte, in den Handel. Doch bald genügte die rohe Perle nicht. Es wurden daher die sogenannten Trempelzeuge errichtet

*) Ein Abschnitt aus dem auf freundliche Verwendung des Herrn Dr. Mac in Bürgstein von Herrn Eduard Zahn in Langenau gefälligst geliehenen Manuscripte: „Catastral=Gemeinde Langenau (Skalice) am Sporcabach geschichtlich dargestellt von F. S. Zahn 1876 nach den zuverläßigsten Quellen." Welche Quellen der Verfaßer, der selbst lange einer Glasniederlage in Barcelona vorgestanden und als Inhaber einer Glashandlung und Raffinerie zu Langenau im Februar d. J. im Alter von 84 Jahren allgemein geachtet verstorben ist, benützte, sagt er nicht; doch scheint das Gedenkbuch von Langenau, dem viele Stellen wörtlich entlehnt sein sollen, eine Hauptquelle gewesen zu sein. Was insbesondere den schon gegen den Schluß des Manuscriptes zu vorkommenden Aufsatz über den Glashandel anbetrifft, so bemerkt er ausdrücklich: „Ich lasse nur folgen, was mir faktisch bekannt ist und keinen Widerspruch leidet, von welcher Seite er auch kommen möchte." Leider hat er das schon in den Mittheilungen des Vereines für Ge: schichte der Teutschen in Böhmen Veröffentlichte nicht gekannt und sich auch nicht in den Gedenkbüchern von Falkenau umgesehen, sonst würde er nicht in den Grundirrthum ver-

und die Perlen durch horizontal laufende Räder von einem rothen, weichen Stein auf Ecken geschliffen. Der wachsende Bedarf bestimmte dazu, Absatzquellen jenseits der Grenzmarken in Sachsen zu suchen. Auch da wurde der Artikel rasch beliebt und zugleich gut bezahlt. Selbst große Kaufleute machten Ankäufe, um ihn nach Hamburg zur Verschiffung zu bringen.

Nachdem der Bereich des Perlenhandels, in den sich mehr und mehr Leute eingelaßen, schon ziemlich erschöpft war, und hie und da im Auslande nach Hohlglas gefragt wurde, so versuchten nun Einzelne ihr Glück mit dem Hohlglas. Auch darnach entstand eine bedeutende Nachfrage, und diese war wieder die Veranlaßung, daß man dem Glase einen besseren Anstrich zu geben suchte.

Die Trempelzeuge der früheren Perlenschleiferei wurden verbessert und auf das Hohlglas angewendet. Zuerst wurden Kugeln eingeschliffen, daher diese Arbeiter heute noch Kugler heißen, welche Arbeit zur Stunde zu einer wirklichen Kunst emporgediehen ist. Eben so suchte man auf diesen Zeugen in verkleinertem Maßstabe mit Kupferrädchen allerhand Verzierungen, Blumen, Landschaften, selbst Figuren, Jagdstücke und dergleichen, herzustellen. Diese Arbeiter nannte man Glasschneider, Glasgraveure. Auch in diesem Fache wird jetzt Künstliches geleistet, so daß es als ein Kunstgewerbe angesehen werden kann. Indem man die mittelst des Schnittes und der Gravirung vertieften Muster mit Firniß bekleisterte und mit geschlagenen Goldblättchen belegte, wurde der Uebergang zur Plattvergoldung bewerkstelligt. Jetzt ist es davon ganz abgekommen Ehedem aber ging viel Glas mit solchem Goldschnitt nach Portugal, Spanien und nach dem Abfall der Colonien nach Mexico.

---

sollen sein, den Ursprung der Glasindustrie und des Glashandel von den Glasperlen herzuleiten. Abgesehen aber davon wird man ihm für seine Mittheilungen, da sie das anderweitig vorhandene Quellenmaterial theilweise ergänzen oder erläutern, nur Dank wissen. In der Form, wie sie niedergeschrieben sind, ließen sie sich allerdings nicht wiedergeben; es fehlt der Erzählung der Zusammenhang und hie und da selbst an grammatikalischem Abschluße der Sätze. Durch Zusammenfügen des Verworfenen, so wie durch kleine stylistische Nachhülfen wurde jedoch die zur Lesbarkeit nöthige Abrundung erzielt, dabei der ursprüngliche Text möglichst beibehalten, so daß die geänderte Fassung an Originalität nur wenig, an sachlicher Treue nichts vermissen laßen dürfte.

Auch die Feuer-Vergoldung mit aufgelöstem Golde kam auf und ist heute noch in Anwendung. Hand in Hand damit ging die Feuermalerei mit Mineralfarben. Ihre verschiedenen Anhängsel mit Lack u. s. w. jedoch waren in ihrem ursprünglichen Zustande nichts anderes, als eine elende, dem Auge mißfällige Bekleisterung. War doch selbst die Feuermalerei noch eine sehr mangelhafte. Ihre Vervollkommnung hat unsere Glas-industrie erst dem betriebsamen, geschickten Friedrich Egermann in Blot-tendorf, später in Haida, zu danken. Durch ihn wurde der Geschmack geweckt. Dann suchte man durch Zeichenschulen der Glasmalerei unter die Arme zu greifen. Man soll nur sehen, was jetzt in diesem Fache ge-leistet wird gegen die Arbeit im Anfang des Jahrhundertes!

Nebst den Trempelzeugen für die Musterschleiferei wurden durch Wasserkraft getriebene Schleifmühlen, um ebene Flächen zu schleifen, er-richtet. Die ersten dürften wohl in Hillemühl entstanden sein, von wo aus sie sich nach Falkenau, Preschkau, Morgenthau verpflanzten. Im Jahre 1854 (?) wurde die erste angelegt, worauf zwei andere folgten, wovon die eine nun zur Brillengläser-Schleiferei verwendet wird. Anfangs der siebziger Jahre wurde eine Mahlmühle zu diesem Zwecke einge-richtet.

So wurde nach und nach unsere Glasraffinerie verbessert und er-weitert und unser Langenau war dabei durch alle Klassen von Arbeitern stark vertreten. Es gibt Kugler, Maler, Glasschneider von vier bis sechs Werkstätten, die künstliche Arbeit liefern. Im Ganzen bestehen hier zehn Raffinerien.

Diesem Aufschwunge schien nur ein Umstand einen Halt zu ge-bieten und zwar bei den Glashütten. Das Holz im Schindelwalde nahm ab. Man sah sich also genöthigt, die Rohglaserzeugung nach den Röhrsdorfer Waldungen und nach Schönfeld bei Kreibitz zu verlegen. Gleichzeitig wurde den Hüttenhaltern von der Herrschaft Hirschberg das Anerbieten gemacht, in ihren Waldungen eine Glashütte zu errichten. So entstand die Straßdorfer Hütte bei Hirschberg, die jedoch gegen Ende des vorigen Jahrhundertes ebenfalls aufgelaßen werden mußte. Dieß geschah mit dem Beding, daß die Familie Kittel bei Zuwachs des Holzes wieder die erste sein sollte, daselbst eine Glasfabrik anzulegen, wozu es aber nicht mehr kam. Glücklicherweise lag den Walddomänen im Inneren Böhmens daran, ihr Holz zu verwerthen, was dort die Anlegung mehrerer Glashütten zur Folge hatte, von wo nun das Rohglas auf Frachtwägen den betreffenden Handelsleuten zugeführt wurde, welche es hier raffiniren und dann an die verschiedenen Plätze ihrer Faktoreien abgehen ließen.

Ich muß nun in die Vergangenheit zurückgreifen, um die Entwicklung des Glashandels zu verfolgen.

Bei dem Zustande der Straßen in der Zeit, in welche dessen Anfänge fallen, erwies sich der Schubkarren als das einfachste Mittel, um wenigstens kleine Lasten auf den ungebahnten Wegen sicher fortzubringen. Im weiteren Verlaufe traten wohl auch Mehrere zusammen, um gemeinschaftlich ganze Parthien nach Sachsen zu verführen. Die bei diesem Geschäfte zunächst Betheiligten waren in Langenau Hauel, in Blottendorf Fischer und muthmaßlich Kreibig in Parchen. Doch der Absatz steigerte sich mehr und mehr; man mußte daher auf Mittel bedacht sein, um größere Quantitäten auf einmal fortzubringen. Nun wurden zehn bis zwölf Leute gedungen, die mit ihren Schubkarren der Gesellschaft folgten. Man bezog auch fremde Märkte. Der erste, der von Langenau nach Leipzig und Frankfurt a/M. kam, war Kreibig, dessen Vorfahren von Parchen nach Langenau übersiedelt waren. Es ist bekannt, daß derselbe vierzig Jahre hindurch mit seinen Schubkarren obbenannte zwei Marktorte besuchte. Später verband er sich hier mit Nikolaus Janke unter der Firma Janke & Co., welche Gesellschaft eine Faktorei in Lissabon und Oporto gründete und sich erst in neuerer Zeit auflöste. Ein Sprosse dieser Familie Kreibig ist mit Finger aus Frankfurt in einem Geschäfte in Lissabon verbunden.

Der günstige Fortgang im Bezuge der fremden Märkte bestimmte auch Andere dazu, so daß den ersten zu wenig Spielraum mehr blieb, was sie vermochte, ihr Geschäft bis nach Hamburg auszudehnen, womit sich ihr Feld sehr erweiterte. Vermögend geworden, konnten sie größere Einkäufe machen. Allmälig waren auch kleine Fuhrwerksunternehmungen entstanden, welche die Glaswaaren in Kisten verpackt nach Hamburg transportirten, wo die Rheder sie abnahmen und auf ihren Schiffen nach

allen Theilen Europas verschickten. Einer der ersten Hamburger Spe=
diteure, welcher sich des böhmischen Glashandels annahm, war das Groß=
handlungs= und Speditionshaus Konrad Heinrich Donner, welches Haus
noch in den 1830ger Jahren bestand. Demselben hat der böhmische
Glashandel in seinen Anfängen viel zu danken, indem es unseren Han=
delsleuten die Wege und Verbindungen zeigte.

Mit der Zunahme der Waarenversendungen entwickelte sich zugleich
das Frachtwesen. Es kamen größere Wägen, mit vier und sechs Pferden
bespannt, in Gebrauch und es bildeten sich auch Gesellschaften von Fräch=
tern. Die namhaftesten waren hier der Bauer Großmann und Scheinert.
Es waren vermögende Leute, die mehrere Fuhrwerke unterhielten, wovon
immer einige auf der Straße waren. Diese Fuhrwerke verkehrten z. B.
nach Triest für Italien und die Türkei, nach Bremen, Hamburg, Stettin
und anderen nordischen Plätzen.

Unter dem Einfluße all' dieser Faktoren waren aus den Schub=
karrenkrämern allgemach Kaufleute, aus den Schubkarren=Gesell=
schaften Handelsgesellschaften geworden, die es als ihre Aufgabe be=
trachteten, mit den fremden Ländern in directe Verbindungen zu treten.
Zu diesem Ende wurden Niederlagen (Faktoreien) in Seehäfen und
größeren Handelsplätzen errichtet, um die Glaswaaren daselbst zu ver=
kaufen oder von da aus weiter zu vertreiben.

Derlei Gesellschaften bildeten sich in unserer Gemeinde Langenau, dann
in Blottendorf, Parchen, Steinschönau. Blos von Langenau aus wurden
Niederlagen in Kopenhagen, Hamburg, Bremen, Amsterdam, Haag,
Rotterdam, Triest, Ancona, Neapel, Palermo, Lissabon und Oporto,
in Bilbao, Santander, La Coruña (Corunja), Vigo, Cadiz, Sevilla,
Malaga, Alicante, Valencia und Barcellona errichtet. Schon im Jahre
1719 war auf dem der Zeit herrschaftlichen Patrimonialamte zu Ober=
Liebich ein einschlägiger Contract damals niedergelegt worden, welcher
bei Räumung der Kanzlei im Jahre 1848 dort gefunden wurde und
an unsere Gemeinde gelangte. Er gerieth aber in unrechte Hände und
kam so abhanden, was nur sehr zu bedauern ist. Ein deutlicher Beweis,
daß Langenau bei Gründung des hiesigen Glashandels mit an der

Spitze stand, da Langenau von allen übrigen Ortschaften allein diesem Patrimonialgerichte unterstand. *)

Nicht mit Gewißheit, aber mit Wahrscheinlichkeit läßt es sich sagen, daß die Familie Trauschke hier, die viel Gutes für Langenau gethan, das erste Etablissement in Spanien und zwar in La Coruña begründete. Nach ihr dürften Hiecke, Zincke & Comp. mit Niederlagen in Cadiz, Sevilla, Alicante das älteste spanische Haus hier gewesen sein. Auf ersterem Platze unterhielten sie ihr Haupt-Depot. Nach dem Abfall der Colonien vom Mutterlande verlor jedoch Cadiz, da es aufhörte das Emporium für den Handel nach Amerika zu sein, seine Wichtigkeit und das unter derselben Firma in Haida bestehende Haus suchte nun einen Ersatz dafür in Gründung einer Niederlage in Baltimore und einer zweiten in Mexico, von welchen aber weder die eine noch die andere einen entsprechenden Erfolg hatte. In Lissabon und Oporto war das älteste Haus Nikolaus Janke und Kreibig. In Holland (Amsterdam, Rotterdam, Haag, Leyden) waren die vorzüglichsten Hoke, Fischer, Lauermann & Glanz, später Jock & Melzer in Amsterdam, Hauel im Haag. Es lebten in Langenau auch Gesellschafter von Haidaer Geschäftshäusern, als von Georg Janke mit Niederlagen in Cadiz, Sevilla, Valencia. Heute noch bestehen Langenauer Niederlagen (?) in Vigo, Cadiz, Sevilla, Malaga, Valencia, Jerez de la Frontira, in Amsterdam, Rotterdam, Haag, Riga. Auch etablirte sich ein junger Mann von hier auf der Insel Cuba in Matanzas.

Derselbe war als junger Mensch von einem hiesigen Handelshause in's Geschäft nach Coruña mitgenommen worden. Von da war er nach Havana gereist und hatte durch Protektion das königliche Notariat in Matanzas auf Cuba als „Notario y Escribano publico" erhalten, womit mehr Befugnisse als in Oesterreich verbunden sind. In den

_____

*) Es gilt dieß nur von einem Theil; der größere Theil von Langenau gehörte zum Dominium Bürgstein. Was von dem Contracte gesagt wird, ist wohl so zu verstehen, daß derselbe von 1719 datirt war. An einem anderen Orte erwähnt der Verfasser, es sei ihm die Abschrift eines Contractes vorgelegen, abgeschlossen in Cadiz unter Bestätigung der dortigen spanischen Behörde unter geborenen Langenauern. Muthmaßlich ist das derselbe Contract gewesen, von welchem oben die Rede ist.

fünfziger Jahren machte nun Joseph Zischke, der Sohn dieses Mannes, eigens die Reise nach Langenau, um die Geburtsstätte seines Vaters zu sehen. Er schenkte der hiesigen Pfarrkirche ein in Barcelona angefertigtes kostbares Kirchen Service von Silber. In seiner Begleitung hatten sich drei junge Leute, Anverwandte seiner Frau, befunden, welche längere Zeit hier blieben, um etwas deutsch zu lernen.

Da ich mit besonderer Rücksicht auf Langenau schreibe, so muß ich auch eines Mannes gedenken, welchen die ganze Gegend als tüchtigen Pionnier kannte. Es war Vincenz Zahn, welcher hier in seinem 93. Jahr gestorben ist. In Gesellschaft mit seinen Brüdern in Langenau und Schaiba unterhielt er seit 1786 ein Etablissement in Barcelona. *) Im Jahre 1809 traf ihn die Reihe, seinen Bruder daselbst abzulösen. Bei dem Kriege mit Frankreich war an eine Schiffsgelegenheit von Hamburg aus nicht zu denken. Mit dem Ränzchen auf dem Rücken und dem Stabe in der Hand trat er daher zu Fuß die Reise dahin an und gelangte zwischen den hin und her ziehenden Armeen hindurch bis zu der französischen Gränzstadt in den Pyrenäen, Perpignan, wo aber seine Reise ein Ende hatte, denn er bekam wegen des Krieges keinen Paß nach Spanien und kehrte daher nach Langenau zurück, wo er den 45ten Tag nach seiner Abreise wieder eintraf.

In den Kriegen zwischen 1809 und 1814 war die Korrespondenz mit Spanien gänzlich unterbrochen. Nur höchst selten verirrte sich ein Brief über England hieher. Nach langer Zeit gelangte endlich vermittelst eines englischen Schiffes an das hiesige und Haidaer Haus Hiecke, Zincke & Co. von ihrem Cadizer Hause die Nachricht, daß dort ein totaler Mangel an böhmischen Glaswaaren herrsche und daher ein sehr guter Absatz zu erzielen wäre. Niemand wußte jedoch Rath, wie in den Kriegswirren die Waare dahin zu bringen. Da ermannte sich der unternehmende Zahn. In aller Stille ließen er und sein Bruder in Schaiba eine bedeutende Menge Glaswaaren anfertigen, raffiniren, in Kisten packen und schickten sie nach Triest, das damals unter französischer Herrschaft stand. Die Haidaer Geschäftsleute spötteltn nicht wenig über das gefahrvolle Un-

---

*) Früher etablirt zu Aix in der Provence, nach dem Verbot der Einfuhr von böhmischem Glas in Frankreich nach Spanien übersiedelt (M S.)

ternehmen und prophezeiten demselben ein schlechtes Ende. In Triest
wurde die Waare durch ein Speditionshaus auf ein Schiff verladen,
auf welchem sich B. Zahn als Sopracargo selbst mit einschiffte. Mitte
Februar 1811 stach das Schiff mit falschen Papieren und unter neutraler
Flagge in See, erlitt aber im adriatischen Meere einen derartigen
Sturm, daß es nahe daran war, mit Mann und Maus zu Grunde zu
gehen. Doch gelang es dem Kapitän mit der größten Mühe und Anstrengung, die Insel Malta zu erreichen. Dort wurde das Schiff aus-
gebessert, so daß es nach vierzehn Tagen die Reise nach Cadiz fortsetzen
konnte, wo Zahn von seinen Landsleuten mit Jubel empfangen wurde.
Er überließ ihnen seine ganze Schiffsladung und erzielte dafür bei dem
großen Mangel an böhmischem Glas einen guten Preis. Sechs Wochen
nach seiner Ankunft in Cadiz war er schon wieder am Bord eines Schiffes,
das nach Malta zusteuerte und nach zehn Monaten Abwesenheit und mit
dem Erfolge eines guten Geschäftes glücklich wieder in seiner Heimath.
Nun erst fielen den Inhabern spanischer Geschäftshäuser hier und
in Haida, die früher sein Unternehmen gewaltig bekrittelt hatten, die Schup-
pen von den Augen. Sie beschloßen ein ähnliches Unternehmen. Doch
der Mann dafür, der fehlte ihnen.
Inzwischen war B. Zahn, ohne sich lange zu besinnen, schon wieder
beschäftigt, eine neue Expedition dieser Art, stärker als die frühere, zu-
sammenzubringen. In Triest wurde abermals ein Schiff gechartert.
Doch kostete es viele Mühe, von der französischen Seebehörde die nöthigen
Papiere zu erlangen, damit das Schiff als ein neutrales erklärt werden
konnte. Trotz aller Vorsichtsmaßregeln hatte man aber dießmal die
Rechnung ohne den Wirth gemacht. Beim Auslaufen aus dem adriatischen Meere wurde das Fahrzeug von einem englischen Kriegsschiff als
verdächtig aufgebracht und als gute Prise nach Malta geführt. Das
war freilich eine Verlegenheit, aber doch nur ein Zeitverlust. Der Unternehmer ließ den Muth nicht sinken; er erklärte sich vor dem Prisen-
gerichte als Sopracargo und Eigenthümer der Ladung, und da er sich
durch seine Papiere als österreichischer Unterthan legitimiren konnte, so
wurde ihm die Ladung wieder zugestanden und auf ein englisches Schiff
überladen, welches, von einem englischen Kriegsschiff convoyirt, seinen

Lauf nach Cadiz nahm, wo es — es war im Frühjahr 1813 — wohlbehalten landete. Die böhmischen Etablissements in Cadiz, von ihren hiesigen Häusern benachrichtigt, daß bald an sie direkt Waaren gesendet werden würden, zeigten nicht viel Lust, ihm seine Ladung abzunehmen und boten auch geringere Preise. Er aber hielt sich an das spanische Sprichwort: Ganar tiempo „Zeit gewinnen" und hatte damit gut gerechnet. Denn nicht lange darauf kam die Nachricht nach Cadiz, die projektirte Expedition in Haida sei in einen Sumpf gerathen, da sich kein Leiter dafür gefunden. Nun mußten die Cadizer Landsleute ihm gute Worte geben und höhere Preise offeriren, damit er ihnen die Waare überließ. Nachdem er auf seiner Rückreise noch seinen Bruder in Barcelona besucht, kam er zu Anfang des Jahres 1814 wieder in seiner Heimath an.

Nach Beendigung des französischen Krieges fingen die Geschäfte in Langenau an, sich wieder zu regen. Die Häuser, welche auswärtige Faktoreien besaßen, versahen sich mit neuen Waaren, und zwar mußten sie sich um moderne gefällige Formen umsehen, denn man hatte durch diese Umwälzung das französische Glas kennen gelernt. (?) Die Arbeiter, welche lange genug gefeiert, bekamen nun wieder zu thun, was sehr wohl= thätig wirkte, da der Krieg eine sehr theure Zeit hinterlassen, wozu noch die Mißjahre 1815 bis 1817 traten, wo alles durch Nässe zu Grunde ging.

Langenau konnte stolz darauf sein, daß aus seinen Schubkarren= Ahnen Männer emporreisten, die den Grundstein zu einem Weltgeschäfte legten und zugleich manches Schöne und Gute für ihren Geburtsort aus dem Auslande mitbrachten.*)

Die eigentlichen Chefs der Glashandlungsgesellschaften hatten hier ihren Sitz, wo sie das Raffinerie= und Versendungsgeschäft nach den Niederlassungen in den fremden Ländern versahen, junge Leute nach dort aufnahmen, sie zu Gesellschaftern erhoben, die eingehenden Gelder durch Vermittlung ihrer Bankhäuser in Prag bezogen, die Monatgelder aus= zahlten, kurz alle Angelegenheiten leiteten.

---

*) Wie der Verfaßer an einer anderen Stelle erzählt, sind die sogenannten Para= diesäpfel, spanisch Tumates, aus welcher Frucht eine beliebte Sauce zum Fleische bereitet wird, durch Glashändler aus Spanien nach Böhmen verpflanzt worden, wo man sie jetzt in jedem Gärtchen anbaut.

Die jungen Leute, welche aus der hiesigen Dorfgemeinde nach Spanien, Portugal, Holland u. f. w. geschickt wurden, mußten bevor brave, gute Schüler gewesen sein. Sie wurden dort in den Handels- häusern streng gehalten. Wer nicht gehorchen wollte, wurde nach Hause abgeschafft, wo sie als Unfolgsame und Nichtgutthuer selbst von ihren Freunden und Bekannten behandelt wurden. Nach sechs bis zehn Jahren kehrte einmal ein solcher junger Mensch aus dem Auslande zurück. Hatte er sich brav aufgeführt, so wurde er als ein wohlverhaltener junger Mann geachtet und geschätzt; hatte er sich Lebensart angeeignet, so traf es sich oft, daß er die Tochter eines alten Chefs heirathete und eine angesehene Familie begründete, deren Nachkommen noch heute geachtete Leute sind. Bei dem Mangel an Posten u. f. w. in jener Zeit wurden die Reisen in die auswärtigen Faktoreien zum großen Theil zu Fuß zurückgelegt, insbe- sondere nach Holland und Hamburg. Von Hamburg ging es zu Schiff nach Spanien und Portugal.*)

Die gedeihlichen Zustände der auswärtigen Faktoreien dauerten von den 1740er Jahren bis zu den französischen Kriegen 1805—1806. Das war für Langenau das goldene Zeitalter. Die Handelsleute, welche bald in der Fremde, bald zu Hause sich befanden, hatten unter einander hier ein ganz geselliges Leben. Die Verdienste in ihren auswärtigen Geschäften waren bedeutend, und da wurde sehr gespart, damit sie in der Heimath als noble Herren sich bewegen konnten, wo sie auch überall ge- achtet und geschätzt wurden. Auch die Glasarbeiter standen sich nicht schlecht. Sie lebten einfach und hielten das Ihrige zu Rathe. Es wurde nichts unnütz vergeudet, wie es leider heut zu Tage zu bemerken ist. Und so blühte Wohlstand und Zufriedenheit, denn selbst in ganz honette Ge- sellschaften wurden Arbeiter zugezogen, ohne daß ihnen die wohlhabenden Handelsleute ihren Stolz fühlen ließen. In diesen Jahren herrschte auch in den hiesigen Geschäftskreisen ein ächter patriotischer, frommer Sinn. Beweis dessen die kostbaren Geschenke, die unserer Kirche gemacht, die Armeninstitute, die gegründet wurden u. f. w.**)

---

*) Schreiber dieses hatte selbst das Vergnügen, zweimal von hier den halben Weg nach Spanien zu Fuß zu machen. (M. S.)

**) „Von einem hiesigen Hause in Cadiz wurde unserer Kirche ein Meisterstück der Malerei geschenkt, die über der Sakristei hängende Abnahme Christi vom Kreuze, gemalt

Zum Aufblühen unseres Glasgeschäftes hat aber die damalige Regierung nicht den geringsten Vorschub geleistet, man möchte sagen, eher Hindernisse in den Weg gelegt. So wurden bei der Ertheilung der Pässe in's Ausland keine kleinen Schwierigkeiten erhoben. Monate ließ sie auf einen Reisepaß warten, und auch im Ausland gewährte sie keinen Schutz durch die Konsuln. Dieses Geschäft schien somit von ihr ignorirt zu werden. Von den zumeist betheiligten Dominien Bürgstein, Böhm. Kamnitz, Ober-Liebich und Neuschloß hat letzteres am allerwenigsten gethan. Bürgstein hat am meisten zu Gunsten des Glasgeschäftes gewirkt. Es mußte seine Leute zu schützen und zu unterstützen, was Niemand bestreiten kann. *)

Endlich traf das Schicksal auch unseren Glashandel.

---

von dem berühmten spanischen Maler Murillo." Weiter werden als solche Geschenke hervorgehoben: das weißseidene, reich mit Gold gestickte Fest-Ornat (von Sevilla), die große silberne Monstranz, unter Kaiser Franz von der Einschmelzung durch Ablösung Seitens des Handelsstandes bewahrt, der mit Gold verzierte Damast-Baldachin von Vincenz Jahn 1830 in Mailand erkauft und der Kirche geschenkt. Ein besonderer Wohlthäter war Johann Georg Trauschke. Er ließ den Kirchthurm und das Sanctus-Thürmchen mit Kupfer eindecken und die Johannes-Statue vor der Pfarrei aufrichten. Er wollte auch von dem äußeren Kirchthore bis auf den Gipfel des böhmischen Berges einen Kreuzweg anlegen, wurde aber daran sowohl von geistlicher Seite, als von der politischen Kreisbehörde gehindert. Aus Verdruß darüber übersiedelte er nach Gabel, wo er ein Hospital gründete. Vier Handelsleute waren es ferner, welche und zwar

Franz Trauschke	mit............	6.000 fl.
Anton Trauschke	„	4.000 „
Nikolaus Jahte	„	2.000 „
Christoph Schlegel	„	2.000 „
	zusammen......	13.000 fl.

zu dem heute in 24.000 fl. österr. Währ. bestehenden Armenfonde von Langenau den Grund legten.

*) Der Verfasser urtheilte bei seiner Anschuldigung augenscheinlich nach dem Hörensagen, welches einzelne Fälle gerne verallgemeinert. Unsere Sammlung bringt dagegen auch so manche Belege der behördlichen Fürsorge für das Glasgeschäft, wie das umsichtige Eingreifen der Regierung in dem Streite der Glashändler und Glasmeister, dann in jenem der Glasarbeiter und der Glasmeister, ferner den Erlaß der für ihre Zeit nicht unersinnigen Glasschneiderstatuten von Kreibitz und Steinschönau Seitens der Böhm. Kamnitzer Obrigkeit, deren energisches Eintreten für die Beseitigung der Elbe-Hindernisse und die bereitwillige Sanktionirung des 1715 zwischen den Handelsleuten behufs Abstellung der Uebelstände im portugiesischen Geschäfte getroffenen Uebereinkommens durch die Wirthschaftshauptleute von Böhmisch-Kamnitz, Ober-Liebich, Bürgstein und Neuschloß.

Die französischen Kriege, der Abfall der spanischen Colonien vom Mutterlande, die inneren Unruhen in diesem, das Alles trug dazu bei, die Verhältniße anders zu gestalten. Es schwammen keine Silberflotten mehr nach Spanien, die sonst monatlich in Cadiz, dem Emporium des Colonialhandels, gelandet waren und der innere Markt war zu wenig bedeutend. Die Gesellschaftsmitglieder konnten nun ihre Reisen nicht mehr erneuern, denn sie hatten dort nichts mehr zu holen, wo sie in ihrer Jugend gearbeitet hatten. Die auszuzahlenden Monatgelder an so viele Familien standen nicht mehr im Einklange mit dem Erträgniße der Geschäfte und mußten schließlich eingeschränkt und ganz eingestellt werden, selbst bei Jenen, die Jahre lang im fernen Auslande ihre Jugend zugebracht hatten und zum Lohne für ihre Thätigkeit als Compagnons aufgenommen worden waren. Das traf jene Familien um so härter, die sich, wie es deren welche gab, schöne Häuser gebaut und ihr Leben auf einen großen Fuß eingerichtet hatten. Manche sonst wohlhabende Familie gerieth in dürftige Umstände. Damit brachen die Säulen, die das Ganze gestützt hatten, zusammen und eine Gesellschaft nach der anderen löste sich auf.

Noch gibt es zwar in Spanien Geschäfte, deren Inhaber aus der Gegend stammen, da Mehrere, welche als Knaben in dortige Niederlagen gekommen waren, die Trümmer der alten großen Gesellschaften übernahmen oder sich selbstständig etablirten, sich dort verheiratheten und einen eigenen Hausstand gründeten. Sie sind mitunter wohlhabende Leute, die selbst mit kleinen Monatgeldern ihre hiesigen armen Eltern und Anverwandten unterstützen. Allein die Reisen hin und her haben sie bei Seite gelassen und ihre Etablissements stehen in keinem Zusammenhang mehr mit hiesigen Häusern. Neben ihnen etablirten sich hie und da auch Einheimische. Damit nahm das Geschäft eine andere Gestalt an. Es wurde nun von den Raffinerien, die sonst nur an die verbundenen Faktoreien Glassendungen gemacht, auch an fremde Häuser geliefert. Und so entstand das Lieferungs- (Export-) Geschäft.

In den Geschäften der Deutschböhmen werden jetzt außer wenigem Hohlglas aus Böhmen französisches und belgisches Glas, Pariser Luxusartikel und Remscheider Eisenwaaren geführt.

10

Haida, im Jahre 1711 bloß aus neun Häusern bestehend, dann zu einem Städtchen erhoben, vergrößerte sich durch die Begünstigung des Grafen Maximilian Kinsky. Mehrere hiesige Handelshäuser, wohlhabende Familien, machten sich dort ansäßig, wodurch Langenau, das in den dreißiger Jahren Haida übertraf, viel verlor. Noch mehr trug zur Schwächung unserer Gemeinde der Bau des Straßenzuges von Böhmisch-Leipa durch Haida in's Niederland bei, welcher früher durch das Sporka-Thal dahin seinen Weg genommen. Es ist bekannt, daß sich Haida auch durch fremde Etablissements emporhob. Doch auch Langenau blieb nicht ganz zurück. Eisenbahn, Post, Bevölkerung haben von Neuem einen Aufschwung bewirkt.

Mir liegt vor ein gedruckter Klassenzettel der Piaristen Hauptschule, als die erste Prüfung vorgenommen wurde. Der größte Theil der damaligen Schulbesucher waren 9 Köpfe aus Langenau, 4 aus Haida, 7 von Arnsdorf, die übrigen von Plottendorf, Hillemühl, aus Schaiba einer, aus Johannesdorf einer und ein Spanier, Geburtsort nicht angegeben; im Ganzen 39 Schüler.

V.

Die Piaristenschule in Haida.

27.

Um diese Zeit der Fabriken = Anlegung *) 1755 ist Haida zu einer freien Stadt unter dem Schutze Sr. Excellenz veranstaltet, um die Handelschaften emporzubringen, und anno 1766 mit kaif. und königl. Privilegien berechtiget worden .... Anno 1763 den 15. Maii wurden die Herren Patres der frommen Schulen feierlich ein= geführt .....

<hr/>

*) „Um das Jahr 1750 und 51 wurden mit Genehmhaltung Ihro kaif. königl. Majestät Francisci, dieses Namens erften römischen Kaifers, auf Koften Sr. Excellenz Joseph Graf Kinsky die Fabriken auf= und eingerichtet. Die erfte nebft der Leinwan= ten war die Perlenfabrik in Schwoila, die nach jener Gattung und Güte deren zu Reapel in Wellschland befindlichen Perlen follten verfertiget werden. Zu diefem Ende wurden einige aus Wellschland bei folcher Fabril beschäftigte Perfonen für ein gutes Colarium, folche anhier einzuleiten, vorgeladen. Sie kamen, unter welchen ein gewisser Peter, der nachmalen des Schwoiler Verwalters Hohenfteger Tochter zur Ehe bekommen. Allein diefe Leute waren nach Ausfag der hiefigen Herren Fabrikenvorftehern nicht genugfam erfahren und in Wellschland nur Ofenschlürer gewefen, welche das Wahre und Wefentliche davon niemalen hatten zu fehen bekommen. Es wurden freilichen Proben gemacht, wie auch dem Aufehen nach schöne Perlen verfertiget, jedoch den Glanz, Schönheit und Güte der welfchen erreicheten fie niemalen, und kamen die Materialien derfelben theuerer, als fie an den Kauffer funten angebracht werden. — Die Tapetenfabrik hatte befferen Fortgang fammt Tüchel= und Leinwand, desgleichen die Spiegelfabrik, deren das erfte Gebäu unter= und nächft dem Stein, welche caffirt anno 76 ein Fallenauer Glasschleifer eigenthümlich er= kauft. Die Gezogens=, Tüchel=, Leinwand=, Barchel= und Färberei=Fabriken waren um das

10*

Die Herren Patres hatten privilegia auf vier Schulen. Die la=
teinische Schulen aber sind ihnen untersaget worden laut kaiserl. Ver=
ordnungen, vermöge welchen nur den Kreisstädten lateinische Schulen
zu halten erlaubet blieben 1777. Die lateinische Schulen in Haida
dieneten sonderheitlich derselbigen Jugend, die nach Spanien, Portugal
und Welschland ihre Handlungen hatten, mittelst welcher sie um so be=
quemer die ausländische Sprachen begriffen.

1777. Eben dieses Jahr sind auf hohe kaif. königliche Verordnung
die kleine Gymnasia mit ihren Studierschulen aufgehoben und nur allein
auf die Kreisstädte verleget worden. Bei solcher Verordnung gienge der
ältere Sohn Joseph, nachdem er in Haida zwei Schulen studieret, nach
Holland in die Handlung seines seeligen Vaters [Johann Gottfried
Oftritz]. *)

_____

Jahr 1768 in großem Ansehen und bestem Fortgang, die Gezogens= und Lüchel=Weberei
aber ist 1770 aufgehoben worden. So vortheilig wegen täglichem Lohn und Verdienst diese
Fabriken für die arbeitende Personen waren, mußten dannoch selbe anfänglich mit Gewalt
darzu angehalten werden, bis sie nach und nach ihren Nutzen selbst eingesehen, auch durch
Bitten in solche verlangten. Anno 1766 ward die auf den Zwiter Wiesen existirende
Schleif=Mühl erbauet und anno 1777 wurde auch in Stubenbach eine Spiegel=Fabrik
aufgerichtet. Bei diesen Fabriken=Angelegenheiten sind viele Lutheraner allhier aufge=
nommen worden. . . . ." (Gedenkbuch der Komter Kapelle.)

Von allen den genannten und den übrigen auf der Herrschaft Bürgstein vom Grafen
Jos. Joh. Maximilian Kinsky in's Leben gerufenen Fabriken hat sich nur die Spiegel=
fabrik bis heute erhalten und zwar im Besitze der gräflichen Familie. Dessen ungeachtet ist
sein Verdienst um die böhmische Industrie ein dauerndes — wegen der Anregung, die
er durch seine Versuche gegeben, wegen der Heranziehung einer gewerbfleißigen Bevöl=
kerung, indem er mehrere Maierhöfe preisgab, damit auf ihren Gründen neue Ortschaften
— Johannesdorf, Josephsdorf, Maxdorf und Piehler Baustellen — erstünden, und ob
seiner kräftigen und vielseitigen Patronanz Haida's, welches unter ihm aus einem kleinen
Dorfe zur Stadt emporwuchse, ganz abgesehen von seinem Wirken als Beisitzer und dann
als Präsident des böhmischen Commerzcollegiums.

*) Aus dem freundlichst von dem Herrn Kaplan Stocklöw in Bürgstein geliehenen
Gedenkbuche, das den Titel: „Beschreibung der im Dorfe Roumbt existirenden Capellae" . . .
führt. Der Gedanke zur Errichtung dieser Kapelle war von Johann Gottfried Oftritz, „da=
maligem Richter dieser Gemeinde, Handelsmann in Holland und Besitzer dieses Grundes",
einem „wohlgelassenen und bescheidenen" Manne, gefaßt worden. Der damalige Pfarrer
von Bürgstein aber war diesem Plane nicht hold, „weil er befürchtete oder wenigstens
der Meinung ware, es dörfte solche Erection der Bürgsteiner Pfarrkirche nachtheilig
werden." Noch die Wittwe Frau Rosina Oftritz hatte mit diesem Widerstande zu kämpfen,

Die Haidaer Hauptschule der Priester der frommen Schulen begann mit dem Jahre 1766; der erste Prüfungsversuch war Monat Februar gehalten.

Fragesätze.

1. Wie das Journal,
2. Wie das Hauptbuch der Doppia anzufangen?
3. Was das Inventarinm?
4. Was durch das Wort Effecten,
5. was durch Waaren, Wechselbriefe und Billete,
6. durch bewegliche und unbewegliche Güter verstanden werde?
7. Wievielfach die Schulden?
8. Wievielfach die Activ-Schulden?
9. Ob auch die Activ-Schulden einem Negotianten zu Schaden sein können?
10. Wie das Inventarium zu verfertigen?
11. Eine Vorschrift von einem vollkommenen Inventario wird vorgetragen.
12. Zu was die Bilanz diene?
13. Wie das Inventarium zu verwahren?
14. Wie das Journal auswendig zu zeichnen?
15. Woher der erste Artifel entstehe?
16. Wie die Passiv-Schulden gleich Anfangs anzumerken?
17. Woher der Anfang des Hauptbuches entspringe?
18. Wieviel Artifel laut Inventarii im Hauptbuch zu machen?

welcher in den Worten Ausdruck fand: „Zuerst suche man Kapellen aufzurichten, um den Rosenkranz zu bethen, nachgehends Erlaubniß das heilige Meßopfer zu haben, ferners einen Localgeistlichen, endlichen gar die Separation oder Absönderung von der Pfarrkirchen." — Schließlich erfloß unterm 5. Mai 1774 die Bewilligung des bischöflichen Consistoriums, an das man sich gewendet, worauf der Bau gleich begonnen und 1776 zu Ende gebracht wurde. — Das Gedenkbuch, in welchem die ursprünglichen Einzeichnungen weitaus die umfassendsten und werthvollsten sind, dürfte gegen das Jahr 1780 angefangen worden sein.

Man weiß nicht, welche Stellung man der Piaristenschule in Haida eigentlich einräumen soll. Bald wird sie ein kleines Gymnasium, bald eine Hauptschule genannt. Wäre sie eine bloße Hauptschule, mithin im Grunde doch nur eine Elementarschule gewesen, so müßte man den Unterricht im Lateinischen an derselben als ein kaum minder merkwürdiges Faktum betrachten, als es das folgende jedenfalls ist, daß an dieser Schule auch die Hauptbegriffe aus den Handelswissenschaften und noch dazu von Geistlichen gelehrt wurden. Allein auch dann, wenn sie eine förmliche Lateinschule gewesen, gibt sie Zeugniß von der Fürsorge der Stadt für eine den dortigen Verhältnissen entsprechende Jugendbildung. „Die Herren Hayder", berichtet das Gedenkbuch der Komter Kapelle, „hatten anfänglich Veranstaltungen gemacht, für ihre geistliche Bequemlichkeit P. P. Kapuziner zu fundiren; es ward ihnen aber durch den Herrn Inspektor Wenzel Großmann vorstellig gemacht, wie nützlicher es ihnen und derselben Jugend sein dürfte, wenn sie Patres der frommen Schulen aufzunehmen gedächten. Und er erhielte den gänzlichen Beifall."

19. In welche Klassen die Conti füglich zu theilen sind?
20. Welche Conti zur ersten Klasse gehören?
21. Welche zur zweiten,
22. welche zur dritten Klasse zu zählen?
23. Was der Kapitalconto vorstelle?
24. Wie dieser Conto salbiret werde?
25. Was der Gewinn= und Verlust=Conto anzeige?
26. Wie dessen Salbirung geschehe?
27. Was eigentlich Salbiren sei?
28. Was in's Unkosten=Conto komme?
29. Dessen Salbirung geschieht im Gewinn= oder Verlust=Conto?
30. Was in's Creditum des Provisions=Conto anzusetzen?
31. Wie hoch die Provision gerechnet werde?
32. Was der Assecuranz=Conto?
33. Zu welchem Ziel die Assecuranz erfunden worden?
34. Zu was der Assecurateur verbunden sei?
35. Was in's Creditum und Debitum dieses Conto anzuschreiben?
36. Wie dieser Conto salbiret werde?

Zugabe.

37. Einige christliche Wahrheiten, so die Frömmigkeit, sonderlich bei jungen Leuten, aufrecht erhalten, werden erörtert.
38. Das Buch der Weisheit, nemlich das eingefleischte Wort wird als Richtschnur der christlichen Frömmigkeit vorgestellt und gelobt. *)

Ehe diese Blätter in die Presse giengen, langte noch durch die Güte des gräflich Kinsky'schen Centraldirectors Herrn Dr. Vincenz John in Bürgstein das Fundations Instrument über die Piaristen=Schule in Haida in Abschrift ein. Durch dasselbe wird erwiesen, daß diese Schule eine bloße Elementarschule war, in deren Lehrbereich, wenigstens an=

---

*) Aus dem Gedenkbuche der Stadt Haida. Herr Stadtsekretär Rautenstrauch vermittelte freundlichst die Abschrift. Daß die Fragesätze aus den Handelssächern in das Gedenkbuch eingetragen wurden, thut dar, daß man dort in der Ertheilung des Unterrichtes in denselben an einer bloßen Elementarschule später selbst etwas Bemerkenswerthes erkannte. — Das Haidaer Gedenkbuch verdankt sein Entstehen, so wie jene von Fallenau und Plottendorf, dem Gubernialpräsidialdekrete vom 31. Augnst 1835. Es wäre nur zu wünschen, daß im Sinne dieser Verordnung alle Gedenkbücher auch fortgesetzt würden. An Stoff dazu fehlt es in der Gegend gewiß nicht. Man denke nur an die Erscheinungen, welche der so schwunghafte Gang des Glasgeschäftes zu Ende der sechziger und Anfang der siebziger Jahre und der darauf gefolgte eben so tiefe Rückschlag zu Tage gefördert hat.

fänglich, die Fundamente des Lateinischen nur subsidiär eingewoben werden sollten. Es lautet :

Im Namen der allerheiligsten und unzertheilten Dreifaltigkeit, Gott des Vaters, Gott des Sohnes und Gott des heiligen Geistes, Amen.

Kund und zu wissen sei jedermänniglich, Insonderheit da, wo es von Nöthen, daß heut unten gesetzten Jahr und Tag zwischen Ihro Excellenz dem hoch= und wohlgebornen Herrn Joseph Johann Maximilian des heil. R. R. Grafen Kinsky von Chinitz und Tettau, Herr der Herrschaften Bürgstein, Marlinowes, Radoschin, Tschernowitz, Schwoika, Drahobus, Tschakowitz und Pobscheplitz, St. Johannis Hierosolimitani Ordens-Rittern, Ihro k. k. Apost. Majestät wirklichem Kämmerer und geheimen Rath, dann Obersten-Jägermeister im Königreich Böhmen, als fundatore an einem, dann dem hochwürdigen und hochgelehrten Herrn Patre Jeremia Saudnj a matre dolorosa, als dermaligem der frommen Schulen durch die böhmische Provinz bestellten Provinzialen, im Namen des ganzen heil. Ordens der frommen Schulen am andern Theil, nachstehendes Fundations-Instrument beliebig getroffen und zu Staud gebracht worden.

Nämlich demnach

1. hochbesagt Ihro hochgräfliche Excellenz aus begierlicher Vermehrung und Fortpflanzung der Ehre Gottes, dann zu mehrerer Aufnahme der alleinseeligmachenden christkatholischen Religion und zu höchst ersprießlicher Erziehung der zarten Jugend in verschiedenen erfor= derlichen Wissenschaften, mithin zum Besten des allgemeinen We= sens vier Geistliche der frommen Schulen auf der gräflichen Herr= schaft Bürgstein zu Haida zu fundiren sich entschloßen und

2. zur Beförderung der Ehre Gottes ihnen die daselbst befindliche neue erbaute Kapelle cum appertinentiis sammt denen darin be= findlichen und dazu gehörigen apparamentis pleno jure et in perpetuum übergeben, nicht minder

3. zu derenselben Sustentation ihnen, Herren P. P. piarum scholar., nomine fundationis ein zusammengebrachtes Capital pr. 12.000 fl., sage Zwölf Tausend Gulden rhein. verschreibet, nebst welchem annoch

4. der hochgräfliche Fundator sich verbindet, sowohl ein convenables
Gebäu für die Wohnung der Geistlichen als auch zum Gebrauch der
Schulen aus eigenen Kosten zu errichten, als auch zu beständiger
Conservir- und Reparirung der Schul- und collegii-Gebäuden
ein Quantum pr. 4.000 fl., sage: Vier Tausend Gulden derge=
stalten zu assigniren und es auch wirklich assigniret, daß die Herren
Geistlichen dieses letztere pr. 4.000 fl. pro sartis tectis con-
servandis verschriebene Capital weder selbst noch die davon abfal=
lende Interesse-Gelder bei Lebenszeiten des hochgräflichen Funda=
tors zu fordern berechtiget, sondern nach eigenem Wohlgefallen solches
pro tempore vitae zu erlegen Sr. hochgräflichen Excellenz frei=
stehen möge, nach dessen zeitlichem Hinscheiden aber (so der Aller=
höchste in die späteste Jahre verschieben wolle!) das Capital dieser
4000 fl. mit der Nutznießung a die mortis ihnen, P. P. piar.
scholarum, eigenthümlich gebühren und zufallen solle. Wo=
mit aber

5. die Herren P. P. piar. scholar. respectu dieses ihnen ver=
schriebenen Fundations-Capitals pr. 16.000 fl. in Zukunft ge=
sichert seien mögen, als thut hochbesagt Se. Excellenz nicht nur
allein dießfalls pro vera speciali hypotheca die Herrschaft
Bürgstein anmit constituiren und die künftigen possessores dieser
Herrschaft verbinden, mit Zahlung der landesüblichen Interessen
halbjährig accurat, und nach geschehener beiderseits freistehenden
halbjährigen Aufkündigung mit dem Erlag des Capitals richtig
einzuhalten, sondern auch denen Herren Geistlichen die Macht er=
theilen, in dessen Nichterfolgungsfall Inhalt der 6. Nov. declar
F. F. 11 wider meine nachkommende Besitzer der Herrschaft Bürg=
stein fürgehen zu können. Wannenher

6. der Eingangs bemeld'te Herr P. provincialis im Namen seines
unterhabenden Ordens dagegen sich kräftigst verbindet, dermalen
allsogleich vier seiner Geistlichen naher Haida zu ewiger Bewohnung
dieses collegii zu deputiren, welche ihrem instituto gemäß allda
fromm und auferbaulich zu leben, die Jugend in wahrem christka=
tholischen Glauben, guten Sitten, dann Lesen, Schreiben und in

der Rechenkunst zu instruiren, mithin einer dieser vier fundirten Geistlichen die Jugend in dem Lesen, der andere in der Schreib- und Rechenkunst zu unterweisen, wenn aber im Anfange einer dieser zwei Geistlichen allein wegen nicht gar zu vielen Lehrjüngern beidem, nämlich der Les-, Schreib- und Rechenkunst, genug zu thun vermögend wäre, der anderte der Jugend die Fundamente der lateinischen Sprache beizubringen habe. Der dritte Geistliche hingegen, weil die Inwohner des Orts Haida ein sehnliches Verlangen tragen, einen Seelentrost durch Verkündigung des Wortes Gottes zu schöpfen, wird dieser an Sonn- und Feiertagen zu predigen allerdings schuldig und ein gesungenes Amt zu halten verbunden sein. Diesennach wird der vierte als ein Vorsteher der übrigen dreien sowohl in geistlich-, als auch weltlichen Wirthschafts- und Schulen-, denn andern Vorfallenheiten nicht nur zu achten, sondern zugleich verbunden sein, die Stelle deren ersten dreien zu vertreten, falls sich es ereignete, daß einer von ihnen wegen zustoßender Unpäßlichkeit oder sonstigen Verhinderniß seinem obhabenden Amte nicht Genüge leisten könnte. Wobei

7. erwähnte P. P. piarum scholarum sich auf das genaueste nach der von Ihro k. k. apostolischen Majestät allergnädigst ausgedruckten Vorschrift zu halten versprechen, daß

1. der Numerus zu keiner Zeit ohne allerhöchsten landesfürstlichen Consenses vermehrt,

2. keine Stipendien zum Abbruch des Pfarrers zu Bürgstein angenommen, und dann

3. keine andere Schulen als Lesen, Schreiben und Rechnen, nebst denen Fundamentis zur lateinischen Sprache sollen trabiret werden.

Zu wahrer allen Dessen Festhaltung ist dieses Fundations-Instrument, welches der k. Landtafel oder, wo sonst vonnöthen wäre, gehöriger Orten kann einverleibt werden, von Ihro Excellenz Herrn Fundator sowohl als auch von dem hochwürdigen Herrn P. Provincial im Namen des gesammten heil. Ordens der frommen Schulen eigenhändig unterschrieben und mit ihren resp. angeborenen und gewöhnlichen Petschaften bestättigt worden.

So geschehen Bürgstein den 22. Oktober anno 1761 und Nidelsburg den 17. November eodem anno.

Joseph Graf Kinsky von Chiniß und Tettau.

Jeremias Zaubnj a matre dolorosa, schol. piar. prov. Bohemiae praepositus provincialis, meo, successorum meorum et totius provinciae nomine subscribabam.

VI.

Denkschriften und Berichte.

28.

Aus den Manuscripten der fürstlich Kinsky'schen Bibliothek in Prag.*)

a. Die zur Verhinder= und Unterdrückung deren böhmischen Com=
mercien sich ereignete Zoll=Gebrechen sowohl von denen im
Land selbsten als auch von Seiten Chur=Sachsen zu Land und
sonderlich zu Wasser gesperrten böhmischen Handel und Wandel.**)

... Das Haupt=Gravamen, so sich wider Sachsen hervorthuet, ist
die Sperrung der Elbschiffahrt nebenst dem auf der Elbe abfordernden
großen Elbzoll. Und deßwegen fallet ohnmaßgeblich, jedoch hauptsächlich
zu erinnern vor, daß, obschon

---

*) Aus Tom. II. III. & IV. der „Manuscripta" mit hochgeneigter Bewilligung
Sr. Durchlaucht des Fürsten Ferdinand Kinsky entnommen. Die später gefürstete Linie
der Grafen Kinsky stand, abgesehen davon, daß verschiedene Mitglieder derselben hohe
Staatsämter bekleideten und daher auf Industrie und Handel Einfluß zu nehmen ver=
mochten, der Glasindustrie und dem Glashandel insofern nahe, als sie seit 1614 im Be=
sitze der Herrschaft Böhm.=Kamnitz ist, auf welchem Territorium, namentlich in den
Ortschaften Daubitz, Kreibitz, Steinschönau, Parchen, Meistersdorf, dieser Zweig der
Erwerbsthätigkeit mit die ältesten und kräftigsten Wurzeln getrieben. Zwei dieser Denk=
schriften, das Promemoria und die historische Commercial=Nachricht, scheinen unmittelbar
von Grafen dieser Linie herzurühren. Nicht zu verwechseln mit derselben ist die gräf=
lich Kinsky'sche Linie auf Bürgstein, die ebenfalls mannigfache Gelegenheit fand, in die
Glasindustrie einzugreifen, da ihr Fallenau, Blottendorf, Langenau u. s. w. unterthan
waren und Haida auf ihrem Herrschaftsgebiete erstand.

**) Darauf befindet sich die Bemerkung: „Das Commercium in Böhmen betreffend
de anno 1721" mit der Unterschrift: Eger.

1mo seit unerdenklichen Jahren der Menge Berathschlagungen gepflogen
werden, wie die auf der Elbe so hoch erhöchte Zölle abzubringen, hingegen die Elbschiffahrt im Königreich Böheim empor zu bringen wäre?,
so hat man doch nie zum Endzweck gelangen können, und davon gibt die
Beilage sub Nr. IV, was seit anno ... bis vor etlichen Jahren ba-
rinnen verhandelt worden, ingleichen das von der königl. Statthalterei
ddto. erstattete Gutachten die klare Nachricht.

Alle Berathschlagungen aber sind dahin allein gegangen, wie eine
ordentliche Elbzoll-Rolle einzurichten und die so hoch erhöheten Zölle
abzubringen wären? Dann dazumal die freie Elbschiffahrt dem Königreich Böheim (wie es an sich selbst billig ist und sein soll) mit Ablegung
der Elbzölle offen gestanden.

Was der hochlöbliche Reichs-Hofrath in puncto deren Abthuung
eingerathen, das zeiget das deßwegen sub Nr. V anno 1661 bereits
erstattete und sehr wohl fundirte Gutachten und wird nach deren angeführten Motiven das commercium im Königreiche Böheim sehr lang
leiden müssen, wann selbiges bis zu deren Abthuung still stehen sollte.

2do So hat sich auch seit der Zeit in diesen Elbzöllen von selbsten,
sonderlich was unterhalb Sachsen den Elbstrom weiter hinunter anbelanget,
sehr geändert, daß mit denen aus Böhmen hinunter gefahrenen Schiff-
leuten sehr moderat umgangen, ja der erhöhete Zoll selbst nachgelassen
worden, wie weiter unten von Seiten Hannover wird authentisch ge-
wiesen werden.

3^{tio} So ist von denen Elbzoll-Rollen nichts Authentisches zu haben,
sondern auf dem ganzen Elbstrom in manchen Districten hoher Zoll, in
manchen ein niedriger, wie die dargemachte Proba der böhmischen Glashandler mit 400 Centner Glaswaaren, so anno 1716 nach Hamburg
geführt und von sächsischer Seiten noch passiret worden, gleichfalls an
Tag legen soll. An denen meisten Orten sind Pachter der Elbzölle (gleich
zu Dessau es den Hofjuden verpachtet), welche ihr utile bei einer niedrigen
Mauth und großen Frequenz besser finden, als wann sie die Leute drucken
wollten.

Hannover, Lüneburg und Magdeburger auch jetziger Zeit erbötig
seind, alle hülfliche Hand sowohl in der freien Schiffahrt als leident-

lichem Zoll zu leisten, als dießseits 60 und mehr gehabte Controverſien respectu der Zölle faſt ceſſiren und aufhören. Allein das Chur-fürſtenthum Sachſen thut einzig und allein ſeit ein Paar Jahren dem Königreich Böheim unerſetzlichen Schaden und Tort, und wird alles rechtliche Herkommen und nachtbarliche Freundſchaft infolgende gra-viret, und woraus nach Belieben unzählige gravamina zu machen wären.

1ᵐᵒ So hat Sachſen ſeither drei à vier Jahren dem Königreich Böheim die Elbe völlig verſperret und will abſolut von böhmiſchen Waaren auch nicht einmal als tranſito weiter hinunter paſſiren laſſen, weniger ge-ſtatten, daß ihre Schiffleute Güter aus Böhmen weiter auf der Elbe ſollen nach Hamburg führen, am allerwenigſten aber, daß unſere böhmiſchen Schiffer dergleichen Güter führen dürfen, außer was die Sachſen zu ihrer höchſten Nothdurft, als Holz, Getreid u. dgl. (ſo man ihnen doch bei all' ſolcher Waſſerſperrung dennoch gar willig zukommen läſſet) gebrauchen. Wie dann occasione deſſen die Böhmiſch-Kamnitzer und Bürgſteiner Glashandler, als Chriſtoph und Georg Kraus, Elias Liebſch und Georg Rauteuſtrauch im Namen und an Statt aller übrig böhmiſchen Glas-händler von anno 1711 bis 1715 einen koſtbaren Prozeß führen müſſen, weilen ſie mit gewiſſen ſächſiſchen Schiffern von Poſtelwitz und Schmil-kau einen Vergleich getroffen, kraft welchen dieſe jenen etliche Centner Glaswaaren zu Böhm.-Krätſchen einladen und weiter nach Hamburg führen ſollen. Da dann endlich von Seiten Churſachſen die Sachen testante Nr. VI dahin ausgeſprochen worden, und an das ſächſiſche Hohenſteiniſche Amt die Verordnung ergangen, worunit wider die ſchäd-liche Eröffnung der Waſſerſtraſſen alle Vorſichten genommen, die böhm. Kaufleute mit ihren Waaren auf der Achſt durch dieß Land führen zu laſſen angewieſen, die Gebrüdere deren Zumppen aber ihres Unternehmens halber (NB. weil ſie Güter aus Böhmen nach Hamburg führen wollen) auf zwei oder drei Tage mit Gefängnuß beſtrafet werden ſollten.

Welches anderer Orten vor einen öffentlichen Friedensbruch in Com-mercien-Sachen angeſehen werden ſolle; ja, da dergleichen dem Car in Moskau arrivirte, ſo dörften ſchon 30.000 moskowitiſche Advokaten die

Remedirung verschafft haben und wäre ihnen Sachsen keine solche gnä-
bigste Clemenz zu Statten kommen.

Diese böhmische Kaufleute, nachdeme ihnen durch Sperrung der
Elbschiffahrt so großer Schaden geschehen, daß viel Leute beswegen an
Bettelstab kommen, indeme der Glashandel ihre einzige Nahrung ist,
und so viel unzählige Jahre die Elbe hinunter nach Schweden, Moskau
Dänemark, Holl- und Engeland gehandelt haben, sind ferner bei Ihro
Majestät in Polen als Churfürsten zu Sachsen supplicando einkommen,
und haben nun die Eröffnung und Frequentirung der Elbschiffahrt angehalten. Man hat ihnen aber abermalen eine abschlägige Antwort ertheilet und sie laut sächs. Kammer-Dekrets ut Nr. VII dahin beschieden,
daß sie sich der Landstraßen bedienen sollten, in verbis:

„Denen Supplicanten wird hierauf zur Resolution ertheilt, daß man bei der kön.
Kammer ihres Suchen wegen An- und Abschiffung ihrer Glaswaaren auffen Elbstrom
zu deferiren Bedenken träget, sondern es vielmehr bei den Landstraßen verbleiben lässet,
wornach sich zu achten. Sign. Dreßden am 17. Martii 1717.   Löwenthal."

Ihro Excellenz der verstorbene Graf Kinsky haben sich weiter seiner
Böhmisch-Kamnitzer Unterthanen sehr angenommen und diese sächsische
Procedur, welche allen gemachten Verträgen und compactatis zwischen
der Kron Böheim und dem Churfürstenthum Sachsen zuwiderlaufet, einer
königl. Statthalterei nachdrücklich vorgestellet, und, um dem weiter daraus
entstehenden großen Schaden der böhmischen Landesinwohner, ja dem
ganzen Land vorzukommen, um die Remedur gebeten. Welche auch an
die chursächsische Regierung zu wiederholten Malen die weitere Vorstellung gethan: wormit diese Novität, welche nicht allein wider die zwischen
dem Erbkönigreich Böheim und dem Churhaus Sachsen aufgerichtete
Erbvereinigung è diametro laufete, sondern auch dadurch das mutuelle
commercium nothwendig in's Stocken gerathen und geschwächet werden
müßte, abgestellet, und die freie Elbschiffahrt der in der obbemeld'ten
Erbvereinigung radicirten Befugniß gemäß ungehindert vor jetzt und
künftig gestattet werden möchte. Worauf sich aber die chursächsische Kammer ganz kaltsinnig erzeiget, auf der königl. Statthalterei abgelassene
Schreiben nicht die geringste Antwort ertheilet, bis endlich nach unter-
schiedenen Erinnerungen ut Nr. VIII beiliegende Beantwortung erfolget
und ihr unbilliges factum mit diesem beschönigen: Daß ungeachtet der

zur Zeit Churfürst Augusti zu Sachsen gepflogenen vielen Handlungen
der Elbstrom in denen chursächsischen Landen zu dem völligen commercio
nie eröffnet noch zur freien Schiffahrt ausgesetzet worden, die Erb-Ver=
einigung auch darvon und, daß Landhandel und Wandel auf solchem
als flumine publico getrieben werden sollte, keiner Maßen gebote.
Uibrigens aber ihres Orts jederzeit geneigt gewesen und noch wären,
das commercium auf der Achse und sonsten zu Lande in allen Stücken
zu befördern; dahin sie also die böhmischen Glashändler als andere
berläudige Handelsleute zu bescheiden belieben sollten.

2do Da die böhmischkämmnitzer Glashändler dennoch probiren wollen,
bis 10 Kisten Glas und Schmelzwaaren nacher Hamburg auf der Elbe
zu führen, indeme es ihnen kurz vorhero unter der Hand mit 400 Centner
durch Sachsen und bis Hamburg auf der Elbe zu bringen geglücket hat, so
sind erstberührte Kisten mit Glas= und Schmelzwaaren ihnen von säch=
sischer Seiten auf der ersten Wasser=Zollstadt Schandau weggenommen
und arretiret worden, wo selbige auch noch, und also bis in das dritte
Jahr, wider alles Recht aufbehalten und nicht weiter, als allein wieder
nach Böhmen zurück, zu führen verstatten wollen. Ihnen Glashändlern
aber hat man keinen andern Bescheid ertheilet, als: Sie sollten der=
gleichen Waaren zu Lande führen ; sie sächsische Zolleinnehmer dörften
solche auf dem Elbestrom nicht passiren lassen.

3tio Darf sich kein böhmischer Schiffer unterstehen, seit wenigen
Jahren Güter nach Hamburg zu führen, sondern, da es auch von der
sächsischen Kammer erlaubet würde, so müßten es die Dresdner Schiffleute
oder sächsische Unterthanen führen ; dann die böhmischen dörften nichts
anders nach Sachsen bringen, als was in ihrem Land abgehe: Holz,
Korn, Gersten und dergleichen. So civil und erkenntlich sind sie doch gleich=
wohlen. . . . .

So sind die Elbzölle, ob sie gleich sehr erhöhet und allerorten der
Elbe hinunter sehr different eingefordert werden, dennoch vor itzo erträg=
lich und viel profitabler, die Glaswaaren und Leinwand auf der Elbe als
auf der Achse nach Hamburg zu führen; dann was die Elbzölle wegneh=
men, das wird an Fuhrlohn doppelt, ja dreifach ersparet. Die sub Nr. —
beiliegende, mit allem Fleiß formirte Tabella weiset alle possessores der

Elbzölle, und wie viel sich von Prag bis Hamburg dermalen wirklich und exacte befinden thun, ingleichen was von denen durch die böhmisch Kamnitzer Glashandler anno 1716 von Herrnskretschmen bis Hamburg geführten Glaswaaren au Elbzoll ist zahlt worden und bis Hamburg gekostet hat, wornach der calculus leicht kann gemachet werden, daß ohnangesehen der sehr vielen Elbzölle dennoch die Wasserfahrt profitabler als auf der Achst ist, dann zu Wasser zahlt ein Centner 9 gg. bis Hamburg, zu Lande aber 3 ½ Rthlr.

Nach Ausweisung obangeführter tabella, so ist von 440 Centner Glaswaaren bezahlt 651 fl. 11 ½ kr., kommt also auf 1 Centner Glaswaaren bis Hamburg au Zoll in circa . . . . 1 fl. 28 ³/₄ kr.
Fracht von 1 Centner 9 gg. . . . . — fl. 33 ³/₄ kr.

in allen Spesen . . 2 fl. 2 ½ kr.

Hingegen kostet der Centner Fuhrlohn auf der Achst von Böhm.-Kamnitz bis Hamburg 3 ½ Rthlr., ist 5 fl. 15 kr. Wo bleibt hernach der Landzoll? Welcher zwar nicht so hoch als Wasserzoll ist, dennoch das einzige Fuhrlohn das alterum tantum übersteiget. Und es ist ganz nichts Unbilliges, daß der Wasserzoll höher als Landzoll gesetzet wird, weil die Ersparniß der großen Fracht zu Land solches wieder einbringt. Dann ein Faß von 120 Stück weißgarnichten Leinwanden, wormit ich in der Allasonischen Fabrik selbst die Proba veranlasset, kostet von Herrnkretschmen oder Schandau, der ersten sächsischen Elbzollstadt, au bis Hamburg au Fracht, Zoll und allen Unkosten 24 Rthlr. Hamburger Cour., so zu 15 pCt. an Kaisergeld 28 Rthlr., id est 42 fl. ausmachet. Auf der Achst hingegen von Rumburg aus, so nur 1 ½ Meilen von der Elb lieget, bis Hamburg zu führen, kostet ein solches Faß 56 Rthlr., oder 84 fl., und wobei noch dieses zu consideriren kommet, daß die Fässer und Kisten, so zu Land gehen, in keiner so großen Quantität können gepacket werden, welches das commercium beschweret . . . .

Thut Magdeburg das in ante actis so oft berührte vorwendende Stapelrecht gar nicht dahin affectiren, daß alle Schiffe drei Sonnenschein allдorten still liegen sollten; sondern solches ist nur zu verstehen, wann Victualien aus Böheim zum Verkauf durchgeführet werden, also Ge-

treib, Obst, Holz u. dgl., nicht aber von Transitogütern, als Glaswaaren,
Leinwand 2c. Dann auf erstere Art haben die Bürger in Magdeburg
den Vorkauf, an Transitogütern aber werden sie sich nie vergreifen. Wie
dann die anno 1716 annoch hinuntergeführte 440 Centner Glaswaaren,
weder das Allasonische Faß Leinwand, ehend die völlige Sperrung von
Chursachsen erfolget, nicht eine Stund aufgehalten, sondern zur An-
frischung weiterer Frequenz die Elb-Straßen sehr civil tractiret worden.
Wird von Seiten der churfürstl. hannoverischen Kammer zur Beförderung der Elbschiffahrt und commercii alles Erdenkliche beigetragen,
auch testante Nro. — auf der Böhm. Kaumitzer Glashändler Anbringen
wegen der vier habenden hannoverischen Elbzöllen, als: Schnackenburg,
Hitzacker, Bleckete und Lauenburg auf drei Jahre an Zoll die Hälfte
nachgelassen, auch ihnen Glashändlern von ihren daselbst gehabten Bestellten laut Nr. — die Versicherung gegeben wird, daß obschon in dem
Befehl nur drei Jahr gesetzet, die Sach allzeit könnte verlängert werden.
Auch hat ihnen Dessau, Zerbst, Brandenburg und sonderlich Magdeburg
mündlich versichert, ihnen der freien Schiffahrt halber nichts in Weg zu
legen, sondern Beförderung zu thun.

Solchemnach der Tort, so das Königreich Böheim durch solche Sperrung der Elb leidet, und daß viele Hundert Personen, so von dieser mit
denen Glaswaaren sich ernähret, betteln gehen müssen, die Leinwand-
fabriken sich auch nicht weiter extendiren können, mehr andere zu geschweigen, einzig und allein nur von Chursachsen herrühret.

Ich finde unnöthig anzuführen, mit was vor Recht es geschehen
kann, sondern will es einem hocherleuchten judicio überlassen, welches
die Unbilligkeit und das wider alle Rechte streitende Beginnen von selbsten
und wie solches nicht zu dulden finden wird, welches sich aus den von
der sächsischen Regierung an die königl. Statthalterei erlassenen Antwort-
schreiben auch selbst darstellet. Dann wann auch nach ihrem leeren Vorgeben in denen bei Regierung Churfürst Augusti mit der Kron Böheimb
gepflogenen Tractaten und Erbvereinigungen die freie Elbschiffahrt nicht
ausdrücklich benennet und dieser Elbstrom als ein flumen publicum
zur freien Handlung ausgesetzet worden wäre, so ist ja aller freier Handel
und Wandel in denen Erbvereinigungen allezeit stipuliret, was unter der

11

zu Waſſer tacite verſtanden und auch nicht expreſſe ausgenommen worden, noch ausgenommen werden können. Aus denen Rechten auch bekannt iſt, daß, obwohlen das dominium fluviorum utile et secundarium von denen privatis acquiriret wird, der Gebrauch aber von natürlichen und aller Völker Rechtswegen allgemein, und ſelbte zu practiciren ſo wenig als eine offenbare Straße, ſonderlich in ratione commerciorum transmigrationis justo bello, füglich zu verwehren iſt. Hugo: Grot: de Jure belli et pacis Lib. 2, J. C. Gajus in Lib. 7 §. 4 ff. de Aqui rer. (sic) etc. et Lege fluminum 24. De Damno infecto. Schneid. Lib. 2do Instr. §. fluminum et infiniti alii, als worauf ſich ſonderlich das an Jhro kaiſ. Majeſtät von einer hochlöbl. königl. Statthalterei anno 1705 den 29. Decembris abgeſtattete Gutachten in mehrerem, nicht weniger was die Abbringung der erhöheten Elbzölle, welche Controvers aber ſo zu ſagen nicht mehr von ſo großer Wichtigkeit als die freie Fahrt iſt, fundiren thut.

Bei dieſer Elbſperrung kann ſich Sachſen auf nichts als ſein Pri= vatintereſſe fundiren; dann nachdeme einem gewiſſen Mauth= und Zoll= Commiſſario Namens Piening die Landzölle in Sachſen in Verpacht gelaſſen worden, ſo hat dieſer durch ſeine Intriguen bei der ſächſiſchen Kammer es dahin gebracht (gleich er auch mit dem Allaſon in Weguch= nung der ehemaligen ſechs Kiſten Leinwand vollführen wollen), damit die Elbfahrt geſperret und als ein dem Sachſenland ſchädliche Waſſerſtraße publiciret werde, beſage der obangeführten Beilage Nro. — Und da nun die ſächſiſche Kammer dieſe Impertinenz hat, die böh= miſche Glashändler mit ihren zerbrechlichen Glaswaaren von der Waſſer= fahrt ab und auf die Landſtraßen über rauhe Berg und Thal zu weiſen, wie die Beilag Nro. . . klar beſaget, auch ihre Antwort an die königl. Statthalterei Nro. . . ein Gleiches in ſich enthaltet, ſo weiß ich nicht, ob das jus retorsionis nicht kräftigen Einhalt machen ſollte, wann Jhro kaiſerl. Majeſtät geruhet, die Herren Sachſen mit ihren aus dem Königreich Böheim nöthig habenden und in großer Quantität abholenden Getreid und Holz auch auf die Landſtraßen zu verweiſen und abſolut auf der Elbe nichts paſſiren ließen.

Dann ehender kann eine Kiſten Glas als ein Floß Holz auf der

Landstraße zerbrochen oder zertrümmert werden. Der böhmische Landesinwohner sollte auch ein großes utile daraus ziehen, weil die Sachsen
hoffentlich das Holz in Scheiter würden müssen fabriciren lassen, die
nach Sachsen gehende Straßen kommete in gute Frequenz und die Beschwerde hätten sie sich sächsischer Seiten selber zuzuschreiben. Außer diesem
und da Ihro kaif. und königl. Majestät allerhöchste Clemenz dergleichen
gerechtmäßige Repressalien nicht gestatten möchten, so würde sich die
gesperrte Elbschiffahrt ganz leicht eröffnen,das darauf aus dem Königreich
Böheim pflegende commercium aber sich von selbsten herstellen, wann
1ᵐᵒ bei Churfachsen durch Ihro kaif. Majestät a. h. Autorität und
Intervention (und wozu Ihro Maj. Tausend derlei Mittel in Handen
haben) es dahin gebracht würde, daß selbiges forderiste die über drei
Jahr auf der ersten sächsischen Elbzollstadt Schandau denen böhmischen
Kamnitzern Glashandlern vorbehaltene und arretirte zehn Kisten Glas-
und Schmelzwaaren mit Ersetzung aller erlittenen Schäden und Unkosten
nicht allein freistellen, sondern auch erlauben müßte, daß solche
    2ᵈᵒ mit böhmischen Schiffleuten bis Hamburg gegen Abstattung
aller hergebrachten Zollgebührnissen könnten verführt werden, wodurch
zugleich die freie Fahrt der böhmischen Schiffleute wieder stabiliret würde,
    3ᵗⁱᵒ aber nach geschehener Relaxation solcher zehn Kisten die mit
böhm. mercibus auf der Elb bis Hamburg abfahrende Schiffe mit kaif.
Pässen und verstatteten Flaggen oder Kennzeichen versehen ließen, daß
solche nach Abstattung aller Zollgebührnissen freie Auf- und Abfuhr zu
genießen haben sollten. So würde sich
    4ᵗⁿ von selbsten zeigen, daß keine Potenz an dem Elbstrom, wann
mit Churfachsen allein die Reglirung geschehen, sich den böhmischen
commerciis widersetzen würde.
    5ᵗⁿ So könnten Ihro kaif. Majestät bei denen ohnedem mit der
Stadt Hamburg schwebenden Differenzen es ganz leicht dahin bringen,
womit das böhmische commercium zu Wasser daselbst alle erdenkliche
Freiheit genießete, wo
    6ᵗⁿ Dessau, Lüneburg, Magdeburg ohnedies allen erdenklichen Vor-
schub geben wollen, damit das Elb-commercium wiederum in alten
Stand möchte hergestellet werden. Wo hernach gleichwohl

11*

7** auf eine reglirte Elbzoll-Rolle mit all' an dem Elbstrom liegenden intreſſirten Fürſten und Ständen unter der Hand Tractaten
könnten gepflogen werden, die freie Schiffahrt aber indeſſen ihren Lauf
hätte.

Der Nutzen, ſo dem Königreich Böheim hieraus entſtünde, iſt ſehr
conſiderabel, auch zum Theil bereits angeführt, und da es die Zeit lei-
dete, ſo könnte es noch in Mehrerem deduciret werden. Genug iſt, daß
man ſagen kann, das Königreich Böheim kann ſeine abzuführen habende Waaren einladen und, ohne Fuß auf Land zu ſetzen, in alle Länder
der Welt, ja bis Oſt- und Weſtindien, zu Waſſer führen; dann es iſt
nichts nöthig als die Ein- und Abladung aus einem Schiff in das andere.
Und da ich acht Meilen von Prag 4, 5 bis 600 Centner kann aufladen
und nach Hamburg führen, ſo kann ich ja, ohne Fuß an's Land zu ſetzen,
in holländiſche, franzöſiſche, ſpaniſche, portugieſiſche Schiffe umladen und
nach Oſt- und Weſtindien, oder wohin ich will, fahren, wie es auch mit
denen böhmiſchen Leinwanden geſchehen iſt.

Die böhmiſche Glashandler, welche vielleicht um etlichmal Hundert
Tauſend Thaler Glaswaaren aus Böheim in alle Reiche der Welt verführet, müſſen allen Handel und Wandel liegen und die Arbeitsleute ſo
zu ſagen betteln laſſen, da ſie eine große Handlungscompagnie aufgerichtet gehabt, al in grosso über See den Glashandel zu treiben.......

b. P r o m e m o r i a.

Als ſich mit Chur-Sachſen anno 1719 zwiſchen dem Königreich
Böheim die Elbſtrittigkeit ereignet, ſo bin auf die Gedanken verfallen,
unter der Hand und, ohne vieles bruit zu machen, an die königl. preu-
ßiſche und chur-hannoveriſche Kammer zu gehen und zu ſondiren, wie
dieſe unterhalb Sachſen liegenden Elb-Potenzien zur Elbſchiffahrt in-
clinirten, ob ſie ſolche verhindert oder befördert ſehen mögten? zu welcher
Erfahrung nur der hohe Elbzoll vorzuſtellen wäre.

Dieſe Anleitung habe ich dem Kämmitzer Glashändler Namens
Krauſe gegeben, welcher auch ſofort ſich nach Magdeburg und Hannover
verfüget und bei dortigen Regierungen und Kammern dieſe Vorſtellung,
ohne die ſächſiſche Elbſperrung zu berühren, gethan, wie ſie böhmiſche

Negotianten gerne auf dem Elbstrom viele Glas= und andere Waaren nacher Hamburg transportiren mögten, wann nur der darvon abzutragende Elbzoll in etwas wollte nachgesehen werden 2c.

Hierauf hat ihm sowohl die königl. preußische als hannoverische Kammer die schriftliche Versicherung ertheilet: daß, wann sie böhmische Glashändler und Negotianten das Elb=commercium treiben und wieder emporbringen wollten, ihnen alle Beförderung geleistet werden sollte, wie man dann zu einer Proba den sonsten abgetragenen Elbzoll von ihren Glaswaaren auf die Hälfte vor drei Jahr gleich heruntersetzen wollte.

Diese Original=attestata seind contra Sachsen denen Elb=gravaminibus beigeleget worden.

Anitzo ereignet sich, daß der Bürgsteiner Glashändler Küttel nur vor sich die Convention getroffen, gegen Lieferung eines großen Kerls von sechs Fuß auf der Frankfurter Messe mit Glaswaaren wieder handeln zu dörfen. Dahero verfalle auf die Gedanken, ob nicht auf dergleichen Handel oder nur gebende Erlaubnuß der gesperrten Elb=Schiffahrt mit Sachsen eine große Erleichterung könnte unmittelbarerweise beigebracht und zur Eröffnung der Weg gebahnet werden, da drei oder vier große Kerl vieles richten, wann es unter der Hand gespielet würde. Dann

1mo ist sich bei diesen Potenzien über die sächsische Elbsperrung nie recht beschweret worden.

2do Ist gewiß, daß durch die sächsische Elbsperrung denen unterhalb Sachsen anliegenden Elb=Potenzien ihr Zoll=Regale auf dem Elbstrom selbsten verkürzet und geschmälert wird.

3tio Würde Preußen sich am meisten, sonderlich respectu Magdeburg, wider die sächsische Hinderung der böhmischen Schiffahrt setzen müssen, weilen seinem Zoll=Regale der größte Abbruch geschiehet,

4to auch ganz leichte Mittel hat, Sachsen zur Raison zu bringen, weilen

5to alle Jahr von Dresden und Pirna die sogenannte Elbfahrer, in 12 bis 15 Schiffen bestehend, im Monat Martio und Septembris auf= und abfahren. Wann also

6to der König von Preußen diese auch nicht passiren lassete, bis sie in ihren sächsischen Landen denen Böhmen ein Gleiches thäten, so würden die Sachsen sich bald zum Zweck legen und die Verhinderung aufheben.

Die etliche große Leute freizuwerben, da die Capitulation nur auf etliche Jahr gehet, würde dem Land nicht viel kosten oder Schaden bringen, da man vor wenig Jahren dem König von Preußen etliche zwanzig Mann um nichts zu werben erlaubet hat.

Es ist auch ganz sicher zu glauben, daß wann dieser itzige König von Preußen mit Tod abgehen sollte, sein Nachfolger diesen großen Leuten zusammen den freien Abschied ertheilen und solche also in ihr Vaterland zurück kommen würden. *)

c. Hiſtoriſche Commercial-Nachricht. **)

... Diesem tritt ferner bei, daß im Königreich Böheim noch vor fünfzehn und zwanzig Jahren nicht von freien und stabilirten Kauf= und Handelsleuten, sondern von denen in der Erb-Unterthänigkeit stehenden Inwohnern des alleinigen leitmeritzer Kreises auf denen Herrschaften Böhmisch=Kamnitz, Bürgstein, Ober=Liebich und der Orten mit alleinigen nur schlechten Glas= und Sieb=Waaren, auch anderen böhmischen Natu= raleffecten, grobe Tücher und dergleichen nach Norden dienende, nach Portugal, Spanien, Holl= und Engelland, Moskau, Türkei solchen Handel und Wandel mittelst des ihnen dazumal, wie vor vielen hundert Jahren von Caroli IV^{ti} Zeiten an, auch vorhero, frei und offen gestan= denen Elbstroms geführet worden, daß solche böhmische erbunterthänige Handelsleute an solchen Orten im Stand gewesen, nicht allein denen re=

---

*) An dieses muthmaßlich von einem Grafen Kinsky verfaßte Promemoria reiht sich in Tom. III, wohl nicht als Folge desselben, sondern vielmehr mit Beru= fung auf einen unterm 16. Juli 1733 errichteten Tractat und auf ein= und andere Beschwerden der böhmischen Stände, unmittelbar ein Schreiben des Kaisers an den Kö= nig in Polen als Churfürsten zu Sachsen ddto. Halbthurn 19. September 1736 an, worin er denselben um Loslassung eines zu Dresden im Jahre 1729 festgehaltenen mit Waa= ren beladenen Schiffes eines Tetschner Handelsmannes und um Abordnung von Bevoll= mächtigten zur Begleichung der Irrungen wegen der Elbschiffahrt ersucht.

**) Der vollständige Titel lautet: „Hiſtoriſche Commerzialnachricht oder unvorgreif= lich, doch wahrhaft und unverfälschte Deduction über das nunmehro seither mehr dann 100 Jahren in Ihro kaiſ. und königl. Majeſtät Erb=Königreich Böheim zu introduciren und in rechten Stand zu setzen gesuchte, dannoch wider Ihro kaiſ. und königl. Majeſtät allerhöchſte Selbſteigne Bearbeitung und allermildeſte Landesvorsorge von Tag zu Tag nicht nur mehrers abnehmende, sondern in gänzlichen Ruin verfallende, sowohl in= als ausländiſche commercinm.“

sibirenden Gesandten und Botschaftern, sondern der itzigen glorreich regierenden kaif. und königl. Majestät als König in Spanien zu Barcellona, selbsten bei denen größten Geldklemmen-Zeiten, große Summa Geldes vorzuschießen und dargegen assignationes und Wechsel-Briefe, die vorgeschossene Summa in hiesigen Ländern von ihren Revenuen, auch von Ihro kaif. und königl. Majestät eigenem Hofzahlamt wieder empfangen zu können, angenommen haben, welches mit vielen noch lebenden wahrhaften Zeugen authentisch und aus denen Rechnungen kann dargethan und erwiesen werden, deren einige nur specifice anzuführen. So haben diese böhmischen Handelsleute in Ihro kaif. Majestät Hofzahlamt zu Barcellona über 250.000 fl. baare Gelder deponiret und vorgeschossen. Dem damalig zu Lisbonne resibirenden kaif. Botschafter und nachmaligem Erzbischof zu Prag, Grafen von Khienburg, über 75.000 fl., dem Grafen von Gallasch, als kaif. Plenipotentiario in England, auch nachgefolgtem Grafen von Wratislaw, dann gleichfalls in Moskau denen kaif. ministris ein und andere Summen zu Handen geleget und sich darfür allhier im Lande wieder bezahlen lassen. Aus Constantinopel oft zu 12, auch 15 Tausend Dukaten und mehr vor ihre dahin geführte und daselbst verkaufte Effecten baar zurückgebracht, welches ebenermaßen die herrschaftliche Renten darthun, daß von diesen Leuten vor ihre praestanda alles meistens in lauter Gold abgeführet worden; auch niemals schwer gewesen, in benöthigtem Fall von ihnen 4, auch 5000 Species-Ducaten gegen Münz einzuwechseln.

Welches Gold doch weder im Land erzeuget, noch darinnen gemünzet, sondern pures fremdes Gold, so vor böhmische Effecten gelöset in's Land geführet worden, gewesen ist; dann sonsten nicht zu ermeßen wäre, wo böhmische Handelsleute in solchen fremden Ländern derlei Summen hätten hernehmen wollen?

Ueber dieses baare Geld-negotium haben diese Leute vor ihre in solche fremde Länder geführten böhmische Waare den baratto- und Gegen-Handel gehabt, das ist: vor ihre böhmische Effecten andere Waaren, so selbige in diesen Ländern wieder haben absetzen können, einzuführen, worunter der dazumal in commercio freigestandene, anitzo aber völlig unterbrochene Tabaks-Handel respectu Spanien und Portugal eines

von denen stärkesten gewesen, und sich andere, als feine englische, hollän=
dische Tücher, seidene und wollene Zeuge ꝛc., aus Moskau Juchten
und Pelzwerk ꝛc., worauf anitzo der unerträgliche Aufschlag zu vermeinter
Beförderung des commercii gesetzet worden, beigefüget haben. Wie
dann die Stadt Tetschen an der Elbe, als die letzte böhmische Granitz=
Stadt gegen Sachsen, durch die daselbst annoch zu finden seiende in Stein
eingehauene Schiffs-insignia, Kaufmanns-Zeichen, der an der Elbe mit
Quader=Steinern ausgesetzte Hafen zu Anländung der von Hamburg
hinab= und heraufgegangenen Schiffen des vorhin dieser Orten herrlich
gehabten commercii, annoch der in vorigen Zeiten gehabten ansehnlichen
Handlung den augenscheinlichen Beweis geben. Die alten Urkunden
auch bekräftigen, daß dieses eine Stapel=Stadt nach denen Magdeburgischen
Rechten gewesen, dessen sich eben die Stadt Leitmeritz mit großer Hand=
lung besage ihrer von Kaiser Carolo IV.to vielen verliehenen Privilegien
auf dem Elbstrom zu erfreuen gehabt hat. Dahingegen anitzo von Chur=
Sachsen seither etlichen Jahren dem Königreich Böheim der freie Elbstrom
zu Abführung seiner Effecten in die nordischen Länder, wie vormals ge=
schehen, nicht nur gesperret, sondern anno 1729 ein nacher Hamburg
mit böhmischen Effecten wollendes Schiff zu Dresden angehalten worden
und bis dato ohne alle Reclamirung stehen thut.

Welches kurz Angeführte benenjenigen, so in vermeinter Empor=
bringung anderer, obwohlen auch kaif. Länder, deren projecta doch auf
lauter privativa und Land und Leuten schädlich seiende monopolia
hinausgehen, mit Unterbrückung und gleichsam Verachtung des Königreichs
Böheim, als ob es gar keine commercia niemals gehabt hätte noch haben
könnte? statuiren wollen, zum klaren Gegenbeweis dienen können........

Mit allem diesen ist weiter von dem Königreich Böheim mit genug=
samen gründlichen Beweisen zu sagen, daß selbtes bei seinem dermalen
beschwerten und fast ganz und gar eingeschränkten commercio in letzten
dreien Jahren über 15 Millionen baare Gelder aus dem Lande abgeben
hat, wo dargegen in eben diesen dreien Jahren nicht mehr, dann eine halbe
Million im Land gepräget worden. *)

---

*) Um das zu beweisen, was der Verfasser beabsichtigte, hätte eine Prämiße nicht
übergangen werden dürfen, nämlich die Ausfuhr, welche Geld in's Land bringt und da=

Also die Hauptgnästion wäre, was dann die übrige 14 ½ Million vor Gelder, so mehr hinausgegangen, als selbsten im Land nicht gemünzet worden, müßen gewesen sein? .....

d. An eine hochlöbl. königliche Statthalterei im Königreich Böheim.

.... Als allzuwohl bekannt ist, daß die Kamnitzer, Bürg-steiner, Oberliebicher und dieser Orten im königl. leitmeritzer Kreis woh-nende Glashändler sowohl nach Spanien, Portugal, Engelland, Holland,

durch der dem Lande Geld entziehenden Einfuhr entgegenwirkt. Da die Mannscripte der fürstlich Kinsky'schen Bibliothek in Tom. II. & IV. aus den Jahren 1732 bis 1735 auch Ausweise über die Ein- und Ausfuhr von Böhmen enthalten, so läßt sich jener Mangel einigermaßen ergänzen. Freilich ist der Zeitpunkt der Abfaßung obiger Denkschrift nicht angegeben. Aller Wahrscheinlichkeit nach ist sie aber in den Anfang der dreißiger Jahre des vorigen Jahr-hundertes, jedenfalls zwischen 1729 und 1710, zu verlegen; die Ausweise von 1732 bis 1735 können demnach immerhin zur Beleuchtung der Frage herangezogen werden, ob dazumal ein Mißverhältniß zwischen Empfang und Ausgabe von baarem Geld obwaltete und ob mithin Maßregeln gegen das Ausströmen des Geldes geboten waren.

Unter dem Titel: „Hauptbillanzirung, das ist: Wie viel die Ein- und Ausfuhr deren bishero gezogenen vier General-Zollbilanzen des Königreichs Böhmen pro annis 1732, 33, 34 und 35 summariter betragen und wie eines gegen dem andern in der Bi-lanz stehen thut" findet sich folgende Zusammenstellung:

	Einfuhr			Ausfuhr		
	fl.	kr.	₰	fl.	kr.	₰
1732	3,225.215	7	4½	4,479.794	45	3
1733	3,149.197	57	—	4,617.161	10	3
1734	2,990.166	53	3	5,871.872	60	3½
1735	3,041.906	15	4½	6,004.048	6	3½
	12,406.486	13	5¾	20,972,376	63	1

Es ist das eine Handelsbilanz, worüber selbst das Herz eines eingefleischten Mer-kantilisten lachen konnte und worüber gewiß auch unser Verfaßer sich erfreut hätte, wenn seinem patriotischen Eifer nicht augenblicklich die Einfuhr entgangen wäre.

Detailausweise über die Ein- und Ausfuhr von Böhmen finden sich nur aus den Jahren 1732 und 1733. Das Glas erscheint darin mit folgenden Werthen:

	Einfuhr				Ausfuhr			
	1732		1733		1732		1733	
	fl.	kr.	fl.	kr.	fl.	kr.	fl.	kr.
Glas, als Trinkgläser, Tafeln, Scheiben ꝛc.	1.416	48	1.393	15	97.724	55	92.418	19
Glaswaaren, als Spie-geln, Leuchter ꝛc.	1.357	30	1.051	—	832	15	2.412	15
	2.774	18	2.444	15	98.557	10	94.830	34

Ueberdieß befindet sich in Tom. III. eine Tabelle, in welcher nur die stärksten Posten der Ausfuhr für 1735 angeführt werden, darunter Glas mit 70.962 fl. 40 kr.

Moskau, Türkei ꝛc. ihre Glaswaaren und andere böhmische Effekten ver=
führet haben. Ihren Nutzen und Gewinn zu befördern, müssen sie auf solche
Waaren bei Ausländern barattiren oder auch um das gelöste Baargeld,
welche sie in hiesigen Ländern wieder absetzen können, einkaufen.

Daß der Werth des Glasexportes in diesen drei Jahren viel zu tief gegriffen ist,
springt in die Augen; denn um 1732 bis 1735 unterhielten die nordböhmischen Glas=
händler bereits Handelsverbindungen mit Norddeutschland, Rußland und Polen, mit den
skandinavischen Ländern, mit Holland, Spanien und Portugal und der Levante und hat=
ten theilweise daselbst auch schon feste Niederlaßungen. Hätten aber Mengen von 71.000 fl.
bis 90.000 fl., in welchen übrigens noch das in die übrigen Länder der Monarchie aus Böhmen
verführte Glas inbegriffen war, auch nur entfernt hingereicht, jene Märkte zu versehen?

Obgleich zur Aufklärung dieses Mißverhältnisses auf ein reicheres Material ge=
stützte Untersuchungen erforderlich wären, so läßt sich doch schon von zwei Umständen
mit Gewißheit behaupten, daß sie auf die so niedrige Ziffer des Glasexportes einen we=
sentlichen Einfluß ausgeübt haben.

Es sind dieß:

a. die Belastung der Glasausfuhr mit einem Zolle und
b. die Bemessung dieses Ausfuhr=Zolles zum Theil nach dem Werthe der ausgeführ=
ten Waaren.

Beim Bestand eines Ausfuhrzolles war der Reiz zum Schmuggel gegeben, und
zwar in einem um so stärkeren Grade, je höher dieser Zoll war. Wenn man aber auch
vom Schmuggel sich fernhielt, so lag doch in dem Werthzoll die Versuchung, den Werth
möglichst niedrig zu declariren.

Vor Allem müßte man daher, um Anhaltspunkte zur Beurtheilung, wieweit der
Zoll auf die Verminderung der legalen Ausfuhr von Glas oder doch auf die zu geringe
Werthsangabe eingewirkt habe, zu gewinnen, die Zollsätze und die Art der Verzollung
kennen.

Auch darüber erhält man einige Auskunft in den Zolltarifen, welche den Manu=
scripten in Tom. IV. beigebunden sind.

Der älteste, offenbar noch vor dem Jahre 1732 erlassene, führt die Ueberschrift:
„Ausgleichung des dermalen in neu sich befindenden Gränitz=Zoll=vectigalis ab A° 1658.
Was diese außer Landes zum Verkauf zu bringen höchst nöthig seiende, im Land er=
zeugende Effecten, bei der Ausfuhr, ohne die erhöheten Zettelgelder, Accidenzien, und
den neu inventirten Aufschlag, zahlen müssen, hingegen aber die fremd einführenden von
gleicher Sorte an eingehendem Zoll zu entrichten haben." Als:

	Fremde in's Land einfüh= rende bezahlen dermalen:			Inländisch erzeugte u. hin= ausgehende müssen hinge= gen zahlen:		
	fl.	kr.	₰	fl.	kr.	₰
Glas, so durchsichtig von 1 fl. ...| —	1	—	von 1 Truhen	—	40	—
Glas, gemeines von 1 fl.	—	1	—	„ 1 „	—	20	—
Gläser zum Trinken von 1 fl. ...| —	1	—	„ 1 „	—	35	—
Gläser, so nicht nach der Truhen angesagt werden, von 1 fl.	—	1	—	von 1 fl.	—	2	—

Führen sie nun diese in das Land ein, so drucket den Inländer der so hoch abzuführen habende Zoll so sehr, als ben Fremden, und wird ein commercium mit den andern zu Boden geleget.

.... Es kommet also, unseres ohnmaßgebigen Erachtens, den sichern Grund zu einem realen commercio im Königreich Böheim, welches sich vorgestelltermaßen vor Allem auf einen freien und ungebundenen Handel und Wandel, sowohl des ein= als ausgehenden, fundiret, auf zwei Haupt=membra an, die Gebrechen und Verhinderung aus dem Weg zu räumen:

Der zweite, nach dem Inhaltsverzeichniße des Tom. II. „de anno 1736", ist überschrieben: „Proportion oder Ausgleichung, was die in das Königreich Böheim einführenden fremden Effekten an Zoll gegen denen, so das Land über sein nöthig habendes Consumo, also auf die Versilberung und Verschleiß außer Landes zu reflectiren hat, an ausgehendem Gränitzzoll dargegen, nach dem dermalen in usu seienden Zoll=vectigal ab anno 1658 über die erhöheten Zettelgelder, neu inventirten Hufschlag und Accidentien zahlen müssen."

	Fremde zahlen Einfuhr			Inländische zahlen Ausfuhr		
	fl.	kr.	₰	fl.	kr.	₰
Gläser, so nicht nach der Truhen angesagt werden, von 1 fl.	—	1	—	—	2	—
Gläser venetianische von 1 fl.	—	1	—	—	1	—
Gläser, gemeine Trinkgläser und schlechte Scheiben von 1 fl.	—	1	—	von 1 Truhen — 20	—	
Gläser, so durchsichtig von 1 fl.	—	1	—	„	1 „ — 40	—

Während die beiden vorhergehenden Tarife nur handschriftlich vorliegen, ist der dritte mit dem einfachen Titel: „Consumo - Exito- und Transito-Zoll, Anno 1737" bereits gedruckt. Für Glas bestehen nach demselben folgende Zollsätze:

	Consumo-Zoll aus fremden Landen			Exito-Zoll aus kaiserlichen Erblanden			Transito-Zoll					
	fl.	kr.	₰	fl.	kr.	₰	fl.	kr.	₰	fl.	kr.	₰
Glas, Schmelzglas für die Goldarbeiter von 1 Pfund	—	2	—	1	—	—	1	—		—	0	6
Gläser, glatte, geschnittene oder geschliffene Trinkgläser, so in Kleinigkeiten getragen oder truhenweis geführet werden, wie auch verschiedene Glaswaaren, als Hängeleuchter und dergleichen vom Gulden Werth	—	6	—	2	—	1	—	„	—	3		
Tafelgläser vom Gulden Werth	—	6	—	2		25 30	—		—	3		
Scheibengläser „ „ „	—	6	—	2		10	—	—	8	—		

Primo auf die beſſere Emporbringung und Facilitirung des ſowohl in- als ausländiſchen commercii, die Landeseffekten beſſer und leichter dadurch außer Landes abſetzen und mehreren Verſchleiß finden zu können.

Secundo auf die Circulation mehrere fremde Gelder herein zu bringen und den ausländiſchen Credit mit dem inländiſchen zu Aufnahm des commercii zu ſtabiliren, als Handel und Wandel größtentheils darvon abhangen und depenbiren.

Von dieſen drei Zolltarifen konnte es nur der erſtangeführte geweſen ſein, auf Grund deſſen die Verzollung der oben dem Werthe nach angegebenen Mengen der Einfuhr und Ausfuhr von Glas nach und aus Böhmen in den Jahren 1732, 1733 und 1735 ſtattfand, weil die beiden ſpäteren ſchon für das Jahr 1736, beziehungsweiſe 1737 galten.

Nach der Textirung jenes erſten Tarifes ſcheint bei der Ausfuhr die Verzollung nach der Truhe oder nach dem Werthe freigeſtanden zu ſein, denn was wären das ſonſt für Gläſer geweſen, „ſo nicht nach der Truhe angeſagt worden?“ Glas, ſo durchſichtig, dann gemeines und Gläſer zum Trinken mochten ja an und für ſich ſchon alle zur Verzollung gelangenden Glasgattungen erſchöpfen.

Stand aber die Alternative offen, ſo wird man gewiß zu jener Verzollungsart gegriffen haben, bei welcher man am beſten wegkam, mithin zur Werthverzollung, wenn es anging, den Werth ſo niedrig als möglich anzugeben, andernfalls aber zur Verzollung nach der Truhe, zumahl wenn recht umfangreiche Truhen, in die Glaswaaren von verhältnißmäßig großem Werthe hineinzubringen waren, ſich anwenden ließen. Griff aber die Verzollung nach der Truhe Platz, ſo frägt es ſich, wie wurde dabei der Werth der ausgeführten Waaren ermittelt? Auch dabei wird es das Intereſſe der Glashändler erheiſcht haben, den Werth möglichſt gering zu veranſchlagen. So werden, je weiter man die Sache verfolgt, die Fragen deſto verwickelter. Nur bei genauer Kenntniß des damaligen Zollweſens könnte man hoffen, ihrer Löſung näher zu kommen, wozu jedoch eigene weitgehende Unterſuchungen nothwendig wären, die wohl auch einmal ein Fachmann ſich zur Aufgabe ſetzen dürfte.

In den mehrerwähnten „Manuſcripten“ findet ſich, ſo wie über die Zollpolitik, auch über die Einrichtung des Zollweſens ein werthvolles Material, welches mit Vortheil zu benützen ſein wird, namentlich in der auch in dieſer Sammlung mehrfach bezogenen Denkſchrift über „die Zollgebrechen“ vom Jahre 1721.

In dieſer Denkſchrift wird geſagt, daß die böhmiſchen Glashändler vielleicht um etlichemal hundert Tauſend Thaler Glaswaaren aus Böhmen in alle Reiche der Welt verführen. Dem gegenüber ſind in den um mehr als ein Jahrzehend ſpäteren ämtlichen Zollausweiſen 1732—1735 nicht einmal volle hundert Tauſend Gulden (rhein. Währung) angegeben, mithin, wenn man das Wort „etliche“ auch in ſeinem engſten Sinne als „zwei“ auffaßt, ungefähr der vierte Theil deſſen, was der ohne Zweifel gut unterrichtete Verfaſſer jener Denkſchrift im Jahre 1721 annimmt.

In Benda’s Geſchichte der Stadt Gablonz wird noch im Jahre 1771 die Glasausfuhr aus Böhmen auf nicht mehr als 243.040 fl. im Werthe angegeben. In dem

Quoad primum membrum, so haben zwar Eingangs bereits de passu ad passum die Gebrechen, so der besseren Introbuction des in= als ausländischen commercii im Weg stehen, mit denen remidiis ohnvorgreiflich angezeigt, welche wir hiermit nochmals re= capituliren, durch welche dem Werk vollkommentlich könnte geholfen werden, als

1mo mit besserer Einrichtung des so lang gesuchten Zoll=vectigalis über ein=, aus= und durchführende Waaren und Effekten, mit Extermini=

Majestätsgesuche der nordböhmischen Glashändler vom Jahre 1804 hingegen, welches dieser Sammlung gegen Ende angeschlossen ist, schätzen dieselben die Glaserzeugnug in Böhmen zum Mindesten auf 7,920,000 fl. und die Ausfuhr davon in's Ausland, also mit Anschluß jener in die übrigen Erblande, auf 6,280,000 fl. im Werthe. Sicherlich hatte aber von 1771 bis 1804 wegen der Kriegsverhältniße in der Wende des Jahrhundertes die Glas= ausfuhr keine sehr erhebliche Steigerung ersah:en.

Wie reimen sich nun solche Widersprüche?

Eine Erklärung barüber finden wir in dem Folgenden gravamen der mehr er= wähnten Denkschrift vom Jahre 1721:

„Die in= und ausländische Kunst= und Handelsleute seind beschwert mit der insupportablen Taxa ihrer hereinbringenden Waaren, weilen sothane Taxirung bei dem annoch in usu seienden alten und sehr ungleich eingerichteten Zoll=vectigalis in denen meisten Sachen ex libro arbitrio der Herren Zoll=Officianten bestehen thut. Dann nach solchen gewisse Waaren, welche gar leicht nach dem Centner könnten vergeben werden, nach dem Guldenwerth zu tariren angesetzet werden. Und baraus folget, daß an Mangel genugsamer Kenntnuß eine Waare, welche per fl. 50 zu vermauthen käme, per 10 fl. ge= nommen, die aber per 10 fl. zu verungeldten wäre, per 50 fl. genommen und tarirt wird, wie sich dann die ausländischen Kaufleute erst kürzlich bei einer hochlöbl. königl. Statt= halterei über das harte Verfahren der Herren Zoll= und Umgeldsofficianten sehr nach= drücklich beschweret und vorgestellt haben, daß bei Continuirung bergleichen harten Trac= tamenis aller Handel und Wandel, auch sogar die Durchführung einiger Transportgüter, welche ohnedies bereits aus diesen Ursachen sehr abgenommen, müßte von ihnen gar ein= gestellt werden.“

Aus den Ueberschriften der Zolltarife ist zu ersehen, daß außer dem Zoll auch ver= schiedene Nebengebühren, als: „die erhöhten Zettelgelder, Accidenzien und der neu inven= tirte Aufschlag“ zu entrichten waren. Bezüglich des Zettelgeldes heißt es in der Denk= schrift über die Zollgebrechen (sub a), es sei so hoch getrieben, daß es 4 bis 10°/₀ des Umgeldes und barüber ausmache. Eine kais. Hofkammer habe zwar bei Einrichtung des neuen, aber annoch nicht publizirten Zoll=vectigals dto. 12. Juli 1718 auf diesen Um= stand sonder Zweisel „sehr nachdenklich reflektiren müßen,“ indem darin im §. 9 aus= drücklich den Zollofficianten verboten werde, keine anderen Amtsgebühren zu nehmen, als von jeder Polette sub nomine eines Zettelgeldes 3 kr. Allein diese heilsame Verord= nung habe noch keine Rechtskraft erlanget, sondern es werde bis Dato noch auf dem alten

rung des im Land von allen inländisch erzeugten Effekten und Waaren bishero abnehmenden kleinen Land-Umgelds, dergestalten, damit das eingehende dem vice versa ausgehenden commercio die Hand bieten kann und nicht eines das andere zurückschlaget. Anbei

2do auf die Moderation der Abnahme des ausgehenden Gränz-Zoll von denen inländischen Effekten zu reflectiren, solche in mehrerer Quantität außer Landes dadurch verschleißen und absetzen zu können?

3uo den Transitozoll dahin zu reguliren und auf Centner und Stück indistincte des materialis auszusetzen, damit der Eröffnung der fremden Güter ex libro arbitrio deren Zollbeamten vorgebogen und der da-

---

Juße verfahren. Als ein Beispiel von den Nebengebühren mögen aus den dem ersten der oben erwähnten Tarife angeschloßenen Zollrechnungen die darin angeführten zwei Posten über Glas herausgehoben werden.

Im Januario 1732
verzollt im königl. Gränitz-Zoll-Amte Kamnitz.

Nr. 31. Kaspar König auf zweispännigen Wagen per 107 fl. blosgeladen Glas nach Abzug des sub Nr. 767 in Novembri 1731 in Rimburg hievon entrichteten Ungelds

mit 1 fl. 4 kr. — ₰

Zettelgeld	—	„	14	„ — „
Aufschlag	—	„	14	„ — „
Gegenhändler	—	„	14	„ — „

Nr. 96. Christoph Wetzig auf vier Wagen in 15½ Kisten Hohlglas per 570 fl., wovon aber sub

Nr. 502 in Septembri 1731 in Rimburg	57	fl.
„ 816 in Decembri ibidem	63	„
„ 137 in Martio 1732 in Kolin . .	40	„
„ 145 in Aprili ibidem	43	„
„ 187 . . . . . in Rimburg .	63	„

schon verungelbet
mit 14 fl. 34 kr. — ₰

Zettelgeld	—	„	28	„ — „
Aufschlag	—	„	28	„ — „
Gegenhändler	—	„	28	„ — „

Nach den Ueberschriften der Ausweise über die Ein- und Ausfuhr gab es 1732 zehn, 1733 neun Grenzzollquartiere mit darunter stehenden 221 Mutter- und Filial-Zollstätten inclusive deren drei königlichen Prager Städten.

Auf eine Publikation der Ein- und Ausfuhrlisten in weiteren Kreisen war es übrigens damals noch nicht abgesehen, da in die vorgedruckten Rubriken derselben die Zahlen handschriftlich eingetragen sind.

durch bishero vom Land abgewandte transitus wiederum herbeigebracht werden möge. Dieser aber

4⁰ die genaue Connexion mit Einricht- oder vielmehr Aussetz- und Markirung der Haupt-Landstrassen durch die nöthige Saulensetzung, darmit die Fuhrleute solchen nicht ausweichen und Nebenstraßen suchen können, sondern auf die königl. drei Prager Städte mit denen Transito-Gütern zufahren müssen, anverlanget und erfordern will, wodurch auch ohne Hauptreparation solcher Strassen das commercium in Flor gebracht und besser herbeigezieglet werden könnte. Welchen dann

5⁰ die nach und nach vorzunehmen habende Reparatur solcher Haupt-Landstraßen mit Reglir-, auch theils Abschaffung deren größentheils sich eingeschlichenen unbefugten Privat-Mauthen sich beifügen thäte, aus welchem fundo ein ansehnlicher Beitrag, ohne dem Land ein neues onus aufzubürden, certo modo genommen werden könnte.

Endlichen aber

	Einfuhr		Ausfuhr	
	Gulden	Stüver	Gulden	Stüver
Glas, Fensterglas von Frankreich. Vom Korb (do Korf)	0	10	0	6
„ österreich: Von hundert Gulden Werth	3	0	1	10
„ Trinkgläser und Spiegelgläser . . .	6	0	2	0
„ Gebrochene Gläser in Gries. Von der kleinen Tonne (de smaltonne) . . .	0	1	0	3

Dieser Tarif trägt ein unverkennbar rationelleres Gepräge an sich als der böhmische. Die Ausfuhr ist viel weniger belastet als die Einfuhr; nur das gebrochene Glas macht davon eine Ausnahme, und man muß sagen, wenn man sich auf den handelspolitischen Standpunkt jener Zeit stellt, mit gutem Grund, weil Bruchglas ein bloßes Material ist, bei welchem wohl die inländische Verarbeitung zu wünschen blieb.

Das böhmische Commerzcollegium erkannte selbst die Gebrechen des Zolltarifes an und unterließ es auch nicht, diese so wie die zur Belebung des Verkehrs ihm geeignet erscheinenden Anträge in einer für jene Zeit von bemerkenswerthem Freisinn durchwehten Denkschrift dto. 6. Juli 1735 der k. Statthalerei darzulegen. So interessant diese Denkschrift in ihrer Motivirung ist, so geht es doch nicht an, hier außer der speziellen Hinweisung auf die an der Ermäßigung der Abgaben auf die Einfuhr ebenfalls betheiligten Glashändler mehr, als die Schlußanträge, daraus mitzutheilen, was oben in der folgenden Nummer (d.) geschieht.

6to auf die Eröffnung der seither einigen Jahren von churfächfifcher Seiten dem Königreich Böheim widerrechtlich gethanen Elbfperrung zu Transportir- und Abfetzung deren böhmifchen Effekten fich der von Gott und der Natur verliehenen Wafferftraffen bedienen zu können, ankommen will. Wo gegenwärtig der freie Gebrauch keiner an dem Elbftrom anlie= genden Potenz verwehret ift, die böhmifchen Landesinwohner allein mit betrübten Augen anfehn müffen, wie ihnen fowohl durch die fäch= fifchen als magdeburgifchen Schiffer und Flößereien in Abholung der böhmifchen Effekten das Brod vor dem Maul weggenommen wird, durch eine Zufammentretung, beiderfeits habende Befchwerden abzu= thun, der freien Elberöffnung ganz leichter Vorfchub gegeben werden könnte, als der Dresdner und Pirnaer Handelftand respectu ihrer Elb= fchiff-Handelsleute, wann ihnen wiederum in Böhmen ihr commercium facilitiret und nicht allzufehr befchweret wird, fich nicht mehr fo fehr, als vorhin gefchehen, darwider fetzen thun.

Quoad membrum secundum die Circulation fremder Gelder in das Land zu bringen und den ausländifch= mit dem inländifchen Credit zu Aufnahm des commercii zu ftabiliren, fo fallet aus denen zu folcher Aufbringung des General=commercii ganz unvorgreiflich gefaßten und vorhero dargeftellten principiis auf, daß Handel und Gegenhandel ohne folchen Credit und deffen Feftfetzung ohnmöglich zu beftehen ver= mag, diefer aber nicht anders, als

7mo durch eine introducirte Wechfel=Ordnung und

8vo auf einen fichern modum judicandi et exequendi sine respectû personarum, die fchleunige Juftiz in Wechfelfachen admini= ftriren zu können, zu fundiren ift.

...... Und wie bereits vorangeführtermaßen bei einen freien commercio die Stabilirung einiger Haupt-Jahrmärkte, ab exemplo der mit eigenen kaif. und königl. hierzu verfehenen privilegiis churfäch= fifchen Handelsftadt Leipzig, in Handel und Wandel großen Vorfchub giebet und folchen floriren machet, fo können

9no nicht zweifeln, daß die rechte Einrichtung derer Prager Haupt=

jahrmärkte nicht ebenfalls dem Land zum größten Nutzen gereichen und
viel mehrere Commercien herbeiziehen würde......

Eure Excellenz und Gnaden

allerunterthänig treugehorsamste
Stephan Graf von Kinsky,
Philipp Joseph Graf von Gallas,
Franz Anton Graf von Tschernin,
Philipp Graf von Kolowrat,
Wenzel Marquart von Hrabek,
Johann Ludwig Serins von Aichenau,
Wilhelm Matthias von Glanchowa.

Ref. Johann Christian Antoni von Adlersfeld,
Ignaz Franz Textor,
Bernard von Pulleuau.

Ex cons. Reg. Coll. Commercior. Pragae die 6ᵗᵃ Julii 1735.*)

e. **Einer löblichen kaif. Ministerial=Banco=Deputation hiemit in Freundschaft zu insinuiren.**

Es hätten die sammentlichen aus Böheimb zu trafficirenden Glas=
händler sich wehmütigst beschwert, daß, nachdeme ihr Glashandel derma=
len, wo solcher in Schweden, Brandenburg und Portugal verboten wäre,
größtentheils nach denen moscowitischen Ländern getrieben würde, dar=
gegen aber für die Bezahlung aus Mangel des Gelds nothwendiger

---

*) Bereits mit Relation vom 8. August 1735 wurde diese Denkschrift von der k.
Statthalterei unter Hinweisung darauf, daß Se. Majestät die Aufnahme einer General=
Bilanz über die Ein=, Aus= und Durchfuhr in Böhmen für das Jahr 1732 angeordnet
habe, welcher Anordnung das k. Commerzcollegium nicht nur nachgekommen sei, sondern
auch seine Betrachtungen darüber so wie über die einer besseren Einrichtung des Zoll=
wesens entgegenstehenden Gebrechen dargelegt habe, fürwortlich an den Kaiser eingebleitet,
mit dem Beifügen, „die Statthalterei habe nicht unterlaßen, dieses wohlgefaßte elaboratum
in pleno consensu vorzunehmen und solches reiflich zu erwägen, mithin gefunden, daß
es durchgehends in wahren principiis studieret sei."
Se. Majestät möge geruhen, über sothanes elaboratum um so ehender sich landes=
väterlich zu resolviren „maßen anfonst dem k. Commercien=Collegio die Hände, hierinnen
weiters zu operiren, und den Effect von der bishero treu und pflichtschuldigst präsentirten

12

Weiß' der Juchten angenommen und in hiesige Länder zurückgeführet werden müßte, sothaner Glashandel endlichen auch in dem moscowitischen Reich von selbsten und zwar von darum zerfallen und cessiren würde, weilen ihnen der von siebzehn Jahren her angebiehene, auf 2 fl. 53 kr. limitirte Mauth Imposst und Leder Aufschlag nicht weiters gestattet, sondern von ihrem also bringenden baratto-Juchten der in favorem des schlesischen commercii neuerlich eingeführte erhöhete Aufschlag genommen werden wolle, wessentwegen dann dieselbe in Unterthänigkeit gebeten, womit ihnen die vorhero angebiehene Limitation oder halbe Imposst des Zolls und Leder Aufschlags weiterhin prolongiret werden möchte.

Zumalen nun der Glashandel von diesen Leuten bekanntermaßen in die moscowitische Länder zu Unterhaltung vieler Tausend Contribuenten des Königreichs Böheimb getrieben wird, mithin auch nöthig ist, solchen zu ihrer Nothdurft, besonders aber zu Bestreitung deren praestationum publicarum so viel immer möglich beizubehalten, da hingegen ein Solches nicht wohl anders beschehen kann, als wann ihre Glassorten gegen Annehmung des Juchtens, welcher in hoc casu bei denen Moscowitern eine conditionem sine qua non involviret, barattiret werden, einfolglichen und da bei Anlegung des neuen Aufschlags zu besserer Emporbringnng des schlesischen commercii nicht so viel das Land Schlesien allein, als vielmehr die Beförderung des daraus treibenden baratto-Handels pro objecto gehalten worden, mithin respectu Böheim wegen ihren Landes productorum et artefactorum, worunter dieser Glas-handel hauptsächlich mitzurechnen ist, die identitas rationis militiret: als würde eine löbliche kaif. Ministerial Banco Deputation hiemit in Freundschaft ersuchet, die behörige Verfügung zu thun, damit gedachte böhmischen Glashändler bei Einführung ihres als barattirenden Juchtens

---

Arbeit herzustellen, gebunden seind, das Land aber durch das allerorten gesperrte commercinm gar entkräftet, ja gleichsam ad non ens redigiret werden dörfte, die praestanda publica präsitren zu können."

Zur Unterstützung wird schließlich angeführt, daß das gravamen der Stände bezüglich des sogenannten kleinen Umgeldes durch einen zwischen der Hofkammer mit Einwilligung der Ministerial-Banco-Deputation und den Ständen errichteten Tractat gegen Bezahlung von 25.000 fl. jährlich bereits behoben, dabei aber unter Anderem ausbedungen worden sei, die Rectification des Zoll-Vectigals ehestens vor die Hand zu nehmen.

zu dem neuen Aufschlag nicht angehalten, sondern derselbe bei dem aus=
gesetzten alten halben Impost fernershin gelassen werden mögen. Und es
verbleibet.

Wien, den 3. November 1739.

An die kaif. Ministerial=Banco=Deputation.*)

29.
Aus einer Relation über die Manufacturgattungen Böhmens im Jahre 1756.**)

Königgräßer Kreis.

Glashütten hat es ebenfalls im Gebirge verschiedene, von theils
ordinari, theils feiner Gattung. Eine deren besten aber ist die Graf
Harrach'sche, so auf der sogenannten Bauden unter der Herrschaft Star=
kenbach angeleget worden, allwo das Glas nicht allein schön weiß, sondern
auch wohl und fein geschliffen und eine gute feine Vergoldung ange=
wendet wird.

Bunzlauer Kreis.

An Glashütten ist in diesem Kreis kein Mangel und es werden
auf denen Desfour'schen, Gallas'schen, Waldstein'schen und Pachta'schen

Herrschaften vortreffliche Kron- und Wandleuchter, allerhand geschliffene, eingeschmölzene und gut vergoldete reine Glasssorten gemacht, deren sich zum Theil die Pragerische, theils die Kamnitz- und Nixdorfische Glashändler zu ihrem Handel ad intra et extra bedienen. Wie denn vor zwei Jahren viele Lampen neuer Façon für den türkischen Groß-Sultan in diesem Kreis gemacht und vor heuer viele für die Kaiserin von Rußland, bestehend in größten Häng- und Wand-Leuchtern, bestellet worden.

Leitmeritzer Kreis.

Glashütten sein verschiedene aus Mangel genugsamen Holzes eingegangen, andere aber wiederum in jenen Gegenden, wo man mit dem Holz besser zu öconomisiren beflissen gewesen, erhoben worden.

Die Graf Kinsky'sche Herrschaft Bürgstein hat zu Verfertigung deren Spiegelen ein eigenes Spiegel-Schleifwerk angeleget, auch eine Schmelzfabrik von Glas errichtet, welche mit der Zeit, wenn Alles zu Staube kommen ist, großen Nutzen dem Lande bringen wird.

Das Fuhrwesen wird auch stark betrieben und verschiedene Herrschaften haben ganze Dörfer mit lauter Handelsleuten besetzet, welche weit und breit ad extra handeln, worunter vor andern die Kamnitzer Herrschafts-Unterthanen, die von Kreibitz und herumliegender Gegend, dann die Nixdorfer in der Hainspacher Herrschaft den Vorzug haben. Erstere handeln mit Gläsern in alle Welttheile, bleiben drei bis vier Jahre aus, lassen inmittelst ihre Weiber wirthschaften und kommen sonach mit dem für die Waare gelöseten Geld wieder nach Haus und continniren diesen Handel immer fort und fort dergestalten, daß diejenige Parthei, so in einem fremden Lande den Handel besorget, von dannen eheuder nicht zurück- und wieder wegreiset, bis nicht einer von seiner Freund- oder Nachbarschaft und Compagnion ihn abzulösen ankommen ist. Dahero wird man auch in diesem Circul Leute finden, die alle europäische Sprachen reden und verstehen.

Der Nixdorfer fanget seinen Handel gemeiniglich alla minuta mit einem Schubkarren oder Kraze an, bis er durch seinen Fleiß und Mühe sich endlich so weit emporbringet, daß er ein Kramel in seiner Heimath aufrichten, oder all' in grosso mit Auswärtigen negociiren kann. Und auf solche Art leitet er zugleichen seine Kinder ein. Eben dieser Handlung ist es zuzuschreiben, daß dorten wohlhabende und mit nützlichem Credit versehene Leute anzutreffen.

An Waldungen fehlet es im Gebirge nicht, welche aber an theils Orten nicht genugsam geschonet werden, wodurch denn die Sorge vergrößert wird, daß es mit der Zeit an Holz gebrechen werde. Denn dieser Kreis liefert denen Sachsen eine große Menge Holz, wodurch sie in den Vortheil kommen, ihre in vorigen Zeiten sehr ruinirte Wälder für ihre Bergwerker zu schonen. Weilen man aber bereits angefangen, die neue Auflüge zu schonen und mehreren Wald anzubauen, so wird wenigstens die Nachkommenschaft mehr und größeres Holz finden.

Dieser Kreis hat das beneficium navigabilitatis, weil dort die Elbe schon Schiffe traget, auf welchen viel Getreide, Obst, Hopfen, Wolle und andere Nothwendigkeiten nach Sachsen verführet werden, wobei nur zu bedauern, daß jetzo die böhmische Unterthanen mit ihren Schiffen nicht weiter als bis Pirna in Sachsen fahren können und dort ihre Waaren mit sammt denen Schiffen abladen müssen.

VII.

Inventare und Preise. *)

30.

O. A. M. D. G.

Mit Gott! Anno 1751 den 10. Marzo

haben sich in Cabiz an Waaren .... befunden, wie folget, zu wissen. **)

Glatte Gattungen.

548 1/2 Hundert glatte 60r Gattungen
  66   ditto . . . 50r
  53 3/4 . . . . . . 40r
  40 1/2 . . . . . . 30r
  11 1/2 . . . . . . 20r
  25 3/4 . . . . . . 16r
  21   . . . . . . 12r
  12   . . . . . . 10r
  21   . . . . . . 8r
   5 1/2 . . . . . . 6r
   4 3/4 . . . . . . 4r
   1 3/4 . . . . . . 30r Carfinel von Sevilla
   1 3/4 in allerhand übrigen Stücken zu 60r reduciret.

Seind 813 3/4 Hundert a fl. 1.24 pr. Hundert . . . . fl. 1.139 15 —

Summa . . fl. 1.139 15 —

---

*) Die Inventare 29—33 betreffen die Compagnie mit den Gesellschaftern: Rautenstrauch, Hiecke, Stolle & Preßler, jene von 34—36 die in Amsterdam etablirte Compagnie unter der Firma, erst: Gerthner Ostritz & Comp., dann Gerthner Palme & Comp. und zuletzt Gerthner Hanzel & Comp.

**) Die fünf ersten Inventuren sind sämmtlich in dem „Compagnie-Rechnungsbuch ab Anno 1743 I. A. H. enthalten, das 1743 den 25. Mai angelegt worden war. Das am 26. März 1743 eingetretene Ableben des Gesellschafters Christian Franz Rautenstrauch, so wie der Eintritt des neuen Gesellschafters Joh. Ant. Preßler hatte die Veranlassung

pr. Transporte fl. 1.139 15 --

Geschnittene Gattungen.

```
106  Hundert allerhand 60ᵗ Gattungen
 63½ . . . . . . . 50ᵗ
 14¾ . . . . . . . 40ᵗ
 18½ . . . . . . . 30ᵗ
  5½ . . . . . . . 20ᵗ
  3¼ . . . . . . . 16ᵗ
  2  . . . . . . 40ᵗ Blöße von Sevilla
  1½ . . . . . . 30ᵗ Carfinel ditto
 52 Stück allerhand Gattung zu 60ᵗ reduciret.
```

* Seind 215 Hundert & 52 St. 60ᵗ a fl. 1.42 pr. Hundert fl. 333 38 —

Summa . . fl. 1.472 53 —

gegeben, mit jenem Datum die Rechnungen abzuschließen und ein neues Buch anzu= legen. Die Rechnungen bis 1755 sammt dem in denselben eingeschlossenen Compagnie= Vertrage vom 10. April 1755 (siehe: „Innere Organisation der Glashandlungscom= pagnien") sind von Preysler's Hand. Von der Inventur dds. November 1775, die nach der sub 1ᴺ beschriebenen Trennung der Handlung aufgenommen worden, ist, da sonst die Eintra= gungen — für 1756 und 1737 sind es nur zerstreute Notizen, aber keine Rechnungsabschlüsse mehr — nicht über 1757 hinausgehen, die Abschrift wohl nur zufällig in das Buch gerathen. Die darin niedergelegten Abschlüsse umfassen 14 Jahre und 11 Monate und weisen nachstehende Resultate auf:

	Summe des Pflanzabschlusses.			Einlage.			Gewinn im Ganzen.		in jährl.
	fl.	kr.	₰	fl.	kr.	₰	fl.	kr.	₰ Percenten.
I. 9. Mai 1740 bis 25. Mai 1743	11.389	14	3	7.751	5	—	3.366	5 3	14
II. 25. Mai 1743 bis 7. Februar 1747	36.205	46	4½	6.618	43	—	7.425	16 3	30
III. 7. Februar 1747 bis 10. März 1751	73.065	16	3	13.426	60	3	19.905	55 4½	36·2
IV. 10. März 1751 bis 8. April 1755	82.495	54	3	21.173	21	3	24.860	22 —	28·5

Im Durchschnitte dieses Zeitraumes beziffert sich der Jahresgewinn auf 27·35°⁄₀.
Die baare Einlage war bei den einzelnen Gesellschaftern sehr verschieden; manche hatten auch gar keine. So betrug die Einlage

```
                                                          fl.    kr.  ₰
in der I. Periode bei seel. Rautenstrauchs Wittib & Erben . . . . 7.359  57  3
           „  Joseph Anton Siede . . . . . . . . . . .   391   7  3
           „  Valentin Schier . . . . . . . . . . . .    —    —  —
           „  Augustin Stolle . . . . . . . . . . . .    —    —  —
in der II. Periode bei den Herren Rautenstrauch . . . . . . . . . 6.528  —   ¾
           „  Joseph Anton Siede . . . . . . . . . . .    90  42  5¼
           „  Augustin Stolle . . . . . . . . . . . .    —    —  —
           „  Joh. Anton Preysler . . . . . . . . . .    —    —  —
```

pr. Transporte fl. 1.472 53 —

Gemalte und hellarbeit'sche Gattung.

74 Hundert gemalte und helle 60? Gattungen
9 . . . . 50?
10¼ . . . . 40?
19½ . . . . 30?
3 . . . . 20?
8 . . . . 16?
11½ . . . . 12?
8½ . . . . 10?
8¾ . . . . 8?
1½ . . . . 4?
1½ ditto in übrigen Stücken zu 60?

Seind 155½ Hundert à fl. 2. 30 pr. Hundert . . . fl. 388 45 —

Summa . . fl. 1.861 38 —

	fl.	kr.	𝔄
in der III. Periode bei den Herren Rautenstrauch	9.960	4	3³/₄
„ Joseph Anton Siede	2.128	32	4¹/₇
„ Johann Anton Preyßler	1.338	13	²/₇
in der IV. Periode bei den Herren Rautenstrauch	8.440	15	2³/₇
„ Joseph Anton Siede	5.199	49	5
„ Johann Anton Preyßler	7.534	55	4¹/₇

Der Gewinn wird jedoch nicht nach der Geldeinlage, sondern, zu gleichen Theilen, nach Köpfen vertheilt, wohl aus dem Grunde, weil auf der Thätigkeit der jüngeren Mitglieder, die bloß eine kleine oder noch gar keine Geldeinzahlung leisten konnten, die Handlung vornehmlich beruhte.

In den ersten Jahren erscheinen Ausgabsposten an „Knechtlohn" für Joseph Müller und Augustin Rautenstrauch. In der Periode von 1747 bis 1751, in Allem 212 Wochen, bezog letzterer

die ersten 104 Wochen à 1 fl. — kr.
die letzten 108 „ à 1 fl. 15 kr.

In derselben Periode trat auch „Vetter" Johann Heinrich Schürer als Knecht (Handlungsdiener) ein, denn es wird ihm vom 17. Juni 1748, an welchem Tage er von Haus abgereist, bis zum 10. März 1751, in Allem 142 Wochen,

die ersten 132 Wochen à — fl. 45 kr.
die letzten 10 „ à 1 fl. — kr.

als Lohn verrechnet.

Johann Joseph Siede „von der Hayde", den 19. September 1748 von Haus abgereist, bekommt von diesem Zeitpunkte an per Woche 45 kr. Den gleichen Lohn erhalten vom Tag ihrer Abreise von Haus, d. i. den 2. Mai 1750, die beiden Johann Anton Siede, „der größere" von der Hende und „der kleinere" von Langenau, welche wir bereits in dem 15. Abschnitte kennen gelernt haben. Da „der kleinere" damals erst zehn Jahre zählte, so dürfen 45 kr. per Woche als die unterste Lohnstufe angesehen werden.

Hdrt.Stück

	pr. Transporte fl. 1.861	38	—
137 gute Stampel 50r, kosten zus. laut Factura-Buch „	8	15	—
63 50r Stampel geschuppt a 5 kr. . . . . . „	5	15	—
4 40r Becher ditto a 6 kr. . . . . . . „	—	24	—
93 40r Stampel und Becher mit Steinelarbeit a 6 kr. „	9	18	—
83 30r Stampel mit Becher a 8 kr. . . . . . „	11	4	—
*153 50r & 60r Becher geschliffen von T. a 5 kr. . „	11	5	—
91 40r Becher mit Wasser-Arbeit a 11 kr. . . . „	16	41	—
45 40r Becher mit extrafeine helle Arbeit a 12 kr. „	9	—	—
*100 50r Stampel mit Goldreifel a 8¾ kr. . . . . „	14	35	—
*54 40r Becher mit Wasser-Arbeit von R. a 7 kr. . „	6	45	—
20 40r Krautstrünkel stark geschuppt a 5½ kr. . „	1	50	—
12 30r Becher alt mit Figuren a 18 kr. . . . „	3	36	—
8 40r Becher mit Adlern a 4 kr. . . . . . „	—	32	—
*29 50r Becher feine, gemalt a 4 kr. . . . . . „	2	56	—
30 30r Becher mit gemalte Waffen . . . . . „	3	20	—
40 40r ditto mit ditto . . . . „	3	20	—
13 16r ditto mit ditto a 12¼ kr. . . . . . „	2	42	3
Summa . . fl. 1.972	16	3

An Verpflegungskosten sind keine besonderen Ausgabeposten ausgeworfen; doch deuten vom Jahre 1751 angefangen einige Anschaffungen, als von Häringen, Reis, Kaffee, Gewürz, Feigen, Mandeln, Rosinen und Wein auf die gemeinschaftliche Haushaltung hin. Von Weinsorten sind Malaga und Malaga und Perzauer namentlich angegeben. Einzig und allein für Augustin Stolle erscheint in den Abschlüßen der Periode I. und II. für 38 Monate als Ausgabe ein Kostgeld per Monat von 12 fl. angesetzt. Wie dieß kam, ob er vielleicht damals allein die Handlung versehen oder aus welch' anderem Grunde, ist nicht zu entnehmen. Für die Hauseinrichtung ließ man sechs Stühle, zum Preise von 7 fl. 22½ kr. sammt Unkosten, von Amsterdam kommen.

Die Speditionsgeschäfte läßt die Gesellschaft durch das Haus „seel. Pieter Oldenburgs Wittib & Erben" in Altona, anderweite Commissionen durch „Franz Pieter Pohl" eben daselbst, dann die Geld- und Wechselgeschäfte in Prag, zum Theil auch in Amsterdam und Leipzig besorgen. Auf dem erstgenannten Platze scheint die Geschäfte mitunter das Haus Pflüger in Nürnberg vermittelt zu haben. Das Speditionshaus „seel. Reymers Erben" (in Lüneburg), welches schon in der ersten Zeit des böhmischen Glashandels eine Rolle spielt, erscheint ebenfalls in der Rechnung.

An Glas führte das Haus außer böhmischem, darunter als eine Specialität die Beleuchtungsgegenstände von Parchen, bairisches Tafelglas, Thüringer Kelche und englische Glaswaaren. Nicht unbedeutende Posten in ihrem Vertriebe bilden holländische Thonwaaren (Lossa) und Chinagut.

Die Namen Hiecke und Trauschke oder Trausele werden in den Rechnungen durchgehends Iliequo und Trauschquo geschrieben. Bei Hiecke ist das auch in anderen Schriftstücken nicht selten der Fall.

Hdrt. Stück

pr. Transporte fl. 1.972 16 3

84 30. Becher stark mit Wasserarbeit a 10½ kr. . . „	14	42 —
*8 Becher geschliffen a 12 kr. . . . . „	1	40 —
11 Vexir-Becher a 22 kr. . . . . „	4	2 —
6 50. Stampel gute von Amsterd. a 6 kr . . . „	—	36 —
4 gute Deckelbecher m. ausgebrochener Arbeit a 32½ kr. „	2	10 —
*199 60. Vinzel glatte a 3 kr. . . . . „	9	47 —
26 50. ditto a 4 kr. . . . . „	1	44 —
36 40. ditto glatt a 5 kr. . . . . „	3	— —
5 60. mit Kränzel a 5 kr. . . . . „	—	25 —
11 60. mit Vogelbauer a 6 kr. . . . . „	1	6 —
17 60. mit Cupido a 6½ kr. . . . . „	1	50 3
5 60. mit Fliegen a 6½ kr. . . . . „	—	32 3
6 60. mit Kranzel a 6 kr. . . . . „	—	36 —
15 50. ditto mit Reitern a 10 kr. . . . . . . „	2	30 —
77 50. mit vollem Schnitt a 9 kr. . . . . . . „	11	33 —
14 60. Vinzel mit Goldfrüchtl a 14 kr. . . . „	3	16 —
96 50. ditto mit Goldrandel a 11 kr. . . . . „	17	36 —

Summa . . fl. 2.049 22 3

Von ganz ausgeschriebenen Abreßen, die auf böhmische Glashändler hinweisen, kommen vor:

Anton Gerner in Bürgstein,

Anton Gertner in Ober-Liebich,

Christoph Palme in Parschen,

Christian Preyßler in Blottendorf,

„   „   in Amsterdam,

Joh. Pauls Opitz in Madrid,

Gebrüder Trauschke in Cadix,

Don Wenceslao Helm on el p^lo de Sta M^a.

Den religiösen Geist, welcher in der Compagnie herrschte, bezeichnet die Uber: schrift der Rechnungen: „Alles zu größerer Ehre Gottes" und das den Inventaren vor: gesetzte: L. D. (Laus Deo). Auch Ausgabeposten für hl. Messen sprechen dafür. Doch fehlt bei der Angabe des Gewinnes der Beisatz: „Gottlob und Dank!" oder „Gott Dank!", wie er in Amsterdamer Rechnungen erscheint. Auch wird der Gewinn nicht, wie in letzteren, Avansch (Avance, Avantage), sondern Profit genannt.

Es sind das die einzigen über das böhmische Geschäft nach Spanien dem Heraus: geber vorgekommenen Rechnungen, beziehungsweise Glasinventuren. Sie wurden daher sämmtlich einbezogen, um durch diese Beispiele einigermaßen Böhmens Erzeugung an Glas: waaren klar zu legen, welche damals nach Spanien und von dort aus in überseeische Länder, namentlich in die spanischen Colonien, Absatz fanden. — Bei einer ziemlichen An: zahl Werthposten in diesen Inventuren sind Rechnungsfehler unterlaufen. Dieselben sind durch * kenntlich gemacht.

pr. Transporte fl. 2.049 22 3

Hdrt. Stück

18 40r mit ditto a 12½ kr.	„	3 45 —
30 40r mit Wasserarbeit nnd Goldreifel a 11½ kr.	„	5 30 —
1 Std. Doppelbecher mit Deckel, vergoldt und		
Malerei	„	1 — —
72 40r Linzel mit Schildel und Lustgarten a 12 kr.	„	14 24 —

20½ — 60r Flaschen glatte, klein geschnitten mit Zinnschrauben
2¼ — 60r ditto glatt, eingeriebene Stöppel
1 — 50r ditto glatt mit Zinnschrauben
2¾ — 40r Feigen glatt
½ 10 Allerhand Gattungen zu 60rn reduciret

27 Hundert & 10 Stck. 60r a fl. 2.— pr. Hundert	fl.	54 20 —

22½ — 60r Flaschel groß und klein, gemalt mit Zinnschrauben
5½ — 50r ditto
3¼ — 40r Feigen ditto
9 — 30r Flaschel ditto
½ — & 13 Stck. allerhand zu 60rn reducirt

*40¾ Hdrt. a fl. 3.6 pr. Hdrt. . . . . fl. 127 — —
Hdrt. Stück

36 60r Flaschel geschliffen, Zinnschrauben a 5 kr. . .	„	3 — —
11 20r Flaschel helle mit Glasschrauben a 12 kr. . .	„	2 12 —
18 40r Flaschel geschliffen mit Zinnschrauben a 6 kr.	„	1 48 —
29 30r ditto helle mit Korkstöppel a 6 kr.	„	2 54 —
22 30r Fl. geschliffen mit Glasstöppel a 7 kr. . . .	„	2 34 —
1 16r Fl. glatt mit Korkstöppel a 7 kr.	„	— 7 —
11 16r ditto gute mit Glas- und Korkstöppel a 12 kr.	„	2 12 —
5 12r ditto geschliffen mit Glasschrauben a 20 kr.	„	1 40 —
25 10r ditto helle mit Korkstöppel a 18 kr.	„	7 30 —
*34 60r Tintenflaschel gemalt a 3½ kr.	„	1 54 —
*51 40r Apotheterflaschel mit eingeriebene Stöppel		
a 4½ kr.	„	3 19 3
57 30r ditto a 6 kr.	„	5 42 —
38 20r ditto a 9 kr.	„	5 42 —
18 16r Weinfassel, Zinnschrauben a 7½ kr. . . .	„	2 15 —
12 12r ditto a 10 kr.	„	2 — —
1 10r ditto a 12 kr.	„	— 12 —

Summa . fl. 2.300 23 —

pr. Transporte fl. 2.300 23 —

Hbrt. Stück

			fl.	kr.	
*2	8r Weinfäßel, Zinnschrauben à 15 kr. . . .	„	—	30	—
3	6r ditto à 20 kr.	„	1	—	—
*21	12r Pistolen glatt, Zinnschrauben, à 10 kr. . .	„	3	30	—
39	50r Flaschel in wietten (?) geflochten à 3½ kr.	„	2	16	3
25	40r ditto à 4½ kr.	„	1	52	3
5	16r Kugeln helle, mit Glasschrauben à 15 kr. .	„	1	15	—
25	20r Pobeln glatt, eingeriebene Stöppel à 6 kr.	„	2	30	—
65	16r ditto helle, eingeriebene Stöppel à 12 kr. .	„	13	—	—
22	Weinkrüg 16r helle mit Zinndeckel à 15 kr. .	„	5	30	—
4	12r ditto glatt mit ditto à 17 kr. ?	„	1	8	—
4	12r ditto helle mit ditto à 19 kr.	„	1	16	—
14	Flaschel 16r geschliffen, Glasschrauben à 15 kr. .	„	3	30	—
16	ditto 12r helle Korkstöppel à 15 kr.	„	4	—	—
188	60r Schälgel gerippt, abgeschnitten à 2 ½ kr. .	„	7	50	—
7	— 50r ditto klein mit Füssel, abgeschnitten vor Confituren à fl. 2.— pr. Hundert	„	14	—	—
20	20r Carfinel, eingeriebene Stöppel, glatt à 6 kr.	„	2	—	—
41	40r Blößel vergoldt à 7 kr.	„	4	47	—
*4	Aufsätz à 2 und 3 gekugelte Kelch	„	4	—	—
36	50r Vogel-Gläsel mit Löcheln à 2½ kr.	„	1	30	—
16	12r Meer-Moscheln helle à 13½ kr.	„	3	36	—
12	20r Kelch, Glattstiel ausgebrochen und mit feine Kranzel à 15 kr.	„	3	—	—
8	30r Kelchel gerippt, abgeschnitten à 8 kr. . .	„	1	4	—
35	gute Kelch geschliffen und gute Arbeit à 12 kr.	„	7	—	—
93	Stampel-Kelch 30r mit Wasser à 7 kr. . . .	„	10	51	—
*49	ditto mit Löchern und Schnitt à 6 kr. . . .	„	4	54	—
41	gerippte Kelchl mit Goldrandel à 9 kr. 1½ 3	„	6	19	—
12	Moster-Kannel groß à 12 kr.	„	2	24	—
20	ditto kleinere à 10½ kr.	„	3	30	—
247	30r Salzfassel gut à 7 kr.	„	28	49	—
100	30r ditto mit Goldplatten à 8½ kr.	„	14	10	—
5	große alte Pokale geschliffen à fl. 1.— . . .	„	5	—	—
1	vergoldt Pokal, doppelt gemalt mit ein zinnern Fuß	„	1	—	—
2	feine Pokal geschliffen und fein Schnitt à 48 kr.	„	1	36	—
1	Balbier-Schüssel, helle	„	—	27	—

Summa . . fl. 2.469 28 —

pr. Transporte fl. 2.469 28 —

Hdrt. Stück

3 Pfeffer-Dosen a 12 kr. . . . . „ — 36 —
396 Uhrböbel 60r. thuen 6 Hundert u. 36 St. a
    fl. 1.45 kr. . . . . „ 11 33 —
5 gar große Flaschen zu Kellern, als 3 große und
    2 kleine mit Schlüsseln, zusammen vor . . . „ 2 27 —
22 Meß-Teller 16 Stck. kleine a 11 kr. . . . . . „ 2 56 —
*24 Handbecken klein a 24 kr. . . . . „ 9 48 —
*27 ditto mittle a 30 kr. . . . . „ 18 30 —
15 ditto groß a fl. 1.— . . . . „ 15 — —
36 12r. Teller rond, helle a 15 kr. . . . . „ 9 — —
4 Handbecken mit Kannel, vergoldt und gemalt a 40 kr. „ 2 40 —
2 Aufsätz von 8 (?) Schalgeln u. 1 Kelch a 30 kr. „ 1 — —
*92 große thüringer Kelch a 7 kr. . . . . „ 10 44 —
30 Kelch 30r. mit feine Kranzel a 7 kr. . . . . „ 3 30 —
6 Meß-Teller a 18 kr., groß . . . . „ 1 48 —
3 vergoldte und schwarz gemalte Tönnel a 15 kr. „ — 45 —
1 ladirtes Kastel mit vergoldte Becher . . . . . „ 4 9 —
1 ditto mit ditto . . . . „ 5 27 —
2 ditto a fl. 3.21 . . . . „ 6 42 —
3 ditto à 3 Stück, jedes leer a fl. 3.8 kr. . . . „ 9 24 —
4 ladirte Schreibzeug a fl. 1.22½ kr. . . . . . „ 5 30 —
51 ditto Dosen von Holz a 11 kr. . . . . . . „ 9 21 —
12 ladirte Tatzel mit Aufsatz à 9 Stck. a fl. 1.6 kr. „ 13 12 —
9 ditto a 9 Stck. ditto a fl. 1.10 kr. . . . . . „ 3 30 —
6 ladirte längl. bakas a fl. 1.3 kr. . . . . . . „ 6 18 —
2 Futterale mit 12 Stck. Pinzel mit Goldrandel „ 2 30 —
1 ditto mit 12 Stck. ditto Goldfrüchtel . . . „ 2 46 —
1 ditto à 20 Stck. Pinzel Goldfrüchtel . . . . „ 5 — —
37 Einsätze, in Futtral ladirt und von Papier, à 6
    Stck. Becher mit Goldrandel a fl. 2. 9½ kr. „ 79 51 —
1 ditto à 4 Becher vergoldte Früchtel . . . . . „ 1 30 —
1 ditto à 5 ditto . . . . . „ 1 30 —
1 ditto ohne Futtral vergoldt . . . . „ 1 45 —
1 ditto à 5 Stck. glatt ohne Futtral . . . . „ — 30 —
1 ditto à 4 Stck. ohne ditto . . . . . „ — 30 —
11 ditto à 6 Stck. Becher glatt ohne Futtral a 33 kr. „ 6 3 —

Summa . . fl. 2.725 13 —

pr. Transporte fl. 2.725 13 —

Hdrt. Stück

3 Einsätze à 6 Stck. mit Futtral a 46½ kr. . . . „	2	19	3
82 Löffel glatt a 5½ kr. . . . . „	7	31	—
56 ditto beinweiß gemalte a 8 kr. . . . . „	7	28	—
*9 starke Laterngläser a 49½ kr. . . . . „	5	55	3
2 Diamanten a fl. 3.18 kr. . . . . „	6	36	—
7 elfenbeinerne Rücker [Qucker] klein a 20 kr. . . . „	2	20	—
*4 Dosen in Futtral wie Büchel alt a 33 kr. . . . „	2	6	—
9 Dosen zum Einfassen a 22 kr. . . . . „	3	18	—
4 ditto in Silber eingefaßt a fl. 1.24 kr. . . . . „	5	36	—
44 ditto oben vergoldt a 15 kr. . . . . „	11	—	—
*134 ditto oben und unten vergoldt a 17 kr. . . . . „	38	49	—
5 weiße ditto mit plattl a 13 kr. . . . . . . „	1	5	—
6 ditto gar groß glatt a 12 kr. . . . . „	1	12	—
5 Schreibfedern a 4 kr. . . . . „	—	20	—
228 Flaschel gut auf beide Seiten vergoldt a 14 kr „	53	12	—
121 ditto auf eine Seite vergoldt a 11 kr. . . . . „	22	11	—
32 ditto mit Goldplattl a 5 kr. . . . . „	2	40	—
50 ditto beinweiß, eine Seite vergoldt a 8 kr. . . . „	6	40	—
159 ditto Farben allerhand Flaschel a 5 kr. . . . . „	13	15	—
105 Eier a 5¼ kr. . . . . „	9	37	3
26 Stiftel weiß und farben a 7 kr. . . . . . . „	3	2	—
45 Mamaderas glatt a 2 kr. . . . . „	1	30	—
16 ditto eingefaßt a 3 kr. . . . . „	—	48	—
140 Brenngläser mittle in Holz eingefaßt a 12 kr. „	28	—	—
202 ditto klein in ditto a 6½ kr. . . . . „	21	53	—
179 ditto in Blech a 9 kr. . . . . „	26	51	—
52 ditto in schlechten Draht a 5½ kr. . . . . . „	4	46	—
66 ditto in Silberdrath a 8½ kr. . . . . . . „	9	21	—
57 Multiplicirgläser mit und ohne Stiel a 8½ kr. „	8	4	3
182 Saamgläser mit Füß a 7½ kr. . . . . . . „	22	45	—
98 ditto ohne Füßel a 6 kr. . . . . „	9	48	—
33 ditto groß mit Stachel a 12½ kr. . . . . . „	6	52	3
2 große Pergamentbilder a fl. 1.15 kr. . . . . „	2	30	—
3 krumme Stecken-Knöpf a 7 kr. . . . . „	—	21	—
38 ditto kleine gut a 7 kr. . . . . „	4	26	—
48 Korkstöppel einzlig a 1½ kr. pr. Stck. . . . „	1	12	—

Summa . . fl. 3.080 34 3

pr. Transporte fl. 3.080 34 3

Hbrt. Stück

2 große Weinfaß mit Kessel und Kelch	„	13	12 —
2 ditto	„	17	5 —
2 ditto	„	17	6 —
1 Clavier klein	„	5	12 —
1 ditto lakirt mit einer laugen Octav	„	9	— —
1 ditto mit Registern	„	22	— —
14 gar große Wandleuchter	„	55	— —
12 ditto gemalt mit Aposteln	„	33	— —
12 ditto gemalt mit Figuren	„	33	— —
12 ditto mit zwölf Monat gemalt	„	33	20 —
14 ditto glatt	„	31	8 —
24 ditto	„	53	14 —
20 ditto glatt a fl. 2.15 kr.	„	45	— —
63 Arm mit 45 Tillen ꝛc. a 30 kr.	„	31	30 —
4 blaue Arm a 12 kr.	„	—	48 —
20 kleine Taferle und Schildel mit Chineser Malerei vor Dosen a 16 kr.	„	5	20 —
10 Dutzend feine böhmische Diamanten	„	11	— —
17 ditto weißen Treppensteinl a 22 kr.	„	6	14 —
18 ditto und 5 Stck. weiße almondras mit Obersteinl a 26½ kr.	„	8	9 —
6 ditto und 1 Stck. weiße Steinl groß a 26½ kr.	„	2	39 —
15 ditto neumobische Steinl, weiß mit Sternel a 33 kr.	„	8	15 —
1 ditto gelblich topazion Steinel	„	—	22 —
5 ditto Goldfluß a 20 kr.	„	1	40 —
8 ditto 10 Stck. Ringel-Steinel weiß a 13 kr. .	„	1	54 —
2 ditto 10 Stck. ditto beßere a 24 kr.	„	1	8 —
16 ditto 8 Stck. blaue Saphir-Steinl a 22 kr. .	„	6	6 —
20 ditto feiglblaue Amathisten a 22 kr.	„	7	20 —
19 ditto grüne und 5 Stck. Treppenstein a 22 kr.	„	7	7 —
14 ditto und 4 Stck. blaue breifache Brillanten a 26½ kr.	„	6	20 —
18 ditto und 8 Stck. grüne Brillanten a 26½ kr.	„	8	14 —
20 ditto ditto a ditto	„	8	50 —
22 alte blaue Steinl a 1½ kr. pr. Stck. . . .	„	—	33 —
*51 Dutzend und 6 Stck. allerhand alte Steinl a 20 kr.	„	17	25 —
90 „ gar kleine Steinl a 10 kr. pr. Dutzend.	„	15	— —

Summa . . fl. 3.603 45 3

pr. Transporte fl. 3,603 45 3

Folgen die Hängeleuchter von Parchen, welche von Amsterdam bekommen.

1 Leuchter groß à 12 Arm à 4 Gänge mit vergoldten Schalen n° 17 . . . . fl.	60	—	—
1 ditto groß à 12 Arm à 4 Gänge mit vergoldten Schalen n° 55 . . . . „	60	—	—
1 ditto à 12 Arm à 3 Gäng, vergoldte Schalen . . „	53	—	—
1 ditto à 10 Arm 3 Gäng, ditto Schalen . . . . . „	39	—	—
1 ditto à 10 Arm ditto . . . . „	39	—	—
1 ditto à 8 Arm mit 3 Gäng mit versilberte Schalen „	33	—	—
1 ditto ditto . . . . „	33	—	—
1 ditto à 8 Arm, versilberte Schalen . . . . „	25	—	—

Folgen mehr Leuchter von Parchen.

1 Leuchter à 10 Arm mit 3 Gäng . . . . fl.	62	53	—
1 ditto à ditto . . . . „	46	57	3
1 ditto . . . . „	48	57	—
2 Leuchter in 2 Kasteln à 12 Arm . . . . „	129	9	—
2 ditto à 8 Arm mit Goldfluß à fl. 35.20 kr. . . . . „	70	40	—
2 ditto à 8 ditto, neumodische Kron à fl. 33.30 kr. . . . „	67	—	—
2 ditto mit ditto Kronen à 8 Arm . . . . „	67	18	—
4 ditto à 8 Arm, versilberte Schalen . . . . „	125	48	—
4 ditto à 6 Arm, vergoldte Schalen . . . . „	94	42	3
4 ditto à 6 Arm klein à fl. 13.12 kr. . . . . „	52	48	—
*2 ditto à 4 Arm klein 1 fl. 9.39 kr. . . . . „	19	48	—

Summa . . fl. 4.731 46 3

pr. Transporte fl. 4.731 46 3

Folgen die Leuchter von den Herrn Traufchque.

4 Leuchter à 8 Arm mit vergolbte Schalen a fl. 20.— . . fl.	80	— —
4 ditto à 6 Arm, groß, vergolbte Schalen a fl. 17.— . . „	68	— —
1 Leuchter à 6 Arm, mittle . . . . „	12	15 —
2 ditto à 6 Arm, groß mit ditto a ditto . . . . . „	34	— —
11 ditto à 8 Arm mit verfilberte Schalen a fl. 19.— . . „	209	— —
1 ditto à 8 Arm, glatte Schalen . . . . „	18	30 —
3 ditto à 6 Arm, groß mit glatte Schalen		
a fl. 15.30 kr. . . . . „	46	30 —
12 ditto à 6 Arm, mittle, verfilberte Schalen		
a fl. 12.— . . . . „	144	— —
12 ditto à 6 Arm, groß, ditto Schalen a fl. 16.— . . „	192	— —
10 Leuchter à 6 Arm, klein mit verfilberte Schalen		
a fl. 8½ . . . . „	85	— —
3 ditto à 6 Arm, klein, glatte Schalen a fl. 8½ . . „	24	45 —
2 ditto Tafel-Leuchter von R. a fl. 13. 9 kr. . . . . „	26	18 —
2 ditto Häng-Leuchter à 6 Arm, klein a fl. 10.—		
von H. . . . . „	20	— —
1 Leuchter, groß mit eifern Geftell . . . . „	40	— —
1 ditto klein à 6 Arm mit Farben . . . . „	10	— —
3 vergolbte Leuchter-Schalen . . . . „	4	7 3
2 ditto . . . . „	2	45 —
47 Sterne fein		
200 Röfel		
52 Pamfeloten mittle		
47 ditto kleine		
346 Std. a 3 kr. pr. Std. . . . . „	17	18 —
12 3 angl. [Dreiangel?] von T. a 12 kr. . . . . . „	2	24 —

Summa . . fl. 5.768 39 —

pr. Transporto fl. 5.768 39 —

Folgen die böhmischen Tafeln.

```
 4    Schock 60" Tafeln
 6¼   ditto . 40"
 1¾   . . . 30"
 3    . . . 12" gelbe
 3¾   . . . 12" weiße
 7    . . . 10"
 4    . . .  6"
21    . . .  3"
12    . . .  2"
26    . . .  1"
 1¾   in übrigen Stücken
```

seind 90½ Schock a fl. 2½ pr. Schock . . . . fl. 226 15 —

```
 8    Schock 30" Tafeln bairisch
 3    . . . 14"
 2    . . . 10"
14    . . .  3"
10¼   . . .  2"
 6    . . .  1"
12    . . .  1½ schockige
 1    in übrigen Stücken
```

seind 56½ Schock a fl. 2½ pr. Schock . . . . fl. 141 15 —

Folgen die Flaschenkeller: s

```
1 Keller groß à 2 Deckel 16 Fl., Zinnstöppel . . . . . „   12 12 —
2 ditto à ditto . . . . . . . . . . . . . . . . . „       27 —  —
1 ditto à ditto . . . . . . . . . . . . . . . . „         13 30 —
1 ditto . . . . . . . . . . . . . . . . . . . . „         12 12 —
2 ditto à 16 Flaschen 2 Deckel, Korkstöppel . . . . „     24 —  —
4 ditto à 18 Flaschen . . . . . . . . . . . . . „         48 —  —
4 ditto à 6 hoch, 6 niedrige Flaschen mit Schlößl
      à fl. 9¼ . . . . . . . . . . . . . . . . „          37 —  —
```

Summa . . fl 6.310 3 —

2 Keller à 6 hoch ꝛc. Flaſchen mit Schlößl etwas kleiner			
a fl. 7.15	„	14	30 —
1 ditto breit à 8 groß und kleine Flaſchen mit . . .	„	8	41 —
7 Keil-Keller groß à 29 Flaſchen von R.			
a fl. 10¾	„	75	15 —
1 ditto à 29 Flaſchen wie oben	„	10	45 —
7 ditto à 17 Flaſchen a fl. 5.28	„	38	16 —
1 ditto à 6 hoch, 6 niedrige Flaſchen	„	9	15 —
1 ditto à 8 groß, 10 kleine Flaſchen Auszügel . . .	„	8	30 —
2 ditto à 8 Flaſchen und Kelch	„	10	20 —
1 ditto à 6 große, 6 kleine Flaſchen, 6 Stampel . .	„	4	30 —
2 ditto à 6 große, 6 kleine Flaſchen geſchnitten, 6 Becher			
a fl. 3.13	„	6	26 —
1 ditto à 12 Flaſchen, helle	„	3	— —
2 ditto à 12 Flaſchen, hier gemalt	„	16	— —
2 ditto à 12 große und kleine hier gemacht, der andere			
à 12 Fl.	„	14	— —
3 Feldapothekel mit Flaſcheln, 2 a fl. 3¼, eines ohne			
Flaſchel a 1 fl.	„	7	30 —
1 ditto fein ausgelegt mit Horn	„	26	42 —
6 Paar weiße Thee-Taſſen von Dresden	„	3	18 —
1 Thee pott ditto	„	2	30 —
1 Duzend gar weiße Possilos & China, hier gekauft .	„	7	30 —
8 Zubehör zu Flaſchen-Kellern	„	1	30 —
3 ditto zu Doppel-Kellern	„	2	40 —

Folgen die Schildel.

19 gar große Schildel mit Bildel a fl. 1.55	„	36	25 —
12 ditto 4kantige mit ditto a fl. 1.—	„	12	— —
11 ditto mit ronde Bildel a fl. 1.19	„	14	29 —
12 ditto mit Bildel a 32 kr.	„	6	24 —
12 ditto a 50 kr.	„	10	— —
12 ditto a 32 kr.	„	6	24 —
6 ditto mittle a 40 kr.	„	4	— —
12 ditto a 32 kr.	„	6	24 —

Summa . . fl. 6.677 17 —

pr. Transporto fl. 6.677 17 —

4 gar große Schildel mit Bildel a 40½ fr. . . . . „ 2 42 3
4 ditto mit 3 Bildl einzlige . . . . „ 2 — —
6 übrige Bildel groß a fl. 1.— . . . . „ 6 — —
4 ditto kleine a 20 fr. . . . . „ 1 20 —
10 ditto etwas kleiner a 16 fr. . . . . „ 2 40 —
8 ditto weltliche Malerei a 15 fr. . . . . . . „ 2 — —
1 ditto kirchliche . . . . „ — 15 —

Summa . . fl. *6.694 44 3
à 50pct. Unkosten eins mit dem andern . . . . „ 3.347 22 1½

Summa . . fl. 10.042 6 4½
Mehr befinden sich bei Simon 4 Schod Tafel-
gläser a fl. 2 pr. Schod und 1 Apothekel a fl. 2,
so alles zu Haus gebracht worden . . . . . . „ 10 — —

Summa . . fl. 10.052 6 4½

Folget die holländische Lossa oder Erbwerk (spe-
zificirt) . . . . fl. 1.251 13 3

Folget das China-Gut von den Herrn Pohl (spe-
zificirt) . . . . Mk. 279 6 —

Folget das englische Glas von den Herrn Pohl.

18 Krüg mit und ohne Henkel a 2 Mk . . . . Mk. 36 — —
38 ditto mittle a 20 Sh. . . . . „ 47 8 —
*8 ditto große Weingläser a 20 Sh. . . . . . . „ 10 10 —
93 ditto mittle a 12 Sh . . . . „ 69 12 —
19 ditto Glattstiel a 5 Sh . . . . „ 5 15 —
160 ditto kleine a 4 Sh. . . . . „ 40 — —
1 Weinfaßel mit Henkel . . . . „ — 12 —
9 Zuckerdosen a 1 Mk. . . . . „ 9 — —
17 Potal mit Deckel a 1 Mk 8 Sh. . . . . . . „ 25 8 —
1 Leuchter . . . . „ 1 8 —
30 Thüringer Kelch mit Blößl a 3 Sh . . . . . „ 5 10 —

Summa . . Mk. 531 9 —
à 28 Sh. pr. . . . . fl. 303 45 —
à 25pct. Unkosten . . . . „ 75 56 1½

Summa . . fl. 379 41 1¼

pr. Transporto fl. 379 41 1½

An holländischen Waaren laut Umstehendes . . . fl. 1.251 13 3

An Glaswaaren laut nᵒ 30 . . . . „ 10.052 6 4½

fl. 11.683 1 3

L. D.

31.

1751 den 31. Marzo.

Hab in Sevilla die Waaren gezählt und sich befunden, wie folget, zu wissen.

Glatte Gattungen.

143 Hundert glatte 60ᵣ Gattungen
79 . . . . . . 50ᵣ
20 . . . . . . 40ᵣ
12 . . . . . . 30ᵣ
6 . . . . . . 20ᵣ
7¼ 16ᵣ
9 . . . . . . 12ᵣ
1½ 10ᵣ
1½ 8ᵣ
1½ und 8 Stck. in übrigen Stücken zu 60ᵣ gerechnet.

Seind 280¾ Hbrt. und 8 Stck. 60ᵣ a fl. 1.24 pr. Hbrt. . fl. 393 15 —

Geschnittene Gattungen.

64¾ Hundert geschnittene 60ᵣ Gattungen
32½ 50ᵣ
21¼ 40ᵣ
31 . . . . 30ᵣ
¾ 20ᵣ
4½ 16ᵣ
½ 12ᵣ
2 . . . . 10ᵣ
¾ . . . . und 7 Stck. in übrigen Stücken.

Seind 158 Hbrt. und 7 Stck. 60ᵣ a fl. 1.42 pr. Hbrt. . fl. 268 48 —

Summa . . fl. 662 3 —

pr. Transporte fl. 662 3 —

Gattungen mit mittlem Schnitt.

1½ Hundert . . . . 50r. Gattungen
1¾ ditto . . . . . 30r.
1 . . . . 40r.
3¾ . . . . 20r.
¼ . . . . 16r.
½ . . . . 8r.
1 ditto u. 6 Stck. in übrigen Stücken zu
60r. reducirt.

Seind 9³⁄₄ Hbrt. u. 6 Stck. 60r. a fl. 2.— pr. Hbrt. fl. 19 42 —

Gute Gattungen mit heller Arbeit.

32¾ Hundert . . . . 60r.
16½ . . . . 50r.
9½ . . . . 40r.
13 . . . . 30r.
1½ . . . . 20r.
7¼ . . . . 16r.
4½ . . . . 12r.
3 . . . . 10r.
¾ . . . . 8r.
2 . . . . 24r.
1 und 21 Stück zu 60r. reduzirt in übrigen
Stücken.

Seind 91½ Hbrt. und 21 Stck. 60r. a fl. 2½ pr. Hbrt. fl. 229 37 3

Hbrt. Stück

*1 14 60r. Becher mit Goldplatten u. Kranzel a fl. 1.15
pr. Hundert . . . . „ 2 46 3
5 — 60r. Uhrböbel n fl. 1.42 pr. Hundert . . . . „ 8 30 —
23 Mammaderas ohneingefaßt a 2 kr. . . . . . „ — 46 —
54 ditto eingefaßt a 3 kr. . . . . „ 2 42 —

Summa . . fl. 926 7 —

pr. Transporte fl. 926 7 —

Glatte Gattungen mit Glas-Schrauben.

10¼ Hundert Flaschel . . . 60r
3 . . . . 50r
2 . . . . 40r
1 . . . . 30r
¾ 20r
1¼ 16r
3½ 12r
1 . . . . 10:
¾ 8r
3½ 6r
1¼ Hundert und 11 Stck. 60r zu 60r a re-
buzirt

28¼ Hdrt. und 11 Stck. 60r
½ Hdrt. und 28 Stck. 60r Flaschel mit eingeriebene Stöppel.

Seind 28¾ Hdrt u. 39 Stck. 60r a fl. 2. 6 pr. Hdrt. fl.   61 44 3
Hdrt. Stück
1½ — 50r Flaschel geschnitten
½ — 40r
1½ -- 30r
½ 6 60r in übrigen Stücken
*4 6 60r a fl. 2.30 pr. Hundert . . . . . „ 10 15- —

8½ — genatte und helle Flaschel 60r
7½ — 50r ditto
6½ — 40r
3½ — 30r
3¼ — 16r
2 — 12r
1 -- in übrigen Stücken zu 60r

32¼ — a fl. 3. 6 pr. Hdrt . . . . „ 99 58 3
68 40r Fl. mit mittlem Schnitt . . . . . „ 4 — —
32 40r ditto geschliffen und poliert a 4½ kr. „ 2 24 —
15 30r ditto poliert a 6 kr. . . . . „ 1 30 —

Summa .. fl. 1.105 59 —

pr. Transporte fl. 1.105 59 —

Hdrt. Stück

21	30:	Fl. mit Korkstöppel a 6 kr.	„	2 6 —
3	30:	ditto helle mit ditto a 7 kr.	„	— 21 —
3	20:	ditto helle mit Glasschrauben a 10½ .	„	— 31 3
*7	16:	ditto helle mit Glasstöppel a 11¼ ...	„	1 38 4½
12	12:	gute geschliffene Fl., Glaeschrauben a 17 kr.	„	3 24 —
10	20:	Blößel mittlen Schnitt, eingeriebene Stöppel a 8 kr.	„	1 20 —
3¼	— 60:	Tinte-Flaschel gemalt a fl. 3.— pr. Hdrt.	„	9 45 —
1¼	— 16:	Pobeln helle, eingeriebene Stöppel a 11 kr.	„	3 40 —
23	10:	ditto helle ditto Stöppel a 18 kr.	„	6 54 —
6	12:	ditto glatt ditto a 10 kr.	„	1 — —
11	12:	Weinkrüg helle mit Zinndeckel a 20 kr.	„	3 40 —
13	12:	ditto glatte mit ditto a 15 kr.	„	3 15 —
22	10:	ditto helle mit ditto a 24 kr.	„	8 48 —
9	8:	ditto helle mit ditto a 30 kr.	„	4 30 —
95		Vogel-Glasel mit Löchern 50: a 2½ kr. ...	„	3 57 3
2	50:	Tinte-Flaschel m. Beschlag, gemalt a 4½ kr.	„	— 9 —
1	12:	Pobellen hell mit Goldplatten	„	— 15 —
30	50:	Becher mit Waffen gemalt a 4 kr.	„	2 — —
32	40:	ditto a 5¼	„	2 48 —
2	16:	ditto a 13 kr.	„	— 26 —
2		ditto einer mit Deckel a 21 kr. u. a 17½ kr.	„	— 38 3
116	50:	Stampel mit Kranzel und feine müschel a 3 kr.	„	5 48 —
94		ditto mit heller Arbeit und müschel a 3½ kr.	„	5 29 —
36		gar feine starke Becher mit Wafferarbeit a 7½ kr.	„	4 30 —
59	40:	Becher geschuppt a 5¼ kr.	„	5 24 3
70	50:	Stampel ditto a 4¼ kr.	„	4 57 3
20	50:	Becher geschliffen a 4 kr.	„	1 20 —
16	50:	ditto mit Kranzel und feine moscheln a 3 kr.	„	— 48 —
33	50:	Stampel mit Steinel a 5 kr.	„	2 45 —
19	50:	Becher mit ditto a 5 kr.	„	1 35 —
21	50:	Johannesbecher feine Kranzel u. abgeschnitten mit müschel a 4 kr.	„	1 24 —
22	40:	Becher stark, mit Cupido und Figuren, feine müschel a 6 kr.	„	2 12 —

Summa . . fl. 1 203 19 1½

Hdrt. Stück

pr. Transporto fl. 1.203 19 1½

*76 feine glatte 30r Salzfässel a 7 kr. . . . . . . „ 10 32 —
38 ditto mit Goldplatten a 9½ kr. . . . . . . „ 6 1 —
19 30r. Carsinel gemalt und vergoldt a 9 kr. . . . „ 2 51 —
30 Meßteller a 11 kr. . . . . „ 5 30 —
12 Pfeffer-Dosen a 12 kr. . . . . „ 2 24 —
12 große Handbecken a 27 kr. . . . . „ 5 24 —
15 ditto mittle a 24 kr. . . . . „ 6 — —
9 ditto a 20 kr. . . . . „ 3 — —
5 Kannel zu Handbecken a 13½ kr. . . . . . . „ 1 7 3
4 Blößl stark mit Wasserarbeit a 6 kr. . . . . . „ — 24 —
8 ditto mit helle Arbeit a 5 kr. . . . . „ — 40 —
76 glatte Lintzel 60r a 3 kr. . . . . „ 3 48 —
5 60r. ditto mit Kranzel a 5 kr. . . . . „ — 25 —
25 60r. ditto mit Devisen a 7 kr. . . . . „ 2 55 —
47 60r. ditto mit Cupido und Figuren a 6½ kr. „ 5 5 3
10 50r. ditto glatt a 4 kr. . . . . „ — 40 —
8 50r. ditto mit Kranzel a 6 kr. . . . . „ — 48 —
35 50r. starke Lintzel mit helle Arbeit und Schnitt
a 10 kr. . . . . „ 5 50 —
16 50r. ditto schwach mit Vogelbauer und vollen
Schnitt a 9 kr. . . . . „ 2 24 —
15 50r. ditto mit Sonne-Rosen a 7½ kr. . . . „ 1 52 3
7 50r. ditto mit Vollschnitt a 9 kr. . . . . . . „ 1 3 —
11 40r. ditto glatt a 5 kr. . . . . „ — 55 —
48 40r. ditto mit Devisen a 12½ kr. . . . . . . „ 10 — —
11 50r. ditto mit Figuren a 7 kr. . . . . „ 1 17 —
25 40r. Lintzel mit Vogelbauer a 10½ kr. . . . . „ 4 22 3
52 40r. mit Sonne-Rosen a 11 kr . . . . „ 9 32 —
18 40r. ditto stark mit guter Arbeit a 12 kr . . . „ 3 36 —
47 60r. Lintzel mit Goldfrüchtel a 12 kr. . . . . „ 9 24 —
8 40r. Blößl vergoldt a 8 kr. . . . . „ 1 4 —
2 feine Kelchel mit Rubin und Kranzel a 5 kr. . . „ — 10 —
10 Einsätzer a 6 Becher glatt in Futtral a 46 kr. „ 7 40 —
17 ditto a 6 vergoldte Becher a fl. 2 — . . . . „ 34 — —
6 lackirte Tintefl. groß a fl. 1.24 . . . . „ 8 24 —
2 ditto kleinere rond in Futtral a fl. 1.— . . . . „ 2 — —

Summa . . fl. 1.364 28 1½

Hdrt. Stück

6 gute Spreng-Keßel mit vergoldtem Keffel . . . „	6	—	—
2 Portadeurs mit Oel und Effig-Geschirr . . . „	4	—	—
1 Senfkannel . . . . „	—	24	
2 3 angl. [Dreiangel] a 19 kr . . . . „	—	38	
11 Original (?) scheibsche Granaten a 2½ kr. . . „	—	27	3
8 Confect Schälgel a 5 kr. . . . . „	—	40	—
4 Schreibfedern a 3 kr. . . . . „	—	12	—
74 glatte Dosen a 10 kr. . . . . „	12	20	—
30 ditto oben und unten vergoldt a 17 kr. . . . „	8	30	—
66 ditto oben vergoldt a 14 kr. . . . . „	15	24	—
19 ditto weiß mit Goldschnitt a 14 kr . . . . . „	4	26	—
13 beinweiße Dosen oben und unten vergoldt a 18 kr. „	3	54	—
11 gute Flaschen-Glas-Stöppel a 5 kr. . . . . . „	—	55	—
7 stieftl (?) a 7 kr. . . . . „	—	49	—
9 gute Flaschen mit Plattel a 5½ kr. . . . . . „	—	49	3
2 ditto, eine Seite vergoldt a 11 kr. . . . . . „	—	22	—
8 ditto, beide Seiten vergoldt a 14 kr. . . . „	1	52	—
5 Eier a 4½ kr. . . . . „	—	22	3
9 kleine weiße Löffel a 3½ kr. . . . . „	—	31	3
16 ditto große a 5 kr. . . . . „	1	20	—
33 ditto beinweiß gemalt a 8 kr . . . . „	4	24	—
14 Saamgläser ordinari a 6 kr. . . . . „	1	24	—
*45 ditto mit Füß a 7½ kr. . . . . „	5	57	3
10 ditto ladirt a 10 kr. . . . . „	1	40	—
1 Dose zum Einfaßen . . . . „	—	8	—
13 Vermehrungsgläser a 8½ kr. . . . . „	1	60	3
57 Brenngläser in Draht a 5½ kr. . . . . . . „	5	13	3
1 Auffatz à 4 Salzfaß vor 1 Hdrt. glatt . . . . „	1	24	—
56 Brenngläser in Drath von Silber a 7 kr . . „	6	32	—
76 ditto in Blech a 9 kr. . . . . „	11	24	—
10 ditto in Holz groß a 18 kr. . . . . „	3	—	—
2 vergoldte Flaschetn in Futteral a 20 kr . . . „	—	40	—
21 Schildel a 31 kr. . . . . „	10	51	—
21 Gläsel zu Relicarios . . . . „	—	21	—
2 Flaschen-Keller à 12 Fl. helle a fl. 2. — . . .,	4	—	—
1 ditto à 10 Fl. helle . . . . „	2	36	3

Summa . . . fl. 1.489 51 1½

pr. Transporte fl. 1.489 51 1½

Hdrt. Stück

3 Geigen a fl. 1.20 fr. . . . . 4 — —
27 Dußend kleine alte weiße Steinel a 10 fr. . . ., 4 30 —
66 gar große thüringer Kelch a 4½ fr. . . . . ., 4 57 —

Folgen die böhmischen Tafeln.

19 gelbe Tafeln vor . . . . „ 1 — —
7 1½ schockige Tafeln thuen 10½ Schock
20 1? ditto . . . . 20 ditto
22 2? 11
4 3? 1⅓
8 4? 2
27 5? . . . . 5 & 24 Stck. 60?
104 8? 13
147 12? . . . . 12 & 15 d?
38 14? . . . . 2½ & 3 d?
336 16? 21
117 20? . . . . 5¾ & 6 d?
521 30? . . . . 17½ & 2
310 40? 7¾
Zu übrigen Stücken 1

Schock 129½ & ⅔ thuen
1 & 10 St. 60?

feind Schock 130 10 St.
a fl. 2.30 pr. Schock . . . fl. 325 25 —
2 feine bairische Tafeln a 1½ Schock thuen 3 Sch.
4 1? 4
21 2? 10½
30 3? 10

feind 27½ Sch.
a fl. 5 pr. Schock . . . . . . „ 137 30 —
63½ Dußend allerhand feine Steinel a 6 Realen . „ 38 6 —
2 englische Oel- und Essig-Portadeurs a 34 d? „ 6 48 —
2 achtarmige Leuchter von T. a fl. 19½ . . . „ 39 — —
6 sechsarmige ditto groß a 15½ fl . . . . . „ 93 — —

Summa . . fl. 2.144 7 1½

pr. Transporte fl. 2.144 7 1½

2 sechsarmige mit vergoldten Schalen und Kugeln
    à fl. 22.— . . . . „ 44 — —
3 achtarmige kleine à fl. 19.48 . . . . „ 59 24 —

        Summa . . fl. 2.247 31 1½
  Unkosten à 70 prct. gerechnet . . . . „ 1,573 15 4½

        Summa . . fl. 3.820 47 —
309 Kelche kantige Stiel mit Kugel à Hdrt. 7½ pr.
    100 Stück . . . . Hdrt. 23.—
420 ditto mittle allerhand à 5 . . . Hdrt. 21.—

        seind . . . Hdrt. 44.—
  Rechne sammt Unkosten 1 Hdrt. vor 1 fl. thuen fl. 44 — —

L. D.

32.

Anno 1755 18. März

haben bei Joseph Antoni Hieque angefangen, die Waaren zu zählen, und sich befunden, wie folget.

Hdrt. Stück

300½	—	Glatte Gattungen à fl. 1.24 pr. Hundert . fl.	420	42	—
44	—	geschnittene Gattungen à fl. 1.42 . . . . . „	74	48	—
65¾	12	Mittel Schnitt à fl. 2.— . . . . „	131	54	—
42¼	3	gemalte und helle Gattungen à fl. 2.30 pr. Hdrt. „	105	45	—
1	11	geschnittene Flaschel à fl. 2.30 . . . . „	2	57	3
35	10	glatte Flaschel à fl. 2.12 . . . . „	77	22	—
•2½	9	Flaschel Mittel Arbeit à fl. 2.30 . . . . . „	7	7	3
5¾	—	helle und gemalte Flaschel à fl. 3.— . . . „	17	15	—
1	14	60r Gattung ausgemöschelt à fl. 3.36 . . . „	4	26	3
	20	50r ditto à ditto . . . . „	1	26	3
2½	7	24r Carfinel ausgemöschelt à fl. 4.— . . . „	11	10	—
3	5	60r Flaschel, eingeriebene Stöppel à fl. 2.30 „	7	42	3
1½	5	50r ditto à ditto . . . . „	4	—	—
4	10	50r Vogel-Gläsel à fl. 2.30 . . . . „	10	30	—

        Summa . . fl. 877 6 3

			pr. Transporte fl.	877	6	3

Hbrt. Stück

2	24r.	helle eingeriebene Stöppel . . . . „	—	15	—
2	10r.	helle ditto . . . . „	—	36	—
1	— 12r.	glatt Zinndeckel . . . . „	2	42	—
1½	— 12r.	helle ditto a fl. 3.42 . . . . „	5	33	—
2½	—· 10r.	ditto a ditto . . . . „	9	15	—
1	— 8r.	helle ditto . . . . „	3	42	—
1	2 30r.	eingeriebene Stöppel glatt fl. 2.— . . „	2	8	—
½	— 12r.	ditto . . . . „	1	—	—
53	30r.	Kelch abgeschnitten a 5 kr. . . . . . . „	4	25	—
*2	16 40r.	helle feine a fl. 3.— . . . . „	4	12	—
2	— 40r.	ditto ordinari helle . . . . „	5	—	—
127	20r.	neumobische Tinte-Flaschel glatt . . . „	8	53	—
*4		Handbecken a 22½ kr. . . . . „	1	39	—
13		Deckelbecher a 30 kr. . . . . „	6	30	—
81		Meß-Teller a 10 kr. . . . . „	13	30	—
44		Sprengkessel untere Theil a 7½ kr. . . . „	5	30	—
4		Aufsätzel à 9 Stück a 27 kr. . . . . . . „	1	48	—
2		vergoldte Schalen a 30 kr. . . . . . . „	1	—	—
16	30r.	Becher a 18 kr. . . . . „	4	48	—
8	40r.	Pinkel mit Kranzel a 6 kr. . . . . . „	—	48	—
11	8r.	Schrauben Tatzen a fl. 2.30 pr. Hbrt. . „	3	26	1½
12		Senftannel a 15 kr. . . . . „	3	—	—
4	8r.	geschliffen . . . . „	1	30	—
4	20r.	glatt eingeriebene Stöppel a 6 kr. . . „	—	24	—
4		glatte Tinteflaschel 60r. . . . . „	—	8	—
14		gemalte ditto . . . . „	—	42	—
134		eingefaßte Mammaderas a 2½ kr. . . . . . „	5	35	—
22	50r.	geschliffen a fl. 3.30 pr. Hbrt. . . . . „	1	32	3
15	40r.	Pinkel gut a 4½ kr. . . . . . . „	1	7	3
3		kleine Futtrale a 5 kr. . . . . „	—	15	—
82	60r.	Pinkel glatt a 3 kr. . . . . „	4	6	—
70	50r.	ditto a fl. 3.— pr. Hundert . . . . „	4	22	3
52	40r.	ditto a ditto . . . . „	3	54	—
52	60r.	ditto ausgemöschelt a 6½ . . . . . „	5	38	—
85	60r.	geschnitten mit Schildel a 6 kr. . . . „	8	30	—
41	60r.	mit vergoldte Früchtel a 11 kr. . . . . „	7	31	—
		Summe . . fl.	1.012	2	1½

pr. Transporte fl. 1.012 2 1½

Hort. Stück

18 Becher ausgemöschelt 60: a fl. 3.36 pr. Hbrt. „	1	4	3
36 60: Flaschel, eingeriebene Stöppel . . . . „	1	30	—
88 50: Lintzel ausgemöschelt a 7 kr. . . . „	10	16	—
49 50: ditto geschnitten a 7 kr. . . . . . „	5	43	—
84 50: mit Walzen a 7½ kr . . . . . . „	10	30	—
30 50: vergoldte Früchtel a 12 kr. . . . . „	6	—	—
48 50: Becher fein mit Walzen a 6 kr. . . . „	4	48	—
30 50: Becher ausgemöschelt . . . . „	1	59	—
67 40: Lintzel mit Walzen a 10 kr. . . . . „	11	10	—
65 40: ditto ausgemöschelt a 8 kr. . . . . . „	8	40	—
1 — 40: Becher helle fein . . . . „	3	—	—
3 40: ditto geschliffen a 6 kr. . . . . „	—	18	—
76 40: Lintzel mit Schildel a 10 kr. . . . . „	12	40	—
16 Flaschel glatt mit Schrauben 40: . . . . . „	—	48	—
30 40: Lintzel vergoldte Früchtel a 12 kr. . . „	6	—	—
72 30: Rosolen ausgemöschelt a 6 kr. . . . . „	7	12	—
14 30: Blößel stark gut ditto a 7 kr . . . . „	1	38	—
46 30: Kelch ausgemöschelt a 7 kr. . . . „	5	22	—
67 ditto mit Walzen a 8 kr. . . . . „	8	56	—
32 30: Salzfassel gut a 6 kr. . . . . . . „	3	12	—
18 30: Kelch mit Kranzel a 7 kr. . . . . . „	2	6	—
6 24: Kelch geschliffen a 10 kr. . . . . . „	1	—	—
5 24: Carsinel ausgemöschelt a 10 kr. . . . „	—	50	—
96 24: Kelch mit Walzen a 10 kr. . . . . . „	16	—	—
27 24: ditto ausgemöschelt a 8 kr. . . . . . „	3	36	—
18 20: Carsinel mit Walzen a fl. 4 pr. Hbrt. . „	3	36	—
25 16: ditto mit do a do . . . . „	6	15	—
*23 lange Flaschel a 6 kr. . . . . „	1	18	—
1 Futtral à 12 Becher . . . . „	1	45	—
2 ditto leere a 22½ kr. . . . . „	—	45	—
37 Löffel groß und klein a 5½ kr. glatt . . . „	3	21	3
16 Senf- und Zucker-Dosen a 15 kr. . . . . „	4	—	—
124 Dosen vergoldt a 14 kr. . . . . . . „	28	56	—
4 lackirte Futtral zu Einsätzen a 12 kr. . . . „	—	48	—
21 Einsätzer vergoldt a fl. 1.24 . . . . „	29	24	—
49 Becher geschliffen, vergoldte Randel a 19 kr. „	15	31	—

Summa . . fl. 1.242 — 1½

pr. Transporte fl. 1.242 — 1½

Hort. Stück

	fl.	kr.	
3 vergolote Salzfaffel a 24 kr.	1	12	—
10 vergoldte Einfätzer in Futtral a fl. 1.42	17	—	—
11 Kelch gar feine a 14 kr.	2	34	—
6 Trichter gut a 10 kr.	1	—	—
8 vergoldte Carfinel a 24 kr.	3	12	—
59 Vergrößerungsgläfer zu Kuck-Kaftel a 3 kr.	2	57	—
30 Landschaften auf Glas klein a 12 kr.	6	—	—
24 ditto groß a 45 kr.	18	—	—
24 schwarze Rahmen dazu a 24 kr.	9	36	—
8 Schlagw. (?) Flaschel a 5 kr.	—	40	—
59 Paar messinge gelbe Tillen mit Zugebör	59	—	—
36 Schildel verspiegelt a 17 kr.	10	12	—
1 Keller à 3 Deckel	7	—	
4 ditto à 9 Flaschen a fl. 1.6	4	24	—
2 ditto à 12 Flaschen a fl. 1.3	2	6	—
2 ditto à do a 48 kr.	1	36	—
2 ditto à 6 Flaschen a 48 kr.	1	36	
4 gar große Keller a fl. 6.15	25	—	—
In Nr. 10 soll fein Nr. 11 verladen Keller allerhand vor	61	—	—
78 Bildel vor	8	48	—
Ein Packel Bildel vor	1	48	—
68 Bildel a 6 kr.	6	48	—
12 ditto a 18 kr.	3	36	—
12 ditto a 15 kr.	3	—	—
6 ditto a 10 kr.	1	—	—
37 ditto a 6 kr.	3	42	—
55 ditto a 6 kr.	5	30	—
12 Bildel a 18 kr.	3	36	—
19 ditto a 15 kr.	4	45	—
*4 Flaschen-Keller a 48 kr.	3	36	—
6 verspiegelte Sprengkeffel a 15 kr.	1	30	—
6 ditto vergoldte a 30 kr.	3	—	—
48 Schrauben dazu a 3 kr.	2	24	—
12 vergoldte Rahmen a 54 kr.	10	48	—
8 ditto a 51 kr.	6	48	—

Summa . . fl. 1.546 44 1½

pr. Transporto fl. 1.546 44 1¹/₂

Hbrt. Stück

Nägel zu Kisten . . . . „	1 30	—
6 verspiegelte Schildel mit Bildel a 26 kr. . . „	2 36	—
*7 grüne vergoldte ohne Bildel a 42 kr. . . . „	1 24	—
Ein Kastel mit Kannen und Flaschen beträgt . „	16 11	—
Ein Kastel mit Schildeln und Dosen beträgt . „	105 32	—
Ein Keller, worin Glas vor . . . . „	9 54	—
Steinel . . . . „	13 2	—
11 lacirte Juden-Leuchter . . . . „	4 24	—
2 24r. glatt eingeriebene Stöppel . . . . . . „	— 11	—
4 Einsätze vergoldt a fl. 1.30 kr. . . . . . . „	6 —	—
Zu gut hat Hieque bei Christian Preyßler in Blottendorf . . . . „	27 10	4¹/₄
bei Johann Anton Schürer . . . . „	70 8	1¹/₂

Summa . . fl. 1.804 47 1¹/₂

L. D.

33.

Anno 1755 18. Märj

haben bei Rautenstrauch das Waarenlager gezählt und befinden sich an
Waaren, welche vor spanische Rechnung gehören, wie folget.

Hbrt. Stück

11 3 60r. glatt . . . . fl.	15 28	3
65 6 60r. geschnitten . . . . „	110 40	3
38 55 60r. gemalt und helle . . . . „	96 50	—
133 Becher gemöschelt 60r. . . . . „	7 45	3
8 24r. Carfinel . . . . „	— 40	—
12 40r. Blößel ditto Stöppel helle . . . . . „	— 54	—
*18 60r. Pinßel mit Walzen a 6 kr. . . . . . . „	1 57	—
*133 50r. ditto a 8¹/₂ kr. . . . . „	17 43	3
65 40r. ditto a 9 kr. 1¹/₂ . . . . „	10 1	1¹/₂
69 24r. Kelch fein mit Walzen 10 kr. 4¹/₄ . . „	12 21	4¹/₂
50 30r. Rosolen ditto a 7 kr. . . . . „	5 50	—
70 Senf-Kannel a fl. 3.— pr. Hbrt. . . . . . „	17 30	—

Summa . . fl. 297 42 —

pr. Transporte fl. 297 42 —

Hdrt. Stück

1³/₄	— Podeln, eingeriebene Stöppel . . . . „	5 15	—
1	— 30r. Fl. gemalt, Zinnschrauben . . . . . . „	3 6	—
	23 Taufend 5 Hundert glattes		
	Hüttenglas a fl. 1. 12 kr.		
	dazu 2 Hundert 13 Stck. Schildkrott } . . . „	285 12	—
1117	Dosen geschnitten a 10¹/₂ kr. . . . . „	195 28	3
396	Lintzel geschnitten a 6 kr. . . . . „	39 36	—
132	vergoldte Lintzel . . . . „	28 36	—
	Vergoldte Fl. und Dosen allerhand in allen		
	vor . . . . „	235 21	3

Summa . . fl. 1.090 17 —

34.

Mit Gott! Anno 1775 im November. Zu Cadiz.

Abschrift von dem Inventario der in Cadiz seit dem 27. Novembris von Herrn Preyßler empfangenen und durch Herrn Augustin Rautenstrauch und Herrn Joh. Anton Zincke allda übernommenen Waaren für Rechnung de Hiecke Rautenstrauch Zincke & Cie.

424 ²/₅	Hundert 60r. Becherl allerlei glatte
331 ²/₅	. . . 60r. Ration Becherl dº.
112 ⁴/₁₅	. . . 60r. Weintrinkel dº.
126 ¹/₅	. . . 60r. Becher dº.
41 ¹²/₅₀	. . . 50r. Becher dº.
51 ¹/₅	. . . 40r. ditto
34 ⁴/₁₅	. . . 30r. ditto
24 ¹/₆	. . . 24r. ditto
4 ¹/₂	. . . 20r. ditto
5 ¹/₂	. . . 16r. ditto
2 ⁵/₆	. . . 12r. ditto
2 ²/₅	. . . 10r. ditto
1 ¹/₂	. . . 8r. ditto

14

3		Hundert	6r	Becher glatte
1 $3/4$	. . .		4r	ditto
10	. . .		1r	Einsatz-Becher glatt
111 $4/5$	. . .		60r	Stamperl glatte
116 $7/25$	. . .		50r	ditto
1 $19/20$	. . .		40r	ditto
40 $7/15$	. . .		60r	Schalgel & Körbel
69 $7/10$	. . .		60r	Stehfestel glatt
3 $2/5$	. . .		30r	Johannes-Becher
2	. . .		40r	Freimaurer-Glasel
3 $11/15$	. . .		30r	ditto
2 $26/50$	. . .		50r	Nelken-Glasel
27 $8/25$	. . .		50r	Salz-Fassel
2 $13/30$	. . .		60r	Tönnel mit Henkel
10 $3/5$	. . .		40r	ditto
7 $8/15$	. . .		30r	ditto
2 $4/5$	. . .		20r	ditto
4 $1/8$	. . .		60r	Henkelbecher glatt
3 $47/50$	. . .		50r	ditto
2 $1/10$	. . .		40r	ditto
7 $23/30$	. . .		30r	ditto
8	. . .		20r	ditto
2 $3/4$	. . .		16r	ditto
1 $1/3$	. . .		12r	ditto
$9/10$	. . .		10r	ditto
$3/4$	. . .		8r	ditto
3 $1/5$	. . .		40r	Henkel-Stampel
$3/5$	. . .		30r	ditto
1	. . .		30r	Weinkrügel glatte
$2/3$	. . .		24r	ditto
$7/10$	. . .		20r	ditto
2 $5/8$	. . .		16r	ditto
$2/3$	. . .		12r	ditto
$1/5$	. . .		10r	ditto
$3/4$	. . .		8r	ditto
$1/3$	. . .		20r	Blumkrüg glatte

1706 $17/20$ glatte Glasgattungen von S.

³/₅ Hundert 20ℓ. Bierkrüge glatte
5 . . . 16ℓ. ditto
¹/₃ . . . 12ℓ. ditto
³/₅ . . . 10ℓ. ditto
1 ³/₄ . . . 8ℓ. ditto
1 ²/₃ . . . 6ℓ. ditto
5 ¹³/₁₅ . . . 30ℓ. Pobellen glatte
4 ¹⁹/₂₄ . . . 24ℓ. ditto
4 ⁴/₅ . . . 20ℓ. ditto
4 ³/₈ . . . 16ℓ. ditto
3 ¹/₆ . . . 12ℓ. ditto
³/₁₀ . . . 10ℓ. ditto
1 ⁴/₅ . . . 20ℓ. Schalen glatte
⁷/₁₆ . . . 16ℓ. ditto
        4   2
⁷/₁₂ . . . . 12ℓ. & 8ℓ ditto
      ²/₅ 2³/₄ 4¹/₄ 3⁹/₅ 2³/₄ 3
16 ¹/₃ . . . 20. 16. 12. 10. 8 & 6ℓ. Sprengkessel
          6   14⁴/₅
20 ²/₅ . . . 30ℓ. Carsinel mit und ohne Pippel
⁵/₆ . . . 16ℓ. Wasserkelch
¹/₃ . . . 6ℓ. Juden=Leuchter
8 ¹/₁₄ . . . 16ℓ. Salzfassel
3 ⁵/₆ . . . 16ℓ. Krummschnabel
19 ¹/₄ . . . 40ℓ. Blößel glatte
18 ⁶/₁₅ . . . 30ℓ. ditto
³/₅ . . . 10ℓ. Wasser=Töpfe
3 ¹⁹/₂₀ . . . 20ℓ. Schildkröten
        1⁴/₅ ³/₄   2
4 ¹¹/₂₀ . . . 20. 16 & 12ℓ. Katzenköpf
      2¹⁹/₂₀ 6⁷/₁₅ 3¹/₄ 3⁴/₅ 7¹³/₁₆ ⁷/₃ 2³/₁₀ 1¹/₄
28 ¹/₂ . . . 40. 30. 24. 20. 16. 12. 10. & 8ℓ. Altarleuchter
1 ¹/₆ . . . 12ℓ. Handleuchter mit Heft
       7 4³/₁₂ ¹/₃ 1¹³/₂₀
13 ⁴/₅ . . . 12. 24. 30. & 40ℓ. Lampek
21 ¹³/₁₅ . . . 60ℓ. allerhand Kinderspiel
³/₅ . . . 10ℓ. Schreibzeug
      ²/₃ 1¹/₄ 1 1¹/₆ 2³/₁₀ ¹/₂ 2 1³/₄
10 ¹⁹/₂₀ . . . 24. 20. 16. 12. 10. 8. 6. & 4ℓ. Salzfaß

14*

$$^1/_3 \quad 1^3/_4 \quad 1^3/_4 \quad 1^3/_4 \quad 1 \quad ^1/_3 \quad ^4/_3 \quad ^1/_6 \quad ^3/_{20} \quad ^4/_{30}$$

8 ¹/₃ Hundert 3. 4. 6. 8. 10. 12. 20. 30. 40. & 50° Zuckertafel

$$^{29}/_{35} \qquad 8^3/_5$$

9 ²⁹/₆₀ . . . 50. und 60° Meßkannel

$$^4/_3 \qquad ^7/_3$$

1 ¹/₃ . . . 50 und 60° englisch Mode-Becher

$$6 \quad 1 \quad 5 \quad 6^2/_3 \quad 4^1/_4 \quad 3^3/_3 \quad 4^3/_4$$

31 ⁴/₁₅ . . . 2. 3. 4. 6. 8. 10. & 12° Frucht-
körbel & Teller

3 . . . allerhand Flaschen ohne Stöppel

$$6^9/_{10} \qquad ^7/_3$$

7 ³/₁₀ . . 60. & 30° Kelche und Glasel

$$^1/_3 \quad 2^1/_6 \quad ^{11}/_{20}$$

2 ⁵/₆ . . . 16. 24. & 60° Tintenflaschel

$$3^3/_{50}$$

17 ¹/₄ . . . Säulen und Bogen

1.910 ⁷/₂₀ Hundert glattes Glas a fl. 1.30 . . . . . fl. 2.865 31 3

12 60° Brandweinbecherl geschnittene
60 ⁴/₃ 60° Ration-Becher ditto
199 ³/₃ 60° Becher und Weintrinkel
65 ²⁷/₃₅ 50° Becher geschnittene
62 40° ditto
44 30° ditto
49 ⁴/₃ 60° Stamperl geschnittene
162 ⁶/₃₅ 50° Stampel ditto

656 ¹/₃ Hundert Glas geschnitten a fl. 1.48 . . . . fl. 1.181 24 —

5 ¹/₃ Hundert 16° Leuchter, 4° Weinkrüg, und 4°.
6. 8. & 10° Schalen mit guter Kugelarbeit a fl. 2 36 . . . . „ 13 52 —

4 1° Einsatz-Becher (
2 ¹/₃ 3. & 4° Becher { Mittelschnitt a fl. 2.6 . . „ 12 57 —
8 ¹/₆ 40. 30. 24 & 20° Blum-
krügel gemalte (zusammen 53 ²³/₃₀
45 ³/₃ 60. 50. 40. & 30° Becher { Hundert gemaltes
gemalte) Glas a fl. 2.30 . „ 134 25 —

Transp. . . fl. 4.208 9 3

20 $^{11}/_{20}$ Hunbert 60. 50. 40. und 30ͭ Becher mit spa-
    nischen Wappen gemalt a fl. 3.— . . . „   61 39 --

6 $^{6}/_{25}$ Hdrt. 50ͭ. Stampel geschuppte (7$^{23}/_{25}$ Hdrt.
1 $^{17}/_{25}$ Hdrt. 50ͭ. ditto mit Xᵉˡ   (a fl. 3.36 . „   28 30 4½

32 $^{2}/_{3}$ Hunbert 24ͭ. Becher geschnittene
33 $^{9}/_{10}$ . . . 20ͭ ditto
15 $^{13}/_{16}$ . . . 16ͭ ditto
5 $^{1}/_{2}$ . . . 12ͭ ditto
4   . . . 10ͭ ditto
6   . . . 8ͭ ditto
$^{2}/_{3}$ . . . 6ͭ ditto
9   . . . 4ͭ ditto
7   . . . 2ͭ ditto
1   . . . 1ͭ ditto
3   . . . 1ͭ Einsatzbecher geschnitten
              $^{3}/_{4}$ 2$^{4}/_{5}$ 1 $^{5}/_{6}$ $^{7}/_{10}$
5 $^{14}/_{15}$ . . . 30. 20. 16. 12. & 10ͭ Henkelbecher
2 $^{1}/_{3}$ . . . 30ͭ Weinkrüg geschnittene
4 $^{1}/_{3}$ . . . 24ͭ ditto
5 $^{1}/_{10}$ . . . 20ͭ ditto
5 $^{1}/_{6}$ . . . 16ͭ ditto
4 $^{1}/_{6}$ . . . 12ͭ ditto
6 $^{2}/_{5}$ . . . 10ͭ ditto
3 $^{1}/_{6}$ . . . 8ͭ ditto
2 $^{1}/_{6}$ . . . 6ͭ ditto
              $^{3}/_{4}$ $^{1}/_{2}$
1 $^{1}/_{4}$ . . . 4ͭ & 2ͭ ditto
3 $^{3}/_{5}$ . . . 20ͭ Blumenkrüg geschnittene
13 $^{1}/_{4}$ . . . 16ͭ Bierkrüg
2   . . . 20ͭ ditto
              2$^{1}/_{2}$ $^{1}/_{4}$
2 $^{3}/_{4}$ . . . 16. & 8ͭ Blumkrüg
5 $^{1}/_{12}$ . . . 12ͭ Bierkrüg
2 $^{1}/_{10}$ . . . 10ͭ ditto
2 $^{1}/_{8}$ . . . 8ͭ ditto
              1   $^{1}/_{4}$
1 $^{1}/_{4}$ . . . 6. & 4ͭ ditto

Transportire fl. 4.298 19 1½

$^{4}/_{13}$ $^{5}/_{6}$ $^{1}/_{6}$ 1
2 $\frac{13½}{60}$ Hundert 30. 24. 16. & 10r Pobellen geschnitten

$^{3}/_{10}$ 4½ 3⅓
8 $^{9}/_{13}$ . . . 20. 16. & 12r Katzenköpfe geschnittene
½ . . . 20r Schalen geschnittene
$^{3}/_{16}$ . . . 16r ditto
1 ½ . . . 12r ditto
1 $^{1}/_{10}$ . . . 10r ditto
½ . . . 8r ditto
⅙ . . . 6r ditto
¼ . . . 4r ditto
1 $^{4}/_{13}$ . . . 30r Tönnel und Kannel geschnittene
$^{3}/_{5}$ . . . 10r Deckelbecher und Blößel ditto

206 $^{7}/_{8}$ Hundert Glas geschnittenes a 1 fl. 51 kr. . fl. 382 43 1½

2 $^{7}/_{10}$ Hundert 60r Becher heller Arbeit
10 $^{7}/_{25}$ . . . 50r ditto
$^{17}/_{20}$ . . . 40r ditto
5 ⅓ . . . 30r ditto
14 ⅓ . . . 24r ditto
28 ½ . . . 20r ditto
23 ¼ . . . 16r ditto
22 $^{5}/_{6}$ . . . 12r ditto
14 $^{3}/_{5}$ . . . 10r ditto
21 ½ . . . 8r ditto
22 $^{5}/_{6}$ . . . 6r ditto
16 ¾ . . . 4r ditto
10 ⅓ . . . 3r ditto
25 . . . 2r ditto
4 . . . 1r ditto
12 . . . 1r Einsatz-Becher ditto
27 $^{29}/_{50}$ . . . 50r Stampel ditto
2 $^{7}/_{20}$ . . . 40r ditto mit Henkel
$^{14}/_{15}$ . . . 30r Tönnel mit Henkel

Transp. fl. 4.681 2 3

Transportiro fl. 4.681 2 3

$\frac{3}{10}$ $\frac{1}{10}$ $4\frac{3}{5}$ $1\frac{1}{4}$ $\frac{1}{2}$ $1\frac{7}{10}$ $1\frac{1}{2}$

9 $\frac{3}{8}$ Hunbert 40. 30. 20. 16. 12. 10. 8r Henkelbecher ditto

2 $\frac{3}{4}$ . . . 16r Deckelbecher helle

$3\frac{1}{2}$. $5\frac{3}{4}$. $10\frac{17}{20}$. $12\frac{1}{4}$. $5\frac{7}{12}$. 8. $5\frac{1}{4}$.

60 $\frac{3}{5}$ . . . 30. 24. 20. 16. 12. 10. 8.

7. 1. 1. $\frac{1}{2}$.

6. 4. 3. 2r Weinkrüg ditto

$1\frac{7}{10}$ $16\frac{3}{8}$ $7\frac{1}{2}$ $4\frac{3}{5}$ 4 $\frac{5}{6}$ $\frac{1}{2}$

35 $\frac{1}{2}$ . . . 20. 16. 12. 10. 8. 6 & 4r Bierkrüg ditto

$\frac{7}{10}$ . . . 20r Blumkrüg helle

$\frac{3}{4}$ . . . 16r ditto

$\frac{1}{3}$ . . 3r ditto

$1\frac{1}{2}$ $\frac{3}{4}$ 3 2 $\frac{1}{8}$ $\frac{1}{4}$

7 $\frac{11}{30}$ . . . 20. 12. 10. 8. 6. & 4r Schalen helle

$\frac{4}{15}$ $2\frac{7}{8}$ $2\frac{10}{20}$ $2\frac{3}{4}$ $2\frac{1}{2}$ 1

12 $\frac{1}{6}$ . . . 30. 24. 20. 16. 12. & 10r Pobellen ditto

$\frac{4}{5}$ $7\frac{1}{2}$ $1\frac{2}{3}$

9 $\frac{29}{30}$ . . . 20. 16 & 12r Ratzenköpf

5 $\frac{13}{30}$ . . . 60r Meßkannel helle

$\frac{4}{5}$ . . . 50r ditto

2 . . . 20r Teller helle

1 $\frac{2}{5}$ . . . 30r ditto

$\frac{3}{5}$ . . . 20r Pokal ditto

$\frac{3}{4}$ . . . 8r ditto

7 . . . 30r Carsinel helle

2 $\frac{4}{15}$ . . . ditto mit Pippel

$\frac{3}{16}$ . . . 16r Altarleuchter helle

1 1

$\frac{2}{15}$ . . . 12. & 20r ditto

3 $\frac{4}{5}$ . . . Flaschen biverse helle

429 $\frac{7}{16}$ Hundert Glas mit orb. Kugelarbeit a fl. 2 21 . fl. 1.009 10 4$\frac{1}{2}$

Transp. *) . . fl. 5.690 13 1$\frac{1}{2}$

*) Eine weitere Summirung der Gattungen folgt im Originale nicht.

25 $^9/_{10}$	Hundert 40r	Blößel eingebohrten Stöppel	
26 $^4/_5$	. . . 30r ditto		
4 $^3/_4$	. . . 24r ditto		77$^7/_{30}$ Hndrt.
$^9/_{10}$	. . . 20r ditto		glatte Gat-
$^7/_8$	. . . 16r ditto		tungen mit
7 $^2/_3$	. . . 12r ditto		eingeriebe-
5 $^2/_5$	. . . 10r ditto		nen Stöppel
4 $^1/_4$	. . . 8r ditto		
1 $^1/_3$	. . . 6r ditto		

11 $^1/_{15}$	Hundert 30r	Pobelln	
7 $^1/_4$	. . . 24r ditto		
17 $^4/_5$	. . . 20r ditto		46$^{29}/_{30}$ Hundert
5 $^7/_8$	. . . 16r ditto		glatte Gattungen
3	. . . 12r ditto		mit eingeriebenen
1 $^1/_{10}$	. . . 10r ditto		Stöppel
$^7/_8$	. . . 8r ditto		

	$10^4/_{15}$ $2^7/_{12}$ $1^3/_5$ $1^1/_2$ 2	
17 $^{19}/_{30}$	Hundert 30. 24. 20. 16 & 12r Binderschl. ditto	
17 $^1/_{15}$	. . . 30. und 24r Carfinel ditto	
12 $^{14}/_{30}$	. . . 50r Apothekerflaschel	
3 $^7/_{10}$	. . . 40r ditto	
5 $^1/_3$	. . . 30r ditto	
6 $^7/_{12}$	. . . 24r ditto	
9 $^3/_{10}$	. . . 20r ditto	
25 $^2/_5$	. . . 16r ditto	
8 $^1/_4$	. . . 12r ditto	
15 $^3/_5$	. . . 10r ditto	
17 $^1/_4$	. . . 8r ditto	

	$3^{12}/_{15}$ $7^3/_5$ $15^{12}/_{15}$	
27 $^1/_3$	Hundert 60r Flaschel kleine, mittle und große	
3 $^2/_{15}$	. . . 50r ditto	65$^1/_4$ Hdt.
7 $^{17}/_{20}$	. . . 40r ditto	glatte
6 $^{11}/_{15}$	. . . 30r ditto	Gattngn.
16	. . . 16. 12. 10. 8 & 6r Weinfaßel	m. Zinn- schrauben
	$3^5/_8$ $^1/_2$	à fl. 2.21
4 $^1/_2$	. . . 16r Pistolen und Tauben	fl. 153 2 3

	8½ 4¹⁷/₅₀ 3⁹/₁₀ 1⅓			
Hbrt.				
18 4¼/60	. . . 60. 50. 40. & 30: Flaſchel geſch. mit			
	Zinnſchr. fl. 2.39 . . . . fl.	47	53	—
37 ¹⁹/₂₀	. . . 30. 40. 50. & 60: Fl. gem. d° a fl. 3.21 „	127 ' 8	—	
14 17	Stück 30: Salzfaßel gute a fl. 3.3 . . . . . „	44	25	3
11	„ doppelte ditto a 20 kr. . . . . „	3	40	—
88	„ 40: Bruſt-Gläſer a fl. 1.40 pr. Hbrt. . „	3	40	—
12 ½	Hundert 50: Vogel-Glaſel a fl. 2.6 . . . . „	26	15	—
8	Stück Weinkrüg mit Zinnbeckel a 15¹³/₁₆ kr. . „	2	6	3
7	„ ditto a 12⅝ kr. . . . . „	1	28	1½
4	„ Weinfaß mit Keſſel und Kelch a fl. 7.—. ⎱ „	21	—	—
	Nota. Das 1 St. davon iſt defectuous, ge- ⎰			
	ſchätzt pr. . . . . „	2	30	—
4 Stück	Lampen mit Ketten, theils beſchädigte . . „	3	45	—
5	„ Juden-Leuchter mit 2 Carfinel . . . . . „	2	55	—
2	„ ditto ohne Carfinel und beſchädigt . . . „	—	30	—
2	„ Handbecken und 1 Gießkannel darzu pr. . „	1	36	—
1	„ Früchte [?] zu Confecturen beſchädigt . . „	—	45	—
	48 22 40 Stck.			
110	„ Carfinel gute Arb., einger. a 9½, 12 & 16 kr. . „	22	40	—
18	„ 10: Schlicker Carfinel a 8½ kr. . . . „	2	33	—
	13 24 4 13			
237	„ Teller helle, oval a 38. 36. 30. 27.			
	48 37 26 26 24 22			
	26. 21½. 18. 12. 10³/₆. & 10½ kr. . „	85	43	3
	7 15			
35	„ Altarleuchter, gute Arbeit a fl. 1½, 1.—,			
	7 4 2			
	36. 30 & 15 kr. . . . . „	32	12	—
600	„ 40. 50 und 60: Becher mit Walzen			
	190 160 174 76			
	a 9½, 8. 6½ & 6 kr. Stück . . „	77	52	—
193	„ 50: Becher m. guter Arb. a fl. 5.36 pr. Hbt. „	21	37	—
	28 12 14			
54	„ Meermoſchl helle a 14. 11 & 9 kr. . . . „	10	50	—
	24 112 21 28 72			
257	„ gute Kelche a 19½. 10½. 10. 7. 5 kr. St. . „	40	10	—
55 Dutzend	50: Confect-Schalgel gute a fl. 1.— . . „	55	—	—

13	Dutzend 60r. Confect-Schalgel a 36 kr. . . . fl.		7	48	—
68	Stück Wolfszahnel, eingefaßt a 2⅝ kr. . . . „		2	58	3
2000	„ ditto ohne Einfaßung a 14½ kr. pr. Dtzd. . . „		40	16	4½
49	„ helle Sprengkeffel zum Schildellen a 5½ kr. . „		4	29	3

78 94 58 44 106 904

| 1284 | „ Pintzel glatte a 9. 7½. 6. 4½. 3¾ & 3 kr. . „ | | 84 | 6 | 3 |

26 2   4

8	„ Confectschalen m. gt. Arb. a fl 4, 2.13, 1.55 „		20	6	—
54	Dutzend Uhrbödel a 22½ kr. . . . . „		20	15	—
8	Stück 10r. Arm, abgeriffene a fl. 1.40 pr. Hhrt. „		1	20	—
11	„ Zuckerdofen und Senftannel helle . . . . „		2	56	—
2	„ Stecken-Knöpf a 30 kr. . . . . „		1	—	—
	„ Latern				

70 54

| 124 | „ Multiplicirgläf. mit u. ohne Stiel a 9 & 7½ kr. „ | | 17 | 15 | — |

8 4   4

| 16 | „ Dergleichen lackirt a 9. 10 & 11½ kr. . „ | | 2 | 38 | — |

22 8   5 Std.

| 35 | „ Brenngläf. in Drath u. Holz a 7½. 14 & 22 kr. „ | | 6 | 27 | — |

10 8 13

| 31 | „ Saamglafel a 20. 11 & 10 kr. . . . . „ | | 6 | 58 | — |
| 104 | „ Futteralgl. mit 1. 2 & 4 Flaschel, ver- | | | | |

60 25 12   7

| | goldet a 8. 12. 14 & 27 kr. . . . . . „ | | 18 | 57 | — |

12 24 33   8

77	„ ditto m. 1. 2 & 4 do. gl. a 6½. 7. 11 & 21 kr. „		12	57	—
1	„ Portadeur mit Carfinel von Zinn beschlagen				
	a fl. 6.15				

6   4

10	„ Vorleglöffel a 30 & 24 kr. . . . „ 4.36				
1	Paar Leuchter . . . . „ 1. 6				
1	Sprengkeffel beschl. . . . . „ —.30				
2	Paar Leuchter . . . . „ 2.—				
2	Stück Lampel . . . . „ —.36				
2	„ Degen-Griff beschlagen pr. . . . „ 3.30 „		18	33	—

Holz-Waare.

| 29 | Stück Dofen mit Kaffee-Gut a fl. 1. Dzd. fl. 2.25 | | | | |
| 14 | „ Aepfel und Rettig a fl. 2½ „ . „ 2.55 „ | | 5 | 20 | — |

Transportiro fl. 5.20

1	Dutzend	„	1.30	
15	Stück Kistel m Springmännchen a fl. 1.„ „		1.15	
113	„ Kastel mit Kaffee-Gut a 10 kr... „		18.50	

24 20

44 „ Eier a 3 & 2½ fl. das Dutzb. . „ 10.10
236 „ Kinderspiel a 1 kr....... „ 3.56 fl.　　41　1 —
4 „ Bilder auf Leinwand alt, geschätzt ...„　　6 — —
6 „ Spiegel mit Rahmen a fl. 8.55 ....„　53 30 —
2 „ Spiegelgläser, eines beschäd. a fl.10.30&5½ „　16 — —

6 10 33

*49 „ rerspiegelte Schildel a 8. 9 & 10 kr. fl. 7.48

5 18 24

47 „ ditto a 15. 26 & 30 kr.... „ 21. 3

20 8 12

40 „ ditto a 33. 35 & 41 kr.... „ 23.52

1 2 2 5

10 „ vergoldete d° a fl. 2. 1⅓.1.28.1. „ 12.36

15 6 6 2

29 „ ditto a 48. 32. 21 & 18 kr. St. „ 17.54

4 32

36 „ Schildl z. Sprengkessel a 45&27 kr. „ 17.24
5 „ Stern, deren 3 Stück beschädigt . „ 1.30
20 „ Messingschräubel zum Schildel 3 kr. „ 1.— fl. 103 7 —

Steinel-Waaren verlegne.

40 43½

83½ Dtzd. Camisolsteinel div. a 27 & 24 kr. fl. 35.24
77 „ ditto wenig kleiner a 22 kr... „ 28.14
219 „ Ohrengehäng m. Obersteinel a 18 f. „ 65.42
67 „ ditto...... a 15 kr. „ 16.45
41 „ ganz kleine Steinerl a 6 kr. .„ 4. 6 „ 150 11 —

Häng- und Kronen-Leuchter von T.

1 Stück zwölfarmiger dreigängig, alt . . fl. 62.30
1 „ sechsarmiger ....„ 14.—
1 „ ditto kleiner ....„ 9.45 fl. 86 15 —
1 „ 18armg. 5 Gäng m. Blumen v. P. fl. 70.—
2 „ ditto a fl. 65.— 1 ohne Schalen pr. „ 125.—

1 Stück zwölfarmiger, in Cabiz verbeſ-
    ſerter pr. . . . . fl. 49.30
1 „ achtarmiger, eben dort auegebeſſert
    unb bennoch fehlerhaft, anſtatt
    fl. 41.— pr. . . . . „ 30.—
2 „ achtarmige ditto mit Blumen ohne
    Kugel fl. 37.— . . . . „ 74.—
2 „ ſechsarmige Leuchter à fl. 20.— . . „ 40.—
2 „ ditto . . . . „ 19.— . . „ 38.—
2 „ ditto . . . . „ 15.— . . „ 30.—
4 „ ditto . . . . „ 10½ . . „ 42.—
2 „ breiarmige ditto kleine „ 7.— . . . „ 14.—
2 „ 12armige weiße Leuchter „ 25½ . . „ 51.—
3 „ ſechsarmige ditto à 21, 15½ &
    10 fl. . . . . „ 46 30

35.

Mit Gott! Amsterdam, den 15. Decemb: 1769.

Haupt-Rechnung über drei ⁵/₁₂ jährige Handlung, angehende Johann Gottfried Ostriz, Ludovit Gertner, Johann Antoni Grosmann, Athanasius Palme und Johann George Haufel, als fünf zusammen handelnde Compagnons. Der Höchste gebe sein göttl. Segen darzu!

Hat sich also bei Überzählung an Glaswaaren befunden, als folget:

Folio 1.

Hdrt.	St.	Nr.		fl.	kr.	₰	fl.	kr.	₰
98	—	60	Becher glatte Dickeboden es Hdrt. . . 1 fl. 24 kr.	137	12	—			
36	30	60	Becher glatte aditto in Sorten auf d. Lande ad°	51	6	—			
60	—	60	Becher Dickeboden eckige glatte . . . . . „	84	—	—			
39	—	60	Becher aditto geflamnte glatte . . . . „	54	36	—			
45	20	60	Becher aditto gedrehte glatte . . . . „	63	28	—			
23	40	60	Becher aditto Stern-geschnppte glatte . . „	33	8	—			
63	10	60	Becher Dünnboden ronde glatte . . . . „	88	26	—			
5	30	60	Becher aditto eckige glatte . . . . . „	7	42	—			
20	30	60	Becher aditto geflammte glatte . . . . „	28	42	—			
3	40	60	Becher aditto gedrehte glatte . . . . „	5	8	—			
7	35	60	Becherle kleine glatte und eckige . . . „	10	37	—			
10	25	60	Stampel ronde glatte . . . . . . „	14	35	—			
15	30	60	Stampel eckige glatte . . . . . . „	21	42	—			
31	—	60	Stehfest ronde große glatte . . . . „	43	24	—			
15	—	60	Stehfest eckige aditto glatte . . . . „	21	—	—			
14	—	60	Stehfest kleine ronde glatte . . . . „	19	36	—			
27	—	60	Eislinzel große ronde glatte . . . . „	37	48	—			
4	30	60	aditto achteckige glatte . . . . . . „	6	18	—			
2	6	60	aditto kleine ronde und eckige . . . . „	2	56	3			
5	—	60	Stehfest kleine geflammte glatte . . . „	7	—	—			
5	6	60	Johannes-Becher mittle und kleine glatte „	7	8	3			
5	12	60	Stehfest mit Henkeln ronde große glatte „	7	17	—			
2	18	60	aditto mit Henkeln eckige glatte . . . „	3	13	3			
11	30	60	aditto kleine mit Henkeln aditto . . . „	16	6	—			
12	30	60	aditto kleine mit Henkeln ronde glatte . „	17	30	—			
13	30	60	Eislinzel mit Henkeln aditto . . . . „	18	54	—			
8	42	60	aditto mit Henkeln aditto glatte . . . „	12	11	—			
18	—	60	Schaalgel Convitur gut allerhande glatte „	25	12	—			
2	30	60	Convituur-Schaalgel mit Henkeln aditto „	3	30	—			
3	—	60	Ralken-Glasel aditto glatte . . . . „	4	12	—			
2	40	60	Stehauffel ronde glatte . . . . . „	3	44	—			
4	48	60	Lamoen-Rannel glatte mit Füßeln . . „	6	43	—			
1	50	60	aditto ohne Füßeln glatte . . . . „	2	34	—			
8	18	60	Sackflaschel ronde und eckige geflammte „	11	37	3			
6	30	60	Stehfest glatte geflammte große . . . . „	9	6	—			
633	50	—	feind 63 Tausend 3 Hdrt. 50 Stück 60.				887	23	—
			Transport: . .						

Folio 2.

Ort.	St.	Nr.	Transportirte . . .	fl.	kr.	ß	fl.	kr.	ß
							887	23	—
3	20	60	Lampel mit Stielgele glatte a . . 1 fl. 24 kr.	4	40	—			
—	30	60	Freimaierle glatte und eckige . . . aditto	—	42	—			
2	—	60	Bableintges glatte . . . . „	2	48	—			
17	30	60	50. 40. & 30℔ Pilaartjes glatte . . „	24	30	—			
3	36	60	Tinteflaschel ohne Beschlag . . . . . „	5	2	3			
14	30	60	Tinteflaschel u. Sandlaufer glatte beschlagen „	29	—	—			
1	—	60	aditto gepolirte . . . . . a 3 fl. 15 kr.	3	15	—			
1	40	60	aditto beinweiße gemalte . . a 2 „ 48 „	4	40	—			
1	42	60	Engl. Façon Salzschalgel glatte helle Kugel . . . . a 1 fl. 30 kr.	2	33	—			
1	55	60	Sackuhrengläser glatte abgelaufen a 2 „ — „	3	50	—			
1	—	60	Apothekerfl. kl. ronde. C. r. Stöppel a 2 fl. 15 kr.	2	15	—			
4	30	60	aditto viereckige kleine aditto . . aditto	10	7	3			
6	20	60	aditto aditto größere Sort . . . . „	14	15	—			
2	40	60	aditto viereckige kleine polirte a 3 fl. 30 kr.	9	20	—			
100	—	60	Becher Dickboden ronde geschn. volle arbt. Kränzl . . . . . . a 1 fl. 37 kr.	161	40	—			
108	20	60	Becher aditto Orgel u. Laugmoschl geschn. ado.	175	8	3			
136	40	60	Becher aditto geflammte geschn. . . . . „	220	56	3			
58	30	60	aditto Dünnboden ronde Kränzel geschn. . . „	94	34	3			
37	—	60	Becher aditto volle Arbeit geschn. . . . „	59	49	—			
97	—	60	Becher aditto Orgel u. Laugmoschl geschn. „	156	49	—			
44	30	60	Becher aditto geflammte geschnitten . . „	71	56	3			
4	10	60	Becher aditto eckige geschnitten . . . . „	6	44	—			
38	36	60	Stehfeste ronde geschnitten . . . . . „	62	24	—			
8	—	60	aditto Moschl. geschnitten . . . . . „	12	56	—			
23	30	60	aditto geflammte geschnitten . . . . . „	37	59	3			
11	—	60	aditto ronde und kleine Moschl. geschnt. „	17	47	—			
1	30	60	Gehaus Becherle geschnitten . . . . . „	2	25	3			
20	—	60	Stampel gr. u. mittle Moschl. & eckige gesch. „	32	20	—			
3	30	60	Stampel mittle Trauben geflammt & gesch. „	5	39	3			
2	15	60	Stehanffel ronde geschnittene . . . . „	3	38	—			
8	20	60	Becherle Wipperle ronde geschnitten . . „	13	28	3			
15	36	60	Schalgel mit zwei Henkeln Moschl. geschn. „	25	13	—			
3	20	60	Becher Dickboden ord. gemalte a 2 fl. 9 kr.	7	10	—			
12	40	60	Becher Dünnboden ord. aditto a 2 „ 9 „	27	14	—			
2	40	60	Becher aditto gut gem. mit Schrift a 2 „ 39 „	7	4	—			
3	—	60	ado. Dickboden u. Kugel & Schnitt a 2 „ 24 „	7	12	—			
2	—	60	Becher do. helle Wasserarb. fl. 1.30 a 2 „ 54 „	5	48	—			
1	24	60	Stehfest mit Löcheln a fl. 1.15 Arbt. a 2 „ 39 „	3	42	3			
—	32	60	gar gte. Nellengl. Gehaus Becherl es St. 12 kr.	6	24	—			
12	38	60	Convituur-Schlg. in Sit. ord. geschl. a 3½ kr.	44	13	—			
2	6	60	aditto allerhand besser geschliff. es Stk. a 5 kr.	10	30	—			
3	20	60	Flaschel ordin. gem. mit Zinnschrauben a 3 fl.	10	—	—			
34	30	60	Becher allerh. Sort. geschn. auf d. Laude fl. 1.37	55	46	3			
858	50	—	seind 85 Tausend 8½ Hundert 20 Stck.						
			Transport : . . .						

Folio 3.

Hdrt.	St.	Nr.		fl.	kr.	♌	fl.	kr.	♌
			Transportirte				2350	54	—
2	36	60	Apothekerflaschel ronde ohne Stöppeln a 1 fl. 24 kr.	3	38	3			
6	15	50	Becher, Lintzel u. Stehfeste aufdem Lande ado.	8	49	—			
5	25	50	Becher Dickboden glatte und eckige . . „	7	42	—			
1	5	50	Becher Dünnboden ronde glatte . . . „	1	32	3			
1	25	50	Becher aditto eckige glatte . . . . . „	2	6	—			
2	25	50	Spaniolbecher glatte geflammte . . . „	3	30	—			
24	35	50	Eislintzel ronde glatte . . . . „	34	35	—			
11	25	50	aditto achteckige glatte . . . . „	16	6	—			
19	—	50	Stehfeste ronde glatte . . . . „	26	36	—			
32	30	50	aditto eckige glatte . . . . „	45	38	3			
7	25	50	Gehans-Becher glatte . . . . „	10	30	—			
3	25	50	Kröpfige Gehansbecher glatte . . . . „	4	54	—			
3	35	50	Stehfest mit Henkeln glatte . . . . . „	5	11	—			
4	10	50	aditto mit Henkeln eckige glatte . . . „	5	53	—			
3	10	50	Eislintzel mit Henkeln aditto . . . . „	4	29	—			
2	5	50	aditto mit Henkeln eckige aditto . . . „	2	56	3			
5	—	50	Salzfassel glatte geflammte . . . . . „	7	—	—			
2	25	50	Convituur-Schalgel glatte . . . . . „	3	30	—			
1	30	50	Apothekerflaschel ronde. C. g. r. Stöppel a 2 fl. 1 kr. 3	3	14	3			
2	30	50	aditto viereckige aditto . . „ „	5	16	—			
2	20	50	Vogelgläser ausgeschnitten . a 1 fl. 54 kr.	4	33	3			
4	—	50	Löffel mit einer hellen Kugel a 1 fl. 28 kr.	5	52	—			
11	25	50	Becher Dünnboden ronde geschnitten a 1 fl. 38 kr.	18	47	—			
8	25	50	Becher aditto Moschl geschnitten . aditto	13	53	—			
16	—	50	Spaniolbecher aditto aditto . . . „	26	8	—			
13	15	50	aditto ronde geschnitten	21	43	3			
1	25	50	Kannel ronde aditto . . . a 1 fl. 39 kr.	2	28	3			
—	30	50	Lintzel unten gebrochen . . a 2 fl. 9 kr.	1	17	3			
—	12	50	Lintzel gar gute Arbeit es Stück . 12 kr.	2	24	—			
1	15	50	Becher Dickboden gute geschuppte a 2 fl. 54 kr.	3	46	—			
1	25	50	Becher aditto gute Wasserarbeit a 3 fl. 9 kr.	4	43	3			
3	—	50	Becher starke gar gute à 2 fl. Arbeit a 3 fl. 24 kr.	10	12	—			
1	20	50	Flaschel gemalte mit Zinnschrauben a 3 fl.	4	12	—			
6	30	50	Freimeier glatte . . . . a 1 fl. 24 kr.	9	14	3			
—	20	50	Convitur-Schalgel geschliffen Wasserarbeit . . . . es Stück 5 kr.	1	40	—			
215	22	—	feind 21 Tausend 5 Hundert 22 Stück				334	2	3
			Transport:				2684	56	3

Ohrt.	St	Nr.	Transportirte . .	fl.	kr.	₰	fl.	kr.	₰
			. . .				2684	56	3
1	8	40	Becher Dünnboden glatte . a 1 fl. 24 kr.	1	41	—			
5	30	40	Freimaier glatte . . . . adito	8	3	—			
3	—	40	adito achteckige mit Sternfüssen . . . „	4	12	—			
3	30	40	Blößel ohne Stöppel vieleckige . . . „	5	15	—			
4	—	40	Lampen glatte . . . . „	5	36	—			
5	—	40	Tönnel mit Reifeln glatte . . . . . „	4	12	—			
4	10	40	Deckel glatte . . . . „	5	57	—			
1	30	40	adito geschnitten . . . . a 1 fl. 37 kr.	2	49	3			
1	—	40	Becher ordinari geschnitten a 1 „ 38 „	1	38	—			
21	—	40	Spaniol Becher Moschl. geschnitten adito	34	18	—			
3	—	40	adito ronde geschnitten . . . . . „	4	54	—			
2	8	40	Becher starke Dickb. g. gl. 2 fl. Arb. a 3 fl. 24 kr.	7	29	—			
—	16	40	Servies-Becher gar gute Arbeit es Stck. 13 kr.	3	28	—			
—	22	40	adito etwas kleiner adito Arbeit a 13 kr.	4	46	—			
—	12	40	Convitur Schalgel gar gute Arbeit a 13 kr.	2	36	—			
—	22	40	adito adito gute Arbeit es Stck. 10 kr.	3	40	—			
—	12	40	adito adito gute Stern . . . a 9 kr.	1	48	—			
—	25	40	Moster-pot Deckel helle a 1 fl. Arb. a 2 fl. 24 kr.	1	30	—			
3	10	40	Pflaum-Löffel abgeschnittene es Stück a 4 kr.	8	40	—			
—	20	40	Vogelgläser ausgeschnitten . a 1 fl. 54 kr.	—	57	—			
1	5	40	Glasschrauben . . . . . . a 1 fl. 54 kr.	2	8	—			
—	30	40	Kannel ronde geschnitten . a 1 fl. 39 kr.	1	14	—			
9	30	40	Apothekerfl. 4eckige E. r. Stöppel a 1 fl. 54 kr.	18	31	3			
2	6	30	Becher Dick u. Dünnboden glatte a 1 fl. 24 kr.	3	5	—			
2	18	30	Kröpfige Gehausbecher glatte . . . adito	3	38	3			
—	24	30	Tönnel mit Reifeln glatte . . . . . „	1	7	—			
1	24	30	Orinale glatte . . . . „	2	31	—			
6	15	30	Blößl ronde und eckige mit ord. Stöppel „	9	6	—			
—	10	30	Opferkannel eckige glatte . . . . . „	—	28	—			
—	15	30	Roemer niedrige glatte . . . . . „	—	42	—			
71	—	30	Freimeier glatte . . . . „	99	24	—			
52	—	30	Freimeier tröpfige glatte . . . . . „	72	48	—			
44	15	30	adito achteckige mit ronden Füssen . . „	62	18	—			
4	—	30	adito Glocken mit ein Kröpfel . . . „	5	36	—			
2	20	30	ado. m. Blum gesch. a 2 kr. v. St. a 2 fl. 24 kr.	6	24	—			
—	10	30	adito mit Freimeier Wappen						
			a 4 kr. vom Stück . . a 3 fl. 24 kr.	1	8	—			
1	15	30	ado. tröpf. u Glattst., unt gebr. a 2 fl. 24 kr.	3	36	—			
5	15	30	Kannel ronde geschnitten . . a 1 fl. 39 kr.	9	4	3			
—	20	30	Opferkannel ordinari geschnitten adito	1	6	—			
1	24	30	adito mit Lamm und I H S geschn. a 1 fl. 54 kr.	3	25	—			
1	15	30	Tönnel ronde geschnitten . . . a 1 „ 39 „	2	28	3			
1	—	30	Caraffen vieleckige Einreibstöppel a 1 „ 54 „	1	54	—			
3	5	30	Caraffen ronde Einreibstöppel . a 1 „ 54 „	6	1	—			
—	15	30	ado. m. eingeriebene Schleifstöppeln a 2 „ 24 „	1	12	—			
3	20	30	Apothekerfl. 4eckig Einreibstöppel a 1 „ 54 „	8	52	—			
281	16	—	seind 28 Tausend 1 Hundert 16 Stück						
			Transport : . .						

Folio 5.

Hdrt.	St.	Nr.		fl.	kr.	₰	fl.	kr.	₰
			Transportirte				3126	14	—
4	24	30	Apothekerfl. viereckig polirte E. r. St. a 3 fl. 9 kr.	15	7	—			
—	10	30	Theekugeln mit Ringl Glaeschrauben glatt a 1 fl. 54 kr.	—	38				
—	5	30	aditto aditto geschnitten . a 2 „ 9 „	—	21	3			
1	—	30	Lamoen-Kannel kleine polirte Spitzstöppel	3	39	—			
—	6	30	aditto mit spitzige Stöppeln glatte a 2 fl. 24 kr.	—	29	—			
—	20	30	Coelvaatjen ausgezenkelte glatte a 5 kr. 3 ₰	1	50	—			
2	—	30	Convitur-Schalgel gar gute Arb. es St. 18 kr.	18	—	—			
1	—	30	aditto aditto . . es Stück 16¼ kr.	8	15	—			
1	15	30	aditto aditto . . es Stück 10 „	7	30	—			
—	15	30	Kelche mit Löcheln . . . es Hdrt. 2 fl. 24 kr.	1	12	—			
8	15	30	Kelche kropfige ord. m. Devisen 1 fl. Arb. fl. 2.24	20	24	—			
3	10	30	aditto engl. Façon aditto Devisen . aditto	8	—	—			
1	—	30	Kelche kropfige m. gute ado. a 1 fl. 30 kr. Arbeit	2	54	—			
15	5	30	Salzfassel ord. gute Reckige in Sorten a fl. 3.15	49	17	3			
22	10	30	aditto ronde und ovale gute Stern aditto	72	35	—			
3	6	30	aditto aditto aditto . . es Stück 9 kr.	14	24	—			
1	15	30	aditto ronde ausgewählte adto. es Stk. 12 kr.	9	—	—			
2	6	30	ado. ovale ado. n. ronde neumobische „ 15 „	16	30	—			
6	5	30	ado. ronde Wappel engl. Façon . „ 15 „	46	15	—			
8	20	30	ado. gar gt. Schneckenhäusel n. neumob. a 18 kr.	78	—	—			
1	—	30	ado. gar gute ado. neumobische es St. 17 kr.	8	30	—			
12	20	30	ado. allerhande Sorten gute Stern „ 10 „	63	20	—			
—	6	30	doppelte Salzfassel gute Arbeit . „ 15 „	1	30	—			
3	—	30	Becher starke gar gute Hdt. 2 fl. Arb. a 3 fl. 24 kr.	10	12	—			
3	12	24	Salzfassel Reckige Glattsinse gute a 3 „ 15 „	11	22	3			
6	—	24	Theeflaschel m. Glaeschrauben gl. a 1 „ 54 „	11	24	—			
—	12	24	aditto polirte . . . . . . a 3 „ 9 „	1	34	3			
—	18	24	Theekugeln m. Rinkel Glaeschrb. gl. a 1 „ 54 „	1	25	3			
—	12	24	aditto aditto geschnitten . . . a 2 „ 9 „	1	4	3			
5	6	24	Apothekerfl. 4eckige Einreibstöppel a 1 „ 54 „	9	58	3			
1	16	24	aditto glatte ohne Stöppel glatte a 1 „ 24 „	2	20	—			
—	20	24	Flaschel ado. m. Einreibstöppel glt. a 1 „ 54 „	1	35	—			
—	18	24	aditto aditto polirte ado. Stöppel a 3 „ 9 „	2	21	3			
5	—	24	Caraffen glte. ronde Einreibstöppel a 1 „ 54 „	9	30	—			
—	12	24	ado. ado. engl. Jaç. spitz. Stöppel a 2 „ 18 „	1	9	—			
2	8	24	Schotters Einreib ronde Stöppel a 1 „ 54 „	4	26	—			
—	12	24	Credenz-Teller glatte . . . a 1 „ 24 „	—	42	—			
1	—	24	Coelvaatjen ausgezenkelte glatte es St. 6¼ kr.	2	36	—			
1	12	24	aditto gute Arbeit . . . . . 14 kr.	8	24	—			
3	—	24	Kelche m. ordin. Devisen 1 fl. Arb. a 2 fl. 24 kr.	7	12	—			
—	12	24	do. m. guten Dev. v St. 7½ kr. Arb. 4 fl. 24 kr.	2	12	—			
—	20	24	Lamoen-Kannel pol. spitze Stöppel a 3 fl. 33 kr.	2	57	3			
136	—	—	Seind 13 Tausend 6 Hdrt.				540	7	3
			Transport:				3666	21	3

15

Folio 6.

Hbrt.	Zt	Nr.		fl.	kr.	A	fl.	kr.	A
			Transportirte				3666	21	3
3	16	24	Carfinel rondbäuch. lofe Stöppel gl. a 1 fl. 24 kr.	5	8	—			
1	—	24	aditto aditto aditto vieleckige aditto ado.	1	24	—			
5	—	24	aditto Pferdefuß aditto Stöppel glatte „	7	—	—			
6	16	24	ado. ado. ronde Einreibſtöppel ado. a 1 fl. 54 kr.	12	40	—			
3	12	24	ado. Rondbänch. ſpitz Schleiſſt. gl. a 2 fl. 18 kr.	8	3	—			
11	12	24	aditto Pferdefüß aditto Stöppel . . aditto	26	27	—			
3	—	24	aditto ado. eingebogene glatte ado. Stöppel „	6	54	—			
17	16	24	aditto ronbbäuchige ado. lofe Stöppel						
			helle 1 fl. Arbeit . . . . a 2 fl. 24 kr.	42	24	—			
2	12	24	aditto Pferdefüß ado. Stöppel 1 fl. Arbeit ado.	6	—	—			
3	6	24	ado. ado. ronb Einreibſtöppel ado. a 2 fl. 54 kr.	9	25	3			
6	20	24	aditto ronbbänch. aditto aditto . . aditto	19	49	—			
—	6	24	ado. Pferdefüß mit ſpitzige Schleiſſtöppel						
			helle . . . . a 3 fl. 18 kr.	—	49	3			
1	4	24	aditto ronbbäuch. helle 2 fl. Arbeit ado.						
			Stöppel . . . . a 4 fl. 18 kr.	5	1				
10	12	24	ado. ado. helle 1 fl. Arb. ado. St. a 3 fl. 18 kr.	34	39				
6	12	24	ado. ronbbäuch. ronde Einreibſt. gl. 1 fl. 54 kr.	12	21				
1	—	20	Carfinel Pferdefüß (E. r. Schleiſſtöppel						
			glatte . . . . a 2 fl. 14 kr.	2	14				
—	15	20	ado. ado. gl. 2 fl. Arb. ado. Stöppel a 4 fl. 14 kr.	*3	10	3			
2	—	20	aditto polirte mit Schleiſſtöppeln a 3 fl. 39 kr.	6	58	—			
1	10	20	Schotters mit ronb eingeriebene Stöppeln						
			glatte . . . . a 1 fl. 54 kr.	2	51				
—	5	20	ado. mit ſpitzige Schleiſſtöppel n gl. a 2 fl. 14 kr.	—	33	3			
1	—	20	ado. gute 1 fl. 30 kr. Arb. ado. St. a 3 fl. 44 kr.	3	44	—			
4	15	20	Caraſſen ronde Einreibſtöppel glatte a 1 fl. 54 kr.	9	1	3			
—	10	20	ado. engl Façon m Schleiſſtöppeln a 2 fl. 14 kr.	1	7	—			
—	10	20	ado. ado. helle 1 fl. Arb. ado. Stöppel 3 fl. 14 kr.	1	37	—			
2	5	20	Apothekerflaſchel ronb Einreibſtöp. a 1 fl. 54 kr.	4	16	3			
4	5	20	aditto vieredige aditto Stöppel . . ado.	8	4	3			
5	5	20	Theeflaſchen mit Glasſchrauben glatte „	9	58	3			
24	15	20	aditto aditto geſchnitten . . a 2 fl. 9 kr.	53	12	—			
—	5	20	aditto gepolirte aditto . . a 3 fl. 9 kr.	—	47	—			
—	15	20	Candelaers glatte . . . . a 1 fl. 24 kr.	1	3	—			
—	10	20	Kannel geſchnitten . . . a 1 fl. 39 kr.	—	49	3			
1	10	20	Moster-potten helle Boden glatte . a 2 fl.	3	—	—			
2	—	20	Pfefferdoſen aditto aditto . . a 2 fl. 42 kr.	5	24	—			
—	5	20	aditto helle 1 fl. Arbeit . . a 3 fl. 27 kr.	—	51	3			
2	10	20	aditto helle Waſſerarb. 1 fl. 30 kr. a 3 fl 57 kr.	9	52	3			
1	10	20	Convituur-Schalgel gar gt. Arb. es St. 22 kr.	11	—	—			
2	10	20	Theeflaſchen Glasſchrauben 1 fl. Arbeit						
			a 2 fl. 54 kr.	7	15	—			
143	10	—	Seind 14 Tauſend 3 Hundert 10 Stück				344	55	3
			Transport :				4011	17	

Folio 7.

Hbrt.	St.	Nr.		fl.	kr.	s	fl.	kr.	s
			Transportirte				4011	17	—
1	8	16	Apothekerflaschen viereckig ohne Stöppel glatt . . . . a 1 fl. 24 kr.	2	6	—			
2	4	16	aditto 4eckige m. eingerieb. Stöppel a 1 fl. 54 kr.	4	16	3			
5	—	16	Caraffen ord. ronde aditto Stöppel . aditto	9	30	—			
10	12	16	ado. engl. Façon m. Schleifstöppeln a 2 fl. 10 kr.	23	17	3			
1	—	16	ado. ado. helle 1 fl. Arb. ado. Stöp. a 3 fl. 10 kr	3	10	—			
	12	16	Schotters m. ronden Einreibst. glt. a 1 fl. 54 kr	1	25	3			
2	—	16	aditto mit spitzige Schleifstöppeln a 2 fl. 10 kr	4	20	—			
	4	16	Caraffen hell 1 fl. Arb. rnd. Einreibst a 2 fl. 54 kr	—	43	3			
1	—	16	Carafinel, rundbänch. Schwerfüß spitz. Stp. gl.	2	10	—			
	8	16	Stamperl Caraf. pol. spitz. Stp. es St. 17 kr.	2	16	—			
	12	16	ado. ado. gar gute Arb. ado. Stp. es St. 36 kr.	7	12	—			
2	8	16	ado. ado. noch bessere Arb. ado. es St. 39 kr.	26	—	—			
2	—	16	aditto beste Arbeit ado. . . . es St. 40 kr	21	20	—			
—	12	16	Senflaunel gute 1 fl. Arb. es Hbrt. a 2 fl. 27 kr	1	50	—			
2	12	16	ado. gar gute Wasserarb. fl. 1.30 es H. 2 fl. 57 kr.	*8	10	3			
2	—	16	Senf-Tönnel gute Arb. . das Stück pr. 15 kr.	8	—	—			
3	12	16	aditto noch bessere Arbeit ado. . . a 18 kr.	18	—	—			
1	—	16	aditto gar gute Arbeit ado. . . . a 24 kr.	6	24	—			
2	—	16	aditto Kannel glatte mit helle Boden es Hbrt. 2 fl.	4	—	—			
2	4	16	Pfefferdosen gute Wasserarbeit . a 3 fl. 57 kr	8	53	—			
2	—	16	aditto gar gute Arbeit das Stück pr. 24 kr.	12	48	—			
3	—	16	Theeflaschen Glasschrauben gl. es H. 1 fl 54 kr.	5	42	—			
1	12	16	aditto ado. geschnitten . . . . a 2 fl 9 kr	3	45	3			
2	8	16	aditto ado. helle 1 fl. Arbeit . a 2 fl. 54 kr.	7	15	—			
—	12	16	aditto ado. polirte . . . . . a 3 fl. 9 kr.	2	21	3			
4	—	16	Schalen helle Boden gschl. Knöpf gl. a 1 fl. 54 kr.	7	36	—			
2	8	16	aditto gute 2 fl. Arbeit . . . a 3 fl. 24 kr.	8	30	—			
1	—	16	Kannel helle 1 fl. Arbeit . . . a 2 fl. 24 kr.	2	24	—			
1	8	16	ado. starke Boden gar gute 2 fl. Arb. a 3 fl. 24 kr.	5	6	—			
—	12	16	aditto helle Boden glatte . . a 1 fl. 54 kr.	1	25	3			
1	—	16	Kannen mit Deckeln geschnitten a 1 fl. 39 kr.	1	39	—			
—	6	16	Weinkrüge geschnitten . . . . aditto	—	37	—			
—	6	16	aditto helle 1 fl. Arbeit . . a 2 fl. 24 kr.	—	54	—			
1	8	16	aditto glatte . . . . . . a 1 fl. 24 kr.	2	6	—			
2	8	16	Krönel auf Aufsätze . . . . . aditto	3	30	—			
7	12	16	Spuhl-Buckjen glatte und eckige . . . „	10	51	—			
—	14	16	aditto starke gar gute Arbeit . es Stck. 27 kr.	6	18	—			
—	4	16	Krummschnäbel eckige glatte es Hbt. 1 fl. 24 kr.	—	21	—			
—	8	16	Tischleuchter helle 1 fl. Arbeit a 2 fl. 24 kr.	1	12	—			
—	4	16	Kannen mit Deckeln ado. . . . aditto	—	36	—			
1	8	16	Credenz-Teller glatte . . . . a 1 fl. 24 kr	2	6	—			
81	6	—	Seind 8 Tausend 1 Hundert 6 Stück				250	8	—
			Transport: . .				4261	25	—

15*

Folio 8.

Hbt.	St.	Nr.		fl.	kr.	₰	fl.	kr.	₰
			Transportirte . .		.	.	4261	25	—
2	—	16	Boccale m. Blum geschn. 36 kr. Arb. a 2 fl.	4	—				
3	×	16	aditto engl. Façon mit gute Devisen a 2 fl. Arbeit . . . . . a 3 fl 24 kr.	11	54	—			
4	—	16	aditto tröpfige mit guten Devisen . aditto	13	36	—			
	12	16	ado. gut gebrochen mit ado. . . . es St. 23 kr.	4	36	—			
—	4	16	Deckel-Becher mit Craem Vrouw 12 kr. Schnitt es Hbt. . . a 4 fl. 36 kr.	1	9	—			
1	6	12	Apothekerfl. 4eckige Einreibstöppel a 1 fl. 54 kr.	2	51	—			
5	3	12	Caraffen ado. ronde ado. Stöppel . aditto	9	58	3			
8	—	12	ado. engl. Façon m. Schleifstöppeln a 2 fl 6 kr	16	48	—			
1	—	12	ado. helle 1 fl. Arbeit ado. . . . a 3 fl. 6 kr.	3	6	—			
—	6	12	Carafinel Pferdefüß polirte es St. 22 kr. 3 ₰	2	15	—			
2	6	12	aditto gar gute Arbeit . . . es St. 48 kr.	24	—				
1	2	12	Schalen m. Deckeln hellen Boden und Knopf geschliffen . . . . . . a 1 fl. 54 kr.	2	13	—			
1	8	12	aditto aditto gute 2 fl. Arbeit a 3 fl. 24 kr.	5	40	—			
1	9	12	Boccale mit Blum geschn. a 36 kr. Arb. a 2 fl.	3	30	—			
—	9	12	ado. m. gute Devisen fl. 1.30 Arb. a 2 fl. 54 kr.	2	10	3			
3	—	12	Theeflaschen mit Glasschrauben a 1 fl. 54 kr.	5	42	—			
—	6	12	Pistolen blaue mit Zinnschrauben . . a 2 fl.	1	—				
1	—	12	Weinfassel blaue . . . . . . aditto	2	—				
—	9	12	Weinkrüge geschnitten . . . . a 1 fl. 39 kr.	1	14	—			
1	—	12	Credenz-Teller glatt	1	24	—			
2	—	12	Fruchtmandel von der Neuhütte a 1 fl. 39 kr.	*2	48	—			
—	8	12	Judengütteler (?) glatt . . . . aditto	—*	56	—			
	1	12	Deckel-Kannel beinweiß und vergoldt . . .	—	36	—			
3	5	10	Gläse arm geschlingerte u. glatte a 1 fl. 24 kr.	4	54	—			
1	—	10	Mörschl glatte . . . . aditto	1	24	—			
—	5	10	Credenzteller ditto	—	42	—			
2	4	10	Apothekerfl. gl. 4eckige Einreibst. a 1 fl. 54 kr.	4	33	3			
5	—	10	aditto polirte ado. . . . . a 2 fl. 54 kr.	14	30	—			
	2	10	do. gut gschn. a 30 kr. Arb. pr. Hb. a 2 fl. 24 kr.	—	29	—			
1	8	10	Carfinel Pferdefüß ohne Henkel helle Boden Spitz-Stöppel . . . . a 2 fl. 30 kr.	4	30	—			
2	4	10	ado. Sort glatte der Hals gebroch. Arb. aditto	6	—				
1	×	10	Schalen mit Deckeln helle Boden und Knopf . . . . a 1 fl. 54 kr.	3	25	—			
3	6	10	aditto Sort gute 2 fl. Arbeit a 3 fl. 24 kr.	12	14	3			
2	—	10	Tischlenchter gute 1 fl. Arbeit a 2 fl. 24 kr.	4	48	—			
	5	10	Pistolen eckige mit Zinnschrauben a 2 fl.	1	—				
—	4	10	Boccale gar gute 2 fl. Arb. es Hbt. 3 fl. 24 kr.	1	21	3			
—	8	10	aditto glatte von Neuhütte . . a 1 fl. 24 kr.	1	7	—			
—	4	10	aditto geschnitten von Hbt. 36 kr. Arb. a 2 fl.	—	48	—			
1	—	10	ado. m. gebrch. Knöpfen 45 kr. Arb. a 2 fl. 9 kr.	2	9	—			
70¾	1	—	Seind 7 Tausend ¾ Hbt. 1 Stck. 10"						
			Transport: . .		.	.			

Folio 9.

Hbrt.	St.	Nr.		fl.	tr.	₰	fl.	tr.	₰
			Transportirte				4448	47	3
3	4	8	Judenlampen glatte . . . . a 1 fl. 24 tr.	4	54	—			
5	—	8	Judenleuchter . . . . aditto	7	—	—			
4	4	8	Fruchtkörbel . . . . „	6	18	—			
5	6	8	Apothekerfl. viereckig Einreibst. a 1 fl. 54 tr.	10	55	3			
1	4	8	Caraffen engl. Faç. ado. Schleifst. a 2 fl. 2 tr.	3	3	—			
2	—	8	Schalen gl. helle Bod. Knopf geschl. a 1 fl. 54 tr.	3	48	—			
3	—	8	aditto gute 2 fl. Arbeit . . a 3 fl. 24 tr.	10	12	—			
1	6	8	Theeflaschen m. Glasschrauben gschn. a 2 fl. 9 tr.	3	45	—			
—	2	8	Judenlampen, eine mit messene Ketting und andere mit Blech . . . . . a 1 fl.	2	—	—			
—	2	8	Boccale gar gute geschliffen . . . a 2 fl.	4	—	—			
—	1	8	Dreiangel gute geschliffen	—	15	—			
—	1	8	Becher geschnitten . . . . . a 1 fl. 39 tr.	—	12	3			
3	—	6	Blattel Schüsseln . . . . . a 1 fl. 24 tr.	4	12	—			
1	2	6	Boccale glatte . . . . aditto	1	52	—			
—	4	6	Fruchtmandel . . . . . . „	—	56	—			
—	1	6	Credenz-Teller glatt . . . . . . „	—	14	—			
1	5	6	Tischleuchter von Neuhütte es Stück 22 tr. Arbeit . . . . . a 3 fl. 36 tr.	6	36	—			
—	3	6	Boccale a 36 tr. Schnitt vom Hbrt. a 2 fl.	1	—	—			
2	—	4	Fruchtmandel von Neuhütte . a 1 fl. 24 tr.	2	48	—			
1	1	4	Boccale glatte von ado. . . . . „	1	45	—			
—	2	4	ado. mit 4. Theil der Arbeit vergoldt kosten beide	8	45	—			
—	1	4	aditto gut geschnitten mit Prinzen Portrait .	2	45	—			
—	1	4	Schale glatt . . . . . . a 1 fl. 24 tr.	—	21	—			
—	1	4	Credenz-Teller glatt . . . . . aditto	—	21	—			
—	1	3	aditto aditto . . . . . . „	—	28	—			
1	—	2	Becher große geschnitten . a 1 fl. 39 tr.	1	39	—			
1	—	2	Fischgläser ronde mit Abschneide	1	36	—			
1½	—	2	St. gar gr. Fisch- ob. Zuckergläser a 1 fl. 6 tr.	2	12	—			
4	—	—	4 Stück feinde große Spul-Commen mit zugehörigem Einhäng: geschliffen und geschnitten Kelcheln es Stück 3 fl. 32 tr.	14	8	—			
1½	—	—	2 Stück Aufsätze von 4 hoch. der eine ungleiche Teller . . . . . a 1 fl. 24 tr.	2	6	—			
3½	—	—	Kronleuchter gut Arm-Hörnel, Schalgel und Aepfel allerhande . . . a 1 fl. 24 tr.	4	54	—			
—	20	40	Anhäng-Pantlocken u. Aufsteckel geschliffen es Stück 6 tr.	2	—	—			
9	—	—	Seinde 720 St. ord. lose u. ronde Einbohrstöppel, pr. 80 St. auf's Hbrt. a 1 fl. 24 tr.	12	36	—			
1	—	—	Seinde 38 St. spitz. geschl. Stöppel rechnen ⅛ Hbrt. Glas und 1 tr. Schleifen . . .	1	20	—			
—	—	—	97 St. Kurkstöppel m. Blei beschlg. es St. ¾ tr.	1	13	—			
63	—	—	Seind 6 Tausend 3 Hundert.				132	10	—
			Transport: . .				4580	57	3

Folio 10.

Ordl.	Stück	Nro.		fl.	kr.	₰	fl.	kr.	₰
			Transportirte				4580	57	3
	12	—	Mittele Wannel mit Deckeln und Schüsseln es Stck. 4 fl. 36 kr.	55	12	—			
	10	—	kleinere adito gar gute Arbeit ado. a 3 fl. 27 kr.	34	30	—			
	7	—	lt. Botter-Wannel gt. m. Deckeln u. Schüssel fl. 1.30	10	30	—			
	6	—	mittele Wannel gt. ohne Deck. u. Schüssel a 2 fl. 30 kr.	15	—	—			
	2	—	gar große gute Schalen mit Deckel ado. a 5 fl. 30 kr.	11	—	—			
	7	—	große Schalen gar gute ado. . . a 4 fl. 30 kr.	31	30	—			
	16	—	mittele Schalen adito adito . . a 3 fl. 30 kr.	56	—	—			
	8	—	adito gute Schalen mit Deckeln u. Schüsseln adito	28	—	—			
	6	—	größere Schalen ado. ado. . . . . a 4 fl.	24	—	—			
	14	—	kleinere Schalen gar gute ado. ado. a 2 fl. 30 kr.	35	—	—			
	2	—	noch etwas kleiner ado. ado. . . . . a 2 fl.	4	—	—			
	5	—	große Schalen gar g. Arb. ohne Schüsseln a 2 fl. 30 kr.	12	30	—			
	14	—	etwas kleiner ado. ado. . . . . a 2 fl. 15 kr.	31	30	—			
	2	—	mittele Schalen ado. ado. . . . . a 2 fl.	4	—	—			
	8	—	kleinere Schalen ado. ado. . . a 1 fl. 30 kr.	12	—	—			
	14	—	noch kleiner ado. gute Lilien-Arb. ado. a 1 fl. 15 kr.	17	30	—			
	5	—	glatte ausgezentelte Schüsseln und 1 Schale . .	3	—	—			
	72	—	kleine Suuringspotjen ausgezentelt glatte a 14 kr.	16	48	—			
	9	—	größere ado. glatte mit helle Boden . a 20 kr.	3	—	—			
	72	—	kleine Suuringspotjen gute mit Deckeln a 21 kr.	25	12	—			
	18	—	etwas größer ado. gute Arbeit ado. . a 24 kr.	7	12	—			
	19	—	große adito ado. . . . . . . a 30 kr.	9	30	—			
	2	—	adito beste Arbeit ado. . . . . a 45 kr.	1	30	—			
	21	—	adito gar gut geschliffen ado. . . a 54 kr.	18	54	—			
	4	—	entelte Schüsseln nebst 4 Schalgelu helle Arb. rechnen		36				
	1	—	Gießbecken mit behörigen Kannel helle Arb. u. vergoldt	1	15				
	6	—	mittele geschliffen Kelche mit Goldrandeln a 12 kr.	1	12				
	18	—	kleine ado. große Rosolis-Kelche ado. Randel a 9 kr.	2	42				
	42	—	Rosolio-Kelchel geschliffen mit Goldrandel a 8 kr.	5	36				
	8	—	adito Kelchel m. vergold. Seiten Arbeit ado. a 12 kr.	1	36				
	19	30	Freimeier kröpfige mit vergoldten Randeln a 8 kr.	2	32				
	16	30	Salzfassel Schnackenhäusel vergoldte es Stck. 28 kr.	7	28				
	16	—	große Lintzel mit Goldrandel und geschliffen a 10 kr.	2	40				
	11	—	mittele adito adito adito . . . . . a 8 kr.	1	28				
	40	—	mittele Tönnel mit vergoldter Seiten Arbeit und Randel . . . . . . a 11 kr.	7	20				
	40	—	kleine Tönnel glatte mit Goldrandeln . a 5 kr.	3	20				
	73	—	kleine geschliffene Tönnel adito . . a 6 kr.	7	18				
	8	—	kleine beinweiße gemalte Tönnel ado. Randel a 9 kr.	1	12				
	6	—	Mostert-Tönnel beinweiß gem. Blümel ado. a 24 kr.	2	24				
	109	—	kleine geschliff. Gehansbecherle m. Goldrandel a 6 kr.	10	54				
	6	—	Schalgel und 4 Copjen beinweiß vergoldt Chocolad-Gut V. F. G.	—	50				
57	—	—	Sein 5 Tausend 7 Hundert				5274	1	
			Transport:				5108	38	3

Folio 11.

Hdrt.	Stück	Nro.		fl.	kr.	₰	fl.	kr.	₰
			Transportirte . . .				5108	38	3
	3	—	Kronleuchter Garm. v. Ch. Palme in Vorhauß a 16 fl.	48	—				
	2	—	aditto mit 6 Arm von ditto in Kistel Nr. 5 aditto	32	—				
	1	—	aditto ado. mit Farben von ditto	23	—				
	1	—	aditto ado. ohne Farben von Herrn Oppitz .	18	—				
	3	—	Flaschenkeller jeder mit 6 Stück 4eckigen Gr Flaschen mit Kurkstöppeln . . a 3 fl. 20 kr.	10	—				
	1	—	großer Flaschenkeller mit 15 St. 16r Flaschen belle mit Kurkstöppeln	3	28				
	2	—	Flaschenkeller, jeder mit 16 Stück 24r Fl. glatte Einreibstöppel . . . . . . a 1 fl. 52 kr.	3	44				
	2	—	ado. jeder m. 16 St. 24r Fl. gepol. ado. a 2 fl. 42 kr.	5	24				
	1	—	ado. mit 12 Stück 24r Fl. Platte glatte u. pol. „	2	10				
	4	—	ado. jeder m. 6 St. 24r Flaschen gl. ado. a 58 kr. 3 ₰	3	54				
	1	—	ado. m. 12 St. 40r Apothekerflaschcln ado. ado. .	1	10				
	11	—	aditto jeder mit 9 Stück 40r ado. Fl. auch viereckig ado. ado. . . . . . a 1 fl. 1 kr. 3 ₰	11	16	3			
	1	—	Feldapothekel m. 16 St. 50r Apoth. Fl. glatte & pol.	2	12				
	2	—	Spiegel-Wandleuchter v. Stöppelmacher a 2 fl. 12 kr.	4	24				
	1	—	Futteral ob. Einsatz m. 6 St. Lintzel verg. Seitenarb.	1	48				
	6	30	Salzfassel Schnackenhäusel gute vergoldte es St. 28 kr	2	48				
	12	30	aditto ronde gute Nappel ohnvergoldt . a 12 kr.	2	24				
	5	30	aditto ronde gar gute Arbeit es Stück . a 18 kr.	1	30				
	77	60	Samenhäusel geflammte m. hölz. Schrauben a 5 kr.	6	25				
	42	—	Samenhäusel in Holz mit Füsseln es St. a 7 kr.	4	54				
	17	—	aditto mit hölzern Stangeln ado. . . . a 8 kr.	2	16				
	2	—	aditto mit Elfenbein . . . . a 18 kr.	—	36				
	21	—	Brennspiegel in Messingdrath . . . . a 6 kr.	2	6				
	35	—	aditto in Holz eingefasset . . . . . a 6 kr.	3	30				
	4	—	aditto gar große in Holz . . . . . a 14 kr.	—	56				
	45	—	Vergoldte Hemdeknöpfel, die 100 Stück a 1 fl. 36 kr.	—	43				
	13	—	Paar Strohschuhe angesetzt vor	—	40				
	4	—	Futteralgel jedes mit 8 Stück Lobryn-Flaschel vergoldte Keilgel . . . . . . a 1 fl. 10 kr.	4	40				
	4	—	aditto jedes m. 5 St. ado. vergoldte Keilgel a 48 kr.	3	12				
	1	—	aditto mit 12 Stück ado. Fl. vergoldten Schnitt	1	35				
	2	—	aditto mit 6 Stück ado. ado. . . . . a 51 kr.	1	12				
	2	—	aditto mit 2 Stück ado. ado. . . . . a 18 kr.	—	36				
	1	—	aditto mit 1 Stück ado. ado.	—	11	3			
	6	—	aditto jedes mit 2 Stück ado. Keilfl. orbin. geschliffen ohnvergoldt . . . . a 12½ kr.	1	15				
	4	—	aditto jedes mit 1 St. ado. ado. . . a 8 kr.	—	32				
	4	—	Chagrin-Futteralgel jed. m. 2 St. ord. Keilgel a 25 kr.	1	40				
	80	—	Schwarze Futteralgel m. 1 St. ord. Lobryn-Fl. a 9 kr.	12	—				
	3	—	kleine Vergrößerungsgläser im Drath . . a 7 kr.	—	21				
66	—	—	Seind 6 Tausend 6 Hundert				227	3	
			Transport: . . .				5335	41	3

Stück		fl.	kr.	₰	fl.	kr.	₰
	Transportirte . .				5335	41	3
324	Kleine Lodryn-Fl. Keilgel orb. geschliffen a 3¹/₂ kr.	18	54	—			
77	aditto viereckige ado. ado . . . . . aditto	4	29	3			
13	aditto Keilgel gut geschliffen . . es Stück 4 kr.	—	52	—			
169	kleine Birnel und andere kleine Fl. orb. a 3¹/₂ kr.	9	51	3			
91	kleine Herzel ordinär geschliffen . . . aditto	5	18	3			
75	aditto Herzel etwas besser geschliffen a 3 kr. 4¹/₂ ₰	4	41	—			
107	kleine Geigel ado. geschliffen . . . . aditto	6	41	—			
31	kleine platte Fläschel ado. ado . . . . . „	1	56	—			
74	kleine Taffel glatte größere Sort gut geschl. a 5 kr.	6	10	—			
11	kleine Haarbeutel ordinär geschliffen . . a 3¹/₂ kr.	—	38	3			
116	mittele Haarbeutel aditto . . . . . . a 4 kr.	7	44	—			
30	gelbe und grüne Haarbeutel orb. geschliffen aditto	2	—	—			
60	aditto neumobische Haarbeutel gut ado. a 4¹/₂ kr.	4	30	—			
110	gut geschliffene Haarbeutel mit Böbeln . a 5 kr.	9	10	—			
31	Haarbeutel noch besser geschliffen . . . a 6 kr.	3	6	—			
66	glatte geflammte Haarbeutel es Stück a 2¹/₂ kr.	2	45	—			
4	glatte Lotreyn-Fl. mit Zinnschraub . . a 2 kr.	—	8	—			
156	klein und mittele Marunkenfl. orb. geschl. a 3³/₄ kr.	9	45	—			
65	ganz kleine Würstel Fl. aditto . . . a 3¹/₂ kr.	3	47	3			
61	aditto ado. gut geschliffen . . . . a 4 kr.	4	4	—			
166	etwas größere Würstel Fl. orb. geschliffen a 3³/₄ kr.	9	45	—			
174	mittele lange Würstel ado. . . . . . a 4 kr.	11	36	—			
32	große lange Würstel ado. ado. . . . a 5 kr.	2	40	—			
207	mittele Keilfl. orb. geschl. . . . . . a 3³/₄ kr.	12	56	—			
9	aditto ado. gut geschliffene . . . . . a 5 kr.	—	45	—			
12	aditto ado. besser geschliffene . . . . a 6 kr.	1	12	—			
10	große lange weiße Sackfl. ado. . . . aditto	1	—	—			
187	große lange gelbe Sackfl. ado. . . . . . „	18	42	—			
11	blaue und braune große Keilfl. gut geschl. a 7¹/₂ kr.	1	22	3			
85	mittele braun und blaue ado. orb. ado. a 4 kr.	5	40	—			
27	ronde Haarbeutel geschn. m. Eau de Luce a 4¹/₂ kr.	2	1	3			
29	Haarbeutel m. vergoldten Schnitt weiß und gelb a 8 kr.	3	52	—			
64	kleine Keilgel mit vergoldten Schnitt . . a 6 kr.	6	24	—			
10	mittele Würstel ado. . . . . a 7 kr.	1	10	—			
17	glatte Haarbeutel aditto uhrweißer . . . a 8 kr.	2	16	—			
6	mittele Keilflaschel mit vergoldte Schnitt . „	—	48	—			
19	große lange Sackflaschel ado. . . . . . a 12 kr.	3	48	—			
35	allerhande Lodrynflaschel mit Goldplatten a 8 kr.	4	40	—			
6	gar gute Arbeit aditto gut vergoldte . a 15 kr.	1	30	—			
13	beinweiße mit Farben gemalte Haarbeutel a 24 kr.	5	12	—			
5	von Kreibenglas ado. gemalt und vergoldt aditto	2	—	—			
4	beinweiße Haarbeutel mit vergoldte Blum a 12 kr.	—	48	—			
2789	Rechnen pr. 80 auf ein Hüttenhundert.						
	Seind also 3 Tausend 5 Hdrt. weniger 11 Stck.				*206	49	1
	Transport : . .				5542	30	4½

Folio 13.

Tauf.	Hdrt.	St.		fl.	kr.	₰
			Transportirte . .	5542	30	—
			Hierzu kommt auf das zurückstehend auf Folio 1 à 12 specificirte böhmische Glas und andere Waaren die darauf kommende Land- und Schifffracht, einkommende Rechten und andere Unkosten franco Amsterdam, als folget:			
63	3¾	5	60r. auf Folio 1			
85	8½	20	do. auf Folio 2			
21	5	22	do. & 50r. auf Folio 3			
28	1½	1	40. & 30r. auf Folio 4			
13	6	—	30. & 24r. auf Folio 5			
14	3½	—	24. & 20r. auf Folio 6			
8	1¼	2	16r. auf Folio 7			
7	¾	1	16. 12. & 10r. auf Folio 8			
6	3	—	8. 6. 4. 3. & 2r. auf Folio 9			
5	7	—	Differente auf Folio 10			
6	6	—	aditto auf Folio 11			
3	5	—	weniger 11 Stück auf Folio 12			
264	2⅓	—	Diese zweimal Hundert sechzig vier Tausend und fünf ⅓ Hundert Glas und andere Waaren, rechnen obgemeldter Unkosten franco Amsterdam pr. Hundert 54 kr., kommt also pr. Tausend 9 fl. Betragt	2377	58	4½
			Summa . .	7920	28	4½

An befindlichen thüringer Kelchen, englisch Glas, Boschner und grünen Glas nebst anderen Waaren in holländischen Preis, als folget.

Stück		Gl.	Str.	Pf.
1626	Kantige Kelche Amsterdamer Maaß . . . . . . a 3½ gl.	56	18	—
2006	Glattstiele aditto Maaß . . . . „	70	4	
2614	scharfknöpfl Glockenkelche . . . . „	91	10	—
1452	Uyln-Kelche Amsterdamer Maaß . . . . „	50	16	x
756	gedrehte Uyln-Kelche ado. Maaß . . . . „	26	9	x
567	Champagner-Kelche ado. Maaß . . . . „	19	17	—
1335	spitzige Uyln-Kelche Frief. Maaß . . . . . . „	46	14	x
1060	kantige Kelche Brabanter Maaß . . . . „	37	2	—
367	scharfknöpfl. Glockenkelche ado. Maaß . . . . „	12	17	—
1000	Rosolis-Kelchel, Glocken und kantige . . . . . . „	35	—	—
1210	kleine Glattstiele Schwedel . . . . „	42	7	—
110	Glattstiel-Kelche Amsterdamer abgeschnitten Füsse . . a 5 gl.	5	10	—
4811	ordinari Zutph Glattstielkelche es 100 . . . . . . a 6 gl.	288	13	—
390	aditto Zutph. Uyln-Kelche . . . . „	23	8	—
422	Zutph. spitzige Uyln-Kelche . . . . „	25	6	x
343	aditto gedrehte Uyln-Kelche . . . . „	20	12	—
608	aditto kantige Kugel-Kelche . . . . „	36	10	—
473	aditto herzknöpfliche Perlen-Kelche . . . . „	28	7	x
2755	thüringer Pints-Gläser kleine Sort . . . . „	165	6	—
364	aditto Pints-Gläser größere Sort . . . . . . a 6½ gl.	23	13	—
292	aditto weite Pints-Gläser uuten Moschl . . . . . . a 6 gl.	17	10	x
415	aditto Dreilinge Pints-Gläser hohe . . . . „	24	18	—
1954	aditto halbe Pints-Gläser es 100 . . . . a 5 gl.	97	14	—
104	lange thüringer Pints-Gläser . . . . a 7 gl.	7	5	8
343	große aditto Blum-Gläser . . . . „	24		
325	kleine aditto Blum-Gläser . . . . „	22	15	
676	thüringer ¼ Pfds. Theeflaschen viereckige . . . . a 6 gl.	40	11	—
543	aditto ¼ Pfds. aditto aditto . . . . „	32	11	8
64	glatte weite Pints-Gläser halbstarke v. J. G. B. . a 9 gl.	5	15	—
172	aditto weite Pints-Gläser starke von do. . . . . a 10 gl.	17	4	—
209	aditto Halbpints-Gläser auch starke von do. . . . a 7 gl.	14	12	8
117	aditto Halbpints-Gläser halbstarke . . . . a 6 gl.	7	—	8
503	weiße Musjes-Römer herzknöpfl. ord. M. Gr. . . . . „	30	3	8
217	aditto ausgeschweifte haltges Römer von G. J Gundl. a 5½ gl.	11	18	8
150	aditto weite haltges ado. . . . . „	8	5	—
265	thüringer roube und eckige Bableyntjes . . . . . a 5 gl.	13	5	—
225	aditto Apothekerfl. oder weiß Oly Glas . . . . a 2½ gl.	5	12	8
21	kleine thüringer Hüttjen Ink. Kooker . . . . a 5 gl.	1	1	—

Transport: . . 14889 | 4 | 8

Stück		Gl.	Str.	Pf.	Gl.	Str.	Pf.
	Transportirte . .				1489	4	8
3208	Bestellte Glattstiel Kelch knapp Amstd. Maaß Gunbl. . . . . a 6½ gl.	208	10	8			
2150	aditto ado. ado. von J. G. Greiner . „	139	15	—			
956	aditto ado. völlig Amstrd. Maaß ado. a 6¾ gl.	64	10	8			
1909	aditto ado. ado. von Gundlachs . . . „	128	17	—			
1594	aditto Uÿln-Kelche ado. von ditto . . . „	107	12	—			
262	aditto gedrehte Uÿln K. völlig ado. v. J. G. G. a 7 gl.	18	7	—			
243	aditto Blößel ado. ado. von ditto . . a 7½ gl.	18	4	8			
392	aditto aditto knapp Amstd. Maaß v. Gundlach „	29	8	—			
346	aditto ado. völlig ado. Maaß von ditto . „	25	19	—			
405	aditto gedrehte Blößel Uÿln knapp ado. ado. „	30	7	8			
434	aditto aditto völlig ado. ado. . . . „	32	11	—			
814	ado. Glattst. Pruf-K. knapp ado. v. J. G. Gr. a 6 gl.	48	17	—			
234	ado. Zutph. Glattst. starke niedrige ado. . a 11 gl.	25	15	—			
115	aditto ado. Glattstiele von Gundlach . a 7½ gl.	8	12	8			
925	ado. herzknpfl. Uÿln völlig Amst. Maaß do. a 6³ gl.	62	9	—			
572	aditto kleine Glattstiel Kelch mit Schl. Brabt. a 9 gl.	51	9	8			
457	aditto Pruf-Kelche mit Schlang v. J. G. Gr. „	41	2	8			
493	aditto Glattst. Schlang-K. knapp Amst. M. a 9½ gl.	46	17	—			
522	aditto aditto ado. von Gunbl. . . . . . „	49	12	—			
84	aditto Glattst. Schlang-Kelche völlig Amsterd. Maaß von J. G. G. . . . . . a 9¾ gl.	8	4	—			
707	aditto ado. Schlang-Kelche ado v. Gundlach „	68	18	8			
123	aditto Zutphendr. Glattst. Schlangt. v. do. a 11 gl.	13	10	—			
62	ado. ado. Schlangt. m. 1 Blößel im Stiel a 11½ gl.	7	2	8			
450	aditto neumodische ado. völlig Amstrdm. M. v. J. G. G. . . . . a 10 gl.	45	—	—			
125	aditto Schlang Uÿln-K. völlig do. v. ditto a 11 gl.	13	15	—			
480	aditto ado. ado. ado. Maaß v. J. J. G. „	52	16	—			
50	ado. gezogene Schl. Uÿln do. do. v. Gmbl a 11½ gl.	5	15	—			
456	aditto Schlang Uÿln-Kelche ado. v. . . a 11 gl.	50	3	—			
275	ado. 2knöpfl. Schlang Uÿln-K. ado. v. do. . „	30	5	—			
80	ado. Glattst. Kelche m weißen Schlangeln ado. „	8	16	—			
30	aditto 2knöpfl. Schlaug-K. v. J G. Gr. a 11½ gl	3	9	—			
212	aditto schwere Perlen Uÿln Kelche v. ditto a 11 gl.	23	6	8			
420	aditto Judenperlenkelch Hamb. Façon do. a 9½ gl.	39	18	—			
215	aditto ado. Sort etwas kleiner ado. . a 9 gl.	19	7	—			
220	aditto Schlang halbe Pints-Römer v. ado. a 13 gl.	28	12	—			
20	aditto Schlaug Musjes-Römer von ado. a 11 gl.	2	4	—			
190	aditto herzknöpfl. ado. Römer von Gunbl a 9½ gl.	18	1	—			
84	aditto aditto Römers von do. . . . . „	8	—	—			
215	aditto aditto grüne Römer von do. . . „	20	8	8			
21	aditto Hamburger weiße Römer große . . a 6½ gl.	1	7	8			
384	aditto neumodische Schlang Uÿln-Kelche von J. v. G. . . . . a 11½ gl.	44	3	—	1651	18	—
	Transport: . .				3141	2	8

Stück		Gl.	Str.	Pf.	Gl.	Str.	Pf.
	Transportirte . .				3141	2	8
45	Grüne Glattstiel Schlang-Römer v. J. G. G. a 11 gl.	4	19	—			
12	aditto Römer ohne Schlang von ditto . a 7½ gl.	—.	18	—			
260	aditto Bier-Römer mit Offen-Boden . a 11 gl.	28	12	—			
44	aditto ado. Zu-Boden von Gundlach a 12½ gl.	5	10	—			
140	aditto ado. mit Offen-Boden von ditto a 11 gl.	15	8	—			
721	große beinweiße gem. Maaßkannen es St. 9½ Str.	342	9	8			
708	mittel aditto Nösselkannen mit Deckeln . a 5 Str.	177	—	—			
15	große beinweiße Kannen mit Deckeln gem. a 12 Str.	9	—	—			
107	mittele ado. gemalte Kannen mit Deckeln . a 8 Str.	42	16	—			
50	kleine ado. ado. Kannen ado. . . . a 6½ Str.	16	5	—			
50	gar kleine aditto Kannel aditto . . . a 5 Str.	12	10	—			
140	mittele gemalte Blum-Pottgen . . . a 3 Str.	21	—	—			
212	gemalte Zucker-Teller . . . . a 2 Str.	21	4	—			
3	gemalte Quiespedorr . . . . a 6 Str.	—	18	—			
26	gemalte Rottings-Knöpfe es 100 . . . a 8 gl.	2	1	8			
1	Steltgen gemalt gut von 7 Stück	2	—				
2	Tafel-Leuchter vom Franz Görner es St. 12 gl.	24	—				
1	Tafel-Services mit Schalgeln von ado. . . .	8	—				
435	Boschner Glas in Sorten es 100 . . a 8½ gl.	36	19	8			
84	Silber Schmidts Boln Boschner aditto . . .	7	3	—			
3	große Boschner lange Zucker-Hasen . . a 18 Str.	2	14	—			
2	Zucker-Hasen ditto jeder 5 Glas . . a 8½ Str.	—	17	—			
4	große Schlang-Gläser . . . . a 5 Str.	1	—				
5	etwas kleiner aditto . . . . a 4 Str.	1	—				
5	Luyickische Frucht-Mandel, darunter 1 oval a 4 gl.	20	—				
2	Persianische Tobakgläser . . . . . . a 1 gl.	2	—				
8	Rauchfanger 8. 10. 12 & 16' v. jeder Sort 2 St. darunter fein 2 St. hier gekauft a 15. 12. 10. 7½ Str.	4	9	—			
26	grüne Kellerfl. Engmund von A. Brebs. a 2 Str.	2	12	—			
13	aditto aditto weitmundige . . . . . a 4 Str.	2	12	—			
38	grüne Prufflaschel von Corste es 100 a 4¾ gl.	1	16	—			
17	aditto lange halbe Pints Sack-Flaschel a 6½ gl.	1	2	—			
6	aditto Tintefl. a 1 Str. u. 3 Kopfgläser weiße a 2 Str.	—	.9	—			
4	Bos grün oly Gl. ampletjes mehr ist 1½ ons a 35 Str.	7	—				
18	mittele Lechsteine . . . . a 3 Str.	2	14	—			
16	Halsche halbe Pints Mattenfl. mit Hall a 4 Str.	3	4	—			
71	große franke Mattenflaschel . . . . a 3 Str.	10	13	—			
178	mittele kleine aditto . . . . a 2 Str.	17	16	—			
101	gar kleine aditto . . . . . . es 100 9 gl.	9	2	—			
44	Matjes-Spelde-Backjen und Biergläser a 2 Str.	4	8	—			
23	Halsche feine kleine Körbel zu aditto a 3½ Str.	4	—	8			
43	aditto mittele Sort aditto . . . . a 3¾ Str.	8	1	—			
19	Orinaal-Mandel orbin. . . . . . . a 2¼ Str.	2	3	—			
12	Misel-Zähne	—	10	—	888	16	—
	Transport : . .				4029	18	8

Folio 17.

Stück		Gl.	Str.	Pf.	Gl.	Str.	Pf.
	Transportirte				4029	18	8
9425	Engl. Kelche allerhb. Sorten m. Schlang a 4½ Str.	2120	12	8			
348	aditto schwere Perlen Ußln u. andere do. a 6 Str.	104	8	—			
8	große schwere englische Freimeier ado. . . . „	2	8	—			
90	engl. Freimeier mit roth u.weiße Schlang a 4½ Str.	20	5	—			
132	aditto ado. ohne Schlang glatte . . . . „	29	14	—			
3	engl. Boccale glatte mit Deckeln . . a 15 Str.	2	5	—			
2	aditto Boccale gut geschnitten ado. . . a 2 gl.	4	—	—			
6	aditto gar große Boccale ohne Deckeln a 18 Str.	5	8	—			
18	aditto Boccale mittele glatte ado. . . a 9 Str.	8	2	—			
25	aditto Boccale kleine Sort . . . . a 5½ Str.	6	17	8			
90	engl. glatte Glasarm kleine Sort . . a 8 Str.	36	—	—			
28	aditto aditto mittele Sort . . . . . a 11 Str.	15	8	—			
15	aditto aditto große Sort . . . . . a 15 Str.	11	5	—			
40	aditto mittele Armen m. amalirte Schlang a 9 Str.	18	—	—			
—	10 Paar kleine ado. glatte m. Montirung a 36 Str.	18	—	—			
—	45 Paar engl. Montirung zu Arm gehörig a 18 Str.	40	10	—			
86	Ober-Topgen zu Arm gehörig es Stck. 3 Str.	12	18	—			
24	Unter-Topgen zu ditto . . . . . . a 2 Str.	2	8	—			
106	engl. Salz-Schalgel glatte . . . . „	10	12	—			
53	Oly-Kannel glatte u. geflmt. m. Topgen a 6½ Str.	17	4	x			
4	engl. Stelgen mit 5 Stück als Oly-Kannel Pfefferdose . . . . a 2½ gl.	10	—	—			
5	ado. mit 5 St. ado. etwas keßere Holzarb. a 3 gl.	15	—	—			
16	engl. enkelte Glasdeckel zu Boccalen u. Schale 3 Str.	2	8	—			
8	engl. glatte Säurings-potjen m. Deckeln a 8 Str.	3	4	—			
9	engl. Schale mit Deckeln glatte . . . a 13 Str.	5	17	—			
54	engl. Candelaar glt. u eckig Einsetztopgen a 18 Str.	48	12	—			
59	ado. Candelars ado. mit feste Topgen a 16 Str.	47	4	—			
10	engl. Glastopgen zu do. Candelars . a 2 Str.	1	—	—			
—	102 Paar engl. mont. Tintefl. u. Sandbüchs. a 6 Str.	30	12	—			
6	engl. geschliffene Schalen kleine mit Deckel und Schüssel . . . . a 6¾ gl.	39	12	—			
12	aditto do. Oly-Kannel in Stelgen gehör. a 22 Str.	13	4	—			
38	engl. Stampel Carfinel kleine geschliffene . a 2 gl.	76	—	—			
12	engl. Candelaars gar gut geschliffen . a 4 gl.	48	—	—			
6	engl. Steltgen m. 5 St. gute Carfinel, Pfeffer- u. Zuckerdose gut geschlf. mit Silbertopgen a 8⅔ gl.	52	16	—			
2	engl. Steltgen mit 5 Stück gute Carfinel, Pfeffer- und Zuckerdose gut geschliffen und mit elfenbeinern Topgen montirt . . . . . . a 7 gl.	14	—	—			
10	engl. Ausziehlatern mit Blech ordin. vergoldten Montirung . . . . a 2 gl.	20	—	—			
1	engl. mit Kupfer montirt kleine Paterne	13	—	—			
1	engl. aditto montirt mittele Sort aditto . . .	18	—	—	2944	14	8
	Transport : . .				6974	13	—

Folio 18.

Stück	Transportirte . .	Gl.	kr.	Pf.	Gl.	kr.	Pf.
	Transportirte				6974	13	—
35	Kleine Flaschenkeller Schlösser mit beigehörigen Beschlag und Handhaben a 12 kr. holl. 5 Str.	8	15	—			
2	dubelten Flaschenkeller-Beschlag a 1 fl. 30 kr. gegen 51 Groth machen holl.	1	18	—			
1000	Zwecken a 42 kr. gegen 51 Groth macht holl.	—	18	—			
600	ditto mittele Speisder [?] es 100 . . . 4 Str.	1	4	—			
6	Rinken und 6 Stück Eiseranleger a 2 kr. seind 24 kr. besagen holl.	—	10	—			
20	Rietnagel und 12 Stück Haspen a 1 kr. betragt holl.	—	13	8			
3	neue Schnitzer vom Hause . . . . . a 6 Str.	—	18	—			
2	Ellen rothen Fornell . . . . a 16 Str.	1	12	—			
20	Kistenschlösser es Stück 13 kr. holl. . a 5½ Str.	5	10	—			
10	ledige halbe Glas-Kisten . . . . a 2¼ gl.	25	—	—			
10	differente ledige Pad-Kistel auf dem Lande schätzen solche	10	—	—			
1000	Pfund Glasbrocken pr. 100 Pfd. . . . . a 2 gl.	20	—	—			
25	Tonnen Turf pr. Tonne . . . . . . 18 Str.	22	10	—			
	An Butter, Käse und andere Hausprovision . .	20	—	—			
	An baarem Geld in unser Cassa	445	10	8	564	19	—
	Summa . .				7539	12	

Die ausgewiesene Summa 7.539 fl. 12 Str., gegen
51 Groth berechnet, betraget rheinisch 5.913 fl. 25 kr.

---

*) In dieser Rechnung werden Glassendungen nach Batavia, Ceylon und Surinam, so wie nach St. Eustatius angeführt. Von London und Stourbridge wurde englisches Glas bezogen und nach Altunah sendete die Compagnie auf Abschlag für Glaseiche Tabad. In Altona steht sie in Geschäftsverbindung mit den Firmen Joh. D. Bauer & Sohn und H. C. Oldenburg. Die Wechsel werden auf Prag gezogen. Von bekanten böhmischen Firmen und Namen kommen vor:

Elias Brebschneider in Langenau,
   Joh. Jos. Anton Geruer & Comp. in Langenau (Niederlage in Port a Port),
Joseph Zimmermann in Laugenau,
Christoph Ignaz Bautsch in St. Petersburg,
Joh. Jos. Günther in St. Petersburg,
Franz Engelmann in Amefort,
   ferner ohne Angabe des Standortes oder Wohnsitzes:
Fischer Storm & Comp.,
Joh. Jos. A. Hackel & Comp.,
Jande & Comp.,
Christian Preyßler & Comp.,
Scheiner & Comp.,

Haeckel & Gratz in Dordrecht,
Jos. Hanel in Leeuwarden,
Joseph Mossig in Leeuwarden,
Anton Mücke in Haarlem,
Joh. Adam Brebschneider in Leyden,
Groh Glans & Comp. in Rotterdam,
Joh. Kaspar Zahn in Marseille,

Joh. A. Trauschle & Comp.,
Franz Ullmann,
Joh. Adam Ziegenheim & Comp.,
Anton Zimmermann & Comp.

An Knechts Liedlohn wird dem Anton Fritsche das erste Jahr seit seiner Abreise 30 kr., das zweite Jahr 36 kr., dem Franz Görner der gleich von seiner Abreise von Haus an accordirte Lohn von 1 fl. per Woche verrechnet.

36.

Ultimo 1781 à Primo 1784.

Unter Firma : **Gerthner Palme & Co.** [Joh. Ch. Gulich & Geo. Hansel] a **Bürgstein.**

Original.

Anno 1784, Januarii 20.

Folio 1. An bei Nachzählung befundenen Waarenlager.

Tf.	St.	Et.	Nr.		fl.	kr.	₰
11	6	20	60	Becher Dünnboden glatte			
2	1	30	„	ditto Dickboden			
—	1	20	„	Wipperchel			
2	8	12	„	Freimeier			
1	4	48	„	Mode-Becher glatt 8 fl.			
6	1	36	„	ditto eckige in Sorten			
„	6	4	„	Stehfeste ronde glatte			
„	6	12	„	Lintzel recht auf glatt			
„	1	54	„	Zuckerhafel			
„	1	6	„	Vogelgläser blau und weiß			
1	1	20	„	Sackflaschel weiße			
„	6	26	„	ditto blaue			
2	1	54	„	Tintenflaschel			
„	7	46	„	Lamoen-Kannel			
„	2	6	„	Tönnel			
„	2	16	„	Lampel mit Stielchelu			
„	8	20	„	Stampel und Stehauffel			
„	5	54	„	Mode-Becher mit Henkeln			
„	6	24	„	Stehfester ditto			
1	„	52	„	Convituur-Gut			
34	3	20	60	Glatt-Gut in Allen . . . . 1 fl. 21 kr.	463	30	—
5	5	„	60	Becher Dünnboden geschnitten			
4	9	50	„	ditto Dickboden			
2	7	14	„	Wipperchel			
„	6	9	„	Kelche und Römerchel			
2	8	9	„	Stehfeste			
1	„	50	„	Stampel und Stehauffel			
„	5	18	„	Kannel			
18	2	30	60	Ordinarie geschnitten Gut in Sorten 1 fl. 34 kr.	285	55	—
„	2	10	60	gemalte Dünnboden . . . . .2 fl. 9 fr	4	39	3
„	2	„	„	Becher mit Löcheln . . . . .2 fl. 33 kr.	5	6	—
1	2	20	„	Apothekerflaschel ronde . . . . . . .2 fl. 12 kr.	27	7	—
1	1	24	„	ditto viereckig . . . . .ditto	25	5	—
1	6	3	„	Tinteflaschel und Sandl. ord. montirt . . 1 fl. 54 kr.	30	30	—
„	5	40	„	Sandlaufer polirt . . . . .3 fl. 15 kr.	18	25	—
„	7	40	„	Tinteflaschel ditto . . . . .2 fl. 15 kr.	17	15	—
„	„	34	„	ditto u. Sandl. polirt u. mit Kupfer mout. . 7 fl. 30 kr.	4	15	—
„	„	54	„	ditto ditto glatte do. . . . . .6 fl. 30 kr.	5	51	—
„	2	40	„	blaue gemalte Flaschel mit Zinn-Schrauben 2 fl. 54 kr.	7	44	—
„	6	18	„	blaue glatte ditto ditto . . . . . . .2 fl. 6 kr.	13	14	—
6	7	43	60	Gut Transporturen Transporturen . .	908	36	3

Folio 2.

Pfnd.	Hörl	Stück	Nr.		fl.	kr.	A
6	7	43	60	Geschnitten Gut Transport . .	908	36	3
„	„	16	„	blaue gemalte Fl. sonder Schrauben . . à 2 fl. 15 kr.	—	36	—
„	4	20	„	ordin. gemalte mit Zinn Schrauben . . à 2 fl. 51 kr.	12	21	—
1	8	18	„	Pintgel geschälte sonder Goldrändeln . . à 3 fl. 9 kr.	57	39	—
„	„	12	„	ditto mit vergold'te Rändeln . . . . . à 6¹∕ kr.	1	15	—
„	2	24	„	englische Mode Becher mit ditto . . à 5 fl. 24 kr.	12	57	3
„	„	16	„	beinweiß gemalte Tönnel . . . . à 6 kr.	1	36	—
				125 Maschel ordin. Drathperlen . . . à 4¹∕₂ kr.	9	22	3
1	30	—		93 „ Geschnittige . . . . . . à 7¹∕₂ kr.	•7	52	3
				95 „ tamliche . . . . à 9 kr.	14	15	—
				80 Stück geschn. Pantlotten . . . . . à 4 kr.	5	20	—
				62 „ Aufsteck Birnel und Wirtel . . . „	•1	21	—
3				2 „ vergold'te Schalen . . . . . à 20 kr.	—	40	—
				27 „ kleine Hörnel . . . . à 3 kr.	1	21	—
				11 „ mittle ditto . . . . à 4 kr.	—	44	—
				4 „ Bolle . . . . à 10 kr.	—	40	—
				426 St. des alten seel. Grosmans Convituur Gut à ¹∕₂ kr.	3	33	—
				560 allerhande Glasstöppel . . . . à ¹∕₂ kr.	4	40	—
				6 Brennspiegel mit Drath . . . . à 6¹∕₂ kr.	—	39	—
				5 ditto in Blech eingefaßt . . . . . . à 9 kr.	—	45	—
	2	24	„	Glas-Schrauben . . . . à 1 fl. 54 kr.	4	33	3
				Pilaartges, davon rechnen keinen Werth	1049	47	3
10	„	23	60	Umstehendes geschnitten Gut			
18	2	30	„	Umstehendes Glattgut			
34	3	20	„				
62	6	13	60	Gut in Allen			
1	6	30	50	Becher Dünnboden glatt			
1	1	20	„	ditto Dickboden			
2	9	15	„	Stehfeste und Stampel			
3	9	„	„	Mode Becher eckige			
3	1	45	„	ditto glatte			
„	3	15	„	ditto mit Henkeln			
„	1	20	„	Kröpfige Gehaus Becher			
„	3	25	„	Lamoen-Kannel			
„	„	34	„	Pampel mit Stielchen und Fisseln Diamant & Steltgenfl.			
„	9	40	„	Salzfaßel			
„	4	14	„	Sackflaschel			
„	„	15	„	Senflöffel			
1	1	15	„	Tönnel			
7	1	20	„	Freimeier ordin. glatte			
3	6	16	„	ditto ordin. eckige			
1	„	40	„	ditto Glocken glatte			
1	3	26	„	ditto ditto eckige			
29	4	40	50	Glatt-Gut in Allen . . . . 1 fl. 21 kr.			
				Transporturen Transporturen . .			

Tab.	Dtz.	Stud	Nro.		fl.	kr	S
				Transport . .	1447	35	3
2	—	35	50	Becher Dünnboden geschnitten			
—	3	30	„	Spaniol ditto ditto			
1	2	25	„	Rannel ditto ditto			
—	2	—	„	Schalchel ditto .			
3	8	40	50	Ordinarie geschnitten Gut ...... 1 fl 34 kr.	60	47	3
—	4	—	„	Becher helle 2 fl. Arbeit ......3 fl. 37 kr.	14	28	—
1	—	—	„	geschälte Lintzel ....3 fl. 9 kr.	31	30	—
—	4	20	„	ditto mit Goldbränbeln ....6 fl. 30 kr.	28	36	—
—	1	35	„	englische Modebecher mit ditto ....5 fl. 24 kr.	9	11	—
—	4	23	„	Vogelgläser ausgeschnitten ......1 fl. 45 kr.	7	48	—
—	6	20	„	Flaschel gemalte mit Zinn-Schrauben ..3 fl. 18 kr.	21	7	—
—	5	10	„	Apothekerflaschel viereckig ....2 fl. 6 kr.	10	55	—
—	1	20	„	ditto ronde ....2 fl. 6 kr.	2	56	—
—	7	30	„	Salzschalchel glatt mit helle Boden ..2 fl. 24 kr.	18	15	—
—	3	—	„	ditto gute Arbeit............. 5 kr.	12	30	—
—	2	42	„	ditto ditto ovale........... 8 kr.	18	56	—
—	—	47	„	fein edig ordin. Boden Kugel....... 2 kr.	1	34	—
—	—	14	„	ovale blaue .... 6 kr.	1	24	—
—	—	43	„	Ordinarie geschliffen Convituur-Gut .... 4 kr	1	32	—
9	1	44	50	Geschnitten Gut	1689	5	—
29	4	40	„	Ueberstehendes Glatt-Gut			
38	6	34	50	Gut in Allen			
1	6	—	40	Becher Dünnboden glatt			
—	6	6	„	Lampen			
—	5	36	„	Freimeier			
—	6	38	„	Tönnel			
—	3	30	„	Bläßel			
—	1	30	„	allerhand Deckel			
4	—	20	40	Glatt-Gut ....1 fl. 21 kr.	54	40	3
1	5	28	40	Becher geschnitten			
1	4	8	„	Spaniol ditto			
1	5	24	„	Rannel ditto			
4	5	20	40	Ordinarie geschnitten Gut ......1 fl. 34 kr.	71	17	—
—	5	5	„	Apothekerflaschel rond und viereckig ..1 fl. 51 kr.	9	29	—
—	2	24	„	engl. Modebecher helle Moschl u. Goldbränbel 6 fl. 9 kr.	15	59	3
—	—	38	„	Freimeier mit Goldbränbeln ....4 fl. 4 kr.	3	52	—
—	4	28	„	ditto mit Wappen geschnitten .....4 fl. 21 kr.	20	26	—
—	5	20	„	geschälte Lintzel .....3 fl. 15 kr.	17	52	—
—	2	28	„	ditto mit Goldbränbeln ....6 fl. 30 kr.	17	33	—
—	1	26	„	Vogelgläser mit geschnittenen Knöpfen .2 fl. 18 kr.	3	48	—
—	5	—	„	Becher 2 fl. Arbeit ....3 fl. 24 kr.	17	—	—
—	—	14	„	Apothekerflaschel polirte ....3 fl. — kr.	1	3	—
7	4	3	40	Geschnitten Gut Transport			
				Transporturen . .	1922	5	3

16

Folio 4.

St.	Pf.	Ei.	Sr.		fl.	kr.	₰
7	4	3	40	Geschnitten Gut Transport . .	1922	5	3
4	—	20	„	zurückstehend Glatt-Gut			
11	4	23	40	Gut in Allen			
2	5	6	30	Becher Dünnboden glatt			
—	1	12	„	Opfer-Kannel			
—	1	20	„	Bläßel			
—	4	20	„	Lampen			
—	1	11	„	Lichtformen			
1	—	21	„	Tönnel			
—	—	15	„	abgeschnitten Pins Gläser			
4	5	15	30	Glatt-Gut . . . . 1 fl. 21 kr.	61	25	3
2	8	—	30	Becher geschnitten			
1	6	15	„	Kannel ditto			
4	4	15	30	Ordinarie geschnitten Gut . . . . . 1 fl. 34 kr.	69	43	—
—	9	6	„	Kelche mit Kränzeln geschnitten . . . . 2 fl. 21 kr.	21	37	—
—	1	28	„	ditto mit orb. Devisen . . . . 2 fl. 51 kr.	5	31	-
	1	4	„	Opfer-Kannel mit Blum geschnitten . . 1 fl. 39 kr.	1	52	—
—		20	„	ditto mit Nam ditto . . . . 1 fl. 48 kr.	1	12	—
—		6	„	ditto mit vergoldten Schnitt . . . . . 4 fl. 33 kr	—	54	3
—	9	10	„	Apothekerflaschel viereckig . . . . . . 1 fl. 51 kr.	17	16	—
—		16	„	Caraffen mit ronde Stöppeln . . . . 1 fl. 51 kr.	—	59	—
—		24	„	ditto mit Schleif-ditto . . . . . 2 fl. 7 kr.	1	41	—
—	9	20	„	Theeflaschel mit Zinn-Schrauben . . . 1 fl. 54 kr.	17	53	—
—	8	„	„	ordin. Salzfassel . . . . 2 fl. 30 kr.	20	—	—
-	2	6	„	Sims-Salzfassel mit guten Stern . 3 fl. 15 kr.	7	9	—
—	1	18	„	Salzfassel, Steinel-Arbeit . . . . 15 kr.	12	—	—
—	3	10	„	ditto gute in Sorten . . . . ditto	25	—	—
—	3	2	„	Schulpen, Nappel und allerhand alte gute . ditto	23	—	—
—	—	12	„	Vergoldte Nappel und allerhand ordin. . . ditto	3	—	—
—	—	5	„	Suuring-Potges vergold'te . . . . 33 kr.	2	45	—
—	—	7	„	Lamoen-Kannel ditto . . . . 30 kr.	3	30	—
—	4	6	„	Kelchel m. Goldränbel u. gebrochen Stiel . 3 fl. 39 kr.	15	19	2
—	—	9	„	Vergold'te kleine Convituur-Schalchel . . . 15 kr.	2	15	—
—	2	22	„	Römer mit gebrochen Stiel . . . . 3 fl. 3 kr.	8	19	—
1	1	16	„	Lamoen-Kannel glatte mit Schleifstöppel 2 fl. 21 kr.	27	6	—
—	1	2	„	ditto Mittel-Arbeit . . . . 9 kr.	4	48	—
—	4	12	„	ditto gute Arbeit . . . . 18 kr.	39	36	—
—	1	—	„	ditto polirte seel. Grosmans	3	30	—
—	1	—	„	Lekstuna	1	48	—
—	4	24	„	Schutters glatt mit Schleif-Stöppel . . 2 fl. 7 kr.	10	9	2
—	4	6	„	Convituur-Schalchel große gute . . . . . 11 kr.	23	6	—
1	1	—	„	ditto mittle ditto . . . . 10 kr.	55	—	—
—	9	6	„	ditto kleine ditto . . . . 9 kr.	41	24	—
—	1	3	„	Apothekerfl. 3 & 4eckig lange schmale Glatt-Glas 1 fl. 21 kr.	1	29	—
15	3	15	30	Geschnitten Gut.			
4	5	15	„	Obiges Glatt-Gut.			
19	9	„	30	Gut in Allen. Transporturen . .	2452	23	3

Folio 5.

Zind.	Shrt.	Stad.	Nro.			fl.	kr.	₰
1	4	14	24	Carfinel mit lose Stöppeln	Transport . .	2452	23	3
—	—	13	„	Crebenz-Teller				
1	5	3	24	Glatt-Gut . . . . 1 fl. 21 kr.		20	25	—
3	2	10	24	Becher geschnitten				
—	4	16	„	Kannel				
3	7	2	24	ordinarie geschnitten Gut . . . . . 1 fl. 34 kr.		58	6	—
2	—	—	„	Theeflaschen geschnitten . . . . . . 2 fl. 9 kr.		*43	35	—
2	—	20	„	ditto glatte . . . . 1 fl. 54 kr.		39	35	—
—	2	13	„	Caraffen mit ronde Stöppeln . . . . . 1 fl. 45 kr.		4	27	—
—	1	22	„	ditto mit Schleif-ditto . . . . 2 fl. 3 kr.		3	56	—
—	2	22	„	Apothekerfl. viereckig . . . . 1 fl. 48 kr.		5	9	—
—	-	16	„	Devisen-Kelch 1 fl. Arbeit . . . . . 2 fl. 21 kr.		1	34	—
—	2	20	„	Schutters glatt mit Schleif-Stöppeln . 2 fl. 3 kr.		5	48	—
—	4	10	„	Carfinel glatte mit ronde ditto . . . . 1 fl. 45 kr		7	44	—
2	6	18	„	ditto mit Schleif-ditto . . . . 2 fl. 3 kr.		54	50	—
—	4	16	„	ditto mit ronde Stöppeln 1 fl. Arbeit . 2 fl. 45 kr.		12	50	—
2	3	18	„	ditto mit Schleif-ditto ditto . . . . . 3 fl. 3 kr		72	26	—
—	5	6	„	ditto mit lose ditto ditto . . . . . . 2 fl. 21 kr.		12	20	—
—	1	20	„	ditto mit Schleif-ditto 2 fl. Arbeit . . 4 fl. 3 kr.		7	25	3
—	3	—	„	Lamoen-Kannel glatte mit gutem Stern 2 fl. 48 kr.		8	24	—
—	2	4	„	ditto gute Arbeit . . . . 20 kr.		17	20	—
—	—	10	„	polirte seel. Grosmans . . . . 4 fl. 30 kr.		1	52	2
—	1	10	„	Eybak-Kelch Rubin Schlang & Golbrändel . 6¼ kr.		3	41	—
—	—	16	„	Suur-Potgos große von Kops-Glas . . . 20 kr.		5	20	—
—	1	18	„	ditto Mittel-Sorte gute von Gabriels . . . 24 kr.		16	48	—
—	1	2	„	Seel. Grosmans Lamoen-Bakges . . . . . 10 kr.		4	20	—
—	—	3	„	Milch-Kannel gute . . . . 25 kr.		1	15	—
12	9	—	24	Geschnitten Gut in Sorten		2800	59	3
3	7	2	„	Obiges ordin. geschnitten Gut				
1	5	3	„	Obiges glattes Gut				
18	1	5	24	Gut in Allen				
—	1	6	20	Lampen . . . . 1 fl. 21 kr.		1	45	-
1	9	15	20	Becher geschnitten				
—	4	10	„	Kannel				
—	1	16	„	Türkische Krüge				
—	3	12	„	Weinkrüge				
—	5	1	„	Pack-Schalen				
3	4	14	20	Ordinarie geschnitten Gut . . . . . 1 fl. 34 kr.		54	21	—
—	6	4	„	Apothekerflaschel viereckig und rond . 1 fl. 48 kr.		11	9	2
—	5	14	„	Schutters, glatt mit Schleif-Stöppeln . 2 fl. 3 kr.		11	41	—
-	„	10	„	ditto 1 fl. 30 kr. Arbeit . . . . . . 3 fl. 33 kr.		1	46	3
—	2	18	„	Caraffen, ronde Stöppel . . . . 1 fl. 48 kr.		5	13	—
—	—	5	„	ditto mit Schleif-Stöppeln . . . . . 2 fl. 3 kr.		—	31	—
5	—	5	20	Gut Transport	Transporturen . .	2947	26	3

Folio 6.

					fl.	kr.	₰
				Transport . .	2947	26	3
5	—	5	20	Gut übertragen			
	7	8	„	Carfinel glatte mit Schleif-Stöppeln . . 2 fl. 3 kr.	15	10	—
	—	5	— „	ditto 2 fl. Arbeit . . . . 4 fl. 3 kr	20	15	—
	—	—	16 „	ditto 2½ fl. Arbeit . . . . 4 fl. 33 kr.	3	38	—
	—	—	12 „	Binder-Schlägel glatt ausvergold't . . 6 fl. 10 kr.	3	42	—
	—	—	10 „	ditto helle Arbeit ditto . . . . . 9 fl. 30 kr.	4	45	—
	—	—	18 „	Mosterd-Potges und Pfeffer-Dosen gute . 22½ kr.	6	45	—
	—	—	3 „	Coolvaatges glatte ausgezentelt . . . . . 10 kr.	—	30	—
	—	3	6 „	ditto in Sorten, gute Arbeit . . . . . . 20 kr.	22	—	—
	—	—	18 „	Binder-Schlägel glatt mit Moschl . . 2 fl. 33 kr.	2	17	3
	1	9	„	ditto 2 fl. Arbeit . . . . 4 fl. 3 kr.	5	52	—
7	1	5	20		3032	41	—
	1	6	„	Glatt-Gut rückseitig			
7	2	11	20	Gut in Allen			
	1	1	16	Zuckerhasen			
	1	4	„	Coolvaatges ordinarie			
	4	12	„	Lampen			
	7	1	16	Glatt-Gut . . . . 1 fl. 21 kr.	9	32	—
	6	12	16	Becher geschnitten			
	5	—	„	ditto mit Deckeln			
	5	8	„	Weinkrüge			
	3	8	„	Türkische Krüge			
	2	—	„	Kannen mit Deckeln.			
2	2	12	16	Ordinarie geschnitten Gut . . . . 1 fl. 34 kr.	35	38	—
1	2	4	„	Apothekerfl., 4eckig, rond und griffige . 1 fl. 48 kr.	22	3	—
	—	6	10 „	Schalen, glatt helle Boden und Knöpf 2 fl. 6 kr.	13	52	—
	—	4	— „	ditto 2 fl. Arbeit . . . . . . 4 fl. 12 kr.	16	48	—
	—	1	9 „	Caraffen mit ronde Stöppeln . . . . 1 fl. 45 kr.	2	44	—
	—	6	— „	ditto mit Schleif-Stöppeln . . . . 1 fl. 57 kr.	11	42	—
	—	—	4 „	Schutters mit Schleif-Stöppeln, glatt . 1 fl. 57 kr.	—	29	—
	—	2	12 „	ditto 1 fl. 30 kr. Arbeit . . . . 3 fl. 27 kr	9	29	—
	—	—	12 „	Carfinel rond bauchig, 2 fl. Arbeit . 3 fl. 57 kr.	2	58	3
	—	5	— „	ditto beste englische Arbeit . . . . . . 36 kr.	48	—	—
	—	1	6 „	ditto Tafel geschliffen, seel. Grosmans . . . 14 kr.	5	8	—
	—	—	15 „	Bocale von seel. Hancls . . . . 2 fl. 54 kr.	2	43	—
	—	1	— „	Weinfassel blaue	2	12	—
	—	1	— „	Craamgläser vom Stück à 4 kr. Arbeit	2	25	—
	—	2	12 „	Lampen mit durchbohrten Löchern. . . . 2 fl. 41 kr.	7	23	—
6	9	—	16	Geschnitten Gut.			
	7	1	„	Obiges glattes Gut.			
7	6	1	16	Gut in Allen.			
				Transporturen . .	3225	48	3

Folio 7

Pfd.	Loth	Stück	Nro.		fl.	kr.	₰
				Transport . .	3225	48	—
1	—	12		Rauchfanger			
9	9	„		Deckel-Tönnel			
—	4	„		Fischgläser			
1	8	„		Armen			
1	1	„		Credenz-Teller			
1	—	„		Frucht-Mandel			
5	2	„		Zuckerhafen			
2	—	—	12	Glatt-Gut . . . . 1 fl. 21 kr.	27	—	—
2	6	12		Becher mit Deckeln			
1	3	„		Kannen ditto			
5	—	„		Weinkrüge			
1	—	5		türkische Krüge			
3	6	„		Pack-Schalen.			
2	2	8	12	Ordinario geschnitten Gut . . . . . . 1 fl. 34 kr.	35	30	—
7	8	„		Theefl. glatte mit Glasschrauben . . . 1 fl. 54 kr	14	34	—
—	11	„		ditto geschnittene 1 fl. Arbeit . . . . 2 fl. 54 kr.	2	39	2
1	10	„		Apothekerfl. viereckig und ronde . . . . 1 fl. 45 kr.	3	12	3
1	2	„		Schalen, glatt, helle Boden und Knöpf 2 fl. 6 kr.	21	21	—
5	4	„		ditto a 12 kr. Arbeit pr. Stück . . . 3 fl. 45 kr.	20	—	—
3	8	„		Caraffen mit ronde Stöppeln . . . . . 1 fl. 45 kr.	6	25	—
6	3	„		ditto mit Schleif-ditto . . . . 1 fl. 54 kr.	11	52	3
2	9	„		ditto gut geschliffen ohnvergolb't [per Stück] . 54 kr.	29	42	—
—	7	„		ditto ditto mit vergolb'te Knöpf . . . 1 fl. 11 kr.	8	17	—
1	2	„		Bocanle a 1 fl. Arbeit . . . . 2 fl. 24 kr.	2	48	—
—	5	„		Craamgläser a 4 kr. Arbeit von Stück 2 fl. 12 kr.	—	55	
2	6	„		Carfinel gute mit Henkeln . . . . 36 kr.	18	—	—
2	4	„		ditto sonder Henkeln . . . . ditto	16	48	—
—	8	„		ditto Tafel geschliffen von seel. Grosmans . 14 kr.	1	52	—
—	2	„		vergolb'te mit Seiten-Arbeit. . . . . . . 50 kr.	1	40	—
6	9	1	12	Geschnitten Gut	3448	24	2
2	—	—	„	Obiges glattes Gut			
8	9	1	12	Gut in Allen			
—	1	—	10	Rauchfanger	1	21	
—	1	—	„	Frucht-Mandel	1	21	
—	—	2	„	Credenz-Teller . . . .'. . . 1 fl. 21 kr.	—	16	
—	8	3	„	Olivenfl. glatte . . . . 1 fl. 51 kr.	15	21	
—	2	3	„	ditto polirte . . . . 2 fl. 51 kr.	6	33	
—	1	—	„	Schalen, glatt, helle Boden und Knöpf	2	6	
1	3	2	„	Apothekerfl. gepolirte . . . . 3 fl. 3 kr.	40	15	3
—	—	6	„	Merschel . . . . 1 fl. 24 kr.	—	50	3
2	7	6	10	Gut			
				Transporturen . .	3516	28	2

Tint.	Peri.	Zahl	Nro.		fl.	kr.	♦
				Transport . .	3516	28	2
—	2	3	✕	Zuckerhafen			
—	1	1	„	Credenz Teller			
—	1	—	„	Frucht Mandl			
—	1	5	„	Platel Schalen			
—	1	5	„	Bocale mit Perlen glatt			
—	7	6	8	Glatt Gut . . . . 1 fl. 21 kr.	10	27	3
—	2	4	„	Schalen 3 fl. Arbeit . . . . 4 fl. 24 kr.	11	—	—
—	3	5	„	Apothekerfl. viereckig . . . . . . 1 fl 48 kr.	6	31	3
—	—	7	„	Bocale gebrochen alte . . . . . . 2 fl. 6 kr.	1	50	—
1	4	6	8	Gut in Allen			
—	8	„	6	Zuckerhafen			
—	2	5	„	Fischgläser			
—	1	—	„	Frucht Mandel			
—	2	—	„	Credenz Teller			
—	—	1	„	Bocaal			
1	4	1	6	Glatt Gut . . . . 1 fl. 21 kr.	18	54	—
—	—	—	„	Bocaal geschnitten . . . . 2 fl. 54 kr.	—	29	—
1	4	1	6	Gut in Allen			
—	1	2	4	Credenz-Teller			
—	1	1	„	Zuckerhafen			
—	2	3	4	Gut . . . . 1 fl. 21 kr.	3	42	3
					3596	23	—
6				2 St. Garm. gr. Kronleucht-r m. dop. Hörnln a fl. 15.40	31	20	—
7				3 [?] mittle Garmige ditto . . . . . . a fl. 13.—	26	—	—
4				2 „ große Juden Leuchter Garmig . . . . fl. 5¼	10	30	—
4				2 „ mittle 4armige Kronleuchter . . . . fl. 6.16	12	32	—
4				3 „ kleine 4armige ditto . . . . fl. 5.46	17	18	—
2	6			Rechnen auf obige Kronleuchter			
				49 Schck. 30 & 40 Ruyten m. Uulst. rechnen es Sch. fl. 3.27	169	3	—
				288 St. ordin. geflammte Haarbeutel 24 Dzd. a 28½ kr.	11	24	—
				792 „ ordin. geschnittene Eau do Luce . 2¼ kr.	29	42	—
				144 „ ditto mit Goldschnitt . . . . . . 3 kr.	7	12	—
				1038 „ glatte Keilflaschel in Sorten . . . . 3 kr	51	54	—
3	3	—		516 „ vergold'te ditto in Sorten pr. Dzd. à 45 kr.	32	15	—
				84 „ Geigel mit Seitengoldschnitt ditto . 54 kr.	6	18	—
				336 „ glatte lange schmale Flasche . . . . 3 kr.	16	48	—
				60 „ Toffel mit 2 glatten ditto . . . 9½ kr.	9	30	—
				12 „ Bücher mit 1 vergold'ten Flaschel . 8 kr.	1		
		40		Keilflaschel 40 Stück . . . . 4¼ kr.	2		
	8	40		Würstel 150 Stück	10		
		30		ditto 124 Stück . . . . 5½ kr.	1		
		30		Keilflaschel vergold'te 12 Stück . . . . . 6 kr.			
6	7	—		Zusammen			
				Transporturen . .			

Folio 9.

Umb.	Ober.	Stüc		fl.	kr.	₰
			Transport . .	4040	46	3
			An gut geschliffenem Glase befunden			
		6	große eisbödige Schalen und Deckeln . . . 2½ fl.	15	—	—
		40	mittle ditto ditto . . . 1 fl. 55 kr.	76	40	—
		48	kleine ditto ditto . . . 1 fl. 22 kr.	65	36	—
		5	große Wannel mit Deckeln . . . . 3 fl.	15	—	—
		51	mittle ditto . . . . 2 fl. 30 kr.	127	30	—
		44	kleine ditto . . . . 1 fl. 45 kr.	77	—	—
		16	große gute Schalen mit Deckeln u. Schüsseln 3 fl. 30 kr.	56	—	—
		10	mittle ditto ditto . . 2 fl. 45 kr.	27	30	—
		14	kleine ditto ditto . . 2 fl. 7½ kr.	29	45	—
		1	groß gut Wannel ditto	4	—	—
		4	mittle ditto ditto . . . 3 fl. 20 kr	13	20	—
		22	kleine ditto ditto . . . 1 fl. 30 kr.	33	—	—
		4	große Frucht-Wannel . . . . 3 fl. 30 kr.	14	—	—
		7	mittle ditto . . . . 2 fl. 30 kr.	17	30	—
		14	kleine ditto . . . . 1 fl. 30 kr	21	—	—
		9	Punsch-Commen große gute . . . . 4 fl. 30 kr.	40	30	—
6	—	7	ditto mittle . . . . 3 fl.	21	—	—
		15	ditto kleine . . . . 2 fl.	30	—	—
		2	ditto mittle mit Schüsseln . . . . . 4 fl. 15 kr.	8	30	—
		1	ditto mit Blum-Arbeit, groß	3	—	—
		2	ditto ditto mittle . . . . 1 fl. 30 kr.	3	—	—
		5	mittle Slan Bakken . . . . . . 2 fl. 45 kr.	13	45	—
		36	Booter Flootges mit Schüsseln . . . 1 fl. 40 kr.	60	—	—
		3	vergold'te Schüsseln . . . . 10 kr.	—	30	—
		8	gute geschliffene Vaesen . . . . . . 1 fl. 30 kr.	12	—	·
		4	vergoldete Booter Flootges . . . . . 2 fl. 22 kr.	9	28	—
		4	ditto Frucht-Wannel . . . . 4 fl. 30 kr.	18	—	—
		4	ditto ditto von Palme & Comp. . . 8 fl. 32 kr.	*35	—	—
		2	ditto Booter Flootges . . . . . 12 kr.			
		4	große geschliffene Binderschlägel . . . . 1 fl. 30 kr.	6	—	—
		3	mittle ditto . . . . 1 fl. 10 kr.	3	30	—
		4	kleine ditto . . . . 54 kr.	3	36	—
		26	Booter Flootges sonder Schüsseln . . 1 fl. 10 kr.	30	20	—
	7	16	mit Blech ordin. montirte Lampen . . . . . 48 kr.	5	36	—
	3	„	ditto mit Löchern vor Kerzen . . . 1 fl. 7 kr.	3	21	—
	3	„	ditto ditto und ordin. geschildert . . . 1 fl. 35 kr.	4	45	—
	3	„	ditto ord. montirt und geschildert . . . 1 fl. 15 kr.	3	45	—
	1	—				
6	1	—	Transporturen . .	4949	13	3

Folio 10.

Stück		fl.	kr.	₰
	Transport . .	4949	13	3
1	Flaschenkeller mit 6 Stück 40 Apothekerfl. ½ Hbt.	—	55	3
1	ditto mit 9 „ 40 ditto ¾ „	1	7	
6	ditto mit 12 „ 40 ditto 1 „ 1 fl. 20½ kr.	8	3	
3	ditto mit 6 „ 30 ditto ¾ „ 1 „	3	—	
5	ditto mit 9 „ 30 ditto 1 „ 1 „ 16½ „	6	22	3
2	ditto mit 16 „ 24 ditto 1 „ 1 „ 7½ „	2	15	
5	ditto mit 9 „ 24 ditto 1½ „ 1 „ 29	7	25	
18	ditto mit 6 „ 20 ditto 1¼ „ 1 „ 16½ „	*22	57	3
6	ditto mit 9 „ 20 ditto 1½ „ 1 „ 40	10	—	
4	ditto mit 6 „ 16 ditto 1¼ „ 1 „ 28½ „	5	54	
14	ditto mit 6 „ 12 ditto 1½ „ 1 „ 40½ „	23	27	
4	ditto mit 8 „ 12 ditto 1¾ „ 2 „ 12 „	8	48	
1	ditto mit 9 „ 12 ditto 2 „	2	27	
1	ditto mit 9 „ 16 ditto 1½ „	2	1	
1	ledig Flaschenkeller Futter zu 6 St. 40 Apothekerfl. . . .	—	39	
1	ditto . . . . . . zu 8 „ 16 ditto . . .	—	54	
1	ditto . . . . . . zu 8 „ 16 ditto seind noch			
	4 Fl. darin .	1	21	
		5056	50	—

Annoch 3 volle Kisten, unterwegens und in Nicolaus Niepers Rechnung uns der Frachtvorschuß berechnet, betragen laut eingesandter Factura

L. G. Nro. 6 von 9½/₄ . . . . 130 fl. 20½ kr.

„ Nro. 7 . . ditto . . . . 107 fl. 25 kr.

„ Nro. 8 . . . ¹/₄ . . . . 127 fl. 59 kr.

annoch 2 Kisten

„ Nro. 9 eine ditto ¹⁰/₄ . . 125 fl. 1 kr.

„ Nro. 10 eine ditto ¹⁰/₄ . . 129 fl. 29 kr.

| | | 620 | 14 | 3 |

Von diesen letzteren 2 Kisten ist der Fracht-Vorschuß bonificirt im Compagnie zu lastenden Schulden Folio

| | Summa . . | 5677 | 4 | 3 |

Summarischer Zusammenhang

des völligen Betrages jeder Sorte böhmischen Glases und anderen, nach selben Numero und Schatzung deren darauf fallenden Unkosten bestehende ein- und ausgehende Rechten von Haus franco Amsterdam, nämlich Zoll, Land- und Schifffracht, Expeditions- und Brief-Porto-Unkosten.

Folio 11.

Folio	Nr.		Tsnd.	Hrt.	fl.	kr.	₰
1 & 2	60	Glaswerk und anderen specificirten Waaren .	62	6 $13/60$			
2 & 3	50	ditto ditto	38	6 $14/25$			
3 & 4	40	ditto ditto	11	4 $23/40$			
4	30	ditto ditto	19	9 „			
5	24	ditto ditto	18	1 $5/14$			
5 & 6	20	ditto ditto	7	2 $11/20$			
6	16	ditto ditto	7	6 $1/16$			
7	12	ditto ditto	8	9 $7/14$			
7	10	ditto ditto	2	7 $3/5$			
8	8	ditto ditto	1	4 $3/4$			
8	6	ditto ditto	1	4 $1/6$			
8	4	ditto ditto	„	2 $3/4$			
8	„	an Kron-Leuchtern und Lotreyfl.	6	7 —			
9	„	an gut geschliffenem Glase	6	1 —			
10	„	an Flaschenkellern	9	2 —			
		Summa . .	202	5			

202 Tausend 5 Hundert betragen an obig erneunten Unkosten, jedes Tausend . à 8 fl. | . . . | . . | 1620 | - | -

Folio 12.

Stück		fl.	Kr.	fl.
	Verschiedene Sorten thüringer und Boschner Glas in holländischem Gelde berechnet von **Christian Fried! Müller** a Gehlberg.			
80	Schwebel . . . . fl 4¹⁄₂	3	12	—
889	Schweizer Hoßen . . . . ditto	40	—	
2163	Rasventges . . . . „ 4¹⁄₄	91	18	8
1446	Brabands Maaß-Kelch ¹⁄₂ Maaß . . . . . . ditto	61	9	—
6460	Amsterd. und Frisch. Maaß-Kelch . . . . „ 4¹⁄₂	290	14	—
20	ordinarie Zutphend-Kelch . . . . . „ 6¹⁄₂	1	6	—
38	Lessenaars Inkookers . . . . „ 4	1	10	8
746	¹⁄₄ Pfund Theefl. . . . . . „ 4¹⁄₂	33	11	8
1425	¹⁄₂ Pfund ditto . . . . . „ 8	114	—	
1900	Pins-Gläser . . . . „ 6³⁄₄	128	5	—
900	¹⁄₂ Pins-ditto . . . . „ 6	54	—	
398	Blumgläser . . . . „ 7¹⁄₂	29	17	—
325	Frauen-Urinaale . . . . . . „ 7¹⁄₂	24	7	8
20	Manns-ditto . . . . ditto	1	10	
104	Licht-Bolle . . . . „ 10	10	8	—
569	Brustgläser . . . . „ 7¹⁄₄	41	5	—
19	Bablyntges		10	—
78	Zuckerhafel große . . . . . . „ 6³⁄₄	5	5	—
340	ditto kleine . . . . . . „ 6	20	8	—
85	Vogelgläser von Faats . . . . „ 6	5	2	—
55	Boschner Glas in Sorten . . . „ 9¹⁄₂	5	4	8
32	Proof-Fl. weiße . . . . . „ 7	2	4	8
39	ditto grüne	1	19	—
35	Wymonds grüne Kellerfl . . . . 4 Str.	5	—	
23	Nau mond. ditto . . . . . . ditto	4	12	—
8	Wynflaschen mit weit. Halsen . . . 2¹⁄₂ Str.	1	—	
3	grüne Zuckerhafen . . . . . 5 „	—	15	
2	persianische Tabaksgläser	—	8	
		980	2	—
	Von Johann Georg Greiner & seel. Greiners Wittib und von Jacob Faats aus Schmalbucha.			
6516	Eyback weiß schlang			
1384	Uyln ditto			
7900	Stück zusammen . . . . . ● . . . a fl. 10¹⁄₂	829	10	—
1423	weiß schl. Kelch ¹⁄₂ Maaß . . . . „ 9¹⁄₂	135	3	8
380	weiß und roth schl Knöpflich ¹⁄₂ Maaß . . „ 9¹⁄₂	36	3	—
556	Watenkelch ¹⁄₂ Maaß . . . . . . „ 6¹⁄₄	34	15	—
2220	ditto Frisch Maaß . . . . . „ 6¹⁄₄	144	6	—
1214	Amsterd Maaß und Dickstiel . . . . „ 6³⁄₄	81	18	8
	Transporturen . .	2241	18	—

Folio 13.

Stück			Fl.	Str.	Pf.
	Transport . .		2241	18	—
442	Bestellte glatte Uyln	fl. 6¾	29	16	8
380	ditto gedrehte	„ 7¼	27	11	—
1054	kurze Watenkelch und Dickstiel	„ 6	63	5	—
276	glatte Proef-Kelch	„ 5¾	15	17	8
50	ditto mit Wasserschlang	„ 9	4	10	—
552	gezogene Uyln mit Wasserschlang	„ 10	55	4	—
184	glatte Blößel-Uyln	„ 7	12	17	8
58	gedrehte ditto	„ 7¼	4	4	—
254	Uyln mit Perlen	„ 9½	24	2	8
112	starke Punschkelche	„ 8½	9	10	8
412	Musges-Römer	„ 7⅞	32	9	—
820	½ Pins-Römer	„ 10½	86	2	—
836	grüne Römer Glattstiel	„ 6¾	*56	10	8
600	herzknöpfliche ditto	„	40	10	—
328	grüne Römer Offenboden	„ 7½	24	12	—
228	ditto Zuboden	„	17	2	—
460	Pinsgläser doppelte	„ 10	46	—	—
14	½ Pins ditto	„ 7½	1	1	—
152	Frauen-Urinale	1¾ Str.	13	6	—
40	Manns-ditto	3½ „	7	—	—
189	gemalte Kannen sonder Deckel	9 „	85	1	—
170	mittle ditto	5 „	42	10	—
182	kleine ditto	3 „	27	6	—
38	blaue Blumpottel Mittel-Sorte	2½ „	4	15	—
62	ditto kleine ditto	2 „	6	4	—
42	mittle roth gemalte ditto	3½ „	7	7	—
2	große ditto	4½ „	*9	—	—
43	roth gemalte Zuckerteller	2 „	4	6	—
60	Paar Thee-Gut in Sorten	28 „	7	—	—
1	beinweiß Steltgen von T. in Vorhauß		. .	.	.
36	Bosch. Olio-Glas	26 „	46	16	—
247	große Mattenflaschen	fl. 14	34	11	8
65	halbgroße ditto	„ 10½	6	17	8
398	kleine ditto	„ 10	39	16	—
194	halbstarke Pins-Gläser	„ 9	17	9	—
292	glatte Uyln etwas besser als ordinarie	„ 6	17	10	—
	Eine Kiste Glas von Christian Fried. Müller a Gehlberg beträgt laut Berechnung		111	6	8
	Transporturen . .		3281	4	8

Stüd			fl.	str.	Bf.
	Transport . .		3281	4	8

Englisch Glas befunden folgende Sorten:

Stüd			fl.	str.	Bf.
96	Punschleld)e fleine mit glatte Stielen . . . . . 2¾ Str.		13	4	—
157	ditto mittle ditto . . . . „		18	17	—
146	ditto große ditto . . . . 3 „		21	18	—
1160	ordinari Relche in Sorten . . . . 4¼ „		246	10	—
91	enfelte ditto ditto . . . . „		19	7	—
300	mittle Cybal-Relche . . . . 5 „		75	—	—
158	große Relche . . . . 5½ „		43	9	—
120	Freimeier . . . . 5 „		30	—	—
58	ditto sonder Schlang . . . . „		14	10	—
1	Paar fleine Schalen, gute Arbeit . . . . . . 48 „		4	16	—
1	Paar mittle ditto		6	—	—
18	Suur-Potges gute . . . . 27 Str.		24	6	—
3	Coelvaatges große gute . . . . 24 „		3	12	—
6	mittle ditto . . . . „ „		7	4	
9	fleine ditto . . . . 22 „		9	18	
19	mittle Armen mit weißen Schlang . . . . . . 11½ „		10	18	8
12	fleine glatte Bocaale . . . . 4¾ „		2	17	—
6	große ditto . . . . 11 „		3	6	
2	große ditto geschnitten . . . . 50 „		5	-	
3	mittle ditto . . . . 17 „		2	11	-
9	fleine ditto . . . . 14 „		6	6	-
7	mittle gut geschliffene Caraffen . . . . fl. 2½		17	10	—
15	große ditto . . . . „ 3½		52	10	—
4	ditto mit Blum-Arbeit . . . . 35 Str.		7	—	—
14	fleine ditto . . . . 28 „		19	12	—
11	fleine glatte schwere Caraffen . . . . 18 „		9	18	—
23	mittle ditto . . . . 22 „		25	6	—
18	große ditto . . . . 28 „		25	4	—
4	geschliffene Candelaars mit lupfern Dopgen . . fl. 4.14		18	16	—
9	glatte enfelte ditto . . . . 16 Str.		7	4	—
2	Steltgen ausgezenlelt mit 4 Fl. . . . . fl. 2		4	—	-
70	Steltgenfl. . . . . 3 Str.		10	10	—
50	ditto mit Dopges . . . . 5 Str.		14	15	—
115	Dopges enkelde vor ditto				
2	geschliffene Tafelleuchter . . . . fl. 30		60	—	—
50	grüne Römer . . . . 5½ Str.		13	15	—
2	Auszich Vatern-Monturen . . . 12 „		1	4	—
1	geschildert und vergold't Mauerlatern		6	6	—
8	große Carfinel gut geschliffen . . . . . fl. 2		16	—	—
14	mittle ditto . . . . ditto		28	—	—
10	fleine ditto . . . . ditto		20	—	—
4	Lamoen-Rannel große . . . . fl. 1		4	—	—
20	ditto fleine . . . . ditto		20	—	—
	Transporturen . .		4232	4	—

Folio 15.

Stück		fl.	str.	Pf.
	Transport . .	4232	4	—
92	Convituren-Schälchel große gute . . . . . . 12½ Str.	57	10	—
37	mittle und kleine . . . . . . " "	23	2	×
193	ohnmontirte Tintegläsel . . . . . . 1¾ "	16	18	—
13	mit Montur ditto . . . . . . 15 "	9	15	—
18	vieredig montirte Tinteflaschel 4	3	12	—
4	geschliffene Salzfassel . . . . . Paar fl. 2½	5	—	—
38	blau und weiße ditto . . . . . . 12 Str.	22	16	—
441	glatte Salzglasel . . . . . . 1¾ "	38	12	—
29	Wasser- und Weingläser . . . . . . 10 "	14	10	—
3	Bocaale mit Deckeln geschnitten . . . . . . 24 "	3	12	—
9	Enkelde Deckel wiegen circa 3 Pfd.. pr. Pfund 12 "	1	16	—
	12 Groß-Orologien-Gläser . . . . . . fl. 6	72	—	—
4	groß ditto ditto ordin. . . . . . . 54 Str.	11	9	×
10	groß Pottringer ditto . . . . . . 44 "	23	2	—
6	geschliffene Vacsen mittle Paar . . . . . fl. 15.8	46	4	—
4	ditto kleine . . . . . . " 12.4	24	8	—
6	ditto Suur-Potges . . . . . . " 4.10	13	10	—
1	große Latern mit Koper-Montur engl.	12	—	—
1	kleine ditto Amsterd.	8	—	—
2	Monturen für Mittel-Laternen . . . . . . fl. 6½	13	—	—
1	kleine ditto	5	—	—
3	lange Stulpen-Laternen	39	—	—
2	ditto von Jan Gandte . . . . fl. 4	8	—	—
Pfund				
60	gewogen 38 glatte Schalen und Carfinel			
68	ditto 70 ditto Armen und Fischgläser			
109	ditto 230 ditto Caraffen mit Stöppeln			
115	ditto 340 Biergläser in Sorten			
183	ditto alle Vacson, Suur-Potges und Salzfassel			
90	ditto Schleif-Carfinel, Lamoen Kannel und Stöppel			
50	ditto Laternen, Rauchfanger u. s. w.			
675	Pfund zusammen . . . . . . das Pfund 12 Str.	405	—	—
10	geschliffene Pantlotten . . . . . . 14 "	7	—	—
	Annoch unausgepackt 6 Fässer englisches Glas betragen			
	G P Nro. 1 a 4 . . . . . . fl. 638.—			
	Darauf sämmtliche Unkosten . " 58.16			
	G P Nro. 2 a 3 . . . . . . " 381.14			
	Darauf Unkosten . " 35. 6	1113	16	—
	Transporturen . .	6230	17	—

Folio 16.

Stück		fl.	ßr.	Pf.
	Transport . .	6230	17	
17	Lekstunc..............3	2	11	—
3	große gut vergold'te Vogel wiegen 29 Pfund à 4½ Str. und 24 Str. Vergoldung	*10	12	8
1	mittle.....ditto 9 Pfund à 4½ Str. und 24 Str. Vergoldung	3	4	8
2	kleine ditto 10 Pfund à 4½ Str. und 24 Str. Vergoldung	4	13	—
2	noch kleinere ditto 7½ Pfd. ditto	*3	19	—
2	große halbvergold'te 18 Pfd. à 4½ Str. u. 18 Str. Vergoldung	5	17	—
3	mittle ditto 21 Pfd. ditto	7	8	8
3	Solden-Schrauben von M. Czulgieter .. fl. 2 u. 18 Str.	8	14	—
1	Balken-Schraube................	2	15	—
1	eiserne Solden-Schraube........	1	4	—
2	vergold'te bleierne Rosen..........46 Str.	4	12	—
4	ohnvergold'te Vogel wiegen 38 Pfund à 4½ Str. ...	*7	12	8
36	mittle Palische Mandel..........4 Str.	7	4	—
13	kleine ditto ....3¾ "	2	9	—
114	Inkookerdopges..........1½ "	8	11	—
98	Armen unter Dopges..........1½ "	7	7	—
24	ditto ober Dopges..........2 "	2	8	-
8	complette Armen-Monturen alte........12	4	16	—
7	*/4 ledige böhmische Glaskisten........fl. 2½	17	10	
3	11/4 ditto................." 3	9	—	
1	Schiffs-Kiste................	3	--	
	Vor englische und böhmische Glasbroden........	25	—	
	Turf, Butter und für sämmtlichen Hausrath........	.	.	.
	Summa . .	6381	5	—
	fl. 6381.5, zu 50 groot gerechnet, macht rheinisch *) Summa .	5105	—	—

---

*) Aus der die Jahre 1781 bis 1783 umfassenden Rechnung ersieht man, daß die Firma Gerthuer Palme & Co. Verbindungen mit Spanien, London, St. Petersburg, Boston, Colombo, Curaçao hatte. In Holland selbst aber hatte sie zufolge der ausstehenden Schulden auch ein verbreitetes Detailgeschäft, — bei Apotheckern, Uhrmachern u. f. w. Unter ihren Geschäftsfreunden begegnen uns folgende, ihrem Klange nach deutsch-böhmische Namen:

Jof. Brebschneider,	Wenzel Florentin Mosig in Gröningen,
Seel. Joh. Abam Brebschneiders Erben,	Palme & Comp.,
Joh. Georg Franz Fischer & Comp.,	Christian Preyßler & Sohn,
Anton Gertler's seel. Wittib in Langenau,	Joh. Matths. Storm,
Groh Glans & Comp. in Rotterdam,	Taibner & Comp. in Malaga,
Joh. Jof. Günther in Haida,	Joh. C. G. Tibel in St. Petersburg,
Hole Lauermann & Comp. in Middelburg,	Joh. Anton Trauische & Comp.,
Joh. Georg Janke,	Joh. Abam Zigenheim & Comp.

Es ist das die einzige aus der ganzen Periode von 1756 bis 1835 vorliegende Rechnung, die mit einem Verluste abschloß. Derselbe wurde mit 9.036 fl. 2 kr. 3 ₰ in die Bilanz eingestellt, jedoch nachträglich in einigen Posten berichtigt; insbesondere stellten sich von den

37.

Aus dem Inventar ddo. Amsterdam, den 30. Oktober 1821.

Tind.	Sort.	Stück Nro.	Stück	a. Egermanns Glaswaaren.	Convention fl.	kr.	
2	„	„	2	Ganz gr. Vasen m. Königsportrait u 2 Becher (fl.14.30)	29	—	—
			2	ditto beschädigte	2	—	
1	„	„	1	ditto mit Diana und Endimion	14	30	—
			1	2r ditto Nr. 28	10	—	
			1	2 Vase und ²/₁₀ Becher Nr. 128 mit Götter lilla	9	36	
			1	2 „ ²/₁₀ „ „ 92 Landschaft chamois	7	46	—
			1	2 „ ²/₁₀ „ „ 13 ditto Alabaster	9	36	—
5	—	„	1	2 „ ²/₁₀ „ „ 108 ditto lilla	9	36	--
			1	2 „ ²/₁₀ „ „ 91 ditto lilla	8	30	—
			1	2 „ ²/₁₀ „ Alabaster bunter Landschaft	10	—	
			2	2 „ ²/₁₀ . . ditto tuschirt ditto	11	—	
			1	2 „ ²/₁₅ . . chamois ditto Götter	9	—	
			1	3 „ ²/₁₆ Becher Alabaster bunte Figuren .	5	2	
			1	3 „ ²/₁₆ „ ditto bunt gemalt .	5	2	—
			1	3 „ ²/₁₆ Bech. Nr. 23 lichtblau weiß Email Arabesq	4	30	—
2	40	„	1	3 „ ²/₁₆ „ „ 33 lilla tuschirt Landschaft . .	4	50	—
			1	3 „ ²/₁₆ „ „ 9 Alabaster ditto	4	50	—
			1	3 „ ²/₁₆ „ „ 10 ditto ditto	4	50	—
			1	3 „ ²/₁₆ „ „ 82 ditto bunt gemalt . . .	4	50	—
			1	3 „ ²/₁₀ „ chamois mit tuschirt. Götter . .	4	50	—
1	—	40		Glas Transportiren Transportiren . .	169	18	—

bösen Schulden manche als gut heraus, andere gingen ein, so daß sich der Verlust sehr bedeutend verringerte. Die richtig gestellte Ziffer desselben ist jedoch nicht angesetzt.

Auch von den Ursachen des Verlustes schimmert Manches durch. Bei der Einnahme von St. Eustatius werden 5 Kisten Glas von den Engländern genommen, 8 Kisten kommen wegen des englischen Krieges von Curaçao zurück, wodurch die Unkosten verloren gehen und eine Sendung nach China strandet.

Ausführlicher über die schlechte Zeit ergeht sich eine gleichzeitige, von einem Genoßen der eben in Rede stehenden Compagnie, da sie „unsere Compagnie" genannt wird, herrührende Schilderung in dem Gedenkbuche der Komter Kapelle, welcher Schilderung als einem Beitrage zur Geschichte des Glashandels hier eine Stelle gegönnt sei.

„Der Krieg hatte schon an. 1774 in England angefangen, als die sonst tributmäßige Amerikaner das engländische Joch abzuschlagen und, für sich selbst unabhängig von England eine eigene Republik zu behaupten, die Waffen ergriffen. England kunte ihnen auch keinen Zwang einlegen, indem die Amerikaner der engländischen Macht noch immer gewachsen. Es hatte sich anno 77 auch Frankreich, um die Amerikaner zu schützen, wider England feindlich erklärt, weil Frankreich viel Nutzen durch die amerikanische Handlung genoßen. Anno 79 wurde mit diesem Kriege auch Spanien verwickelt, ebenfalls wider England, weil fast die ganze Handelschaft und Nutzung des Landes gesperrt war. Anno 1780 wurde auch Holland mit seinen Provincien

ZImb.	Hdrl.	Stück	Kro.	Stück			fl.	kr.	A
1	—	40			Glas Transportiren	Transportirte . .	169	18	—
			1	4"	Vase und ²/₂₀ blau weiß Email & Bronzefig. . .		3	20	—
			1	4 „	²/₂₀ ditto ditto		3	20	—
			1	4 „	²/₂₀ grün ditto		3	20	—
			1	4 „	²/₂₀ roth gemalt & Goldrand bord. . .		3	20	—
2	45	„	1	4 „	²/₂₀ lilla weiß Email Arabesquen . .		3	20	—
			1	4 „	²/₂₀ Holzfaß:		3	—	—
			1	4 „	²/₁₆ Nr. 4×		3	—	—
			1	4 „	²/₂₀ mit bunten Figuren		3	20	—
			1	4 „	²/₂₄ m. weiß. Emailweintrauben Agathgl.		3	20	—
			2	4 „	²/₁₆ Alabaster mit bunten Landschaften		6	40	—
12		„	1	5 „	²/₂₀ mit bunten Figuren		3	26	—
20		„	1	6 „	²/₂₄ schwarz mit Gold		3	26	—
			1	6 „	²/₂₄ ditto		3	26	—
45		„	1	Vasenstell ¹/₃, ²/₅, ²/₁₆ Becher Nro. 63		8	36	—
24		„	1	5"	Vase ²/₂₄ Nr. 35 mit Figuren		3	26	—
20		„	1	6 „	²/₃₀ Becher Nr. 67 ditto		3	26	—
20		„	1	6 „	²/₃₀ „ „ 66 ditto		3	26	—
		³/₄	1	Paar 2"	Vasen Nr. 11 Alabaster mit bunter Landschaft		11	57	—
		³/₄	1	„ 2	„ Nr. 1 ditto		11	57	—
3	45	³/₄	1	„ 2	„ Nr. chamois ditto		11	57	—
		³/₄	1	„ 2	„ Nr. 2 Alabaster ditto		10	—	—
		³/₄	1	„ 2	„ Nr. 10 ditto ditto		10	—	—
		20	1	„ 4	„ lilla mit ditto		5	16	—
1	9	51 60			Glas Transportiren	Transportiren . .	*296	37	—

und Ländereien in solchen Krieg gezogen, die sonst Englands Bundesgenossene gewesen, bei diesem Krieg aber für unpartheiisch wollten gehalten sein. England aber fand Ursache, sie mit in's Spiel zu bringen, weil Holland den Amerikanern Munition und Proviantmitteln zugesendet hätte. Der Krieg von England wurde Holland in öffentlichen Blättern angekündiget, und es mußte sich gefallen lassen, da ihnen etwelche hundert Kauffarthei=Schiffe in kurzer Zeit von den Engländern waren entrissen worden."

„Diese kriegerische Begebenheiten versetzen nun der ganzen Handlung aus allen umliegenden und weit entlegenen Ländern einen sehr derben Stoß, beßgleichen hierorts, indem der Jankischen, Hilischen, Preißlerischen und mehreren Compagnien viele Kisten mit Glas und andern Waaren durch die engländische Kappers entführet worden. Und obschon dergleiche Kisten zu seiner Zeit wieder ausgefolget werden, manglet es dennoch denen dort befindlichen Handelsleuten an erforderlichen Waaren, theils leiden solche durch nasse Witterung und Wahrlosigkeit der freunden Händen. Die Be= stellungen von unserer Compagnie nach Holland sind dieses laufende Jahr sehr seltsam, weil sie keine Waare nach anderen Ortschaften an die vorhin gehabte Freunde versenden kann, als allein das wenige, was in Amsterdam und den nächstliegenden Flecken auf Jahrmärkten kann verkauft werden. Es ist dieses sonder Zweifel eine Verhängniß Gottes, daß vier geschworene Bundes= genoßene wider einen einzigen Feind, England, nichts richten können."

„Aus Spanien kame die Nachricht schon vor'm Jahr 1780, daß die aus hiesigen Ort= schaften alldort befindliche Handelsleut kaum soviel lösen, als ihnen zur Unterhaltung nöthig ist,

Tlab.	Port.	Stück	Nro.		fl.	kr.	₰
1	9	51	60	Glas Transportirte . .	296	37	—
			1	Paar 4 Alabaster-Vasen Nr. 13 mit Tusch-Landschaft	4	46	—
			1	„ 4 ditto .... 7 ... ditto ...	6	40	—
			1	„ 4 ditto .... 1 . ditto ...	4	46	—
4	—	-	1	„ 4 ditto .... 3 ... ditto ...	4	46	—
			1	„ 4 ditto .... 4 ... ditto ...	4	46	—
			1	„ 4 ditto .... 5 ... ditto ...	4	46	—
			1	„ 4 ditto .... 6 ... ditto ...	4	46	—
			1	„ 4 ditto .... 8 ... ditto ...	4	46	—
			1	„ 5 ditto mit bunt gemalter Landschaft	4	12	—
1	12		1	„ „ ditto .. Nr.20 ... ditto ...	3	48	—
			1	„ „ ditto .... 21 ... ditto ...	3	48	—
			1	„ 6 ditto .... 24 ... ditto ...	3	30	—
1	20	—	1	„ „ ditto .... 26 ... ditto ...	3	10	—
			1	„ „ ditto .... 27 ... ditto ...	3	10	—
			1	„ „ ditto .... 28 ... ditto ...	3	10	—
15	—		1	„ 8 ditto mit bunter Landschaft Nr. 55	2	30	—
24	-		1	„ 5 ditto mit ditto chamois	6	52	—
20	—		1	„ 6 ditto ditto ditto	3	20	—
			1	„ 4 Agath-Vasen Nr. 1			
			1	„ „ ditto ... 2			
			1	„ „ ditto ... 3			
			1	„ „ ditto ... 4			
			1	„ „ ditto ... 5 } 9 Paar zu 5 fl. 8 kr.	46	12	—
			1	„ „ ditto ... 6			
7	—	—	1	„ „ ditto ... 7			
			1	„ „ ditto ... 8			
			1	„ „ ditto ... 9			
			1	„ „ ditto ... 11	4	48	—
			1	„ „ ditto ... 12	4	48	—
			1	„ „ ditto ... 15	5	—	—
			1	„ „ ditto ... 18	5	20	—
			1	„ „ ditto ... 21	4	16	—
24	—		1	„ 5 ditto ... 20	3	48	—
20	—		1	Stck.3 Chamois-Vase	3	—	—
30	—		1	Paar 4 Alabaster-Vasen Nr. 4 mit bunter Landschaft	5	8	—
1	—	—	3	„ 6 lichtblaue Vasen mit Figuren 3 fl. 30 kr.	10	30	—
3	6	36	60	Glas Transportiren Transportiren . .	466	59	—

dann die Theuerung sei so groß, daß ein Strich wohl für 20 fl., eine Henne für 2 fl. und also nach Proportion die übrigen Lebensmitteln zu erlaufen wären. 1781 mußten die in Spanien befindliche Handelsleute dem Könige vier Steuern liefern. Die weniger habende Handelsleute befürchten, daß nicht bei so fortdauernder Handlungssperrung das ganze wenige Capital aufgezehret werde."

17

Zimb.	Bert.	Stück	Nro.	Stück		fl.	kr.	₰
3	6	36	60		Glas Transportirte Transportirte . .	466	59	—
	1	—		1	Kaminstell a 9 Stl. Nr. 1	3	30	—
				1	ditto Nr. 2	3	10	—
	1	30		2	ditto 7 „ Nr. 64. 65 . . . fl. 5,37	11	14	—
				2	ditto 5 „ Nr. 45. 46 . . . fl. 4.45	9	30	—
		12	—	1	entelte 5“ Vase mit Landschaft chamois	2	—	—
				1	Paar 16“ Becher Alabaster Königs-Wappen . .	4	—	—
				1	„ 12“ „ Nr. 16 mit bunter Landschaft .	1	26	—
				3	„ 20“ „ Alabaster ditto . . . a 28 kr.	2	48	—
	1	28		1	„ 12“ „ Agath-Glas vergulbt Blumbnckel	2	20	—
				1	„ 16“ „ mit Farben-Figuren	1	12	—
				1	„ 12“ „ chamois bunte Figuren	2	20	—
				2	„ 16“ „ ditto bunter Landschaft . . .	2	24	—
				1	„ 12“ Agath-Glas-Becher tuschirt Land-schaft und vergulbt	2	20	—
2	7	—	19		Paar Agathgl. Blumbecher m. Füssen 16.&20“ fl.1 16	24	4	—
				1	„ Chamois-Blumbecher Nr. 76	2	2	—
	18	—		1	„ ditto . . . . . Nr. 77	1	—	—
				1	„ Agath ditto Email Goldband Nr. 82 . . .	1	4	—
1	—	—		6	Wasserkrüge anno 1821 Kiste Nr. 31	9	46	—
1	15	—		2	Alabaster 16“ Becher mit Landschaften	.	.	.
1	15	—		1	Lampe Bronze-Montur Agathglas Nr. 4 . . .	30	—	—
1	15	—		1	Lampe ditto roth Band Nr.	15	20	—
2	30	—		2	Alabaster-Lampen . . . . fl. 21.30	43	—	—
	20	—		1	ditto ganz kleine	8	25	—
	20	—		1	ditto ditto grün	8	—	—
1	1	—	—		türkische Gattungen von Egermann laut voriger Rechnung	72	—	—
1	30	—		3	Paar lichtblau 4“ Vasen mit bunten Portraiten . fl. 4	12	—	—
1	50	—		7	„ 16“ Becher mit tuschirten Landschaften fl. 1.20	9	20	—
	50	—		5	Lampenbeckel weiß, lilla, chamois . . . . 48 kr.	4	—	—
1	2	—	—		Lampenstürzen laut Kiste Nr. 31 anno 1821 sammt Bronze-Monturen	213	40	—
				12	Wunin Bron Kellerplattel . . . . holl. fl. 1	9	36	—
	10	—	21		ditto ditto . . . . „ 12 kr.	4	12	—
			—		Medaillon-Gläser	1	—	—
7	8	26	60	—	Glas an Egermanns Waare	983	42	—
					zu 25 Stüber holl	1227	5	½
					Unterwegens Kisten			
					G H Nr. 40 beträgt sammt Gattungzettel . . .	273	1	—
					41 ditto . . . . . 137 fl. 42¼ kr.	137	42	½
					42 ditto	215	33	½
					626 fl. 17 kr. zu 25 Stüber macht holl.	783	36	—

	b. Französisch Glas in Böhmen geschliffen.*)	fl.	Str.	Pf.
2	Stück ganz große Münzthaler Eis-Vasen mit Sack fl. 33.—	66	—	—
2	„ ditto ohne Sack . . . . „ 30.—	60	—	—
2	„ ganz große Bonescher ditto mit Sack . . „ 28.—	56	—	—
4	„ ditto Münzthaler Vasen . . . . . . „ 25.—	100	—	—
2	„ ditto Bonescher ditto . . . . „ 22.—	44	—	—
2	„ ditto Bonesch. geschliffen . . . . . . „ 20.—	40	—	—
3	Paar gewöhnlich große Vasen . . . . „ 33.—	99	—	—
12	„ mittle ditto . . . . „ 28.10	342	—	—
6	„ kleine ditto .. . . „ 22.—	132	—	—
3	„ große halb Ballonvasen ganz gest. u. D auf D . „ 32.—	96	—	—
1	„ große ditto geschrammt und kleine Steinel . . .	28	—	—
2	„ mittle ditto ganz gesteinelt und D auf D . . „ 26.—	52	—	—
1	„ ditto ganz gesteinelt . . . . a	26	—	—
1	„ große Ballon-Vasen D auf D . . . . . . a	28	—	—
6	„ mittle ditto ditto . . . . „ 26.—	156	—	—
2	„ kleine ditto ditto . . . . „ 20.—	40	—	—
2	„ mittle Ballon-Vasen mit Schüsseln ganz gesteinelt a	25	—	—
3	„ Ananas-Gläser mit viereckig Füßen . . . fl. 5.18	17	14	—
4	„ Ananas-Blum-Vasen . . . . „ 21.10	86	—	—
5	„ Bonescher Zuurpotges . . . . 8.—	40	—	—
2	„ Münzthaler ditto etwas größer . . . . . „ 8 —	16	—	—
2	„ Theelassen gesteinelt und geschrammt fl. 6.13 „ 6.—	12	—	—
6	„ Zuckergläser mit Füßen gesteinelt „ 4.4 „ 3.—	18	—	—
3	„ Milchkannel hoch oben enge . . . . . . „ 5.—	15	—	—
2	„ große Bonescher Ring-Podelln	20	—	—
2	„ große längliche Münzthaler	20	—	—
1	„ große Fruchtmannel m. Schüsseln Münzthaler fl. 36.—	30	—	—
9	„ ovale Bonesch. Fruchtschüsseln gest. mittle fl. 12¼ fl. 10	90	—	—
2	„ Bonescher Vaas Toilettflacons D auf D . fl. 5.—	10	—	—
	Transport : . .	1764	14	—

*) Glas auswärtigen Ursprunges, das in Böhmen geschliffen und dann nach Amsterdam ausgeführt wurde, findet sich sowohl in dem Inventare von 1821 als in jenem vom Januar 1825 verzeichnet. Es muß also dieses Verfahren, heute unter dem Namen Appreturverfahren, freilich bei anderen Waarengattungen, ein Objekt nationalen und internationalen Interessen=Widerstreites, in der Periode von 1818 bis 1824 wiederholt geübt worden sein. Da jedoch in den damaligen Zollgesetzen kaum Bestimmungen hiefür vorgesehen waren, so läßt sich nur annehmen, daß das Glas entweder mit stillschweigender Duldung der Zollbehörden oder im Wege des Schmuggels ein= und ausging. Ob die höhere Stufe der böhmischen Glasschleiferei oder deren größere Billigkeit zu diesen Versuchen — über solche ist man wohl nicht hinausgekommen — die Veranlaßung gegeben, das dürfte sich mit Sicherheit nicht mehr entscheiden laßen. Wahrscheinlich aber ist das Letztere. Kam doch den böhmischen Glasschleifern die Bearbeitung des weicheren englischen und französischen Materials so leicht vor, daß sie immer nur solches Glas verlangten. In dem Inventare von 1821 findet sich übrigens auch eine Parthie Glaswaaren mit der Bemerkung,

		Fl.	Str.	Pf.
	Transport . .	1764	14	—
2	Paar ganz große Vonesch. Becher extra gesteinelt stark fl. 6½ fl. 5	10	—	—
1	„ mittel .. ditto .. ditto ... ditto ... fl. 5. a	4	—	—
45	„ Tulipkelsche schwere gesteinelt .... 32 „	72	—	—
42	„ Lamoenbak mit viereckigen Füßen .... 44 „	92	8	—
4	„ große leichte Tönnel ganz gesteinelt ..... 40 „	8	-	—
7	„ mittle ditto .... ditto .... 35 „	12	5	—
5	„ kleine ditto .... ditto .... 30 „	7	10	—
5	„ große Becher .... ditto .... 40 „	10	—	—
4	„ mittle ditto .... ditto .... 35 „	7	—	—
3	„ mittle ditto geschliffen und geschnitten .. 30 „	4	10	—
1	„ großen Lamoenbak mit viereckig Fuß ganz gesteinelt 40 „	2	—	—
3	„ W. & W. Vasel mit viereckig Füßen ditto.. 45 „	6	15	—
2	„ mittle Tönnel mit Henkeln ..... ditto .. 35 „	3	10	—
3	„ Münzthaler Vasen allhier von Kernich geschliffen fl. 10 fl. 8	24	—	—
3	„ Vonescher Theetassen in Vonesch geschliffen mit Schüsseln .... fl. 7.10 fl. 3	9	—	—
		2037	12	—
Stück	**c. Englisch Glas in Böhmen geschliffen.**			
6	achteckige Fruchtschüsseln große mit Schulpen Marschall fl. 15	90	—	—
6	kleine ditto .... „ 5	30	—	—
4	ovale große .... „ 15	60	—	—
6	kleine ditto .... „ 6	36	—	—
18	große differente Kelche .... 40 Str.	36	—	—
19	mittle ditto .... 35 „	33	5	—
9	kleine ditto .... 30 „	13	10	—
7	Laternknöpfe .... 20 „	7	—	—
2	Sauerpotgen alte Lünzen .... a	2	—	—
2	Pobelln Scholze geschliffen .... fl. 6	12	—	—
		319	15	..
Stück	**d. Oppenheimers und allhier geschliffen Glas.**			
30	Flacons bestgeschliffen mit Silber=Charnier .... fl. 4½	135	—	—
8	ditto .... ditto ...... „ 4	32	—	—
16	ditto .... ditto ...... „ 3¼	52	—	—
16	ditto .... ditto ...... „ 2½	40	—	—
51	ditto mit Silberschrauben .... „ 1½	76	10	—
21	ditto ditto Dnzend ...... „ 12½	21	17	8
43	ditto ditto „ ...... „ 9½	34	—	—
2	ditto mit Perspectiv .... 55 Str.	5	10	—
	Transport : ..	396	17	8

daß sie in Amsterdam geschliffen wurden. Das geschah ohne Zweifel in der eigenen Schleiferei, welche die Compagnie in Amsterdam besaß und die, weil auch englisches Glas daselbst zur Bearbeitung gelangte, dem damaligen Chef dieser Handlung Joseph Hanzel einen guten Vorwand bot, die englischen Werkzeuge zu entloden, die er dann auch in Böhmen einführte, worüber im Anhange berichtet wird.

Stück		Fl.	Str.	Pf.
	Transport . .	396	17	8
8	Bonbon-Dopges [?] . . . . 45 Str.	18	—	—
4	ditto mit Blümeln . . . . 50 „	10	—	—
18	engl. Flacons in Böhmen mit Silber . . . . . . fl. 3 „	54	—	—
25	ditto ditto mit Bronze . . . . . „ 2	50	—	—
4	Pariser beste Flacons	6	—	—
2	Tintefassel auf Füssen D auf D . . . . fl. 4½	9	—	—
3	Tinte-Service mit zwei Flascheln . . . . „ 3.6	9	18	—
1	ditto mit drei ditto . . . . a	3	10	—
1	ditto mit zwei ditto von Swanston . . . . a	2	10	—
3	Stricklörbeln . . . . fl. 3½	10	10	—
3	ditto . . . . ditto	10	10	—
6	Toilettflacons gesteinelt . . . . 30 Str.	9	—	—
2	ditto ditto . . . . 25 „	2	10	—
6	ditto ditto . . . . 20 „	6	—	—
4	ditto große platte . . . . 40 „	8	—	—
3	ditto ditto . . . . 45 „	6	15	—
5	ditto wurde ganz gesteinelt . . . . 30 „	7	10	—
14	Flacons von Swanston mit Silber-Charnier . . . fl. 3.2	43	8	—
7	ditto ditto mit Silberschrauben . . . „ 1.11	10	7	—
11	Flacons ganz klein mit Bronze-Schrauben und Ringel 12 Str.	6	12	—
6	ditto ditto . . . . 15 „	4	10	—
3	ditto ditto mit Blümeln . . . . . . 18 „	2	14	—
	Summa . .	688	1	8

38.

Aus dem Tagebuche des Johann Augustin Ronge, Tischlers und Spiegelhändlers in Bürgstein 1778.*)

Wiener Spiegelpreise in Quadrat.

Zoll.	fl.	kr.	Zoll.	fl.	kr.	Zoll.	fl.	kr.	Zoll.	fl.	kr.
8	--	21	25	2	24	36	5	36	47	11	28
12	—	28	26	2	36	37	6	6	48	12	8
14	—	36	27	2	48	38	6	36	49	12	58
16	—	42	28	3	12	39	7	48	50	13	48
18	1	—	29	3	30	40	8	12	51	16	—
19	1	12	30	3	48	41	8	36	52	17	36
20	1	24	31	4	—	42	8	54	53	19	12
21	1	33	32	4	12	43	9 ·	12	54	21	12
22	1	42	33	4	30	44	9	30	55	22	36
23	2	—	34	4	48	45	9	48	56	24	—
24	2	12	35	5	12	46	10	48	57	26	24

*) Vom Jahre 1640 an kommt bereits der Name Ronge in den Bürgsteiner Pfarr=
matriken vor und von Hans (n. 1659 m. 1724) ab läßt sich auch die Geschlechtsfolge
in einigem Zusammenhange nachweisen. Dieser Hans Ronge hatte zwei Söhne: Wenzel
(n. 1697 m. 1762) und Joseph (n. 1707 m. 1785). — Ein Sohn Wenzels war nun
Johann Augustin Ronge (n. 1730 m. 1797), der Verfasser des Tagebuches, das außer
den oben daraus mitgetheilten Auszügen noch manch' andere zerstreute Daten über
seinen eigenen Geschäftsbetrieb sowohl, als über die Preise von Lebensmitteln, über die
Geldverhältnisse, über locale Vorkommnisse u. s. w. enthält, welche in einer Industrie=
geschichte der Gegend nicht unbenützt bleiben sollten. Er besuchte mit seinen Waaren
die Wiener Märkte, was auch seine Söhne, Franz Joseph (n. 1764 m. 1838) und Augustin
(n. 1776 m. 1812), die gleichfalls den Spiegelhandel betrieben, zu thun pflegten. — Joseph, der
andere Sohn des Hans Ronge, wird 1768 als „Glashändler nach Kopenhagen" ange=
führt. Dessen älterer Sohn Johann Joseph (n. 1741 m. 1776) betrieb ein Glasgeschäft
auf alleinige Rechnung; von ihm bemerkt das Tagebuch, daß er sich 1773 vom Mai bis
November in Geschäften in Danzig, Curland und Königsberg aufhielt. Der jüngere
Sohn Franz wurde Chef der Kopenhagner Handlung, welche nach Association mit einem
Uhrenhändler aus dem Schwarzwalde Namens Paul Birckle die Firma Ronge & Birckle
annahm und von Franz Ronges Sohne Johann Joseph fortgeführt wurde. Dieser, am 10 De=
zember 1774 noch zu Bürgstein geboren, ließ sich später bleibend zu Kopenhagen nieder und
starb auch daselbst am 21. November 1877 im nahezu vollendeten 103. Lebensjahre,
nachdem er bei seiner hundertjährigen Geburtsfeier im Jahre 1874 noch die armen Schul=
kinder von Bürgstein mit einem Geschenke von 100 fl. bedacht hatte. Von seinen über=
lebenden Söhnen ist der eine, Joh. Jos. Wenzel, Landesobergerichts=Procurator, der an=
dere, Joh. Franz, Glashändler in Kopenhagen.

Wiener Spiegelpreise in Quadrat.

Zoll.	fl.	kr.	Zoll.	fl.	kr.	Zoll.	fl.	kr.	Zoll.	fl.	kr
58	27	48	74	74	24	90	208	48	106	337	36
59	29	12	75	78	24	91	214	24	107	356	48
60	32	—	76	83	12	92	219	12	108	367	12
61	33	6	77	88	—	93	224	—	109	377	36
62	35	12	78	102	24	94	236	—	110	396	36
63	37	36	79	110	24	95	248	—	111	415	12
64	40	—	80	118	24	96	254	24	112	432	—
65	42	8	81	136	—	97	257	36	113	440	—
66	45	6	82	144	—	98	260	48	114	448	—
67	46	8	83	152	—	99	268	48	115	472	—
68	48	—	84	168	—	100	276	48	116	496	—
69	51	12	85	172	—	101	284	48	117	520	—
70	54	4	86	176	—	102	293	36	118	544	—
71	58	24	87	184	—	103	302	24	119	568	—
72	62	24	88	192	—	104	320	—	120	579	36
73	70	24	89	203	12	105	328	48			

Tariffa ausländischer Spiegelgläser. *)

Zoll. hoch.	breit.	fl.	kr.	Zoll. hoch.	breit.	fl.	kr.	Zoll. hoch.	breit.	fl.	kr.
9	7	—	29	21	17	5	42	33	24	30	30
10	8	—	45	22	17½	6	28	34	25	35	48
11	9	1	—	23	18	7	20	35	25	40	30
12	10	1	20	24	18	8	20	36	26	45	48
13	10	1	36	25	19	9	20	37	27	51	—
14	11	2	—	26	20	10	30	38	28	57	—
15	12	2	35	27	21	12	42	39	29	62	39
16	13	2	56	28	22	15	20	40	29	70	18
17	14	3	22	29	22	17	20	41	30	77	30
18	14	3	48	30	23	19	40	42	30	84	18
19	15	4	15	31	23	23	25				
20	16	5	10	32	24	25	48				

*) Für ausländische Spiegel und Rahmen galt das Brabanter Maß. Nach Ronges eigener Bemerkung waren 21 Brabanter Zoll = 21 böhmische Zoll. Die Wiener Spiegel sind wohl in Wiener Maß angesetzt.

Zierrathen-Rahmen, ausländisch.

Zoll. hoch.	breit.	Das Paar. fl.	kr.	Zoll. hoch.	breit.	Das Paar. fl.	kr.	Zoll. hoch.	breit.	Das Paar. fl.	kr.	Zoll. hoch.	breit.	Das Paar. fl.	kr.
9	7	5	48	15	12	16	50	21	17	33	15	27	21	59	45
10	8	7	20	16	13	19	—	22	17½	35	36	28	22	66	—
11	9	9	—	17	14	21	30	23	18	39	12	29	22	70	57
12	10	10	26	18	14	23	45	24	18	43	36	30	23	76	36
13	10½	11	45	19	15	25	57	25	19	47	50	31	23	84	9
14	11	14	12	20	16	29	24	26	20	52	36	32	24	91	50

Vergold. Bildhauer-Rahmen.

Zoll. hoch.	breit.	Das Paar. fl.	kr.	Zoll. hoch.	breit.	Das Paar. fl.	kr.	Zoll. hoch.	breit.	Das Paar. fl.	kr.	Zoll. hoch.	breit.	Das Paar. fl.	kr.
9	7	7	52	15	12	17	50	21	17	30	9	27	21	57	34
10	8	9	22	16	13	19	20	22	17½	33	25	28	22	65	32
11	10	12	36	17	14	21	6	23	18	36	52	29	22	73	48
12	9	11	—	18	14	22	46	24	18	40	48	30	23	82	50
13	10½	14	3	19	15	24	18	25	19	45	27	31	23	93	48
14	14	15	52	20	16	27	6	26	20	50	28	32	24	104	16

Zierrathen-Rahmen, inländisch.

Zoll.	Ein Stück. fl.	kr.	Zoll.	Ein Stück. fl.	kr.	Zoll.	Ein Stück. fl.	kr.	Zoll.	Ein Stück. fl.	kr.
9	4	16	15	9	41	21	16	30	27	32	10
10	5	4	16	10	34	22	18	18	28	37	2
11	5	4	17	11	34	23	20	13	29	41	55
12	6	48	18	12	26	24	22	38	30	47	23
13	7	36	19	13	23	25	25	11	31	53	27
14	8	36	20	14	48	26	28	13			

Bildhauer-Vergold. [Rahmen.]

Zoll.	Ein Stück. fl.	kr.	Zoll.	Ein Stück. fl.	kr.	Zoll.	Ein Stück. fl.	kr.
9	2	59	16	9	53	23 •	20	30
10	3	45	17	11	13	24	23	—
11	4	35	18	12	21	25	25	20
12	5	21	19	30	30	26	28	13
13	6	3	20	15	18	27	32	—
14	7	18	21	16	51			
15	8	43	22	18	39			

VIII.

Statuten.

39.

Im Namen der allerheiligsten hochgelobten und unzertheilten Dreifaltigkeit — Gottes des Vaters, Sohns und heiligen Geistes! Amen. *)

Sintemalen die Werke und Handlungen der Menschen aus angeborner Art und Schwachheit mit der Zeit unbeständig und vergänglich, auch leichtlich vergeßen können werden, die doch um weltlichen Regiments Ordnungen, Nuß und Ehre willen, auch zu Beförderung deroselben und anderer menschlichen Dienste und Uebung nicht alleine zu erhalten, sondern auch mit brieflichen Urkunden und Beweisung zu versehen und zu bestätigen hochnöthig, damit sie in stetem Gebächtnuß verbleiben, ohnverruckt

---

*) Es sind dieß die Statuten der ältesten bekannten Glasschneiderinnung, jener zu Kreibiß, bei welcher auch Georg Franz Kreybich, der Verfaßer der für die Geschichte von Böhmens Glashandel und Glasindustrie unschätzbaren Reisebeschreibung, das Meisterrecht erlangt hatte, weil es damals, um 1684, in seinem Geburtsorte Steinschönau noch keine solche Zunft gab. Das Alter der Zunft erhöht auch den Werth der Urkunde. Das Original derselben erfreut sich übrigens nicht der sonst bei Urkunden dieser Art gebräuchlichen äußeren Zier. Dasselbe ist nicht auf Pergament, sondern auf gewöhnlichem Papier in Kanzleiformat ausgefertigt und der Unterschrift des Verleihers ist bloß sein Petschaft beigedruckt. Es ist im Besiße des Herrn W. Al. Stellzig, k. k. Postmeisters in Schönfeld nächst Kreibiß, welcher die Gefälligkeit hatte, davon eine Abschrift nehmen zu laßen. In der Sammlung des Herrn Stellzig befindet sich noch ein zweites Innungsstatut von Kreibiß, eine Art mixtum compositum aus dem oben abgedruckten und „den General-

und ungehindert gehalten, auch sonsten allerlei Unordnungen und Wider
willen verhütet, hingegen gute Polizei eingeführt werden möchte, weßwegen
die gesammten Meister der Glasmaler und Glasschneider in meinem
Städtl Kreibitz mich unterthänigst und gehorsamst ersuchet und gebeten:
Ich geruhete ihnen und ihren Nachkommen eine Innungs- und Zunft-
Ordnung und Gewohnheit aus oberkeitlicher Macht und Gewalt mitzutheilen. Derowegen

Ich Wenzel Norbert Octavian Khünitz und Tettauw, Erbherr auf Böhmisch-Kämnitz ihre ehrliche und ziemliche Bitte, maßen ich
selbsten geneigt bin, gute Ordnung zu pflanzen und zu erhalten, auch
andere ehrliche Handthierungen mehr zu dergleichen Aufmunterung, und
auch der Burgermeister und des Raths vorbemeldten meines Städtlein
Kreibitz beweglichst eingewandte Intercession angesehen, thue demnach
aus oberkeitlicher Macht und Gewalt, auch gnädig geneigter gegen diese
meine liebe Unterthanen, die Glasmaler, tragenden Affection zu Mehrung
und Aufnahm guter Sitten, Polizei und solcher ehrlicher Kunst für
mich und alle nachkommende Obrigkeiten, welche darüber zu halten
schuldig sein sollen, kraft Dieses eine vollkommene Innung, Zunft und
Zeche, in nachfolgenden Articuln bestehend, ihnen ertheilen, begnaden
und privilegiren, dergestalt und also, daß sie sich sothauer Articul in allen
und jeden begebenden Fällen erfreuen und von Männiglichen ungehindert
niessen, nutzen und gebrauchen mögen. Gestalt ich dann auch erwähnte

---

handwerkspatenten", dessen formelle Gebrechen es jedoch zweifelhaft machen, ob es jemals
durch obrigkeitliche Bestätigung in Rechtskraft erwachsen ist. Gleichwohl wäre es möglich,
daß dessen Satzungen durch Uebung in die Praxis übergangen sind. Aus diesem Grunde
sei hieraus wenigstens das den Umfang des Wirkungskreises der Kreibitzer Innung und
die in jener Zeit (ungefähr Mitte des achtzehnten Jahrhunderts) anzufertigenden Meisterstücke Betreffende hervorgehoben. In ersterer Beziehung sollten sich „die entworfene Zunfts-
articuli" auf die Glasmaler, Glasschneider, Glasschleifener, Schraubenmacher, Fensterglaser
des unterthänigen Städtel Kreibitz sammt incorporirten Kamulgern erstrecken und was
das Meisterstück anbelangt, so soll, wie es daselbst heißt, ein Glasmaler die sieben freien
Künste aus eigenem Kopf und freier Faust auf Papier entwerfen, ein Glasschneider des
römischen Reichs Adler sammt seinen Gliedern auf ein Glas sauber und erkenntlich schneiden, ein Schraubenmacher auf eine Flasche ohne Mundstück eine Schraube und zwar auf
einen Guß ordentlich aufsetzen und ein Glasschleifer einen Pokal mit erhobener Arbeit
in dreien Tagen verfertigen, ein Fensterglaser aber soll einen viereckigen Sternzug von
entworfenen bunten Farben in zwei Tagen verfertigen.

Glasmalerkunst Zugethane darbei schützen und haubhaben will und meine jederzeit bestellte Hauptleute und Beamten dieser meiner Herrschaft Böhm. Kämnitz, wie auch Burgermeister und Rath zu Kreibitz Schutz und Hand darüber halten sollen. Und lauten demnach die Articul wie folgend:

Erstlichen sollen alle und jede der Glasmalerkunst Zugethan', welche sich in diese Zunft und Zeche begeben, das Meisterrecht gewinnen und Meister werden, auch dieser Kunst Haudthierung und Gewerk, wie auch mit Glas Schneiden, Vergulden und Reißen treiben wollen, pflichtig sein, sich zuvorderst bei denen verordneten Eltisten anzusagen, in versambleter Zunft und Zeche gebührlichen einzuwerben, darnebens ihre ehrliche Geburtsbriefe, auch wo und daß sie die Kunst in einer vollkommenen Zunft erlernet haben, genugsam bekundschaften und glaubwürdige Urkunden vorzuzeigen. Nach solchen werden ihnen die Zunftmeister andeuten, was sie des Meisterrechts wegen weiters zu verrichten haben. Als nämlichen soll ein Jeder des heiligen römischen Reichs Adler sammt seinen Gliedern in anderthalben Tagen mit Farben verfertigen, folgends auch in Gegenwart etlicher darzu verordneten Meister die sieben freien Künste aus eigenem Kopfe und freier Faust auf Papier zum Meisterstücke entwerfen und, ob es tauglich oder nicht, der ganzen Zunft und Zech zum Erkenntniß einliefern und dann ferner bei seiner Auf- und Annehmung, wann er keines Meisters Sohn ist, der Zeche oder in die Lade fünfzehn Schock Meißn. an Gelde, vier Pfund Wachs, denen Meistern ein Essen und eine Tonne Bier geben. Ist er aber eines Meisters Sohn, der gibt vier Pfund Wachs und kein Geld; den Meistern aber, wie gemeld't, ein Essen und eine Tonne Bier geben.

Nach ausgestandenen Lehrjahren soll ein Jeder schuldig sein, ein Jahr sich in der Fremd zu versuchen oder Jahr und Tag bei einem Meister vor einen Gesellen allhier arbeiten. So er sich in diese Innung will einlaßen, ist er schuldig, seine Liebste anzusagen. Wann er das Meisterrecht gewonnen, wird ihm nicht gestattet, vor sich selbsten über einen Monat zu arbeiten, er verehelige sich dann. Im Fall da es aber keine vollkommene Zunft und Zech gewesen, da er gelernet hat, sollen sie keinen nicht einnehmen. Er erlerne dann die Kunst noch zwei Jahr, allwo ein Zunft und Zech ist und gebe so viel, wie oben benennt worden.

Da aber ein Meister mit Tode abginge, soll dessen nachgelaßene Wittibe die Kunst und deren Gewerk, es sei durch ihre eigene Kinder oder fremde Gesellen gleichwohl zu treiben versucht und von dieser Zunft und Zeche keineswegs ausgeschloßen sein, sowie auch von Niemands ge= hindert, sondern jederzeit bestermaßen geschützt werden.

Wann ein Meister einen Lehrjungen aufnimmt und denselbigen nicht bei dem Zunftmeister ansagt, so fällt derjenige Meister dessentwegen der Zunft in die Straf. Es sollen aber die Meister keinen Jungen ler= nen, er sei dann von ehrlichen, ungetadelten und frommen Biederleuten geboren. Und wenn solcher Junge, der keines Meisters Sohn ist, aufge= nommen wird, soll er lernen vier ganze Jahr und in die Lade zu erlegen und zu geben schuldig sein einen Reichsthaler, zwei Pfund Wachs und eine halbe Tonne Bier, und darneben durch zwei Bürger in Städtl Kreibitz oder andere zween wohlangesessenen Unterthan auf dieser meiner Herr= schaft Böhmisch Kämnitz sich auf fünfzehn Schock Meißn. verbürgen, damit, wann gemeld'ter Junge etwan ohne genugsamer Ursach muthwil= liger Weise entliefe, die Bürgen ihn entweder gestellen oder die fünfzehn Schock der Zeche zu erlegen schuldig sein, ist er aber eins Meisters Sohn, der die Kunst erlernen will, auf Gutachten und Einwilligung der gesammten Zunft und Zeche an obgedachten Lehrjahren etwas gemindert und nachgelaßen werden. Wegen des Lehrgelds mag sich ein jeder Lehr= jung mit seinem Lehrmeister auf's Beste vergleichen. Doch soll das Lehr= geld auch verbürgt sein, herentgegen der Meister ihme nach ausgestan= denen Lehrjahren ein gebührlichen Lehr= oder Lossprechungsbrief, jedoch der Unterthänigkeit nichts entnommen, zu ertheilen schuldig sein. Her= gegen nach ausgestandenen Lehrjahren ist er schuldig, den Meistern eine halbe Tonne Bier zu geben.

Es sollen auch die Meister der Glasmaler=Kunst einen jeden aus meiner Herrschaft unterthänigen Jungen von den Dorfschaften, wenn er einen Consens von mir hat, gegen leidentlichen Lehrgeld zu erlernen schuldig sein. So ein Lehrjunge seine Lehrjahre nicht geziemend ausstünde und flüchtig würde, sein Meister ihn aber nachmals wieder annehmen thäte, so soll derselbige Junge so viel Monat oder Wochen, als er ausgetreten, über die ordinari Lehrzeit bei ihm zu verbleiben schuldig sein.

Es soll auch kein Meister dem andern seinen Gesellen, Lehrjungen oder anderes Gesind, ehe dieselben beurlaubt sein, abhalten, bei Straf vier Pfund Wachs.

Wenn ein Meister dem andern in seine verdingte Arbeit fällt, es sei bei dem Städtl oder auf dem Lande, so ist er in der Meister-Strafe.

So die Zunft und Zech zusammenkommt, sollen die Meister in selbiger mit angethanen Mäuteln und entblößten Hauptes erscheinen, sich ehrbar erweisen, auch des Haderns, Zankens, Fluchens, Schwören, Gotteslästern und anderer ungebührliche Reden, Worten und Werken enthalten, bei Straf vier Pfund Wachs. Welcher dasjenige, was in der Zunft und Zech gehandelt wird (es sei wann es woll), offenbaret und ausplaudert, der soll drei Schock Meißn. gestraft werden. So die eltisten Meister das gewöhnliche Zeichen umsenden, wer damit berufen wird und einheimisch ist, in einer halben Stunde nach angesetzter Zeit (weilen die Lade noch offen steht) nicht kömmt, der soll zur Straf ein Pfund Wachs verfallen haben.

Wann eine Leiche eines Mitmeisters, seines Weibes, Kind oder Gesind zur Erde bestatten, sollen die andern Meister und Gesellen dieselbe nach beschehener Ersuch- und Ankündigung mit ihren Kerzen ehrlich abholen, auf's wenigste auch ein Meister oder Meisterin dem Conduct und Leichenbegängniß beiwohnen oder zur Buß in Unterlassung ein Pfund Wachs verfallen haben.

Diese Zunft und Zeche soll vornehmlich auch in der Kirch zu Kreibitz zu der Ehre Gottes zwei große Wachskerzen halten und alle hohe festa, sonderlich aber das ganze Rorate durch, von dem jüngsten Meister, nicht den Jahren des menschlichen Alters, sondern der Meisterschaft nach, zu versehen, angezündet, ausgelöscht und abgewartet werden. Wer solches versäumet, gib jedesmal zur Buß ein Pfund Wachs.

Es sollen keine Glasmaler, wie auch Glasschneider, ingleichen das Vergulden und Reißen, welche nicht in unser Zunft und Zech gehören und begriffen sein, in meiner ganzen Herrschaft Böhm. Kamnitz die und deren Handthierung oder Gewerb treiben, sondern diese Zunft und deren

Meister zu Kreibitz Fug und Macht haben (nachdem sie sich vorhero deß=
wegen bei jedes Orts Gerichten gebührlich angemeldet und Ansuchung
gethan haben), dieselbe als Störer aufzuheben, zu arrestiren und deren
Iedwedem, so oft er betreten wird, die Arbeit und Waaren ab= und weg-
zunehmen und noch darzu um sechs Schock Meißn. zu strafen, mit diesem
Anhange aber, daß der abgenommenen Waare, Arbeit und benelb'ten Straf=
geld halber Theil bis zu meiner oder meinen Herrschaft Böhmisch=Kämnitz
Beamten ferner Disposition in solchen Gerichten allemal verwahrlich
verbleibe, die andere Hälfte aber dieser Zunft und Zech unaufgehalten
werde. Hierbei dennoch denen diesige Zunft und Zeche mithaltenden
Glashüttenmeistern in Oberkreibitz aus gewißen und ehrhaften Ursachen
freistehen und unbenommen sein soll, jeder Zeit und sonder männigliche
Einreden und Hinderung einen oder mehr fremde Glasmaler, von welchen
Orten her es ihme gefällig sein möchte, aufzunehmen und bei der Hütten
zu gebrauchen.

So auch endlich sonsten Iemandes, doch nur alleine der Begräb-
und Leichenbegängniß halber oder aus bloßer guter Zuneigung sich in
diese ehrliche Zunft und Zeche begeben wollte, wird solches von mir auch
bewilligt.

Zu mehrer Urkund und Festhaltung dessen, um diese als aufgerichte
vollkommene Innung, Zunft und Zeche der Glasmaler in oft mehrge=
dachtem meinen Städtl Kreibitz bei allen vorhero und obbeschriebenen
Punkten, Clausen und Articuln bestermaßen zu erhalten, zu schützen und
handzuhaben, habe ich diese Zech=Orden und Privilegien mit meiner eigenen
Hand Unterschrift und angebornen Insiegel und Petschaft wohlbedächtlich
und wissentlich nicht alleine bekräftiget und bestättiget, sondern auch meinen
bestallten Hauptleuten, Beamten, Bürgermeistern und Rath, ingleichen
allen und jeden meinen Unterthanen, darob steif und fest zu halten, bei
wirklicher Strafe ernstlich anbefohlen.

So geschehen auf meinem Schloß Böhmisch=Kämnitz im Jahre
Christi 1669 den 28. Monatstag Augusti.

(L. S.)   Wenzel Norbert Octavian Kinsky m. p.

40.

Der löblichen Glasschneider-Innung innen beschriebene Zunft-Regeln, abcopirt 1770.*)

Aufrichtung des privilegii von Ihro hochgräfl. Gnaden guädigen Obrigkeit ꝛc. ꝛc. Denen sämmtlichen kunstreichen Glasschneidern, Malern und Schraubenmacher der Innung aufzurichten, hat solches Kaspar Kittel, Glasschneider, mit einer demüthigen Bitte bei seiner guädigen Obrigkeit angebracht, demnach seine Vetter Samuel und Daniel Heltzel offendiret. Darüber, wie solches berathschlaget, die anderen Meister zusammenberufen, denen sämmtlichen Bitte von Ihro hochgräflichen Gnaden ꝛc. ꝛc. auf obrigkeitliche Macht seind begnadet worden, solches in zwölf Regel verfasset, wie solches weiter zu ersehen.

Das und allen Nachkömmlingen steif und fest dabei zu halten, worzu der Allerhöchste seine Gnad und Segen, der zeitlichen Nahrung, hernach der ewigen Seligkeit theilhaftig zu werden, geben wolle!

Privilegium.

Im Namen unsers wahren Gottes! Amen.

Kund und zu wissen seie hiermit Jedermänniglich. Demnach vor mich Ferdinand Roßnata Grafen von Kokorzowa als Herrn der Herr=schaft Ludiß, Stietra, Tännischen und Bürgstein, röm. kais. Maj. wirklichen Kämmeren ꝛc. ꝛc. supplicando erschienen seind die auf dieser meiner Herrschaft Bürgstein, meistens aber die aus dem Dorf Blottendorf und Falkenau, verharrende Glasmaler, Glasschneider und Schraubenmacher mich unterthänig gehorsamst bittende, daß ich aus obrigkeitlichen Macht

---

*) Der Ausfertigung nach ist das eine (genug zierliche, aber, wie es scheint, ziemlich incorrecte) Copie des durch den Grafen Joseph Joh. Maxim. Kinsky 1770 bestätigten Exemplars der vom Grafen Ferdinand Proznata von Kokokowa verliehenen Statuten.

und Gewalt zu ihrem und ihren Nachkommenden guten Frieden und
ehrlicher Nahrung ihnen ein gebräuchliche Zech oder Zunft erlauben und
mit Einrichtung lobwürdigen Tugenden, der guten Ordnungen nachgesetzten Puncten privilegiren, bekräftigen und beschützen möchte.

Wann dann nun uns Obrigkeiten ohnedieß zustehen will, unsern unterhabenden Gemeinden zur Abwendung alles Widerwillens den christlichen
Frieden mit Aufrichtung alten ruhmbaren Ordnungen und Policeien
ehrbaren menschlichen Nahrungen zu göttlichem Wohlgefallen und immer-
währendem Ruhme bestmöglichst zu stiften, dahero um so viel mehr bin
ich dahin bewogen worden, diesen meinen allhier unterthänigen Glasmalern, Glasschneidern und Schraubenmachern und jeden andern sich
mit ihren zünftig machenden ehrlichen Handwerk zu eines Jedwedern
besto füglicher, ehrlicher Nahrung ihriger nicht tadelhaftenden Arbeit nachgesetzte Zech= und Zunft Reguln zur steifer Festhaltung, immerwährenden
Gebrauche, welche von mir, meinen Erben und deren Nachkommenden,
ohn Präjudiz der Erbgerechtigkeit, eben also ungeminderter verbleiben
sollen, wie nicht weniger von meinen nachgesetzten Amt-Leuten gutgeheißen und geschützet werden müssen, ihnen schriftlichen eigenhändig un-
terfertigter zu ertheilen. Welche denn seind diese hiernach gesetzte:

1. Regel.

Erstlichen. Sollen zwei Aeltest=Meister, so wohlvorbehaltene
Männer und wohlsaßhafte Leute sein, aus Alten [Allen?] erwählet werden,
deren einer den Schlüßel von der Laden, der andere aber gesagte Laden
bei sich in Verwahrung stehen kann haben.

2. Regel.

Andertens. Wann die Meister eine Zusammenkunft halten und
bei einander sein wollen, wessentwegen die ältiste Zunftmeister allemal
das gewöhnliche Zeichen umsenden müssen, so soll ein Jeder gar züchtig
in die Zunft mit abgedecktem Haupte erscheinen, wie nicht weniger in
der Versammlung und in alle Zeit sich von Gotteslästerungen, fluchenden
Worten, Schwören, Zanken und Hadern oder gar Raufhändeln und

andern ungebührlichen Reden gänzlich abhalten und hüthen. Welcher aber (ohne erhebliche Ursachen) hierwider thäte, selbiger soll jedesmal ein Pfund Wachs zur Straf in die Pfarr-Kirche ablegen, wie nicht weniger auch selbiger, bei welchen das Zeichen gewesen und ihn zu Haus ange-troffen hat, er aber dennoch nicht erschienen wäre, ein solcher ebenermaßen jedesmal ein Pfund Wachs soll verfallen haben.

3. Regel.

Drittens. Wann nun einer ein rechter Meister der Glasmaler-Kunst oder Glasschneidens, Glasreißens, Vergoldens, Schraubenmachens oder Glasschleifens sein will, selbiger soll nicht allein mit erster Ansagung bei den verordneten ältisten Meister seinen ehrlichen Geburtsbrief vor-zeigen, sondern auch in versammleter Zech mit genugsamen Kundschaften erweisen, daß er die Kunst oder sein Handwerk von einem der Zunft ein-verleibten Meister ehrlich erlernet habe. Nach solchem nun, wann er sein ehrliche Geburt und gutes Auslernen schriftlich erwiesen, ihme einer aus der ältisten Zunft-Meistern andeuten wird, zu welcher Zeit und auf was Weis' er sein Meisterstuck verfertigen müße, nämlich: Ein jeder soll des heil. röm. Reichs Adler sammt seinen völligen Gliedern in anderthalb Tagen mit Farben verfertigen, folgends auch in Gegenwart etlicher darzu verordneten Meister die sieben Freikünste aus eigenem Kopf und freier Faust auf's Papier zu entwerfen, hernacher diese, ob alles tauglich oder nicht, der ganzen Zunft und Zeche zur Erkenntnuß überreichen, und, wann das Meisterstuck nicht [recht] gemacht ist worden, so wird ge-bühren am baaren Geld fünfzehen Schock Meißn. und vier Pfund Wachs zu erlegen, denen Meistern gleichfalls auch ein Essen zu halten und eine Tonne Bier zu geben und jede Pint, die sie in dergleichen und andern Zusammenkünften trinken wollen, aus meinen herrschaftlichen Bränhaus oder Wirthshaus bei zehen Schock Straf in allzeit nehmen sollen. Wel-cher aber [sic] und Meisters Sohn ist, derselbige kein Geld geben darf, sondern nur die vier Pfund Wachs und das Meisteressen mit der Tonnen Bier, wie dann auf der ältisten Meister Gutachten ihme auch die Lehrjahre gemindert werden können.

4. Regel.

Viertens. Wann ein Meister ein Lehrjungen aufnehmen will und denselben nicht bevor bei der Zunft oder der Zunft Meistern ansagt, selbiger ist der Zunft in Straf verfallen. Es soll auch keiner gelernet werden, der nicht erweisen kann, daß er einer ehrlichen Geburt sei. Und ein Jung, der keines Meisters Sohn ist, soll vier Jahr vollkomm lernen, soll dann in die Lade zu geben schuldig sein ein Reichsthaler, zwei Pfund Wachs und ein halbe Tonne Bier, auch darneben mit zweien von meiner Herrschaft wohlsaßhaften Leuten auf fünfzehen Schock Meißnisch verbürgen, daß er, Lehrjung, nicht etwann ohne genugsame Ursach' und muthwilliger Weis' aus den Lehrjahren entlaufen wolle. Sollte er entweichen, so werden die Bürgen die fünfzehen Schock Meißn. der Zunft erlegen oder ihn wieder stellen müssen. Sonsten wegen der Lehrzeit mag sich ein jeder Jung mit dem Meister auf's Beste vergleichen, wie er kann und mag, wie denn ein jeder Meister einen solchen, der von mir als ihrer Herrschaft einen Consens bekommen, schuldig ist, um ein leidentliches Lehrgeld wohl und gut zu lernen, und, wessens er sich verglichen, ebenfalls verbürget nuß sein. Hergegen, wenn er seine Lehrjahr ehrlich und red- lich ausgestanden, dem Meister gebühren wird, ihme einen gebräuchlichen Lehr- oder Losprechungsbrief, der Unterthänigkeit ohne Nachtheil, aus- zuhändigen, worvor er dem Meister zum Dank eine halbe Tonne Bier geben muß. Wann aber ein Jung seine Lehrjahr nicht ausstünde und flüchtig würde und sein Lehrmeister ihn denn nachmals wieder annehmen thäte, so soll derjenige Jung, so viel Monat oder Wochen er entwichen gewesen, so viel über die ordinari Lehrzeit beim Lehrmeister wieder zu verbleiben verbunden sein.

5. Regel.

Fünftens. Nach ausgestandenen Lehrjahren und erlangten Freisprechen wird sich's gebühren, daß ein solcher Gesell auf ein Jahr lang in die Fremde wandern und was versuchen oder wenigstens Jahr und Tag bei einem Meister, bei welchem er will, vor ein Gesellen arbeiten.

6. Regel.

Sechstens. Welcher nun ein Jahr lang vor einen Gesellen gearbeitet und heirathen so auch zünftig werden wollte, selbiger soll erstlich das Meisterstück, wie oben in der dritten Regel gesaget, verfertigen, und hernacher, wann er seine Braut bei der Zunft offenbar gemacht und von ihnen, Zunftmeistern, ein Gutachten zu ihr bekommen hat, kann er auch heirathen, dann ihme nach erlangten Meisterrecht nicht über vier Wochen alleine zu arbeiten will gestattet werden.

7. Regel.

Siebentens. Sollte sichs nun zutragen, daß einer gerne vor sich ein Meister und sonsten auch ein ehrlich Zunftmeister mit sein möchte und nicht erweisen könnte, daß er bei einem andern Zunftmeister, sondern nur bei einem Stümpler gelernet und gearbeitet hätte, ein solcher soll nicht in diese von mir privilegirte Zunft angenommen werden, und [wenn?] er nicht bevor bei einem Zunftmeister zwei Jahr wieder lernen, seine und seines etwann schon habenden Weibs ehrliche Geburt und Wohlverhalten erwiese und dann deme, was oben in der dritten Regel ausgesetzet, bevor nicht nachkäme.

8. Regel.

Achtens. Wann ein Meister dem andern einen Gesellen, Lehrjungen oder anderes Gesinde (ehe sie beurlaubet sein) abspenstig machete oder weggewöhnete und der andere es auf ihn erwiese, so soll der Überwiesene mit vier Pfund Wachs bestrafet werden.

9. Regel.

Neuntens. Thue ich auch hierin und kraft diesem auf meiner ganzen Herrschaft ernstlich verbieten, daß Keiner, er sei wer er will, der nicht in dieser Zunft begriffen ist, einiges von diesen benannten Künsten und Handwerken sich unterstehe zu betreiben; der aber ein solches dennoch thät und ihme die Zunft-Meister es nicht gestatten wollten, sondern solches abzulassen ihn schon ermahnet hätten, selbiger soll auf der Zunft-

18*

meister Begehren von meinem des nächsten Orts sich befindlichen Gerichte in Arrest genommen und dessen seinen Handelssachen verlustiget
werden, deren die Hälfte in mein Amt zu liefern und die andere Hälfte
der Zunft gehörig ist, die vor [hievon?] alsgleich meinem Amt die Nachricht ertheilet werden muß.

10. Regel.

Zehentens. Wann ein Zech- oder Zunft-Meister mit Tod abgehet und dessen oder seines Weibes, Kinder oder Gesindes Leichnam zur
Erden bestattet wird, dergleichen Begräbnuß und Leichbegängnuß sollen
auf die geschehene Ankündigung die andern Meister oder Meisterinnen
und Gesellen mit ihren Kerzen nach christlichem Gebrauch beiwohnen
und begleiten, oder [wer] dieses mit Fleiß unterließe, zur Strafe denen
armen Leuten, vor der Kirchen vor dem Verstorbenen zu beten, vier gute
Groschen aus Antrieb der ganzen Zunft geben soll.

11. Regel.

Eilftens. So etwann Jemand anders außer dieser Glashanthie-
rung wegen jetzt vorgeschriebenen ehrbaren Leichbegängnuß sich auch in
diese Zech begeben und einverleiben lassen wollte, selbiger kann angenommen werden, jedoch von der Zunft ihme nichts anders gebühren
solle, als allein die Begängnuß von dieser Leichordnung.

12. Regel.

Zwölftens und zum Letzten. Damit der göttliche Segen desto
häufiger erlangt werde, so sollen von dem Straf-Wachs in alle Zeit zwei
große Wachskerzen in der Kirchen zu Blottendorf zu Gottes Ehren erhalten und alle hohe Festtage von dem jüngsten Meister angezündet, wie
ebenfalls nach dem Gottesdienst wieder ausgelöschet und verwahret
werden; würde er, jüngster Meister, es aber nicht thun können, so soll
er einen andern anstatt seiner darzu erbitten und bestellen; da er aber es
aus Nachlässigkeit versäumete und solche zu gebührender Zeit nicht an-
zündete, allezeit mit Ein Pfund Wachs gestrafet soll werden.

Diesem zum wahren Glauben und steifer Festhaltung ich obbe=
schriebene aufgerichte Zunft=Ordnung und gute Regulen wissentlich be=
stättiget und mit meinem angebornen größern Insiegel bekräftiget habe.

Geben auf meinem Schloß Bürgstein den Montag nach Reminiscere im Jahr nach Christi Geburt

M.DC.LXXXIII.

1683.

Ferdinand Rosnata Graf von Kokorzowa.

Joseph Graf Kinsky
von Chinitz und Tettau.

41.

**Im Namen der allerheiligsten, hochgelobten und unzertheilten
Dreifaltigkeit einigen Gottheit, Gott des Vaters, Gott des Sohnes
und Gott des heiligen Geistes! Amen.** *)

Ich Wenzel Norbert Octavian Kinsky, des heiligen römischen Reichs
Graf von Chinitz und Tettau, Erbherr der Herrschaft Böheimisch=Kam=
nitz, Arnau, Neuschloß, Drahobus und Radeschin, röm. kais. Majest.
wirklicher geheimer Rath, Kämmerer, königl. Statthalter und obrister
Landrichter im Königreich Böheim, thue auf beschehenes unterthäniges
Ansuchen und bittend Begehren meiner lieben getreuen Unterthanen, der
Glasschneider, Glasmaler und Schraubenmacher in meinem Dorf Stein=

---

*) Der Text dieser Innungsstatuten für die Glasschneider, Glasmaler und Schrau=
benmacher von Steinschönau wurde ursprünglich der Abschrift in Georg Franz Kreibichs
Manuscripte entlehnt, welches zu diesem Ende der Besitzer Herr August Conrath in Leit=
meritz auf gefällige Verwendung des Herrn Dr. Ludwig Schlesinger mitzutheilen die
Güte hatte. Nachträglich stellte es sich heraus, daß sie bereits in den Mittheilungen des
Vereines für Geschichte der Teutschen in Böhmen (X 1871, Seite 83 u. ff.) abgedruckt
seien. Da jedoch dieser (muthmaßlich nach dem im Bürgermeisteramte zu Steinschönau
hinter Glas und Rahmen hängenden Originale veranstaltete) Abdruck von störenden
Schreib= oder Druckfehlern nicht ganz frei ist, so schien es nicht unangemessen, die Urkunde,
mit Benützung der erwähnten Abschrift und des Abdruckes — inhaltlich wenigstens —
möglichst richtig gestellt, hier wiederzugeben.

schönau um desto mehrer Fortpflanzung ehrbarer Sitten, stethaltender guter Polizei und ihres guten Aufnehmens aus hoher obrigkeitl. Macht und gnädiger Zuneigung ihnen und allen ihren Nachkommen diese nach- beschriebene Innung in gesetzten Punkten, Clausulen und Articulen sich gehorsamlich jetzt und zu allen Zeiten darnach zu richten und voll- kommentlich barnach zu halten, in Gnaden ertheilen, nämlichen:

Vors Erste sollen sie sammentlich jeder vor sich selbsten die Gebot Gottes und der heil. christlichen katholischen Kirchen fleißig halten, nach- mals ihre Weiber, Kinder und Gesindlich fleißig darzu ermahnen und aufmuntern.

Zum Anderen. Sollen sie jährlichen die vier Quartalzeiten ent- weder zu meinem Gericht zum Schelten oder Parchen oder wo mein Bier geschenkt wird, ordentlich halten, und wann sie Zusammenkünfte oder Quartal halten wollen, sollen die erwählten zwei Aeltisten einen Tag oder zwei zuvor solches den anderen Meistern und denen, die darzu gehören, wissend machen, da dann ein Jeder, er hätte denn nicht zu er- scheinen gnugsame Ursache vorzuwenden, bei Straf zwei Pfund Wachs, zu rechter Zeit mit angethanem Mantel sich einfinden, nach der Ordnung, wie sie nach einander Meister worden, zur Laden mit abgedecktem Haupt niederfitzen, sechs Kreuzer auflegen und, so lange das Quartal oder Zu- sammenkunft währet und auch sonsten, ein Jeder nach dem verordneten Aeltisten sich richten und selbsten einer dem andern mit aller Ehrbarkeit entgegengehen soll. Und was die Innung beschließet, soll Keiner aus- plaudern bei Straf zwei Schock Meißn. Auch ist verboten aller Zank und Hader, das Schelten und Fluchen bei Straf einer halben Tonne Bier; sollte einer den andern schlagen oder (Ehren) schmähen, ein ganz Viertel Bier. Der aber Gott lästerte oder sich außerhalb der Innungs- Versammlung in einem oder andern ungebührlich verhielte, soll (jedoch der Innung ohne Nachtheil) dem Gerichte übergeben werden und von demselben gebührend gestraft werden. Außerhalb der Quartal sind sie nicht schuldig zusammen zu kommen; verlangts einer aus der Innung, soll er 30, ist's ein anderer 45 Kreuzer auf einen Trunk Bier erlegen.

Zum Dritten. Da einer, es sei ein Fremder oder Einheimischer, der unter diesen dreien Gewerken des Glasschneidens, Glasmalens und

Schraubenmachens eines allhier, oder ein Fremder anders wo, ehrlich ge=
lernet, bei dieser Innungszunft, zu der alle diejenigen gehören, welche
aus meinen Dorfschaften der Herrschaft Kamnitz sein und darinnen ge=
lernt haben, sich einzulassen verbunden sein sollen, Meister werden wollte,
soll er sich an einem Quartal gebührend anmelden und sollen die Meister,
da ein solcher aus eigener Kunst wohlgestaltete Figuren selbsten entwerfen
und gut abzeichnen kann, auch sein Gewerb sonsten wohl verstehet, wenn
er sechs Schock Meißn. an Geld, eine Tonne Bier, vier Pfund Wachs,
ein Meisteressen oder davor zehn Schock Geld nebenst einem gläsern oder
zinnern Becher gibt und erleget, ihn in ihre Zunft, doch daß er und ein Jeder
bei seinem Gewerk verbleibe, auf= und annehmen. Eines Meisters Sohn
aber und der eines Meisters Tochter oder Wittib heirathet, soll bei diesem
Allen bei dem halben Theil gelassen werden. Ein Fremder aber soll
seinen Geburts= und Lehrbrief in mein Amt Böhmisch=Kamnitz einhän=
digen. Und ein jeder solcher junger Meister ist schuldig, so lang als er
sich nicht verheirathet, von seinem Gewerk vor sich zu treiben in das
Quartal mit dem Auflegegeld der Innung einen Gulden zu geben und
der Lehrjungen und Gesellen sich gänzlich zu enthalten und soll denen
Aeltisten und anderen älteren Meistern mit vorwitzigen Reden nicht vor=
greifen, sondern sich nach ihnen zu richten alle Zeit zu richten schuldig
sein, bei Straf vier Pfund Wachs.

Zum Vierten. Wenn ein Meister einen Jungen lernen will,
soll er von ihm (wenn er ehrlicher Geburt) nach vierzehntägiger Ver=
suchung, so es Beiden gefällig und ich Consens ertheile, auf ganzer vier
Jahr lang vor offener Lade an= und aufgenommen und sowohl wegen
des Lehrgeldes als seiner Person mit zwei unterthänigen wohlangesehenen
Bürgen auf dreißig Schock Meißn. verbürget werden und soll von solcher
Aufnahm ein Schock Geld, ein Pfund Wachs und eine halbe Tonne
Bier, desgleichen auch von Lossprechen auch soviel, der Innung geben
werden. Da aber eines Meisters Sohn zur Lehr aufzunehmen ist, wird
mein Hauptmann zu Kamnitz alsobald mir den Consens gegen Darle=
gung eines Guldens zur Unterschrift übersenden und soll der Innung
neben Einhändigung des Consenses von Aufnehmen sowohl, auch von
Lossprechen jedesmal eine halbe Tonne Bier geben werden. Einem

Waisen, der nach eines Meisters Tod hinterbleibte, ist die Innung schuldig, obgleich alle Meister schon Lehrjungen hätten, einen Meister, der ihn ohne Lehrgeld neben seinem bevor in der Lehr schon habenden Lehrjungen zwei Jahre lang lernen, zu verschaffen. Wird aber nicht gestattet, daß ein Meister sonsten zwei Lehrjungen auf einmal habe, viel weniger, daß einiger mein Unterthauer das Glasschneiden oder dieser Gewerke eines außer meiner Herrschaft lerne, noch einigen Lehrjungen außerhalb derselbigen dergleichen Gewerk lernen lasse. Doch stehet einem jeden Meister frei, seine eigene Kinder, welche er nachmals bei der Innung aufnehmen und das Gebühr davon geben soll, auch nach seinem Belieben, wanns ihm gefällt, wieder freisprechen mag, neben einem Lehrjungen jederzeit zu instruiren. Kein Meister soll auch nicht das Geringste einem Lehrjungen vor sich zu arbeiten erlauben, weder geben noch gestatten. Derjenige Meister, der solches thut, soll dreimal so viel Geld, als die gethane Arbeit erkannt wird, ohne alle Widerred der Innung erlegen. Jeder Meister ist auch schuldig, seinen Lehrjungen fleißig in der Lehr zu unterweisen und jeder Lehrjunge soll seinen Lehrmeister und Lehrmeisterin wie auch denen Gesellen den gebührenden Gehorsam jederzeit leisten.

Zum Fünften. Nach verstrichener Lehrzeit soll ein jeder Lehrmeister seinen Lehrjungen vor offener Lade freisprechen und solcher junger Geselle, ehe er zum Meisterwerden schreitet, soll zwei ganzer Jahr lang im Gesellenstand zubringen, und weder er noch sonsten einiger Geselle sich nicht unterstehen, im Geheim noch öffentlich vor sich zu arbeiten, bei Straf vier Pfund Wachs und Verlust der verfertigten Waare. Eines Meisters Sohn aber, und der sich mit eines Meisters Tochter oder Wittib verehlichet, ist solches zu thun nicht schuldig, sondern kann Meister werden, wann ihm beliebet.

Zum Sechsten. Es soll auch kein Meister dem andern sein Gesindlich abhalten noch verführen und soll in Haltung der Gesellen, damit einer dem andern mit allzu viel Gesinde nicht verderbe, eine billige Gleichheit gehalten werden, bei Straf vier Pfund Wachs. Ein jeder Meister aber mag wie andere Zünfte fremde Gesellen, wenn selbe ein jeder gleich anderen in Arbeit stehenden Gesellen jedes Quartal bei der Innung 3 kr. auflegen, sich unverhinderlich zu gebrauchen. Kein Geselle aber soll bei keinem andern Meister arbeiten, er sei denn bei dem er zu vorhero gearbeitet verurlaubet. So viel Arbeit solcher Gesell verfertiget, soll der Meister oder Wittib, so ihn geföbert, der Innung das Geld davor zu geben verfallen sein. Denen Wittiben aber ist es nicht gewehret, so sie alle Quartal ihr Auflegegeld richtig erlegen, ihrer Männer Gewerk fort zu treiben.

Zum Siebenten. Es können auch bei dieser Innung nicht nur die Flachmaler, sondern auch andere Gewerksleute, so sie ehrlicher Geburt, sich aufrichtig verhalten und reblich gelernt haben, auf von mir verlangten Consens in diese ehrliche Zunft um das Gebührliche angenommen werden und allba Meister werden. Kein Kugelschneider noch Polierer soll, bei mir vorbehaltener Strafe, denen Glasschneidern mit ihrer Arbeit nicht den geringsten Eintrag thuen und ihrer Arbeit sich nicht heimlich, sondern öffentlich gebrauchen. Dieser Innungs Schraubenmacher mögen zu ihren verschraubten Flaschen die Futterale und klein und große Schrauben von Zinn und anderer Materia machen; doch sollen sie hierinnen einer wie der andere in der Bezahlung gleiche Maß halten. Kein Meister, welches Gewerks er in dieser Innung sei, soll dem andern in die Arbeit fallen, es sei denn der, der zuvor gearbeitet hat, völlig bezahlet, bei Straf vier Pfund Wachs. Es sollen auch diejenigen Meister, welche aus dieser Innung zu Gemeingeschwornen genommen, gebrauchet werden, um desto mehrer Ehrbarkeit willen mit den Gebitten der Gemeine, Aus- und Einführung, auch An- und Losschließung der Arrestirenden jederzeit überhoben sein.

Achtens. Ich gebe und bestättige auch nicht nur alleine denen jetzigen, sondern auch allen nachkommenden Meistern dieser Innung die Häusler und Hausleute betreffende diese Freiheit, daß ein Jeder, der mir, wenn er geheirathet, jährlichen vier Gulden, halb zu St. Georgii und halb zu St. Michaeli, in mein Amt Kamnitz abführet, aller mir sonsten zu thun schuldig gewesenen Roboten gänzlich befreiet sein soll, thue auch allen Meistern ihre Kinder meiner Vorwerks wie auch der Burger-, Bauern- und aller dergleichen Dienste, wann man mir von jedem Sohn oder Tochter davor drei Gulden, welche mein Hauptmann jederzeit ohne Unterschied annehmen wird, doch von jeder Person nicht mehr

als nur einmal, in mein Amt einhändiget, hiemit völlig entlassen und
selbe, ob ihnen gleich beide Eltern entfielen, je und alle Zeit dabei erhalten. Die auf diese Meister und Innungsgenossen fallende kais. Con-
tributiongelder wie auch alle andern sie angehende Gaben werden sie
ein Jeder selbsten meinem bestellten Richter, der sie annehmen wird, zu
seiner Verraitung einhändigen.

Zum Neunten. Es soll auch Niemand, weder meine noch anderer Herrschaft Unterthanen, durch ihr Glashandeln dieser Innungs
Meistern zum Schaden anderwärtig geschnitten oder gemaltes Glas,
oder wie solches gearbeitet werde, noch andere verschraubte Waaren keines
Weges auf meine Herrschaft bringen, noch an sich kaufen, weder meine
Unterthanen ihr ungearbeitet Glas anderwärtig schneiden, malen noch
verschrauben lassen, weder auf andere Weis zurichten lassen, sondern,
soviel sie dessen zur Handelschaft vonnöthen, einzig und allein auf meiner
Herrschaft, auf was vor eine Manier es sei, verfertigen lassen, weder
Störer dieser Innung zuwider sollen auf keinerlei Weis gedulbet werden.
Sollte Jemand, er sei wer er wolle, Fremder oder Einheimischer, hierin
begriffen werden, der oder diejenigen sollen nicht nur allein aller solcher
bei ihnen befindlicher Waaren gänzlich verlustig sein, sondern sollen auch
noch darzu, wo der oder dieselben auf meiner Herrschaft damit ertappet
werden, von meinen jedes Orts zunächst angelegenen Gerichten vor sich
selbsten und, wann die Innung sie darum ersuchet, unverzüglich aufgehoben und eh'nder nicht, bis doppelt soviel, als die Waaren werth sein,
zur Straf am Gelde erleget ist, von dannen gefolget werden. Welche
Strafe und Verlust halb der Innung zufällt und halb mir zu fernerer
Disposition gelassen werden soll.

Zum Zehenden. Es wird auch diese Innung zur Zierde und
Ehre Gottes in der Steinschönauer Kirchen einen messingenen Leuchter
und alle hohe Festtage, als Ostern, Pfingsten und Weihnachten, auch
an dem Kirchenfesttage St. Johanni Baptista brennende Wachskerzen
darauf halten und durch ihre junge Meister abwarten lassen, auch jeder
Meister und Meisterin an Corporis Christi der heil. Prozession beizuwohnen und die hohen Festtäge das Kirchenopfer nebst ihren Kindern
und Gesindlich, bei Straf ein Pfund Wachs, fleißig zu verrichten schuldig sein.

Zum Eilften. Zur Beiwohnung der Begräbnisse sollen die vorstehenden Aeltisten dessen Meldung thun und jeder Meister und Meisterin
ist schuldig, bei den verstorbenen Meistern und Meisterinnen wie auch
derer Kinder und Zugethauen Begräbniß zu bestimmter Zeit zu erscheinen,
die jüngsten Meister die Leichen zu tragen und sie sammentlich ein Jeder
der Leichenbegängniß und, so eine Seelmeß gelesen würde, dem Opfer
beizuwohnen, bei Straf zwei Pfund Wachs. Sollte auch einer bei der Jahr-
Seelmeß, welche die Innung vor die verstorbenen Meister in der Steinschönauer Kirche lesen zu lassen schuldig ist, nicht beiwohnen und sein
Opfer verrichten, Strafe ein Pfund Wachs.

Endlichen sollen dieser Innungszunft erwähnte Glasschneider,
Glasmaler und Schraubenmacher wie auch alle Diejenigen, die sich, was
vor Gewerks sie sein, in die Innung begeben, nach obbeschriebenen
Articuln sich vollkommentlich richten und halten, wessentwegen ich dann
auch bei allen gemeldten Punkten, Clausulen und Articuln bestermaßen
zu erhalten, zu schützen und zu handhaben, diese Innungsordnung um
Erhaltung guter Polizei, Zucht und Ehrbarkeit aufgerichtet, meinen
Beamten gehörige Amtshilfe darüber zu leisten ernstlich anbefehligt
und dieses ihnen gebene Privilegium, welches ich zu meinem und
dieser Innungs Nutzen gnädigst zu mindern und zu mehren mir vorbe-
halte, zu mehrer Urkund und stets fester Haltung mit meiner eigenhändigen Namensunterschrift und Anhängung meines angebornen gräflichen
Insiegels wohlbedächtig und wissentlich bekräftiget und bestättiget. Mit
diesem ferneren Zusatz, daß in's Künftige meine Erb und Erbnehmer
diese meine liebe und getreue Unterthanen und all ihre Nachkommen in
und zu allen Zeiten darob stets schützen und fest handhaben sollen, auch alle
und jede nachfolgende Obrigkeiten und Inhabern dieser meiner Herrschaft Böhm. Kamnitz auf mein inständiges Intercediren sie bei diesen
von mir wohl erlangten Begnadigungen jederzeit beständig erhalten,
selbe auf unterthäniges Ansuchen weiter confirmiren und ihren Haupt-
und Amtleuten weder jemand Anderen sie hierüber keinesweges zu be-
schweren nicht gestatten wollen.

Gegeben Prag den Samstag nach St. Johanni Baptista, welches
war der sechs und zwanzigste Monatstag Juni des nach Christi unseres

einigen Erlösers und Seligmachers freudenreicher Geburt Eintausend
sechshundert neunzig und vierten Jahrs.

Wenzel Norbert Octavian Graf Kinsky von Chinitz und Tettau.

42.*)

Nachdeme die allerhöchsten Commercial-Generalien nicht gestatten,
daß ein Professionist zugleich zweierlei Gattungen des Gewerbes zum
Nachtheil und Abbruch des Verdienstes deren unr mit einerlei Gattung
der Profession oder Gewerbes Versehenen betreiben möge, so kann ich
auch auf meiner Herrschaft Bürgstein nicht zulassen, damit Glas-
Schneider, Kugler, Schleifer oder andere dergleichen Arbeiter darneben
auch das Glas-Vergolden zur Hand nehmen und andurch denen ohnedem zahlreich befindlichen Vergoldern ihren Verdienst und Nahrung schwächen oder zum Theil gar benehmen mögen.

Noch viel weniger kann ich gestatten, daß freilebige Leute und
besonders Weibspersonen zum Nachtheil deren mit Weib und Kindern
sich zu ernähren, auch kais. und obrigkeitl. Schuldigkeiten zu prästiren
habenden Glasvergoldern in diese Arbeit und dessen freien Betrieb sich
einmischen sollten. Derowegen ich als Obrigkeit annit verordne, damit
hierinfalls führohin die generalmäßige Ordnung genau beobachtet werden
und einer dem andern zu Schwächung der Nahrung in seine betreibende
einerlei Arbeit nicht eingreifen soll, um vorzüglich auch den Lands-Credit
zu erhalten, damit in sothaner Arbeit zum schädlichen Nachtheil der
Glashandlung selbsten nicht geschleudert werde. Worüber mein Bürgsteiner Amt feste Hand zu halten und die Uebertretere dieser meiner

---

*) Gefälligst von Herrn Oberlehrer Eduard Simm besorgte Abschrift aus dem in
der Tomaßmühle in Falkenau befindlichen Pergamentmanuscripte. Dasselbe ist in Form
eines Buches in Großfolio-Format und hat auf dem Vorderblatte, von zierlicher Rand-
einfassung umgeben, statt des Titels das Kinsky'sche Wappen inmitten einer feinen Fe-
derzeichnung und oben den Namen Jesu. Der Erlaß und dessen Confirmation trägt die
eigenhändigen Unterschriften der genannten Grafen, auf den Artikeln hingegen fehlt die
bruderschaftliche Fertigung.

heilsamen Anordnung mir selbsten zur weitern Ahndung anzuzeigen haben wird.

Gegeben Bürgstein, den 26. Octobris anno 1776.

Josef Graf Kinsky m. p.

Dieses von meinem seligen Herrn Großoncle Gnaden untern 26. Octobris 1776 ertheilte Decret thue ich nach dem buchstablichen Inhalt in Gnaden confirmiren und mein Wirthschaftsamt wird also hiernach wie vorzugehen wissen. So geschehen Chraustowitz den 8. Augusti anno 1780.

Philipp Graf Kinsky m. p.

Glas-Vergolder-Articuln.

Nachdeme Se. Excellenz Herr Herr Joseph des heil. römischen Reichs Graf Kinsky von Chinitz und Tettau (Pl. Tit.), unserer gnädigster Herr Herr als Grundobrigkeit vermög Decret ddo. Bürgstein den 26. Octobris 1776 und Rescripten-Protocolli Buch Lit. A. Folio 8 unsere Glas-Vergoldungs-Kunst für uns alleinig festzusetzen geruhet haben, dahero haben wir folgende Articuln zur Richtschnur unseren Gebrüdern festgesetzet, welche nicht anderster, als wie vorgeschrieben, gehalten werden sollen und mögen, als:

Articulus I.

Wann ein Jung zur Glasvergoldung oder Malerkunst auf Glas in die Lehr aufgenommen werden will, soll und muß derselbe von ehrlichen christkatholischen Eltern abstammen und den Consens zur Lehre einbringen, ehevor aber bei dem Meister, wo er lernen will, durch sechs Wochen in der Prob stehen, und wann solcher Jung vor tauglich befunden wird, alsdann ordentlich aufgebinget werden und der Bruderschafts-Laden 3 fl. rheinl., für's Einschreiben 35 kr., dann für den Zechboten 15 kr. baar erlegen und zwei Bürgern stellen, jedoch, wann es eines Meisters Kind, nur drei Jahre, wenn es aber ein Fremder wäre, vier Jahre in der Lehr verbleiben und nicht austreten, als im Widrigen für jeden ausgebliebenen Tag eine Wochen länger in der Lehr verbleiben müßte. Das

Lehrgeld belangend, dieses hat der Lehrmeister mit des Lehrlings Eltern auszumachen. Wann aber ein Lehrmeister abstürbe, ehe des Lehrlings Lehrzeit verstrichen, alsdann bekommet der Lehrmeister, der solchen Jungen vollkommen auslernt, a proportione des Lehrgeldes die übrige rata.

Articulus II.

Und wann ein Jung, (so in der Lehr des Glas-Vergoldens oder Malens so ordentlich aufgebinget und bei dieser Bruderschaft oder guten Ordnung eingeschrieben ist), seine drei- oder vierjährige Lehrzeit überstanden und fähig ist, einen Gesellen fürzustehen, als kann er bei versammleter Bruderschaft freigesprochen und denen Gesellen in's Geliebbe gegeben werden und sobann sich als ein ehrliebender Geselle verhalten und aufführen, alles Scheltens und Fluchens, ärgerlichen Liedern und Schmähwörtern enthalten, keine Spitznamen einander anhängen, noch in unanständige Spiele einlassen, noch auch außer des Meisters Behausung übernachten oder blaue Montag machen, unter Straf deren Eltesten und Erkanntnus der sammentlichen Meistern.

Articulus III.

Es sollen alle Gesellen der Glasmaler und Vergoldern, denen vorgesetzten Eltisten allen schuldigen Gehorsam leisten und bei den jährlichen Haupt-Quartal ordentlich erscheinen, ihren Meister Nutzen befördern und nicht etwann ohne Wissen seines Meisters etwas für sich arbeiten oder mit andern einen Unterschleif machen.

Articulus IV.

Wenn nun ein Gesell alles Nothwendige ordentlich erlernet hat und ordentlich sich einzüuften lassen, dann Meister werden will, soll er ehevor sechs Jahre lang Geselle sein und bei wohlerfahrnen Meistern in Arbeit verbleiben. Stürbe aber ein Meister und die Wittib das Vergolden oder Malen ferner betreiben wollte, so soll ein derlei guter Gesell der Wittib zugelassen werden, auch die Eltisten gehalten sein, nachzusehen, damit die Meisterin und respective Wittib nicht in Schaden gerathe, folglichen ein solcher Gesell allemal ehender zur Incorporation zuzulassen.

Articulus V.

Hat ein derlei Geſell ſeine Zeit überſtanden, daß ihme ſonſten nichts mehr im Wege ſteht, ſo ſolle derſelbe ſein Atteſtat von letzten Meiſter, bei welchen er in Arbeit geſtanden, bei verſammleter Zunft und Innung einbringen, alsdann nach erlegten Forbergeld pr. 1 fl. 10 kr. um die Incorporation anlangen und wann ſolches angenommen wird, für die Incorporation, wann er nicht eines eingezünften Meiſter Sohn iſt oder eine Wittib oder auch eines Meiſters Tochter ehliget, 10 fl. rheinl. erlegen, dann an Einſchreibgeld 1 fl. 10 kr. und für den Zechboten 35 kr. entrichten. Eines Meiſters Sohn oder, der eine Wittib oder Meiſters Tochter ehliget, nur die Hälfte mit 5 fl. zu entrichten hat; die Einſchreib- und Zechbotengebühr hat ein ſolcher wie ein Fremder zu zahlen, ſonſten aber nichts zu zahlen gehalten ſein.

Articulus VI.

Es ſoll ſich kein anderer, er ſei ein Glaskugler, Glasſchleifer oder Glasſchneider unterfangen in das Glasmalen oder Glasvergolden einzugreifen, es ſeie dann, daß ſolcher ordentlich aufgedinget, gelernet und bei wohlerfahrenen Meiſtern in Arbeit geſtanden, unter Straf 10 fl. und Confiscirung deren Materialien.

Articulus VII.

Zugleichen ſolle ein Glasmaler oder Vergolder, der ordentlich eincorporiret iſt, eines anderen Geſellen durch Verſprechung vieler Gutthaten nicht abhalten, vielweniger eines dem andern die Arbeit untauglich machen, noch die Kunden abhalten und an ſich ziehen, unter Straf und Erkanntnis des Zunfts-Commiſſarii und der geſammten Brüdern oder Mitmeiſtern.

Articulus VIII.

Und nachdeme das Hauſiren generaliter verboten iſt, dahero ſolle ſich weder Meiſter noch Geſelle unterfangen mit derlei vergold- oder gemaltem Glas hauſiren zu gehen und hiermit das Publicum zu bevortheilen, als im Widrigen, wann ein oder der andere betreten würde, ein solcher nicht allein bestrafet, sondern die betreffende Gattungen verfallen haben, welch' derlei Strafen allemal dem Bürgsteiner Hospitali zukommen sollen.

Articulus IX.

Die Zunfts-Zusammenkunft soll allemal jährlich gehalten werden, wobei eine Zunfts-Commissarius, der sich allein demnach zu verhalten hat, beiwohnen soll, die zwei Eltiste aber durch den Jüngsten oder Zechboten vor dem Haupt-Quartal sammentlich Einverleibte hierzu den Tag zuvor vorladen lassen, wobei ein jeder Meister und Gesell dieser Innung ehrbar und nüchtern zu erscheinen gehalten wird. Hat ein oder der andere Meister oder Gesell etwas beschwersam vorzubringen, so solle er gehalten sein, ein solches bescheiden vorzutragen und den Bescheid von den Zunfts-Commissario und denen Eltisten mit Vernehmung der übrigen Mitmeistern abzuwarten.

Articulus X.

Die Lade, worein die jährlichen Auflaggelder à 12 kr., als auch die Aufding- und Freisprechungs-, dann Meisterrecht- oder Receptions-Gebühren zu verwahren kommen, solle mit zwei Schlüsseln verwahret werden, wovon einer dem Ober-, der andere dem Neben-Eltisten in Händen lassen werden solle, anbei aber gehalten sein, der Zunft über die eingehende Handwerksgebühren am Hauptjahrtag im Beisein des Zunfts-Commissarii ordentliche Raitnung zu erlegen und getreulich hiemit zu gebahren.

Articulus XI.

Letztlichen solle ein jeder Meister und Gesell gehalten sein, denen aus der Zunft erwählten Eltisten allen gebührenden Gehorsam zu leisten und auf deren Vorladung ohne rechtmäßig ehevor beschehenen Entschuldigung nicht ausbleiben, sondern ohne Gewehr ehrbar erscheinen und alle Folge leisten.

Zu dessen sicheren Verhalt haben wir unsere bruderschaftliche Fertigung aufgezeichnet.

So geschehen: Falkenau, den 1. Jänner 1777.

IX.

Innere Organisation
der Glashandlungscompagnien.

43.

Entwurf zu einem Compagnie-Contracte·
von
Joseph Hanzel.

Aufsatz eines Compagnie=Contractes, wie ich Vorschriften dazu in alten
Mustern gefunden habe.*)

Amsterdam, 15. October 1832.

Unsere böhmische auswärtige Glashandlungen sind, nach folgenden
Ansichten, Grundsätzen und Eigenschaften errichtet, in verschiedenen Län=
dern mit gutem Erfolge betrieben worden, weil sie auf Grundlagen auf=
gebauet waren, die dem, der darnach lebt, stets ein ehrliches und honettes
Auskommen verschaffen werden, die dem aufgeklärtesten Menschen stets
heilig und unverletzbar sein müßen, die mit unserer christlichen Lehre:

---

*) Kein bloßes Formular eines Compagnie=Contractes, wie man es nach dem
Titel vermuthen würde, sondern eine förmliche Abhandlung über die Rechtsgrundsätze
und Gewohnheiten der Glashandlungsgesellschaften ist es, was der Verfasser in diesem
Aufsatze biethet. Da er zur Zeit der Niederschrift, die ganz von seiner Hand ist, bereits
im 77. Lebensjahre stand, mithin eine reiche Erfahrung hinter sich hatte, überdies aber

19

„Was Du nicht willst, daß Dir Andere thun, thue auch ihnen nicht," mit den politischen Gesetzen aller Länder übereinstimmen.

Der Zweck Aller war erhöhter Wohlstand und die Mittel dazu:

Kunde vom Geschäfte und der Verstand, durch alle erlaubte Mittel sich Vermögen zu erwerben.

Fleiß und Emsigkeit, Sparsamkeit mit gemeinem gesunden Menschenverstande verbunden.

Die religiöseste Gewissenhaftigkeit vor Allem! Denn, wo diese fehlet, da kann gar keine Handlung auf die Dauer bestehen; wo Ehrlichkeit fehlet, da helfen die bündigsten Contrakte nichts.

Diese Fundamental-Grundsätze sind nicht bloß von unsern Landsleuten (mehrst nur mündlich verabredet und auf's Wort zu halten) versprochen worden, sondern auch von allen Menschen, wo sich Personen freiwillig zur Erreichung eines gemeinschaftlichen Zweckes mit einander

---

bei der Abfaßung, wie er selbst sagt, auch alte Muster benützte, so kann die Abhandlung recht gut als historische Einleitung zu den „die innere Organisation der Glashandlungscompagnien" beleuchtenden Verträgen dienen. Freilich dies zunächst nur rücksichtlich der holländischen Compagnien, weil der Verfaßer nur diese aus eigener Erfahrung kannte. Doch dürfte auch das durch Gewohnheit und Vertrag bei den in anderen Ländern niedergelaßenen Compagnien geschaffene Gesellschaftsrecht von jenem der holländischen Häuser höchstens nur in einzelnen Punkten, nicht aber im Wesen abweichen.

Wenn man aber auch die Auseinandersetzungen Hanzels bloß in Bezug auf die holländischen Häuser gelten läßt, so darf doch eine seiner Behauptungen nicht ohne Einschränkung bleiben. Er sagt nämlich, bei den Gesellschaftern sei, um sie zu gleicher Thätigkeit durch gleiches Belangen (Gewinn) anzuspornen, auch ein gleiches Einlagscapital erforderlich gewesen und das Fehlende sei durch die übrigen Compagnons gegen 3 bis 4%, leihweise ergänzt worden. Aber gerade bei seiner eigenen Compagnie und bei seiner eigenen Person ist das öfter nicht der Fall gewesen, sofern die nur flüchtig genommenen Auszüge aus den Rechnungen nicht täuschen. In der ersten Zeit des Bestandes der Compagnie Gerthner, Ostritz, Hanzel findet sich allerdings angegeben, daß die Frau des Wenzel Ostritz den bei einzelnen Gesellschaftern zur Gleichheit mit dem Einlagscapital der anderen mangelnden Betrag gegen 4%, Zinsen darlieh, wie sie auch an die Gesellschaft als solche Gelder zu demselben Zinsfuße vorstreckte. Und in den folgenden Perioden sind die Einlagen meist gleich. Allein vom Jahre 1802 an tritt eine Ungleichheit ein; die Einlage des Joseph Hanzel fängt an sich zu heben, bis sie bei der Schlußrechnung im Jahre 1835 über das Fünffache jener der übrigen Gesellschafter hinausgeht.

Die von Hanzel behauptete Gleichheit der Einlagen — selbstverständlich kann davon nur bei ganzen Gesellschaftern die Rede sein — darf daher immer nur als eine Regel angesehen werden, die auch ihre Ausnahmen hatte.

verbunden haben, als Effect bringend angenommen worden, von den Regierungen der Länder beschützt worden, weil sie bloß überall anerkannte Naturgesetze enthalten, demnach weder in sittlichem noch politischem Betrachte irgendwo im Widerspruche stehen.

Unter Kunde vom Geschäfte verstand man, daß man das Glas als Masse richtig zu beurtheilen verstand, daß man so weit Kunde von der Glasmacherei hätte, um berechnen zu können, ob es Noth oder Prellerei der Hüttenmeister sei, wenn er Gattungen für 3er anrechnet, wobei er für 6er bestehen kann. Man muß so viel Kenntniß von den verschiedenen Arbeiten haben, daß man ungefähr bestimmen kann, ob der Arbeiter bestehen kann oder nicht. Es verstehet sich von selbst, daß ein Vorsteher die Correspondenz führe, vor Allem exact die Buchhalterei führe, damit keine Irrungen entstehen, da oft, wo Dieses versäumt worden, die heillosesten Erfolge entstanden sind. Des Noths einbinden, auch regelmäßig Kisten zu packen muß man wißen.

Unter Sparsamkeit verstand man nicht bloß das Vermeiden aller entbehrlichen Handlungsausgaben, sondern auch, daß man in der gemeinschaftlichen häuslichen Wirthschaftsführung nicht übertrieben kostbar lebe, die Köchin oder Haushälterin nicht unbesonnen wirthschaften lasse, sondern auch, daß man mitsorge, daß der jährliche Brand, die Lebensmaterialien zu einer Zeit angeschafft würden, wo sie am besten und wohlfeilsten sind. Unter Sparsamkeit verstand man weiters, daß man als Privater einem Verwandten oder Bekannten, einem armen Manne einen Gulden schenken kann, für Compagnierechnung aber keinen Groschen schenken darf, wenn es nicht der Bedarf des allgemeinen Belanges erfordert.

Gesellschaftshandlungen sind Niemandens Privateigenthum. Niemand hat dabei besondere Rechte, Rang oder Vorzug, als den überall bessere Kunde in der Sache, Eifer und Betriebsamkeit über den Dummkopf oder Verschwender gibt.

Wenn das Zusammenbleiben auf keine Zeit, auf keine gewiße Anzahl Jahre bestimmt ist, so kann jeder Theilhaber sich alle Tage des Jahres wieder von der Handlung trennen; nur muß er Dieses drei, sechs Monate zuvor aufkündigen, damit das gemeinschaftliche Eigenthum in der gehörigen Ordnung abgetheilt werden kann. Diese Abtheilung geschieht auf folgende Art.

19*

Das Ganze des Handlungsfondes wird in Waaren, Mobilien, Comptanten, activ- und paſſiven Schulden beſtehen. Hievon wird dem abtretenden Compagnon nach Verhältniß ſeiner Einlage ſein Antheil abgereicht. Currente, incurrente Waaren machen keinen Unterſchied; die currenten werden im Preiſe nicht erhöhet, die ungangbaren nicht herabgeſetzt: was ſie im Einkaufspreiſe gekoſtet, oder durch Uebernahme von früheren Compagnons im Werthe angenommen ſind, das wird im Gezahle abgereicht, im Preiſe berechnet. Für das richtige Einkommen der ausſtehenden Schulden haftet der abgehende Compagnon. Bis die Paſſiva getilgt ſind, haftet derſelbe ebenfalls mit ſeinem ſämmtlichen Eigenthume.

Bei dem Todesfalle eines Compagnons ſtehet es den Erben desſelben frei, die Erbſchaft nach obiger Angabe zu fordern, auch, mit gegenſeitigem Gutfinden, mit den lebenden Compagnons die Auszahlung in fünf, zehn, fünfzehn Jahren zu contrahiren. So etwas iſt eine beiderſeitige freiwillige Uebereinkunft.

Da es jedem freiſteht, das Eigenthum nach Gutfinden in natura zu fordern, ſo kann auf der anderen Seite den überlebenden Compagnons nicht aufgedrungen werden, die hinterlaſſene Wittib oder Kinder länger in der Compagnie zu halten, als es dem Geſammtwohle der übrigen Theilhaber entſpricht. Aus Achtung für den Verſtorbenen und als Chriſten ſich als Vormünder der Kinder anzunehmen iſt ſchier im Allgemeinen bewilliget worden, daß Wittib für ſich und Kinder noch drei Jahre in der Handlung verblieben. Es iſt keine Pflicht vorhanden, daß die lebenden Compagnons die Nachlaſſenſchaft annehmen, ſich mit dem Verſchleiße der Waaren abgeben, ſie zu den berechneten Preiſen annehmen müßen. Rechte und Pflichten ſind gegenſeitig.

Es iſt nicht Pflicht, daß die lebenden Compagnons den Sohn eines verſtorbenen Geſellſchafters als Theilhaber an der Handlung annehmen müßen, das Recht, an die Stelle des Vaters zu treten, hat kein Sohn, denn mit dem Tode des Vaters ſind alle Rechte und Verpflichtungen abgeſtorben. Aber es wäre ſchier unerhört, daß der Sohn nicht in die Stelle des Vaters getreten wäre, wenn er in den zum Handel nöthigen Kenntnißen erzogen, Fleiß, Gefälligkeit im Umgange, das

Bestreben, als Ehrenmann in der Welt fortzukommen, im ganzen Wesen seines Charakters liegt. Aber keine Handlung kann einen jungen Menschen brauchen, dem es an gesundem Menschenverstande fehlet, der eigensinnig, trotzig ist, nur ein Großprahler, leichtsinnig, auffliegend, ein Verschwender wäre. Diese Eigenschaften qualificiren sich nirgends zum Handlungsstande. Man kann privatim, für sich, ein Trinker, ein Verschwender sein; man kann sein Geld durch's Fenster auf die Gasse werfen. Die Folgen dieses thörichten Benehmens treffen nur den Thor, der so was thut. Ein Anderes ist es aber, wenn man anderer Leute Eigenthum zu bewirthschaften hat; da gehet so was nicht.

Haus-, Packhausmiethe, Bedientenlohn, Laudes-, städtische, Handlungs-Steuer und dergleichen sind gemeinschaftliche Lasten. Auch Leibeskrankheiten und deren Heilung, durch Witterung und andere Zufälle, nicht durch eigene Schuld zugezogen, sind bei Vorsteher und Bedienten für gemeinschaftliche Rechnung. Eine gleiche Verpflichtung hat die Handlung, wenn in Compagnie-Diensten Vorsteher oder Diener stirbt. Für dessen Körper wird ein anständiges bürgerliches Begräbniß besorgt: auf dieselbe Art wird auch sein Abschied von hier mit religiösem Anstande in der Kirche gefeiert.

Für unvorsetzlichen Bruch oder anderen Schaden, welche in die Kathegorie unvorzusehender Zufälle gehören, dafür haftet Niemand.

Ueber Privat-Vermögen kann jeder nach Gefallen schalten und walten, aber aus Compagniekasse für sich zur Speculation, aus Vorliebe oder Zutrauen Jemand Geld leihen, das ist gänzlich verboten, selbst wenn der darleihende Compagnon sich schriftlich verbände, im Falle des Schadens dafür zu haften.

Wenn es erforderlich wäre, hier oder in Böhmen Geld aufzunehmen, so muß zuvor gegenseitig die Anzeige des Wieviel? Wozu? gemacht werden, die Bewilligung Aller dazu erhoben werden. Auch im Falle des Nichtannehmens so eines Vorschlages muß die Ursache der in Widerspruch stehenden Compagnons angezeigt werden.

Sind Gelder hier im Vorrathe, die mit keinem Vortheile bei dem eigenen Geschäfte verwendet werden können, so darf der Vorgesetzte nicht nach eigener Willkühr die Verwendung derselben machen, sondern er hat vorerst die Vorstellung zu machen, ob eine Austheilung an die Handlungs interessenten statt haben soll: er hat die Art anzugeben, wie sie am vortheilhaftesten und doch sicher zum allgemeinen Nutzen verwendet werden könnten, worüber der erfolgte Schluß auf's Genaueste zu befolgen ist.

Jemand aus besonderer Zuneigung oder Verhältnissen Waaren auf Credit geben, und gar, wenn dessen Unvermögenheit oder Unwirth schaftlichkeit kein Geheimniß wäre, dafür haftet jeder persönlich.

Neue Einrichtungen im Hause, dem Packraum, die den Zweck einer Verbesserung haben, die kann jeder Vorsteher nach Gutfinden machen, wenn sie nur nicht die Summe von zwanzig Gulden übersteigen: bei größeren Kosten muß die Bewilligung sämmtlicher Theilhaber eingeholet werden.

Weil unser Handlungsfond immer zu geringe war, so haben wir von altersher die Einrichtung gemacht, daß sich jeder Compagnon des Jahres von seinem Handlungscapitale nicht mehr wie 4 pCt. für seinen Leibes oder Haushaltungsbedarf erheben konnte. Bei ungewöhnlichen Fällen, als Brand, Ankauf oder Aufbauung eines neuen Hauses, Krankheitsfällen, Begräbnißen, Ausstattung von Kindern, konnte auch mehr ausgehoben werden, nur mußte dieses Mehrere zuvor angezeigt, die Bewilligung dazu von den übrigen Compagnons erhoben werden.

Um alle Mitgesellschafter zu gleicher Thätigkeit durch gleiches Belangen anzuspornen, wurde auch ein gleiches Einlagscapital erfordert, darum auch ein gleicher Gewinn angewiesen. Was an des einen Compagnons Capitale fehlte, und wenn er auf gleichen Gewinn Anspruch machte, so waren die übrigen Compagnons die Darleiher zu 3—4 pCt. die ihnen dann auch nach Verhältniß apart zugerechnet wurden.

Weder Alter noch Capital entschuldiget von der Verpflichtung, die Verwaltung des Geschäftes im Auslande zu übernehmen, — des Reisens. Aber nicht jeder hat gleiche Lust dazu, auch wohl nicht die Geschicklichkeit, dieses Geschäft auf die bestmöglichste Art und Weise zu betreiben. Dieser Umstand ist auf zweierlei Art gütlich ausgeglichen worden. Entweder zahlete der Nichtreisende fortwährend den höchsten Lohn eines Handlungsdieners für seine Privatrechnung zum Vortheile des Ganzen, oder er vergliche sich mit dem Compagnon, der die Reise für ihn machte.

Das Reisen von und nach Böhmen ist eine gemeinschaftliche Aus=lage; es wurden dazu ehemals — noch vor fünfzehn Jahren — einem Handlungsdiener drei Dukaten angewiesen. Einem Vorsteher wurde nichts vorgeschrieben, weil jeder die Einsicht hatte, wie nothwendig der Grundsatz allgemeiner Sparsamkeit sei, daß man vergeblich Sparsamkeit von Anderen verlanget, wenn nicht jeder selbst das Vorbild dazu gibt. Gemeiniglich überstieg die Reise eines Vorstehers nicht die Summe von zwanzig, erreichte selten vier und zwanzig Gulden Convention.

Das Reisen auf der Post wurde nur für gemeinschaftliche Kosten gestattet, wenn Alter oder sonstige körperliche Schwäche es erforderte. So ist der Herr Gerthner schon früher mit der größten Zufriedenheit der anderen Compagnons mit der Post gereiset, wo Compagnon Hanzels Fußreisen der Gesellschaft keine größere Auslage, denn 20 bis 24 fl. Conv. kosteten. Früher wurden zu einer Reise mit der Post 10, später 12 Du=katen erfordert. Was auf diesen Reisen zum persönlichen Gebrauche, auf Kleider, Schmuck, was aus Luxus, z. B. Comödien, Cabinette, Städte abwärts des Reiseweges, zu besehen ausgegeben wurde, was das gemein=schaftliche Handlungsbelangen nicht angehet, — dies sind persönliche Luxusausgaben. Ganz anders waren die bisweilen nothwendigen Reisen auf die Thüringer Glashütten, sind es oft jetzt noch auf die böhmischen, und besonders dann, wenn der bezweckte Nutzen weder durch Briefe noch mündlichen Rapport der Hüttenfuhrleute zu erreichen ist. Derlei Ausgaben sind gemeinschaftliche Last. Die Wäsche, und was sonst zur Kleidung eines Vorstehers oder Handlungsdieners gehört, wurden im allgemeinen Belangen an Ort und Stelle geschafft. Die Kistel oder Koffer wurden von hier über Altona nach Böhmen, und ebenso von da hieher gesandt. Diese Reisekoffer wurden von hier zur Plombirung an das erste kaiserliche Zollamt, zur Visitation an das Leiper Oberzollamt angewiesen, von da kostenfrei in die Wohnung des Eigenthümers befördert.

Bei der schier allgemeinen Unbemitteltheit unserer Landsleute wurde auf Alles gedacht, nichts versäumt, wobei etwas erspart werden konnte; es geschah darum oft, daß von hier abreisende Compagnons sich für ihren böhmischen Hausverbrauch mit Zucker, Kaffee, Gewürze, Salzfisch, Häringe und dergleichen häusliche Lebensbedürfnisse von hier versahen. In dem Koffer durfte nichts dergleichen gepackt werden, jeder mußte Dieses selbst veranstalten, sehen, wie er damit, besonders auf den böhmischen Zollämtern, zu rechte komme. Glasmuster, Formen, überhaupt was einen reinen Handlungszweck hatte, das konnte auch frei im Koffer mitgenommen werden.

Die Reisen von dem böhmischen Verlagsorte nach den Hütten wurden hinaus mit ledigen Hüttenwagen, worauf man sich dann und wann zur Ruhe setzte, zurück stets ganz zu Fuße gemacht.

In dem Laude, in der Stadt, wo eine dergleiche Handlung errichtet war, wurde es nie einem Compagnon gestattet, privatim, für sich, Geschäfte zu machen, oder in Böhmen andere Verlegerei, wäre es auch mit eigenem Gelde gewesen, als mit Bewilligung und zum Nutzen des Ganzen zu treiben.

Aus Erkenntlichkeit für lange der Handlung geleistete Dienste, auch wohl, daß Mancher der Stifter, der vorzüglichste Capitalist der Handlung war, pflegte ehemals schier durchgängig der älteste Compagnon vom Reisen verschont zu werden, die Verlegerei für die Handlung zu betreiben, wofür demselben 1, auch 1 1/2 fl. als Provision auf's Tsd. gestattet wurde. Jedoch, da Dieses zu mancher Art kleinliche●Eigenbelange, auch wohl zu einem prätendirten Vorrange Anlaß gab, so ist hierin die Abänderung gemacht warden, daß nichts vom Reisen verschont, Genuß, Lasten, Pflichten für Alle gleich sein müßen. Es ist dem Verleger nur als ein kleiner Beitrag für ungewöhnliche Beheizung, für Vergnug der Compagnie Waaren eine Vergütung von fl. 2 Convention per Kiste zugestanden worden.

Dagegen, da nun der Verleger das ganze Jahr durch mit Schreiberei, mit Führung der Compagnie Kassa, mit der Sorge belastet ist, alle Waaren auf den Hütten, jede Arbeit auf's Vortheilhafteste zu bedingen, wozu eine besondere Aufmerksamkeit, besondere Kenntniß der Fabrikation des Glases, der Kugler, Glasschneider, Vergulder Arbeit gehört, dafür nicht den

geringsten Genuß hat, so haben sich auch die hiesigen Compagnons verpflichtet, gewissenhaft Alles für private Rechnung zu notiren, was sie,
außer dem Hause, nicht im allgemeinen Handlungsbelangen, auf Reisen
zum Vergnügen, an allerhand Speise und Trank, für Besuch von
Schauspielen und allerhand Luxusausgaben verwenden, wodurch sie denn
einigermaßen mit dem böhmischen Verleger in's Gleichgewicht kommen;
außer daß jener für Wohnung, Kost, Krankheit Alles für eigene Rechnung bestreiten muß.

In der Stadt, an dem Orte, wo der Verschleiß der Waaren er
richtet ist, werden auch die Gattungszettel über das, was muthmaßlich
mit Vortheile verbraucht werden möchte, aufgestellt und darnach verschrieben, denn es wäre doch sehr albern, daß der Compagnon in Böhmen, in einer Entfernung von hundert Meilen, es besser wissen sollte,
was hier verlangt wird, wovon Abgang sich erwarten läßt. Außerdem
hat es die Erfahrung schon oft gelehrt, welche phantastische Gebilde man
da, besonders in Blottendorf, für schön findet, die dann hier als ge-
schmacklose Mißgeburten stehen bleiben.

Ohne Anordnung von hier darf der Verleger weder das Gezahl
des Verlangten beträchtlich überschreiten, noch Gattungen auf eigene
Speculation für gemeinschaftliche Rechnung absenden. Aber es ist ihm
nicht verwehrt, einzelne Stücke oder Paare als Musterproben beizupacken,
und, finden diese Abgang, so wird er dafür jederzeit mit dem erkennt-
lichsten Danke belohnt werden; bei nachtheiligem Erfolge sind solche
eigenmächtige Versendungen auf eigene Gefahr und Rechnung.

Unvorsetzlich fehlerhaft ausgefertigte Gattungen fallen dem Verleger
nicht zur Last; aber Ausfertigungen, wovon ihm das Mangelhafte angezeiget
worden ist, Fehler, die aus nicht zu entschuldigender Unkenntniß, — Fehler,
die aus Nachlässigkeit, wohl gar Eigensinn, entstehen, die sind für des
Verlegers private Rechnung.

Beim Tode eines Compagnons, bei der Abtheilung der Waaren,
bei der hierauf folgenden Auszahlung seines Vermögens, — Mobilien,
Bette, Wäsche, Hauseinrichtung und Fächerwerk wurde vordem zu 300 fl.
holl. angerechnet, wo dem abgehenden Compagnon sein Antheil bei
seinem übrigen Vermögen beigerechnet wurde — auch bei Lebenszeiten

können Streitigkeiten unter den Theilhabern entstehen, die nach aller Mühe, bei den besten Gesinnungen zu Frieden und Rechte, nicht unter gleiche Ansicht gebracht werden können — in solchen Fällen verpflichten sich sämmtliche Theilhaber untereinander, daß über den obwaltenden Zwist nach dem Geiste dieses Verbandes, nämlich, „Was Du wünschest, daß Dir Andere nicht thäten, das thue auch Du Anderen nicht", geurtheilt werden soll. Und gelänge auch Dieses nicht, so soll der verpflichtende Ausspruch durch Schiedsrichter von in unserem Fache kundigen, unbescholtenen Männern, von beiden Theilen in gleicher Anzahl gewählt, entschieden werden.

Die Ursache zu dieser Verpflichtung ist die so oft gemachte Erfahrung, daß, wo Advokaten in unsere Zwistigkeiten eingetreten sind, die Streitsachen, auch bei dem besten Willen, dem höchsten Verstande, der unbescholtensten Rechtlichkeit der berufenen Rechtsfreunde, bis zur Entscheidung durch in Unruhe verlebte Jahre — die kostbaren Gerichtsformen unnütz verschwendet — oft mit dem gänzlichen Ruine beider Theile geendiget sind.

Der Fall ist selten, aber nicht unerhört, daß sich Compagnons mit freier Zustimmung, mehrst aber mit abgedrungener Bewilligung der sämmtlichen Compagnons, in fremde Etablissementen verheirathet haben. Daß aber im Hause der gemeinschaftlichen Handlung Einwohnung für Weib und Kinder gestattet worden sei, davon weiß ich mich keines Beispieles zu erinnern; es ist, nach dem Verhältnisse, daß das Geschäft bedeutend oder weniger einträglich war, dem verehelichten Compagnon für Miethe eines auswärtigen Domicilims eine jährliche Entschädigung von 200 bis 300 fl. zugestanden worden. Hierüber läßt sich nichts Bestimmtes angeben; der Charakter der Personen, Zeit und Umstände müssen hier entscheiden, was thunlich, was schicklich ist.

Der Fall hat sich noch nicht ereignet, indessen, die Möglichkeit des Ereignens — und wann mehr wie jetzt? — ist in den Gränzen möglicher Dinge. Eine Handlung hat sich verpflichtet, das Waarenlager, die ausstehenden Schulden in mehrjährigen Raten auszuzahlen. Vor Ablauf dieser Zahlung kommt die Handlung durch Erdbeben, feindliches Bombardement, durch andere vorher unvorzusehende Fälle um all' das Ihrige, hat aber noch Eigenthum in Böhmen, sonst wo nicht von dem

Erwerb der Handlung entsproßenes Capital, wenigstens nicht nach dem Tode des Compagnons erworbenes. Kann nun dieses besondere Eigenthum für die noch mangelnde Bezahlung angesprochen werden? Die Meinung einsichtsvoller Kaufleute über diese Frage ist: Nein. Nur müße auch Waarenlager für Brand und sonstigen Ruin versichert sein. Wäre nun auch da kein Ersatz für die Handlung zu erhalten, so höre damit alle Verpflichtung zur weiteren Bezahlung auf, das auswärtige Vermögen könne nicht in Anspruch genommen werden.

Da nun auf der einen Seite die Befugniß anerkannt worden (wenn hierüber nichts Verbindliches gemacht ist), jeder Theilhaber habe das Recht, sich nach eigener Willkühr von der Gesellschaft zu trennen, so entstehet nun die Frage, haben mehrere das Recht, ohne Veranlassung wegen sittlichen oder sonstigen Fehlern, Jemand die Compagnieschaft aufzukündigen? Es sind dergleichen Beispiele vorhanden; es sind Separationen von einem Compagnon geschehen, auf dessen intellectuellen und sittlichen Eigenschaften nicht der geringste Mackel lastete. Der Anlaß dazu waren mehr Zänkereien unter den Compagnons-Weibern über beleidigte Eitelkeit.

Von Seite des Rechtes wird die Befugniß zur Trennung Niemand widersprechen, aber in moralischer Hinsicht sind solche Fälle zu bedauern; sie sind auch mehrst von üblem Erfolge gewesen. Ein wirklich aufgeklärter gewissenhafter Mann wird sich so ein Betragen nie zu Schulden kommen lassen, denn selbst in Ansehung seines Dieners heget er bessere Gesinnungen. „Bist Du,“ spricht er, „so glücklich einen Diener, einen Arbeiter zu finden, der Deine Geschäfte gewissermaßen als sein Eigenthum betrachtet, seine Ehre und Existenz mit der Ehre und Dauer Deines Wohlseins innigst verbunden achtet, besser und ungeheißen mehr arbeitet, Dich nicht verläßt, — der ist nicht Dein Diener, er ist Dein Freund, Dein zweites Ich! So lange Du, er lebet, ist Dein ganzes Vermögen, Eigenthum, auch das seinige.“

Zu Hause, wo jeder aus seinem Beutel lebt, kann jeder nach seinem Vermögen Aufwand machen; ein anderes ist das Leben im gemeinschaftlichen Hause. Wer halbwege ein zartes Ehrgefühl hat, wird sich nicht nachsagen lassen: „Er könne leicht groß und glänzend leben, es koste ihm nichts.“ Selbst in Betracht als Beispiel seiner Leute wird jeder

Vernünftige in dem Posten als Vorsteher besonders sparsam leben, gerne und fleißig in und bei seinen Vernsegeschäften sein, denn, läßt er sich hierin etwas zu Schulden kommen, so merkt es Niemand besser, als die Untergebenen. Und wie kann man sie hierüber strafen, wenn eigenes Beispiel die Strafe widerlegt?

Es wird hiemit noch jedem Unterzeichner zur angelegensten Pflicht gemacht, in jedem Lande, unter welchem Volke man sich befindet, sich in keine Religionszwiste, noch weniger sich in politische Vereine einzulassen; abweichender Dogmen wegen lasse man jeden Menschen ungestört, jedem obrigkeitlichen Befehle leiste man unbedingten Gehorsam.

Es hat Handlungen gegeben, bei denen es unerläßige Regel war, daß alle Jahre eine Hauptrechnung gemacht werden mußte; andere haben dazu eine zweijährige Frist angenommen. Die Beschaffenheit der Hand-lung, Zeit, Umstände entschuldigen bisweilen die Versäumniß der hei-ligsten Regel. Aber überhaupt allgemeine Handlungsregel ist es, daß man nie sorgfältig genug sein kann, seine Sachen stets in so guter Ord-nung zu halten, daß durch Versäumnisse oder Aufschub sich nicht der ge-ringste Fehler einschleicht. Drei Jahre sollte die längste Frist sein, nach welcher ein allgemeiner Handlungsstand absolut aufgemacht werden muß. Theorie und Erfahrung bestättigen es.

Auf die Frage, „Ob es absolut, unerläßig nöthig sei, daß schrift-liche, notariell aufgestellte oder sonst mit obrigkeitlicher Bekräftigung versehene Handlungscontracte vorhanden sein müßen, eher denen keine Handlung geführt werden könne," würde ich antworten:

Der Art Urkunden haben ihr Gutes, auch die Kehrseite. Seit bei Absterben eines Compagnons das hinterlassene Vermögen von Staats-wegen für Kinder oder sonst Angehörige verwaltet wird, ist es nothwen-dig geworden, daß gehörige Compagnie-Contracte vorhanden sein müßen, oder die lebenden Compagnons müßen sich die abentheuerlichsten For-derungen von Wirthschaftsbeamten und Advokaten gefallen lassen.

Zweitens. In unsrer vaterländischen Gegend gibt es keine In-stitute, wo junge Leute schulmäßig lernen könnten, welche Kenntnisse zum Handel gehören, was dabei zu beobachten, zu vermeiden sei. In dieser Betrachtung ist es gut, daß jungen Leuten so ein Contract vorgelegt werde, wodurch sie doch einigermaßen Begriffe und Regeln zu ihrem Verhalten finden. Uebrigens aber, wer glaubt, durch dergleichen Contracte hinlänglich gegen Unrecht, Schaden oder Schande gesichert zu sein, dem würde ich sagen, dazu helfen sie nicht. Sie helfen so wenig, wie die dermaligen gelehrten Theorien über politische Regierungen, wobei Regierungen und Völker so unaussprechlich unglücklich sind.

Wer von Natur nicht einen schlichten, graden, gesunden Menschenverstand hat, wer nicht von Jugend auf eine gewissenhafte, religiöse Erziehung gehabt hat, dem Menschlichkeit, Gefühl für Recht, Abscheu für Unrecht nicht von der Jugend an gewissermaßen in sein ganzes Wesen eingewachsen ist, wer von Natur oder vernachläßigter Erziehung ein Dummkopf, Prahler, Aufschneider, Verschwender, ein eitler Narr ist, den bringen diese Regeln nicht mehr zu Verstande, zum bescheidenen, gefälligen, gewissenhaften Manne; das ist zu spät.

Nach unserer alten böhmischen Art von Jugend auf zur Sparsamkeit, zum Fleiße und Ehrlichkeit erzogen, haben es unsere Voreltern weit gebracht, haben sich in allen Ländern, bei jedem Volke, unter dem sie sich niederließen, durch ihr Betragen Achtung, Liebe und Zutrauen erworben; brachten unsere (früher schier öde) Gegend zu einer überhäuften Bevölkerung und Wohlstande, wurden ihres stillen, häuslichen Lebens wegen, ihres zur Hilfe stets bereiten Charakters wegen als wohlthätige Genies (Schutzgeister) der Menschheit mit Ehrfurcht betrachtet, lebten für sich in stiller, sanfter Gemüthsruhe, sind größtentheils in hohen Alter, als Ehrenmänner gestorben, haben uns ihr ehrwürdiges Beispiel hinterlassen.

Jos. Hanzel.

Nachtrag.

Ansicht der von mir und meinen Landsleuten befolgten Handlungsgrundsätzen.

Ich und meine Landsleute haben die unverzeihlichsten Fehler gemacht, daß wir nur immer trachteten unser Waarenlager zu vergrößern, theils um recht viel verkaufen zu können, theils auch wohl, um, wenn große Commissionen einträfen, nichts bei anderen Landsleuten kaufen zu müßen. Um nur nicht hier kaufen zu müßen, schafften wir uns auch solche Gattungen an, die oft in zwei, drei Jahren kaum einmal verlangt wurden, wovon ein Vorrath, von 30 bis 40 fl. Werthes hinlänglich, statt dessen aber für 300 bis 400 fl. verschrieben wurde. Ueberhaupt jeder Gewinn, den die Handlung abwarf, wurde nur zur Vergrößerung des Waarenlagers angewendet, oft deswegen verpflichtete Zahlungen an verstorbene Compagnons unter allerhand Vorwande ausgestellt.

Wie unüberlegt fehlerhaft dieses Verfahren war, das haben wir erst einsehen lernen, da nach anno 1818 alle Commissionen nach Ost- und Westindien wegblieben, der Geschmack ganz andere Gestalten und Gattungen verlangte, wir mit einem großen nuncurrenten Waarenlager sitzen blieben, Lagermiethe, Brandversicherung, noch allerhand kleine Un kosten darauf zu bestreiten hatten, ohne davon die geringste Rente (bei Manchen von 30.000 bis 50.000 fl. Einkaufwerthes) zu ziehen.

Und es vergrößerte sich dieser Verlust noch, da sich seitdem der Preis des böhmischen Glases von 14 fl. auf 10 und 11 Gulden her absenkte, die Gattungen von 30: auf 40: in der Nro. stiegen, der Land transport durch die wohlfeilere Elbschiffahrt ersetzt wurde. Und so ist es dahin gekommen, daß man es jetzt Glück achtet, wenn man nach zehn—fünfzehn Jahren Parthien dieses alten Vorrathes mit 50 pCt. Verlust verkaufen kann, womit denn der eingebildete Reichthum, der Gewinn vieler Jahre in leeren Nebel verschwunden ist.

Ich und Andere mit mir haben uns bei unsrer Geschichte nicht klüger benommen, wie Leute, die durch Zufall oder andere glückliche Er eignisse auf einmal zu vielem Gelde kommen, ihr Vermögen nicht mehr mit Vortheile zu verwenden wissen, sich allerhand entbehrliche Luxus sachen anschaffen. Und kommt einmal eine Geldnoth auf, dann müßen die schönen Sachen wieder zu 50 pCt. Verlust verkauft werden.

Maxime eines klugen Kaufmannes in unserem Fache ist es stets, mit geringen Mitteln sich den größtmöglichsten Gewinn zu verschaffen. So haben wir am glücklichsten gehandelt, da wir uns in drei Jahren

mit 10 fl. jährlich 50 pСt.
30 fl. „ 33⅓ „
60 fl. „ 16⅔ „
90 fl. „ 10 „
100 fl. „ 2 „ verdienten. Und jetzt noch, wenn etwas
verdient wird, kann dieser Gewinn nicht als Rente gebend erhoben werden, muß zur Fournirung neuer Gattungen angelegt werden.

Zum inländischen Verschleiße halte ich einen Fond von 20.000 fl.
für hinlänglich; dahin müßen wir wieder zu kommen trachten, — ein
doppeltes Capital, wenn die ausländischen Commissionen wieder aufkommen sollten.

Ist es einer Handlung gelungen zu größerem Vermögen zu kommen, so sollte davon ein Reservefond gebildet werden, der für Alter oder
sonstiger Art unvorzusehende Fälle anzuwenden sei. Die Verwendung
dessen kann im Ankaufe von Häusern, Staatsobligationen, in Pfand-
briefen auf currente Waaren oder sonstige Hypothek bestehen. Vorzüglich
ist Grund und Boden das sicherste Eigenthum, sicherer noch in hohen
Gegenden, wo Länder nicht durch kostbare Dämme vor Ueberschwemmung
brauchen gesichert zu werden. Es können Häuser, Dörfer, Städte durch
Erdbeben, vom Feinde verbrannt und zerstört werden; Grund und
Boden bleibt, auch wenn der Feind eine, mehrere Ernten raubet oder
vernichtet.

Sind an die Erben eines Compagnons 10.000 fl. in zehnjährigen
Terminen auszuzahlen, so zahle ich 5.000 fl. baar aus dieser Kassa,
was mit 4 pСt. gleichsteht.

Ueber die Kunst der Glaserzeugung.

Wer spricht, er verstehe die Kunst des Glasmachens, wie die böhmischen Hüttenmeister wohl zu sagen pflegen, dem sage ich: Es ist nicht
wahr. Bloß eine gute Suppe, ein Stück Rindfleisch kochen zu können,
macht noch keinen Koch. Der Besitz des besten Receptes gegen das kalte
Fieber macht mich noch zu keinem Arzte, zum Doctor! Beide sind in
ihrem Fache das, was die böhmischen Herrn Meister in dem ihrigen sind.

Wer die Kunst des Glasmachens zu verstehen vorgibt, der muß mir, wenn ich ihm französisches Krystall, Halbkrystall, englisches Flintglas vorzeige, auf der Stelle die nämliche Masse zu liefern im Stande sein; sie muß gleichhaltig in der Ponderabilität, Durchsichtigkeit, unveränderlich gegen Licht und Luft sein. Er muß außerdem alle gefärbte Gläser, auch jede Farbe in allen Nuancen, darzustellen verstehen. (Die Masse zu Kelchen, Perlen, Glastafeln zu gestalten, das ist ganz was anderes; dazu gehört bloß Arbeitsgeschick.)

Man hat noch keinen Verstand von der Kuglerei, wenn man nicht einen Werner in Arnsdorf zum besten Kugler in der Gegend, einen Gerner allhier nicht vom elendsten Hudler doch in einen leidlichen Arbeiter umzuändern versteht.

44.*)

✝

A. M. D. G.

Im Namen der allerheiligsten Dreifaltigkeit und seiner allmögenden Güte ist durch uns nachgesetzte Personen eine handfeste Compagnie auf sechs Jahre geschloßen und solche fest zu halten und mit unsere Eigen-Hand und Insiegel bekräftiget, und zwar auf solche Art, daß ein Jeder seine Einlage, einer soviel wie der andere, haben soll. Was aber einem in der Einlage fehlet, muß er den andern solches mit 5 pCt. vor interessiren. Sollte uns Gott durch seine Gnaden reichen Seegen geben, daß was überschüßen sollte, wie auch, wenn etwas verloren sollte gehen — wovor uns Gott behüten wolle! — auf gleiche Theile, es sei Gewinn oder Verlust, ein jeder sein Theil genießen oder tragen muß. Und sein bereit, alle zwei Jahre zu berechnen, was anbelanget das Glas am Preise

das glatte es Hüttenhundert vor	1 fl. 12 kr.
das geschnittene aditto vor	1 fl. 25 kr.

was aber ord! geschnittene Gattungen große anbelanget,

das Hundert vor	1 fl. 27 kr.

anzusetzen.

---

*) Original.

Was anbelanget den Vorleger zu Hause, zahlen ihm jährlich aus der Compagnie vor seine Mühe und Zehrung auf die Hütten 52 fl. rheinisch, und weilen der Herr Wenzel Ostritz nicht reiset, so zahlet er ein Knechteslohn, und Ludewick Gärthner vortritt seine Stelle selbsten.

Mithin seie dieses beschloßen, daß obgemeldte Punkten treulich unter einander sollen gehalten werden.

Geschehen in Commbt, den 17. Decembris anno 1754.

(L. S.) Wenzel Ostritz m. p.

Ludewick Gärthner m. p.

Johann Godtfridt Ostritz m. p.

(L. S.) † Christof Gerdtner m. p.

als Zeig.

---

45. *)

†

A. M. D. G.

Im Namen der allerheiligsten Dreifaltigkeit und seiner allmögenden Güte ist durch uns nachgesetzte Personen eine handfeste Compagnie auf sechs Jahre geschloßen und solche fest zu halten und mit unsere Eigen-Hand und Insiegel bekräftiget, und zwar auf solche Art, daß ein Jeder sein Einlage, einer so viel wie der andere, haben soll. Was aber einem an seiner Einlage fehlt, muß er den andern solches mit 4 pCt. vorin teressiren. Sollte uns Gott durch seine Gnaden reichen Seegen geben, daß was überschützen sollte, wie auch, wann etwas verloren sollte gehen, — wovor uns Gott behüten wolle! — auf gleiche Theile, es sei Gewinn oder Verlust, ein Jeder sein Theil genießen oder tragen muß, und seind bereit, in drei Jahren eine Hauptrechnung zu schließen.

Anbelanget den Preis des Glases muß der Vorleger solches ansetzen, als folgende gespecificirt:

das glatte Glas . . . . es Hüttenhundert vor 1 fl. 13 kr.

das ord' geschnittene . . . ndlitto vor 1 fl. 26 kr.

---

*) Original.

Was aber große Gattungen ord᾽ geschnitten anbelanget, diese es
Hüttenhundert vor 1 fl. 27 kr.

Item dasjenige Glas, welches der Vorleger nach Lisbon absendet,
weilen das mehrste Theil in große Gattungen bestehet, dieses ist ihm zuge
standen, das Hüttenhundert 2 kr. mehr, als oben benennt, solches an
zusetzen.

Was anbelanget den Vorleger zu Hause, zahlen ihm jährlich aus
der Compagnie vor seine Mühe und Arbeit nebst Zehrungsunkosten auf die
Hütten 50 fl. rheinisch, und weilen der Herr Wenzel Ostritz nicht reiset,
so zahlet er gleich gewöhnlich ein Knechtslohn und Ludwig Gärthner nebst
Athau. Palme, weilen selbige reisen, soll jedem in drei Jahren ein neues
Kleid von der Compagnie zugestanden werden, zu rechnen auf 50 fl.
rheinisch.

Item wenn einige Waaren in Koffern, Kisteln oder Fäßern nach
Hause an den Vorleger sollten gesandt werden, so muß die Compagnie
die völlige Unkosten tragen, deßgleichen muß der Vorleger nach Verkauf
derselbigen Waaren die Profite der Compagnie mitgenießen lassen und
den völligen Empfang der Gelder bei Compagnie Rechnung annotiren.

Im Falle, daß ein oder ander Compagnon, gleich hier unterzeichnet,
unter währender Zeit sechs Jahre sollte kommen zu sterben, so soll dessen
Wittib, bis solche zum Ende, in der Compagnie verbleiben, mit dem Beding aber, daß sie jährlich ein Knechtslohn muß zahlen.

Mithin seie dieses beschloßen, daß obgemeldte Punkte treulich und
aufrichtig unter einander sollen gehalten werden.

Geschehen in Bürgstein primo Januarii anno 1761.

(L. S.)   Wenzel Ostritz m. p.
(L. S.)   Ludewig Gärthner m. p.
(L. S.)   Johann Gottfridt Ostritz m. p.

46.*)

[Stempel 2 fl.]

Anhennt den 22. September anno 1796 ist von nachbenannten Intressenten an der in Amsterdam unter der Firma Gerthner Hanzel & Comp. etablirten Glashandlung folgender Compagnie Contract zu Stande gebracht und fest zu halten versprochen worden:

1. Verbinden sich Compagnon Joh. Jof. Hanzel & Franz Anton Gerthner für sämmtliche Compagnons zu reisen und die Handlung nach gutem Gewissen zu leiten, Alles zu thun, was ihr vortheilhaft, und Alles zu meiden, was ihr zum Nachtheile gereichen könnte.

2. Verpflichten sich Genannte, keine Compagnie-Gelder, wem es auch seie, zu leihen. Selbst wenn Gemeldte auch annehmen wollten, solche bei etwannigem Verluste der Compagnie zu ersetzen, so ist dieses dennoch verboten.

3. Gleichfalls wird hiemit, unter Dafürhaltung des Schadenersatzes, verboten, mit Jemanden, wie genannt, auf Compagnie-Risico, es sei nach Ost-, West-Indien oder Amerika Geschäfte zu machen, die bekannten Correspondenten & Capt. C. Clemens, wenn solcher wieder zu Hause arrivirte und die alte Post abgetragen hätte, ausgenommen.

4. Sollte während der Reise einer von gemeldten Compagnons krank werden oder gar sterben, so hat die Compagnie die beßfalls verursachten Kosten zu tragen.

5. Kein Compagnon darf sich mehr als 4 pCt° jährlich von seinem Capitale ausheben ohne Mitbewilligung der übrigen Compagnons; soviel aber darf keinem, außer außerordentlichem Falle, geweigert werden.

6. Kein Compagnon kann oder darf aus der Handlung gestoßen werden, wenn er dieser Uebereinkunft gemäß sich beträgt; aber auch keiner kann länger, als er will, bei der Compagnie zu verbleiben gezwungen werden. Nur verstehet es sich von selbst, daß derjenige,

---

*) Original. von Hanzel geschrieben und ohne Zweifel auch verfaßt.

20*

der sich von der Compagnie absentiren will, solches denen Compagnons schriftlich und deutlich anzeigt, und dann ist er verbunden,
so lange Antheil zu behalten, bis dreijährige Rechnung gemacht
wird. Sollte aber die Zeit bis dahin etwan auf ein halbes Jahr
verflossen sein, so bleibt er bis zur zweiten dreijährigen Rechnung
verbindlich. Die Art, wie sein Vermögen aus der Handlung herausgezahlet wird, ist, wie unten bei ereignendem Todesfalle bestimmet wird.

7. Nichts vermag eine Glashandlung mehr empor zu bringen, als eine
gute Verlegerei; dieses aber wird nicht erzielet, wenn selbige von
Compagnons betrieben wird, die während geraumer Zeit nicht selbst
bei der Handlung gegenwärtig waren. Deßwegen wird hiemit fest-
gesetzet, daß künftighin die Verlegerei von den reisenden Compagnons betrieben werden soll. Hiemit aber wird ausdrücklich bedungen, daß es mit Ansetzung des Preises wie gewöhnlich bleibet.
Für gut Einbinden, Packen ꝛc. bekomt der Verleger 1 fl. 15 kr. pr.
Tausend. Gattungen, die nicht bestellt, die aus Verschulden des
Verlegers schlecht ausfallen, Unglücke an Kisten, die von schlecht
Packen herrühren, sein für Rechnung des Verlegers. Alle bei dem
Verleger ankommende und abgehende Briefe müßen jedem Com-
pagnon zur Nachsicht und Beurtheilung offen stehen; so wie es
auch mit die erste Pflicht des Verlegers ist, auf jede Frage der
Compagnons eine bescheidene und aufrichtige Antwort zu geben.

8. Bei Absterben eines Compagnons bleibt dessen Wittib oder Kinder
noch drei Jahre in der Handlung. Wenn die Wittib oder sonstige
Erben eines Compagnons sich früher von der Handlung trennen
wollten, so kann die Compagnie nicht dazu gezwungen werden.
Wenn bei dem Tode eines Compagnons noch zwei Jahre bis zur
Hauptrechnung zu laufen haben, so gelten solche für drei Jahre.
Ist aber nicht so viel Zeit bis dahin, so wird außergewöhnlich
Hauptrechnung gemacht, und nach dieser fangen die drei Jahre zu
Gunsten der Wittib oder hinterlassener Kinder an. Wenn ein
Compagnon keine Wittib oder Kinder hinterläßt, so hört, wenn die
Compagnie will, sogleich dessen Handlung auf.

9. Wenn das Vermögen eines Compagnons aus der Handlung gezahlet werden muß, so geschiehet solches in zehn Jahren Frist in jährlichen gleich großen Terminen, der erste anfangend ultimo Dezember des Jahrs, in welchem Hauptrechnung gemacht wird, und so fort bis zu dessen Tilgung.

10. Wenn einem Compagnone bei Abschlusse dessen Rechnung ausstehende Schulden für schlecht angerechnet worden und nach der Zeit einkommen, so müßen ihm solche zu Gute kommen, sowie er auch den Verlust jener mitzutragen hat, die für gut angenommen und in der Folge nicht einkommen.

11. Wenn nach Verlaufe fünfzehn Jahren die Compagnie eine Declaration von sich gibt, daß sie ihr Bestes zur Eintreibung der noch außenstehenden Schulden gethan, so werden die noch nicht eingegangenen für ganz verloren angemerkt, und der abgegangene Compagnon oder dessen Erben sein dann verbunden, der Compagnie eine Quittung zu geben, das sämmtliche Vermögen erhalten zu haben und für alle Nachnehmung zu garantiren.

12. Da das Vermögen eines Compagnons auch mit in Waarenlager bestehet, so ist es billig und gerecht, wenn sich das Unglück ereignete, daß durch Brand, Wassergefahr, Erdbeben, Feindes- oder sonstige Rninirung die Compagnie außer ihr Verschulden um ihr Waarenlager käme, daß dann der abgegangene Theil mit den Schaden trage. Doch wenn sich so ein Unglück nach fünf Jahren, daß Jemand aus der Handlung getreten, vorfälle, so hat den Schaden bloß die Compagnie zu tragen.

13. Wenn ein Compagnon baares Geld in die Compagnie legt, so ist solches wieder bei der Wiederherauszahlung nicht mit bei der übrigen Vermögensmassa zu rechnen, sondern auch wie baares Geld wieder herauszuzahlen, und bis zu dessen Tilgung mit 4 pCt. zu verzinsen.

14. Wenn ein Streit zwischen Compagnons oder dessen Erben vorfällt, so erklären hiemit sämmtliche Compagnons für sich und ihre Erben, daß der streitige Gegenstand bei keinem anderen Richter, als bei einer Handlungscommißion, bestehend aus den Häusern unserer

Amsterdamer Landsleuten, berichtiget werden darf. Ein jeder Compagnon entschlägt hiemit die Compagnie von der Verpflichtung, für einen anderen Richter zu erscheinen. Dem klagenden Theile aber stehet es frei, die Schiedsrichter sich zu wählen; doch dürfen derer in keinem Falle weniger als drei Personen sein.

15. Wenn die Compagnie einem Correspondenten Vorschuß gethan und der Fall tritt ein, daß eines Compagnons Vermögen herausgezahlet werden muß, so hat die Compagnie mit selbigem einen Vergleich zu treffen, binnen welcher der Vorschuß getilget werden muß, und nach solchem Accorde wird solcher dem abgegangenen Individuum als eingegangene Schuld ohne Augmentation einiger Intressen berechnet. Der abgegangene Theil kann hierin die Compagnie nicht zwingen, denen Correspondenten so harte Bedingungen vorzuschreiben, daß die Compagnie dadurch Gefahr liefe, ihre Correspondenz zu verlieren; aber auch der Compagnie wird hiemit aufgelegt, nach Gewißen zu handeln und die Termine nicht muthwilliger Weise zu klein zu machen.

16. Die Bücher der Compagnie in Böhmen bleiben bei dem Compagnon, der die Correspondenz führt. Der abgegangene Compagnon oder dessen Erben, falls sie die Bücher zur Nachsicht haben wollten, müßen sich also zu selbigem begeben. Falls bei einem verstorbenen Compagnon mehrere Erben vorhanden, müßen selbige einen aus ihnen bevollmächtigen, der mit der Compagnie unterhandelt. Und dieser ist verpflichtet, bevor er der Compagnie Bücher zur Revision erhält, selbiger hinlängliche Garantie für Untreue und Geheimhaltung zu stellen, und nur bis auf jüngste Hauptrechnung ist die Compagnie verpflichtet die Bücher vorzulegen.

17. Gegenwärtige Uebereinkunft hat so lange Kraft, bis selbige durch eine neue mit Gutheißen sämmtlicher Compagnons entweder in veränderter Gestalt verändert oder ganz mortificirt wird. Bürgstein, den 22. September anno 1796.

Ludwig Gerthner m. p.

Joh. Jos. Hanzel.

Franz Anthon Gerthner m. p.

Für Comp. Joh. Jos. Hanzel unterzeichnet Comp. F. A. Gerthner vermög von demselben an Gemeldten ertheilter Ordre laut Comp. Briefe de dato 23. August 1796.

47.

Im Namen der allerheiligsten Dreifaltigkeit, Gottes Vaters und des Sohnes und des heiligen Geistes! Amen.

Kund und zu wissen seie vor jedermänniglich, besonders da wo es vonnöthen, daß hennt endesgesetztem dato wir beisammen gewefte und künftig
verbleibende Kamraden, hier unterschriebene, nach Zusammentretung
und wohlüberlegter Deliberation verwilliget und beschloßen haben, alle
unsere bis heuntigen datum laufende Rechnungen (was Namens sie
immer sein mögen, doch allein unsere spanische Rechnung betreffend) zu
schließen, folglich einen Handlungs-Contract zu verabreden und zu eines
jeden Nachricht und Sicherheit in gewisse Puncten schriftlich zu verfassen.

Folget dann unserer Compagnie Haupt= oder Schluß=Rechnung.*)

Diese Schlußrechnung erkennen und nehmen wir an vor gerecht
und gültig, sind damit vergnügt und zufrieden und unser Willen, daß
sich dieses unsere Nachkömmliche oder Erben sollen gefallen und vergnügen
lassen und nichts davon moviren.

---

*) Dieses Aktenstück ist aus dem „Compagnie=Rechnungsbuch ab anno 1743 I A H
Nr. 1" entlehnt und ist wie das ganze Buch von Johann Anton Preyßler mit eigener
Hand geschrieben. Nach dem obigen Eingang fährt der Schreiber fort: „Zu diesem
vorhabenden Werk dann nun hab ich Johann Anton Preyßler die in unseren Compagnie=
Rechnungsbüchern von meiner Mühe und Hand zusammengetragene darin befindliche
Rechnungen von sowohl Ausgab und Empfang, als auch die vorhero geschehene Abrech=
nungen wohl revidiret, das annoch dazu Erforderliche beigetragen und nichts wissentlich
verschwiegen, auch das vorhandene zu unser spanischen Handlung gehörige Waarenlager,
wie auch die respective restirende Schulden bei und mit Intervention eines jeden Kamra=
den treulich gezählet und ausgerechnet, folglich ohne einige eigensinnige vorschreibende
Maßgebung, sondern mit Genehmhaltung sammentlicher einstimmenden Kamraden nach=
stehende Schlußrechnung verfertiget, und zwar den Anfang genommen von der Abrech=
nung an nach dem Abschied des seel. Christian Franz Rauttenstrauch ao. 1743 den 26.
Maii, als von welcher Zeit an ich zu einem Kamraden angenommen worden."
„Alles Vorhergehendes lasse bei seiner Beschaffenheit beruhen, indeme ich weder
einiges Vermögen, weder auch einige Schuld wegen meinen vorhero vierjährigen gelei=
sten Diensten zu der Compagnie gebracht hab."
„Sollte einer oder der andere von denen vorhero gewesenen Kamraden, Verle=
gern oder Knechten wegen Forderung oder ihme treffende Schuldigkeit etwas zu unter=
suchen benöthiget sein, so werden eben dieselbigen unter einander solches abzuthuen und

Damit es aber künftighin in guter Harmonie verbleiben mag und alle Disputirung aufgehoben werden möchte, so folget hier unser entschlossener Handlungs-Contract, lautend also in nachstehenden Puncten:

1mo Contestiren und versprechen gesammte Kamraden einander alle aufrichtige Lieb und Treu', ohne dem geringsten Arglist eines Betrugs oder Eigennützigkeit weder aus Compagniegeldern durch nebenseitig extra betreibende Handlung und sonsten, unter was immer vor einen Vorwand es geschehen könne, verübenden Schädlichkeit mit gesammter Hand die Handlung treu und aufrichtig zu führen, sich in allen Begebenheiten mitsammen zu berathschlagen und zu verstehen, einer ohne des andern Mit-Einverwilligung oder Verständnuß vor sich selbsten nichts vorzunehmen, mithin dann Alles mit Gott anfangen und tractiren wollen, damit es zu dessen größerer Ehr gereichen möge. Zu diesen Vornehmen dann nun

2do haben wir eben vermög dieser Schlußrechnung in der zu gut habenden avanz eine gleiche Eintheilung gemacht, dasjenige aber, was zur ersten Einlag vorhanden gewest, wie auch den Rest nach Abschlag des Waarenlager auf die Schulden annoch hinzugerechnet, welches dann ohnveränderlich zum Voraus verbleiben soll. Jedoch, wann es möglich und sich thuen läßt, solle diese voraushabende summa getrachtet werden nach und nach abzuzahlen, damit eines jeden Kamraden seine Einlag oder Vermögen in gleicher Quantität bestehen möge. Absonderlich weilen Rauttenstrauch extra außer unserer Handlung schuldig ist, so sollen sie dahin beflissen sein, damit diejenigen Schulden so viel möglich abgethan werden möchten; ansonsten könnten dergleichen Schulden heunt oder morgen pressirt werden, folgsam (wann anderswoher kein Vermögen zur Bezahlung) durch unverhofftes, ja gar gebietendes Begehren oder Forderung deren crediteurs unserer Handlung zum Nachtheil gereichen,

---

zu vergleichen haben, ohne daß es der jetzt laufenden Handlungs-Rechnung zum geringsten Nachtheil gereichen möchte, Preysler aber soll von aller Verantwortung befreit sein, weilen sowohl Biecque als Rauttenstrauch jederzeit bessen geführte Rechnung vor gerecht und giltig erkennet und annoch davor halten."

Hieran knüpft sich die Compagnie-Haupt- oder Schlußrechnung ddo. Langenau den 8. April 1765 an. (Siehe Anmerkung ad 30.) Nach dieser Abrechnung wird der Gesellschaftsvertrag weiter fortgesetzt, wie oben folgt.

welches hier aber keineswegs zugestanden wird. Eben auch soll Hierque
und gesammte Kamraden beherzigen, nach Möglichkeit die aufgenommene
Interessen Gelder abzuzahlen, damit die Compagnie dieser Last entbürdet
werden möchte, zu wessen Behülflichkeit dann soll

3tio ein jeder von denen zu Haus bleibenden Kamraden mit Wissenschaft eines jeden die einkommende Gelder und Effekten, es seie pr.
Wechsel, Anweisung oder wie es immer zu geschehen nöthig, jederzeit in
gleichen Theilen zu empfangen bemächtiget sein, doch aber des verreisten
Kamraden seinem Weib nach Möglichkeit vor ihre und der Wirthschaft
nothwendigen Unterhalt mit Geld succurriren und solches annotiren, von
denen einkommenden Effecten ihr auch nach Begehren zukommen lassen.

4to Wird ein jeder von denen zu Haus bleibenden Kamraden schuldig und verbunden sein, die aus dem Lande begehrende Waaren (und
zwar mit vorsätzlichem Willen kein anderes Stuck, es seie dann schon
vorräthig oder etwas neumodisches) mit Unterredung und Miteinander-
Veranstaltung emsiger Weis anzuschaffen, auf folgende Art aber die Rechnung darüber zu führen haben werden.

Notandum. Ein Jeder soll sich mit einem neuen Buch versehen,
worin er alles einkaufendes Glas oder andere Waaren treulich eintragen
wird und zwar vor den eigentlichen Preis, wie er selbe ein- oder verkaufet, ansetzen, ingleichen in diesem oder anderem Buch mit denen Arbeitern von zu gut habender Arbeit und darauf gethane Abzahlung, ohne
Vermischung nebenseitiger Handlung. Absonderlich muß Rauttenstrauch
wohl observiren, die moscovitische Handlung betreffende Ein- und Ausgab von der spanischen so viel möglich abgesöndert in Ordnung zu führen.
Alles, was vor Stroh, Einbinden, Nägel, Strick, Kisten, Kastel, Glasfuhren, Botenlohn, Trankgeld, Förmel und andere zur Anschaffung und
Versendung erforderliche Sachen ausgegeben wird, muß mit zum Einkauf
der Waaren angesetzt werden. Vor eines jeden zu Haus Bleibenden per-
sönlicher Arbeit aber, weder vor ihre in Handlungsaffairen Reis- oder
Zehr-Geld ist nichts anzusetzen, indeme einem Jeden vor dieses jährlich drei-
hundert Gulden sollen zum Voraus von dem Nutzen aus Compagnie
passiret werden. Uebrigens aber wird der sowohl zu Haus als im Land
gemachte Nutzen in gleiche Theil zu theilen sein. Die versendende Waa-

reu werden künftighin in denen Registern und Factur-Büchern vor den nämlichen Preis angesetzet werden, wie vorhero. Sollte es sich fügen, wie es öfters zu geschehen pfleget, daß einer oder der andere an jemand Anders extra etwas verkaufete von denen am Waarenlager habeuden oder anschaffenden Waaren, es seie viel oder wenig, nichts ausgenommen, so soll der Betrag dessen mit zu der Versendung angesetzt werden: doch mit Distinction an wen und wohin, um damit es von dem Credito unserer Handlung zu unterscheiden ist und keine Confusion abgibt. Dann alles Waarenlager und künftig anschaffende Waaren gehören nunmehro vor gesammte Compagnie, aus wessen Hanthierung erfolgende Nutzen oder Schaden die Compagnie mitsammen zu genießen oder zu verlieren hat.

5tn Welche in Anliegenheit der Compagnie reisen, sollen so lang (gleichwie es bishero geschehen) aus der Compagnie Mittel zehren, jedoch ihre benöthigte Kleidung von dem Ihrigen zu zahlen haben. Wann aber einer auf der Reis' oder, wann er zu Haus reiset, vor seine Hausnothdurst oder die Seinigen etwas zu Haus sendet oder einzukaufen nöthig hätte, solches wird selber mit denen zu Haus zu vergleichen und verrechnen haben.

6tn Sollen Die zu Haus alle Jahr eine Zusammenrechnung halten von Empfang und Ausgab etc., Alles wohl revidiren, ob es in Ordnung eingetragen ist; wo nicht, so muß es annoch beigesetzt werden, auch, was sie selbst zu Haus durch das ganze Jahr vor Waaren und Arbeiten etc. ausgeben und versendet oder verkauft haben, wohl notiren, nicht weniger den Empfang deren Gelder aus dem Lande und Effecten mit einander ausgleichen und gehörlicher Weis' in die Bücher eintragen, damit, wann es möglich,

7mu jederzeit nach verflossenen drei oder vier Jahren, wie es die Umstände deren Reisenden zulassen, eine Hauptrechnung kann gemacht werden. Sonderlich würde derlei Rechnung zu machen nöthig sein, wann durch Verhängnuß Gottes ein Todesfall geschehen sollte und einer oder der andere Kamrad sterbete, damit man der hinterbliebenen Wittib und deren armen Waisen in Compagnie habendes Vermögen sicher wissen und sich dessen versichern kann. Ist ihr nun (und [wenn] die Wittib selbsten

auch schon todt) denen Waisen gefällig, in Compagnie bei der Handelschaft zu verbleiben, so soll es ihnen allenfalls zugestanden werden, ob=
schon sie selbsten bei der Compagnie auch nichts verrichten können, weder
vor ihre Rechnung einen Knecht zu halten schuldig sein, so soll sie aber, wann
einige Söhne vorhanden sein, einen anstatt ihrer in ihrem Namen auf
die Reif' zur Handelschaft geben. Denselben sollen die andern Kamraden
oder deren Söhne im Land wie auch zu Haus fleißig instruiren und zu
allen erforderlichen Wissenschaften der Handlung anhalten, gleichwie es
geschehen und der Anfang gemacht worden an der Rauttenstrauchin und
Hieques ihren Söhnen. Anbei soll denselben auch aus der Com=
pagnie wie anderen nach Gebühr ein Lohn gepassiret werden. Wann
doch aber

8" die Wittib oder Waisen (wann sie schon mündig) von sich selbsten
aus der Compagnie treten und nicht bei der Handlung verbleiben wollten,
jenenfalls ist erforderlich die Abtheilung zu machen. Nämlich erstlich sollen
die im Land und zu Haus vorräthige Waarenlager, die ausstehenden
und debitirenden Schulden gezählet und notiret werden, alsdann auch
die Versendungs= und Empfangsrechnung finalisiren, bei allen Correspon=
denten ein Schlußrechnung einholen, und eine Abrechnung auf gewisse
Zeit determiniret machen, Alles nach Gebühr in Credito und Debito
eintragen, und, wann dann Alles beisammen, eine Hauptrechnung formiren, den überbleibenden avanz in Gleichheit zu theilen und einem
Jeden seinen Theil in den obhandenen baaren Geldern, ausstehenden
Schulden und Waarenlager mit aufgerechneten darauf gethauen bis ad
locum Unkosten anweisen, die baaren vorhandene Gelder mit Abschlag
oder gleich tragendem Wechsel und Porto=Verlust gleich abzahlen nach
Proportion, die im Land ausstehenden Schulden, wie und wann selbe
cobriret und eincassirt werden möchten, jedesmal sein Theil abzahlen. Das
Uebrige, was er, Abtretender, an Waarenlager zu bekommen oder zu
fordern hat, soll ihm in nächstfolgenden Jahren terminweis bezahlt
werden. Damit aber die verbleibende Kamraden nicht ruinirt werden
und auch in Stand verbleiben möchten, die Termin oder Bezahlung zu
prästiren und zu halten, so soll ein Termin in doppelter Intereß, nämlich jährlich 10 pCt zu bezahlen, bestehen, es seie die Summa groß

ober klein. Vor die beim Waarenlager unumgänglich befindende und übernehmen müssende ungangbare und unverkäufliche Gattungen werden
10 pCt° oder ein Termin abzuschlagen sein. Das Uebrige aber, wie gemeldet, hat der Abtretende in baarem Geld oder correnten Effecten zu
empfangen. Sollte aber die Compagnie in Stand sein (und der abtretende solches begehren thäte) ihme zwischenhin und ein Jahr zu bezahlen,
so sollen ebenfalls erstlich die 10 pCt° auf das ungangbare Waarenlager
abgeschlagen werden. Dieses aber soll jederzeit bei diesem oder andern
gütlichen Vergleich verbleiben.

9no Da nun bei unserer, wie auch bei aller in fremde Länder trei-
bender Handelschaft unumgänglich nöthig, daß einer oder der andere Kamrad reisen muß, so kann aber gleichwol hierinfalls eine Ordnung gehalten
werden, damit ein jeder Kamrad nach der Reihe zu schuldig ist. Zum
Exempel anjetzo hat Augustin Rauttenstrauch seine Reis' oder Wirthschaft anstatt seiner Mutter als Kamrabin verricht; nun kommt die
Reihe an mich, hernach an Giequen. Und obschon dieser oder ein anderer
nicht mehr im Stand zu reisen, so kann aber anstatt dessen der tauglichste
und dazu fähigste Knecht, oder aber dessen Sohn die Stell' vertreten und bei
dieser Reiseordnung soll es sein Verbleiben haben, damit sich ein jeder
Kamrad darnach zu richten weiß.

10mo Was nun anbelangt den Augustin Stoll, so ist nothwendig
mit ihm eine Einrichtung zu machen, damit heunt oder morgen keine
Strittigkeit oder Processe im Land moviret werden möchte. Diesen kommen nun fl. 922„55„3, welches ihm eben bei dem Waarenlager in Sevilla angewiesen werden muß. Weilen er nun im Testament zwar von
allem Profit in Cabiz abgestanden, anstatt dessen aber die Hälfte in Sevilla zugestanden worden, also erfordert es allda eine reine Rechnung zu
machen, damit man wissen möge, ob verloren oder gewonnen worden.
Denn sollte Verlust sein, so müßte ihm sein Theil von seinem restha-
benden abgezogen werden. Es soll auch gesammte Compagnie behülflich
sein, in's Mittel zu treten, damit man mit ihm eine andere Einrichtung
machete, womit man sicher sein könnte. Welches dann die Zeit erst
lehren muß, wie es sich tractiren lassen wird.

Zum Beschluß.

Alles was bis hieher gemeldet und contrahiret haben, versprechen wir gegen einander unwiderſprechlich zu halten. Jedoch wann einem oder dem anderen noch etwas Nothwendiges beifallet und etwas beſſer zu erklären erkennet, ſo ſoll es jederzeit mit Unterredung und einſtimmender Verwilligung annoch beigeſetzt werden können.

Actum Langenau, den 10. April 1755.

Johann Anton Preyßler m. p.
Kamrad.

Apolonia Rauttenſtrauchin Wittib & Erben.

Joſeph Antoni Hieque.

48.

L. S.   **C o p i e.**   (Vom 22. April 1768.)

Heunt endesgeſezten Dato und Jahrs iſt, bis auf gnädigſte Ratihabirung Sr. des hochgebornen Herrn Herrn Joſeph Johann Maximilian Kinsky, des heil. röm. Reichs Grafen von Chinitz und Tettau, Herrn der Herrſchaft Bürgſtein auf Schwojka und Stubenbach, der röm. kaiſ.- auch kaiſ.-königl. Apoſt. Majeſtät wirklich geheimen Raths, Kammerer, Sancti Johannis Hierosolimitani Ordens Rittern, eines hochlöbl. Landes-Gouvernial-Mittels Rath consessus in commercialibus et manufacturisticis, dann des Wechſel- und Mercantil-Gerichts 2ᵗᵉ instantia Präſidenten und Obriſt-Landes-Jägermeiſter im Königreich Böhmen Excellence, zwiſchen der Anna Apollonie verwittibten Rauttenſtrauchin in Blottendorf, dann denen unter der Firma: Hiecke Rauttenſtrauch & Preyßler verſtandenen Handlungs-Compagnons, benanntlichen dem Joſeph Anton Hiecke, Johann Anton Preyßler, Auguſtin Rauttenſtrauch, Anton Joſeph Hiecke etc. folgender gutwillig- und ohnwiderrufentlicher Vergleich beliebt und demnach Folgendes ohnwiderrufentliches instrumentum geſchloſſen worden. Und zwar

1mo werden nicht allein die von Seiten ihrer Apollonia des seel. Christian Franz Rautenstrauch hinterbliebenen Wittib proprio et curatorio nomine deren ihrig damaligen minderjährigen Kinder mit dem Joseph Anton Hiecke und Johann Anton Preysler angeſtoſſene Handlungs statuta, Abredungen, contracta, weſſen Namens jene auch ſein, kraft gegenwärtigen Inſtruments einmüthig auf's Feierlichſte renovirt und denenſelben folgende puncta beigefüget. Und gleichwie

2do dieſe erdeute Wittib bei dermals erreichter Voogbarkeit ihrer ſammentlichen Kinder unanimiter mit denen ihrigen dermaligen Geſellſchafts- und Handlungscompagnons ad praecavendas vexas anſtändiger zu ſein erachtet, in Sachen ihrer nach Spanien annoch fernere bis zu ihrem Abſterben fortzuſetzen gedenkenden Handlung dergleichen Schranken und Maß zu ſtellen, damit die ihrige ſo treu geführte Handlungscompagnons von ihren Erb und Erbnehmenden ſowohl zu einiger Perſonal- als Handlungs-Beunruhigung niemals verleitet werden können noch ſollen. Alsdann will

3^{tio} die oft erdeute Wittib a die mortis ihres ſeel. Herrn Erblaſſers als ihres verſtorbenen Ehemannes alle Handlungsrechnungen bis ad annum 1765 dergeſtalten benehmiget wiſſen, daß jene von Jemanden, beſonders von ihren eigenen Kindern als Kindeskindern, niemals auch zu keiner Zeit vor umſtößlichen gehalten werden ſollen noch können. In angeſehender überzeugten Zärtlichkeit des Gewiſſens als auch gebührender Verpflichtung und Dankbarkeit gegen ihren mehrbeſagten Compagnons thuet ſie, Wittib, mehr erdeute Rechnungen gänzlichen abſolviren und fehlerlos ſprechen.

4to Wobei endlichen ſie, Wittib, aus regeſt mütterlichſten Zärtlichkeit ihren ſammtlichen Kindern ohne Verhalten wiſſen will: daß zwar nach Abſterben ihres ſeeligen Mannes anno 1743 nichts mehr dann am Betrag 6.528 fl. kaiſ. Courent in der ſpaniſchen Compagnie, jedennoch nicht anders, alstheils im Waarenlager zu Madrid, Sevilla und Cabiz in gang- als nicht minder ungängigen Glaswaaren und ſolchen nebengängigen Articuln, folgl. in ein und uneinbringlichen activis ſich wirklich zerſtreuter befunden, welches Capital wie nicht minder alle „damalig“ väterliches Vermögen ein weit beträglicher Gegenſtand an passivis (so wie uebeugehendes inventarium bewahret) hatte, welchen statum passivum die Wittib sodann mit ihren illatis und mittelst verschiedenen Erbsanfällen und donationibus abgethan und folgl. sich dargegend Alles, was in der spanischen Compagnie, gänzlich von Rechtswegen als ein mit dem ihrigen Vermögen salvirt- und solchermaßen verwechsletes Vermögen acquiriret und zugezogen, wo sie sodann auch aus ihrem Vermögen denen Kindern in der Minderjährligkeit und bis anhero mütterlichst vorgestanden, welches capitale sie auch der Compagnie beizulassen vor weit erträglicher befunden; mithin das commodum auch wirklich respectu capitalis ergebigst durch den Seegen Gottes ihr zugeflossen zu sein dermaßen bestättiget, daß nach Abschlag aller empfangenen, theils auf ihre Conto, theils zu eigenen Händen bezahlter Gelder und ohnerachtet anderen zugestoßenen Unglücksfällen obverstandenermaßen bis zu letzterer anno 1765 jähriger geschlossener Rechnung an Werth jedennach auf fl. 12.680„42 kr. verfallen. Und da

5'""' die übrige Handlungskameraden aus schätzbarester Neigung nicht entgegen sein, ihr, Wittib, betragenden obigen Antheil annoch ferners in der Handlung in tanto quanti et quali beizulassen und ihr respectu ihres quanti et respectu temporis den aus Gottes Verhangniß zuwachsenden avance und durch ohngefähre Unglücksfälle (wie letztere immer den Namen führen können) sich in ergebenden Schaden und Verluste in der Rechnung an ihrem Conto zu- oder abzuschreiben und da sie, Wittib, in dieser Handlung nicht anders quoad personam als ein membrum mortuum zu consideriren, welches der Handlung keine Hand- und Arbeits- nöthigen Zufluß schaffet, so solle sie, Wittib, und Erben nicht allein gehalten sein, alljährlich 100 fl. anstatt eines Knechteslohn an die Compagnie in ihrem Conto abzutreten, sondern, da dieser Compagnie nicht so an denen Geldern als an handlungseinsichtig laboriosen subjectis gelegen, und weilen ihr, Wittib, gehöriger Betrag dieses zu ergänzen nach so beträglich erlittenem Verlust bei der verunglückten väterlichen Nebenhandlung in Petersburg nicht hinreichend, so solle die Wittib unter der errichteten Handlung nach Sevilla mit ihrem Betrag noch mit Zurechnung eines Verlusts noch antagenden avance keineswegs verstanden sein, noch darinnen einen Antheil fordern, sondern noch ferners wie seithero abgesondert bleiben. Wo

6^{tens} sie, Wittib, vorerregte conditiones ganz genau in Erwägung gezogen und die zugestoßene Unglücksfälle in einer außer dieser spanischen Handlung nebenseitig von ihrem seeligen Mann angelegeten Petersburger negotio ganz lacrimos bedauert, wo die spanische Handlung sie annoch aus dem nahen völligen Umsturz gerettet habe, mithin die im vorigen §. 5to enthaltene Grundsätze in Allem dermaßen begnehmiget, daß sie mittelst deme nicht allein zu Kräften wachsen, sondern auch vor jetzt und allzeit gültig sein und bleiben sollen. Damit endlichen

7^{tens} zur Dankbarkeit der ihrigen Compagnons die Handlung nach der Wittib zeitlichem Ableben nicht gehemmet würde, so erachtet sie sich verbunden, das fernere Wohlergehen der sammentlichen Compagnie zu befördern, wozu sie sich mit ihrem freien Willen ausdrücklich erkläret und gehalten wissen will, daß sowohl für itzo bei ihren Lebenszeiten, als nach ihrem Tod weder durch ihre Erben und Erbsnehmer dieser Compagnie in ihrem Fortgang kein Hinderniß zugelegt werden soll, sondern jene sollen weder Macht haben, einige Rechnungsanstände zu machen, noch sie, Compagnone, zu einem Beweis zu zwingen noch zu treiben, sondern deme Glauben beimessen, was sie, Compagnone, ihnen vor Rechnung nach ihrem Tod fürlegen, anweisen und aus überzeugter Redlichkeit zuerkennen werden. Und gleich wie die Wittib zwar nach ihrem Ableben die haereditatem maternam ihren Erben abzusprechen noch in Zeit damit zu verweisen de jure nicht bemächtiget, so will sie, Wittib, sich jedennoch dahin erklärter haben, damit die Compagnons nach vorher gewissenhafter erlegter Rechnung ihnen, Erben, einen proportionirten Termin, wie viel nach jedesmaligen Handlungsumständen sie an sie, Erben, alljährlich zurückzuzahlen gedächten und ohne Abbruch ihrer Handlung in Stand wären, mit welchen sie, Erben, entweder sich zufrieden stellen oder aber sich einer Compromiß von dergleichen kündigen Handlungsleuten, Obmännern und Schiedsrichtern aussuchen, erwählen und unterwerfen sollen, welche Obmänner die (wie die Wittib hoffet) compromittirende Parten alleinig quo anno ad termina solutionis nicht zwar in modum einer richterlichen Erkanntnuß, sondern als einen in die Willkür der

Obmännern gestellten Vergleich eben ihre Erben daran so kräftig ver=
bunden sein sollen [sic], als wenn sie, Erben, alles Dieses specifice
und ausdrücklich untereinander transigendo beliebet hätten.

Wollte und künnte die Compagnie aber die baare Zurückzahlung
leisten, so will die Wittib, damit die Compagnie in Anbetracht der Ueber=
nahme deren ungängigen Waaren als vielen verlorenen Schulden sich
zum wenigstens 15 pCt. nomine Rabatt zurechne. Wollte aber ein
oder der andere Erbe etwan diesen ihren mütterlichsten Einrathungen
und Anordnungen widerstehen und diesen Handlungs=Appuntations=
Vergleich nicht halten und im Mindesten opponiren, so solle nicht allein
die Handlungs-Compagnie an diese ihr en faveur der Wittib gethane
statuta keineswegs gebunden, sondern sie, widerspenstige Erben oder
Erbnehmer, in tali quali, als der Werth ihrer Erbmassa bestehet, es
sei in gang= und ungangbaren Waaren, sicheren und unsicheren activis,
abfertigen. Sollte nun ein oder der andere Erb per se oder per
mandatarium weitere quaestiones gerichtlichen oder mit Beschwerung
der Compagnie im Rechnungswesen zu formiren oder die im Gewissen
der Wittib überzeugte treue Handlungscompagnons zu einen Eid zu
treiben Belieben tragen, so will sie beedenfalls jene ungehorsame Erben
[sic] aus allen ihren illatis und ihrigen Vermögen= oder Erbschafts=
fällen überkommenes und in dieser Compagnie befindliches Vermögen zu=
folge deren Landgesetzen in zwei gleiche Theile sofort auch nach ihrem
Tode getheilter wissen, von welchem einen halben Theil die deme zu=
widerhandelnde Erben sie, Wittib, ganz ausgeschlossen wißen will, welchen
halben Theil denjenigen Erben sie, Wittib, legiret, welcher sich ihr anmit ge=
thanen Präpositionen kindlichst unterziehet; der andere halbe Theil aber, wel
cher legitimam strictum de jure ausmachet, solle unter sie, friedliche und
unfriedliche Erben und Erbnehmer, jedennach niemals anders als in
tali quali obverstandenermaßen vertheilet werden, welche Straf' sie,
Wittib, noch ferners mittelst einer mit Conseus der hohen Obrigkeit be=
schehenen letztwilligen Deposition in seine bessere Kräften zu versetzen sich
anmit freiwillig verbindet. Sollte nun

8™ wider besseres Verhoffen und wider den Willen der Wittib
ihre Herren Compagnones zu einigen unnöthigen und widerrechtlichen

21

Spesen verleitet werden, so wäre der Wittib festes Aeußern, daß jene an dem den gehorsamen Erben zufließenden Halbscheid abgezogen und der Comp! gänzlich reserviret werden.

9ten Da dieser gutwilliger Vergleich von beeden Herren Interessenten wohlbedächtig auf= und angenommen worden, so entsagen beeder Seits Theile allen Ausschweifungen, welche in diesem instrumento nicht ausdrücklich vorgemerket seind; übrigens submittiren es der hoch-obrigkeitlichen Ratification und Dero hohen Manutenenz.

· Zu wessen Festhaltung nicht allein [sic] dieser Contract von beeder Seits Theilen und Parten unterschrieben worden.

So geschehen in Langenau, den 22. April 1768.

Apolonia Rauttenstrauchin.

Joseph Antoni Hiecke.
Johann Anton Preysler.
Augustin Rauttenstrauch.
Joh. Anton Joseph Hiecke.

49. *)

[Stempel 1 fl.]

Handlungs-Contract:

Zur Ehre Gottes und zu unserer zeitlichen und ewigen Wohlfahrt.

Im Namen des dreifaltigen einigen Gottes, des Vaters, des Sohnes und des heiligen Geistes!

Kund und zu wissen sei hiermit, sonderlich denen, die es angehet: Daß wir, Augustin Rauttenstrauch, Joh. Anton Hiecke, Joh. Anton Zincke, Joh. Wenzel Hiecke und auch Bartholome Hiecke (sofern er noch lebet) vermittelst diesem Handlungsvertrag und kraft unseren gegenwärtigen eigenhändigen Unterschriften freiwillig und ungezwungen uns vereiniget und gegen einander verbunden haben, um im Namen Gottes eine Gesellschaftshandlung anzufangen und aufzurichten, die sich auf folgende unter uns verabredete und angenommene Hauptpunkte gründen soll,

---

*) Original.

welche wir treu und aufrichtig zu halten und zu beobachten einander versprochen haben und hiermit nochmalen versprechen und versichern, u. zwar:

Zum Ersten: Haben wir beschloßen, unser sammentlich-ganzes Vermögen, so wir dermalen in Spanien zu Cabiz und Sevilla haben und besitzen, und das hauptsächlich in Glas und andern Waaren wie auch in Activschulden allda bestehet, zusammen zu geben und zu nehmen, um unsere neu angehende Compt.-Handlung unter dem Segen und Beistand Gottes, fürerst in Cabiz, einzurichten, anzufangen und fortzusetzen. Weilen wir das Eigentliche unsers Vermögens, was ein Jeder zur ersten Anlage in die Handlung bringt und gibt, jezo nicht genau wissen, weder bestimmen können, so behalten wir uns vor, solches diesem Contract beizusetzen und zur Gedächtniß und Wissenschaft eines jeden Mitgliedes einzuverleiben, sobald als die Uebernahme der uns gehörigen und uns zukommenden Waaren und Schulden geschehen, und die Inventarien und Rechnungen darüber ausgefertiget sein werden.*) Ferner, obgleich wir Kamraden anfänglich ungleich an Capital und Anlage in der Handlung sein, so bleibet unter uns doch ausgemacht, festgesetzt und bewilliget, daß der durch diese Handlung entstehende und vermittelst des Segen Gottes und unseres sorgfältigen Fleißes zu erwarten stehende Gewinn jederzeit in gleiche Theile unter uns Kamraden vertheilet werde, gleich wie auch im Gegentheil bei Verlust (dafür Gott uns und unsere Handlung bewahren wolle!) der befundene Schaden zu gleichen Theilen verrechnet und von uns angenommen müßte werden.

Zweitens: Sollen und wollen wir insgesammt und sonders uns jederzeit bemühen und angelegen sein lassen, alle mögliche Vortheile für unsere Handlung in Anschaffung und Einkauf der Waaren zu suchen und zu verschaffen; auch in erforderlichen Fällen und Umständen zur Beförderung oder stärkerem Betrieb der Handlung wollen wir Gelder und Waaren auf Credit suchen und annehmen, auch im Fall der Noth solche für billige und leidentliche Interessen an- und aufnehmen. Für dergleichen an- und aufgenommene Gelder und Waaren haften wir Kamraden gemeinschaftlich, das ist einer für so viel als der andere, und bei

---

*) S. Waarenlager zu Cabiz sub 34.

Erforderniß wollen wir auch mit unsern Häusern und Vermögen dafür gut stehen.

Drittens: Diese unsere neu angehende Handlung wird und soll hier zu Hause unter denen Namen und Firma de Hiecke, Rauttenstrauch, Zincke & Comp: geführet und bekannt gemacht werden. In Spanien aber und zwar zu Cadiz soll unser Haus und Handlung mit denen Namen und Firma de Hiecke Zincke & Comp. erkannt und bekannt werden. In Cadiz wird beständig zum wenigsten einer von uns Kamraden sein und sich aufhalten müßen, zum Betreib und zur Besorgung der Handlung und der dasigen Wirthschaft und Correspondence. Der hiesige Briefwechsel aber sammt Allem, was die Correspondenz in und außer Landes betrifft und angehet, nebst denen der Compagnie zugehörigen Handlungsbüchern, Rechnungen und Schriften, auch die Compagnie-Gelder und Caffa bleiben unserem Joh. Anton Hiecke anvertrauet und zur Besorgung übergeben. Die Handlungsbücher, alles Papier und sammentliche zur Schreiberei gehörige Sachen werden für Compagnie-Rechnung angeschafft; diesemnach so wird es auch jedem Kamraden erlaubt sein und freistehen, von solchen Papier, Federn und Oblaten oder Siegellack für sich zu nehmen und zu gebrauchen, was er nöthig haben wird.

Viertens: Die Verlegerei, der An- und Einkauf deren Waaren und dessen [sic] Versendung, bleibt eben auch gemeldtem unsern J. A. Hiecke überlaßen, jedoch so, daß auch die zu Hause befindlichen Kamraden ihm mit Rath und That an die Hand gehen und in allen Vorfällen und Umständen Hilfe und Erleichterung in solchen Geschäften und Arbeiten schaffen und leisten sollen. Besonders aber wird unser Herr Rautenstrauch, nachdeme er, G. es G., [gebe es Gott!] wiederum zu Hause kommen und hier sein wird, auch in seinem eigenen Hause zu Blottendorf einen Theil der Verlegerei zu besorgen und zu verwalten übernehmen. Uebrigens ist und bleibet jeder Kamrade verbunden auf die Glashütten, auch anderwärts hin, zum Waareneinkauf zu reisen, so oft es erfordert werden wird. Demjenigen aber, der also für Compagnie reisen und sich gebrauchen laßen wird, dem werden zu seinem Auskommen und Unterhalt täglich ein Gulden zu verzehren erlaubet und auf Compagnie-Rechnung gegeben werden. Weilen durch den Verleger alle

Waaren für den eigentlichen wahren Einkaufspreis angeschrieben und an Comp!. verrechnet sollen werden, so werden dem Verleger anstatt des sogenannten Verleger=Profit jährlich 300 fl. „—„ aus Comp!. gegeben oder auf seinen Conto ihme gut geschrieben werden, als eine Entschä= digung für die unvermeidlichen Auslagen bei der Verlegerei.

Fünftens: Wird denen Kamraden verboten, eine besondere eigen= nützige Handlung für sich zu treiben. Denn Alles, was einen Gewinn einbringen und verschaffen kann, das gehöret in die gemeinschaftliche Massa; folglich weder zu Hause, weder im Lande erlaubet ist, durch Nebenhandlung etwas anzufangen und zu verdienen, sofern die Absicht, unsere Handlung zu erweitern und das Verdiente gemeinschaftlich unter uns zu vertheilen, nicht dabei ist und gehörig angezeigt wird. Wann sich also eine Gelegenheit hervorthut, wodurch wir eine neue Handlung anfangen oder in eine bereits eingerichtete Handlung zu unserem Vortheil eingehen und eintreten können, so soll es niemal anders, als mit Wissen, Willen und zum Nutzen sammentlicher Kamraden geschehen.

Sechstens: Wollen wir jährlich oder längstens alle zwei Jahr einmal Inventario und Compagnie=Rechnung machen, um unseren Stand zu untersuchen und zu wissen. Und um alle künftige Zweifel zu heben und zu verbannen, auch um denen Streitigkeiten vorzubengen, soll jede Compagnie=Hauptrechnung in unser Hauptbuch eingetragen und daselbst von denen Kamraden für fehlerlos und giltig durch ihre Unter= schriften erkannt und angenommen werden. Auch sollen auf gleiche Art alle unsere Inventarien unterschrieben und dadurch für gut und richtig gehalten und angesehen werden, von uns und unsern Erben.

Siebentens: Soll es jedem Compagnon freistehen, monatlich ein Gewisses an baarem Gelde aus der Compagnie=Massa und Cassa zu seinem und deren Seinigen Unterhalt zu begehren und auf seine Rech= nung zu empfangen und zwar:

dem Herrn Rautenstrauch	monatlich	de 40 à 50 fl.	das sein
dem J. A. Hiecke	item	40 à 50 „	de 130
dem J. A. Zincke	item	25 à 30 „	à 160 fl.
dem J. W. Hiecke	item	25 à 30 „	monatlich

oder aber jährlich bis 1.920 fl. Diese Summa soll ohne besonderer

billiger Ursache oder Noth von keinem überschritten werden. Sofern aber
unvermeidliche Umstände ein Mehreres zu fordern und auszuheben nöthigen, so soll derjenige, den es angehen wird, so viel als möglich voraus
Meldung davon machen, damit man auch der Cassa wegen sich darnach
richten und es so einrichten könne, daß es ohne Nachtheil und Hemmung
der Handlung geschehe. Die oben vorgeschriebene und festgesetzte Summa
soll so lang gehalten und genau beobachtet werden, bis wir Kamraden
durch Jahre und Verdienst in denen Anlagen zur Handlung einander gleich
sein werden, wornach dann eine andere und gleichere Ordnung des Aus-
hebens gemacht und bewilliget werden kann. Bewußt und bekannt ist es,
daß unser J. A. Hiecke ein Haus in Haide zu erbauen verpflichtet ist
und zu dessen Anfang er bereits Anstalten gemacht. Um nun dieses Haus
völlig auf- und einzubauen, wird ihm erlaubt, von denen Compagnie-
Geldern das benöthigte zu nehmen und darzu anzuwenden, und zwar von
seinem eigenen Anlag-Capital, auf seine Rechnung, und so wie es der
Handlung Umstände nach und nach zulassen werden. Außerdem wird
denen Kamraden noch erlaubt und zugestanden, nach Proportion oder
pro rata ihrer Anlage jährlich etliche Faßel spanischen Wein und andere
spanische Früchte oder Waaren für ihre Rechnung zu begehren und zu
überkommen, womit ein Jeder nach Gefallen (zu seinem Selbstverbrauch,
zum Verschenken und auch aus Gefälligkeit an gute Freunde davon überlassen und verkaufen mag) umgehen, thun und lassen kann. Wenn aber
dergleichen Weine und Früchte in Commission für andere Leute begehret
und bestellt werden, dann gehöret der dadurch gemachte oder durch Provision erworbene Gewinn denen sammentlichen Kamraden zu gleichen
Theilen.

Achtens: Alle Reise-Unkosten zu Wasser und Land, nach Spanien
hinein und heraus, für Kamraden und Knechte werden p. Compagnie-
Rechnung bezahlt, desgleichen auch der Unterhalt in Spanien für Vor-
gesetzte und Untergebene, nämlich: Speise, Trank, Wohnung, Bett,
Tischzeug und Hausrath, Frei-Waschen, Doktor, Apotheke, Medicinen,
Feldscheerer, Bälbier und Perruquier schaffet und zahlet die Compagnie:
Kleidung und Wäsche schafft sich aber ein Jeder für sein Geld oder Lohn
an. Mit denen Knechten, die hier oder auch in Spanien (jedoch keine

Spanier, sondern Deutsche) zu unserer Handlung werden angenommen werden, wird allemal ein Contract gemacht, aufgesetzt und von beiden Theilen unterschrieben, und worin sonderlich das jährliche Lohn bestimmet und festgesetzt werden soll, nämlich: für einen Anfänger in der Handlung das erste Jahr 45 kr., das anderte 1 fl., das britte 1 fl. 15 kr., das vierte 1 fl. 30 kr., das fünfte 1 fl. 45 kr. und das sechste und die folgenden Jahre 2 fl. Derjenige, der mit solchem Lohn nicht zufrieden und dafür nicht dienen will, den nehmen wir nicht an. Es soll ohne hinlängliche billige Ursach kein neuer Compagnon zu unserer Handlung an- und aufgenommen werden; wenn es aber erforderlich ist und geschehen soll, so muß es mit Wissen, Willen und Genehmhaltung sammentlicher Kamraden geschehen.

Neuntens: Mit der Frauen Apollonia Rautenstrauchin und ihren Erben, weilen wir ihr bei der Handlung befindliches Kapital mit zu dem unserigen nehmen und nach Gefallen anwenden, müßen wir, so bald wir ihre Waaren und Schulden übernommen und in Händen haben werden, einen besonderen Contract machen, und festsetzen, was ihr vom Gewinn oder für Interesse zukommen und wie viel von ihrem Capital jährlich an die Erben hinausgezahlet werden soll.

Zehntens: Im Fall ein Compagnon durch Sterbefall abgehet, dann soll so bald als möglich Inventario und Rechnung gemacht werden, um der Wittib oder denen Erben darzuthun und aufzuweisen, was der Verstorbene in der Handlung hinterlassen haben wird. Wann sodann die Wittib und die Erben alle unsere in diesem Contract enthaltene Bedingnisse und Constitutionen sich gefallen lassen und eingehen, dann soll aus Achtung und Freundschaft für [den Verstorbenen sein]*) hinterlassenes bei der Handlung befindliches Capital ferner durch vier ganze Jahre in der Handlung beibehalten und so angesehen werden, als wann der Verstorbene noch so lang am Leben und wirklich bei der Handlung wäre; demnach auch der in dieser Zeit eingesammlete Profit wie vorher denen Erben zu Theil werden soll, die infolang auch das gewöhnliche monatliche Geld zu ihrem Unterhalt bekommen und ordentlich empfangen

---

*) Nach dem Sinn ergänzt, da diese Stelle im Original abgerißen ist.

follen. Nach verfloßenen vier Jahren aber, wann die Wittib oder Erben ihren Antheil durch mehrere Jahre in unserer Handlung laffen und die Compagnie folchen annehmen und behalten will, dann wird mit denen= felben ein befonderer auf Recht und Billigkeit gegründeter Contract ver= faßet und gemacht. Wird man aber dießfalls nicht einig, fondern die Erben müßen, follen oder wollen ihren Antheil aus der Handlung neh= men, dann wird ihnen das ihnen Zukommende da, wo es fich befindet, in natura ausgeliefert, und fowohl in guten als fchlechten Waaren, als auch in guten und böfen ausstehenden Schulden angewiefen und übergeben. Im Fall aber denenfelben dergleichen Uebernahme nicht anständig oder dienlich oder auch unmöglich, dann follen fie fich 15 pCt° Rabatt auf ihre ganze Anforderung gefallen laffen, welche der Compagnie zur Schad= loshaltung für die Uebernahme der verdorbenen und verlegenen Waaren, wie auch für die ausstehenden guten und böfen Schulden dienen und dafür angefehen werden follen. Die Compagnie, nämlich die lebenden Kamraden, werden fodann felbst nach Umständen der Handlung, auf Billigkeit und Möglichkeit gegründet, die jährlichen Termine und deffen Auszahlung bestimmen und treulich beforgen, welche fich unfere Erben, weil es fo unfer ausdrücklicher wohlbedachter Wille ift, ohne Einwen= dungen und Umständen fich gefallen laffen follen, und darmit zufrieden und vergnüget fein und bleiben werden, auch fo bleiben und bestehen werden können.

Den Beschluß diefes Handlungs=Contractes machen wir fo wie den Anfang deffelben in dem Namen Gottes. Zu Deffen Ehre und Lob ver= fprechen und bestimmen wir endlichen ein beständig jährliches Almofen aus unferer Compagnie-Handlung, welches denen Armen und denen Seelen unferer und unferer Weiber verstorbenen Eltern, Brüder, Schwe= stern und Blutsverwandten gewidmet werden foll, nämlich für jede von hier abgehende und in Cadiz ankommene Glas= und Tafelglaskifte einen Gul= den, davon die Hälfte oder 30 kr. allhier, und die andere Hälfte oder 5 Realen in Spanien auf obgemeldte Art und Meinung, halb unter die Armen und halb auf heilige Meßen, vertheilet und angewendet werden foll. Gott gebe hierzu und zu allen unferen Vorhaben und Unternehmungen feine Gnade und Segen!

Schließlich behalten wir uns noch vor, diesen Contract nach gemeinschaftlichem Verständniß und Gutbefinden zu verbessern oder durch mehrere puncta zu erweitern.

Geschehen und geschrieben in Langenau, den 20. Marz 1775.

Augustin Rauttenstrauch m. p.   Johann Anton Hiecke m. p.
Johann Wenzel Hiecke m. p.   Johann Anton Zincke m. p.

---

50. *)

Im Namen der allerheiligsten Dreifaltigkeit, Gottes Vaters, Sohn und heiliger Geist!

Hermit seie kund und zu wissen, sonderlich denen es nöthig ist, daß zwischen denen Herrn Augustin Rautenstrauch **) und dem Herrn Johann Anton Zincke, Kauf= und Handelsleute in Cadiz, vor sich und seine Handlungs-Kameraden und dem Johann Franz Hoffmann aus Schaiba Folgendes verabredet und frei und gutwillig bedungen und angenommen worden ist, nämlich: Es verspricht

1. Die Compania des Herren Hiecke Zincke in Cadiz dem von der Schaiba gebürtigen Franz Hoffmann auf sechs oder sieben nach einander folgende Jahre zu einem Handelsdiener zu sich in seine Handlung an= und aufzunehmen, auch auf eigene Kosten dem gedachten Hoffmann nach seinen verflossenen treu gedienten Jahren in das Vaterland zu senden.

2. Verspricht die Compag' gemeldtem Hoffmann in gesunden und kranken Tägen (das ist nicht in den Krankheiten, die man selbst sucht), so lang er treu dienen wird, mit nöthigem Essen und Trinken, mit Lagerstatt und Bettzeug, mit Frei-Waschen — bei diesem ist auch zu wissen und zu verstehen die Wäsche, die man nöthig hat und brauchen thut, (dann als wie die weißen Camsöler, weiße Brustlatz und Hosen, wie auch weißseidene Strümpfe, das seind alles Sachen, die vor keinen Knecht ge-

---

*) Obwohl die Unterschriften auf diesem Schriftstücke nachgebildet sind, so kann es doch nur eine Copie sein und dazu ist es noch eine sehr incorrecte.

**) Von späterer Hand beigesetzt: der Vater.

hören, dann solches wird in der Arbeit gleich schmutzig), — wie gewöhnlich zu versehen und versorgen zu lassen, über dieses aber auch noch einen jährlichen Lohn im Geld. Und weilen [er] die ersten Jahre bei der Handlung nur sehr geringe Dienst zu leisten fähig sein kann, so wird ihm doch noch versprochen, wie auf der ander Seiten zu bemerken ist:

das 1. Jahr v. Dato gerechnet 48 kr. jede Woche, das J. fl.   41.36

das andere Jahr . . 1 fl. — „ . . . . „ 52.—

das dritte Jahr . . 1 „ 15 „ . . . . „ 65.—

das vierte und fünfte Jahr 1 „ 30 „ . . . . „ 156.—

das sechste und siebente Jahr 1 „ 45 „ . . . . „ 182.—

Und wofern er sich wohlverhalten thut und auf mehrer Jahre in der Handlung dienen will, so wird ihm auch mehrer Lohn gegeben werden, jedoch nicht im fremden Lande, sondern in sein Vaterland zu bezahlen.

3. Johann Franz Hoffmann vermittelst und kraft dieses Contracts gegen seine Herren sich verpflichtet und verbindet, ihnen getreu und gehorsam zu sein und zu bleiben und ihnen aufrichtig, ehrlich und redlich zu dienen, sonderlich nichts entwenden und verliedern, auch Alles, was ihnen und ihrer Handlung nachtheilig und schädlich sein könnte, nach Möglichkeit zu verhüthen und abzuwenden, dabei auch verschwiegen zu sein, nicht aus dem Hause schwätzen, weder Andern etwas zu offenbaren, als seinen Herren, wofern er weiß, daß ein ander Knecht etwas entwendet oder unnöthige Ausgaben hat, als zum Exempel, in die Bierhäuser, Weinschänken und auf der Landpforten mit Andern essen und trinken, wo der Herr nicht das Geld dazu gegeben hat und nichts weiß. Dann auf solche Weis' ist es so viel als gestohlen, dann damit hat er sein Lohn und zu essen und trinken bei gewöhnlicher Zeit zu Hause. Und zu einer Regration oder Ausschlag soll der Herr um Erlaubnuß und um Geld darum gebeten werden, und wofern er dazu die Erlaubnuß und Geld gibt, so hat es seine Richtigkeit. Und weiters sich zu aller Arbeit, wozu er tauglich und fähig befunden und angewiesen werden wird, sich frei und gutwillig dazu gebrauchen zu lassen, ohne Widerrede und Murren, dann auch den Nutzen seiner Herren sowohl in der Handlung als häuslichen Wirthschaftssachen jederzeit zu suchen und zu befördern, und sonderlich die Ermahnung des Herrn zu beobachten wegen dem Gottesdienst und

alle Tag die heilige Meß=Hören, weilen es die Comp! so haben will und darzu die gehörige Zeit gibt. Und des Sonn= und Feiertägen kann man zwei hören, wie auch des Nachmittags in den heiligen Rosenkranz zu gehen, oder selbst in der Kirchen beten und nach dem allerst spazieren gehen und auch monatlich zur heiligen Beichte gehen. Dann wie der Herr muß Rechenschaft geben vor seine Untergebene, so ist der Knecht auch schuldig, dieses zu observiren und gottesfürchtig zu leben. Dann widrigenfalls

4. der Prinzipal=Vorsteher der Handlung in Cadiz für sich zu thun befugt ist, indem derselbe die Gewalt hat und jederzeit haben soll, dem gedachten J. F. Hoffmann, wenn er nicht so, wie oben gesagt ist, in allen Vorfällen, Verrichten und Geschäften schuldige Treue und Folge leisten und zeigen sollte und wollte, so gleich ohne weiter Umständen den Abschied zu geben und ihn als einen ungehorsamen Knecht nach seinem Vaterlande zu schicken und zu senden, allwo er sein verdienten Lohn zu fordern hat und empfangen wird, maßen ausdrücklich und festgesetzt bleibet, daß

5. mehr gemeldter Hoffmann sein verdienten Lohn nicht in Spanien, sondern in seinem Vaterlande fordern, bekommen und nach sein Willen anwenden oder verzehren [kann]. Dann es wird ihm nur allein so viel auf sein Lohn hergeben und zugestanden und erlaubt, als er auf nöthige Kleidung und Wäsche, so er sich auf seine Rechnung anschaffen muß [braucht], und welches allemal er nicht anders, als mit Wissen und Willen seines Herrn Vorgesetzten thun soll, wozu er dann auch von demselben und von keinem Andern das erforderliche Geld begehren und empfangen wird, auf daß es richtig und ordentlich eingeschrieben und verrechnet werde.

Endlich noch im Falle der J. F. Hoffmann seinen Herrn und Vorgesetzten hintergehen, ihnen und dem Vaterlande undankbar und untreu werden wollte oder würde, so ist die Comp! nicht schuldig, vor ihn zu haften und der angehörige Titul Obrigkeit gut zu stehen, weilen solches die Compag! nicht hat zu Hause angenommen, sondern in Spanien.

Und zu Bekräftigung und Versicherung dieses gutwilligen Contracts haben wir beiderseits solchen eigenhändig unterschrieben.

Cadiz, den 11. Januarii anno 1776.

Johann Franz Hofmann m. p.

Hiede Zincke & Comp. m. p.

51.

Vorstellung
zur gemeinschaftlichen Ueberlegung und Beschließung. *)

Meiner Einsicht und Meinung nach soll und wird unser Handlungshaus in Hamburg vorerst unter dem Namen und der Handlungsfirma J. F. Scheinert & Comp. angefangen und bekannt gemacht. Aber auch darum, weil der Ankauf des Hauses und das Bürgerrecht in Hamburg für und auf den Namen des Herrn Scheinert gemacht werden mußte, so wird auch billig und recht, auch zu aller Antheilnehmer Beruhigung, Sicherheit und Zufriedenheit nöthig und dienlich sein, daß Herr S. vor seiner Abreise nach H. eine von hiesigem Magistrat vidimirte und bestätigte Erklärung als Revers oder einen Versicherungsschein für alle Angehörige, von ihm eigenhändig unterschrieben, uns hier lasse, wodurch versichert und bekannt gemacht wird, daß jenes Haus sammt der Handlung nicht sein eigen, weder ihn alleine angeht und zugehört, sondern eigenthümlich dem hier bekannten Handlungshause de H. R. Z. & Comp. gehöret und daß er eigentlich nur durch Auftrag und Vollmacht von uns jenes Haus auf seinen Namen angekauft hat und die Einrichtung und die Manipulation desselben als Handlungsgesellschafter und Vorsteher desselben zu sein bekommen und zu besorgen hat.

Ein förmlicher Compt.-Handlungs-Contract, der gemacht werden soll und verfaßt werden muß, wird und kann, meiner Ansicht nach, nicht

---

*) Original. Laut der ebenfalls vorliegenden Copie: „Eine Aeußerung, vom seligen Herrn Joh. Anton Hiede vorfindlich, in Betreff unseres Hamburger Etablissements und Hauses."

eher zu Stande kommen, bis das Inventar sammt der dazu gehörigen Handlungs-Comp.-Rechnung de 1803 ausgefertigt und ausgewiesen sein wird, was jeder Gesellschafter damals hatte und beiläufig noch activ haben kann, um zu bestimmen, was und wie viel ein Jeder zu dieser Handlung in Hamburg beitragen oder hergeben kann und dazu anlegen muß.

Wer von uns als ganzer oder halber Compagnon zu dieser Handlung gehören wird? Die Cadizer, meinem Erachten und der Billigkeit nach, Alle. Besonders, wann die Handlung in Cadiz aufhöret und cassirt werden muß.

Also müßen auch diese Compagnons namentlich genannt und als ganze oder halbe Gesellschaften bestimmt und ihren Namen nach angezeigt und benennt werden.

Wann einer von diesen Handlungs-Compagnons nicht sein ganzes Anlagecapital hat, daß er solches von andern Compagnons, die Ueberschuß haben, gegen jährlich — pCt". übernehmen darf, um sein Erforderliches dadurch zu completiren. Ob solche Interessen oder Zinsen sodann jährlich ausgezahlt oder in Rechnung ab- und zugeschrieben werden sollen?

Alle erforderlichen und nöthigen Hin- und Herreisen in Betreff dieser Handlung geschehen auf gemeinschaftliche Kosten, so wie auch das, was zur Einrichtung des Hauses und der Handlung nöthig sein wird, nebst zur Bewohnung, Bewirthung und des Nöthigen an Speisen und Trank und dergl.

Kein Compagnon darf oder soll keine besondere Nebenhandlung treiben, die uns nachtheilig sein könnte, oder auch nur Verdacht, Mißtrauen und Unzufriedenheit erregen kann.

Auch sind von und aus der Handlung keine Gelder auszuleihen oder zu verborgen, weder für Jemanden zu caviren, wodurch oder dafür die Handlung stehen und jemals verantwortlich dafür sein könnte oder werden müßte.

Sammentliche Gesellschafter nehmen ohne Unterschied Antheil an Glück und Gewinn, so wie am möglichen Unglücke und Verlust der Handlung nach ihrem Antheil als ganze oder halbe Compañeros.

Um diese Handlung zu gründen und fortzusetzen oder anzubringen, sollte vor jetzt keiner befugt sein, von seinem Antheil etwas zu beziehen, bevor die erste Handlungs-Compt.-Rechnung gemacht und Gewinn oder Verlust ausgewiesen sein wird.

52.

Entwurf

zu einem Handlungs-Contract für unsere Hamburger Handlung. *)

Im Namen Gottes, der allein unsere Unternehmungen leiten, ihnen das Gedeihen und den gehofften Segen verleihen kann! Kund und zu wissen sei hiemit Jedermann, dem es angehet, oder im Wege Rechtens erheischen könnte: Daß heute am unten angesetzten Jahre und Tage wir hier benannte, eigenhändig unterschriebene Kauf- und Handelsleute unter der Firma H. R. Z. & Comp., als Herr J. A. H., J. A. Z., J. W. H., J. A. H., J. J H., J. Fr., J. F. S., F. H. und Steph. R. dermalige Gesellschafter dieser Handlung, in unserm eigenen so wie im Namen unserer respectiven Erben, mit allseitiger Uebereinkunft aus jedes freiem Willen über unsere seit dem Jahre 1810 in Hamburg errichtete Gesellschaftshandlungs-Niederlage und dem dazu angekauften Erbe; mit Ausschluß aller vorhergegangenen und hieher nicht Bezug habenden Contracte oder Verbindlichkeiten, Folgendes beschlossen, festgesetzt und gegenseitig treulich zu halten versprechen.

Vor Allem geloben wir auf's Feierlichste einander und verbindet sich jeder insbesondere, durch ein gegenseitig aufrichtiges, offenherziges, redliches Betragen, durch Gewissenhaftigkeit und Rechtschaffenheit Eintracht, Friede und Zutrauen zu bewirken, um dadurch unsere Verbindung desto fester, inniger und solider zu machen, als ohne diese Haupt-Grundlagen kein gesellschaftlicher Verein bestehen kann. Daher sich jeder besonders verpflichtet aus allen Kräften dazu mitzuwirken.

1. Soll das zu dieser Handlung und damit verbundene Erbe für

---

*) Voran geht die Bemerkung: „Nachstehendes ist vom Herrn Gesellschafter Joh. Jos. Hiede verfaßt und vorfindlich." Da der erstgenannte Gesellschafter Joh. Anton Hiede bereits am 11. April 1813 starb, so muß der Aufsatz vor diesem Zeitpunkte geschrieben worden sein und ebenso der vorhergehende.

gemeinschaftliche Rechnung unter der bestehenden Handlungsfirma Joh. Franz Scheinert & C⁗ bestimmte Anlagecapital vorläufig aus Mark Banco 100.000 bestehen, wovon M. B. 69.800 für das Erbe und M. B. 30.200 auf das Waarenlager angenommen werden. Dieses Anlageca=pital wird in der Folge, im Verhältniß der obwaltenden Umstände, entweder vergrößert oder auch verringert, welches so wie jeder andere Umstand oder Vorfall immer durch gemeinschaftliche Uebereinkunft, durch Mehrheit der Stimmen beschlossen und entschieden werden soll.

2. Nachdem der Fond zum Ankauf des Erbe sowohl als auch des bereits angeschafften Waarenlagers aus der Cadizer Handlung entnom=men worden, so sollen auch alle obbenannten Herren Handlungsgesell=schafter der Cadizer Handlung in die nämlichen Antheile von Gewinn und Verlust in diese eintreten, so wie sie beim Schluße des Cadizer In=ventariums Nr. 4 im Jahre 1812 waren und in Zukunft sein werden, nämlich laut Ausweis der Beilage, worin das Anlagecapital eines jeden Theilnehmers besonders ausgewiesen und der ihm bestimmte Antheil von Gewinn und Verlust bestimmt bleibt. Auch bleiben die Aushebungen, so wie sie dort angegeben sind, ebenfalls auch für die Hamburger Hand=lung anwendbar und bestimmt.

3. Soll immer der jüngern Herren Handlungsgesellschafter einer (nachdem die älteren drei Herren von Reisen sich einstimmig ausschließen) dieser Handlung vorstehen und sowohl diese, als auch die Verwaltung und Besorgung der Häuser des Erbe mit Thätigkeit, Gewissenhaftigkeit gehörig zu besorgen sich angelegen sein lassen und nichts verabsäumen, was zum Besten des Ganzen beitragen könnte. Auch ist der jedesmalige Vorsteher des Hauses gehalten und schuldig, durch sein eigenes Beispiel und Betragen unter seinen ihm untergebenen Handlungsdienern eine zur Frömmigkeit und Rechtschaffenheit führende Mannszucht zu hand-haben, sie zur Ordnung und Nacheiferung zu ermuntern, eine nach Um=ständen angemessene Oekonomie zwischen den Gränzen des Geizes und der Verschwendung gehörig zu halten und unter seinen Leuten einzuführen sich angelegen sein zu lassen, auch die schlechte Aufführung und tadelns=werthe Betragen jener Antheilnehmer oder Untergebenen ohne Rückhalt

der Comp! aufrichtig, ohne Leidenschaft, treu und gebührend anzuzeigen. Widrigenfalls in Vernachlässigung dieser Pflichten haftet der Vorsteher für den Nachtheil und Schaden, der aus dieser stillschweigenden Toleranz entstehen könnte.

4. Sollen ohne Vorwissen der Gesellschafter keine Hausreparatur am Erbe gemacht, noch Wohnhäuser abgerissen oder neue erbaut werden dürfen. Auch keine baaren Gelder dürfen ausgeliehen oder auf Zinsen aufgenommen werden, ohne dazu die Zustimmung der andern Gesellschafter eingeholt zu haben.

5. Bleibt jedem Gesellschafter strenge untersagt, sich auf seinem Posten mit Contrebande oder verbotenem Handel, wodurch die Handlung in Gefahr gesetzt würde, abzugeben. Auch verdächtige Häuser und Gesellschaften oder Umgang mit Personen, wie sie immer Namen haben mögen, zu vermeiden, welche auf irgend eine Art dem Vortheile, Credit und guten Namen des Hauses nachtheilig werden könnten, wenn auch kein anderer Nachtheil daraus entstünde, als daß durch so einen vertrauten Umgang innere Verhältnisse, Umstände, Geheimnisse des Hauses unachtsam oder vorsätzlich entdeckt und herausgelockt werden könnten.

6. Wird immer von den in Böhmen anwesenden Gesellschaftern bestimmt werden, welcher von den jüngeren Compagnons, nach beiläufigen 1 ½ bis 2 Jahren, den in Hamburg anwesenden ablösen und dahinreisen soll. Derselbe, sowie das im Hause befindliche Personale haben dort freien Tisch, Wohnung, unentbehrliche Hauseinrichtung, Kur und Arznei, Wäsche und Reparirung derselben. Was aber an neuer Wäsche, Kleidung oder Ausbesserung der Kleidungsstücke anbelangt, ist für dessen eigene Rechnung. Die Reisen, so zum Besten der Handlung unternommen werden, sind für gemeinschaftliche Rechnung und werden solche für die jedesmalige Handlungsrechnung angesehen, in der sie geschehen, wenn auch ihr Nutzen, wie es bisweilen geschehen kann, erst der künftigen Inventur zum Vortheil gereichte. Auch soll der in Hamburg befindliche Gesellschafter bei seiner Ablösung (die ohne gegründete erhebliche Ursache, besonders bei Verheiratheten, nie verschoben oder verlängert werden soll) Rücksicht und Bedacht nehmen, den ihn abzulösenden Neuangekommenen nicht zu frühe zu verlassen oder gar eher abzureisen, ehe er in allen

auf die Handlung Bezug habenden Angelegenheiten und Geschäftsver=
bindungen vollkommen unterrichtet und einverstanden ist.

7. Ohne Einwilligung der Compagnie ist keinem Gesellschafter er=
laubt, seine Frau mit sich zu nehmen. Sollte dieses in irgend einem
Falle für zuträglich erachtet werden, so wird hierüber näher bestimmt
werden. Auch wird keinem der obgenannten Compagnons gestattet, daß
er sich in Hamburg ohne Vorwissen und Zustimmung der Compagnie
verheirathe; hier in Böhmen aber sollen ihm ohne hinlängliche Ursache
nicht nur keine Hindernisse dazu gemacht werden, sondern ihm nach Kräften
dazu geholfen und das Vornehmen möglichst befördert werden.

8. Kein Gesellschafter für sich oder einige derselben sind berechtiget,
neue Compagnons in die Handlung an= und aufzunehmen oder den An=
theil eines oder des andern zu erhöhen oder herunterzusetzen, da dieses
laut dem 1. Artikel durch die ganze Compagnie oder wenigstens die in
Böhmen Anwesenden einstimmig geschehen muß.

9. Keiner der in diesem Contract begriffenen oder noch zukünftig
eintretenden Herren Gesellschafter soll für sich allein befugt oder berechtiget
sein, in einer vorfallenden Streitsache sich der Gerichtsbarkeit zu unter=
werfen oder willkürliche Prozesse zu führen, sondern soll in diesem Falle
sich bloß allein der Entscheidung von erfahrenen Handelsleuten unter=
werfen.

10. Nebenhandlungen, so auf eine oder andere Art zum Nach=
theil dieser gemeinschaftlichen Handlung Bezug haben könnten, werden
nicht erlaubt, außer daß der Gewinn davon ebenfalls unter die Mitglieder
dieser Handlung vertheilt würde.

11. Die Verlegerei, Anschaffung und Versendung des Glases, für
die Hamburger Handlung wird vom Herrn J. A. Z. mit Hilfleistung
der jüngeren anwesenden Gesellschaftern bestritten. Dafür beziehet er
2 pCt. Provision für Bemühung und dabei vorkommenden häuslichen
Auslagen über den Betrag der Factur (ohne Versendungsspesen oder
Frachten). Die Versendungen sollen so viel als möglich nach den er=
haltenen Bestellungs-Noten bestens besorgt und besonders Bedacht ge=
nommen werden, gute Waare, billige Einkäufe und Preise, Frachtbedin=
gungen oder, was sonst noch hieher Bezug haben könnte, zu verschaffen.

Bei Tafel-Kramerei oder solchen Bestellungen, wo wir nur die Waare zu verschreiben brauchen und selbst nichts damit zu thun haben, wird für Verlegerei keine Provision berechnet.

12. Soll wenigstens alle sechs Jahre oder hauptsächlichst, wenn ein Compagnon mit Tode abgehet oder auch sonst es einstimmig für noth-wendig erachtet wird, Inventur oder Hauptrechnung gemacht werden. Der Antheil des Verstorbenen soll seinen Erben sobald wie möglich an-gezeigt und bekannt gemacht werden, und so in natura oder nach Ueber-einkunft in baarem Gelbe in bestimmten Zeitfristen ausbezahlt werden.

13. Soll der in der Inventur sich ergebende Gewinn für das erste Mal in der Handlung zur Verstärkung des Anlagecapitals beibelassen bleiben, bei nächstfolgenden Inventuren aber wird derselbe jedesmal den Herren Gesellschaftern, welche ihren respectiven Fond selbst vollständig besitzen, zur Hälfte dem Handlungsfond beigeschlagen zur Verstärkung desselben, die andere Hälfte aber beziehet jeder Theilnehmer laut 2. Ar-tikel zu seiner beliebigen Verfügung.

14. Bei einer Inventur sollen die vorfindlichen Waaren nach den Einkaufspreisen und allen darauf fallenden Unkosten, wie beide zur Zeit der benannten Inventur stehen, berechnet werden; schadhafte und ungang-bare Waaren so wie auch das Erbe und die Möbeln werden gewissenhaft geschätzt, nach den damals obwaltenden Umständen und Verhältniß des Verkaufspreises, den sie alsdann haben werden. Von den auf obige Art berechneten Waaren werden 6 pCt. zu Gunsten der neuen Rechnung abgezogen und ein Gleiches von den ausstehenden Activ-Schulden, sie mögen zu einer oder mehreren vorherigen Hauptschlußrechnungen gehören. Die Interessen, welche zu einer Activ-Schuld gehören, kommen der In-ventur gut, wozu das Capital gehört. Bei Trennungs- und Sterbfällen aber bleibt die Handlung nur für jene Activ-Schulden haftend, welche in der Folge wirklich eingehen.

15. Bei Sterbfällen oder Trennungen wird der Ueberschuß über das im 2. Artikel festgesetzte Stammcapital eines Gesellschafters gleich innerhalb des 1. Jahres herausbezahlt, das Anlagecapital aber in jähr-lichen Raten à fl. 3 000, jede von dem Tage an zu rechnen, da die Erben oder der Abgehende aus der Handlung austritt. Doch ist dieses

bloß von guten Jahrgängen zu verstehen; bei Kriegszeiten oder Sperrung des Handels, wo der Absatz gehemmt ist, kann diese Bestimmung nicht stattfinden und muß durch sachkundige Männer ein gegenseitiger Vergleich in Gemäßheit der obwaltenden Schwierigkeiten verabredet und festgesetzt werden.

16. Wenn der Fall einträte, daß mehrere Compagnons zugleich stürben oder aus der Handlung austreten wollten, so bleibt dazu auch ein besonderes Arrangement oder Convenio vorbehalten.

17. Wenn ein Compagnon mit Tode abgehet, so soll es der Wittwe oder Erben freistehen, entweder noch drei Jahre in der Handlung zu verbleiben, in demselben Verhältniß, als wenn der Verstorbene noch lebte, oder auch, wenn sie es nicht für vortheilhaft hielten, gleich aufkündigen.

18. Ohne Zustimmung und Gutheißen aller Gesellschafter, besonders der älteren, soll kein neuer Compagnon in die Handlung an- und aufgenommen werden. Wenn dieses auf diese gebilligte Art der Fall ist, so wird dem Eintretenden das Gewinntheil nach Willkür und Billigkeit in Gemäßheit der Umstände und seinen Fähigkeiten bestimmt und dem Contracte beigefügt und von selbem unterschrieben.

19. Sollen die Bücher, Briefe und Papiere, so auf diese Handlung Bezug haben, nur von den sie angehenden Compagnons und keinen Andern gelesen werden. Jeder Gesellschafter hat das Recht, Bücher, Briefe, Rechnungen und alles zur Handlung Gehörige nachzusehen, zu prüfen und sich darüber einzuverständigen. Von dem Rechnungsführer wird ein Cassabuch geführt und zu Aller Einsicht offen liegen.

20. Verpflichten sich sämmtliche Herren Gesellschafter, den allgemeinen Nutzen der Compagnie bestmöglichst zu befördern und zu vermehren. Im Fall aber (welches Gott gnädigst verhüthen wolle!) Schaden oder Unglück, es seie nun durch Feuer- oder Wassergefahren, Kriegsvorfälle, Plünderung oder, wie sie immer Namen haben mögen, unglücklicherweise stattfinden sollten; so versprechen und verpflichten sich jedesmalige sämmtliche Gesellschafter, solches im Verhältniß ihres Gewinn-Antheils laut Artikel zu tragen.

21. Soll dieser Contract von heute an bis zur erstvorkommenden Inventur so fortwähren und geltend sein in seiner vollen Kraft und Wir-

22*

kung; alsdann soll er entweder weiter hinaus bestättiget, oder auch nach den bis dahin gemachten Erfahrungen verändert und erneuert werden.

22. So verbindet sich jedes Individuo diesen Handlungs-Compagnie-Contract in allen Puncten und deren Abtheilungen ganz und genau zu halten und nachzukommen und jeder Uebertretung möglichst vorzubeugen. Und werden davon zwei gleichlautende Exemplare ausgefertiget, wovon das eine in Hayde bei der Direction und das andere im Hamburger Hause niedergelegt und zur beliebigen Nachsicht jedes Theilnehmers frei nachzusehen sein soll.

Welches hiemit bestättiget wird durch eines jeden Gesellschafters eigenhändige Unterschrift und Petschafts-Beidruck.

So geschehen in Hayde den

Beilage

oder Bestimmung des Anlage-Capitals und des Gewinn- oder Verlust-Antheils jeden Gesellschafters, zum 2. Artikel dieses Contracts gehörig. NB. nur als Thema oder Beispiel gültig.

1. Es erklären in gehöriger Form folgende neun Herren Gesellschafter, einer dem andern, den in der Hamburger Handlung unter Gottes Segen zu erwerbenden Gewinn sowohl, als sich unerwartet ereignen könnenden Schaden und Verlust auf folgende übereinstimmende verhältnißmäßige Art zu tragen und zu vertheilen, in Proportion des im 1. Artikel dieses Contracts bestimmten Anlagecapitals von M. B. 100.000.

Da die Absicht der drei ältesten Herren Compagnons ist, den sechs jüngeren Compagnons aufzuhelfen, welches aber die politischen Umstände bisher verhindert haben, und da nebstdem wegen Ausschließung des Reisens und Selbstbetreibung der Hauptgeschäfte sie wie in Ruhestand versetzt betrachtet werden, so rechnen als:

Die drei ältesten Compagnons zur Anlage jeder M. B. 17.333⅓, also zusammen . . . . „ „ 52.000

Die sechs jüngeren Compagnons zur Anlage jeder M. B. 8.000, also zusammen . . . . „ „ 48.000

Facit obige M. B. 100.000

Die Einlage eines ganzen Antheils wäre freilich nur M. B.
16.000, nachdem die eines halben Antheils M. B. 8.000 bemessen und
angeführt erscheint. Die mehreren M. B. 1.333 ½, von jedem der drei
ältesten Gesellschafter (also zusammen M. B. 4.000) berechtigen sie zu
keinem größern Gewinn oder Verlust, sondern nur zu dem auf M. B.
16.000 fallenden. Die M. B. 1.333 ½, aber wirken gegen dafür zu
entrichtende Interessen (zusammen obbesagte M. B. 4.000) zu Gunsten
der sechs jüngern Compagnons. Wenn aber diesen letztern die M. B.
4.000 zusammen von den drei ältesten Gesellschaftern ohne Interessen
vorgestreckt würden, nebst auch auf das, was den jüngern Compagnons
sonst noch zur Vervollständigung ihres Capitals ermangelte, so wäre es
hübscher, besser, edler, und, wenn die Umstände nicht bald anhaltend gut
werden, sogar nothwendig, weil durch das Absterben der alten es den
Fortsetzern der jetzt bestehenden Etablissements de H. R. Z. & C° unmöglich würde, damit fortzufahren &c.

2. Den Sterbfällen oder Trennungen müßte der Ueberschuß von
M. B. 1.333 ⅓ gleich vor Ablauf eines Jahres an die Erben ausbezahlt werden, das Anderweitige aber laut Contract.

Dann noch der Artikel von den Aushebungen, um Mißbrauch zu
verhindern.

53.

· Copie.

Im Namen des dreieinigen Gottes! Amen.

Vorläufige oder Zwischen-Uebereinkunft der Handlungsgesellschaft
Hiecke Rautenstrauch Zincke & Comp. in Hayde in Betreff ihrer auswärtigen Handlungs-Etablissements zu Cadiz in Spanien, Baltimore
in Nordamerika und zu Hamburg nebst allen anderweitigen damit ver-
knüpften wie immer Namen habenden Geschäften, um zur Grundlage
eines ehestens weiter zu verfassenden Compagnie-Handlungs-Contracts
zu dienen, als *):

*) An dieser Stelle ist nachträglich von derselben Hand die Bemerkung einge-
schaltet worden: „Im Original stehet auch: Für die Jahre 1804 vom 1ten Januar bis
15ten April 1817 als den Austritt der J. A. Hieckischen Erben gültige."

1^tms Werden die drei Inventarien und Bilanzen unserer Cadizer Handlung Hiecke Zincke & Comp. vom 31. März 1792, 31. März 1797 und 31. Dezember 1803 von uns hiemit gutgeheißen und bestättiget.

2^tms Zugleichen werden von uns gutgeheißen und bestättiget alle aus obigen Inventarien und Bilanzen hergeleiteten Erbschaftsrechnungen: mit den Senior-Rautenstrauchischen Erben in Deutschland und zu Sevilla in Spanien, den Dorothea Elisabeth Janckischen Erben in Deutschland, den Junior-Rautenstrauchischen Erben in Deutschland und zu Sevilla mit Einschluß, was diesen von den im Jahre 1804 bis 9. Oktober gemachten Handlungsgeschäften noch an Gewinn zugetheilt worden, und den Joh. Franz Bautschischen Erben in Langenau, wie erstere drei Rechnungen bereits abgeschlossen und man in der noch nicht ganz beendigten Rechnung mit den benannten Bautschischen Erben auseinander kommen wird.

3^tms Alle Spesen in der beendigten Erbschaftsauszahlung an obbenannte Janckische Erben und in der noch obwaltenden mit den ebenfalls benannten Bautschischen Erben, so wie das an erstere zu Ende des Jahres 1818 noch nachzubezahlende Pauschale von 20^r fl. 3.000 verbinden sich die ältesten Herrn Handlungsgesellschafter Joh. Anton Zincke, Joh. Wenzel Hiecke, die Senior-Rautenstrauchischen Erben und die Joh. Anton Hieckischen Erben a Prorata zu tragen, weil selbe wegen Ermanglung von Handlungs-Contracten in früheren Jahren verursacht worden sind.

4^tms Ueber das mit Ende des Jahres 1816 aus der bewußten Lissaboner Handlung in unsere Cadizer Handlung eingeflossene Handlungs-Vermögen von 10^r fl. 26.594„30 kr., unseren Herren Joh. Anton Zincke, Joh. Wenzel Hiecke und den Joh. Anton Hieckischen Erben in drei gleichen Theilen zuständig, wird selben, wie es bis dahin von den Janckischen Erben geschehen, aus der nämlichen Cadizer Handlung vom 1. Januar 1817 an bis zu dessen ehemöglichst zu erfolgender Auszahlung 4 pCt. Interessen jährlich vergütet, jedoch nach Abzug davon, zu gehöriger Zeit, des obangeführten Pauschale und der eben daselbst erwähnten Spesen.

5tens. Die Gewinn-Antheile in unserer Cadizer Handlung vom
1. Januar 1804 bis 31. Juli 1812, also von der dritten bis zur vier=
ten Cadizer Inventur und Bilanz, werden wie nachstehend bestimmt,
nämlich :

Herr Joh. Anton Zincke,	1 ganzen Theil		Zusammen
„ Joh. Wenzel Hiecke	. . 1 „	„	5³⁄₆ Theile.
„ Joh. Anton Hieck"' Erben.	1 „	„	Von dem auf
„ Joh. Ant. Hantschel ²⁄₆	eines ganzen Theils		diese Art dem
„ Joh. Joseph Hiecke ⁵⁄₆	„ „	„	Herrn Frau=
„ Josef Frauenfeld ⁴⁄₆	„ „	„	enfeld zuge=
„ Joh. Franz Scheinert ³⁄₆	„ „	„	messenen An=

theile wird jedoch der oben im 2. §. den Junior-Rautenstrauchischen
Erben zugetheilte Gewinn vom 1. Januar bis 9. October 1804 im
Betrage von 10: fl. 1.986„37¹⁄₂ kr. (ohne Rücksicht auf den gesche=
henen Abzug von 115 geben 100 zu nehmen, welches auf eine Spesen=
beihülfe von Seiten der Senior- und Junior-Rautenstrauchischen Erben,
in den Janckischen und Bautschischen Erbsgeschichten angesehen wird)
abgezogen, dafür hingegen ihm nachgesehen, daß er erst im Jahre 1806
als Mitglied in die Cadizer Handlung eingetreten ist. In Betreff
von Interessen wegen den so sehr verschiedenen Einlagen und nach den
oben bemessenen Gewinn=Antheilen, so werden deren so wenig als in
den vorhergehenden Cadizer drei Rechnungen einige angerechnet, — in
Rücksicht der bösen Zeiten, und daß die jüngeren Herren Gesellschafter
mehr oder weniger in Handlungsangelegenheiten verreist waren.

Eben so wie oben wird es mit einer Gewinn=Vertheilung in un=
serer Handlung zu Baltimore gehalten, seit ihrer Errichtung (welches
mit Vermögen aus unserer Cadizer Handlung geschehen) bis zur dortigen
Bilanz im Jahre 1812, nachdem das unserm Herrn Joseph Alois Strischka
darin Zukommende vorher abgezogen sein wird.

Ingleichen wie oben hat es auch in unserem im Jahre 1810 zu
Hamburg unter der Firma J. F. Scheinert & C⁰ (aus Vermögen unserer
Cadizer Handlung) errichteten und uns eigenthümlich zugehörigen Hand=
lungs=Etablissement nebst angekauften und gebauten Erbe und Häusern
bis zu der daselbst geschlossenen Bilanz vom Jahre 1812 geführt, zu ge=

schehen, nachdem unserm Gesellschafter Herrn Joh. Franz Scheinert für seine besondere Mühewaltung und Einrichtung dabei eine angemessene Extravergütung gemacht worden sein wird.

6tens Seit den Bilanzen und Rechnungsschlüssen vom Jahre 1812 zu Cadiz, Baltimore und Hamburg bis zu den vom Jahre 1817 in benannten drei Orten werden die Antheile folgendermaßen sein:

Herr J. A. Zincke . . . 1 Theil ⎫ Sind 7¾ Theile. Herr
„ J. W. Hiecke . . . 1 „ ⎪ Rautenstrauch und Herr
„ J. A. Hieck'n Erben . 1 „ ⎪ Franz Hiecke erscheinen
„ J. A. Hautschel . . 1 „ ⎪ hiebei als neue Gesell-
„ J. J. Hiecke . . . 1 „ ⎬ schafter (seit den Bilanzen
„ Joseph Frauenfeld . 1 „ ⎪ und Rechnungen vom
„ J. F. Scheinert . . ¾ „ ⎪ Jahre 1812), jeder mit
„ Stephan Rautenstrauch ½ „ ⎪ ¼ Antheil für ihre bloße
„ Franz Hiecke . . . ½ „ ⎭ thätige Mitwirkung. Weil

aber Herr Rautenstrauch nebstdem ein Capital einlegt, so erhält er dafür noch extra 3 pCt. Die Uebrigen nun, welche nach den ihnen bemessenen Antheilen nicht den gehörigen Fond dazu haben, müssen an die Ueberschußhabenden 3 pCt. jährlich vergüten. Herr Frauenfeld hat nebstdem für den Unterhalt seiner Frau und Familie jährlich 10r. fl. . . . zu vergüten.

7tens Ueber die sogenannte Verlegerei hat allzeit die Handlungsgesellschaft zu bestimmen, wie es zum Besten derselben für nöthig und zweckmäßig gehalten wird. Für diese vergütet die Handlung bis 2 pCt. über den eigentlichen Facturbetrag hier seit dem 1. Januar 1804. Ausgenommen von dieser Vergütung sind Tafeln, Glas und andere Waaren, so von den Hütten oder Fabriken und andern Orten für unsere Rechnung versandt werden und manchmal auch hier durchgehen. Dabei ist eingefangen jede Einrichtung zur Verlegerei und sonst wie immer Namen habenden Dinge: Bewirthung von Fremden und selbstigen Handlungs-Individuen, wie es bisher gewöhnlich war und die Erfahrung an die Hand gegeben hat. Die Handlung wird aus den bisherigen Versendungen beurtheilen können, ob aus dem Verlegerei Ertrage sich hinlängliche Deckung ergebe für: daß Mithelfer bei der Schreiberei &c., so nach Haus

kommen, und andere Gäſte wegen der Handlung davon mitbeſtritten wer=
den können, um Beſchwerden beßfalls zu vermeiden &c. Von den ver=
loren gehenden Beträgen wird auch keine Verlegerei vergütet.

8'ᵐˢ Ein Monatgeld an die Handlungsgeſellſchafter oder ihre Erben
nach Verhältniß ihres Vermögens bei der Handlung, jedoch ſo viel (wo
möglich), um damit auszukommen, ſoll von Zeit zu Zeit beſtimmt wer=
den. Unverhältnißmäßige oder unmäßige Aushebungen werden nicht
mehr geſtattet. Dafür ſoll vielmehr getrachtet werden, die Capitale der
älteſten Compagnons durch allmälige Hinauszahlung zu vermindern,
welches für ſie und auch für die anderen Geſellſchafter gut ſein wird.
Sollten zum Bauen oder andere unumgänglich nothwendige Dinge Extra=
Aushebungen erforderlich ſein, ſo unterliegt ſolches einer beſonderen Be=
willigung der Handlungs=Geſellſchaft.

9'ᵐˢ Bei ſich ereignendem Todesfall eines Geſellſchafters behalten
ſeine Erben noch durch vier Jahre länger denſelben Antheil, den er zu=
letzt hatte, wie auch daſſelbe Monatgeld. Sollten ſie aber nicht wollen,
ſo dauert der Antheil nur noch bis zu der an jedem Orte ehemöglichſt
aufzunehmenden Inventur, (welches ſpäteſtens in einem Jahre nach dem
Tode erfolget ſein muß, wenn es auch mit den Bilanzen und Rechnungen
noch einige längere Zeit nebſtdem erfordern dürfte). Inventuren und
Rechnungen werden auf das Rechtmäßigſte aufgenommen und ausgefer=
tiget, das den Erben daraus Zuſtändige ihnen ausgewieſen und die Aus=
zahlung deſſen in acht einjährigen gleichen Terminen, vom Dato der
Bilanz=Rechnung an, an ſie geleiſtet, ohne einiger Intereſſen=Vergütung.
Bei Verfallzeit jeden Termins wird das in ſelbem Jahr vorher erhobene
Monatgeld (über welches letztere ſich mit den Erben, Vor= und Ober=
vormundſchaft einzuverſtehen iſt) abgerechnet und dann das Uebrige des
Termines an die gehörige Behörde ausbezahlt. Bei ſchlechten Zeiten
kann die Auszahlung des Ganzen oder auch nur des noch rückſtändigen
Theils bis zehn und zwölf Jahre ausgedehnt werden in Allem (je nach=
dem es die Handlungsumſtände erfordern), ohne Intereſſen=Vergütung zu
leiſten. Iſt das Hinauszuzahlende ohngefähr 20ᵣ fl. 12,000 in Allem, ſo
kann die Auszahlung in vier einjährigen Terminen geſchehen gegen Ab=
zug von 10 pCt. zu Gunſten der fortfahrenden Handlung; widrigen=

falls geschiehet solches in acht Terminen ohne Abzug und ohne weitere
Verlängerung. Sollten starke Auszahlungen an Erben vorkommen, so
daß ein Termin mehr als ohngefähr 20' fl. 6.000 jährlich betragen würde,
so hat die Entrichtung in zehn Jahren zu geschehen, und davon letztere
zwei Jahre mit 5 pCt. Interessen jedes, oder bei schlechten Zeiten in
fünfzehn Jahren, letztere drei Jahre mit 4 pCt. Interessen jedes. Jede
Auszahlung wird nach dem Cours und Spesen, wie sie gewesen, berechnet und belastet, unter gehöriger Auskunft an die Behörde.

Bei unvorhergesehenen Mißverständnissen wählt die Handlung eines
und die Erben andern Theils sich einen kundigen Mann und beide nöthigenfalls noch einen Dritten zur Ausgleichung in der Güte, um gerichtliche Einmischung zu vermeiden. Die Handlung soll und wird überall
mit aller Gewissenhaftigkeit und Rechtschaffenheit handeln. Denn das
nur seguet und belohnet Gott. *)

Hayde, den 28. October 1816.

---

*) Dieser obige Contract (nämlich das Original) ist etwa verlegt worden und
dürfte wohl noch gefunden werden. Derselbe wird wohl nur vom Herrn Gesellschafter
Joh. Wenzel Piecke unterschrieben sein. In Maculatur habe ich gefunden, daß noch anzufügen gewesen wäre: „Von den gewöhnlichen 15 pCt. Rabatt (oder 115 geben 100)
kommt es ab und wird schon auch nicht mehr bei der Erbschafts-Rechnung mit den im
Jahr 1817 austretenden Joh. Ant. Piedn Erben angewendet, weil bei den in letztvor-
hergehenden Inventuren vorfindlich gewesenen Waaren die Preise nach ihrem Befundstand
aufgenommen und die ungängigen oder beschädigten geschätzt und niedriger angesetzt worden sind; und so wird es sofort auch künftig geschehen." Dabei stand noch bemerkt:
„Die bis Ende des Jahres 1803 ausgetretenen Erben können ohngeachtet der abgezogenen 15 pCt. (oder 115 geben 100) sehr zufrieden sein mit dem mit so wenig Mühe ic.
erworbenen reichlichen Gewinne." Dann stand noch bemerkt von Beibringung eines
Stempelbogens, wie er erforderlich wäre.

NB. Ist das Original selbst gefunden worden und solches enthält nur die ersten
§ 1 bis 7, und ist nur von Herrn J. W. H. firmiret. [M. S.]

54.

Copie.

Grundzüge und Materialien zu einem neuen, vom 16. April 1817 an gültigen Handlungs-Contracte in Betreff von Cadiz, Baltimore und Hamburg und was damit verbunden, wie bisher gewöhnlich.

1ᵐᵒ Herr J. A. Zincke	1	Von anno 1817 bis
„ J. W. Hiecke . . .	1	1820. Hantschel, Hiecke,
„ J. A. Hantschel . . .	1	Frauenfeld und Schei-
„ J. J. Hiecke	1	nert vergüten 3 pCt.
„ Jos. Frauenfeld . . .	1	an die Ueberschußhaben-
„ J. F. Scheinert . . .	¾	den; Franz Hiecke, Rau-
„ Franz Hiecke	½	tenstrauch und Bautsch
„ Steph. Rautenstrauch .	½	beziehen ihre Antheile
„ J. F. Bautsch . . .	⅓	für ihre bloße thätige

Mitwirkung, und darum noch extra 3 pCt. für ihre Einlage letztere beide. Herr Frauenfeld vergütet für den Unterhalt seiner Familie &c. 10ᵗ fl. . . . an die Handlung.

2ᵈᵒ Herr J. A. Zincke	1	Von anno 1820 bis
„ J. W. Hiecke . . .	1	1824. Die drei letzte
„ J. A. Hantschel . . .	1	ren*) beziehen ihren An-
„ J. J. Hiecke	1	theil bloß für ihre thä-
„ Jos. Frauenfeld . . .	1	tige Mitwirkung und
„ J. F. Scheinert . . .	1	bleiben also so wie auch
„ Franz Hiecke . . .	¾	Herr Bautsch von In-
„ Rautenstrauch . . .	¾	teressen frei. Die Uebri-
„ J. F. Bautsch . . .	½	gen, denen es an hin-
„ Wenz. Engelmann . .	⅓	länglichem Capital fehlt,
„ Wenz. Neumann . .	⅓	vergüten wieder 3 pCt.
„ Augustin Markert . .	⅓	an die Ueberschußha-

*) Unter diesen Dreien dürften Wenzel Engelmann, Wenzel Neumann und Augustin Markert verstanden sein, obwohl der zweitgenannte Wenzel Neumann im Texte durchstrichen ist.

beubeu und Herr Frauenfeld noch extra für Unterhalt seiner Familie &c 10 fl. ... an die Haublung.

3^{tns} Von anno 1824 bis 1828 bleibt es mit ersteren Sechsen wie oben. Herr Franz Piecke und Herr Rautenstrauch bleiben auch bei ³⁄₄ jeder. Und übrigens, so werden nur die drei letzteren gebessert bis zu ¹⁄₄, ohne ihnen Interessen zuzumuthen, wenn sie sich in ihrer Mitwirkung auszeichnen. Herr Frauenfeld vergütet fortwährend für den Unterhalt seiner Familie &c. 10 fl. ... an die Haublung.

4^{tns} Von anno 1828 bis 1832 haben obige ersteren acht Individuen jeder 1 ganzen Theil, Herr Bantsch ³⁄₄ eines ganzen Theils und die drei letztern noch das ¹⁄₂ Theil, ohne daß sie Interessen vergüten. Die aber ganze oder ¹⁄₂ Theile haben, vergüten 3 pCt. Interessen an die Ueberschußhabenden und Herr Frauenfeld noch extra an die Haublung 10 fl. *)

5^{tns} Ein Monatgeld an die Haublungsgesellschafter oder ihre Erben nach Verhältniß ihres Vermögens bei der Haublung soll von Zeit zu Zeit bestimmt werden. Unverhältnißmäßige oder unmäßige Aushebungen werden nicht mehr gebuldet. Sollten zum Bauen oder andere unumgänglich nothwendige Dinge Extra-Aushebungen erforderlich sein, so unterliegt solches einer besondern Bewilligung der Handlungsgesellschaft.

6^{tns} Bei sich ereignendem Todesfall eines Gesellschafters dauert derselbe Antheil, den er hatte, noch durch vier Jahre für seine Erben fort,

*) Dieser bis hieher geführte Entwurf von Handlungs-Antheilen wird eigentlich von den bis 15. April 1817 (die alsdann ausgetretenen J. A. Piecke Erben ausgenommen) beisammen gewesenen Herren Gesellschaftern zu ihrer Richtschnur im Wesentlichen bestimmt und damit gleichsam der Blick in einige Zukunft geworfen. Der darüber auszufertigende Contract, so wie was darin noch von nachstehenden Materialien dazu genommen wird, wird vom Herrn Bantsch und jedem andern in die Gesellschaft aufzunehmenden Gesellschafter extra mit einigen Zeilen von jedem derselben angenommen und berunter angefügt. Sollten die jüngeren Gesellschafter mit den 3pCt. nicht wohl bestehen können, so wird hier ingeheim zugesagt, ihnen solche zu ermäßigen und überhaupt ihnen auch sonst nach Umständen eine Vergütung aus der Masse der Handlung, mehr als ihren Antheil, zu geben, wenn sie sonst (ohne eigenes Verschulden) nicht bestehen könnten, denn sie müssen auskommen können und bei den ältesten und älteren Gesellschaftern kommt es nur auf das etwas Mehr oder Weniger an. Uebrigens ist es mit den Antheilen der Herren Bantsch, Engelmann, Neumann und Marlett eben nicht gerade so buchstäblich zu nehmen, sondern man hat damit nur andeuten wollen, wie es mit ihnen oder anderen ohngefähr gehalten werden kann. [M. S.]

und nach deren Verlauf wird sogleich zu den Inventuren geschritten und die Erben bestimmen dazu ihrerseits einen Vertreter für ihre Rechnung und Unkosten, der solchen beiwohne &c. Und die Erben haben sich in gleichen wegen einem Monatgeld, mit Zuziehung der Vor- und Ober- vormundschaft, sogleich von dem Todesfalle an einzuverstehen.*)

7tens Ueber die sogenannte Verlegerei hat allzeit die Handlungs- gesellschaft zu bestimmen, wie es zum Besten derselben für nöthig und zweckmäßig gehalten wird. Für diese vergütet die Handlung 2 pCt. über den eigentlichen Facturbetrag hier. Ausgenommen von dieser Vergütung sind Tafeln, Glas und andere Waaren, so von den Hütten oder Fabriken und andern Oertern für unsere Rechnung versandt werden und manch- mal auch hier durchgehen. Dabei ist eingefangen jede Einrichtung zur Verlegerei, Bewirthung von Fremden und selbstigen Handlungs-Indi- viduen, wie es bisher gewöhnlich war und die Erfahrung an die Hand gegeben hat. Gegenwärtig wird solche hier vom Gesellschafter Herrn J. A. Zincke und in Langenau vom Gesellschafter Herrn J. W. Hiecke betrieben. Dazu sollen auch jüngere Gesellschafter und sonstige Hand- lungs-Individuen so wie bei der Schreiberei &c. &c. &c. möglichst mit- helfen. NB. von den verloren gehenden Beträgen wird auch keine Ver- legerei vergütet.

8tens Die jüngern Herren Gesellschafter sind vorzüglich zum Reisen bestimmt, denn natürlich ist es schicklicher in älteren Jahren zu Hause bleiben zu können. Aber auch ältere Compagnons sind nöthigenfalls dazu verpflichtet. Die Zeit des Ausbleibens kann wohl im Allgemeinen bestimmt werden, aber willkürlich soll eine Rückreise nicht unternommen

*) Im Texte befand sich ursprünglich folgende, später durch obigen Wortlaut ab- geänderte Stelle: 6tens. „Bei sich ereignendem Todesfall eines Gesellschafters, wenn ohngefähr ein Jahr vorher Inventuren aufgenommen worden sind, werden solche für gültig anerkannt und die Erben haben sich mit der Handlung einzuverstehen, ob ihr Handlungsantheil noch länger fortdauern wolle oder solle, so wie auch wegen einem Monatgelde mit Zu- ziehung der Vor- und Obervormundschaft. Sind keine Inventuren von ohngefähr einem Jahr vorhanden, so kann sogleich dazu geschritten werden und die Erben bestimmen dazu ihrerseits einen Vertreter für ihre Rechnung und Unkosten, der solchen beiwohne und in ohngefähr einem Jahr, daß die Rechnung daraus zu Stande gebracht sein wird, auch

werben, ohne.daß der Ablöser angekommen ist &c. Die Handlung hat in solchen Fällen natürlich auch das Recht, das Nöthige und Zweckmäßige zu bestimmen.

9tens Das abscheuliche Laster der Trunkenheit, das Spielen, der unerlaubte Umgang mit Weibern und schlechten Gesellschaften wird gänzlich untersagt. Denn wer wollte oder sollte wohl solchen Menschen sein Vermögen anvertrauen? Auch schwindet da aller Segen Gottes und solche böse Beispiele sind ansteckend wie die Pest &c.

10tens Es wird alle Achtung im Reden und Schreiben den Herren Gesellschaftern gegen einander anempfohlen, besonders den jüngern gegen die älteren und ältesten, wie es ohnehin natürlich ist. Noch mehr wird die Furcht Gottes als der Anfang und Fortgang aller Weisheit und alles Guten empfohlen, besonders den Vorstehern unserer auswärtigen Etablissements unter ihren Untergebenen zu haudhaben. Ferner alle mögliche Wirthschaftlichkeit und Erspaniß in Ausgaben und Aufwand &c. Denn solches würde bei so schlechten Zeiten vollends unverzeihlich sein &c. &c. &c.

11tens Kein Compaguon soll sich in unsern auswärtigen Etablissements ohne Erlaubniß der Handlungsgesellschaft verheirathen dürfen; auch nicht hier, wenn es nicht besondere Umstände zulässig machen. Ein Gleiches wegen Frau und Familie Mitnehmen &c.

12tens Sollten wir ein oder mehrere neue Etablissements aus den Fonds der jetzt bestehenden dreien errichten, so gelten bei jenen dieselben Regeln als bei diesen.

13tens Es bleibt frei, noch ferner beizufügen, was zum allgemeinen Besten der Handlung dienlich sein kann, z. B. keinen neuen Compagnon aufzunehmen, als nach sehr reiflicher Ueberlegung und ohne daß wenig-

---

den dem Seligen zustehenden Waarenantheil jedenorts übernehme (nöthigenfalls kann dabei auch durch das Loos entschieden werden), wegen den Activ= und Passiv=Schulden, Waaren ꝛc. sich mit der Handlung einverstehe. Die Erben können sich auch mit der Handlung (wenn man beiderseits dazu willig ist) einverstehen, wenn diese die Waaren ꝛc. der Erben behält, die Auszahlung in Baarem oder Terminen zu leisten, wie man einig wird.“

stens die meisten Gesellschafter darin übereinstimmen. Keinen Nebenhandel zu treiben &c.

Haybe, den 28. October 1816.

Joh. Anton Zincke,
mit Vorbehalt der Inventur 1817.
Franz Hiecke.

Joh. Wenzel Hiecke.
Wenzel Engelmann.
Joh. Anton Hantschel.
Joh. Joseph Hiecke.
Stephan Rautenstrauch.

55.

[16 kr. Stempel.]

Handlungs-Comp.-Contract. *)

Im Namen des Allmächtigen Gottes, von dem allein aller Segen kömmt, ist heute an dem zu Ende angesetzten Jahr und Tag zwischen den Handlungsgesellschaftern, unter der Firma: Hiecke Rautenstrauch Zincke & Comp. in Haybe, folgender, auf Recht, Gewissen und Billigkeit gegründeter Gesellschaftsvertrag nach freiem gegenseitigen Uebereinkommen beschlossen und allseitig fest zu halten versprochen worden, indem die nachbenannten Gesellschafter auf's Feierlichste geloben, unter einander ein gegenseitig aufrichtiges, offenherzig redliches Betragen in Eintracht und Liebe, Friede und Zutrauen zu erhalten, eben weil ohne diese Grundlagen kein gesellschaftlicher Verein bestehen kann, weßhalb sich auch jeder insbesondere verpflichtet, aus allen Kräften aufrichtig mitzuwirken und folgende Punkte zu halten:

1. Die Handlung firmirt in Handlungsangelegenheiten hier in Haybe als Stamm und Centralhaus, weil hier sich gewöhnlich die meisten Mitglieder beisammen finden, als erste Leiterin des Geschäftsganges mit der bisherigen accreditirten Firma: Hiecke Rautenstrauch Zincke & Comp.

---

*) Aus der Unterschrift und Firmazeichnung des Joh. Joseph Hiecke auf dieser Originalurkunde ist ersichtlich, daß er die ganze Urkunde selbst geschrieben. Er muß also auch, und nicht, wie in der Anm. zu Nr. 14 irrig vermuthet wurde, der am 30. Mai 1799 geborene Joseph Hiecke, als der Schreiber der „Materialien" und des Hiecke'schen Stammbaumes angesehen werden.

In ihren auswärtigen drei Häusern, als Filiale des Hayder Hauses, wird in Hamburg die bisherige Firma J. F. Scheinert & Comp., in Cabiz Hiecke Zincke & Comp. und in Mexico Hiecke & Comp. unterzeichnet und beibehalten, so lange bis durch Todesfälle und Zeitumstände hierin eine Umänderung für nöthig gehalten wird. Diese benannten drei Häuser, wo eigentlich die Geschäfte betrieben werden, sind als Grundlage und Bestandtheile unserer Handlung zu beachten, weil

2. diese drei ausländische Handlungsetablissements unter allen Mitgliedern einen gemeinschaftlichen Handelserwerb bilden, indem das Hayder Haus eigentlich nur die Geschäfte für jene besorgt, woran folgende Personen in gleichen Antheilen Gesellschafter oder Antheilnehmer an Gewinn und Verluste sind, als namentlich: Joh. Anton Hautschel, Johann Joseph Hiecke, Joh. Franz Scheinert, Stephan Rautenstrauch und Franz Hiecke.

3. Das einem jeden dieser fünf Antheilnehmer auf jeden der vier genannten Handlungsetablissements angehörige Handlungsvermögen weiset jederzeit die zuletzt aufgenommene Schlußrechnung aus.

4. Nur dieses auf vorbesagten Plätzen befindliche Handlungsvermögen, bestehend in Waaren sammt dazu gehörigen Handlungs-Effecten und Requisiten, in ausstehenden Forderungen und Cassabaarschaften und in Hamburg in Wohn- und Handlungsgebänden, soll als der gemeinschaftliche Fond des Handlungsvermögens angesehen und anerkannt werden und, in Verwahrung der Rechte gegen einander, als ein solidarisch haftendes Commungut erklärt bleiben. Dagegen alles bewegliche und unbewegliche Vermögen an Häusern und Grundstücken, an baaren Geldern, Capitalien, Haus- und Zimmereinrichtungen oder wie immer genanntem Vermögen individuell, was ein oder anderer Gesellschafter auf seinen Namen besitzt, soll von jeder Verantwortlichkeit dieses Handlungsvermögens separirt und ausgeschlossen sein. Dem gemäß

5. kann mit diesem Privatvermögen jeder derlei Besitzer nach Willkühr disponiren und weder ein Handlungsmitglied, weder die Erben der verstorbenen Gesellschafter, noch ein dritter Handlungsgläubiger soll befugt sein, rücksichtlich allenfälliger Handlungsverbindlichkeiten, Rechten oder wie immer gearteten Ansprüchen auf dieses Privatvermögen zu grei-

fen, weder Sicherstellungen zu erwirken noch Executionsführungen zu betreiben, als welche an [in] Kraft dieses Vertrages im Vorhinein für null
und nichtig erklärt werden.

6. Dieser Vertrag hat seine Kraft und Gültigkeit für alle lebende
Theilnehmer, in solange er nicht gemeinschaftlich abgeändert oder erneuert wird.

7. In der Regel erlischt die Gesellschaft eines oder des andern
Theilnehmers mit dessen Tode, mithin geht das Recht der Compagnieschaft auf seine Erben nicht über; vielmehr wird bloß den überlebenden
Handlungsmitgliedern überlassen und freigestellt, ob sie die Erben eines
verstorbenen Gesellschafters unter den Rechten des Verstorbenen und auf
welche Zeit in der Handlung und unter welchen Bedingungen oder Bestimmungen beibehalten wollen. Ueber diese Beibehaltung stellet die Handlung eine besondere schriftliche Urkunde aus, was auch eine besondere
Aufkündigung von der Compagnie nicht erst nöthig macht.

8. Im Fall die Handlung die Erben verstorbener Gesellschafter
nicht ferner beibehalten will, so hat sie in einer angemessenen Zeitfrist
(von spätestens zwei Jahren) denen Erben durch das Verlassenschafts-
gericht den Handlungsbeschluß kund zu thun und bezüglich über das einem
Erblasser zugefallene Handlungsvermögen so schleunig wie möglich, doch
immer mit Berücksichtigung der weiten Entfernung, die Inventur auf
den verschiedenen Plätzen aufzunehmen und auf den Grund derselben die
Rechnungen zu erlegen. Bis zum Schluße der deßhalb vorzunehmenden
Inventur verbleibt der verstorbene Gesellschafter, resp. seine Erben, als
Handlungsmitglied so anzusehen, als wenn der Erblasser lebte, daher bis
zu diesem Zeitpunkte die Erben den verhältnißmäßigen Vortheil einer-
seits zwar zu genießen, dagegen aber auch andererseits gleichmäßigen
Schaden zu tragen schuldig sind.

9. Da die Zeitverhältniße gegenwärtig so unstät sind und die ehemalige Sicherheit und Zuverläßigkeit nicht mehr besteht, daß sich auf einen
festen, soliden Bestand der Waarenpreise, auf einen sichern Absatz der
Waaren rechnen läßt, vielmehr die Erfahrung bewährt, daß Waaren immer von Jahr zu Jahr im Preise zurückgehen, so kann die Handlung
sich auch nicht zur baaren Hinauszahlung des einem verstorbenen Com-

23

pagnon gebührenden Antheiles verbinden; vielmehr ist die Handlung nur schuldig, denen Erben die Handlungsbestandtheile, als da sind: baare Gelder, gangbare und ungangbare Waaren und sonstige Effecten in natura nach den Preisen der letzten Inventur anzuweisen und zur selbstgefälligen Disposition zu übergeben, wobei noch bedungen wird,

10. daß der Ausspruch der Handlung über die Art der Ab- und Zutheilung, die die Handlung verspricht redlich und gewissenhaft zu pflegen, für die austretenden Erben verbindliche Kraft zur Annahme haben soll, daher nicht gestattlich sein kann, allenfällige Differenzen durch Rechtsstreite zu entscheiden; vielmehr wird im höchsten Falle der Ausspruch zweier sachkundigen Schiedsrichter, von welchen einen die Handlung und den andern die Erben zu wählen befugt sein sollen, in den vorausgesetzten strittigen Fällen über Qualität und Quantität und die Preise der zu vertheilenden Objecte für beide Theile zur verbindlichen Darnachrichtung dienen soll.

11. Vom Tage der Zeitfrist, in welcher die Erben die Handlungsbestandtheile nach Anweisung der Handlung übernehmen sollten, haftet die Handlung für keinen Schaden mehr, daher jeder Unglücksfall den abgetheilten Eigenthümer allein trifft, wogegen in der Verzögerung der Uebernahme die Lagermiethen, Aufsicht, Zollabgaben, Contributionen oder sonstige Lasten der Erbe zu ersetzen verbunden ist.

12. Der Antheil an den außenstehenden Handlungsschulden, deren es gute, zweifelhafte und auch ganz verlorene gibt, wird denen ausgetretenen Erben nach Verhältniß des Stamm-Capitals, mithin auf eine wie auf die andere Forderung pro rata quanti zugewiesen und nach Verhältniß der Einbringlichkeit hinausbezahlt; doch soll es

13. denen Ausgetretenen frei stehen, von der Handlung eine Specification über derlei Forderungen so wie über das Eingegangene von drei zu drei Jahren eine Berechnung zu verlangen.

14. Sollte sich die Handlung herbeilassen, mit einem oder dem andern Handlungsschuldner Vergleiche abzuschließen, so soll auch der Ausgetretene an diese Vergleiche gebunden, mithin einen allenfälligen Schaden so wie auch die zur Einbringlichmachung verwendeten Kosten mitzutragen schuldig sein.

15. Alle vorstehenden, für die Erben eines verstorbenen Gesellschafters in denen 8. 9. 10. 11. 12. 13. & 14. §. enthaltenen Bestimmungen sind auch auf jenen Compagnon anwendbar, welcher bei Lebzeiten aus der Handlung austreten wollte oder aus der Handlung ausgeschloßen worden ist.

16. Jeder Gesellschafter ist schuldig, das Beste der Handlung nach seinen Kräften zu befördern und thätig zum Vortheil des Ganzen mitzuwirken, das ihm anvertraute Handelsvermögen treu und redlich zu verwalten, sich überhaupt nach den erhaltenen Weisungen zu benehmen, die Geheimniße der Handlung sorgfältig zu verschweigen, und haftet widrigenfalls für allen Schaden; weßhalb auch jedes Privatunternehmen oder Geschäfte ohne Beistimmung der andern Mitgesellschafter einem Jeden untersagt und verboten bleibt.

17. Der Handlung kommt es zu, die Individuen für eine oder andere Reise und deren Reisegelder, so wie auch die Dauer einer Reise und Aufenthaltes außer der Heimat zu bestimmen, welchen Bestimmungen der zur Reise Bestimmte pünktlich nachzukommen schuldig ist, wobei die Handlung jederzeit in der Auswahl der zu reisenden Individuen und der Zeit der Dauer einer Reise und Entfernung vom Hause billige Rücksicht auf etwa eintretende Hinderniße, jedoch ohnbeschadet der Handlung, tragen wird.

18. Die Handlung hat, so wie es bisher geschehen, auch in Zukunft das Recht, die monatlichen Aushebungen eines oder des andern Compagnons zu bestimmen, wobei auf die Größe des Vermögens eines oder des andern Theiles und überhaupt auf den Handelserwerb Rücksicht genommen werden muß, so zwar, daß die Aushebungen auch das muthmaßliche Einkommen nicht übersteigen, vielmehr zum Besten der Handlung und für unvorhergesehene Fälle etwas erübriget werden kann.

19. Da die Handlung solche Realitäten besitzt, welche ein Bestandtheil des Handelsvermögens ausmachen, so kann für sich allein ein Compagnon mit diesen Realitäten auch nicht disponiren. Die Handlung ist vielmehr gehalten, einem ausgetretenen oder verstorbenen Handlungsmitgliede den Antheil an Häusern, in welchem Werthe sie in den Inventarien aufgenommen sind, in jährlichen gleichen Raten heraus zu zahlen,

23*

nach gepflogener Uebereinkunft mit den Erben und in Gemäßheit der Umstände.

20. Gewinn und Verlust werden zu gleichen Theilen unter die fünf Handlungsgesellschafter vertheilt.

21. Herausziehung von Vermögen findet nur statt mittelst allgemeiner Zustimmung durch einen vorausgegangenen besondern Handlungsbeschluß.

22. Handlungsrechnungen sollen alle drei Jahre gepflogen werden; die Einsicht einer bereits vorhandenen Rechnung steht jedem Gesellschafter frei.

23. Das Recht der Firmenführung ertheilt die Handlung dem dazu Ernannten im Hayder Hause und dem jeweiligen Vorsteher auf ihren Handlungsplätzen.

24. Berathungen über die Handlungsangelegenheiten erfolgen nach dem Beschluße der Interessenten in der Art, daß im Falle Einhelligkeit im Beschluße nicht erzielt würde, die Mehrheit der Stimmen nach Personen den Ausschlag für ein oder das andere Geschäft abgeben soll.

Gegenwärtiger Gesellschaftsvertrag wird sammt der Firmenführung dem löbl. Wechsel- und Mercantilgericht zur Genehmigung und Einschaltung in den Firmenbüchern unterlegt.

Zu Urkund dessen ist dieser Vertrag von allen Theilnehmern eigenhändig unterschrieben und zween Herren Zeugen zur Mitfertigung erbeten worden.

Hayde in Böhmen, den 16. August 1832.

Hiecke Rautenstrauch Zincke & Comp. m. p.

Joh. Chr. Socher m. p.　　　firmirt　Joh. Jos. Hiecke.
als Zeuge.

Joh. Joseph Hiecke.

Joseph Kreibig m. p.

Stephan Rautenstrauch.
als Zeuge.

X.

Reibungen und Hindernisse.

56. *)

Wir endesunterſchriebene, derzeit im Königreich Portugal ſtehende
Negocianten und Glashandlere thuen und geben zu vernehmen allen un=
ſern mit profitenten Herren Verlegern insgeſammt und wurden [werden]

---

*) Die Statuten und Regeln der „Conföderation und Gemeinſchaft", die einen
Akt der Selbſthülfe in beſter Form bildet, haben ſich in einem der erwähuten fünf Ori=
ginal=Exemplare erhalten, nach welchem ſie hier mitgetheilt werden. Obwohl das (zugleich
als eine der älteſten Urkunden über den böhmiſchen Glashandel merkwürdige) Schriftſtück
als Statut auch in die VIII. Abtheilung hätte eingereiht werden können, ſo ſcheint ihm
doch der Platz an dieſer Stelle zu gebühren, weil ſich „Reibungen und Hinderniße" gleich
einem Grundton durch daſſelbe ziehen. Auch iſt es wie geſchaffen, eine Abtheilung ein=
zuleiten, welche eine von ähnlichen Klagen erfüllte Eingabe — die der Gablonzer Glashänd=
ler — ſchließt. In dem Anrufen der Regierung Seitens der letzteren im Vergleiche zu
dem thatkräftigen unmittelbaren Eingreifen der Conföderirten, welche beiden Akte um mehr
als ein Jahrhundert auseinander liegen, ſpiegelt ſich zudem recht deutlich der veränderte
Charakter der Zeit ab.

Seit der Gablonzer Eingabe ſind bald ſechzig Jahre verfloſſen und abermals hört
man von Zuſtänden in den böhmiſchen Glasgegenden, welche an jene Schilderungen er=
innern, nur daß ſie heute kaum in einer Ueberfülle des Geſchäftes, eher in einer gewiſſen
Leere ihren Grund haben. Weniger aber noch, als damals, iſt gegenwärtig auf die
Hülfe des Staates zu rechnen, da es mehr und mehr Maxime der Staaten geworden,
das Gewerbeweſen ſich ſelbſt zu überlaßen. Die Wiſſenſchaft wieder, obwohl zum großen
Theil dem Dogma des Sichgehenlaßens nicht mehr hold und in der Aufdeckung der aus
demſelben entſtehenden Gebrechen keineswegs läßig, ſcheint ſich beſtimmter Vorſchläge ent=
halten und es bei dem Hinweis auf das bloßgelegte Uebel bewenden laßen zu wollen,
— wohl in der Hoffnung, deſſen Erkenntniß werde von ſelbſt die Heilung herbeiführen.
Kann aber dem Uebel ohne Mitwirkung Aller oder doch der Meiſten geſteuert werden?
Iſt eine allſeitige Mitwirkung aus freien Stücken auch zu gewärtigen, wenn nicht über=

dieselben ohnedem in frischem Andenken führen, welchergestalten ohngefähr vor zehen oder wenigen [weniger] Jahren die Glas-Handelschaft und dessen Verschleiß in einem solchen Aufnehmen gewesen, daß fast jeder ehrlicher Handelsmann sein Reiß' mit Contento vollgezogen und mit

raschende Erfolge an den Tag treten? Und sind solche Erfolge anders, als durch eine seltene Vereinigung von Eigenschaften und Tugenden, — von Ausdauer und Festigkeit, Mäßigung und Selbstverläugnung, Treue und Gemeinsinn zu erzielen? Das sind Alles Fragen und Voraussetzungen, welche die außerordentliche Schwierigkeit der Lösung des Problems, durch Selbsthülfe zu einer entsprechenden Organisirung des Gewerbewesens zu gelangen, verrathen. Wenn aber die Lösung auf diesem Wege wirklich gelänge, wie unendlich höher wäre sie dann zu schätzen, als wenn sie durch imperatives Einschreiten des Staates erreicht wurde! Denn der Gewerbestand selbst würde aus dem Ringen und Streben geläutert und gestählt hervorgehen. Des Schweißes der Edlen ist daher die Aufgabe wohl werth.

In Deutschland tauchen bereits allenthalben Bemühungen auf, durch freies Uebereinkommen der Interessenten die mangelnde gesetzliche Regelung zu ersetzen. Namentlich im Bereiche der gewerblichen Erziehung sind sie wahrnehmbar. Aus jüngster Zeit ist selbst von verwandtem Gebiete aus ein Versuch ausgegangen, ähnlichen Erscheinungen, wie sie in der Conföderationsurkunde der Glashändler der vier Herrschaften vom Jahre 1715 und in der Gablonzer Denkschrift vom Jahre 1820 dargelegt sind, einen Damm zu setzen. Es haben nämlich die Spiegelglasfabriken in Fürth zu dem Zwecke, „die Fabrikation auf den bayrischen Spiegelglasfabriken (Polieren) durch Herstellung eines angemessenen Verhältnisses zwischen Produktion und Absatz so weit möglich zu heben", am 31. Dezember 1877 eine Produktiv-Genossenschaft gebildet. Wie aus den „Statuten der Genossenschaft: Vereinigte bayr. Spiegelglas-Fabriken in Fürth" — Fürth 1878 — des Näheren zu ersehen, ist Gegenstand der Genossenschaft „der An- und Verkauf des von den Genossenschaftern erzeugten Spiegelglases auf gemeinschaftliche Rechnung zum Zwecke der Erzielung günstiger, den Betrieb der Spiegelglasfabriken lohnender Verkaufspreise" und werden zu diesem Ende der von den einzelnen Mitgliedern zu erzeugende Höchstbetrag, dann die Ein- und Verkaufspreise festgesetzt, die Waaren geprüft und auf die Uebertretung der genossenschaftlichen Bestimmungen Strafen von 2.000 M. und darüber verhängt. Gemahnen nun diese Bestimmungen an die alten Zunft- und Preis-Satzungen, so wird ihnen gleichwohl durch den Beisatz, kein Mitglied sei verhalten, länger als bis zum Ablauf des Kalender-Jahres in der Genossenschaft zu bleiben, der alte Beigeschmack genommen. Die persönliche Freiheit ist ja vollkommen gewahrt. Man baut offenbar darauf, das eigene Interesse werde die Einzelnen zusammen halten; finde jedoch letzteres wider Erwarten in der Genossenschaft seine Befriedigung nicht, so möge es sich daraus zurückziehen. und, wenn das schlimmsten Falls bei der Mehrzahl einträte, so daß nicht wenigstens noch zehn Mitglieder übrig blieben, so sei eben die Genossenschaft nicht werth, daß sie fortbestehe.

Ob der eingeschlagene Weg mit Rücksicht auf die obwaltenden Verhältnisse der richtige sei, wird wohl bald die Erfahrung lehren. In welcher Form es aber immer sei, eine weise Beschränkung scheint im Industrialbetriebe in der That geboten, soll nicht neues Leben ewig nur aus den Ruinen blühen, statt aus fröhlich bestellter und regelmäßig sich erneuernder Saat.

vergnüglichem Geld in revertiret, von welchem sowohl der Verleger als
der Glasarbeiter richtig bezahlet worden, mithin von einem zum andern
wohl ein lebendiger Pfennig im Vaterland geblieben.

Wie nun aber die jetzige Umständen und tägliche Erfahrnuß des
Mehren zeugen, daß dieses negotium und Hanthierung von einer zur
andern Zeit je länger je mehr abnimmt und geschmälert wird, also zwar,
daß in Kurzem sowohl der Verleger als Handelsmann in das äußerste
Stocken gerathen und die Glashandelschaft gar zu nichts gebracht werden
dörfte, dagegen nicht nur allein diese Kunst und sinnreiche Invention
höchst zu bedauren, sondern auch mit dem reisenden Gewerbsmann
ein herzliches Mitleiden zu haben, als welcher sein Stuck Brod vor sich,
sein Weib und Kinder kümmerlich zu erwerben vielfältigmal Leib= und
Lebensgefahr (wie es verschiedene Casus schon in's Taglicht gebracht)
durchgehen und ausstehen muß. Dahero nun wir hierinfalls die Sach
wohl betracht, dem Zweck und Ursachen dieses fruchtlosen und in's Stocken
kommenden Werks incaminiret und befunden, daß zwar gegenwärtige schwere
Zeiten diesem Gewerb etwas ingegen sein, jedoch und indeme, absonder=
lich nach erhaltenem gewünschten Frieden, das Glas gleichwohl in die
fremde Länder abgehet, dieser Handel und Wandel noch stehen könnte.
Sondern die meiste und Haupt=Ursach' unsers Verderbens seind jene Pa=
girere und liederliches Gesindl, welche unbesonnener Weis' sich in die
Hanthierung eindringen, eine Quantität Glas von dem Verleger auf
Credit aufnehmen und damit in die Länder gehen, sich allda ohne wei=
ters Nachdenken und Raitung des Abwurfs aufführen und, da ihnen die
Geldmittel nicht zulangen, das Glas und Waar verzweifeltermaßen ent=
weder an ihre Knechte oder ja an den allhiesigen Pövel, auch sogar an
das hausirendes Weibergesindl um ein Spottgeld kistenweis, ja oft leichter,
als sie solches vom Verleger haben, hingeben — mit diesem gänzlichen Vor=
satz und Zuversicht, daß sie bei ihrer Zurückkunft die unglückliche Reis'
vorschützen und dem Verleger in Ewigkeit nichts zahlen werden, ein Wel=
ches nicht nur allein die Restantien des Mehren zeugen, sondern auch die
Erfahrnuß und reife Exempel geben, daß man noch auf heutiges Tages
auf Etwelche mit Fingern zeigen kann, welche die Waar in fremden Län=
dern verschleudert und viel tausend Gulden durchgejaget, durch welche

Verschwenderei der nebenstehende Handelsmann in Ruin und Verderben gebracht und der Verleger ingleichen groß angesetzet wird, welche höchst schädliche Prodigalität zu gebulden wider alle Recht und Billigkeit ist.

Wie nun aber dieses Uebel und Mißbrauch zu heben, daß mehrgedachte Glashandelschaft auf eine gewisse Art und Weis' zu erhalten und in besser's Aufnehmen zu bringen, haben wir zu einer Richtschnur und Cynosur reiflich vor Augen gestellet, wienach alle andere Professionen, Commercien und Handelschaften in allen Ländern und Städten durch nichts anders, als durch gewisse Statuten, Articul und Gesetze ihren Anfang genommen, durch diese in ihrem Stand und Flore, auch in geliebter Ordnung erhalten worden. Also und weilen die Glashandelschaften annoch von solcher Importanz und Wichtigkeit, haben wir auf eine dergleichen Maß und Ziel nachfolgende statuta und Gesetze mit möglichstem Fleiß zusammengetragen, in welche die Herren Verlegere auch ihres Orts zu mehrer Emporbringung dieses Werks eigenen Nutzen und Ersprießlichkeit mit uns einhellig compromittiren und angeloben wollen, daß wir Unterschriebene insgesammt bei dieser Conföderation und Gemeinschaft von nun an verbleiben und stehen, nachfolgende statuta und puncta mit gesammter Hand unter Verbind- und Verpfändung eines Jedwedern Treuen und Glauben und ehrlichen Namens folgten festhalten, wider die Uebertretere mit der ausgesetzten Straf mit Hintansetzung allen Respects, Freund- und Bekanntschaft mit allem nachdrücklichen Ernst verfahren sollen und wollen. Und zwar

primo. Ein Jedweder, der von nun an und ins Künftige aus unserm Landesbezirk der vier Herrschaften unser Hanthierung nachkommen und mit einer Quantität Glas anhero nach diesem Königreich Portugal und Algabrien [Algarbien] reisen und solches versilbern will, der soll gleich bei der Ausfuhr bei seinem Verleger, wo er das Glas nimmt, sich in dieses Statuten-Buch mit Verbindnuß, daß er allem Diesen, was allda angeordnet wird, nachleben will, alsogleich einschreiben, auch eine Attestation und Zeugenschaft, daß solches geschehen, mit anhero bringen. ·

2do Bei seiner Anherokunft soll er uns diese Attestation vorzeigen und nach ebenmäßiger Einschreibung in allhiesiges gleichlautendes Statuten-Buch die von uns ertheilende Information und Richtschnur, was zu eines jeden ehrlichen Handelsmanns Aufnehmen und Nutzen gereichet, empfangen und annehmen.

3°. Soll sich keiner unterstehen aus uns Handelsleuten, bei hundert Reichsthaler Straf, einiges Glas an einen solchen Menschen, der dieses wiederum zu unsern Schaden verhausiren wollte, verkaufen.

4°. Da einem aus uns Handelsleuten eine Noth zufallen sollte, daß er sein Waar verkaufen und die Logi verlassen müßte, soll er einem aus uns, der in sein Logi treten will, den übrigen Rest anbieten. Dafern er aber sich mit ihme dessentwegen nicht vergleichen kunnte, so sollen und wollen wir insgesammt und gegen einander verbunden sein, daß wir solchen Rest um einen billigen Preis bergestalten annehmen und unter uns ein-theilen wollen, damit auf keiner Seiten einiges Unrecht geschehe. Ingleichen wollen wir zur Erhaltung unser treu eingehelligten Gemeinschaft einem Jedwedern bei anstehender Noth mit zulänglichen Darleihen und Vor-schüßen nach unserm Vermögen sucurriren. Dargegen aber,

5¹º. so einer oder mehr aus unserm und in vier nachfolgenden Herr-schaften bestehenden Bezirk mit einem Glas wider diese vorgeschriebene statuta und Regl ohne Anmeldung und erhobener Attestation von dem Verleger anhero in dieses Königreich sich einpracticiren und das Glas zu unserm Schaden (wie zuvor beschehen) verschwenderisch an ein wiederum damit hausirendes Gesindel verkaufen sollte, ein Solcher soll vor unserm Erzfeind gehalten werden, und weilen er durch dieses zu unsern Verderben und Ruin ein Hauptursacher ist, soll einem solchen Menschen von keinem Verleger einiges Glas mehr ausgefolget werden, wornach sich Jedermann zu richten und auf einen ehrlichen Handel und Wandel sich zu befleißen wissen wird.

6¹º. Wann es sich zutragen sollte, daß ein oder der andere das Glas kistenweis aus dem Königreich Portugal in andere Länder verführen wollte, so hat zwar jeder seine Fortun frei zu suchen, wie es ihme Gott geben werde. Doch daß er es nicht nur vor die Stadt hinaus führe und solches an ein bemeldtes Gesindel verkaufe, welches es hernach wiederum in die Stadt bringe und zu unseren Allen Schaden verhausire! — auch mit dem expressen Reservat, daß die bisherige holländische Compagnie mit dieser portugesischen Gemeinschaft nicht confundiret und von derselben das

Glas nach Belieben nacher Portugal eingeführet werden möchte, sondern präcise was von Haus attestirter vermög 1. und 2. Puncts dahin abgeschicket wird, soll es barbei festiglich sein Bewenden haben.

7ᵘᵐᵒ Soll uns auch obliegen, unsere Verlegere bestmögligst schablos zu halten, mithin und zu Versicherung unsers Credits sollen und wollen wir auch gegen einander verbunden sein, dafern einer aus uns, wer der immer seie, bei seiner Hanthierung außer Ziel und Maß schreiten und mit der Zeit bankrottiren dörfte, ein Welches da wir verspüren, wollen wir zusammentreten, ihn gütiglich vermahnen, und da ein Solches nichts fruchten sollte, ihm all sein Glas und Effecten nach Möglichkeit sequestriren, solche zu Handen seines Verlegers und Bezahlung der Schuld versilbern, worzu der eltiste unter uns in mehr gedachten Königreich Portugal stehenden Glashandlern ein besonders Einsehen tragen wird.

8° Die einkommende Strafgelder sollen in drei Theil getheilet werden. Der erste soll zur Ehre Gottes nach unserm sammentlichen Gutachen angewendet werden, der andere Theil soll der gnädigen Herrschaft des strafmäßigen Unterthans zukommen, der dritte aber soll zur Conservation und Erhaltung dieser Gemeinschaft treulich depositirt und vorbehalten, bei vorfallender Noth aber nach einhelliger Stimm' und unserm Gutachten angewendet werden.

9° Weilen dann gleich bei Anfang dieses Werks man nicht Alles, was sich etwann künftighin äußern oder ereignen dörfte, buchstäblich vorsehen kann, als haben wir insgesammt uns vorbehalten wollen, diese Regel und statuta jederzeit nachsehen, der Wichtigkeit der Umständen verbessern und vermehren zu können.

10ᵐᵒ Wie nun aber unsern diesfälligen Willen und Meinung ohne sonderbare höhere Protection, Schutz und Handhaltung zu gewünschtem Fortgang und vollkommenem Effect zu bringen von uns selbsten nicht vermögen, als haben wir Alle sammentlich um nachfolgende Genehmhaltung und Confirmation obiger Statuten und Puncten bei denen vier hohen herrschaftlichen Aemtern (dann zu Dato sonsten von keinem Ort einiges Glas nach Portugal abgehet) unterthänig und geziemender Maßen suppliciret. Dafern auch künftig ein Fremder von einer anderen Herrschaft sich eben mit Glas nach jetzt gedachtem Königreich Portugal (wie es einem

Jeden frei stehet) begeben sollte, so würde man eben sowohl zu seines als auch seiner Herrschaft Nutzen mit dieser Regel-Vorschrift aufrichtig an die Hand gehen.

Zu mehrer Urkund und Jedermanns Wissenschaft seind fünf gleichlautende exemplaria ausgefertiget, wovon eines nach Portugal abgeschicket, die andern aber, auf jeder Herrschaft eines, und zwar bei dem eltisten Verleger vorbehalten wird. Zu welchen Exemplarien wir uns sammentlich in zweien Rubriken unterschrieben und unser Petschaft beigedruckt. So geschehen den 10. Octobris, anno 1715.

Georg Franz Dienebier m. p.,

Ihro Excell. der ritterlichen Gran Priorat-Herrschaft Oberliebich
bestellter Wirthschafts-Hauptmann. *)

Wir endesunterschriebene über vier Herrschaften derzeit bestellte Hauptleute thuen kund vor Jedermänniglich. Demnach bei uns die gesammt- und allseitige Glashandlere im Königreich Portugal und allhiesige Glasverlegere, unsere obhabende Unterthanere, supplicando eingekommen und zu vernehmen gegeben, wienach sie nicht nur allein zur Conservation und Aufnehmen dieser Manufactur und selbsteigenem frommen Nutzen, sondern auch zu Ersprießlichkeit des herrschaftlichen Interesse dieses Werk in eine geliebte Ordnung zu bringen, bevorstehende vorträgliche statuta und Regl mit sonderlichem Fleiß zusammengetragen, welche sie feuerigst unter wirklicher Straf zu halten und zu observiren compromittiret und einhellig angelobet, mithin diesen gänzlichen Willen und Meinung zu bessern Fortgang und Effect zu bringen uns um Genehmhaltung und Confirmation inständigst gebeten.

Wann nun wir diesen Gesuch wohl überleget, auch vor ganz billig befunden: als thuen obgedacht statuta und Regl im Namen unserer hohen Obrigkeiten ratificiren, approbiren, auch in solcher kräftigsten Form confirmiren, daß wir über diese jederzeit feste Hand halten, die Uebertretere zur ausgesetzten Straf mit gerichtlicher Execution und Arrest anhalten, in Summa Alles, was zur Conservation und Aufnehmen dieser neu confoederirt- und zugelobten Gemeinschaft gereichet oder vonnöthen

---

*) Die Unterschrift hier scheint anzudeuten, daß dies das Exemplar der Herrschaft Oberliebich war.

sein will, mit möglichstem Ernst vorkehren und veranstalten sollen und
wollen. Zur Steif= und Festhaltung Dessen haben wir uns eigenhändig
unterschrieben und unser Petschaft beigedruckt.

L. S. Georg Franz Dienebier m. p.,

Ihro Excell. der ritterlichen Gran Priorat=
Herrschaft Oberliebich bestellter Wirthschafts=
Hauptmann.

L. S. Johann Ant. Trautsch,

Ihro Excell. hochgräfl. Kinskyscher Herrschaft
Bürgstein bestellter Hauptmann m. p.

L. S. Georg Ignati Keller,

Ihro Excell. hochgräfl. Kinskyscher Herrschaft
Böhm. Kamnitz bestellter Wirthschafts=Haupt=
mann m. p.

L. S. Franz Leop. Tieberle,

der hochgräfl. Kaunitzischen Herrschaft Ren=
schloß verordn. Wirthschafts=Hauptmann m.p.

Nomina der Glas-Verlegere.

L. S. Samuel Helzel m. p.

  Hanns Küttel m. p.

L. S. Christian Frz. Rauttenstrauch m. p.

L. S. Christoph Ad. Kittel m. p.

L. S. Caspar Küttel m. p.

L. S. Tobias Preysler m. p.

L. S. Elias Preisler m. p.

L. S. Andreas Janke m. p.

L. S. Johannes Palme m. p.

L. S. Georg Gintter m. p.

L. S. Johannes Gorg Gärnner m. p.

Nomina der Glashandlere.

L. S. Andreas Herlitz m. p.

L. S. Andreas Fritsche m. p.

L. S. Johann H. [?] Trauschke m. p.

57.

Gutachten

des

Directoriums in publicis et cameralibus

über die

Beschwerden der Glashändler auf den Herrschaften Kamnitz, Bürgstein, Reichstadt, Neuschloß, Ober-Liebich, Tetschen und Meistersdorf gegen die dortigen Glashüttenmeister. *)

Protocollum

directorii in publicis et cameralibus de dato 10. Augusti 1750 quoad commerciale mixtum Böheimb betreff. in pleno consilio zu allerhöchst. Handen.

Praeside: Excellentiss. Comite ab Haugwitz, praesentibus Excellentissimis comitibus Rudolpho a Chotek, Joanne a Chotek, Illustrissimis comitibus ab Esterhasy, a Schrattenbach.

Consiliariis aulicis: a Saffran, a Wöber, a Doblhofen, a Kannegiesser, a Managetta, a Cetto, von der Mark, a Kranichstätt, a Stupan, a Neumayor, a Quiex.

Consiliario bellico et secretariis intimis: Gröller, Marburg, Eger, Thoren, Saffran, Otto.

Es haben sub praes. den 27. Januarii 1744 die sammentliche unterthänige Glashändlere der Kamnitz-Bürgstein-Reichstadt-Neuschloß-Oberliebich-Tetschen- und Meistersdorfer-Herrschaften wider die dortländige Glashütten-Meistere folgende Beschwerden supplicando vorgebracht:

1° daß die Glashütten-Meistere selbsten das Glas hin und wieder mehrern Theils glatt oder ungearbeitet in und außer Landes verführeten und

---

*) Original. — Archiv des Minist. des Innern in Wien. Bohemica IV. F. 1595—1791. — Wie das folgende Stück nach einer von Herrn Dr. Hallwich freundlichst mitgetheilten Abschrift.

2° bei ihnen Glas = Malere, Schneider, Kugler und Schleifer aufhalteten, nicht minder

3° mit dem Preis des Glases nach Belieben aufschlageten und ehender Fremde oder Ausländer als sie, inländische Glashändlere, mit benöthigten Waaren verseheten, daß sie also hierdurch sehr benachtheiliget würden. Maßen

quoad 1um schon wirklich aus Konstantinopel seit zwei Jahren sehr viele sonst gepflogene Bestellungen wegen deren von auswärtigen Handelsleuten dahin liefernden vielen Waaren abgeschrieben und anmit das regale principis an der Mauthabgab verkürzet worden, hier= nächst auch

quoad 2um viele arme Leute aus Mangel des Verdiensts in aus= wärtige Länder zieheten, allborten sich seßhaft macheten und die Aus= länder diese Arbeit lehreten, daß nachmals allborten ganze monopolia errichtet wurden. Und da anjetzo

quoad 3um das Glas die Ausländer ehender, als sie, zu kaufen bekommeten, so wäre zu besorgen, daß außer dem Verlust des Mauth= Regals respectu der Ausfuhr des Glases und Zurückbringung anderer Waaren dieses Kleinod des Königreichs, welches allba den Ursprung ge= nommen, demselben gänzlich entzogen und sie (wie es nun an deme seie) zu der auf dieses Gewerb angeschlagenen Contribution aus Mangel anderer Nahrung unfähig gemacht werden dörften, worzu noch stoßete, daß die Glashütten=Meistere anno 1739 in dem Stadtl Cziftit [Cechtit] Czaslauer Kreises eine ihnen Glashändlern nachtheilige Bünd= nuß errichtet, vermög welcher sie einstimmig das Glas in höhern Preis zu geben und kleinere Gattung und Maaß zu machen und einige Gat= tungen gar nicht mehr zu verfertigen unter einer Straf von 100 Kreunitzer Dukaten beschlossen und erst neulich abermalen das Glas um 30 kr. künftig theurer zu geben erinnert hätten.

Um aber ihren Untergang noch in tempore abzuhelfen und die Landfabrik wiederum in vorigen Stand zu bringen, so thäten sie aller= unterthänigst zu bitten:

1° denen Glashüttenmeistern, daß sie das rohe Glas selbst in fremde Länder nicht führen noch damit hanthieren sollen, zu gebieten, dann

2⁰ zu verordnen, daß sie ihnen, böhmischen Glashänblern, allein das rohe Glas liefern und überhaupt kein rohes und ungearbeitetes Glas außer Landes verführet werden solle.

Dieses supplicatum ist unterm 2. Aprilis h. [?] a. an die ehema= lige königl. Statthalterei um Gutachten remittiret worden, welche auch zu= folge des nunmehro von der Repräsentation und Kammer unterm 28. Julii 1750 in Sachen allerunterthänigist erstatteten Berichts durch das Leit= meritzer Kreisamt ernannte sieben Herrschaften hierüber vernommen, nicht minder auf Einrathen des vormaligen Commercien-collegii von denen Glashänblern und Glashüttenmeistern über die Gläser=Sorten, welche außer Landes verschicket und welche zum Schneiden, Schleifen und Malen gebrauchet wurden, ordentliche Specificationen, dann auch deren Glashüttenmeisteren Verantwortung, mit was für Recht und von welcher Zeit an sie sich zugleich durch eigens aufnehmende Leute des Glas= schleifens, Schneidens und dessen Gemälde anmaßen thäten, aufgefor= dert hätte.

Hierauf wäre von denen Wirthschaftsbeamten gedachter sieben Herr= schaften erwähnet worden, daß ihre Obrigkeiten wider das Anbringen ihrer unterthänigen Glashänblere nicht einzuwenden, wohl aber die an= geführte Beschwerungspunkten so beschaffen zu sein findeten, daß mit deren Abschaffung das bonum publici, die Vermehrung des aerarii und Erhaltung deren Unterthanen in contributionsfähigem Stand befördert würde.

Das leitmeritzer Kreisamt selbst erachtete diese Beschwerden in der Wahrheit gegründet zu sein und findete zu Abwendung des gänzlichen Glashandlungs-Verfalls kein besseres expediens, als wenn denen sam= mentlichen Glashüttenmeistern einige Glasarbeiter und Zurichter zu halten unter einer Straf verboten und dagegen benenselben, daß sie ihr verferti= gendes glattes, rohes und unzugerichtes Glas an die auf wiederholten sieben Herrschaften befindliche Glashänblere in einem billigen und nicht nach Gefallen erhöhenden Preis zu überlassen eingebunden, bie Ausfuhr des rohen und präparirten Glases aber sive per se vel per alium inhibiret, mithin contra generalia zweierlei Gewerbe zu treiben ver= schränket, endlichen im ganzen Land verboten würde, daß niemand von denen Glaskünstlern unter schwerer Straf außer Landes sich begeben und allda niederlassen solle.

Wohingegen die Glashüttenmeistere ihre Auskunft dahin erstattet, daß bei theils Glashütten keine rohe Gläser verarbeitet, theils von denen ansäßigen Künstlern in sothaner Verarbeitung die Nahrung gesuchet würde.

Die Einverständniß wegen Erhöhung des Glaspreises wäre von darum gepflogen und die Straf dabei ausgemessen worden, weilen viele Glashüttenmeistere schlechte Glaswaaren verfertiget, hierdurch das commercium geschwächet und einer dem andern geschadet hätte, worzu auch kommete, daß die Pottaschen gegen vorigen Zeiten sehr und fast auf alterum tantum gestiegen seie, welches aber bahero rühre, weilen solche in die benachbarte fremde Länder, besonders in Schlesien und Sachsen, in großer Quantität verführet wurde, meßwegen sie auch bitten thäten, zu Vermeidung dieser Ausfuhr über den bereits darauf gelegten Zoll annoch 1 fl. 30 kr. zuzuschlagen.

Was nun diese Beschwerden anbetrifft, da erachtete sie, Repräsentation und Kammer, denen principiis generalibus conform zu sein, damit das im Land erzeugende artefactum nicht außer Landes, sondern im Land zur letzten Perfection gebracht würde, um denen inländischen Künstlern den Verdienst dadurch nicht zu entziehen.

In Folge dessen wäre sie der ohnmaßgebigen Meinung, daß dasjenige Glas, so zum Schleifen, Kugeln und Malen tauglich, oder auf solche Art gearbeitet zu werden pflegte, außer Landes zu verführen sub poena confiscationis und unter noch einer anderweitigen Bestrafung des Uebertreters generaliter verboten werden könnte, wodurch die in andern Ländern sich seßhaft gemachte Schleifer, Schneider, Kugler aus Mangel des Verdienstes zurückkehren oder wenigstens die im Land befindliche von der Entweichung abwendig gemacht würden.

Wohingegen das weitere Ansinnen derer Glashändler, daß ihnen die Glashüttenmeister all' verfertigendes rohes Glas abgeben und die in denen Glashütten sich aufhaltende Glasschneidere, Schleifere &c. abschaffen sollten, ihr, Repräsentation, um so bedenklicher zu sein scheinete, weilen die supplicirende Glashändlere deswegen kein Privilegium auf-

zuweisen hätten und selbe im Gewährungsfall die Glashüttenmeistere rui-
niren dörften. Wie dann auch die Glaskünstlere bei ein und andern Glashütten über dreißig Jahr lang sich aufhalteten und babei denen Glashändlern vielen Vortheil und Ersparnuß verschaffeten, maßen sie sonsten,
wann sie nicht allba wären, bie rohe Glaswaaren erst in ihre Behausung
zum Zurichten führen, sobann aber zugerichter der Handlung nach ver-
schicken, folglich boppelte Fracht-Unkosten tragen müßten. Weßwegen sie
bes ohnmaßgebigen Dafürhaltens wäre, bie Glashändlere quoad hunc
passum abzuweisen und bie Glashüttenmeistere bei ber Verarbeitung
einigen rohen Glases noch fernershin zu erhalten, angesehen sie damit
keine boppelte Profession treibeten, sondern sich nur zweifachen Verdienst
macheten, wobei aber benenselben bie zu Abbruch beren Glashändler ab-
zielende Particular-Verträge pro futuro abzustellen, bie de praeterito
errichtete aber zu cassiren und benenselben zu bebeuten wäre, baß sie bei
ihnen zustoßenber Nachtheiligkeit die Abhilf behörig zu suchen hätten.

Schließlichen sehete sie gleichfalls nicht ab, warum nach bem Antrag
berer Glashüttenmeisteren auf bie Pottaschen ein größerer Zoll gelegt werden sollte, maßen sie sich nicht über ben Abgang biefes materialis, son-
bern nur über ben Preis beschwereten, sonsten aber burch bas commercium mit ber Pottaschen viele Tausenb Gulben in bas Königreich kom-
meten, worauf ohnebieß schon ein beträchtlicher Zoll gesetzet und benenselben
zu steigeren von barumben nicht rathsam wäre, weilen bie Ausländer bei
ber ihnen beschwerlicher werbenden Ausfuhr sich mit biesem materiali
aus anbern Ländern versehen börften unb solchergestalten bie im Königreich überflüßig erzeugenbe Pottaschen fruchtlos erliegen müßte.

Votum.

Es kommet bei gegenwärtigem Bericht auf vier passus an:

1° Ob benen Glasmachern ober Hüttenmeistern bas rohe Glas
außer Landes zu führen zu erlauben seie?

2° Ob benenselben nicht verboten werden sollte, Glas-Maler,
Schneiber, Kugler unb Schleifer bei benen Hütten zu halten?

3° Was wegen ber eigenmächtigen Erhöhung bes Glaspreises, bann

4° wegen der anverlangenden Erhöhung des Zolls auf die Pottaschen zu statuiren seie?

Ad 1um hat das principium commerciale seine Richtigkeit, daß man jene Landesfabricata, welche man in einem Land ad ultimam perfectionem bringen kann, nicht ohne Noth roher ausführen solle. Es hat auch die bisherige Erfahrenheit gelehret, daß, weilen man die zum Verarbeiten geweste Glaswaaren roher aus dem Lande gelassen, verschiedene gute Schleifer, Schneider, Kugler und Maler aus Böheimb in die benachbarte schlesische und sächsische Lande gelocket worden und allhorten die aus Böheimb ausgeführte rohe Glaswaaren in die letzte Vollkommenheit gesetzet, andurch aber denen böheimischen Professionisten die Nahrung entzogen haben. Da man nun in Böheimb auf denen Eingangs angeführten Herrschaften auch sonsten so viele Glasschleifer, Kugler und Maler hat, welche alles in Böheimb verfertigtes Glas zu verarbeiten im Stand seind, so ist der Commercien-Consessus und die Repräsentation recht daran, daß jenes Glas, welches zum Schleifen, Kuglen und Malen tauglich und auf solche Art gearbeitet zu werden pfleget, roher außer Land zu verführen sub poena confiscationis und zwar um so mehr verboten werden solle, als hernach anzuhoffen ist, daß man sodann einige außer Land gezogene Schleifer wiederum hereinziehen dörfte. Dahingegen und weilen es

ad 2um dem Lande alleseins ist, wer den Gewinn von denen im Land zur Perfection gebrachten Waaren habe, es mögen nun solchen die bei denen Glashütten und von denen Hüttenmeistern selbst, oder die von denen Glashändlern haltende Schleifer, Kugler und Maler ziehen, wann selber nur im Lande bleibet, und nun nach Inhalt des Berichts derlei Leute schon über dreißig Jahre bei denen Glashütten sich befinden, dann auch zu besorgen stilude, daß wann denen Hüttenmeistern derlei Glasarbeiter und Zurichter zu halten verboten werden sollte, die Glashändler denen Glasmachern das rohe Glas (da desselben Ausfuhr verboten ist) abzudrucken, mithin dardurch die Glasmacherei zu beeinträchtigen Anlaß nehmen dörften, so könnte denen Hüttenmeistern und Glasmachern auch noch weiterhin gestattet werden, ihre verfertigende Glasarbeit selbst schleifen, kuglen und malen, mithin in die letzte Perfection zu setzen.

Ad 3um streitet wider die rationem commercii, wann die Fabrillanten über die Erhöhung des Preises ihrer fabricatorum Particular-Verträge errichten und dadurch nicht allein die Handelsleute, sondern auch das Publicum bedrucken, mithin ist kein Anstand, derlei conventiones nicht allein pro praeterito zu cassiren, sondern auch pro futuro zu verbieten. Sollte aber ein oder der andere Professionist schlechte Waare machen und darmit zu schleudern anfangen, mithin die Waare in discredito bringen, so stehet denen Mitmeistern frei, darüber bei denen vorgesetzten Instanzien die Remedur zu suchen. Dahingegen und weilen ad 4um die Pottaschen nicht allein zu der Glasmacherei, sondern auch zu vielen andern Manufacturen erforderlich ist und zu derselben Nachtheil allzuhäufig ausgeführet wird, so findet man dieses allerunterthänigsten Orts kein Bedenken, die dermalige à 30 kr. auf den Centen Pottaschen liegende Mauth mit noch andern 30 kr. zu erhöhen, mithin sothane Mauth auf 1 fl. zu setzen, weßwegen das Behörige per notam an die Ministerial-Banko-Deputation zu erlassen wäre.

F. W. Graf v. Haugwitz m. p.   Rud. Graf Chotek m. p.

58.
Bericht und Gutachten
der böhmischen Statthalterei
an die Kaiserin
über die Beschwerden der Glasmacher Gesellen gegen die Bedrückungen von Seite der Meister und über das von dem Commercien-Conseß vorgeschlagene Regulativ für die Glasmacherzunft. *)

Allerdurchlauchtigst großmächtigste römische Kaiserin, in Germanien, zu Hungarn und Böheim Königin, Erzherzogin zu Oesterreich ꝛc. ꝛc.

Allergnädigste Frau Frau!

Euer kais. königlich Apostolische Majestät haben die von dem Glasmachergesellen Lenned **) nomine deren übrigen böhmischen Glasma-

---

*) Archiv des Minist. des Innern. Bohemica IV. F. 1595—1791. Orig.
**) Lese überall: „Lend."

chergesellen angebrachte Beschwerschrift wegen verschiedenen von denen
Glasmeistern gegen sie verübenden Bedrückungen, dann einen anderweiten Vorschlag, wie theils diesen Bedrückungen abgeholfen, theils in
Hinkunft zu Erhaltung deren Waldungen sowohl als zu Verhüthung des
Austritts der Glasmacher in fremde Lande ein eigenes Regulament
eingeführt werden könne, mittelst Dero höchsten Hofdecreti de dato
21. Novembris n. p. des Endes auhero gelangen zu lassen geruhet,
daß hierwegen eine eigene Commission aus diesem Mittel, dann dem
consessu commerciali zusammengesetzet, hierbei mit Vernehmung
des beschwerführenden und beklagten Theils die Beschwerden unter-
suchet, dann über die abhilfliche Maaß und das diesfalls festzusetzende
Regulament eben beide Theile vernommen und sohin nach eingelangt
gntachtlicher Aeußerung des concessus commercialis in Betreff der
Fabrikation und der zu Erhaltung derselben gereichenden Behelfen über
den Bestand der Sache und die künftig zu treffende Anordnung in Verfolg des
anderweitigen Hofdecreti von 30. Maii a. p. der allerunterthänigste
Bericht binnen drei Monaten erstattet werden solle. Zu dessen allerge-
horsamsten Folge haben wir nicht verweilet, eine gemeinschaftliche Commission aus diesem Mittel, dann dem consessu commerciali zu veranlassen und so auch die sammtliche Glasmeistere, dann den Klagführenden Thomas Lenneck und übrige Glasmachergesellen durch einen
unter sich wählenden Ausschuß hiezu vorläufig zu berufen, und als selbe
theils in personn, theils in Vollmacht deren übrigen, exclusive jedoch des in Wien sich annoch aufhaltenden Johann Thomas Lennck, allhier erschienen sind, so ist bei dieser gemeinschaftlichen Commission förderist die Untersuchung deren von dem Glasmachergesellen Lenneck wider
die Glasmeistere angebrachten Beschwerden, dann jener, welche von denen
Glasmeistern gegentheilig angebracht worden, wie es das sub lit. A
angebogene protocollum zeiget, vor die Hand genommen und endlich
auch unter gleichmäßiger Vernehmung deren anwesend gewesenen Glasmeistere und Gesellen zur Verfassung eines eigenen Regulaments von
Seiten des treugehorsamsten consessus commercialis, wie es dessen
sub lit. B. nebenschlüssige Bericht von 21. Martii sammt dem beiliegenden Entwurf mit Mehrern enthaltet, geschritten worden.

So viel es nun die allseitigen Beschwerden anlanget, so werden solche nach mehrern Ausweis des protocolli in drei Hauptgegenstände, nämlich

1°. in denen von dem Thomas Lennck überhaupt und nomine aller Glasmachergesellen angebrachten Beschwerden,

2°. in denen Special = Klagen deren hierorts erschienenen Ge= sellen und

3°. in denen gegentheiligen Beschwerden und respective Beant= wortungen der Glasmeister

beschränket, und bestehen jene der ersten Abtheilung in Folgendem, daß nämlich

Primo: die Glasmeistere mehrerntheils Ausländer wären, welche das Geld, ohne das allerhöchst angeordnete Quantum zurück zu lassen, außer Land führeten, wo doch, wann aus denen benachbarten Landen etwas in Böhmen eingebracht werde, von jedem Gulden der sechste Theil zurückgelassen werden müßte.

Secundo: Daß eine Glas= und sonderlich Spiegelglas=Hütten denen Glasmeistern wenigstens alljährlich 7.982 fl. sichern Nutzens ab= werfe, daß deme ohngeacht ein geringerer Lohn, als ehebevor, denen Glasmeistergesellen abgereichet und diese sogar als leibeigene Untertha= nere gehalten würden.

Tertio: Daß die Gesellen mit schlechter Reichsmünz bezahlet würden und bei denen von denen Glasmeistern und anderweitig abneh= menden Bedürfnissen einen starken Agio=Verlust erleiden müssen, wie dann gleichfalls

Quarto: denen Glasmeistern das abnehmende Bier, Fleisch und andere Nothwendigkeiten theurer, als solche anderswo zu überkommen, bezahlt werden müßten, und wann

Quinto: eine Untersuchungs=Commission angeordnet würde und selbe in die Hütten käme, so würde solche ohne der Gesellen Zuziehung bei denen Glasmeistern abgehalten und wann erstere nur das Geringste wider der letzteren Ungerechtigkeit reden, so würden sie mit Schlagen tractirt, fändeten auch bei denen Beamten, wann sie klageten, kein Ge=

hör, weilen diese mit denen Glasmeistern wohl einverstanden und interessirt wären.

Sexto: Die Waldungen würden durch das Kohlenbrennen, Bretter- und Lattenschneiden von denen Glasmeistern ruinirt, die Kohlen, Bretter und Latten aber außer Landes und dafür schlechtes Geld eingeführet.

Septimo: Wäre vor etlichen Jahren eine Hof-Commission, um die eigentliche Fabrikaturs-Ertragnuß zu erörtern, in die Glashütten abgeschicket worden. Weilen aber die Gesellen nicht beigezogen, so hätte auch nichts Gründliches in Erfahrnuß gebracht werden können. Die Gesellen hätten Alles mit Stillschweigen übergehen müssen, weilen sich die Glasmeistere verlauten lassen, daß im Fall ein Gesell etwas bei allerhöchsten Orten einbringen sollte, ein jeder Glasmeister 1.000 fl. daran setzen würde, um das Gegentheil wider die Gesellen zu behaupten. Endlich

Octavo: wird von dem klagführenden Thomas Lenck der Antrag dahin gemacht, daß, insoferne denen Gesellen ein größerer Lohn gegeben würde, deren jeder jährlich zu Handen des allerhöchsten aerarii 1 fl. 30 kr. abgeben wollte und da besage gravaminis 2di bei jeder Glashütten jährlich 7.982 fl. an klarem Nutzen ausfallete, so könnten ohne einiger Beschwerden sammentliche Glasmeistere wenigstens jährlich 10.000 fl. entrichten, welche der Beschwerführer, falls es ihme zugestanden und eingeräumet werden sollte, einbringlich machen und über den klaren Nutzen ordentliche Rechnung führen wollte.

Nun würde zwar zur umständlichen Erörterung dieser sammentlichen Beschwerden die Gegenwart des Beschwerführers Thomas Lenck sehr dienlich gewesen sein. Da aber derselbe unter der schriftlich eingesendeten Ausflucht, daß er bis zu Beendigung dieser Sache bei Dero allerhöchstem Hoflager zu verbleiben hätte, nicht erschienen, so ist an Seiten dieser oberwähnten Untersuchungs-Commission von denen übrigen Glasmeistern und Glasmachergesellen, so hierbei erschienen sind, die weitere Auskunft und Erörterung möglichstermaßen erhoben worden und gehet solche hauptsächlich dahin, daß

ad 1um et 6um casus specifici angezeiget werden müßten, daß von denen Glasmeistern einiges Geld ohne dem allerhöchst anbefohlenen

Abzug, sonderlich auch durch eine schädliche Veröd= und Abtreibung der
Waldungen ausgeführet worden.

Ad 2um kommet vielmehr hervor, daß dieser bei jeder Glashütten
mit 7.982 fl. angeschlagene vermeintliche Nutzen am wenigsten sicher, der
Lohn deren Gesellen hingegen keinerdings geringer sei. Was aber
ad 3um et 4um in Betreff des verlierenden Agio der Arbeits Be=
lohnung mit Reichsmünz, theuerer Bezahlung und gezwungener Abnahm
deren Victualien und anderer Nothwendigkeiten von denen Glasmeistern
angeführet worden, da ist hierob, in wie weit solches gegründet, auch
allenfalls abzuändern seie, die Erledigung unter dem zweiten Gegenstand
deren beiderseitig geführten Klagen bezogen worden.

Ad 5um et 7um wird von allen befragten Gesellen bestättiget, daß
weder von einem Subbelegirten, weniger von einer Hof=Commission,
welche in ein oder andere Hütte abgeschicket worden wäre, um die fär=
waltende Unordnungen zu vermitteln oder aber, was die Hütten sicheren
Nutzen abwerfen, zu erheben, weder sie noch die Meistere bei ihrem Ge=
denken etwas gewußt oder gehöret hätten, viel weniger, daß die Glas=
meister so viele 1.000 fl., um denen Gesellen den Proceß verlieren zu
machen, ansetzen wollten.

Ad 8um wurde zwar eingestanden, daß die Glasmachergesellen 1 fl.
30 kr. jeder jährlich Euer Majestät jedoch in der Meinung bezahlen woll=
ten, wenn ihnen der gewöhnliche Arbeitslohn vermehret würde, welche
Zahlung jedoch solchen Falls nicht die Gesellen, sondern vielmehr die Glas=
meistere betreffen würde.

Wegen der an die Glasmachergesellen gestellten Frage, wer denn
der Beschwerführer Leneck wäre und ob sie alle ihme hiezu die Vollmacht
ertheilet hätten, wurde von eben diesen contestiret, daß dieser Leneck ein
fallirter Glasmeister seie, welcher nach seinem eigenen Geständnuß 9.000 fl.
Capital durchgebracht und bei übel geführter Wirthschaft zu Grunde ge=
gangen, sofort sich von seinen zweien Vettern, auch Glasmeistern und
Leneck genannt, 70 fl. erborget und, um die erst angeführte Klagen an=
zubringen, nach Wien abgegangen ist. Daß aber alle Gesellen ihme hiezu
die Vollmacht gegeben, wäre um so weniger in der Wahrheit gegründet,
als, einige nur ausgenommen, allen übrigen die ganze Sach unbekannt

seie. Des Lenecks übelgeführte Wirthschaft würde andurch noch mehr bestättiget, da nach Anzeig ohnlängst gedachter seiner zwei Vettern derselbe von seiner Herrschaft, wo er die Glashütte gepachtet, allen Vorschub gehabt und möglichste Unterstützungen genossen, deme ohngeachtet aber von seinem ganzen Vermögen abgekommen ist. Es hätte zwar derselbe unterm 2. Februar a. c. an alle Gesellen das dem protocollo sub Sign. O. beigelegte Schreiben erlaffen und um 250 fl. Aushilfsgeld angesuchet. Da aber alles vorher Gemeld'te wider ihn streitet und er um so weniger ein Controllor von denen Glasmeistern seie und den angeblich sicheren Nutzen herausbringen kann, als er vielmehr andern Fallirten gleichzuhalten ist, welche um sich nur zu unterbringen sich mit derlei eigennützigen Projecten hervorthuen, so ist die mehrgedachte Untersuchungs Commission in Betreff dieses ersteren Gegenstandes der gutachtlichen Meinung, daß die von dem Thomas Leneck denen Gesellen zumuthende Geld=Collecta auf das Schärfeste und um so mehr, als ohnehin selbten alle mögliche Aushilfe in anderm Wege verschaffen wird, verboten, derselbe Leneck aber zu Vermeidung derer unnöthigen Geld=Splittereien und Aufwieglereien von Wien abgeschaffet und, um sich zur Commission und mehrerer Vernehmung anhero zu gestellen, verhalten werden möchte, allermaßen das in art. 8° enthaltene Project wegen deren 10.000 fl., so jährlich ohne Schaden deren Glasmeistere zu Handen Euer Majestät allerhöchsten aerarii eingebracht werden sollen, selbst nach der Erkanntnuß des consessus commercialis in keiner Richtigkeit bestehet, da eröfterter Leneck vermittelst einer unüberlegten Berechnung des zur Glasfabricatur erforderlichen materialis den klaren Gewinn zu eruiren zwar antraget, zugleich aber nicht bemerket, was für vielen und manigfältigen Unfällen und Schäden ebenso die Glasmeistere, wie andere Manufakturisten, Fabrikanten oder Handelsleute unterliegen, welches allerdings zu calculiren kommet, um beurtheilen zu können, ob der ausgesetzte Gewinn eben jener sei, den er festgesetzet und aus welchen die 10.000 fl. für das allerhöchste aerarium eingebracht werden sollen, wobei dann ihme selbst entgegenstehet, daß, wann der angebliche Gewinn alljährlich mit 7.982 fl. sicher ausfallet, es um so befremdlicher seie, wienach der Projectant in ein Falliment von 9.000 fl. verfallen mögen.

Weiters sind in dem andern Gegenstand des protocolli die Klagen deren sammentlichen Glasmachergesellen, sowohl überhaupt als einzeln, vorgenommen worden, welche in Folgendem bestehen, als daß selbten zu vier Wochen, auch länger, kein Lohn gegeben und solche theils in Reichsmünzen bezahlet worden, daß man ihnen die Kleidungen und andere Nothwendigkeiten von denen Glasmeistern zu erkaufen aufgedrungen, welche selbte allenthalben weit leichter überkommen können, daß mit ihnen durch ganze Jahre keine Rechnung geschloßen, auch niemalen, wie viel Pfund Fleisch eigentlich und wem gegeben worden, annotiret, sondern nur überhaupt angemerkt, auch niemalen eine ordentliche Verrechnung gehalten worden.

Daß man ihnen von Jahr zu Jahr neue Sachen zu zahlen aufbürdet, daß zu ihren gänzlichen Untergang die Hütten mit so vielen Lehrjungen verstärket und sofort die Gesellen vertrieben würden.

Daß man sie wie Hunde mit Schlägen behandle.

Daß man sie wegen schlechter Wirthschaft, und Mangel des erforderlichen Vorraths die Hütten, durch viele Wochen ohne Arbeit stehen lasse.

Daß sie die Arbeit der Lehrjungen ohne einiger mehrerer Belohnung verrichten müßten und so auch ihnen andere Wirthschaftsarbeiten, welche gar keine Connexion mit der Glashütten haben, sonderlich Sommerszeit, aufgedrungen würden. Auch würde ihnen die Arbeit ohne beobachtender Aufkündigungsfrist aufgesaget, wodurch sie sofort ohnversehener Weis' ohne Brod mit Weib und Kindern verbleiben müßten.

Gleich wie aber über die jetzt angeführte Beschwerden die sammeltliche Glasmeistere vernommen worden und somit dann deren diesfällige Beantwortung die dritte Abtheilung der Commissional-Untersuchung bestellet: also ist auch hierunter hervorgekommen, daß die Gesellen zwar anjetzo etwas weniger an Lohn erhalten, doch aber wegen besserer Einrichtung und verschiedenen leichteren Handgriffen ebensoviel als sonsten verdienen und daß die Bezahlung mit Reichsmünzen nirgends, als in denen Hütten, so an der äußersten Gränze liegen, gebräuchlich, das Agio

aber jederzeit und beßwillen üblich seie, weilen die Glasmeistere das Näm=
liche in dem fremden Gelbcours leiden müßten.

Die angeklagte Schläge hätten sich bei einem einzigen Glasmeister
ergeben, welcher einen Betrunkenen aus dem mit fünf Andern gehabten
Raufhandel auf keine andere Art bringen können.

Wegen des theurer ausschenkenden Biers würde weiter nichts Meh=
reres angefordert, als der Kostenbetrag, nach welchem das Bier und zwar
zu mehrerer Gemächlichkeit deren Gesellen auf der Hütten ausgeschenket
würde, maßen solches sonsten öfters bis drei Stunden weit hergeholet
werden müßte.

Und da dann überhaupt die Glasmeistere alle wider sie angebrachte
Klagen theils gründlich widerleget, theils aber unter verschiedenem Vor=
wand von sich abgeleinet, so hat eben diese beiderseitige Vernehmung die
fernere Leitung gegeben, um das eigentliche regulativum, nach welchem
allen diesen vorfindigen Gebrechen pro futuro vorgebogen werden kann,
zu verfassen und die dergestaltig erörterte Umstände dem consessui commerciali mitzutheilen. Es hat deme nach mehrgedachter consessus
commercialis unter der geflißentlichen Vernehmung beider Theile, näm=
lich der hier erschienenen Glasmeistere und Gesellen, sothanes regulativum, wie es dem obangeführt = allerunterthänigsten Bericht sub lit.
B. angebogen ist, behörig entworfen und ein solches unseres Orts in
Beisein des Commercien=praesidis durch den Commercien=Rath von
Scotti in Vortrag gebracht. Und, nachdeme wir dießfalls außer einigen
Articuln mit dem Antrag des consessus commercialis gänzlich ein=
verstanden sind, solchemnach sollen Euer kais. und königl. Apostolischen Ma=
jestät wir sothanen Entwurf des zu bestimmenden regulativi Dero aller=
höchster Approbation allergehorsamst unterziehen und hiebei zugleich, unter
Eröffnung unserer respectu einiger Articuln hegenden ohnzielsetzigen
Meinung, förderist

ad articulum 3um allerunterthänigst nicht bergen, daß, obzwar in
denen Zunft=Generalien die Geldstrafen untersaget sind, man jedennoch
zu Erhaltung der Subordination derer Gesellen gegen die Glasmeistere
auf eine moderate und von dem consessu commerciali jedesmalen zu
bestimmende Geldstrafe von darumben den Antrag genommen habe, weilen

bei einer Arreſtſtrafe nicht nur der Geſell, ſondern ſelbſten auch der Glas=
meiſter, da er den Glasofen in Brand unterhalten und die Arbeit des
beſtrafenden Geſellen entrathen müßte, ſehr betroffen, der Geſell aber
auch zugleich außer allen Verdienſt für ſich und ſeine Angehörige verfallen
würde, welcher doch bei dem wochentlich per 10 fl. verdienenden Lohn
im Uebertretungsfall eine gemeßene Geldſtrafe in die für die arme und un=
taugliche Glasmacher gewidmete cassam füglich entrichten kaun.

Ad articulum 5um ſind wir überhaupt mit der Meinung des consessus commercialis geeiniget; doch könnte hiebei wegen des Wild=
prets, als welches jeweilen den Geſellen aufgedrungen wird, die Erwäh=
nung beſchehen, daß der Geſell auch hierwegen ſich mit dem Glasmeiſter
durch den errichtenden Spann=Zettul die Bedingnuß ſtellen ſolle. Und da
in casum contravenientiae der recursus an den consessum in Dero
und commissorum causis reſerviret wird, ſo wäre hierbei zu deren
Leuten mehrerer Warnigung beizurucken, daß ſolchen Falls die auflau=
fende Unkoſten pars succumbens zu tragen hätte.

Ad art. 6um finden wir lediglich respectu derer zu ertheilenden
Päßen und Atteſtaten Euer Majeſtät alleruntertänigſt vorzutragen, daß
derlei Päſſe und attestata dem austretenden Geſellen respectu des
Stempelpapiers alleinig zur Laſt fallen und daß dahero ſothane Urkunden,
weilen ſie erſt neuerlich eingeführet werden, von dem Stempel frei be=
laſſen werden könnten, allermaßen derlei attestata eines Theils ſelbſt
ob bonum publici zu Vermeid= und Beſchränkung der Emigration und
damit die austretenden Geſellen nicht etwa zu ihrem Nachtheil als Va=
gabunden oder Emigranten angehalten werden mögen, erfordert werden.

Ad art. 7um iſt zwar zu Vermeidung deren Geldſchulden vorge=
ſehen, daß denen Glasarbeitern nur nach Maaß der ihnen alle vierzehn
Tage berichtigenden Löhnung ein proportionirtes Quantum vorgeliehen
werden möge. Um hierunter jedoch das abgeſehene Ziel mit mehrer Ver=
läßlichkeit zu erreichen, ſo ſind wir des ohnzielſeßigen Erachtens, daß die=
ſes Darlehens=Quantum auf den vierten Theil der ausſtändigen Löhnung
zu proportioniren, auch dergeſtalten feſtzuſeßen wäre, daß eben über den
ſogeſtaltig=vierten Theil ein Mehreres keineswegs vorgeliehen werden
ſollte.

Ad § 8ᵘᵐ sind wir wegen den Vorschlag des consessus commercialis der ohnvorschreiblich allerunterthänigsten Meinung, daß die contractmäßige Bedingung deren Inländer derzeit lediglich auf die Lehrjungen restringiret und keineswegs auf die Gesellen und Glasmeister extendiret werden könne, angesehen man somit in künftigen Zeiten eben dahin, um keiner auswärtigen Gesellen benöthiget zu sein, gelangen wird, für die gegenwärtige Zeiten aber mit Aufnehmung derer fremden Gesellen dem publico um so weniger Schaden zugehet, als an einem solchen bereits ausgelernten ausländischen Gesellen, wann er auch aus einer Hütte in die andere und endlich gar außer Landes ziehet, dem publico nichts entgehet, zu geschweigen, daß die unbeschränkte Ausschließung derer Fremden selbst dem principio wegen Anlockung derer Fremden entgegenstehen würde.

Ad § 9 et 10ᵘᵐ beschiehet in deme, daß die Glasmeistere sich einen ganzjährigen Vorrath an Holz beischaffen und somit ihr Werk mit trockenem Holz betreiben sollen, eine ganz gute Vorsehung. Und da denenselben gewöhnlichermaßen gewiße Districte derer Waldungen ausgewiesen werden, in welchen sie das Holz nach ihrem Gutbefund zu schlagen pflegen, so wären solche nicht nur an die emanirte Wald- und Holzordnung de a. 1754 und den daselbst respectu derer Glashütten bestehenden besondern Articuln anzuweisen, sondern es könnten dieselbe auch dahin verhalten werden, daß sie das Holz in einer Gegend des Waldes auf einmal abnehmen und sonach dieselbe hinwiederum zur Hegung des Anflugs überlaßen sollen, wobei zu mehren Sicherheit denen Kreisämtern und Localämtern und Obrigkeiten zugleich der Auftrag beschehen könnte, dahin zu invigiliren, damit der junge Anflug und Wiederwachs auf das Sorgfältigste gepfleget werde.

Ad § 15 beschiehet zwar der Antrag, daß, um die bei den Glasmachern bestehende Kunstgriffe vor denen Ausländern verborgen zu halten, die bei denen Glashütten befindlichen Schmelzer eiblich zu verbinden wären, die diesfällige Vortheile keinem Ausländer, wohl aber lediglich denen inländischen Gesellen zu veroffenbaren. Wann jedoch bei dem unterwaltenden Umstand, daß ein Schmelzer, und wie derlei Leute derzeit theils selbst Ausländer sein mögen, oft aus einer Hütte in die andere und auch

wohl gar außer Landes abziehen kann, in Betrachtung gezogen werden
will, daß derselbe solchen Falls der Gefahr des perjurii exponiret wäre,
wann er nämlich in seinem Bestallungsort sich seiner besitzenden Wissenschaft nicht gebrauchen sollte, so scheinet nach unserm ohnzielsetzigen
Dafürhalten in Betracht dessen, daß durch die Erzieglung deren inländischen Gesellen die Anzahl deren fremden ohnehin mit der Zeit abnehmen
wird, diensamer zu sein, daß in diesem § von der ciblichen Verbindung
propter periculum perjurii praescindiret und somit lediglich unter
der Obsicht des consessus commercialis ein jeglicher Glasmeister ob
deme, wie die Haupt- und Kunstgriffe und so auch die Schmelzkunst keinem
Fremden bekannt zu machen, sondern vor diesen soviel möglich verborgen
zu halten wäre, eigentlich instruirt werden könnte.

Schließlichen aber und soviel es Euer kais. königl. Apostolischen
Majestät allerhöchste Anordnung vom 30. Mai 1766 anlanget und zu
Folge welcher übernachstehende passus:

1° ob eine hinreichende Taglia auf die Anzeig und Einbringung
deren emigrirenden Glasmacher hierlandes bestehe?

2° ob von Seiten derer Glasmachere gegen die Glasmeister gegründete Beschwerden vorhanden seien, dann

3° ob nicht die Anzahl derer Lehrjungen zu Hintanhaltung des
übermäßigen Zuwachses derer Gesellen und der hieraus entspringenden
Emigration beschränket, und was endlich

4° von ersteren oder ihren Eltern und Anverwandten für Verbindlichkeit bei dem Aufbingen wegen zu vermeidender Emigration anverlanget werden könne?

der ebenmäßige allerunterthänigste Bericht erstattet werden solle,
so ist der consessus commercialis in dem obgedacht-nebengehend-
allerunterthänigsten Bericht des Erachtens, daß

ad 1um die Taglia auf die Anzeige und Einbringung eines emigrirenden Glasmachergesellen oder derlei Verführers wegen deren hierbei
unterlaufenden Reis'- und Correspondenz-Unkosten auf 100 Dukaten
erhöhet werden könnte. Und da

ad 2um et 3um die allseitigen Beschwerden durch das sub lit. A

obangeführte protocollum umständlich erörtert, auch sofort das pro
futuro zu bestimmende Regulament bereits entworfen worden, so gehet
ad 4⁴ᵉⁿ die Meinung des consessus commercialis dahin, daß
bei dem Aufdingen eines Lehrjungs die Eltern oder die Anverwandten
wegen der besorglichen Emigration einer besonderen Verbindlichkeit von
darum nicht wohl unterzogen werden mögen, weilen sie für derlei außer
ihren Augen und Obsorg stehende Lehrjungen um willen eines bege-
henden Lasters ohne sonstiger Complicität nicht haften können und ohnehin jenenfalls, da sie zu derlei Emigration Anlaß geben oder der diesfälligen Wissenschaft überzeuget werden dürften, denen allgemeinen Satzungen und Strafen unterliegen müßten.

Und gleich wie dann wir auch hierinfalls mit der Meinung des
consessus commercialis einverstanden sind, dahingegen aber bei der
ersten Abtheilung derer untersuchten Beschwerden respectu des von
Wien abzuschaffenden und zu Ausführung seines Angebens anhero an-
zuweisenden beschwerführenden Glasmachergesellen Thomas Leneck des
ohnmaßgebigen Erachtens sind, daß er zu dieser seiner Sache weiteren
Ausführung libero pede anhero abzulassen wäre: also haben hier-
nächst Euer kais. und königl. Apostolische Majestät wir all' Dieses allerunterthänigist einberichten und Dero allerhöchstem Entschluß allersub-
missest unterziehen sollen, zu beharrlichen Kais. Königl. Hulden und
Gnaden uns treudevotest empfehlende.

Geben ob Dero königl. Prager Schloß, den 31. März 1767.

Euer kais. königl. Apost. Majestät alleruntherthän.

gehorsamste Erb-Unterthanen

Carl Graf Schafgotsche m. p.

Procop Graf von Kolowrat m. p.

Franz Graf Wieznik m. p.

Franz Anton Graf von Nostitz m. p.

Ferdinand Edler von Hilmayer m. p.

59.
Copia.

An Se. kaif. königl. Apostolische Majestät Franz dem Zweiten, von Gottes Gnaden erwählten Römischen Kaiser, erblichen Kaiser von Oesterreich, König in Germanien, zu Ungarn und Böhmen ꝛc. ꝛc., Erzherzog zu Oesterreich, Herzog zu Lothringen, Venedig und Salzburg ꝛc.

im Jahre 1805.[*]

Euere Majestät!

Die angenehme Ueberzeugung, daß Euer Majestät bei Bereisung des Königreiches Böhmen die allerhöchste Absicht hegen, Höchstdero Un= terthanen und Provinzien, so wie deren Verhältnisse und Lage genau ken= nen zu lernen, deren Wohl, so viel es in Höchstdero Kräften stehet, zu befördern und so auch alle sehenswürdige Gegenstände im Lande nach Möglichkeit zu besichtigen, flößte auch dem unterzeichneten Glashandlungs= stande den auf innigster Liebe und Ehrfurcht zu Euer Majestät sich grün= benden Muth ein, zum Beweise ihres Entzückens über Höchstdero An= wesenheit eine kleine Sammlung der in hiesiger Gebirgsgegend erzeugten Glasmanufacturen veranlassen und eine kurze Uebersicht von dem Ur= sprunge, Wachsthume und dermaligen Beschaffenheit der hiesigen Glas= handlung in's Ausland, von den hieraus dem Staate entspringenden Vortheilen, wie auch von dieser Wohlstandsquelle dermalen entgegenste= henden Hindernissen Euer Majestät zur gnädigsten Einsicht und Berück= sichtigung unterthänigst vorzulegen und diese zwar im folgenden Auf= satze.[**]

---

[*] Reete 1804. Den Schriftzügen nach ist die Copie dieses, wie bemerkt wird, halbbrüchig geschriebenen Majestätsgesuches von Joh. Jos Hanzels Hand.

[**] Dieß ist ohne Zweifel „die kleine Abhandlung," welche zufolge einer aus dem Ge= denkbuche von Haida entlehnten Beschreibung des Aufenthaltes Kaiser Franz I. und seiner Ge= mahlin, der Kaiserin Maria Theresia, in Haida und Bürgstein dem Kaiser am 17. Oktober 1804 von Joh. Anton Zinke überreicht wurde. Gedachte Beschreibung lautet folgendermaßen:

„Der 17. Oktober, Nachmittags zwischen drei und vier Uhr, war der für Haida glückliche und unvergeßliche Tag, an welchem J. J. k. k. Majestäten durch die Gebirgsgegend von Sr. Excellenz dem verehrungswürdigsten Herrn Staatsminister und

Gleichwie viele Künste und Wissenschaften der Noth und dem Mangel ihren Ursprung zu danken haben, so leitet auch die hiesige Glas-Fabrikation, Raffinirungskunst und Handlung ihre Entstehung aus diesen Quellen. Kunst und Handlung lagen in dieser Gegend noch tief im Schlafe,

---

Oberstburggrafen in Böhmen Joh. Rudolph Grafen Chotek, der schon früher diese Gegend bereiset hat, begleitet, von Rumburg in Haida, Böhmens jüngster Stadt, eintrafen. Die Bewohner dieser Stadt und der umliegenden Gegend waren an der Rumburger Straffe in großer Anzahl versammelt und erwarteten die Ankunft J. J. M. M. mit innigster Sehnsucht. Sobald der Wagen, in welchem sich J. J. M. M. befanden, aus dem nahen Gehölze sichtbar wurde, brach die Freude des zahlreich versammelten Volkes in frohen Jubel aus, der wie ein Strom in die Stadt zu der in dem Hause des Herrn Grafen Philipp Kinsky für J. J. M. M. vorbereiteten Wohnung sich ergoß. Hier wurden J. J. M. M. von dem Schutzherrn dieser Stadt, Herrn Philipp Grafen Kinsky, der versammelten Geistlichkeit, dem Magistrate und Handlungsstande mit der lautesten Ehrfurcht und der innigsten Liebäußerung bewillkommt und von dem Herrn Grafen Philipp Kinsky in die vorbereiteten Zimmer begleitet. Bald darauf erhielten die Geistlichkeit, der Magistrat, der Handlungsausschuß die höchste Gnade, durch Se. Excellenz den Herrn Oberstburggrafen Joh. Rudolph Grafen Chotek Sr. Majestät vorgestellt und mit väterlicher Herablassung und Liebe aufgenommen zu werden. Nach hierauf eingenommenem Mittagmahle verfügten sich J. J. M. M. unter Begleitung Sr. Excellenz des Herrn Oberstburggrafen, Sr. Excellenz des Herrn Baron F. M. L. Grafen Lamberti und des Herrn Philipp Grafen Kinsky in die Behausung des hiesigen um die Handlung wohlverdienten Handelsmanns Joh. Anton Zinke, in welcher von den hiesigen und den Handelsleuten der umliegenden Gegend eine vortreffliche Sammlung von allen Glasprodukten aufgestellt war."

„Gleich beim Eintritt zu ebener Erde befanden sich die Glaskünstler mit ihren Werkstätten und arbeiteten im Angesichte beider Majestäten. Die zärtliche Herablassung, mit welcher sich J. J. M. M. nach jeder Gattung der Glasfabrikation erkundigten und hierüber in den huldreichsten Ausdrücken ihr Wohlgefallen äußerten, fesselten die Herzen aller Anwesenden. Hierauf geruhten J. J. M. M. sich in das obere Stockwerk zu begeben, wo der gesammte Glashandlungsausschuß versammelt war, um J. J. M. M. von den allda in bester Ordnung ausgestellten Glasprodukten in Bezug auf ihre Entstehung, Raffinirung, deren Gebrauch und Versendung in's Ausland die abverlangte Erklärung zu geben."

„Zuerst nahmen J. J. M. M. die auf dem Vorsaale befindlichen Lampen von allen Farbenglasgattungen und die aufgestellten Flaschenkeller in höchsten Augenschein und begaben sich in's erste Zimmer, wo rohe und minder raffinirte Glaswaaren aufgestellt waren. Der erwähnte Joh. Anton Zinke nebst einigen anderen Handelsleuten gaben hier sowohl als in dem anderen Glaszimmer, in welchem sich feinere Glaswaaren befanden, J. J. M. M. auf höchstes Verlangen die Erklärung über alle Glaskunststücke, von wo aus sich J. J. M. M. in den geräumigen Saal begaben, in welchem die Glaswaaren von der feinsten Raffinirung und Mannigfaltigkeit vereinigt waren. Mit ausgezeichnetem Forschergeiste und Kunstliebe betrachteten und prüften J. J. M. M. diese Glasmanufacte und spendeten den Künstlern laut ihren höchsten Beifall."

die ganze Gegend war dicht mit Holz bedeckt und man erblickte nur hie und da kleine Strecken, welche der Fleiß der Ansiedler von dem Gehölze gereinigt, um darauf der Erde die zu dem Unterhalte der armen Bewohner nothwendigen Früchte abzuzwingen. Stiefmütterlich lohnte das Erb-

---

„Hierauf wurde eine Seitenthür des Saals eröffnet, welche in ein Nebenzimmer führt; hier hatte die Liebe und Anhänglichkeit des Glashandlungsstandes zu ihren Regenten ein Monument in der Form eines Opferaltars, ganz von Spiegelglas, Glassteinen und Glasperlen mit den Namenszügen J. J. M. M. Franz des I. und Maria Theresia, dann die Inschrift errichtet: Opfer der Liebe, Kunst und Handlung! Hier verdient vorzüglich der Künstler Bahrt aus Bürgstein genannt zu werden, nach deßen Zeichnung und unter deßen Leitung dieses Monument errichtet wurde. Diesem Kunstwerke zur Seite stand eine Nachtlampe von weißem Beinglase in Manneshöhe, gemalt von dem vortrefflichen Glasmaler Egermann in Blottendorf.“

„Nachdem J. J. M. M. über diese Kunstwerke ihr besonderes Vergnügen zu erkennen gegeben, überreichte Joh. Anton Zinke Sr. Majestät eine kleine Abhandlung des böhmischen Glashandels, welches Er. Majestät huldreich anzunehmen geruhten.“

„Sodann verließen Se. Majestät diese Kunstsäle, wohnten in der hiesigen Pfarrkirche dem heiligen Segen bei, und begaben sich in die bereitete Wohnung zurück.“

„Inzwischen verweilten J. M. die Kaiserin noch bei diesen Kunstwerken, ließen mehrere Stücke käuflich an sich und verfügten sich sodann, nachdem Höchstdieselben zuvor gleichfalls dem h. Segen beigewohnt, hatten, unter Begleitung des Herrn Oberstburggrafen Excellenz in die bereits bezogene Wohnung zurück.“

„Tausend Segenswünsche waren die Begleiter und überall ertönte: Es lebe Kaiser Franz und Theresia!“

„Gleich darauf geruhten Se. Majestät den Glashandlungsstand zur Audienz zuzulaßen, besprachen sich mit demselben mit ausgezeichneter Sachkenntniß über den Zustand des so wichtigen Glashandels nach allen Weltgegenden, forschten nach allen dieser Wohlstandquelle entgegenstehenden Hindernissen und bezeigten über die erhaltenen Auskünfte Höchsdero Zufriedenheit und Vergnügen.“

„Abends waren durch das gute Veranstalten des k. k. Gubernialrathes und Kreishauptmanns in Leitmeritz Herrn Mayer und des Haider Bürgermeisters Herrn Ignaz Ullmann alle Plätze und Gassen der Stadt vortrefflich beleuchtet, und überall herrschte Ruhe und Ordnung.“

„Am 18. dieses Früh um sieben Uhr fuhren Se. Majestät der Kaiser in Gesellschaft des Herrn Oberstburggrafen und Herrn Grafen Philipp Kinsky unter unzähligen Segenswünschen des Haider Publikums in die rühmlichst bekannte Bürgsteiner Spiegelniederlage des Herrn Grafen Kinsky, erhoben diesen vortrefflichen Kunstsitz mit vorzüglichen Lobsprüchen und bezeigten dem Herrn Grafen hierüber Ihre höchste Zufriedenheit.“

„Während diesem geruhten J. M. die Kaiserin unter Begleitung des Haider Magistrats und einer großen, die unschätzbare Anwesenheit J. J. M. M. laut segnenden Volksmenge trotz des feuchten Weges sich zu Fuß bis in das einem Stoße Klafterholz von außen gleichende Lusthaus zu verfügen, bewunderten die vortreffliche Aussicht in das höhere Böhmen und fuhren sodann mit dem Zärtlichen: Wir sehen Uns bald wieder! unter zahllosen Segnungen des Volkes nach Bürgstein.“

25

reich unter diesem kalten Klima den Schweiß der Arbeiter, spendete aber besto reichlicher das Holz auf den höchsten Gebirgen wie in den tiefsten Thälern. Dieser Ueberfluß an Holze und die täglich anwachsende Be= völkerung, verbunden mit dem Mangel an fruchtbaren Aeckern, zwangen nun diese Gebirgsbewohner auf andere Erwerbungsarten ihre Aufmerk= samkeit zu richten. Es wurden Glasfabriken errichtet, eine Erfindung, die zu damaliger Zeit als die einzige in dieser Gegend eine ansehnliche Menge Menschen vor Mangel an Beschäftigung und Erwerb schützte, weil alle Lebensbedürfnisse in äußerst geringem Preise standen und nicht so vervielfältiget waren, wie sie es in diesem Jahrhundert sind.

„Hier wurden J. M. bey Höchstihrer Ankunft an dem romantischen Einsiedlersteine durch einen Ruf aus einem Sprachrohre von dem hohen Felsensitze überrascht, blickten mit Bewunderung auf die Höhe der steilen Felsenwände und wurden sogleich gewahr, daß Se. Majestät der Kaiser sich darauf befinden. Schnell eilten J. M. den steilen Weg hinan und trafen allda Se. Majestät mit Höchstihren Begleitern. Nachdem J. J M. M. über diesen durch die Natur und Verwendung des Herrn Grafen Kinsky so angenehmen Ruhe= sitz Ihre Bewunderung und besonderes Vergnügen geäußert, begaben sich Se. Majestät mit den erwähnten Herren Begleitern nach Schwoila, besichtigten allda die Kinsky'sche Wachsleinwand= und Tapetenfabrik und verfügten sich sonach in Fortsetzung Höchst= ihrer Reise nach Böhmisch=Leipa. Ebenso fuhren J. M. von Bürgstein, nachdem Höchstsie allda die prächtige Spiegelniederlage besucht hatten, zurück über Haida nach Böhmisch=Leipa."

„Unvergeßlich bleibt die Anwesenheit dieses vortrefflichen Kaiserpaares den Bewoh= nern von Haida und Bürgstein und späte Nachkommen werden noch diesen Wonne= tag segnen."

Im Haidaer Gedenkbuche heißt es, dieses „Programma" sei den Zeitungsblättern der Prager Oberpostamtszeitung eingeschaltet gewesen. In den betreffenden Nummern wurde es jedoch nicht aufgefunden. Es dürfte also eine Art loser Beilage gewesen sein, um so mehr, als der im Blatte selbst enthaltene Reisebericht viel gedrängter abgefaßt ist. Aus letzterem ist zu ersehen, daß der Kaiser vordem schon, am 13. Oktober, gleich von Reichstadt aus „die Spiegelschleifungs= und Belegungsfabriken" des Grafen Philipp Kinsky zu Wölmitz und Lindenau besichtigt hatte.

Außer den Besuchen des Kaiser Franz und des Kaiser Joseph, welch' letzteren jedoch der feindliche Einfall der Preußen im Jahre 1778 in die Gegend gezogen, hatte sich diese dem Haidaer Gedenkbuche zufolge noch der Besuche mehrerer anderer Mitglieder des Herrscherhauses, als des Erzherzog Karl, des Erzherzog Rainer, Vicekönigs in der Lom= bardei und Benedig 1806, des Kaiser Ferdinand als Kronprinz am 14. Juli 1820 und des Erzherzogs Franz Karl am 31. Juli 1822 zu erfreuen. Von dem Besuche des Kronprinzen Ferdinand zu Haida, welcher als Kaiser in späteren Lebensjahren seinen ge= wöhnlichen Sommersitz in dem benachbarten Reichstadt hatte, wird im Anhange ausführ= licher die Rede sein.

Der Absatz des in diesen Fabriken erzeugten Glases beschränkte sich nur auf das Inland; mithin war dieser Handlungszweig noch nicht als Activhandel in's Ausland zu schätzen. Allein sobald der Glasbedarf im Lande geringer, die Bevölkerung in diesen Gebirgen, mit dieser auch die Glaserzeugung vermehrt wurde, war man gezwungen, den nöthigen Absatz im Auslande zu suchen. Die ersten Versuche geschahen in dem angränzenden Sachsen, wohin die Glasmanufacturen theils auf dem Rücken getragen, theils auch auf Karren geschoben wurden. Die Unternehmer dieses Handels fanden da einen ihrer Speculation entsprechenden Absatz, der ihnen ihre Mühe reichlich lohnte und sie zu größern Versuchen aufmunterte. Bei ihrer Rückkunft konnten sie sich nun ihre Lebensbedürfnisse reichlicher verschaffen, als ihre Nachbarn, ein Umstand, der diese zu gleichen Versuchen reizte. So entstanden mehrere Glashandelsleute nach Sachsen, für welche aber der Absatz alldort in der Folge vermindert und durch die Vielheit der auf den Handlungsplätzen angehäuften Glaswaaren der Preis derselben herabgesetzt wurde. Man machte Versuche nach Preußen und Hamburg. Diese Plätze gewährten nun einen ausgedehntern Absatz und verbreiteten diesen Handel bald nach Dänemark und Holland, welche [Länder] Gelegenheit verschafften, das Glas in größern Quantitäten zu Lande und zu Wasser dahin zu frachten. In diesen Ländern fanden die böhmischen Glashandelsleute fremde Mitwerber, die ihren Glaswaaren durch Raffinirung einen vortheilhaften Absatz zu verschaffen wußten. Dieser Umstand weckte den böhmischen Speculationsgeist und die Raffinirungskunst; man bemühte sich den böhmischen Glaswaaren die nöthigen Eigenschaften: Güte, Schönheit und Manigfaltigkeit zu verschaffen, um ihnen einen gewissen Absatz zu verschaffen und den Vorzug vor den fremden zu gewinnen.

Es gelang dem böhmischen Kunstfleiße, dem Glase diese Eigenschaften zu geben, und der Handlung von Glasmanufacten durch glückliche Speculationen im Auslande hinreichenden Absatz zu sichern. Bei diesen glücklichen Fortschritten der Glas-Manufactur, Raffinirung und Handlung mußte man nun bedacht sein, in den vorzüglichsten Handlungsplätzen Niederlagen zu errichten, den Geschmack der fremden Nationen kennen zu lernen und die Handlungsverhältnisse und Vortheile genau zu beobachten.

25*

Um dieses auszuführen erforderte es aber mehrerer Personen; dieses war die Bewegursache zur Errichtung der Glashandlungsgesellschaften. Mehrere Personen vereinigten sich zu einem gemeinschaftlichen Zweck; von diesen besorgten einige den Ankauf und Raffinirung des Glases in Böhmen, die andern den Verkauf im Auslande. Bei dieser Vereinigung wurde es nun möglich, den böhmischen Glashandel in die entferntesten Länder zu verbreiten, und bald nachher wurde in den vornehmsten Städten Spaniens, Portugals, Frankreichs, Italiens, Rußlands und der Türkei von böhmischen Handelsleuten Glas-Niederlagen und Handlungen errichtet, von denen die Glasversendungen nach Nord-Amerika, Ost- und Westindien betrieben wurden.

Wer genau mit der Verfassung der diesfälligen Handlung bekannt ist, muß gestehen, daß dieselbe einzig in ihrer Art sei und mit den größten Beschwerlichkeiten verknüpft ist. Denn in ;einer frühen Jugend, von eilf oder zwölf Jahren, wird der Jüngling aus den Armen seiner Verwandten über's Meer in ein fremdes Land versetzt, dessen Sprache und Sitten er nicht kennet, von wo er, nach erlernten fremden Sprachen und Handlungswissenschaft, erst nach zwölf, ja auch fünfzehn und mehr Jahren nach Böhmen zurückkehret. Doch auch da vergönnet ihm seine mit so vielen Beschwerlichkeiten und Gefahren verknüpfte Lebens- und Erwerbungsart keine dauerhafte Ruhe, denn nach Verlauf einer Frist von drei Jahren, binnen welcher sich der junge Handelsmann gewöhnlich mit einer hiesigen Unterthanin verheirathet, ruft ihn sein Geschäft schon wieder in's Ausland. So durchlebt, unter diesen Abwechslungen, von Zeit zu Zeit auf drei Jahre von seiner Gattin, seinen Kindern getrennet, der hiesige Glashandelsmann seine Lebenstage und kann erst dann in seinem Vaterlande die Früchte seines jugendlichen Fleißes genießen, wenn er durch Alter gehindert wird, diese beschwerlichen Seereisen auszuhalten und jüngere sich die erforderlichen Kenntnisse erworben haben, seine Stelle im Auslande zu ersetzen.

Auf diese Art wurde die so wichtige Glashandlung in's Ausland gegründet, eine Handlung, die mit Recht als ein echter Activhandel für die österreichischen Staaten genannt zu werden verdienet, und zwar in zweifacher statistischer Betrachtung:

1"""" in Bezug auf die Manufacte, welche ausgeführt werden,
2"""" auf die Art, wie dieser Handel betrieben wird.

Vollkommen raffinirtes Glas, durch dessen Bearbeitung so viele tausend Menschen in den österreichischen Staaten Beschäftigung und Verdienst erhalten, wird in's Ausland verführt, und zwar größtentheils durch böhmische Landfrachter. Die österreichischen Staaten liefern hinlänglichen Glasstoff, ohne daß es nöthig ist, zur Glasfabrikation den rohen Stoff aus dem Auslande zu beziehen. Dieser rohe Glasstoff wird im Lande von der ersten Bearbeitung an durch hiesige Unterthanen bis zur vollkommensten Waare raffinirt. Der ganze Preis dieser Waare ist Gewinn für den Staat, ist Verdienst für die hiesigen Bewohner. Diese vollkommene Waare wird sonach durch inländische Fuhrleute in's Ausland verführt, wodurch der Gewinn für den Staat ansehnlich vermehrt wird.

Einen Beweis für die Wichtigkeit der böhmischen Glasfabrikation, wenn sie mit der von hier aus in alle Welttheile betrieben werdenden Glashandlung betrachtet wird, vorausgesetzt, daß diese weder durch Kriegsheere zu Lande noch durch Kriegsflotten gehindert wird, liefert nachstehende auf Thatsachen gegründete Uebersicht der böhmischen Glaserzeugung und Raffinirung.

Aus der hier sub lit A zur allerhöchsten Einsicht beigelegten Glasverfeinerungstabelle, deren Richtigkeit aus den Handlungsbüchern der Unterzeichneten jederzeit erhoben und bemessen werden kann, ist zu sehen, daß die Glasraffinirung in Böhmen eine sehr hohe Stufe erreicht habe.

In dieser Tabelle ist das böhmische rohe Glas im Werthe, wie es noch im Jahre 1803 sammt Zufuhr in hiesige Gegend zu stehen kam, nämlich für . . . . fl. 264„—„—
durch die hierauf verwendete Kugler- und Schleifer-Arbeit für . . . . „ 2.758„30„—
Glasspath für . . . . „ 37„35„—
Malerei und Vergoldung . . . . . . „ 138„30„—
Broncearbeit . . . . „ 150„—„—
verfeinert in Summe auf . . fl. 3.330„35„—
Mithin sind nach Abschlag des rohen Glaswerthes von . . . . „ 246„—„—
fl. 3.084„35„—

durch die Raffinirung gewonnen worden, oder nach pCt. gerechnet sind
es 1.253 pCt.

Diese Berechnung ist Thatsache. Wenn es sich aber um die Frage
handelte, wie weit die Glasraffinirung in Böhmen und vorzüglich in hiesiger Gegend gebracht werden kann, vorausgesetzt, daß man jederzeit Käufer
zu dieser feinen Glasmanufactur finden könne, so ist mit Grund zu behaupten und zu beweisen, daß sie auf zwei Tausend pCt., auch darüber,
durch die hiesigen Glaskünstler betrieben werden kann. Allein da diese
feinen Probukte nur unter die Luxuswaaren gehören und nur in den Häusern einiger Reichen Absatz finden, so kann man den obangezeigten Raffinirungsgewinn nicht als den wirklichen Gewinn für den Staat, auch nicht
als Basis zur Berechnung des Vortheils der Glasfabrikatur in Böhmen
annehmen.

Es ist ein allgemein anerkannter Grundsatz, daß man sich beim
Handel in's Ausland nach dem Geschmack der Nationen richten müsse,
mit denen man Handel treibet, und vorzüglich solche Waaren auf die Hand-
lungsplätze bringen müsse, welche am gangbarsten und dem Vermögen
der Käufer am angemessensten sind. Um daher eine richtigere Uebersicht
von dem Vortheile der böhmischen Glasfabrikatur und der von hier aus
in alle Weltgegenden betreibenden Glashandlung darzustellen, kann man
im Durchschnitte zu dem Werthe des in Böhmen erzeugten rohen Glases
als Raffinirungs-, Handels- und Frachtgewinn nur 500 pCt. zuschlagen,
indem ein Theil roh, das Uebrige aber mehr und weniger verfeinert im
Auslande abgesetzt wird. Nach diesem angenommenen Grundsatze zeiget
sich folgende Berechnung.

In Böhmen bestehen 66 Glasfabriken, deren jede bei dem dermaligen hohen Glaspreise jährlich wenigstens für 30.000 fl. rohes Glas
erzeuget, mithin werden in Böhmen in einem Jahre für fl. 1,980.000
rohes Glas fabrizirt. Schlägt man nun zu diesem den Raffinirungsgewinn zu 500 pCt. mit fl. 9,900.000, so ergibt sich eine Summe von
fl. 11,880.000, welche jährlich für Böhmen durch Fabrikation, Raffinirung, Fuhr- und Handlungsgewinn des Glases gewonnen werden.
Doch auch diese Berechnung ist auch dann nur gegründet, wenn sich dieser
Handel nach allen Weltgegenden in seinem Flor erhält und weder durch

Krieg, Unruhen oder Verbote gehindert wird. Da sich aber ein bestimmter Gewinn sehr schwer für eine Reihe von Jahren berechnen läßt, so nimmt man hier als Grundsatz bei denen stets schwankenden politischen Verhältnissen bloß an, daß zu dem Werthe des erzeugten rohen Glases 300 pCt. im Durchschnitte als Raffinirungs-, Fracht- und Handelsgewinn zugeschlagen werden kann; der Beschäftigungsgewinn für Böhmen von der Glasfabrikation, Raffinirung und Handlung beträgt daher wenigstens fl. 7,920.000, welche größtentheils aus dem Auslande für vollkommene Waare gegen baares Geld jährlich nach Böhmen gebracht wird. Dabei kann man annehmen, daß bei diesem Geschäfte 39.600 Menschen durch die Glasfabrikation und Raffinirung Beschäftigung und Nahrung erhalten.

Aus diesem zeiget es sich nun deutlich, wie wichtig die Glasfabrikation für Böhmen sei, wenn erwogen wird, daß der Glasstoff im Lande selbst vorhanden ist, und daß das nach Abschlag des inländischen Bedarfes erzeugte Glas ins Ausland verführt wird, und für Böhmen noch im Auslande dabei noch ein ansehnlicher Gewinn erhalten wird. Allein der obbezeigte Fabrikations- und Raffinirungsgewinn würde diese Höhe bei Weitem nicht erreichen, wenn, da der Glasbedarf für Böhmen so gering ist, der Ueberfluß durch die in hiesiger Gegend bestehende Handlung im Auslande nicht vortheilhaft abgesetzt würde. Die Art, mit welcher diese Handlung in's Ausland betrieben wird, gehört unstreitig unter die ersten Wohlstandsquellen Böhmens, weil hiedurch die in Böhmen erzeugten vollkommenen Glaswaaren im Auslande gegen baares Geld abgesetzt werden, welche Baarschaft jährlich ganz gewiß nach Böhmen gebracht wird. Wenn man von dem oben angeführten geringsten Glaswaaren-Raffinirungs-, Fracht- und Handelsgewinn den inländischen Bedarf abschlägt, so bleiben zur Ausfuhr ins Ausland beiläufig noch fl. 5,280.000, welche als wahrer Gewinn für Böhmen zu betrachten sind. Diese vorausgehende Berechnung und die daraus für Böhmen sich ergebende Vortheile können aber nur so lange als bestimmt und dauerhaft angesehen werden, als die hiesige Glashandlung durch Kriegsheere und Flotten nicht gehemmt wird, der hiesige Handelsstand sowohl im In- als Auslande Achtung und Zutrauen erhält und die böhmischen Glasmanufacte, nebst den ihnen eigenen Eigenschaften der Güte, der Schönheit und Manigfaltigkeit die vorzüglichste Eigenschaft, nämlich die **Wohlfeilheit** beibehalten werden.

Allein nach der Lage der jetzigen von Tag zu Tag steigenden Holzpreise in Böhmen zu schließen, kann der Zeitpunkt nicht mehr ferne sein, welcher den Untergang der so vortheilhaften böhmischen Fabrikation und Glashandlung in's Ausland herbeiführen wird. Zur Ehre der böhmischen Nation hat bisher ihr Glas auf allen ausländischen Handlungsplätzen die Aufmerksamkeit der Käufer auf sich gezogen und vortheilhaften Absatz gefunden, wozu nebst andern Eigenschaften die Wohlfeilheit eine Hauptbewegursache war. Diese nothwendige Eigenschaft gehet von Tag zu Tag mehr verloren und die unterzeichneten Handelsleute können Beweise anführen, daß Glasbestellungen schon dermalen mit der ausdrücklichen Bemerkung aufgekündigt worden sind, weil das böhmische Glas in zu hohem Preise stehet und selbiges aus Frankreich und andern Ländern um einen geringern Preis zu haben sei. Da es nun in allen Ländern, wo die Unterzeichneten den Glashandel treiben, an Mitwerbern fremder Staaten nicht fehlet, welche alldort ebenfalls mit Glas Handel treiben, so läßt sich voraussehen, daß das böhmische Glas bei dem Verluste der Wohlfeilheit die Concurrenz in fremden Ländern nicht lange aushalten können und diese Glashandlung für Böhmen in Kurzem verloren gehen werde. Allerdings wäre dieser Verlust für Böhmen eine tiefe Wunde, welche 23.000 Menschen nahrungslos stellen, den Staat eines Gewinnes von 7,920.000 fl., oder nach der gerinsten Berechnung von fl. 5,280.000, berauben und die hiesige Gebirgsgegend, deren Einwohner bloß von der Glasfabrikation Beschäftigung und Verdienst erhalten, in eine öde, arme Gegend verwandeln würde, deren traurige Folgen nicht zu berechnen sind.

Die Grundquelle der täglich steigenden böhmischen Glaspreise lieget unstreitig in der Theuerung der rohen Materiale und Naturprodukte, und unter diesen vorzüglich des Holzes und der Pottasche. Weil die Pottasche das vorzüglichste Produkt und Material zur Glasfabrikation ist, so wäre sehr zu wünschen, daß auf deren Wohlfeilheit die größte Aufmerksamkeit verwendet würde, und es läßt sich nicht bezweifeln, daß diese dadurch erzielet werden könnte, wenn dieselbe als ein für das Land unentbehrliches Material ganz außer Zoll gesetzt und unter keinerlei Vorwand oder Beweggrunde auszuführen verboten bliebe. Denn nicht nur allein zur Glasfabrikation, sondern auch zur Garn-, Zwirn- und Leinwandbleiche und mehreren inländischen Fabrikationen ist die Pottasche unentbehrlich, und daher erhöhet deren Theuerung auch alle diese böhmischen Fabrikate, zum größten Nachtheile des böhmischen Handels im Auslande. Auch mit diesen leinenen Fabrikaten betreibet die hiesige Handlung ansehnliche Geschäfte im Auslande und vorzüglich nach Portugal. Die Veranlassung dazu gab jenes Land durch den Verbot, das böhmische Glas dahin einzuführen, welcher die hiesigen Handelsleute bewog, um den Handel dahin nicht ganz und gar aufzugeben, statt des Glases, mit rohen, gebleichten und färbigen Leinwanden, leinenen Tücheln, gebleichtem Zwirne, wollenen und zwirnenen Strümpfen den böhmischen Handel nach Portugal fortzusetzen.

Ein anderes Hinderniß, welches zum Ruin der böhmischen Glas-Fabrikation und Handels im Auslande gereicht, sind die im Auslande, vorzüglich in Polen, Rußland und Nord-Amerika, von böhmischen Künstlern von Zeit zu Zeit errichtet werdenden Glasfabriken, welche sich durch mancherlei Anlockungen bemühen, böhmische Glaskünstler dahin zu ziehen, und durch diese sich in ihrem Glase die Güte, Schönheit und Mannigfaltigkeit gleich dem böhmischen Glase zu verschaffen, und wegen Ersparung der Frachtkosten, Wohlfeilheit des Holzes und der Pottasche ihr Glas auf den Handlungsplätzen in wohlfeileren Preisen auszubieten, dergestalt, daß die hiesigen Handelsleute wegen der täglich steigenden Theuerung des böhmischen Glases mit ihnen die Concurrenz in kurzer Zeit nicht mehr werden aushalten können und daher den Glashandel gänzlich werden aufgeben müssen, wann der Auswanderung der böhmischen Glaskünstler nicht bald Einhalt geschiehet.

Zu dieser Auswanderung hat der jüngst geendigte Krieg die meiste Gelegenheit gegeben, in welchem die von Wailand Ihro Majestät der Kaiserin Maria Theresia den hiesigen Glaskünstlern und Handelsstande gnädigst bewilligte Befreiung von der Rekrutirung nicht berücksichtiget wurde, sondern diese ohne Ausnahme zum Militär gestellt wurden. Dieser Umstand hat eine Menge Glaskünstler verleitet, aus Furcht vor der Rekrutirung in fremde Länder auszutreten, in denen sie willig und unter vortheilhaften Bedingungen aufgenommen worden sind. Zur ferneren Verhüthung dieser schädlichen Auswanderung dürfte das wirksamste Mittel sein, wenn den hiesigen Glaskünstlern und Handelsleuten die Befreiung von der Rekrutirung von Sr. Majestät neuerlich verliehen würde. Da aber auch leicht der Fall eintreten könnte, daß diese unbeschränkte Befreiung vom Wehrstande demselben viele taugliche Männer entziehe, so würde die Vereinigung des hiesigen Handelsstandes in ein ordentliches Gremium diesen zu befürchtenden Nachtheilen die gehörige Beschränkung geben, wann nur die von diesem Handlungs-Gremio gehörig geprüfte und sonach als für die Glasfabrikation unentbehrlich anerkannte Glaskünstler dieser allerhöchsten Befreiung von der Rekrutirung zu genießen hätten.

Nicht minder hinderlich ist die Unbeschränktheit des böhmischen Glashandels ins Ausland und die wenige Auszeichnung, welche die hiesigen Handelsleute genießen, indem sie bei Weitem nicht so geachtet sind, als die Handelsleute in den Hauptstädten, welche, in Gremien vereinigt, besondere Rechte und Vorzüge vor anderen Staatsbürgern genießen.

Wären die hiesigen Handelsleute gleich diesen unter von Sr. Majestät gnädigst festzusetzenden Statuten in einem Körper vereiniget, worunter der Grundsatz, daß Niemand in diesem Gremium aufgenommen werden könne, es seie dann, daß er hinlängliche Beweise von der Kenntniß der Waaren und des Handels gegeben und sich über den nöthigen Handlungsfond ausgewiesen habe, von der besten Wirkung sein würde. Denn hiedurch würde nicht jeder Unwissende Gelegenheit finden, sich ohne Kenntnisse und Fond in diesen Handel zu mischen, wodurch es geschiehet, daß es seither viele böhmische Glas-Handelsleute gegeben, welche von ihren Gewerken abgewichen; böhmische Waaren im Lande auf Borg genommen, damit Handel in's Ausland getrieben, auf den Handlungsplätzen diese in Böhmen erborgten Waaren unter dem Ein-

kaufspreise verkauft und bei ihrer Rückkehr nach Böhmen ihre treuher=
zigen Gläubiger nicht bezahlen könnten, sondern durch Erklärung ihrer
Zahlungs=Unfähigkeit sich und Andere in Noth und Elend versetzen
mußten. Einige dergleichen Umstände müssen allerdings im Inlande
die Achtung auch der solidesten Handelsleute verringern und ihnen im
Auslande nebst der Achtung das ihnen ganz unentbehrliche Zutrauen
rauben. Das Resultat ist bei solchen Fällen immer Verringerung und
Herabsetzung des böhmischen Handels. Diesen für die hiesige Hand=
lung so nachtheiligen Folgen könnte durch die Vereinigung des hiesigen
Handelsstandes in ein ordentliches Gremium nach dem obberührten
Grundsatze vorgebeugt werden und der hiesigen Handlung im In= und
Auslande mehr Selbstständigkeit, Achtung und Zutrauen verschafft
werden.

Nach dieser vorausgeschickten Darstellung der böhmischen Glas=
fabrikatur und des hiesigen so beträchtlichen Activhandels in alle Welt=
theile, und ganz überzeugt, daß die höchsten Gesinnungen Euer Ma=
jestät huldreichst dahin gerichtet sind, das Wohl Höchstderoselben Un=
terthanen nach Möglichkeit zu befördern, wagen die Gefertigten ihre un=
terthänigste Bitte :

Euer Majestät gebieten gnädigst zu entschließen, die Ausfuhr der
Pottasche unter keinem Vorwande zu gestatten, dann gnädigst zu bewil=
ligen, daß die hiesigen Glas= und Leinwandhandlungsleute in's Aus=
land ein Gremium errichten mögen und diesem Gremium eben die Rechte
und Begünstigungen wie den bereits bestehenden huldreichst zu verleihen
und dem hiesigen Glashandlungs= und Manufactur=Stande die unter
Wailand Ihro Majestät der Kaiserin Maria Theresia genossene Be=
freiung von der Rekrutirung großmüthigst zu erneuern.

Ebenso bitten die unterzeichneten Handelsleute alluntertthänigst,
Euer Majestät geruhen aus Berücksichtigung, daß die hiesigen Handels=
leute von ihrer zarten Jugend an in fremden Ländern leben und handeln
und dessentwegen ihre Natur ganz an die dortigen Weine gewöhnt ist,
gnädigst zu bewilligen, daß sie jährlich eine huldreichst zu bemessende

Quantität fremder Weine zu ihrem alleinigen eigenen Bedarf gegen mäßigen Zoll einführen dürfen.

Euer Majestät unsers allergütigsten Kaisers und Königs

unterthänigste Handelsleute

zu Hayde, Langenau, Blottendorf, Steinschönau, Parchen ꝛc.

Die hier Benannten haben ihre Handlungshäuser und Glas-Niederlagen in Cadix, Sevilla, Cartagena und Alicante	Hicke Rautenstrauch Zincke & Comp. Johann Anton Hicke Johann Wenzel Hicke Johann Anton Zinke Johann Anton Hantschel Johann Joseph Hicke Johann Christoph Socher Johann Joseph Frauenfeld Kaspar Pinert Wenzel Rautenstrauch Johann Anton Mitteis Johann Joseph Kreibich
Haben ihre Handlung und Glas-Niederlagen in Cadix, Sevilla, Valencia und Barcelona.	Georg Anton Janke & Comp. George Janke Ignaz Kreißler Johann Wenzel Helzel Anton Oftritz Franz Xaver Mosig Anton Vincenz Kreibich Benedikt Mosig Franz Grohmann Anton Müller Franz Müller Wenzel Ulbrich Josef Großmann
Haben ihre Handlung und Glas-Niederlagen in Bilbao*), in Santander und Hamburg.	Johann Heinrich Gotscher Ignaz Gotscher Franz Richter Anton Rockelt Johann Zimmermann Franz Zeisler

---

*) Die Firma: Gotscher & Comp. besteht heute noch in Bilbao, jedoch ohne Anlehnung an ein Stammhaus in Böhmen. Ihr gegenwärtiger Chef ist Vincenz Dotzauer, aus Graslitz gebürtig.

Haben ihre Handlungshäuser und Lein-
wand-Niederlagen in Lissabon und Port a
Porto.

> Johann Adam Ziegenheim & Comp.
> Ignaz Helzel
> Johann Anton Gerner
> Johann Anton Helzel
> Joseph Calasanz Ziegenheim
> Franz Riedel
> Franz Ehselt
> Johann Anton Groh

Haben ihre Handlung mit Glaswaaren
in Riga.

> Johann Georg Melzer & Comp.
> Johann Christoph Fleischer
> Franz Pompe

Haben ihre Handlung in Glaswaaren
in Amsterdam.

> Seel. Herrn Joh. Antony Trauele seel. Wittib
> Christian Göttlich

Haben ihre Handlungshäuser und Lein-
wand-Niederlagen in Lissabon und Porto a
Porto.

> Joseph Hänel & Comp.
> Joseph Vincenz Bredschneider
> Johann Franz Grosmann
> Franz Hölzel
> Anton Hubert
> Daniel Herbst
> Franz Hanel [sic]

Haben ihr Handlungshaus und Lein-
wand-Niederlage in Lissabon.

> Johann Wenzel Janke seel. Wittib
> & Comp.
> Elias Rautenstrauch
> Emanuel Janke
> Johann Wenzel Schneyder
> Vincenz Kreibich

Haben ihr Handlungshaus und Lein-
wand-Niederlage in Porto a Porto.

> Johann Anton Trauele seel. Wittib
> Johann Christoph Schlegel
> Joseph Pautsch
> Johann Franz Beckel
> Johann Christoph Müller
> Johann Anton Pekel
> Johann Franz Schlegel
> Franz Anton Schlegel

Haben ihre Handlung in St. Petersburg.

> Johann Joseph Günther & Comp.
> Anna Theresia Günther
> Johann Joseph Bredschneider

Haben ihr Handlungshaus und Lein-
wand-Niederlage in Lissabon.

> Gebrüder Ostermann & Comp.
> Ignaz Alois Ostermann
> Joseph Ostermann
> Johann Joseph Zinke.

Haben ihre Handlungshäuser in Holland zu Amsterdam, Rotterdam und Utrecht.	Johann Anton Trauste & Comp Anna Elisabeth verwittibte Trauste Johann Georg Müller Johann Anton Fetel Johann Franz Bettel Johann Anton Trauste junior
Handlungshaus in Cadix.	Johann Wenzel Zimmermann
Handlungshaus in Mailand.	Joseph & Ignaz Storm
Haben ihre Handlungshäuser in Amsterdam, Coruña und Ferrol.	Fischer Kittel & Comp. Ignaz Kittel Anton Kittel Johann Adam Sachser
Haben ihre Handlungshäuser in Cadix und Sevilla.	Preisler & Comp. Joseph Riedel Johann Anton Preisler Augustin Lilg Joseph Lukauf Johann Hatscher Franz Brebschneider Johann Wenzel Göldner
Haben ihre Handlungshäuser in Coruña & Ferrol.	Anton Oppits Gerner & Comp. Anton & Joseph Oppits.
Macht Exportations- und Commissions-Geschäfte nach Spanien u. Amerika.	Franz Krause
Haben ihre Handlungshäuser in Konstantinopel und Smyrna. Ditto [sic]	Johann Anton Heltzel Ignaz Herbst David Ullmann Franz Anton Knechtel Joseph Schimmel [?] Joseph Karl Knechtel
Haben ihre Handlungshäuser in Triest, Neapel, Palermo und in Romanischen Staaten.	Palme Langer & Comp. Franz Anton Palme Joseph Palme
Smyrna und Konstantinopel.	Franz Vogl Florian Vogl Ignaz Palme Joseph Handschke
Nebenbenannter macht Exportations- u. Commissions-[Geschäfte] in's Norddeutschland.	Bartholmä Zahn & Sohn
Exportation und Commission nach Spanien & Nordamerika.	Ignaz Krause

Haben ihr Handlungshaus in Bilbao.	Johann Christoph Krause Joh Kriesche Johann Christoph Krause junior
Handlungshaus in Bremen. Niederlage.	Gebrüder Kreibich
Nach Holland in Amsterdam.	Franz Anton Palme Benedikt Palme Franz Anton Palme junior Anton Knechtel Franz Anton Kreibich Johann Christoph Palme
Nebengezeichneter macht Exportations- und Commissions-Geschäfte nach Rußland, Amerika, Spanien rc.	Johannes Schiffner
Die hier Benannten haben ihre Glas- handlung nach Polen und Rußland.	Stony Palme & Comp.
Haben ihr Handlungshaus in Livorno in Toscana.	Johann Christ. Palme Christian Palme Ignaz Kreibich
Ditto in Neapel.	Johann Benjamin Janel Johann Joseph Janel Benjamin Janel junior
Exp. & Commiss. nach Italien und Amerika.	Ignaz Seidel
Glashandlung nach Barcelona.	Johann Kaspar Zahn & Söhne
Commissionsgeschäfte nach Spanien und Italien.	Georg Hänel.
Handlungshaus in Frankfurt a M.	Franz Anton Kreibich & Comp Franz Kreibich Anton Kreibich Joseph Hanel
Die Nebenbenannten haben ihre Hand- lungshäuser in Bilbao, St. Ander, San Se- bastian, Coruña und St. Jago in Spanien	Johann Georg Trausde Johann Joseph Trausde Johann Jacob Zinke Jacob Franz Zinke Johann Christoph Zinke
Nach Cadix und Sevilla in Spanien.	Johann Anton Preisler Johann Franz Preisler Nicolaus Preisler Augustin Stolle
In Amsterdam.	May & Schlegel & Comp.

Ihre Handlungsgeschäfte in Holland, Rotterdam, Dordrecht, Brüssel.	Johann Anton Glanz & Comp. Joseph Glanz Augustin Neumann Joseph Mosig Anton Jäger Sigmund Glanz Augustin Neumann jun.
In Amsterdam.	Gerthner Hanzel & Comp. Ludwig Gerthner Joseph Hanzel Joseph Christ Franz Anton Gerthner
Nach Triest und Mailand.	Johann Christoph Schneyder seel. Erben.
Nach Croatien in Glas und Leinwand.	Joseph Blum.
Nach Liebau in Curland.	Gottfried Fritsche
Nach Wien.	Fillinghauer & Mosig.
Nach Frankfurt a/M. in Glas.	Zahn & Comp.
Nach Malaga in Spanien.	Johann Georg Kerschner & Comp. Johann Joseph Kerschner Franz Oppelt
Glasniederlage in Bilbao.	Johann Wenzel Ullmann Franz Rabrich & Comp.
Nach Santander und Valladolid.	Anton Jünger Joseph Pohl Franz Knechtel
In Commissionsgeschäften nach Hamburg, Spanien und Amerika.	Anton Jaule & Stolle & Comp.

60.

Wohllöbl. k. Königl. Kreisamt! [*]

Wie wichtig der Activ-Handel für den Staat sei und daß durch solchen der Wohlstand des Einzelnen und der Reichthum einer Nation, das Gedeihen der Künste und Wissenschaften, die Aufmunterung des Gewerbs-

---

[*] In Jungbunzlau.

fleißes und aller in die Landwirthschaft einschlagenden Verrichtungen, kurz das Fortschreiten der Cultur in allen Geschäftszweigen des bürgerlichen Lebens und individuelle Bildung bedingt und befördert werden, hierüber ist unter einsichtsvollen Staats- und Geschäftsmännern wohl nur eine Stimme. Die Anwendung dieser Erfahrungssätze, dieser Principien einer gesunden Handlungspolitik auf den Glashandel Böhmens und vorzugsweise mehrerer Gebirgs-Dominien des Bunzlauer Kreises ist nun leicht gemacht, da dieses Kunstprodukt größtentheils in das Ausland abgesetzt und versendet wird, hiefür jährlich mehrere Millionen Geldes eingehen und kein anderer Artikel des Exportationshandels, als Tuch, Leinwand ꝛc., so rein activ, als das Glasprodukt, ist, indem die zu dessen Erzeugung erforderlichen Materialien ausschließend im Inlande gewonnen, geliefert und zum Kaufmannsgut umstaltet werden.

Welche ungeheuere Summen werden jährlich für Farbewaaren und für den Leinsaamen an das Ausland bezahlt! Umgekehrt ist der Fall beim Glas-Negoz. Der Urstoff dieses Artikels bis zu seiner Vollendung, alle denselben betreffende Beschäftigungen gehören der Nation an, und das Geld, welches vom Auslande dafür einfließt, ist für unsern vaterländischen Boden reiner Gewinn.

Mehr als zehn Tausend Bewohner der Dominien Kleinskal, Morchenstern, Nawarow und Semil beschäftigen sich mit der Erzeugung und dem Umsatze des Glases, nähren sich bei einer günstigen Stellung der Handlung und vortheilhaften Conjuncturen auskömmentlich, da sie ohne diesem Erwerbe als Wolle- und Flachsspinner ihr Leben armselig fortfristen müßten, und hiedurch die Staatsverwaltung rücksichtlich der Klassen-Personal- und Erwerbsteuer der Gefahr eines empfindlichen Deficit ausgesetzt werden würde.

Diese für den Staat so wichtige Erwerbsquelle, dieser das Wohl und Weh mehrerer Tausend Familien geltende Nahrungszweig ist nun auf dem Punkte zu versiegen und zu Grunde gerichtet zu werden. Und dieses nicht durch Zeitverhältniße, durch Anläße von Außen, sondern durch das ordnungswidrige Benehmen, durch das sinnlose Verfahren eines Theils jener Volksklasse, die mit der Producirung des Glasartikels beschäftiget ist, durch verderbliche Eingriffe in diesen Handlungszweig von Individuen, welche weder Beruf noch Talent, weder Sachkenntniß noch Erfahrung im Fache der Handlung haben, überhaupt durch Ungebundenheit und selbst Fahrläßigkeit an Seite der respectiven Wirthschaftsämter.

Reiner Patriotismus und die heilige Pflicht jedes treuen Staats= bürgers, zum Wohle des Ganzen nach Kräften wirksam zu werden, fordern daher die gehorsamst Gefertigten auf, die bedenkliche Lage, in welcher sich das Glas=Negoz gegenwärtig befindet, mit allen ihren verderbenschwan= gern Folgen [zu schildern und die Bitte zu stellen: *)] eine wohllöbliche k. k. Kreisbehörde wolle zur Abwendung des gänzlichen Verfalls und Ruins dieser Erwerbsquelle eingreifende Maßregeln und Vorkehrungen treffen, überhaupt dieses Geschäft jenen Händen entreißen, in welchen es sich zum Schaden des Einzelnen und des Allgemeinen gegenwärtig befindet.

Diese gehorsamste Bitte rechtfertigen die Unterzeichneten durch fol= gende, auf Wahrheit und Erfahrung gestützte Data.

§. 1.

Jedes Geschäft, welches ohne Leitung und Aufsicht, ohne systema= tischer Ordnung dem rohen Haufen frei gegeben wird, muß in der Ur= sache und Wirkung stocken. Und dieses ist der Fall beim Glashandel. In seiner Entstehung konnte bezüglich auf dieses Negoz keine andere Einrich= tung getroffen werden, als es mußte dem Gewerbs= und Kunstfleiße der= jenigen überlassen werden, die sich mit Aufopferung der Zeit und ihres Vermögens auf dieses Geschäft legten. Gegenwärtig aber, wo so viele Tausende von Menschen mit der Erzeugung und dem Verschleiße des Glasartikels beschäftigt sind, wo nicht die Wohlfahrt, sondern selbst die Existenz dieser gewerb= und handeltreibenden Klasse auf dem Spiele stehet, verdient es mehr Aufmerksamkeit und muß systematisch geordnet werden, ehe es ganz aufgelöst und zu Grunde gerichtet wird. Menschen ohne allen Vorkenntnisse, die nicht einmal ihren Namen schreiben kön= nen, viel weniger eine Handlungsunternehmung zu berechnen und zu cal= culiren fähig sind, erschleichen bei den Wirthschaftsämtern Pässe, verlassen als Professionisten, als Bauern und selbst als Taglöhner ihre Werkstätte,

---

*) Obige im Texte der abschriftlichen Urkunde weggelassene Worte dem Sinne nach eingeschaltet.

ihre Wirthschaft und ihre Arbeitsbesteller, beschleichen die Glasmacher und Glasschleifer, verleiten sie oft zu Veruntreuungen, sammeln auf diese Art eine Parthie Waare und verführen sie auf die entferntesten Plätze, auf welchen sie die Waare aus Mangel an Reisegeld ohne Sach- und Rechnungskenntniße von Haus zu Haus anbieten, für jeden Preis hingeben und solchen herabsetzen, den der solide Handelsmann, welcher mit eigenem Vermögen arbeitet, nicht einhalten kann.

Dieser Umstand, wenn auch zehn und mehr Individuen sich mit diesem Schleichhandel befaßen möchten, würde den nachtheiligen Einfluß für das Ganze noch nicht herbeiführen. Allein so sind wohl Tausende mit diesem Schleichhandel beschäftiget, unter denen es einige gibt, die ihn en gros treiben, schlechte Waare erzeugen, die Preise auf diese Art und hieburch auch den guten Ruf und das Ansehen des Fabrikats herabsetzen, so zwar, daß ein Handelsmann, der mehrere Tausend Gulden auf die Fabrikation ächter und feiner Waare verwendet hat, diesen geringen Preisen schlechterdings nicht nachkann und so in die Nothwendigkeit versetzt wird, sein Geschäft, dessen Unternehmung er sein ganzes Vermögen gewidmet hat, aufzugeben oder in ein unvermeidliches Falliment gezogen zu werden.

Was soll aber bei dieser Stellung aus dem zahlreichen Fabrikspersonale und den andern Hülfsarbeitern werden, welche ihr Brod durch Producirung ächter und feiner Waare bisher erworben haben? Die Verpflichtung, diese Klasse Menschen vor Verarmung, vor Verkümmerung, vor Zurückkommen in der Bildung zu sichern, fordert gewiß zu energischen Maaßregeln und zu der Beschränkung auf, daß der Glashandel blos in die Hände soliber, recht erfahrener, ansäßiger und hinreichend bemittelter Männer gelegt und nicht jedem Schleiferjungen gegeben werde.

Angenommen, daß ein solcher unerfahrener kenntniß- [und] mittelloser Neuling wirklich einen guten redlichen Willen habe, so sind doch in der hiesigen Gegend einige hundert Beispiele aufzuweisen, daß sich solche Menschen in das größte Elend gestürzt haben und viele Hundert Familien durch sie an den Bettelstab gekommen sind. Dieß kann auch nicht anders kommen, denn

26 *

a. fordert kein Handlungsartikel soviel Umsicht, Kenntniß und Ge=
schmack, als der Glasartikel und in keinem ist die Mode veränderlicher,
als gerade in dem befragten. Fast mit jedem Posttage gehen neue Muster
ein: die Gattungen gehen so zu sagen in's Unendliche.

b. Nehmen diese Neulinge die Waaren auf Credit, müßen sich folg=
lich auch den Zuschlag der Interessen gefallen lassen. Durch die wider=
natürlichste Concurrenz steigern sie [die] Preise schon beim Einkaufe. Es
soll nun die Geschäftsreise angetreten werden. Aengstlich sucht der mer=
kantilische Abenteurer einen Fuhrmann auf, der seine Parthie Waaren zu
verladen und dem Besteller ein Sümmchen zur Bestreitung der Reise=
und Zehrungskosten vorzuleihen sich herabläßt; er findet auch einen solchen
Frachter, der nach erfolgter Uebernahme der Glaswaare sich bereitwillig
erklärt, dem angehenden Glashändler ein Sümmchen gegen wucherische
Zinsen darzulehnen. Der junge merkantilische Don Quixote, der bisher
noch unter der Ruthe seiner Aeltern stand, ist sich nun auf einmal selbst
überlassen; er benützt auf seiner Geschäftsreise die Freiheit, lebt flott,
wird schon unterwegs zu den niedrigsten Ausschweifungen verleitet: die
Cassabaarschaft will nicht mehr zulangen. Endlich erscheint der neue Kauf=
mann auf dem bestimmten Platze; der Fuhrmann kommt ihm schon vor's
Thor entgegen und bringt ihm die Hiobspost, daß auf dem Platze sehr
schlechte Geschäfte gemacht werden (denn er hat die Kaufleute des Platzes,
von der mißlichen Lage des jungen Abenteurers schon unterrichtet); es
wird wegen dem Waaren=Absatze Anfrage gemacht, man bietet einen
Spottpreis, der Fuhrmann bringt auf die Bezahlung des accordirten
Frachtlohnes und des dargelehnten Capitals sammt Interessen, droht mit
Gerichtsstellen und Advocaten. Im Gedränge schlägt der junge unerfah=
rene Mensch seine Waaren um jeden Preis los, denn auf gerichtliche
Schritte kann er's nicht ankommen lassen. Die theuere Zehrung im Gast=
hofe, der Waarenlagerzins verursachen in der Kassa ebenfalls eine große
Lücke, und, wenn er so glücklich ist, von einem Kaufmann auf dem Platze
gegen Verpfändung seines Waarenlagers mit einer Baarschaft unterstützt
zu werden, um sich den Fuhrmann vom Halse zu schaffen, so muß er sich
einen Abzug von 20 bis 30% gefallen lassen. Der Waarenlagerzins
die Zehrung im Wirthshause, die einladende Gelegenheit zum Billard=

und Kartenspiel, zum Umgange mit feilen Dirnen sind gleich kostspielig und verderblich, und auch in der letzten Situation ist er zum Verkaufe seiner Waare um jeden Preis gedrungen.

Er kehrt nun physisch und moralisch verdorben in seine väterliche Heimat zurück. Der Glasmeister und die Glasschleifer, die ihm einen großen Theil des Glases und der Arbeit creditirten, wollen nun auch bezahlt sein; es bleibt ihnen jedoch nichts, als das leere Nachsuchen übrig. Und hat er noch einiges Vermögen, so haben das bücherliche Eigenthum schon sein Eheweib und seine Verwandten durch Pränotationen und Einverleibungen fingirter und simulirter Schuldinstrumente erschöpft, oder er läugnet im Wege der gerichtlichen Prozedur das Factum der Wechsel- oder Schuldbrief-Ausstellung, den Empfang der Valuta, oder schützt sich mit der Einwendung, daß er zur Ausstellung eines Wechsels nicht berechtiget seie.

Ein anderer Windbeutel von einem solchen Glas-Negocianten bleibt im Auslande, um den Händen seiner treuherzigen Gläubiger und der Gerechtigkeit zu entgehen, sucht bei irgend einem reichen Cavalier ein Engagement als Factor oder Fabriksdirector. Unter seiner Leitung wird eine Glasfabrique errichtet, hierländige Arbeiter werden debauchirt und in's Ausland gelockt und der vaterländische Kunstfleiß wird nun auf fremdem Boden beschäftiget; kurz, es ist beinahe unglaublich, welche verderbliche Folgen die Regellosigkeit in dem Glas-Negoz nach sich zieht, und doch sind es Thatsachen. Dieser Schleichhandel nimmt aber demohngeachtet mit jedem Tage mehr überhand, faßt immer tiefer Wurzeln, und das Resultat kann kein anderes, als der gänzliche Ruin dieses für die Monarchie so wichtigen Handlungszweiges sein.

§. 2.

Auf alle Gewerbe, Manufacturen und Fabriquen ist das Auge der Regierung gerichtet, daß sie unter Polizeiaufsicht nach Ordnung und ihrem Zwecke gemäß betrieben werden, weil man überzeugt ist, daß dieses der einzige Weg sei, den Handel und das Fabriquewesen zu heben, auszubilden und zu erhalten; nur der Glashandel ist ohne jede Organisirung sich selbst und seinem Schicksale überlassen, wodurch er den Händen der jenigen Geschäftsmänner, die zu seiner Belebung und Erweiterung ihr Vermögen geopfert, entrißen und zum größten Nachtheile mehrerer Dominien in fremde Hände gespielt wird.

Auswärtige Handelsleute, die die Waaren sonst von den hiesigen Glas-Negocianten bezogen haben, kommen hieher, hausiren von Haus zu Haus, von Arbeiter zu Arbeiter, verleiten diese zu Veruntreuungen an den einheimischen Handelsleuten und sammeln so Waaren, die sie auf diese Art allerdings wohlfeiler an sich bringen, als wenn sie solche auf dem gesetzmäßigen Wege beziehen möchten. Dieser Mißbrauch ist aber ein gewaltthätiger Eingriff in die Rechte der einheimischen Geschäftsmänner, die ihre Kräfte und ihr Vermögen dieser Gattung Erzeugung und Handel gewidmet haben. Daß aber an den einheimischen Handelsleuten wirkliche Veruntreuungen verübt werden, liegt erwiesen vor, weil die Arbeiter das Materiale, welches ihnen zur Bearbeitung von den einheimischen Negocianten anvertraut wird, an die Fremden vertauschen oder wohl gar unter dem Vorwande, als sei es in der Arbeit gebrochen, ganz verkaufen.

Auf diese Art entstehet für den hierortigen Handel ein doppelter Schaden, denn nicht nur der hiesige Unternehmer, sondern auch der Staat leiden darunter, weil unter solchen Umständen für die Glaswaaren weniger effectiver Werth eingehet, als wenn die Versendungen von hiesigen Negocianten geschehen, die doch durch eine Reihe von Jahren mit Fleiß und Anstrengung nicht nur für ihr Bestes, sondern zum allgemeinen Wohle gearbeitet haben und nun die Früchte ihrer Industrie und Sorgen von Fremden erndten, sich selbst aber der Erwerbslosigkeit und dem drückendsten Mangel ausgesetzt und Preis gegeben sehen sollen.

§. 3.

Nebst den so eben angeführten Ursachen, welche das Sinken und den gänzlichen Verfall des Glashandels herbeiführen, liegt ein Hauptgrund auch darin, daß dieses Fabricat ohne einer Beschauanstalt, ohne einem systematischen Reglement, überhaupt ohne aller Polizei-Aufsicht betrieben und von den respectiven Wirthschafts-Aemtern keiner Aufmerksamkeit gewürdiget wird.

Kein Individuum soll als Glashändler zugelassen werden, das nicht dazu geeignet ist. Es sind ja erst kürzlich mehrere Verordnungen ergangen, daß Niemand als Glas-, sage als Handelsmann [sic] legitimirt werden könne, wenn er sich nicht ausweist, die Handlung ordentlich erlernet und als Commis serviret zu haben. Warum sollte diese heilsame Vorschrift nicht auch auf das Glas-Negoz anwendbar sein? Die Arbeiter sollen bei ihren Werkstühlen bleiben und auf die zweckmäßige Bearbeitung des Materials bedacht sein, das ihnen von Seiten der Fabrikanten und Handelsleute anvertraut wird, aber nicht in Handlungsgeschäften pfuschen, die sie nicht verstehen, nicht gelernt haben und denen sie auf keinen Fall gewachsen sind.

Zu diesen Mißbräuchen gesellt sich noch der Umstand, daß die respectiven Wirthschaftsämter jedem, der nur den Stempel bezahlen kann, zum Betreiben des Handels Reisepässe ertheilen, ohne in die Vorfrage einzugehen, ob der Paßwerber zum Handel berechtigt und geeignet sei oder nicht.

Gleich verderblich ist der Mangel eines bestimmten Reglements und einer Gewerbsordnung für die Glasarbeiter; denn gegenwärtig gehört der Meister mit dem Lehrlinge, Gehilfen und Pfuscher in eine Kathegorie, ja derjenige, welcher sich zu einer guten Arbeit untauglich fühlt, glaubt sich sogar zu Handelsmann berufen, daher es unter die Erscheinungen des Tages gehört, daß der dritte, vierte Schleiferjunge Handelsmann sein und sich als solcher in der Welt herumtreiben will.

Schon diese gedrängte Darstellung wird ein wohllöbliches k. k. Kreisamt von der Nothwendigkeit überzeugen, solche Vorkehrungen zu treffen, die der augenscheinlichen Gefahr der Zugrundrichtung dieses Handlungs- und Gewerbszweiges mit Kraft zu begegnen geeignet sind.

Die Unterzeichneten legen zu diesem Ende einige Mittel vor, die dem Geiste und Bedürfnisse der Zeit, die den gegenwärtigen Verhältnissen dieses Handlungszweiges angemessen sind und sämmtlich zur Aufrechthaltung, Belebung und Befestigung des ganzen Activ-Glashandels erforderlich werden befunden werden.

§. 4.

Um sich von der Beschaffenheit und Stellung des hierländischen Glashandels in seinem ganzen Umfange zu unterrichten, darf es nicht bloß auf den Berichten der Wirthschaftsämter beruhen, sondern das erste Erforderniß, von welchem die übrigen Vorkehrungen ausgehen, wäre

a. die Abordnung einer k. kreisämtlichen Commission. Diese würde sich bei einer Localuntersuchung, zu welcher alle Individuen, die sich mit dem Glashandel befaßen, Dominium nach Dominium, vorzufordern wären, überzeugen, wie viel unter ihnen zum Handel geeignet sind. Hiebei müßte noch die Vorsicht gebraucht werden, daß man den Wirthschafts= ämtern gleich mitgebe, die Gemeinden zur Anzeige der Glashändler zu= vor aufzufordern, weil Mehrere sich mit dem Glashandel befaßen können, von deren Existenz als Glashändler die Wirthschaftsämter keine Kennt= niß haben.

b. Vor der k. kreisämtlichen Commission hätte sich sodann jeder auszuweisen, in wie weit er zum Mitgliede des Handlungsstandes geeig= net sei, ob er schreiben und rechnen könne, ob er die Handlung und Buch= führung ordentlich erlernt habe, ob er zum Betriebe des Glashandels einen hinreichenden Unternehmungsfond besitze; ferner hätte er sich zu legitimiren, seit wann und von wem er zum Handel berechtiget wor= den sei.

c. Diejenigen, denen die erforderliche Qualification eines Handels= mannes nicht beiwohnet, wären sofort zu ihren Werkstühlen als Werk= meister zu verweisen, wenn sie wirkliche Genossen des Kunstgewerbes sind, als welche sie ihren Unterhalt mehr gesichert haben, als wenn sie durch den Schleichhandel sich selbst und Andere, die ihnen Waaren creditiren, in's Verderben stürzen. Sind sie aber keine Kunstverwandte, nun so müßen sie um so mehr in die Schranken ihres Gewerbes zurück= und zu ihrem Leisten verwiesen werden.

d. Diejenigen hingegen, welche sich mit denen zum Handelsstande erforderlichen Eigenschaften ausweisen können, verdienen billig den Schutz der Regierung; doch aber hätten sie sich, wenn sie nicht schon mit Licenz oder Legitimations=Schein versehen sein sollten, diese ungesäumt zu er= wirken.

e. Zum Ersatze für diejenigen, welche sich bisher unbefugt mit dem Glashandel, doch aber als sach= und arbeitsverständige Schleifer befaßt haben, und künftig so lange vom Handelsstande entfernt gehalten werden müßen, bis sie die Handlung ordentlich erlernt und die Befugniß zum Betriebe derselben erhalten haben, soll das ganze Arbeits= und Schleifer=Personale zunftmäßig organisirt werden und die Distinction stattfinden, daß der Werkmeister nicht mit dem Lehrbuben gleich gezählet werde, wie es bis jetzt der Fall ist.

Man hat sich zwar in neueren Zeiten ziemlich laut und allgemein wider das Zunftswesen erkläret und die Gefertigten sind weit entfernt hierüber abzusprechen; allein so viel ist gewiß, daß, wenn nicht Verluste und Banquerotte den Handel durch sich selbst in sein natürliches Verhält= niß bringen sollen, der Staat ihm Schranken setzen müße. Und dieß ist zeither in den österreichischen Staaten geschehen, im Innern durch Hand= lungsgremien und Innungen, wobei unser Handel, Fabrikwesen und Ackerbau sich gleichförmig und wechselwirkend erhoben und ausgebildet haben. Wenn Schranken im Staate in allen Dingen nöthig sind, weil Staat schon seinem Begriffe nach vernünftige Beschränkung des Einzel= nen durch das Ganze ist, so ist Zunftwesen die zweckmäßigste Beschrän= kung des Handels wie der Gewerbe, weil sie vom Volke selbst ausgehet und nur unter Aufsicht der Regierung steht.

Die Organisirung der Glas=Raffinirkunst ist auch keiner Schwie= rigkeit unterworfen. Die Wirthschaftsämter ertheilen die Consense zur Erlernung der Glasschleiferkunst; der Lehrling wird nicht eher als nach Verlauf von drei Jahren zum Gehilfen erklärt und kann nicht als Schlei= fermeister oder Künstler aufgenommen werden, bis er sich mit einer voll= endeten meisterhaften Arbeit ausweiset. Diese Verfüge wäre ein wichtiger Schritt zur Vervollkommnung des Glasartikels, wo man gegenwärtig von allen Seiten Klagen hört, daß in der Produzirung desselben äußerst geschleu= dert werde und der gute Ruf dieses Fabrikats im Auslande immer mehr sinke.

Die Einwendung eines oder des andern, daß er sich mit der Pro= ducirung und Raffinirung des Glases das nicht erwerben könne, was er sich mit dem Handel erworben habe, wird hiedurch widerlegt und ent= kräftet, daß durch seinen Schleichhandel die Preise und die Qualität der

Waaren herabgesetzt werden und dieses eben die Ursache des Sinkens der Hanblung ist. Zudem kann er gewiß nicht darthun, daß er beim Verkaufe der Waare mehr Gewinn bezogen habe, als das Schleiferlohn beträgt; sonst wäre der Handel nicht geschwächt worden. Ueberdieß hat er die Beruhigung, daß ihm seine Waare von den Einheimischen für eben den Preis abgenommen wird, um welchen er an Auswärtige aus Unbehilflichkeit, in dem Geschäfte zu calculiren, verkauft hat. Der einzige Umstand könnte ihm beschwerlich fallen, daß er gute Arbeit liefern muß; allein eben dieses ist eine unerläßige Bedingung, wenn der Glashandel aufrecht erhalten werden soll. Ueberhaupt muß es der solide Geschäftsmann nur zu oft erfahren, daß ein so anderer Springinsfeld von einem Glas-Negocianten die schlechteste Waare hier zusammenraffe, solche um ein Spottgeld an sich bringe und auf den ausländigen Messen zu jedem Preise hingebe. Neben ihm befindet sich in einer Boutique sein Landsmann, dessen Glas-Sortiments auserlesen und gewählt sind; seine Waare kostet im Einkaufspreise drei bis vier Mal mehr, als jene des Schwindlers. Die Käufer bemerken freilich den Unterschied in der Qualität der Waare, allein die Differenz des Preises scheinet ihnen unverhältnißmäßig, und die schöne gute Waare bleibt zur ferneren Disposition des Eigenthümers stehen, die veräußerte schlechte Waare bringt aber den hierländigen Artikel in einen solchen schlechten Ruf, daß er dem Verfalle nahe gebracht werden muß. Auf den Messen zu Leipzig, Frankfurt ꝛc. kann man hundert Fälle — daß nämlich der solide Handelsmann durch solche Schwindelköpfe, die oft weder lesen, viel weniger schreiben können, verdrängt werden — als Belege zu der obigen Behauptung finden. Hiedurch wird unser Glashandel geschwächt, gehemmt und vernichtet, und die Folgen hievon sind für die hiesigen Gebirgsbewohner unberechnbar.

Der Vorliebe für Monopole ist zwar in den neueren, nach Erweiterung der bürgerlichen Verhältniße strebenden Zeiten ein Hang zur völligen und allgemeinen Handelsfreiheit gefolgt; allein letztere ist für das Allgemeine eben so nachtheilig, wie die ersteren, und der Beweis dieser Behauptung ist schon in gegenwärtiger Darstellung geführt worden. Auch ist Freiheit schon als Begriff relativ und wird im Leben bedingt durch alle gegebene Verhältniße des Augenblicks.

So wenig wie politische oder moralische, äußere oder innere Freiheit darin besteht, thun zu können, was man will, eben so wenig kann auch Handelsfreiheit so viel heißen, als: handle jeder, wie und womit er Lust hat.

Handel beschränkt sich zwar mit der Zeit selbst, so wie Gewalt end- lich Unrecht zurückweiset nud jedes Zuviel überfließet; aber darunter leiden dann jedesmal zwei, einer nach dem andern. Der Staat ist jedoch gerade dazu da, diese gegenseitigen Reibungen und Aufreibungen, wo nicht ganz zu verhüthen, doch dem Ganzen, wie dem Einzelnen möglichst unschädlich zu machen. Unbedingte Handelsfreiheit pflegt blos in zwei Fällen von Regierungen verstattet zu werden, nämlich in neu geschaffenen, jugend- lichen Staaten, wie z. B. in Nord=Amerika, oder bei einem älteren mehr entwickelten Staate, wenn derselbe darauf strebt, die Herrschaft des Han= dels, also den Hauptantheil daran an sich zu reißen, wovon England das Beispiel liefert. Im ersteren Falle dauert jedoch der freie Verkehr im Innern nur so lange, bis die Bevölkerung ihr richtiges Maaß erreicht hat; dann aber müßen klugweise Beschränkungen eintreten. Die Herr- schaft der letzteren handelnden Nation dauert endlich auch nur so lange, als diejenigen, die unter ihr leiden, schwach oder einfältig genug sind, um sich nicht durch Represalien zu helfen. Und dieß wird über kurz oder lang den Engländern gelten.

Diese kurze Deduction ist zwar ein Absprung von dem Sujet ge- genwärtiger gehorsamsten Vorstellung; allein die Erscheinungen des Tages bestättigen die Wahrheit derselben, so wie es auch Thatsache ist, daß allgemeine Handelsfreiheit blos ein Ideal sei.

f. Sollte nach der geschehenen Regulirung noch ein Schleifer oder ein anderer Gewerbsmann oder ein Bauer sich beigehen lassen, in den Glashandel zu pfuschen und sich mit dem Schleichhandel zu befassen, wäre dieser Nahrungseingriff als eine Störung der eingeführten Ordnung, als eine Verletzung wohl erworbener Rechte zu behandeln, das in unbe- fugtem Handel betretene Glaswaarenlager zu confisciren und der Werth desselben nach Erkenntniß der Regierung zn verwenden.

Sämmtliche Waarenversendungen müßen ohnehin bei den respectiven Grenzzollämtern mit einer schriftlichen Erklärung des Absenders begleitet werden. Um nun die Eigenschaft des Absenders zu beurtheilen, darf das betreffende Gränzzollamt sich nur von der Handlungsbefugniß über= zeugen, um die Waare entweder paßiren zu lassen oder anzuhalten, und hierüber im Weiteren das Amt zu handeln.

g. Es ist schon der Mißbrauch gerügt worden, daß fremde Han= delsleute sich Monate lang hier aufhalten, von Arbeiter zu Arbeiter hau= sieren gehn, die Waaren von allen Schleiferbuben erhandeln und so den soliden einheimischen Handelsleuten, die in dem Geschäfte ihr ganzes Ver= mögen liegen haben, die Waaren auskaufen, wodurch die Verbindung der hiesigen Kaufleute mit den ausländischen Handlungshäusern abge= schnitten und der hiesige Geschäftsmann blos auf den Verkehr im Innern beschränkt wird. Dieser Defraudation an dem Nationalvermögen, diesem öffentlichen Plündern, dieser Lähmung der National=Industrie wäre da= durch zu steuern, daß die Amtsobrigkeiten die bestehenden Paßvorschriften genau handhaben, sich von der Anwesenheit fremder Personen dadurch täglich überzeugen, daß sämmtlichen Schankwirthen und selbst den Orts= Insassen aufgetragen werde, das Eintreffen jedes Fremden unter der gesetzlichen Ahndung sogleich anzuzeigen. Findet es sich nun, daß ein solcher Aufläufer unter welchem Vorwande immer sich da aufhält, so wäre er sofort gehörigen Amts anzuweisen, oder wenn er mit keinem Passe versehen ist, über die Gränze zu schieben. Dadurch würde dem Schleichhandel vorgebeugt, und noch wirksamer wäre der Erfolg, wenn diejenigen, die solchen Schleichhändlern und Aufläufern Gelegenheit und Unterkunft geben, gehörig geahndet würden.

Es dürfte in dieser Hinsicht nur der §. 78 2. Theils des Straf= gesetzes öfters republicirt werden. Diese Verordnungen, in jedem Orte an mehreren Stellen, besonders in den Wirthshäusern, affigirt und bei vorkommenden Uebertretungsfällen ohne Nachsicht und streng exequirt, werden dem Uebel an und für sich steuern.

h. In derselben Beziehung und um dem Schleichhandel nicht Vor= schub und Gelegenheit, ja selbst einen Anstrich des Gesetzlichen zu ver= schaffen, sollten die Wirthschaftsämter in Ertheilung der Reisepäße we= niger liberal sein und nur diejenigen, welche als befugte Handelsge= nossen darum ersuchen, mit Reisepäßen versehen. Ein gleiches Bewandt=

niß hat es mit den Hausierpäßen, um deren Verleihung die Wirthschaftsämter bei der wohllöblichen k. k. Kreisbehörde bloß für solche Individuen
einschreiten sollten, welche sich mit einem Zeugniße ausweisen, daß sie
die Waare von einem berechtigten und befugten Handelsmanne erkauft
und erhalten haben. Auf solche Hausierer sollten die politischen Behörden besonders wachsam sein, weil der Hausierhandel zu allen möglichen
Betrügereien Vorschub leisten kann; in dieser Hinsicht besteht auch die
sehr heilsame Verordnung, daß der Hausierpaßwerber mit einem Mora
litäts-Zeugniß versehen sein muß.

Die Wirthschaftsämter sind vorhinein gehalten, über alle ertheilte
Pässe ein eigenes Protokoll zu führen. Und dieses ist in Betreff des
Glashandels nur so nothwendiger, um wegen möglichem Unterschleif
und Unterschiebung von Pässen beruhigt sein zu können. Da aber überhaupt sehr viel darauf ankömmt, wem ein Reisepaß in Handlungsangelegenheiten ertheilt werde, so wären die Wirthschaftsämter dafür verantwortlich zu machen, wenn sie derlei Pässe unbefugten Individuen ertheilen. Wenn endlich

i. das so eben erwähnte Reglement in Ausübung käme, wäre
über die unausgesetzte Beobachtung und Handhabung desselben eine eigene
Aufsicht und Controle wünschenswerth und nothwendig, weßwegen ein
wohllöbliches k. k. Kreisamt bei den Kreisbereisungen auch auf diesen
wichtigen Industrial- und Handlungszweig sein Augenmerk richten und
die einmahl eingeführte Ordnung erhalten würde.

Dieses wäre um so leichter zu effectuiren, wenn sämmtliche befugte
Glashändler der Dominien Morgenstern, Kleinskal, Semil und Nawarow auf der Grundlage früher entworfener und von der hochlöblichen
k. k. Landesstelle bestätigter Statuten in ein Gremium vereinigt und
aus ihrer Mitte ein Handlungs-Directorium erwählet würde, an welches
die respectiven Behörden die in commerciali ergehenden und in specie
die in den Glashandel einschlagenden Verordnungen zustellen, deren
Kundmachungen veranlassen und sich überhaupt in allen den Glashandel betreffenden Angelegenheiten und durch den Zeitgeist herbei-
geführten Modificationen um Auskünfte wenden würden, wodurch die
Ordnung des Ganzen um so füglicher erhalten und den respectiven Be-

hörden das Geschäft der nothwendigen Oberaufsicht erleichtert werden
müßte.

Ueberhaupt kann man in Handlungs- und Gewerbsangelegenheiten
auf einen Körper mit günstigerm Erfolge, als auf einzelne Menschen wirken. Und in dieser Hinsicht wäre ein Gremium den Glashändlern ein
Mittel und Behikel, die diesen Industrialzweig betreffenden Verordnungen
leichter in Ausübung zu setzen und auch andere gemeinnützige Zwecke zu
erreichen, so wie den Forderungen der Humanität bei Almosen-Samm-
lungen für Abkränblinge und durch Elementar-Zufälle verunglückte Gemeinden wirksam Genüge zu leisten.

Dies ist der Plan, nach welchem Ordnung und Festigkeit in einen
so wichtigen Handlungszweig gebracht werden kann, der es um so mehr
verdient, des besonderen Schutzes und der Aufmerksamkeit der hohen und
höchsten landesfürstlichen Behörden zu genießen, von ihnen begünstigt,
aufgemuntert und aufgereizt zu werden, als Wohlfahrt und Cultur mehrerer Tausend Gebirgsbewohner von diesem Gewerbszweige abhängen und
gewissermaßen die Basis des Lebens so vieler hundert Familien von ihm
ausgehet, als das Material dieses Gewerbszweiges das eigene Land liefert,
als der Staat durch Sicherstellung und Aufrechthaltung desselben alljährig
große Summen gewinnt und als überhaupt ohne Gewerbsflor kein Wohlstand, ohne Wohlstand kein Gedeihen der Künste und Wissenschaften, ohne
diesen kein höheres Leben, keine geistige und sittliche Bildung gedenkbar ist.

Von der Wahrheit dieser Dar- und Vorstellung überzeugt und von
dem Schicksale mehrerer Tausend Menschen, die beim Verfalle des Glashandels darben müßten und zu ihrer Selbsterhaltung auf die Menschheit
entehrende Abwege gerathen könnten, gerührt, sehen die gehorsamst Unterzeichneten der eingreifenden Verfüge eines wohllöblichen k. königl. Kreis-
amts wegen Abstellung der angeführten Mißbräuche und Regulirung
der in den Glashandel einschlagenden Beschäftigungen mit Zuversicht
und Trost entgegen.

Gablonz, den 26. April 1820.

Joseph Dreslers seel. Eidam, k. k. priv. Glasfabrikant.

Joseph Pfeiffer. Johann Seidemann. Gottfried Hübner. Franz Joseph
Posselt. Mich. Thöler. Joh. Carl Feix. Ignaz Vorbich.

Die Geschichte
einer Glashandlungs-Compagnie.

(Gerthner, Ostritz, Hanzel.)

Ein Anhang.

Es ist weder eine der ältesten noch eine der größten Glashandlun=
gen, deren Geschichte hier zu skizziren versucht wird. Wenn gleichwohl
gerade sie herausgegriffen wurde, so bestimmte dazu das über sie in einer
Vollständigkeit erhaltene Schriftenmaterial, wie es kaum so leicht von
einer anderen der alten Glashandlungen mehr aufzutreiben sein dürfte.
Obgleich es nur Rechnungen, Inventare und Verträge sind, so laßen
sich doch daraus die zum Gefüge einer Firmengeschichte erforderlichen
Daten herausholen. So erfährt man, wer die Leitung hatte und wer
sonst mit thätig oder doch betheiligt war, in den Inventaren sehen wir
die Waaren gleichsam ausgebreitet vor uns und in den Bilanzen ist das
Einlagscapital sammt dem damit erzielten Gewinne auf Heller und
Pfennig genau angegeben. Selbst die Preise und die Bezugsorte der
Waaren lernt man kennen und die Art des Betriebes, der Umfang der
Creditbenützung, die örtliche Kundschaft und die überseeischen Handels=
beziehungen würden sich bis zu einer gewissen Gränze ermitteln laßen.
Mit einem solchen Materiale zur Hand wäre schon der Versuch zu wagen,
eine der vielen Unternehmungen, die in ihrer Gesammtheit über ein Jahr-
hundert lang das böhmische Glasgeschäft darstellten, von ihrem Ent=
stehen bis zu ihrem Vergehen historisch zu schildern. Leider kam der größte

Theil der Rechnungen zu spät zum Vorschein, und war überhaupt die für die Herausgabe dieser Quellensammlung gesteckte Frist zu kurz, als daß der Stoff nach allen Seiten hin hätte ausgebeutet werden können. Da mithin Beschränkung geboten war, so mußte man sich an das Nothwendigste und an das zunächst Gegebene halten. Vor Allem kam es darauf an, die Personen in ihrer Neben= und Aufeinanderfolge vorzuführen, welche in die Gesellschaft ihre Kraft und ihr Vermögen eingesetzt hatten. Mit Beihülfe der Pfarrmatriken und des Komter Gedenkbuches ging es ferner an, die Art und Weise ihrer gesellschaftlichen Verkettung, ein für die Beurtheilung der socialen Seite der Glashandlungscompagnien nicht ganz gleichgültiges Moment, aufzudecken, und aus den Erinnerungen eines noch lebenden Gesellschafters ließ sich da und dort ein äußeres Geschehniß einweben, mit welchem die Theilnehmer der Handlung in irgend einer Beziehung standen. Der reale in der Handlung wirksame Factor, das Capital, soweit es Eigenthum der Gesellschaft selbst war, wird in einer Tabelle dargelegt, die zugleich die damit erzielten Ergebnisse nachweist, und auch die Art des Geschäftsbetriebes ist nicht völlig übergangen, indem wenigstens einige Beispiele daraus unter den Quellen (35, 36 und 37) Aufnahme fanden.

Dem ersten Lebenszeichen der Compagnie begegnen wir in dem Gesellschafts=Vertrage (44), welchen Wenzel Ostritz, dessen Sohn Johann Gottfried und Ludwig Gerthner am 17. Dezember 1754 abschloßen. Sie sagen darin zwar nicht, daß sie eine neue Glascompagnie begründen. Apodiktisch gewiß ist es somit keineswegs, daß dies der Gründungsvertrag selbst ist. Da sich jedoch kein älterer Vertrag in der sonst sorgsam bewahrten Urkundensammlung vorfindet, auch seine ganz allgemeine Haltung im Vergleich zu der schon bestimmteren Fassung des zweiten zwischen ihnen am 1. Jänner 1761 abgeschloßenen Vertrages (45) die Unsicherheit eines Versuches verräth, so wird man kaum irre gehen, wenn man die Gründung der Compagnie von demselben herleitet.

Allem Anscheine nach sind die Gründer der Firma keine Leute von Fach gewesen. Es verhielt sich mit dem Glasgeschäfte in dieser Gegend ungefähr so, wie mit dem Garnhandel und Leinwandgeschäfte im böhmisch= mährischen Gränzgebirge, in das sich auch nicht selten Grundbesitzer ein-

ließen und es neben ihren Wirthschaften betrieben, wie es selbst heut zu
Tage hie und da noch der Fall ist. Ein Geschäft, welches gut geht, er=
faßt eben immer weitere Kreise der Bevölkerung. Erst die nachwachsende
Generation wird dann gemeiniglich auch fachmännisch in demselben heran=
gebildet. Bis dahin behilft man sich mit erprobten Handlungsdienern;
mitunter mögen erfahrene Verwandte oder Schwäger mit Rath und That
zur Seite stehen oder die in einem gleichen Geschäfte aufgewachsene Haus=
frau thätig mit eingreifen.

So war der erste Chef unserer Handlung, Wenzel Ostritz aus
Komt, seiner Profeßion nach ein Fleischhauer. Zur Ehefrau aber hatte
er Anna Dorothea, eine Tochter des Glashändlers Elias Preißler aus
Blottendorf (siehe 20), durch welche Verbindung immerhin die Anre=
gung zum Glasgeschäfte gegeben worden sein kann, falls Ostritz schon
vor dem Abschluße des Compagnievertrages von 1754 ein solches auf eigene
Rechnung geführt oder an einem anderen sich betheiligt hätte. Da er zur
Zeit seiner Verehelichung erst neunzehn Jahre zählte, so besaß er auch
noch Spannkraft des Geistes genug, um sich in das neue Geschäft hinein=
zuarbeiten. Sein Sohn Joh. Gottfried Ostritz (geb. 1725) aber hatte,
vorausgesetzt, daß der Vater vor 1754 schon das Glasgeschäft betrieb,
bereits Gelegenheit, sich darin von Jugend auf heranzubilden.

Die Familie Gerthner stammte aus Rodowitz, einem nach Bürg=
stein eingepfarrten Dorfe, wie es aus den pfarrämtlichen Matriken her=
vorgeht, in welchen 1642 Christoph, 1656 Georg, 1682 Hans, 1689
Josef Gerthner als Zusaßen von Rodowitz angeführt sind. Christoph
Gerthner, der Zeuge auf dem Gesellschaftsvertrage vom 17. Dezember
1754 (44), war ebenfalls noch, und zwar 1692, in Rodowitz ge=
boren. Sein Sohn Ludwig aber, getauft den 26. Oktober 1724, mit
den beiden Ostritz der Begründer jener Gesellschaft, wird 1758 bereits
als Hausbesitzer in Bürgstein genannt. Von keinem dieser Mitglieder
der Familie Gerthner geschieht eine Erwähnung, daß sie vordem das
Glasgeschäft betrieben hätten.

Als ein neuer Gesellschafter tritt vom 18. September 1757 der
von Preschkau gebürtige Athanasius Palme auf, der vordem Glasknecht
der Handlung in Amsterdam gewesen.

Im Juni 1736 starb die erste Ehefrau des Wenzel Ostritz. Nach ungefähr zwei Jahren verehelichte sich dieser zum zweiten Male mit Anna Rosina, des Wenzel Großmann Gemeingerichters von Schaiba Tochter. Eine Großmann, Namens Katharina, die jedoch eine Tochter des Hans Georg Großmann aus Bürgstein war, hatte auch Ludwig Gerthner zur Frau. Vielleicht ist der vom 1. Oktober 1763—1765 an als Compagnon der Handlung erscheinende Johann Anton Großmann von Langenau aus der Verwandtschaft eines oder des anderen dieser Großmann und hätte somit in diesem wie in mehreren anderen Fällen die Schwägerschaft seinen Eintritt in die Gesellschaft veranlaßt. Joh. Anton Großmann blieb bis zu seinem Ableben in der Compagnie, welches um 1775 erfolgt sein muß, da in der Rechnungsperiode 1776 — 1777 bereits seiner Erben als Theilhaber gedacht wird.

So lange Wenzel Ostritz in Komt wohnte, befand sich gewiß auch daselbst der Glasverlag. Ist doch auch der erste Gesellschaftsvertrag von dort datirt. Ostritz hatte aber 1757 das Komter Richter-Haus — muthmaßlich so genannt, weil er das Gemeinderichteramt in Komt bekleidete — neben dem herrschaftlichen Schloße in Bürgstein, an der Stelle, wo heute der zur Sommerszeit von nah und fern viel besuchte gräfliche Gasthof steht, erbaut und sich, die Wirthschaft in Komt seinem Sohne Joh. Gottfried überlassend, dahin zurückgezogen. Damit dürfte auch der Glasverlag nach Bürgstein übertragen worden sein, wie er später unter Hanzel diesem nach Haida folgte. Nach fünf Jahren, am 14. Juni 1764 im 67. Jahre seines Alters, starb Wenzel Ostritz. Seine sterblichen Ueberreste wurden, so wie die seines Sohnes Johann Gottfried, welcher seit der Uebersiedlung seines Vaters nach Bürgstein gleichfalls Gemeinderichter in Komt gewesen, aber diesem schon 1772 im Tode gefolgt war, in der Bürgsteiner Pfarrkirche unter dem Hochaltare beigesetzt.

Aus seiner ersten Ehe hatte Wenzel außer vier Söhnen auch eine Tochter. Diese heirathete den Grundbesitzer Johann Georg Hansel aus Rodowitz, durch welche Verbindung letzterer der Glascompagnie als Gesellschafter zugeführt wurde, als welchen wir ihn zuerst in der Rechnung 1766—1769 antreffen. Die Wittwe Johann Gottfrieds hinwieder verehelichte sich nach sechsjährigem Wittwenstande mit dem herrschaftlichen

Jungbräuer Johann Christoph Gulich. Die Folge davon war, daß auch dieser 1778 in die Gesellschaft eintrat, aus welcher er aber schon im An= fang des Jahres 1790 ausschied.

Im selben Jahre brachen Differenzen aus, die ihren Grund darin hatten, daß sich die jüngeren Gesellschafter verkürzt hielten. Ludwig Gerthner junior, der (am 22. Juli 1738 getaufte) Sohn des älteren Ludwig Gerthner und Joh. Joseph Hanzel, der Sohn des Johann Georg, beriefen sich auf ein gegebenes Versprechen, sie würden vom Jahre 1787 an jeder als ein halber und nach Endigung der dreijährigen Rechnung als ganzer Kamrad angenommen werden. Das sei nicht ge= schehen, indem ihnen annoch drei Jahre als halbe Kamraden zu bleiben sei auferlegt worden. Da weder auf ihrem während der drei Jahre „ge= haltenen Getrag", noch auf ihren in der Haudlung getroffenen Anstalten der geringste Tadel hafte, im Gegentheile alle ihre Maßregeln mit dem besten Erfolge gekrönt und bei der Schlußrechnung ein „Avansch" be= funden worden, den wohl kein Compagnon vermuthet, also ohne einiger Ursache und ohne die geringste Rücksicht auf die geleisteten Dienste ihnen das Versprochene nicht sei gehalten worden, so verlangten sie für künftig die schriftliche Erklärung der sämmtlichen vier ältesten Compagnons, welche diese, nämlich Ludwig Gerthner, Johann Georg Hansel und Athanasius Palme (also mit Ausschluß der Wittwe nach Joh. Wenzel Ostriz) ohne Anstand gaben, indem sie laut des vorliegenden Originals vom 1. Mai 1790 erklären und bezeugen:

1mo „Daß während jetzig laufender dreijährigen Rechnung, als an= fangende anno 1790 1. Februarii bis 1. Februarii anno 1793, vor= gemeldte Ludwig Gerthner junior und Johann Joseph Hanzel junior annoch für halbe Kamraden bleiben, nach anno 1793 1. Februarii aber hiemit als ganze Compagnons angenommen werden."

2do „Ferner, da des seel. Herrn Joh. Wenzel Ostriz Frau Wittib nicht folgends existirenden Comp.=Contracte während drei, sondern acht= zehn Jahre lang mit anderen Kamraden in unserer Haudlung gleichen Vortheil genoßen, so vertrauen sämmtliche Compagnons, daß sie sich deßen mit Dauke erinnern wird. Fernerhin aber, als von 1. Februarii 1790 a 1. Februarii 1793 verbleibet selbige nur als halbe Kamradin in der Handlung. Zur Auszahlung ihres Capitals erhält sie von nun an von der Compagnie jährlich eine Summa von 500 fl., bis sie ihr Capital völlig heraus hat."

3tio. „Wird von nun an Joseph Ostritz als ein halber Compagnon in unserer Handlung, b. i. von 1. Februarii anno 1790 angenommen, unter Bedingung, daß er zu seinem Einlags-Capital jährlich in Compagnie-Cassa erlege 500 fl., bis selbiges mit anderen Kamraden gleich ist und ferner sich zu allen der Compagnie Nützlichem befleiße. Wonach also von anno 1790 1. Februarii bis circa 1. Februarii anno 1793 unsere Glashandlung in Amsterdam unter Firma: Gerthner Palme & C° aus folgenden Kamraden bestehet, als

Herr Ludwik Gerthner als ganzer Compagnon,

„ Athanasius Palme als ganzer Compagnon,

„ Joh. Georg Hausel als ganzer Compagnon,

„ Joh. W. Ostritz seel. Frau Witiib als halbe Compagnonin,

„ Ludwik Gerthner junior als halber Compagnon,

„ Johann Jos. Hanzel als halber Compagnon,

„ Joseph Ostritz als halber Compagnon."

Bald nachher gingen Palme und der ältere Hausel mit dem Tode ab und zwar beide vor dem 24. Jänner 1793, da sie in die von diesem Tage an beginnende Schlußrechnung nicht mehr als Gesellschafter aufgenommen sind. Als solche werden in dieser bis 31. Dezember 1795 laufenden Rechnung nur die beiden Ludwig Gerthner senior und junior, dann Joh. Joseph Hanzel, Joseph Ostritz und Franz Anton Gerthner (getauft den 9. März 1763) genannt. Im Zusammenhange mit dieser Veränderung steht eine Erklärung des Ludwig Gerthner senior vom 30. Juni 1796, zufolge welcher derselbe für gut befunden hatte, den 30. Jänner 1790 als halber Compagnon aus der Compagnie zu gehen, theils weil er seines hohen Alters wegen der Compagnie ohnedem nicht mehr viel Dienste thun konnte, theils weil schon zu viele Compagnons in der Handlung waren. Dafür sollte, was auch geschehen, sein Sohn Franz Anton als halber Compagnon angenommen werden, dem er zu diesem Ende seinen halben Antheil abgetreten. Zu Folge dessen könne nach seinem Tode der Gewinn von diesem halben Antheil nicht zur Erbs-

maſſa geſchlagen werden und habe ſein Sohn Ludwig keinerlei Präten=
ſion darauf zu machen.

Aus dem Jahre 1796 liegt zugleich ein neuer Geſellſchaftsvertrag
(46) vor, welcher nur von Ludwig Gerthner dem Vater, Joh. Joſ.
Hanzel und Franz Anton Gerthner unterſchrieben iſt. Die beiden jün=
geren halben Compagnons, Ludwig Gerthner der Sohn und Joſeph
Oſtritz waren mithin nicht als vollberechtigt zum Abſchluße des Vertra=
ges angeſehen worden, ſondern mußten ſich den Anordnungen der älteren
Geſellſchafter fügen.

Vier Jahre ſpäter, am 17. September 1800, verließ Ludwig der
ältere das Zeitliche, durch Stiftungen, Renovirung des Hochaltars der
Bürgſteiner Pfarrkirche und Schenkung werthvoller Paramente an die=
ſelbe eines frommen Andenkens verſichert. Der Sohn Ludwig rückte nun
an ſeine Stelle vor. Derſelbe blieb bis Ende 1811 in der Compagnie.
Franz Anton Gerthner und Joſeph Oſtritz (von 1812 an auch ſein
Sohn Joſeph) werden bis 15. März 1818 in den Rechnungen fortge=
führt. Doch war Joſeph Oſtritz ſchon 1817 aus dem Leben geſchieden.
Im nächſten Jahre folgte ihm ſein Sohn und am 10. Auguſt desſelben
Jahres Franz Anton Gerthner. Dieſer, deſſen Gebeine in der St. Jakobs=
kirche im Haag ruhen, hat ſich um die Kirche ſeines Heimathsortes Bürg=
ſtein dadurch ein Verdienſt erworben, daß er auf Anſuchen der Geiſtlich=
keit mit ſeinem Bruder Ludwig die Gold= und Silbergeräthe einlöste, welche
im Anfang des Jahrhundertes an den Fiscus abgeliefert werden ſollten.

In dem Vertrage sub 46 iſt von einer aus den Amſterdamer Lands=
leuten beſtehenden Handelscommiſſion die Rede, vor welche alle Streitig=
keiten gebracht werden ſollten. Auf dieſe Handelscommiſſion hat wohl
ein in Abſchrift vorliegendes Atteſtat ddto. Amſterdam den 16. Septem=
ber 1795 Bezug, in welchem dem Franz (Anton) Gerthner in einer
Differenz, die er mit Chriſtoph Gerner hatte, mehrere deutſchböhmiſche
Handelsleute gewiſſe Thatſachen beſtättigen und ſich ihm erbieten, die=
ſelben nöthigenfalls vor Gericht mit ihrem Eide zu bekräftigen. Unter=
fertigt auf demſelben ſind Auguſtin Kittel, Anton Knechtel, Joſeph Pieſche,
Franz Anton Palme, Johann Wenzel Müller, J. F. Beſſel, Adam
Walter und Andreas Janke.

Auch ein Begebniß, das besagtem Gerthner auf einer Reise zu-
stieß, hat sich bis heute in der Erinnerung erhalten. Ihm half nämlich
das vom Volke mit dem Zuge Napoleons nach Rußland in Verbindung
gebrachte Nordlicht am 15. November 1812 aus einer kritischen Lage.
Er befand sich damals mit Joseph Piesche aus Markersdorf, welcher
auch eine Handlung zu Amsterdam hatte, auf einer Fußreise dahin in
einer westphälischen Ebene. Die Wege waren durch Regen aufgeweicht,
die Nacht pechfinster, so daß sie weder vorwärts noch zurück den Weg
zu finden wußten. Mit einem Male erhellte die Gegend ein weiß-grün-
liches Licht, welches roth an den Himmel anschlug. Diese Erscheinung
währte ungefähr fünf Minuten, worauf zwei Donnerschläge folgten und
die frühere Dunkelheit wieder eintrat. Unsere Reisenden waren eine Weile
sprachlos dagestanden, bis Piesche im Parchner Dialekt in den Ausruf
ausbrach: „Unsa Hergott hilft doch imma wetta"! Denn das Licht
hatte sie orientirt und bald erreichten sie ihr nächtliches Ziel, ein einsa-
mes Bauerngehöft, das mit einer Schankwirthschaft verbunden war.

Der Wechsel der Gesellschafter ist nicht das Einzige, was der Per-
sonenfrage Interesse verleiht. Viel kommt es auch auf die Stellung an,
welche die einzelnen Persönlichkeiten in der Compagnie einnahmen, insbesondere von Wesenheit wäre es zu wissen, von wem jeweilig die Dispositionen im Amsterdamer Etablissement ausgingen und wer die Vor-
standschaft der ganzen Compagnie inne hatte. Was die Leitung des
Amsterdamer Geschäftes anbelangt, so ist so viel gewiß, daß Wenzel
Ostritz sich daran niemals betheiligte, weil er gegen Erlag eines Knecht-
lohns ausdrücklich des Reisens enthoben worden war. Auch Joh. Gottfried Ostritz, Joh. Georg Hansel, Gulich und Ludwig Gerthner der
Sohn dürften ihre anderweitigen Geschäfte und Obliegenheiten an den
Aufenthalt zu Hause gebunden haben, obwohl der Letztgenannte früher
in der Amsterdamer Handlung — es wird z. B. in der Rechnung 1773
— 1775 ein Lieblohn für ihn ausgeworfen — bedienstet war. Dagegen ist es von Ludwig Gerthner dem Vater, Palme und Großmann
zu vermuthen und von Joh. Joseph Hanzel und Franz Anton Gerthner sichergestellt, daß sie längere Zeit dem Amsterdamer Geschäfte vor-
standen oder wenigstens in demselben sich verwendeten. Möglich, daß

Letzteres auch bei Joseph Oſtritz, welcher als ein tüchtiger Geſchäfts=
mann galt, und bei ſeinem gleichnamigen hoffnungsvollen Sohne der
Fall war. Von den beiden jüngſten Mitgliedern der Familie Gerthner,
Franz Anton dem jüngeren und Ludwig dem Enkel, die ſpäter erwähnt
werden, iſt dies erwieſen.

Ueber die Frage, wer als der Chef der ganzen Handlung ange=
ſehen wurde, gibt im Zuſammenhalte mit anderen Umſtänden die Rei=
henfolge, in welcher die Geſellſchafter in den Rechnungen genannt werden,
Aufſchluß, denn der Vorſtand, der zugleich meiſt auch den Glasverlag beſorgt
haben mag, ſteht immer obenan. Von Anfang an iſt dies Wenzel Oſtritz;
in der erſten Rechnung nach ſeinem Ableben (vom 1. October 1763
bis 30. Auguſt 1766) nehmen deſſen Platz ſeine Erben ein. Da unter die=
ſelben ohne Zweifel Joh. Gottfried Oſtritz, obgleich er auch ſelbſtſtän=
diger Geſellſchafter war, mit gehörte und vom 1. Sept. 1766 angefan=
gen in erſter Reihe angeführt wird, ſo dürfte gleich vom Tode ſeines
Vaters an die Vorſtandſchaft auf ihn übergangen ſein. Sein Nachfolger
iſt Ludwig Gerthner; auf dieſen folgt vom 1. Jänner 1799 deſſen Sohn
Ludwig und vom 1. Jänner 1812 an wird Vorſtand Joh. Joſ. Hanzel,
welcher es auch bis an ſein Lebensende bleibt, womit dann die Geſell=
ſchaft ſelbſt aufhört.

Der Wortlaut der Firma und die genaue Beſtimmung über die
Berechtigung zur Führung derſelben ſcheint die ganze Zeit über, als die
mit auswärtigen Niederlagen verbundenen Glashandlungscompagnien
beſtanden, für etwas Nebenſächliches gegolten zu haben, da ſich in den
Compagnieverträgen und anderen Acten ſo überaus ſpärlich eine Er=
wähnung davon findet. Bei unſerer Glashandlung laſſen blos die Haupt=
rechnungen und namentlich die darin enthaltenen Bilanzen die Firma
und ihre Wandlungen verfolgen. Wir begegnen da vier Varianten,
nämlich:

1754 bis 1772 Gerthner Oſtritz & Comp.

1773 „ 1777 Gerthner Großmann & Comp.

1778 „ 1789 Gerthner Palme & Comp.

1790 „ 1835 Gerthner Hanzel & Comp.

Der von Anfang bis zu Ende in der Compagnie vertretene Namen

Gerthner bildet also gleichsam den Stamm, an welchen sich im Verlaufe der Zeit der Namen immer jenes Gesellschafters anrankt, welcher jeweilig im Geschäfte vorzugsweise sich verwendet, daher auch in der Geschäfts welt am bekanntesten ist.

Im ersten Jahrzehend des neunzehnten Jahrhundertes erweiterte sich der Wirkungskreis der Firma durch die Gründung oder vielmehr Einbeziehung eines neuen Etablissements im Haag. Es geschah dies dadurch, daß sie sich erst an einem Glasgeschäfte im Haag betheiligte und es später ganz auf ihre Rechnung übernahm. In welchem Jahre der Beitritt erfolgte, ist nicht ersichtlich. Doch liegt vom 1. Jänner bis medio September 1808 eine Hauptrechnung vor; von da an ist also die Betheiligung sichergestellt. Als Theilhaber sind J. B. Warendorff, F. Ludovici und J. Teibert unter der J. Teibert & Comp lautenden Firma genannt. Hinter dem Namen J. Teibert stand eben die Firma Gerthner Hanzel & Comp. Denn es war der Name ihres dortigen Geschäfts führers, welcher zwar eigentlich Joseph Teisel hieß, aber sich aus dem Grunde umgetauft hatte, weil sein rechter Name wegen des diabolischen Klanges in Holland Anstoß erregte. Die folgende Bilanz für die Zeit vom 16. September 1808 bis Ende 1811 ist bereits von der Firma Gerthner Hanzel & Comp. selbst ausgefertigt, welche die Guthaben von Warendorff und Ludovici in Terminen bezahlt. Als König Wilhelm I. aus dem englischen Exil in seine Hauptstadt wieder zurückkehrte, erfreute sich die Niederlage der besonderen Gunst des Hofes, welche sich in dem Titel: „Königliche Hoflieferanten" auch äußerlich kund gab.

In den Haager Inventarien von 1808 bis 1814 findet sich außer böhmischen auch französisches, englisches, Thüringer, und an besonderen Sorten grünes, Münzthaler, Paderborner, Trelouer, Delfter und Medicin=Glas. Die Geschäftsausdehnung aber war nicht bedeutend. Die Bilanzabschlüße oscillirten zwischen 9.000 fl. und 21.000 fl., der Werth des Glaslagers zwischen 5.000 fl. und 10.000 fl. und auch die Ergebniße waren bis zum Jahre 1814 nicht günstig, da bis dahin jede Rechnung mit einem Deficite von 900 bis 2.000 fl. abschloß.

An den Mißerfolgen soll der Geschäftsführer Teisel nicht ohne Schuld gewesen sein. Derselbe, ein Bauernsohn aus Robowitz, von der Natur mit körperlichen und geistigen Vorzügen reich ausgestattet, war in das Gerthner'sche Glasgeschäft nach Amsterdam gekommen und hatte sich da durch seine kaufmännische Gewandtheit nicht minder, wie durch seinen Muth und seine Händelsucht bemerkbar gemacht. Namentlich war er ein Schrecken des Judenviertels in Amsterdam geworden. Seines Bleibens war daher nicht lange. Um den durch ihn verursachten Unannehmlichkeiten ein Ziel zu setzen, hatte ihn die Compagnie nach dem Haag geschickt, wo er jedoch ein flottes Leben führte und eines Tages mit Hinterlassung vieler Schulden verschwand. Lange konnte er nicht ausgeforscht werden. Endlich tauchte er in Theresienstadt auf. Er hatte sich in das Cavallerie-Regiment Klenau anwerben lassen und war auch avancirt. Allein sein Hang zum unstäten Leben erwachte in ihm aufs Neue; er wurde begrabirt und sank immer tiefer, bis Selbstmord seinem Dasein ein Ende machte. An die Stelle Teisels kam Franz Mai, gleichfalls ein gebürtiger Rodowitzer, welcher vordem bei der böhmischen Firma Mossig in Brüssel (?) bedienstet war. Er besaß viele Kenntnisse im Glasgeschäfte, besonders war er in der Zusammenstellung von Lustres geschickt. Das und seine gefälligen Umgangsformen verschafften ihm den Zutritt bei Hof, wo er nicht selten vom Könige persönlich Aufträge empfing. Später errichtete er mit Melzer aus Langenau eine eigene Handlung im Haag, die jedoch nicht lange Bestand hatte, worauf er sich selbstständig etablirte, aber nicht lange nachher in Amsterdam starb.

Aus dem Bereiche des Hauptgeschäftes in Amsterdam wurden bereits oben (35, 36 & 37) zwei vollständige Inventare und aus einem dritten einige Bruchstücke mitgetheilt, aus denen die eigenthümliche Art der Glasrechnungen so wie die Glasgattungen sammt ihren Preisen zu ersehen sind, welche von dort aus zu verschiedenen Zeiten in den Handel gebracht wurden. Die Ergebnisse dieses Geschäftes für die Theilnehmer veranschaulicht die folgende Zusammenstellung von Daten, welche aus den, den Hauptrechnungen angeschloßenen Bilanzen entnommen wurden.

Zahl	Periode		Abschluß der Bilanz		
	Umfang	Dauer	fl	kr.	♦
1	L. Mai 1755 — 17. September 1757	2 J. 4 17/.. M.	9.215	27	1..
2	18. September 1757 — 31. Juli 1760	2?. J.	9.667	62	1..
3	L. August 1760 — 30. September 1763	3¼ J.	14.003	22	—
4	L. Oktober 1763 — 31. August 1766	2 J. 11 M.	17.667	30	—
5	L. September 1766 — 16. Dezember 1769	3 J. 3½ M.	28.116	17	4⅓
6	16. Dezember 1769 — 31. Dezember 1772	3.. J.	32.826	3	1½
7	L. Jänner 1773 — 31. Dezember 1775	3 J.	42.610	31	—
8	L. Jänner 1776 — 31. Dezember 1777	2 J.	32.769	57	
9	L. Jänner 1778 — 31. Dezember 1780	3 J.	37.129	11	—
10	L. Jänner 1781 — 31. Dezember 1783	3 J.	37.919	2	3
11	L. Jänner 1784 — 31. Dezember 1786	3 J.	45.615	53	2
12	L. Jänner 1787 — 31. Dezember 1789	3 J.	70.082	1	3
13	L. Jänner 1790 — 31. Dezember 1792	3 J.	101.410	25	—
14	L. Jänner 1793 — 31. Dezember 1795	3 J.	93.632	17	—
15	L. Jänner 1796 — 31. Dezember 1798	3 J.	81.135	18	—
16	L. Jänner 1799 — 31. Dezember 1801	3 J.	88.115	33	—
17	L. Jänner 1802 — 31. Dezember 1804	3 J.	88.262	14	12
18	L. Jänner 1805 — 31. Dezember 1807	3 J	108.370	13	8
19	L. Jänner 1808 — 31. Dezember 1811	4 J.	127.525	10	8
20	L. Jänner 1812 — 31. Dezember 1814	3 J.	140.560	10	—
21	L. Jänner 1815 — 16. März 1818	3 J. 2½ M.	186.795	4	—
22	16. März 1818 — 31. Dezember 1821	3 J. 9½ M.	173.378	12	4
23	L. Jänner 1822 — 21. Jänner 1825	3 J. 7/10 M.	157.987	18	—
24	21. Jänner 1825 — 31. Dezember 1834	2 J. 11 11/30 M.	131.623	31½	—

Zahl	Einlage der Gesellschafter			Gewinn im Ganzen			Gewinn in jährlichen Perzenten
	Fl.	Kr. (Str.)	Pf.	Fl.	Kr. (Str)	Pf.	
1	4.417	43	5	637	34	5	6
2	5.710	27	3	2.964	46	—	17.s
3	6.000	—	—	4.548	7	2	23 »
4	7.600	—	—	7.807	9	—	86 s
5	13.627	6	3	8 184	41	2	18.s
6	15.000	—	—	4 900	3	--	10.s
7	15.000	—	—	5.836	14	—	13
8	15.000			4 338	19	3	14.s
9	12.000	—	—	6.406	16	—	17.s
10	15.000	—	—	—	—	—	Verlust
11	4 299	58		9 127	—	2	71.s
12	12.000	—	—	18.371	39	—	51
13	24.600	—	—	18.682	48	—	25.s
14	22.248	33½	—	4.589	40	—	6.s
15	24.030	2	—	14.452	40	—	20
16	26.082	41	—	14.661	21	—	18.s
17	45.039	6	—	18.258	10	4	13.s
18	56.246	12	—	24.581	4	—	14.s
19	74.079	9	--	16.188	11	—	5.s
20	55.417	2	—	26 868	—	—	16.s
21	71.767	11	—	62.606	4	—	26.s
22	68.185	14	—	30.958	11	8	12
23	92.214	15	8	22.112	9	12	7.s
24	108.005	3½	--	19.001	56½	—	1.s

Im Durchschnitte belief sich somit für die ganze Rechnungsdauer (80 Jahre 2 Monate), wenn von der Verlustziffer in den Jahren 1781—1783 abgesehen wird, der jährliche Gewinn auf 18.7%.

Bis zum Jahre 1801 ist den Bilanzen die rheinische, von 1802 an die holländische Währung (der Gulden zu 20 Stüber a 16 Pfennige) zu Grunde gelegt, bis endlich 1825—1837 die schon seit 1816 bestehende niederländische Währung (der Gulden zu 100 Cents) angenommen wird. Diesemnach sind in den letztgedachten zwei Zeiträumen die in den betreffenden Rubriken: fl., Stüber, Pf., beziehungsweise fl. Cents statt: fl. kr. zu verstehen.

Wurde mit dem Vertrage vom 17. Dezember 1754 die Compagnie begründet, wie es sehr wahrscheinlich, dann unterliegt es auch nicht dem geringsten Zweifel, daß die Bilanz vom 1. Mai 1755 bis 17. September 1757 die erste ist, welche überhaupt aufgestellt wurde und daß somit die obige Tabelle die Geschäftsbewegung der gesellschaftlichen Handlung vom ersten bis zum letzten Tage durch einen Zeitraum von 80 Jahren und 2 Monaten entrollt, — ein Gesammtbild von einer Seite des kaufmännischen Betriebes, die sich mit Ausnahme von Actiengesellschaften wohl nur selten dem profanen Auge enthüllt. Um das Bild zu verlebendigen, würde freilich noch Manches hinzuzufügen sein und Manches sich zu diesem Behufe in den vorhandenen Rechnungen auch finden. Doch das muß einem genaueren und mit kaufmännischem Verständnisse unternommenen Studium derselben vorbehalten bleiben. So ist z. B. in der Einlage der Gesellschafter nur das baare Geld, welches sie einlegten, begriffen. Sie hatten aber auch den Hausrath beizustellen, welcher in die Bilanz nicht aufgenommen ist. Andererseits bildete der auf ihren Antheil entfallende Gewinn nicht Alles, was sie von der Gesellschaft bezogen. Außer den Reisekosten wurde, wie man aus der Anschaffung von Lebensmitteln ersieht, für die in Amsterdam wohnenden Gesellschafter auch ein Theil ihres Unterhaltes bestritten; zudem wird einzelnen Gesellschaftern von drei zu drei Jahren ein neues Kleid im Kostenbetrage von je 50 fl. von der Compagnie angeschafft, und die Wohnung hatten sie gewiß frei, da die Compagnie sowohl zu Amsterdam als im Haag Häuser besaß, wovon in der Schlußrechnung der Werth des ersteren mit 4.000 fl., des letzte-

ren mit 5.000 fl. angenommen ist. Die Abbildung des Amsterdamer Hau=
ses zeigt eine mehrstöckige, aber schmale Gassenfront mit Giebel. Es soll
aber eine ziemliche Tiefe gehabt haben und bot mithin die Räumlichkeiten
für Wohnungen und Magazine.

Kehren wir nun wieder zu den leitenden Persönlichkeiten zurück.
Wie wir oben bereits vernommen, stand seit 1812 Johann Joseph
Hansel (holländisch Hanzel) an der Spitze des Unternehmers. Dies war
wohl der bedeutendste Mann, den die Gesellschaft während ihrer ganzen
Dauer unter ihren Mitgliedern zählte; derselbe hat auch mit Friedrich
Egermann in seiner Zeit am meisten zur technischen Vervollkommnung der
böhmischen Glasindustrie beigetragen. Bei seiner vieljährigen Erfahrung
war es ihm nicht entgangen, daß das böhmische Glas durch die englische
Concurrenz immer mehr vom holländischen Markte verdrängt werde. Sein
Streben war daher nach zwei Seiten auf Verbesserungen gerichtet — in der
Glasmassa und in der Raffinirung des Glases. Was die letztere anbelangt,
so soll er Alles daran gesetzt haben, in den Besitz englischer Werkzeuge (Rä=
der und Schleifapparate) zu gelangen. Ein englischer Geschäftsfreund,
dem er vorgeschützt hatte, daß es sich dabei um die Ausbesserung des
englischen Glases, das ja die böhmischen Niederlagen in Holland auch
führten, wenn es auf dem Wege von England her gelitten, oder um dessen
Zusammensetzung aus einzelnen Theilen handle, verhalf ihm dazu und so
wurde ein nennenswerther Fortschritt erzielt. Seine Verdienste blieben
auch nicht unbemerkt. Es äußerte sich darüber Stephan Edler von Keeß,
erster Commißär bei der k. k. Fabrikinspektion in Wien*), also gewiß eine
berufene Persönlichkeit, folgendermaßen: „In Böhmen hat sich besonders
das Handelshaus Jos. Hanzel zu Haybe wichtige Verdienste um die
bessere Erzeugung und Verschönerung der Glasfabrikate erworben, da
durch selbes nicht nur die englische Composition des Krystallglases, son=
dern auch die besten Schleifzeuge eingeführt und mehrere geschickte Arbeiter
gebildet wurden."

Hanzel und Egermann gaben auch den Impuls zu der Glasausstellung,
die 1820 zur Feier der Anwesenheit des Kronprinzen Ferdinand, welcher,

*) Darstellung des Fabriks und Gewerbewesens. Zweite Auflage. Wien 1824.
II. Theil. 2. Band. S. 869.

dem Beispiele seines Vaters folgend, damals das nördliche Böhmen bereiste, zu Haida veranstaltet wurde.*) Sie befand sich in den Räumen des Stadthauses, einst der Schüttboden genannt. Hanzel als Präsident des Ausstellungscomités hatte die Ehre, Sr. kais. Hoheit als Cicerone zu dienen.

Nach Besichtigung der Ausstellung, die dem Kronprinzen das lebhafteste Interesse abgewonnen, öffnete sich die Thüre in die Nebenräume und da bot sich ein überraschender Anblick. Es sah aus, wie in einer großen Werkstätte. Alle Zweige der Glasraffinirkunst waren durch die betreffenden Arbeiter mit ihren Werkzeugen vertreten und ein Jeder begann nun in seinem Fache zu arbeiten. Wie sehr der Kronprinz befriedigt war, bewies er, als er bei einer Ausfahrt von Schwoika, wo er zu Gaste bei dem Grafen Kinsky geweilt, auf der Straße den von einem Geschäftsgange nach Komt rückkehrenden Hanzel erblickte. Se. kais. Hoheit ließ gleich halten und stellte diesen seiner Begleitung als einen um die Glasindustrie hochverdienten Mann vor.

Ein zweiter Beweis der Zufriedenheit lag in der huldvollen Annahme einer Sammlung von ausgewählten Glassorten, die, wie aus einem vom Wirthschaftsamte Bürgstein dd° 4. Dezember 1820 im Auftrage des Leitmeritzer Kreishauptmannes an Hanzel gerichteten Schreiben hervorgeht, dieser aus eigenem Antriebe Sr. kais. Hoheit zu widmen vorhatte und die dann auch wirklich überreicht wurden. Das darauf erflossene Dankschreiben ist ein schönes Zeugniß der warmen Theilnahme, die Kaiser Ferdinand schon in jungen Jahren für die Arbeit des Bürgers hegte. Es ist in einer Intimation des Magistrates der Stadt Haida „an Herrn Josef Hanzel Stadt Haider Bürger und Handelsmann" d° 11. Juni 1822 erhalten und lautet:

„Es haben Se. kaiserl. Hoheit der Erzherzog Kronprinz vermög eines der k. k. Fabriks- und Kommerz-Inspection zugekommenen hohen Landespräsidial-Dekrets vom 14. April d. J. 3. 2.442 bei der besonde-

*) Nach dem Gedenkbuche von Haida fand der Besuch am 14. Juli 1820 statt. In der Prager Zeitung findet sich jedoch davon um die angegebene Zeit keine Erwähnung. Die obige Erzählung beruht auf mündlichen Mittheilungen Hanzels, die er seinem überlebenden Compagnon Ludwig Gerthner gemacht hatte.

ren Neigung, welche Höchstdieselben für die vaterländische Industrie überhaupt an den Tag legen, und der ungetheilten Aufmerksamkeit, welche Sie auch jenen Gegenständen zu schenken geruhen, welche mehr durch ihre nutzbare Anwendung und größere Verbreitung in irgend einer Provinz wichtig sind, als blos durch ihr Aeußeres sich auszeichnen, alle an Sie abgegebene Beiträge von Landesproducten Böhmens mit Vergnügen und Wohlgefallen aufgenommen, und selbe in Höchstihre technische Sammlung eingereiht."

„Indessen haben Se. kais. Hoheit dem Herrn Präsidenten der Commerzhofkommission befohlen, jene Gegenstände insbesondere auszuheben, welche entweder durch eine lichtvolle Zusammenstellung des Ganzen der Arbeit die Anschauung interessant und belehrend machen, oder wegen der Vorzüglichkeit und Gediegenheit des Fabrikates selbst einer näheren Würdigung für werth geachtet werden müßen. Hieher gehören auch die von dem Herrn Handelsmann Hanzel übersendeten 26 Stück geschliffene und geschnittene Gläser. Se. kaiserl. Hoheit haben zu bemerken geruhet, daß diese Glasfabrikate alle Eigenschaften in sich vereinigen, die man nur immer von den vollkommensten Erzeugnißen dieser Art fordern könne. Denn nicht nur das Glas habe den höchsten Grad der Reinheit und Weiße, sondern auch die Brillantirung sei musterhaft ausgeführt, und die Formen seien ausgezeichnet schön. Nicht minder gelungen seien die geschnittenen Gläser sowohl in Rücksicht der Arbeit als der Zeichnung."

„Se. kaiserl. Hoheit verkennen keineswegs, daß ein gebildeter und kenntnißvoller Handelsmann zur Vervollkommnung der Industrie das Wesentlichste beizutragen vermöge, und der Herr Handelsmann Hanzel beweise dieses, indem er auf alle Weise die Glasfabrikation empor zu bringen suche und die Kosten nicht scheue, selbst aus England und Frankreich vorzüglich schöne Musterstücke kommen zu laßen."

„Dem Magistrate ist daher in Folge k. kreisämtl. Missiv vom 18. v. M. d. J. Zahl 3.587 und auf ausdrücklichen Befehl Sr. kaiserl. Hoheit das sehr angenehme Geschäft aufgetragen worden, dem Herrn Hanzel, Bürger und Handelsmann, Höchstdero verbindlichsten Dank zu bezeugen, indem Se. kaiserl. Hoheit die Willfährigkeit und bewiesene Aufmerksamkeit eben so sehr zu schätzen wissen, als es Höchstdenen-

selben zum besonderen Vergnügen gereicht, durch diese Belege den vortheilhaftesten Stand des vaterländischen Kunstfleißes und den regen Eifer,
womit man in so vielen Zweigen der Gewerbs-Industrie seit dem kurzen Zeitraume weniger Jahren fortzuschreiten bemüht ist, zu ersehen und
hievon auf die unläugbarste Weise überzeugt zu werden."

Die Erwähnung, daß alle an Kaiser Ferdinand abgegebenen Beiträge von Landesprodukten Böhmens — darunter auch die von Hanzel
ihm, damals noch als Kronprinzen, gewidmeten 26 Stück geschliffene
und geschnittene Gläser — in seine technische Sammlung eingereiht wurden, legt, da in dieser allein schon ein reiches Contingent zu finden sein
müßte, den Gedanken nahe, ob nicht einmal der Versuch gemacht werden
sollte, eine historische Ausstellung von böhmischem Glas zu veranstalten.

Hanzel war nicht blos ein tüchtiger und vorwärts strebender Fachmann, sondern zeichnete sich auch durch allgemeine Bildung aus. Die
römischen und griechischen Klassiker waren ihm nicht fremd und an
der Bewegung der Geister in seiner Zeit nahm er lebendigen Antheil.
Er huldigte freieren Anschauungen. Oft sprach er in vertraulichem Zirkel
von nicht mehr fernen Stürmen, welche die Grundvesten Europas er-
schüttern würden. Er galt deßhalb als ein Freigeist; doch leidet diese
Bezeichnung keine Anwendung auf seine religiösen Grundsätze, die streng
und fest waren, wie es sich deutlich in dem von ihm verfaßten Entwurfe
zu einem Compagniecontracte (43) ausspricht. Hanzel starb unverehlicht im Alter von 79 Jahren im Jahre 1834. Seine Gebeine ruhen
in der Oude Kerk zu Amsterdam.

Bald nach seinem Tode, im Jahre 1835, wurde die Handlung
aufgelöst, nachdem sie achtzig Jahre bestanden und in manchen kritischen
Perioden — dem nordamerikanischen Befreiungskriege, den französischen
Kriegen und der belgischen Revolution — sich aufrecht behauptet hatte.

Von der Familie Gerthner gehörten zur Zeit, als Hanzel Chef der
Firma war, Franz Anton und Ludwig, Söhne des älteren Franz Anton
Gerthner, ihr an. Ersterer hatte jedoch mehr Sinn für Musik und Theater,
als für das Geschäft. Er nahm Unterricht bei dem bekannten Musiker
Wilms und bewegte sich viel in Gesellschaft der Mitglieder des deutschen
Theaters zu Amsterdam. Er starb 1831 unverehlicht im 39. Jahre sei-

nes Lebens in dem Heimathsorte Bürgstein. Sein Bruder Ludwig, geb. am 25. August 1800, war durch volle achtzehn Jahre, und zwar nach Ausweis der Rechnungen seit 1822 als Gesellschafter, theils in Amsterdam, theils im Haag thätig und hat selbst noch dreimal die Fuß- reise nach Holland, jedes Mal binnen ein und zwanzig Tagen, zurück- gelegt, während spätere Reisen schon zum Theil mit der Diligence oder mit dem Dampfschiffe vor sich giugen. Er leistete auch durch sechs Jahre in der dortigen Nationalgarde Dienste. Beim Ausbruch der belgischen Revolution flüchtete er sich nach Deutschland.

Seine erste Fußreise nach Holland hatte er 1816 in der Charwoche in Gesellschaft eines Falkenauer Glasmalers und des Glashändlers Anton Scholze von Parchen augetreten.

Scholze, oder, wie er in seinen späteren Tagen genannt wurde, „der alte Scholze", war ein in seiner Art merkwürdiger Mann, denn er erwarb sich den Ruf des ersten „Landreisers," vielleicht nicht bloß seiner Zeit, soudern den es überhaupt in der ganzen Gegend jemals gegeben. Nicht weniger als vierzig Mal soll er die Reise nach Holland und zurück zu Fuß gemacht haben. Zwar besaß er keine feste Handelsniederlaßung in Holland; allein er pflegte mit seinen Waaren die Messen und Märkte in den Provinzen zu besuchen, im Spätherbste aber wieder nach Böhmen zurückzukehren, und war daher längs der Heerstraße so wie in Holland eine vielgekannte Persönlichkeit. Da er zugleich wegen seines Charakters volles Vertrauen genoß, so gab man ihm gerne die Söhne mit, welche für die Handlung bestimmt waren, damit er sie unterbringe, worin er besonders glücklich war.

Nach der Auflösung der gesellschaftlichen Handlungen zu Amsterdam und Haag errichtete Herr Ludwig Gerthner in seinem vom Vater ererbten Hause zu Bürgstein auf eigene Rechnung ein Glasexportgeschäft, welches von 1837 bis 1860 bestand. Körperlich und geistig noch rüstig verbringt er nun seine Tage in wohlverdienter Ruhe und erzählt, um schon einer der letz- ten Landreiser, gerne von seinen Fußwanderungen, die ehedem zu den Attri- buten eines vollkommenen Glashändlers gehörten. Dessen Sohn Eduard, der Urenkel des Mitgründers der Gesellschaft, seines Gewerbes Vergolder und nebstbei Forscher in der Vergangenheit seines Geburtsortes und seiner

Familie, hat durch bereitwilliges Ueberlassen der ersten Quellenbeiträge an den durch Herrn Emanuel Max Ritter von Wachstein, den rühmlichst bekannten Bildhauer, gleichfalls einen Sohn Bürgsteins, darauf aufmerksam gemachten Herausgeber den Anstoß zu dieser Sammlung gegeben und auch den Stoff zu diesem Epiloge geliefert.

Berichtigungen.